대기업 … 합격을 위한
… 자료

본 교재 동영상강의
2만원 할인쿠폰

333A C342 728F 33HK

*프로모션/이벤트 상품 적용 불가

소원쌤의 시험장에서 통하는
수리 SKILL 강의 수강권

78FF E9AC A666 E7UQ

*쿠폰 등록 시점부터 30일간 수강 가능

대기업 인적성
온라인 모의고사 응시권

6C86 2C4D B626 3BYC

공기업 NCS
온라인 모의고사 응시권

2776 6959 2B2F 82FN

· **이용방법** : 해커스잡 사이트(ejob.Hackers.com) 접속 후 로그인 ▶ 사이트 메인 우측 상단 [나의 정보] 클릭 ▶ [나의 쿠폰 - 쿠폰/수강권 등록]에 위 쿠폰번호 입력 후 이용

* 쿠폰 유효기간: 2025년 12월 31일까지
* 위 쿠폰들은 한 ID당 1회에 한해 등록 및 사용 가능하며, 단과/종합 강의에만 가능합니다.

빈출 유형으로 한방에 끝!
공간지각 실전 대비 문제

789P EJ23 7YSH 9PSC

· **이용방법** : 해커스잡 사이트(ejob.Hackers.com) 접속 후 로그인 ▶
사이트 메인 중앙 [교재정보 - 교재 무료자료] 클릭▶
교재 확인 후 이용하길 원하는 무료자료의 [다운로드] 버튼 클릭 ▶
위 쿠폰번호 입력 후 다운로드

* 그 외 모든 쿠폰 관련 문의는 해커스 고객센터 (02-537-5000)로 연락 바랍니다.

[취업강의 1위] 헤럴드 선정 2018 대학생 선호 브랜드 대상 '취업강의' 부문 1위

취업강의 **1위, 해커스잡** **job.Hackers.com**

해커스
대기업 인적성 & NCS
수리·추리 집중 공략

해커스잡

서문

수리, 추리
왜 아무리 공부해도 점수가 오르지 않을까요? 어떻게 공부해야 할까요?

대기업 인적성 검사 및 공기업 NCS 필기시험에서 빠지지 않고 출제되는 영역, 바로 수리와 추리입니다.
특히 최근 대기업 인적성 시험에서 수리, 추리 영역만 평가하는 기업이 많아진 만큼
수리, 추리 영역은 수험생들이 꼭 학습해야 하는 필수 영역이 되었습니다.

그래서 수리, 추리 영역을 한 번에 준비할 수 있도록,
대기업 인적성 검사부터 공기업 NCS 필기시험까지 한 권으로 대비할 수 있도록,
실제 시험에 출제될 법한 문제만 집중적으로 학습할 수 있도록,
빠른 문제 풀이 전략으로 모든 문제를 주어진 시간 내에 정확하게 풀이할 수 있도록,

해커스는 수많은 고민을 거듭한 끝에
「해커스 대기업 인적성 & NCS 수리·추리 집중 공략」을 출간하게 되었습니다.

「해커스 대기업 인적성 & NCS 수리·추리 집중 공략」은

01 기초학습부터 유형별 집중 학습, 실전 연습까지 체계적으로 학습할 수 있습니다.

02 대기업과 공기업 필기시험의 최신 출제 경향과 기출 유형을 완벽 반영한 문제를 수록하였습니다.

03 빠른 문제 풀이 Tip으로 어렵게만 느껴졌던 문제를 빠르고 쉽게 해결할 수 있습니다.

「해커스 대기업 인적성 & NCS 수리·추리 집중 공략」을 통해
대기업 및 공기업 채용에 대비하는 수험생 모두 합격의 기쁨을 누리시길 바랍니다.

해커스 취업교육연구소

목차

PART 1 수리

Ⅰ 기초학습

Ⅱ 응용계산 만점공략

Ⅲ 자료해석 만점공략

Ⅳ 실전모의고사

PART 2 추리

Ⅰ 기초학습

Ⅱ 언어추리 만점공략

Ⅲ 수·문자추리 만점공략

Ⅳ 도식·도형추리 만점공략

Ⅴ 실전모의고사

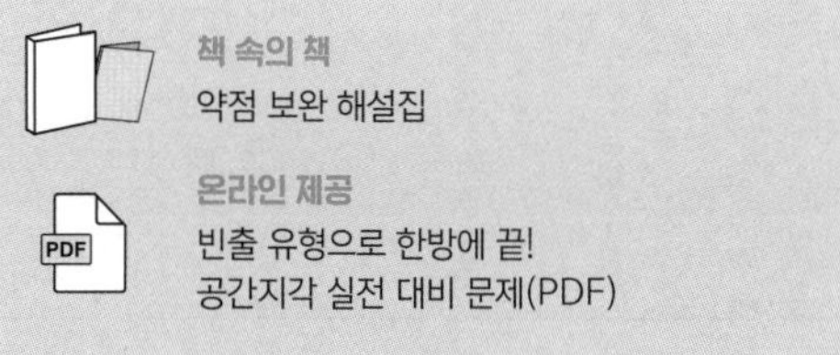

수리·추리 완성을 위한 이 책의 활용법

1 유형별 풀이 전략과 연습문제로, 기초부터 다진다.

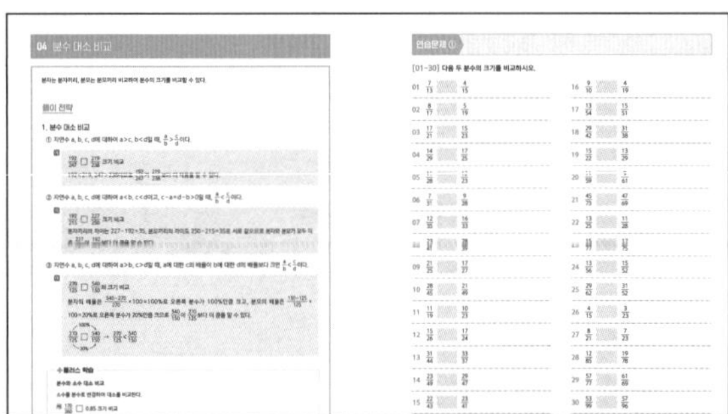

풀이 전략+연습문제

「해커스 대기업 인적성 & NCS 수리·추리 집중 공략」은 문제 풀이에 앞서 기초를 다질 수 있도록 유형별 풀이 전략과 연습문제를 수록하였다. 풀이 전략을 실제 연습문제에 적용해 보면서 효율적으로 대기업 인적성 검사와 공기업 NCS를 준비할 수 있다.

2 쉬운 문제부터 고난도 문제까지 기출동형 문제로, 전략적으로 학습한다.

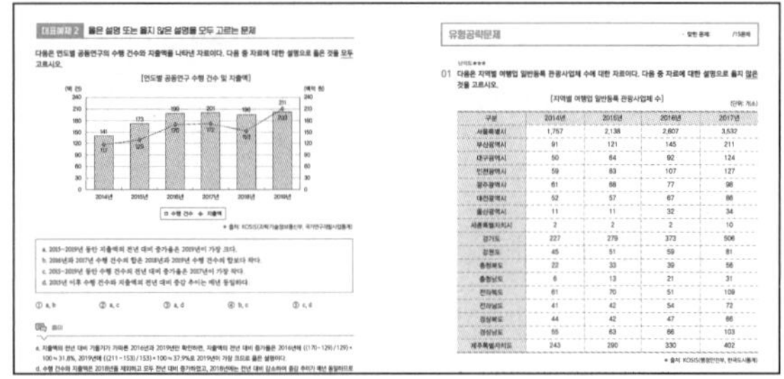

대표예제+유형공략문제

세부 유형별로 대표예제와 유형공략문제가 구성되어 있어 세부 유형별 집중 학습이 가능하다. 또한, 문제 풀이 꿀팁을 통해 제한 시간 내에 빠르고 정확하게 문제를 풀 수 있는 방법까지 익힐 수 있다.

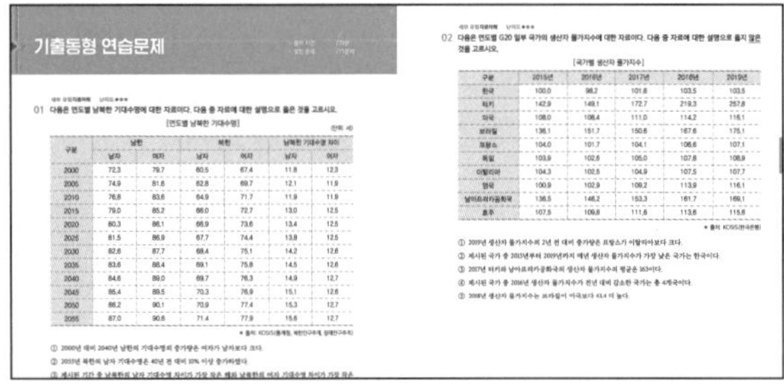

기출동형 연습문제

유형별 기출동형 연습문제로 최신 출제 경향과 기출 유형을 파악하고, 실제로 어떻게 문제가 출제되는지 학습할 수 있다.

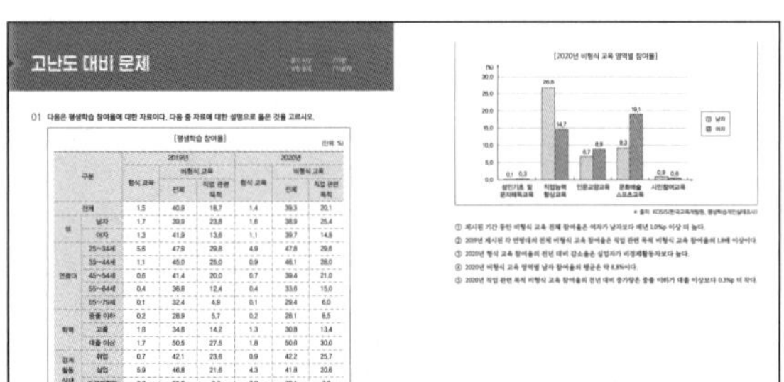

고난도 대비 문제

유형별 고난도 대비 문제로 난도 높은 문제까지 학습하여 고득점을 달성할 수 있다.

3 출제 경향에 딱 맞는 문제로 실전에 대비한다.

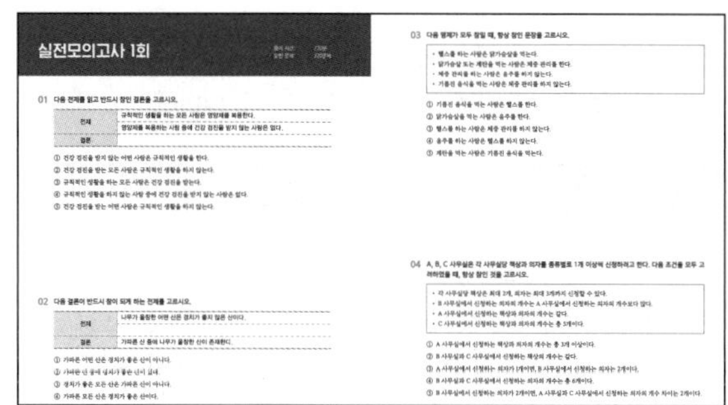

실전모의고사

실제 시험 문제와 유사한 문제로 구성된 실전모의고사 3회분을 풀어봄으로써 완벽하게 실전을 대비할 수 있다. 또한, 본인이 취약한 유형이 무엇인지 파악할 수 있다.

4 약점 보완 해설집으로 완벽하게 정리한다.

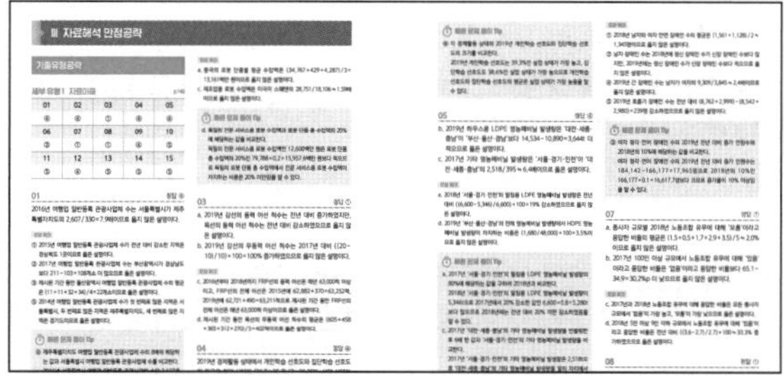

약점 보완 해설집

모든 문제에 대해 정답과 오답 해설을 수록하여 정답은 물론 오답의 이유까지 상세하게 설명해 틀렸던 문제에 대한 원인을 파악하고 약점을 보완할 수 있다.
또한, 수리·추리 영역에 제공되는 '빠른 문제 풀이 Tip'을 통해 문제 풀이 시간을 단축할 수 있는 방법까지 익힐 수 있다.

취약 유형 분석표

영역별로 자신이 취약한 유형을 파악하고, 틀린 문제나 풀지 못한 문제를 반복하여 풀면서 약점을 극복할 수 있다.

맞춤 학습 플랜

※ 자신에게 맞는 타입의 학습 플랜을 선택하여 학습 플랜에 따라 매일 그날에 해당하는 학습 분량을 공부하고, 학습 완료 여부를 □에 체크해보세요.
※ 수리, 추리 영역 순으로 학습하는 것을 권장하지만, 제시된 학습 플랜에서 본인이 취약한 영역을 먼저 학습하거나 두 영역을 동시에 학습할 수도 있습니다.

정면돌파형 20일 학습 플랜

"많은 노력과 시간을 투자하면 점수가 오를 거야!"라고 생각한다면?
☞ 꾸준히 노력하는 타입이므로, 장기간 반복 학습 프로세스를 추천합니다.

1일	2일	3일	4일	5일
PART 1 수리				
Ⅰ 기초학습 □ 기초연산	**Ⅰ 기초학습** □ 자료분석	**Ⅱ 응용계산 만점공략** **기출유형공략** □ 01 거리·속력·시간 □ 02 농도 □ 03 일의 양 □ 04 원가·정가	**Ⅱ 응용계산 만점공략** **기출유형공략** □ 05 방정식과 부등식의 활용 □ 06 경우의 수·확률 □ 07 통계·집합 □ 08 수와 식	**Ⅱ 응용계산 만점공략** □ 기출동형 연습문제 □ 고난도 대비 문제

6일	7일	8일	9일	10일
PART 1 수리				
Ⅲ 자료해석 만점공략 **기출유형공략** □ 01 자료이해	**Ⅲ 자료해석 만점공략** **기출유형공략** □ 02 자료계산 □ 03 자료변환	**Ⅲ 자료해석 만점공략** □ 기출동형 연습문제 □ 고난도 대비 문제	**Ⅳ 실전모의고사** □ 실전모의고사 1회 □ 실전모의고사 2회	**Ⅳ 실전모의고사** □ 실전모의고사 3회 **PART 1 수리** □ 취약 유형 복습

11일	12일	13일	14일	15일
PART 2 추리				
Ⅰ 기초학습 □ 명제 □ 조건추리	**Ⅰ 기초학습** □ 문자도식 **Ⅱ 언어추리 만점공략** **기출유형공략** □ 01 명제추리 □ 02 위치·배치	**Ⅱ 언어추리 만점공략** **기출유형공략** □ 03 순서·순위 □ 04 참·거짓 진술	**Ⅱ 언어추리 만점공략** □ 기출동형 연습문제 □ 고난도 대비 문제	**Ⅲ 수·문자추리 만점공략** **기출유형공략** □ 01 일렬나열형 □ 02 도형형

16일	17일	18일	19일	20일
PART 2 추리				
Ⅲ 수·문자추리 만점공략 □ 기출동형 연습문제 □ 고난도 대비 문제	**Ⅳ 도식·도형추리 만점공략** **기출유형공략** □ 01 도식추리 □ 02 도형추리	**Ⅳ 도식·도형추리 만점공략** □ 기출동형 연습문제 □ 고난도 대비 문제	**Ⅴ 실전모의고사** □ 실전모의고사 1회 □ 실전모의고사 2회	**Ⅴ 실전모의고사** □ 실전모의고사 3회 **PART 2 추리** □ 취약 유형 복습

벼락치기형 10일 학습 플랜

"합격자 발표 직후 단기간에 수리와 추리를 공부해도 늦지 않아!"라고 생각한다면?
☞ 단기 집중력이 높은 타입이므로, 단기간 집중 학습 프로세스를 추천합니다.

1일	2일	3일	4일	5일
PART 1 수리				
Ⅰ 기초학습 ☐ 기초연산 ☐ 자료분석	**Ⅱ 응용계산 만점공략** ☐ 기출유형공략 ☐ 기출동형 연습문제 ☐ 고난도 대비 문제	**Ⅲ 자료해석 만점공략** ☐ 기출유형공략 ☐ 기출동형 연습문제 ☐ 고난도 대비 문제	**Ⅳ 실전모의고사** ☐ 실전모의고사 1회 ☐ 실전모의고사 2회	**Ⅳ 실전모의고사** ☐ 실전모의고사 3회
6일	**7일**	**8일**	**9일**	**10일**
PART 2 추리				
Ⅰ 기초학습 ☐ 명제 ☐ 조건추리 ☐ 문자도식	**Ⅱ 언어추리 만점공략** ☐ 기출유형공략 ☐ 기출동형 연습문제 ☐ 고난도 대비 문제	**Ⅲ 수·문자추리 만점공략** ☐ 기출유형공략 ☐ 기출동형 연습문제 ☐ 고난도 대비 문제 **Ⅳ 도식·도형추리 만점공략** ☐ 기출유형공략 ☐ 기출동형 연습문제 ☐ 고난도 대비 문제	**Ⅴ 실전모의고사** ☐ 실전모의고사 1회 ☐ 실전모의고사 2회	**Ⅴ 실전모의고사** ☐ 실전모의고사 3회

자유형

"나만의 특별한 학습 방법이 있어!"라고 생각한다면?
☞ 나만의 학습 플랜을 직접 계획하여 학습하는 것을 추천합니다.

1일	2일	3일	4일	5일	6일
7일	**8일**	**9일**	**10일**	**11일**	**12일**
13일	**14일**	**15일**	**16일**	**17일**	**18일**
19일	**20일**	**21일**	**22일**	**23일**	**24일**
25일	**26일**	**27일**	**28일**	**29일**	**30일**

수리 영역은 기본 수학 이론·공식을 이용한 계산 능력과 제시된 자료를 분석하는 능력을 평가하는 영역이다.
수리 영역은 ① 응용계산, ② 자료해석 유형으로 출제된다.
응용계산은 문제에 제시된 조건을 이용하여 식을 세우고 답을 도출하는 유형의 문제, 자료해석은 제시된 자료의 항목을 분석하거나 항목의 값을 이용하여 계산하는 유형의 문제이다.

1. 유형별 출제 세부 유형

유형	세부 유형
응용계산	거리·속력·시간/농도/일의 양/원가·정가/방정식과 부등식의 활용/경우의 수·확률/통계·집합/수와 식
자료해석	자료이해/자료계산/자료변환

2. 유형별 최신 출제 기업

유형	출제 기업
응용계산	삼성, 현대, CJ, SK, LG, KT, 두산, GS, 대우건설, 한국동서발전, 한국서부발전, 한국중부발전, 한국남부발전, 지역농협, 한국철도공사, LH 한국토지주택공사, 한국수자원공사, 한국도로공사 등
자료해석	삼성, 현대, 롯데, CJ, SK, LG, KT, 포스코, 두산, LS, 대우건설, 한국동서발전, 한국서부발전, 한국중부발전, 한국남부발전, 지역농협, 한국철도공사, 한국전력공사, 서울교통공사, 부산교통공사, 한국수력원자력, LH 한국토지주택공사 등

※ 2020~2021년 기준(최근 시행된 시험 기준)

해커스 대기업 인적성 & NCS
수리·추리 집중 공략

PART 1

수리

I 기초학습

II 응용계산 만점공략

III 자료해석 만점공략

IV 실전모의고사

취업강의 1위, 해커스잡
job.Hackers.com

활용 방법

1. 기초연산 풀이 전략을 문제에 적용하면서 빠르고 정확하게 수치를 계산하는 방법을 익힌다. 응용계산과 자료해석 문제 풀이 시 계산과 수치 비교를 빠르게 할 수 있도록 본격적인 문제 풀이에 앞서 충분히 연습하는 것이 좋다.

2. 자료분석 풀이 전략을 익혀 자료에서 중점적으로 분석해야 하는 부분을 찾아 빠르고 정확하게 옳고 그름을 판단할 수 있도록 본격적인 문제 풀이에 앞서 다양한 자료로 충분히 연습하는 것이 좋다.

해커스 대기업 인적성 & NCS
수리·추리 집중 공략

I

기초학습

기초연산

자료분석

기초연산

01 덧셈·뺄셈

받아올림이 필요한 덧셈과 받아내림이 필요한 뺄셈은 수식을 변형하여 빠르게 계산할 수 있다.

풀이 전략

1. 덧셈

1) 두 자릿수를 계산할 때

두 수 중 한 수의 일의 자리가 0이 되도록 변환하여 계산한다.

예

35+49
=35+(49+1−1)
=35+50−1
=85−1
=84

2) 세 자릿수 이상을 계산할 때

끝 두 자리 숫자를 묶어서 계산한다.

예

① 세 자릿수

```
   749
+  592
-------
    50-1
+   92
-------
   141
  12
-------
  1341
```

② 네 자릿수

```
 3591
+2879
-------
   91
+  80-1
-------
  170
 35
+30-2
-------
+63
-------
 6470
```

2. 뺄셈

1) 두 자릿수를 계산할 때

두 수 중 한 수의 일의 자리가 0이 되도록 변환하여 계산한다.

84-36
=84-(36+4-4)
=84-40+4
=44+4
=48

2) 세 자릿수 이상을 계산할 때

두 수 중 한 수의 끝 두 자리 숫자와 동일하도록 다른 한 수의 끝 두 자리 숫자를 변환하여 계산한다.

① 세 자릿수
532-374
=(574-42)-374
=574-374-42
=200-42
=158

② 네 자릿수
5,419-3,276
=5,419-(3,219+57)
=5,419-3,219-57
=2,200-57
=2,143

연습문제 ①

[01-40] 다음을 계산하시오.

01 15+29

02 23+32

03 43+76

04 45+80

05 21+46

06 45+54

07 86+29

08 32+19

09 47+18

10 13+29

11 39+19

12 19+89

13 18+82

14 21+89

15 47+31

16 25+37

17 81+97

18 67+68

19 49+59

20 79+28

21 37-11

22 32-19

23 97-35

24 83-48

25 54-28

26 94-19

27 71-63

28 64-54

29 36-35

30 31-13

31 75-57

32 91-39

33 98-39

34 34-17

35 41-29

36 48-35

37 99-46

38 79-34

39 76-63

40 71-33

01	44	06	99	11	58	16	62	21	26	26	75	31	18	36	13
02	55	07	115	12	108	17	178	22	13	27	8	32	52	37	53
03	119	08	51	13	100	18	135	23	62	28	10	33	59	38	45
04	125	09	65	14	110	19	108	24	35	29	1	34	17	39	13
05	67	10	42	15	78	20	107	25	26	30	18	35	12	40	38

연습문제 ②

[01-40] 다음을 계산하시오.

01 19+39

02 48+58

03 71+11

04 13+39

05 14+51

06 10+84

07 51+48

08 72+94

09 37+91

10 34+66

11 42+73

12 21+43

13 38+46

14 37+74

15 71+80

16 40+62

17 33+88

18 77+83

19 86+94

20 91+99

21 91-17

22 96-47

23 92-38

24 89-71

25 81-10

26 90-29

27 95-86

28 71-35

29 78-29

30 82-28

31 29-11

32 75-30

33 85-58

34 51-43

35 88-49

36 79-18

37 65-38

38 58-16

39 64-32

40 76-67

01	58	06	94	11	115	16	102	21	74	26	61	31	18	36	61
02	106	07	99	12	64	17	121	22	49	27	9	32	45	37	27
03	82	08	166	13	84	18	160	23	54	28	36	33	27	38	42
04	52	09	128	14	111	19	180	24	18	29	49	34	8	39	32
05	65	10	100	15	151	20	190	25	71	30	54	35	39	40	9

연습문제 ③

[01-40] 다음을 계산하시오.

01 325+41

02 89+418

03 748+56

04 46+719

05 509+77

06 65+831

07 572+26

08 18+987

09 793+16

10 40+558

11 502+54

12 39+575

13 926+72

14 35+719

15 905+89

16 53+654

17 909+76

18 20+908

19 379+46

20 80+916

21 214+617

22 221+722

23 111+840

24 360+444

25 612+397

26 210+737

27 142+659

28 945+856

29 323+976

30 150+536

31 935+562

32 581+816

33 625+386

34 470+147

35 609+753

36 315+890

37 512+992

38 439+573

39 811+183

40 366+726

01	366	06	896	11	556	16	707	21	831	26	947	31	1,497	36	1,205
02	507	07	598	12	614	17	985	22	943	27	801	32	1,397	37	1,504
03	804	08	1,005	13	998	18	928	23	951	28	1,801	33	1,011	38	1,012
04	765	09	809	14	754	19	425	24	804	29	1,299	34	617	39	994
05	586	10	598	15	994	20	996	25	1,009	30	686	35	1,362	40	1,092

연습문제 ④

[01-40] 다음을 계산하시오.

01 1,334+924

02 271+744

03 206+478

04 731+665

05 307+190

06 2,909+794

07 865+218

08 421+876

09 984+431

10 129+1,418

11 169+707

12 824+929

13 164+628

14 321+718

15 370+362

16 233+729

17 2,176+481

18 557+657

19 312+3,520

20 585+800

21 671+503

22 436+781

23 392+787

24 402+833

25 1,544+4,382

26 174+923

27 489+838

28 604+762

29 897+640

30 1,287+1,330

31 465+506

32 969+106

33 693+523

34 861+539

35 961+1,734

36 714+475

37 495+304

38 846+553

39 5,768+622

40 196+646

01	2,258	06	3,703	11	876	16	962	21	1,174	26	1,097	31	971	36	1,189
02	1,015	07	1,083	12	1,753	17	2,657	22	1,217	27	1,327	32	1,075	37	799
03	684	08	1,297	13	792	18	1,214	23	1,179	28	1,366	33	1,216	38	1,399
04	1,396	09	1,415	14	1,039	19	3,832	24	1,235	29	1,537	34	1,400	39	6,390
05	497	10	1,547	15	732	20	1,385	25	5,926	30	2,617	35	2,695	40	842

연습문제 ⑤

[01-40] 다음을 계산하시오.

01 758+243+577

02 144+773+156

03 230+280+197

04 138+249+328

05 116+223+334

06 608+171+216

07 681+322+321

08 594+575+373

09 531+610+219

10 418+272+526

11 326+183+189

12 413+119+449

13 242+366+91

14 109+311+647

15 193+266+220

16 151+498+473

17 637+417+466

18 345+429+509

19 416+437+516

20 333+407+203

21 641+339+541

22 279+375+56

23 684+147+154

24 325+309+384

25 565+633+287

26 123+832+166

27 284+244+255

28 295+373+268

29 174+397+52

30 304+569+332

31 932+312+311

32 208+211+279

33 737+229+124

34 615+496+155+162

35 198+586+199+213

36 394+397+244+266

37 64+192+525+389

38 166+191+209+252

39 172+321+462+90

40 393+335+84+17

01	1,578	06	995	11	698	16	1,122	21	1,521	26	1,121	31	1,555	36	1,301
02	1,073	07	1,324	12	981	17	1,520	22	710	27	783	32	698	37	1,170
03	707	08	1,542	13	699	18	1,283	23	985	28	936	33	1,090	38	818
04	715	09	1,360	14	1,067	19	1,369	24	1,018	29	623	34	1,428	39	1,045
05	673	10	1,216	15	679	20	943	25	1,485	30	1,205	35	1,196	40	829

연습문제 ⑥

[01-40] 다음을 계산하시오.

01 436-81

02 250-34

03 392-33

04 269-99

05 389-14

06 338-89

07 180-35

08 351-93

09 245-74

10 630-43

11 380-17

12 429-77

13 71-5

14 280-98

15 282-13

16 376-11

17 297-11

18 111-74

19 195-32

20 291-37

21 667-548

22 885-798

23 931-747

24 796-235

25 463-299

26 629-113

27 727-377

28 911-161

29 583-398

30 464-349

31 519-238

32 822-408

33 704-155

34 555-328

35 756-511

36 633-381

37 567-319

38 538-296

39 546-291

40 738-401

01	355	06	249	11	363	16	365	21	119	26	516	31	281	36	252
02	216	07	145	12	352	17	286	22	87	27	350	32	414	37	248
03	359	08	258	13	66	18	37	23	184	28	750	33	549	38	242
04	170	09	171	14	182	19	163	24	561	29	185	34	227	39	255
05	375	10	587	15	269	20	254	25	164	30	115	35	245	40	337

연습문제 ⑦

[01-40] 다음을 계산하시오.

01 438-297

02 639-358

03 837-680

04 298-199

05 433-249

06 724-396

07 832-579

08 434-278

09 524-173

10 648-285

11 919-283

12 979-849

13 739-483

14 906-663

15 887-742

16 843-390

17 518-264

18 903-655

19 907-551

20 630-576

21 826-468

22 934-556

23 241-165

24 848-394

25 941-187

26 442-180

27 543-272

28 224-118

29 522-452

30 845-364

31 626-359

32 894-338

33 642-560

34 835-564

35 336-154

36 635-456

37 614-566

38 831-484

39 937-289

40 447-175

01	141	06	328	11	636	16	453	21	358	26	262	31	267	36	179
02	281	07	253	12	130	17	254	22	378	27	271	32	556	37	48
03	157	08	156	13	256	18	248	23	76	28	106	33	82	38	347
04	99	09	351	14	243	19	356	24	454	29	70	34	271	39	648
05	184	10	363	15	145	20	54	25	754	30	481	35	182	40	272

연습문제 ⑧

[01-40] 다음을 계산하시오.

01 561 − 105 − 114

02 419 − 119 − 49

03 236 − 53 − 136

04 644 − 159 − 234

05 814 − 143 − 225

06 542 − 170 − 218

07 716 − 191 − 276

08 514 − 235 − 216

09 733 − 300 − 188

10 267 − 21 − 102

11 417 − 99 − 71

12 926 − 383 − 589

13 662 − 117 − 713

14 313 − 377 − 83

15 122 − 234 − 139

16 339 − 440 − 131

17 534 − 251 − 432

18 710 − 177 − 177

19 535 − 105 − 181

20 228 − 219 − 133

21 441 − 32 − 149

22 782 − 133 − 173

23 563 − 101 − 218

24 119 − 66 − 297

25 867 − 79 − 344

26 974 − 297 − 531

27 260 − 321 − 438

28 860 − 153 − 471

29 232 − 99 − 83

30 325 − 144 − 328

31 641 − 123 − 159 − 205

32 606 − 84 − 82 − 93

33 424 − 456 − 116 − 106

34 921 − 91 − 92 − 93

35 839 − 317 − 150 − 117

36 627 − 143 − 98 − 165

37 720 − 133 − 257 − 197

38 140 − 661 − 83 − 41

39 527 − 72 − 93 − 98

40 621 − 402 − 344 − 29

01	342	06	154	11	247	16	−232	21	260	26	146	31	154	36	221
02	251	07	249	12	−46	17	−149	22	476	27	−499	32	347	37	133
03	47	08	63	13	−168	18	356	23	244	28	236	33	−254	38	−645
04	251	09	245	14	−147	19	249	24	−244	29	50	34	645	39	264
05	446	10	144	15	−251	20	−124	25	444	30	−147	35	255	40	−154

02 곱셈·나눗셈

곱셈과 나눗셈은 곱셈공식과 소인수분해 등을 이용하여 수식을 변형하며 빠르게 계산할 수 있다.

풀이 전략

1. 곱셈

1) 정수를 계산할 때

같은 자릿수끼리 서로 곱해서 계산한다.

- a, b, c, d가 한 자릿수일 때, 두 자릿수 10a+b와 10c+d의 곱은 다음과 같다.

  → $(10a+b)(10c+d)=100ac+bd+10ad+10bc$

예

```
     5 7
  ×  2 9
 ─────────
   1 0|6 3
 +   5 9(=5×9+2×7)
 ─────────
   1 6 5 3
```

2) 분수를 계산할 때

분자와 분모를 각각 소인수분해하여 계산한다.

예

$$\frac{42}{24}\times\frac{9}{32}=\frac{2\times3\times7}{2^3\times3}\times\frac{3^2}{2^5}=\frac{3^2\times7}{2^7}=\frac{63}{128}$$

+ 플러스 학습

소인수분해

소인수분해는 자연수를 소인수의 곱으로 나타낸 것이며, 소인수는 자연수 중 자기 자신과 1만을 약수로 가지는 수를 의미한다.

예 756을 소인수분해하면 다음과 같다.

```
2 | 756
  └────
2 | 378
  └────
3 | 189
  └────
3 |  63
  └────
3 |  21
  └────
      7
```

→ $756=2^2\times3^3\times7$

2. 나눗셈

1) 정수를 계산할 때

나누어지는 수와 나누는 수의 공약수로 두 수의 크기를 줄여 계산한다.

$$96 \div 6 \rightarrow 48 \div 3 = 16$$

(96과 6을 각각 ÷2)

2) 분수를 계산할 때

나눗셈을 곱셈으로 바꾼 후, 분자와 분모를 각각 소인수분해하여 계산한다.

$$\frac{36}{16} \div \frac{44}{14} = \frac{36}{16} \times \frac{14}{44} = \frac{2^2 \times 3^2}{2^4} \times \frac{2 \times 7}{2^2 \times 11} = \frac{3^2 \times 7}{2^3 \times 11} = \frac{63}{88}$$

✚ 플러스 학습

배수판정법

배수판정법은 주어진 수가 어떤 수의 배수인지 판별하는 방법이며, 분수에서 분자와 분모를 약분할 때 배수판정법을 이용하면 분자와 분모의 공약수를 쉽게 찾을 수 있다.

- 2의 배수판정법: 끝자리 숫자가 0 또는 2의 배수인 수
- 3의 배수판정법: 각 자리 숫자의 합이 3의 배수인 수
- 4의 배수판정법: 끝 두 자리 숫자가 00 또는 4의 배수인 수
- 5의 배수판정법: 끝자리 숫자가 0 또는 5인 수
- 6의 배수판정법: 끝자리 숫자가 0 또는 2의 배수이면서 각 자리 숫자의 합이 3의 배수인 수
- 8의 배수판정법: 끝 세 자리 숫자가 000 또는 8의 배수인 수
- 9의 배수판정법: 각 자리 숫자의 합이 9의 배수인 수

또한, 위의 배수판정법을 활용하면 다른 수의 배수판정법도 만들 수 있다.

예 3의 배수판정법과 4의 배수판정법을 모두 만족하면 12의 배수이므로, 주어진 수의 끝 두 자리가 00 또는 4의 배수이면서 각 자리 숫자의 합이 3의 배수이면 그 수는 12의 배수임을 알 수 있다.

연습문제 ①

[01-40] 다음을 계산하시오.

01 11×12

02 12×13

03 14×16

04 15×18

05 12×21

06 13×22

07 14×15

08 21×15

09 17×13

10 14×18

11 15×17

12 19×21

13 17×23

14 22×18

15 22×23

16 21×22

17 12×23

18 16×11

19 13×16

20 15×25

21 10×10

22 11×11

23 12×12

24 13×13

25 14×14

26 15×15

27 16×16

28 17×17

29 18×18

30 19×19

31 20×20

32 21×21

33 22×22

34 23×23

35 24×24

36 25×25

37 26×26

38 27×27

39 28×28

40 29×29

01	132	06	286	11	255	16	462	21	100	26	225	31	400	36	625
02	156	07	210	12	399	17	276	22	121	27	256	32	441	37	676
03	224	08	315	13	391	18	176	23	144	28	289	33	484	38	729
04	270	09	221	14	396	19	208	24	169	29	324	34	529	39	784
05	252	10	252	15	506	20	375	25	196	30	361	35	576	40	841

연습문제 ②

[01-40] 다음을 계산하시오.

01 12×24

02 27×31

03 38×13

04 36×15

05 27×43

06 95×31

07 41×59

08 35×50

09 91×19

10 84×24

11 73×23

12 76×89

13 55×94

14 52×61

15 33×46

16 59×61

17 62×86

18 44×29

19 18×63

20 54×56

21 32×71

22 43×34

23 45×38

24 52×67

25 30×31

26 32×28

27 19×27

28 18×24

29 41×18

30 23×43

31 19×39

32 54×12

33 24×28

34 19×31

35 36×18

36 18×33

37 41×21

38 31×21

39 78×12

40 37×22

01	288	06	2,945	11	1,679	16	3,599	21	2,272	26	896	31	741	36	594
02	837	07	2,419	12	6,764	17	5,332	22	1,462	27	513	32	648	37	861
03	494	08	1,750	13	5,170	18	1,276	23	1,710	28	432	33	672	38	651
04	540	09	1,729	14	3,172	19	1,134	24	3,484	29	738	34	589	39	936
05	1,161	10	2,016	15	1,518	20	3,024	25	930	30	989	35	648	40	814

연습문제 ③

[01-40] 다음을 계산하시오.

01 1,002×12

02 2,017×15

03 3,215×31

04 2,736×19

05 27×4,328

06 95×3,031

07 41×5,966

08 35×5,010

09 91×1,977

10 84×2,354

11 7,973×23

12 76×8,009

13 5,125×94

14 52×6,791

15 33×4,116

16 59×6,841

17 6,622×86

18 4,499×29

19 18×6,301

20 54×5,196

21 301×799

22 413×344

23 415×398

24 512×697

25 310×311

26 312×218

27 129×237

28 128×294

29 451×178

30 233×433

31 149×319

32 554×192

33 214×208

34 159×351

35 336×158

36 198×353

37 441×291

38 301×221

39 708×172

40 387×282

01	12,024	06	287,945	11	183,379	16	403,619	21	240,499	26	68,016	31	47,531	36	69,894
02	30,255	07	244,606	12	608,684	17	569,492	22	142,072	27	30,573	32	106,368	37	128,331
03	99,665	08	175,350	13	481,750	18	130,471	23	165,170	28	37,632	33	44,512	38	66,521
04	51,984	09	179,907	14	353,132	19	113,418	24	356,864	29	80,278	34	55,809	39	121,776
05	116,856	10	197,736	15	135,828	20	280,584	25	96,410	30	100,889	35	53,088	40	109,134

연습문제 ④

[01-40] 다음 빈칸에 들어갈 알맞은 수를 적으시오.

01 24÷12 =2÷ ____

02 354÷18 =59÷ ____

03 156÷24 =13÷ ____

04 135÷50 =27÷ ____

05 207÷39 =69÷ ____

06 196÷36 =49÷ ____

07 188÷6 =94÷ ____

08 246÷12 =41÷ ____

09 194÷26 =97÷ ____

10 184÷24 =23÷ ____

11 84÷21 =4÷ ____

12 186÷69 =62÷ ____

13 155÷95 =31÷ ____

14 754÷28 =377÷ ____

15 522÷63 =58÷ ____

16 786÷24 =131÷ ____

17 990÷72 =55÷ ____

18 644÷42 =46÷ ____

19 918÷54 =17÷ ____

20 854÷56 =427÷ ____

21 96÷14 = ____ ÷7

22 172÷24 = ____ ÷6

23 432÷8 = ____ ÷1

24 144÷12 = ____ ÷1

25 324÷6 = ____ ÷1

26 135÷25 = ____ ÷5

27 88÷8 = ____ ÷2

28 992÷16 = ____ ÷4

29 171÷12 = ____ ÷4

30 456÷24 = ____ ÷1

31 722÷38 = ____ ÷1

32 903÷21 = ____ ÷1

33 744÷24 = ____ ÷1

34 725÷25 = ____ ÷1

35 612÷52 = ____ ÷13

36 228÷14 = ____ ÷7

37 616÷24 = ____ ÷3

38 294÷12 = ____ ÷2

39 795÷51 = ____ ÷17

40 546÷30 = ____ ÷5

01	1	06	9	11	1	16	4	21	48	26	27	31	19	36	114
02	3	07	3	12	23	17	4	22	43	27	22	32	43	37	77
03	2	08	2	13	19	18	3	23	54	28	248	33	31	38	49
04	10	09	13	14	14	19	1	24	12	29	57	34	29	39	265
05	13	10	3	15	7	20	28	25	54	30	19	35	153	40	91

연습문제 ⑤

[01-40] 다음을 계산하시오. (단, 소수점 첫째 자리에서 반올림하여 계산한다.)

01 272÷18

02 198÷32

03 174÷24

04 155÷15

05 142÷12

06 147÷18

07 196÷16

08 317÷9

09 299÷12

10 145÷64

11 713÷16

12 925÷24

13 843÷27

14 826÷16

15 556÷4

16 994÷16

17 997÷25

18 754÷24

19 648÷32

20 798÷12

21 829÷12

22 287÷7

23 844÷31

24 159÷12

25 317÷16

26 194÷24

27 808÷16

28 924÷8

29 198÷3

30 412÷18

31 724÷24

32 912÷12

33 784÷4

34 625÷25

35 612÷48

36 712÷16

37 840÷8

38 918÷6

39 258÷6

40 522÷12

01	15	06	8	11	45	16	62	21	69	26	8	31	30	36	45
02	6	07	12	12	39	17	40	22	41	27	51	32	76	37	105
03	7	08	35	13	31	18	31	23	27	28	116	33	196	38	153
04	10	09	25	14	52	19	20	24	13	29	66	34	25	39	43
05	12	10	2	15	139	20	67	25	20	30	23	35	13	40	44

연습문제 ⑥

[01-40] 다음을 계산하시오. (단, 소수점 첫째 자리에서 반올림하여 계산한다.)

01 1,128÷8

02 372÷12

03 224÷24

04 945÷15

05 512÷16

06 945÷9

07 272÷16

08 315÷24

09 880÷16

10 145÷64

11 780÷60

12 948÷48

13 828÷12

14 725÷45

15 666÷12

16 174÷24

17 920÷16

18 748÷8

19 693÷9

20 762÷18

21 612÷12

22 348÷7

23 128÷8

24 286÷12

25 948÷16

26 334÷24

27 752÷16

28 964÷8

29 733÷3

30 568÷18

31 164÷24

32 338÷12

33 482÷4

34 575÷25

35 866÷48

36 586÷16

37 368÷8

38 626÷6

39 808÷6

40 902÷12

01	141	06	105	11	13	16	7	21	51	26	14	31	7	36	37
02	31	07	17	12	20	17	58	22	50	27	47	32	28	37	46
03	9	08	13	13	69	18	94	23	16	28	121	33	121	38	104
04	63	09	55	14	16	19	77	24	24	29	244	34	23	39	135
05	32	10	2	15	56	20	42	25	59	30	32	35	18	40	75

연습문제 ⑦

[01-10] 다음 분수를 기약분수로 나타내시오.

01 $\frac{21}{36}$

02 $\frac{16}{24}$

03 $\frac{24}{32}$

04 $\frac{18}{68}$

05 $\frac{39}{52}$

06 $\frac{39}{156}$

07 $\frac{150}{135}$

08 $\frac{180}{24}$

09 $\frac{70}{34}$

10 $\frac{124}{182}$

[11-30] 다음을 계산하시오.

11 $\frac{13}{68} \times \frac{16}{26}$

12 $\frac{3}{10} \times \frac{5}{14}$

13 $\frac{7}{15} \times \frac{5}{14}$

14 $\frac{42}{88} \times \frac{36}{35}$

15 $\frac{64}{96} \times \frac{15}{48}$

16 $\frac{135}{513} \times \frac{18}{24}$

17 $\frac{144}{384} \times \frac{95}{162}$

18 $\frac{54}{243} \times \frac{44}{96}$

19 $\frac{45}{126} \times \frac{35}{54}$

20 $\frac{98}{34} \times \frac{51}{258}$

21 $\frac{42}{24} \div \frac{49}{56}$

22 $\frac{14}{33} \div \frac{56}{22}$

23 $\frac{16}{63} \div \frac{36}{49}$

24 $\frac{60}{625} \div \frac{81}{135}$

25 $\frac{7}{153} \div \frac{56}{34}$

26 $\frac{27}{711} \div \frac{125}{225}$

27 $\frac{54}{324} \div \frac{49}{168}$

28 $\frac{36}{625} \div \frac{162}{25}$

29 $\frac{96}{168} \div \frac{368}{14}$

30 $\frac{78}{102} \div \frac{65}{68}$

01	$\frac{7}{12}$	04	$\frac{9}{34}$	07	$\frac{10}{9}$	10	$\frac{62}{91}$	13	$\frac{1}{6}$	16	$\frac{15}{76}$	19	$\frac{25}{108}$	22	$\frac{1}{6}$	25	$\frac{1}{36}$	28	$\frac{2}{225}$
02	$\frac{2}{3}$	05	$\frac{3}{4}$	08	$\frac{15}{2}$	11	$\frac{2}{17}$	14	$\frac{27}{55}$	17	$\frac{95}{432}$	20	$\frac{49}{86}$	23	$\frac{28}{81}$	26	$\frac{27}{395}$	29	$\frac{1}{46}$
03	$\frac{3}{4}$	06	$\frac{1}{4}$	09	$\frac{35}{17}$	12	$\frac{3}{28}$	15	$\frac{5}{24}$	18	$\frac{11}{108}$	21	2	24	$\frac{4}{25}$	27	$\frac{4}{7}$	30	$\frac{4}{5}$

연습문제 ⑧

[01-10] 다음 분수를 기약분수로 나타내시오.

01 $\frac{35}{28}$

02 $\frac{16}{84}$

03 $\frac{162}{64}$

04 $\frac{81}{96}$

05 $\frac{128}{162}$

06 $\frac{648}{168}$

07 $\frac{355}{125}$

08 $\frac{384}{81}$

09 $\frac{189}{98}$

10 $\frac{168}{261}$

[11-30] 다음을 계산하시오.

11 $\frac{7}{13} \times \frac{5}{14}$

12 $\frac{24}{184} \times \frac{16}{54}$

13 $\frac{32}{92} \times \frac{5}{14}$

14 $\frac{21}{56} \times \frac{44}{64}$

15 $\frac{16}{84} \times \frac{15}{39}$

16 $\frac{75}{84} \times \frac{16}{25}$

17 $\frac{12}{321} \div \frac{33}{242}$

18 $\frac{12}{81} \times \frac{36}{96}$

19 $\frac{45}{121} \times \frac{33}{25}$

20 $\frac{6}{23} \times \frac{69}{56}$

21 $\frac{84}{25} \times \frac{55}{216}$

22 $\frac{156}{162} \div \frac{35}{25}$

23 $\frac{48}{108} \div \frac{15}{162}$

24 $\frac{76}{192} \times \frac{84}{144}$

25 $\frac{92}{232} \times \frac{264}{112}$

26 $\frac{84}{52} \div \frac{21}{13}$

27 $\frac{63}{64} \div \frac{35}{96}$

28 $\frac{39}{88} \div \frac{65}{44}$

29 $\frac{15}{143} \div \frac{40}{39}$

30 $\frac{25}{63} \div \frac{45}{108}$

01	$\frac{5}{4}$	04	$\frac{27}{32}$	07	$\frac{71}{25}$	10	$\frac{56}{87}$	13	$\frac{20}{161}$	16	$\frac{4}{7}$	19	$\frac{27}{55}$	22	$\frac{130}{189}$	25	$\frac{759}{812}$	28	$\frac{3}{10}$
02	$\frac{4}{21}$	05	$\frac{64}{81}$	08	$\frac{128}{27}$	11	$\frac{5}{26}$	14	$\frac{33}{128}$	17	$\frac{88}{321}$	20	$\frac{9}{28}$	23	$\frac{24}{5}$	26	1	29	$\frac{9}{88}$
03	$\frac{81}{32}$	06	$\frac{27}{7}$	09	$\frac{27}{14}$	12	$\frac{8}{207}$	15	$\frac{20}{273}$	18	$\frac{1}{18}$	21	$\frac{77}{90}$	24	$\frac{133}{576}$	27	$\frac{27}{10}$	30	$\frac{20}{21}$

03 자연수 대소 비교

수식을 정확하게 계산하지 않고 각 항의 크기 또는 차이를 비교하거나 비율을 이용하여 두 연산식의 크기를 비교할 수 있다.

풀이 전략

1. 덧셈

① 자연수 a, b, c, d에 대하여 a>c, b>d일 때, a+b>c+d이다.

예

718+536 □ 599+421 크기 비교

718+536과 599+421의 크기를 비교하면 718>599, 536>421이므로 큰 수끼리 더한 718+536이 작은 수끼리 더한 599+421보다 더 큼을 알 수 있다.

718+536 □ 599+421 → 718+536 [>] 599+421

② ①의 방법으로 대소 비교가 불가능한 경우, 덧셈을 하는 두 수식 중 큰 수는 큰 수끼리, 작은 수는 작은 수끼리 차이를 비교하면 그 차이가 더 큰 수식이 다른 수식보다 계산값이 더 크다.

예

324+412 □ 372+350 크기 비교

324+412와 372+350의 크기를 비교하면 큰 수끼리의 차이는 412−372=40으로 왼쪽 식의 큰 수가 40만큼 더 크고, 작은 수끼리의 차이는 350−324=26으로 오른쪽 식의 작은 수가 26만큼 더 크므로 324+412가 372+350보다 더 큼을 알 수 있다.

+40

324+412 □ 372+350 → 324+412 [>] 372+350

+26

2. 뺄셈

① 자연수 a, b, c, d에 대하여 a>b>c>d일 때, a−d>b−c이다.

예

814−275 □ 528−392 크기 비교

814−275와 528−392의 크기를 비교하면 814>528, 392>275이므로 주어진 수 중 가장 큰 수에서 가장 작은 수를 뺀 814−275가 두 번째로 큰 수에서 세 번째로 큰 수를 뺀 528−392보다 더 큼을 알 수 있다.

814−275 □ 528−392 → 814−275 [>] 528−392

② ①의 방법으로 대소 비교가 불가능한 경우, 뺄셈을 하는 두 수식 중 빼지는 수는 빼지는 수끼리, 빼는 수는 빼는 수끼리 차이를 비교하면 그 차이가 더 큰 수식이 다른 수식보다 계산값이 더 크다.

예

513−382 □ 425−337 크기 비교

513−382와 425−337의 크기를 비교하면 빼지는 수끼리의 차이는 513−425=88로 왼쪽 식이 88만큼 더 크고, 빼는 수끼리의 차이는 382−337=45로 왼쪽 식이 45만큼 더 크므로 513−382가 425−337보다 더 큼을 알 수 있다.

513－382 □ 425－337 → 513－382 [>] 425－337

(+88, +45)

3. 곱셈

① 자연수 a, b, c, d에 대하여 $a>c$, $b>d$일 때, $a\times b>c\times d$이다.

예

513×318 □ 497×289 크기 비교

513×318과 497×289의 크기를 비교하면 $513>497$, $318>289$이므로 513×318이 497×289보다 더 큼을 알 수 있다.

513×318 □ 497×289 → 513×318 [>] 497×289

(>, >)

② ①의 방법으로 대소 비교가 불가능한 경우, 자연수 a, b, c, d에 대하여 $a>c$, $b<d$일 때, c에 대한 a의 배율이 b에 대한 d의 배율보다 크면 $a\times b>c\times d$이다.

예

150×48 □ 120×72 크기 비교

150×48과 120×72의 크기를 비교하면 큰 수끼리의 배율은 $\frac{150-120}{120}\times100=25\%$로 왼쪽 식이 25%만큼 크고, 작은 수끼리의 배율은 $\frac{72-48}{48}\times100=50\%$로 오른쪽 식이 50%만큼 크므로 120×72가 150×48보다 더 큼을 알 수 있다.

150×48 □ 120×72 → 150×48 [<] 120×72

(25%, 50%)

4. 나눗셈

① 자연수 a, b, c, d에 대하여 $a>b>c>d$일 때, $a\div d>b\div c$이다.

예

756÷173 □ 576÷241 크기 비교

756÷173과 576÷241의 크기를 비교하면 $756>576$, $241>173$이므로 주어진 수 중 가장 큰 수를 가장 작은 수로 나눈 756÷173이 두 번째로 큰 수를 세 번째로 큰 수로 나눈 576÷241보다 더 큼을 알 수 있다.

756÷173 □ 576÷241 → 756÷173 [>] 576÷241

(>, <)

② ①의 방법으로 대소 비교가 불가능한 경우, 자연수 a, b, c, d에 대하여 $a>c$, $b>d$일 때, a에 대한 b의 배율이 c에 대한 d의 배율보다 크면 $a\div c<b\div d$이다.

예

360÷45 □ 720÷180 크기 비교

360÷45와 720÷180의 크기를 비교하면 나누어지는 수끼리의 배율은 $\frac{720-360}{360}\times100=100\%$로 오른쪽 식이 100%만큼 크고, 나누는 수끼리의 배율은 $\frac{180-45}{45}\times100=300\%$로 오른쪽 식이 300%만큼 크므로 360÷45가 720÷180보다 더 큼을 알 수 있다.

360÷45 □ 720÷180 → 360÷45 [>] 720÷180

(100%, 300%)

연습문제 ①

[01-40] 다음 두 수식의 크기를 비교하시오.

번호	수식		수식
01	16+32		18+40
02	28+59		47+25
03	42+76		51+89
04	34+25		28+39
05	19+15		21+16
06	65+34		51+20
07	25+35		29+19
08	74+47		62+31
09	57+35		37+83
10	39+49		48+52
11	49+91		36+89
12	81+71		79+83
13	98+97		58+88
14	79+75		86+81
15	66+79		74+61
16	86+85		87+88
17	84+39		43+93
18	66+69		61+67
19	29+72		65+24
20	56+54		51+53
21	81+54		68+66
22	15+19		17+18
23	25+31		39+28
24	34+45		54+66
25	41+57		47+51
26	58+13		49+21
27	68+98		92+79
28	25+52		39+44
29	71+52		45+76
30	44+55		49+51
31	35+98		52+77
32	48+53		51+52
33	75+63		96+39
34	56+89		78+82
35	23+31		19+38
36	18+28		16+39
37	91+92		84+99
38	71+64		75+53
39	58+94		77+77
40	56+65		49+94

01	<	06	>	11	>	16	<	21	>	26	>	31	>	36	<
02	>	07	>	12	<	17	<	22	<	27	<	32	<	37	=
03	<	08	>	13	>	18	>	23	<	28	<	33	>	38	>
04	<	09	<	14	<	19	>	24	<	29	>	34	<	39	<
05	<	10	<	15	>	20	>	25	=	30	<	35	<	40	<

연습문제 ②

[01-40] 다음 두 수식의 크기를 비교하시오.

번호	수식		수식
01	123+234		126+358
02	158+324		142+287
03	123+124		187+189
04	176+154		159+163
05	213+389		251+199
06	222+333		288+191
07	548+275		364+610
08	125+359		224+185
09	548+628		493+571
10	108+255		181+105
11	456+789		987+654
12	716+327		299+865
13	757+660		593+699
14	699+177		282+733
15	976+821		899+785
16	527+440		381+511
17	886+514		481+759
18	899+736		812+720
19	438+725		599+423
20	182+922		857+177
21	182+345		245+270
22	175+215		190+199
23	248+333		280+300
24	217+310		250+277
25	289+512		335+481
26	341+428		378+388
27	189+354		254+291
28	845+520		775+685
29	715+431		652+587
30	756+641		842+534
31	157+622		548+199
32	524+648		481+739
33	651+398		514+450
34	854+315		513+616
35	856+914		888+899
36	513+945		743+711
37	311+299		300+306
38	846+871		866+865
39	525+511		500+569
40	618+482		733+385

01	<	06	>	11	<	16	>	21	>	26	>	31	>	36	>
02	>	07	<	12	<	17	>	22	>	27	<	32	<	37	>
03	<	08	>	13	>	18	>	23	>	28	<	33	>	38	<
04	>	09	>	14	<	19	>	24	=	29	<	34	>	39	<
05	>	10	>	15	>	20	>	25	<	30	>	35	<	40	<

연습문제 ③

[01-40] 다음 두 수식의 크기를 비교하시오.

번호	수식		수식
01	84-32		96-28
02	54-18		97-15
03	72-28		64-39
04	67-23		54-27
05	54-28		74-25
06	89-27		75-33
07	71-28		66-39
08	88-37		78-41
09	59-31		61-28
10	55-19		49-22
11	38-11		29-16
12	86-48		77-52
13	85-28		91-26
14	56-49		63-41
15	79-45		76-48
16	71-28		65-46
17	70-50		60-55
18	74-59		69-61
19	49-45		56-44
20	91-65		92-60
21	84-32		72-24
22	77-29		75-19
23	74-34		81-45
24	51-26		45-21
25	81-33		91-35
26	79-28		75-15
27	64-48		56-36
28	49-28		87-55
29	88-15		97-22
30	82-28		74-20
31	44-22		33-19
32	46-29		77-50
33	39-12		80-56
34	48-31		28-19
35	66-35		56-28
36	75-36		89-48
37	98-65		65-31
38	87-54		54-18
39	95-84		62-40
40	86-75		78-68

01	<	06	>	11	>	16	>	21	>	26	<	31	>	36	<
02	<	07	>	12	>	17	>	22	<	27	<	32	<	37	<
03	>	08	>	13	<	18	>	23	>	28	<	33	>	38	<
04	>	09	<	14	<	19	<	24	>	29	<	34	>	39	<
05	<	10	>	15	>	20	<	25	<	30	=	35	>	40	>

연습문제 ④

[01-40] 다음 두 수식의 크기를 비교하시오.

번호	수식		수식
01	153−121		142−133
02	182−152		202−128
03	996−618		879−729
04	925−437		810−545
05	238−147		211−185
06	603−507		596−542
07	670−482		960−338
08	645−201		569−333
09	727−358		710−360
10	777−497		691−563
11	381−150		266−189
12	617−536		744−498
13	212−112		312−108
14	573−171		424−353
15	832−516		730−641
16	794−292		551−318
17	587−353		538−405
18	627−116		399−146
19	286−168		291−100
20	729−131		659−221
21	452−321		512−366
22	712−543		641−515
23	686−351		482−151
24	501−164		415−102
25	877−374		639−145
26	593−278		377−159
27	414−205		763−557
28	391−263		451−310
29	818−424		717−344
30	967−479		711−340
31	319−201		432−311
32	717−463		974−639
33	416−243		629−448
34	237−136		439−340
35	831−748		937−824
36	356−190		873−697
37	678−335		481−149
38	735−485		410−151
39	911−571		764−197
40	441−159		831−557

01	>	06	>	11	>	16	>	21	<	26	>	31	<	36	<
02	<	07	<	12	<	17	>	22	>	27	>	32	<	37	>
03	>	08	>	13	<	18	>	23	>	28	<	33	<	38	<
04	>	09	>	14	>	19	<	24	>	29	>	34	>	39	<
05	>	10	>	15	>	20	>	25	>	30	>	35	<	40	>

연습문제 ⑤

[01-40] 다음 두 수식의 크기를 비교하시오.

01	13×15		15×17	21	18×65		23×68
02	15×18		16×14	22	34×42		36×39
03	16×18		19×17	23	61×67		65×58
04	18×24		20×25	24	77×78		71×75
05	21×22		23×24	25	73×72		74×76
06	24×28		26×22	26	77×77		76×70
07	21×29		27×20	27	71×79		73×68
08	25×28		30×26	28	72×72		71×71
09	31×39		28×37	29	75×79		76×80
10	33×35		34×36	30	81×74		73×78
11	37×41		35×38	31	81×18		24×83
12	81×23		56×19	32	94×48		56×96
13	48×56		55×45	33	88×77		91×81
14	28×38		36×27	34	62×79		75×60
15	37×42		43×38	35	91×93		90×92
16	41×49		55×45	36	94×94		93×91
17	61×47		38×59	37	95×99		97×94
18	51×59		54×60	38	81×91		97×87
19	56×57		53×52	39	86×48		51×88
20	55×63		61×57	40	59×79		81×61

01	<	06	>	11	>	16	<	21	<	26	>	31	<	36	>
02	>	07	>	12	>	17	>	22	>	27	>	32	<	37	>
03	<	08	<	13	>	18	<	23	>	28	>	33	<	38	<
04	<	09	>	14	>	19	>	24	>	29	<	34	>	39	<
05	<	10	<	15	<	20	<	25	<	30	>	35	>	40	<

연습문제 ⑥

[01-40] 다음 두 수식의 크기를 비교하시오.

번호	수식		수식
01	12×13		11×14
02	14×16		15×15
03	17×21		19×19
04	15×18		17×17
05	18×24		19×23
06	18×24		20×22
07	18×24		21×21
08	24×46		25×45
09	26×34		25×35
10	33×35		34×34
11	48×56		49×55
12	42×64		46×60
13	45×65		43×67
14	48×49		47×50
15	56×87		64×79
16	61×62		60×63
17	59×61		60×60
18	68×72		71×69
19	55×59		54×60
20	81×89		80×90
21	12×24		18×16
22	14×20		21×10
23	16×28		24×21
24	25×30		40×20
25	26×34		39×17
26	32×48		24×60
27	48×45		60×30
28	35×24		28×30
29	32×15		40×10
30	16×16		8×24
31	64×56		48×60
32	66×50		99×40
33	10×25		20×20
34	18×35		27×28
35	72×42		60×35
36	85×60		68×72
37	55×44		33×66
38	63×39		48×51
39	43×37		51×23
40	69×44		60×54

01	>	06	<	11	<	16	>	21	=	26	>	31	>	36	>
02	<	07	<	12	<	17	<	22	>	27	>	32	<	37	>
03	<	08	<	13	>	18	<	23	<	28	=	33	<	38	>
04	<	09	>	14	>	19	>	24	<	29	>	34	<	39	>
05	<	10	<	15	<	20	>	25	>	30	>	35	>	40	<

연습문제 ⑦

[01-40] 다음 두 수식의 크기를 비교하시오.

번호	수식		수식
01	125×512		127×514
02	201×245		236×198
03	122×123		124×121
04	108×122		106×124
05	137×151		144×144
06	156×164		158×162
07	187×189		191×188
08	196×205		201×206
09	224×285		274×215
10	181×215		191×205
11	735×741		737×739
12	526×632		634×528
13	289×485		312×499
14	612×481		355×517
15	832×486		399×781
16	284×340		290×336
17	454×464		448×470
18	822×888		818×892
19	315×347		323×339
20	645×613		649×609
21	151×248		209×203
22	163×253		199×198
23	109×151		118×170
24	125×180		150×162
25	173×198		180×192
26	256×487		188×602
27	312×285		237×348
28	746×324		618×421
29	101×117		139×105
30	428×951		530×765
31	201×357		157×482
32	250×398		223×445
33	288×255		237×351
34	612×482		493×588
35	752×480		598×600
36	723×428		648×523
37	646×748		529×902
38	615×421		455×517
39	284×481		349×380
40	747×491		605×613

01	<	06	<	11	<	16	<	21	<	26	>	31	<	36	<
02	>	07	<	12	<	17	>	22	>	27	>	32	>	37	>
03	>	08	<	13	<	18	>	23	<	28	<	33	<	38	>
04	>	09	>	14	>	19	<	24	<	29	<	34	>	39	>
05	<	10	<	15	>	20	>	25	<	30	>	35	>	40	<

연습문제 ⑧

[01-40] 다음 두 수식의 크기를 비교하시오.

01 96÷16 　 48÷23

02 49÷12 　 60÷11

03 71÷19 　 65÷22

04 46÷18 　 42÷19

05 51÷4 　 63÷3

06 83÷18 　 92÷17

07 91÷5 　 88÷6

08 72÷13 　 82÷12

09 18÷13 　 17÷14

10 25÷12 　 29÷11

11 31÷24 　 37÷22

12 71÷6 　 58÷7

13 55÷18 　 72÷17

14 66÷32 　 58÷37

15 99÷11 　 97÷13

16 64÷8 　 72÷6

17 65÷13 　 64÷14

18 59÷18 　 58÷19

19 97÷94 　 96÷95

20 91÷45 　 88÷48

21 77÷46 　 75÷48

22 71÷15 　 73÷13

23 84÷33 　 82÷35

24 83÷79 　 81÷80

25 63÷12 　 65÷11

26 64÷60 　 63÷61

27 88÷11 　 89÷12

28 91÷65 　 97÷63

29 85÷24 　 87÷22

30 48÷36 　 50÷34

31 47÷44 　 46÷45

32 90÷32 　 91÷31

33 55÷45 　 57÷43

34 80÷60 　 75÷65

35 72÷62 　 75÷52

36 48÷24 　 50÷22

37 63÷47 　 62÷48

38 86÷68 　 74÷69

39 93÷31 　 92÷32

40 48÷40 　 36÷41

01	>	06	<	11	<	16	<	21	>	26	>	31	>	36	<
02	<	07	>	12	>	17	>	22	<	27	>	32	<	37	>
03	>	08	<	13	<	18	>	23	>	28	<	33	<	38	>
04	>	09	>	14	>	19	>	24	>	29	<	34	>	39	>
05	<	10	<	15	>	20	>	25	<	30	<	35	<	40	>

연습문제 ⑨

[01-40] 다음 두 수식의 크기를 비교하시오.

01	89÷12		61÷9
02	15÷4		10÷2
03	24÷7		18÷5
04	96÷15		48÷8
05	64÷12		48÷8
06	72÷15		60÷12
07	75÷18		60÷15
08	84÷7		63÷5
09	88÷15		66÷12
10	90÷24		72÷17
11	65÷23		52÷19
12	57÷15		48÷12
13	55÷11		44÷8
14	52÷15		39÷10
15	86÷10		43÷6
16	75÷28		50÷21
17	96÷25		72÷15
18	85÷48		68÷36
19	76÷25		38÷13
20	87÷17		29÷6
21	245÷102		246÷101
22	256÷182		244÷193
23	276÷211		281÷209
24	199÷181		187÷185
25	277÷145		288÷135
26	313÷188		324÷174
27	355÷279		333÷281
28	375÷256		355÷280
29	322÷105		311÷111
30	425÷358		433÷355
31	366÷158		354÷162
32	349÷176		359÷175
33	525÷344		548÷321
34	517÷256		505÷270
35	501÷488		502÷479
36	481÷102		480÷103
37	499÷245		488÷249
38	422÷177		433÷166
39	465÷155		485÷145
40	555÷111		556÷110

01	>	06	<	11	>	16	>	21	<	26	<	31	>	36	>
02	<	07	>	12	<	17	<	22	>	27	>	32	<	37	>
03	<	08	<	13	<	18	<	23	<	28	>	33	<	38	<
04	>	09	>	14	<	19	>	24	>	29	>	34	>	39	<
05	<	10	<	15	>	20	>	25	<	30	<	35	<	40	<

연습문제 ⑩

[01-40] 다음 두 수식의 크기를 비교하시오.

No.	수식		수식
01	648÷412		687÷381
02	699÷159		670÷179
03	654÷140		687÷140
04	712÷150		684÷150
05	888÷272		888÷299
06	811÷762		802÷777
07	794÷348		745÷350
08	887÷159		854÷182
09	965÷485		977÷437
10	948÷766		987÷741
11	919÷888		925÷876
12	958÷311		978÷299
13	795÷365		805÷355
14	807÷634		876÷681
15	929÷225		999÷187
16	791÷172		673÷198
17	749÷236		655÷250
18	249÷133		229÷141
19	448÷354		480÷320
20	694÷521		788÷481
21	250÷180		202÷141
22	150÷35		120÷27
23	182÷89		150÷80
24	248÷179		198÷146
25	625÷150		500÷121
26	750÷180		625÷144
27	627÷243		420÷162
28	512÷395		384÷305
29	477÷240		361÷180
30	566÷284		456÷240
31	179÷142		147÷126
32	774÷621		589÷487
33	476÷376		376÷276
34	866÷600		988÷722
35	591÷278		691÷378
36	777÷185		745÷153
37	554÷382		654÷482
38	816÷425		700÷309
39	646÷902		529÷748
40	964÷784		864÷684

01	<	06	>	11	<	16	>	21	<	26	<	31	>	36	<
02	>	07	>	12	<	17	>	22	<	27	<	32	>	37	>
03	<	08	>	13	<	18	>	23	>	28	>	33	<	38	<
04	>	09	<	14	<	19	<	24	>	29	<	34	>	39	>
05	>	10	<	15	<	20	<	25	>	30	>	35	>	40	<

04 분수 대소 비교

분자는 분자끼리, 분모는 분모끼리 비교하여 분수의 크기를 비교할 수 있다.

풀이 전략

1. 분수 대소 비교

① 자연수 a, b, c, d에 대하여 a>c, b<d일 때, $\frac{a}{b}>\frac{c}{d}$이다.

예

$\frac{192}{247}$ □ $\frac{219}{238}$ 크기 비교

192<219, 247>238이므로 $\frac{192}{247}$가 $\frac{219}{238}$보다 더 작음을 알 수 있다.

② 자연수 a, b, c, d에 대하여 a<b, c<d이고, c−a=d−b>0일 때, $\frac{a}{b}<\frac{c}{d}$이다.

예

$\frac{192}{215}$ □ $\frac{227}{250}$ 크기 비교

분자끼리의 차이는 227−192=35, 분모끼리의 차이도 250−215=35로 서로 같으므로 분자와 분모가 모두 더 큰 $\frac{227}{250}$이 $\frac{192}{215}$보다 더 큼을 알 수 있다.

③ 자연수 a, b, c, d에 대하여 a>b, c>d일 때, a에 대한 c의 배율이 b에 대한 d의 배율보다 크면 $\frac{a}{b}<\frac{c}{d}$이다.

예

$\frac{270}{125}$ □ $\frac{540}{150}$의 크기 비교

분자의 배율은 $\frac{540-270}{270}\times100=100\%$로 오른쪽 분수가 100%만큼 크고, 분모의 배율은 $\frac{150-125}{125}\times100=20\%$로 오른쪽 분수가 20%만큼 크므로 $\frac{540}{150}$이 $\frac{270}{125}$보다 더 큼을 알 수 있다.

100% (분자), 20% (분모)

$\frac{270}{125}$ □ $\frac{540}{150}$ → $\frac{270}{125}$ < $\frac{540}{150}$

✚ 플러스 학습

분수와 소수 대소 비교

소수를 분수로 변경하여 대소를 비교한다.

예 $\frac{170}{260}$ □ 0.85 크기 비교

$0.85=\frac{85}{100}$로 변경하여 비교하면 분자의 배율은 $\frac{170-85}{85}\times100=100\%$로 왼쪽 분수가 100%만큼 크고, 분모의 배율은 $\frac{260-100}{100}\times100=160\%$로 왼쪽 분수가 160%만큼 크므로 0.85가 $\frac{170}{260}$보다 더 큼을 알 수 있다.

100% (분자), 160% (분모)

$\frac{170}{260}$ □ 0.85 → $\frac{170}{260}$ □ $\frac{85}{100}$ → $\frac{170}{260}$ □ $\frac{85}{100}$ → $\frac{170}{260}$ < 0.85

연습문제 ①

[01-30] 다음 두 분수의 크기를 비교하시오.

01 $\frac{7}{13}$ ☐ $\frac{4}{15}$

02 $\frac{8}{17}$ ☐ $\frac{5}{19}$

03 $\frac{17}{21}$ ☐ $\frac{15}{23}$

04 $\frac{14}{29}$ ☐ $\frac{17}{25}$

05 $\frac{11}{28}$ ☐ $\frac{12}{23}$

06 $\frac{7}{31}$ ☐ $\frac{9}{28}$

07 $\frac{12}{35}$ ☐ $\frac{16}{33}$

08 $\frac{23}{41}$ ☐ $\frac{28}{39}$

09 $\frac{21}{25}$ ☐ $\frac{17}{27}$

10 $\frac{28}{45}$ ☐ $\frac{21}{49}$

11 $\frac{11}{19}$ ☐ $\frac{10}{23}$

12 $\frac{15}{26}$ ☐ $\frac{17}{24}$

13 $\frac{31}{44}$ ☐ $\frac{33}{37}$

14 $\frac{23}{49}$ ☐ $\frac{29}{47}$

15 $\frac{22}{43}$ ☐ $\frac{23}{41}$

16 $\frac{9}{10}$ ☐ $\frac{4}{19}$

17 $\frac{13}{54}$ ☐ $\frac{15}{51}$

18 $\frac{29}{42}$ ☐ $\frac{31}{38}$

19 $\frac{15}{22}$ ☐ $\frac{13}{29}$

20 $\frac{11}{59}$ ☐ $\frac{9}{61}$

21 $\frac{45}{73}$ ☐ $\frac{47}{69}$

22 $\frac{13}{25}$ ☐ $\frac{11}{28}$

23 $\frac{15}{77}$ ☐ $\frac{17}{75}$

24 $\frac{13}{56}$ ☐ $\frac{15}{52}$

25 $\frac{29}{62}$ ☐ $\frac{31}{52}$

26 $\frac{4}{15}$ ☐ $\frac{3}{23}$

27 $\frac{8}{21}$ ☐ $\frac{7}{23}$

28 $\frac{12}{85}$ ☐ $\frac{19}{78}$

29 $\frac{57}{77}$ ☐ $\frac{61}{69}$

30 $\frac{53}{99}$ ☐ $\frac{57}{96}$

01	>	04	<	07	<	10	>	13	<	16	>	19	>	22	>	25	<	28	<
02	>	05	<	08	<	11	>	14	<	17	<	20	>	23	<	26	>	29	<
03	>	06	<	09	>	12	<	15	<	18	<	21	<	24	<	27	>	30	<

연습문제 ②

[01-30] 다음 두 분수의 크기를 비교하시오.

01 $\frac{52}{79}$ $\quad$ $\frac{48}{83}$

02 $\frac{18}{85}$ $\quad$ $\frac{25}{77}$

03 $\frac{45}{91}$ $\quad$ $\frac{49}{81}$

04 $\frac{37}{55}$ $\quad$ $\frac{31}{59}$

05 $\frac{25}{34}$ $\quad$ $\frac{21}{38}$

06 $\frac{33}{52}$ $\quad$ $\frac{38}{49}$

07 $\frac{37}{71}$ $\quad$ $\frac{29}{75}$

08 $\frac{43}{72}$ $\quad$ $\frac{45}{68}$

09 $\frac{51}{92}$ $\quad$ $\frac{53}{84}$

10 $\frac{29}{93}$ $\quad$ $\frac{31}{88}$

11 $\frac{62}{83}$ $\quad$ $\frac{69}{85}$

12 $\frac{79}{84}$ $\quad$ $\frac{71}{86}$

13 $\frac{54}{70}$ $\quad$ $\frac{59}{73}$

14 $\frac{82}{95}$ $\quad$ $\frac{70}{99}$

15 $\frac{77}{96}$ $\quad$ $\frac{79}{92}$

16 $\frac{69}{100}$ $\quad$ $\frac{61}{102}$

17 $\frac{37}{125}$ $\quad$ $\frac{47}{114}$

18 $\frac{76}{135}$ $\quad$ $\frac{71}{144}$

19 $\frac{125}{196}$ $\quad$ $\frac{129}{188}$

20 $\frac{173}{216}$ $\quad$ $\frac{155}{224}$

21 $\frac{144}{205}$ $\quad$ $\frac{148}{203}$

22 $\frac{17}{255}$ $\quad$ $\frac{13}{260}$

23 $\frac{115}{241}$ $\quad$ $\frac{134}{233}$

24 $\frac{157}{312}$ $\quad$ $\frac{141}{354}$

25 $\frac{256}{417}$ $\quad$ $\frac{261}{399}$

26 $\frac{189}{425}$ $\quad$ $\frac{171}{433}$

27 $\frac{113}{288}$ $\quad$ $\frac{101}{292}$

28 $\frac{175}{437}$ $\quad$ $\frac{193}{411}$

29 $\frac{246}{541}$ $\quad$ $\frac{232}{579}$

30 $\frac{377}{512}$ $\quad$ $\frac{351}{525}$

01	>	04	>	07	>	10	<	13	<	16	>	19	<	22	>	25	<	28	<
02	<	05	>	08	<	11	<	14	>	17	<	20	>	23	<	26	>	29	>
03	<	06	<	09	<	12	>	15	<	18	>	21	<	24	>	27	>	30	>

연습문제 ③

[01-30] 다음 두 분수의 크기를 비교하시오.

01 $\frac{155}{891}$ ☐ $\frac{127}{984}$

02 $\frac{23}{651}$ ☐ $\frac{19}{528}$

03 $\frac{91}{636}$ ☐ $\frac{85}{755}$

04 $\frac{189}{748}$ ☐ $\frac{177}{951}$

05 $\frac{357}{482}$ ☐ $\frac{318}{583}$

06 $\frac{258}{577}$ ☐ $\frac{199}{512}$

07 $\frac{497}{882}$ ☐ $\frac{557}{754}$

08 $\frac{269}{869}$ ☐ $\frac{289}{754}$

09 $\frac{161}{294}$ ☐ $\frac{181}{277}$

10 $\frac{570}{771}$ ☐ $\frac{625}{743}$

11 $\frac{241}{553}$ ☐ $\frac{283}{471}$

12 $\frac{92}{998}$ ☐ $\frac{113}{912}$

13 $\frac{169}{872}$ ☐ $\frac{133}{888}$

14 $\frac{222}{763}$ ☐ $\frac{244}{723}$

15 $\frac{515}{711}$ ☐ $\frac{501}{725}$

16 $\frac{231}{438}$ ☐ $\frac{211}{452}$

17 $\frac{332}{352}$ ☐ $\frac{345}{348}$

18 $\frac{183}{916}$ ☐ $\frac{201}{883}$

19 $\frac{348}{819}$ ☐ $\frac{338}{727}$

20 $\frac{411}{526}$ ☐ $\frac{382}{671}$

21 $\frac{649}{730}$ ☐ $\frac{652}{683}$

22 $\frac{661}{845}$ ☐ $\frac{618}{863}$

23 $\frac{755}{943}$ ☐ $\frac{760}{877}$

24 $\frac{383}{928}$ ☐ $\frac{417}{899}$

25 $\frac{107}{266}$ ☐ $\frac{105}{269}$

26 $\frac{673}{751}$ ☐ $\frac{659}{787}$

27 $\frac{289}{936}$ ☐ $\frac{340}{793}$

28 $\frac{431}{440}$ ☐ $\frac{413}{451}$

29 $\frac{121}{832}$ ☐ $\frac{137}{795}$

30 $\frac{331}{866}$ ☐ $\frac{355}{845}$

01	>	04	>	07	<	10	<	13	>	16	>	19	<	22	>	25	>	28	>
02	<	05	>	08	<	11	<	14	<	17	<	20	>	23	<	26	>	29	<
03	>	06	>	09	<	12	<	15	>	18	<	21	<	24	<	27	<	30	<

연습문제 ④

[01-30] 다음 두 분수의 크기를 비교하시오.

01 $\frac{3}{4}$ □ $\frac{5}{6}$

02 $\frac{2}{7}$ □ $\frac{4}{9}$

03 $\frac{4}{11}$ □ $\frac{8}{15}$

04 $\frac{8}{17}$ □ $\frac{10}{19}$

05 $\frac{5}{14}$ □ $\frac{11}{20}$

06 $\frac{4}{9}$ □ $\frac{11}{16}$

07 $\frac{9}{14}$ □ $\frac{11}{16}$

08 $\frac{13}{18}$ □ $\frac{11}{16}$

09 $\frac{13}{21}$ □ $\frac{7}{15}$

10 $\frac{18}{25}$ □ $\frac{13}{20}$

11 $\frac{19}{29}$ □ $\frac{21}{31}$

12 $\frac{15}{27}$ □ $\frac{17}{29}$

13 $\frac{11}{28}$ □ $\frac{14}{31}$

14 $\frac{7}{12}$ □ $\frac{9}{19}$

15 $\frac{17}{36}$ □ $\frac{21}{40}$

16 $\frac{21}{25}$ □ $\frac{15}{19}$

17 $\frac{23}{38}$ □ $\frac{11}{26}$

18 $\frac{21}{44}$ □ $\frac{24}{47}$

19 $\frac{18}{55}$ □ $\frac{14}{51}$

20 $\frac{13}{17}$ □ $\frac{5}{7}$

21 $\frac{25}{37}$ □ $\frac{13}{25}$

22 $\frac{19}{44}$ □ $\frac{21}{46}$

23 $\frac{16}{25}$ □ $\frac{20}{29}$

24 $\frac{19}{33}$ □ $\frac{8}{15}$

25 $\frac{19}{48}$ □ $\frac{15}{44}$

26 $\frac{17}{25}$ □ $\frac{13}{21}$

27 $\frac{27}{59}$ □ $\frac{17}{33}$

28 $\frac{16}{61}$ □ $\frac{17}{62}$

29 $\frac{12}{49}$ □ $\frac{13}{50}$

30 $\frac{5}{12}$ □ $\frac{6}{13}$

01	<	04	<	07	<	10	>	13	<	16	>	19	>	22	<	25	>	28	<
02	<	05	<	08	>	11	<	14	>	17	>	20	>	23	<	26	>	29	<
03	<	06	<	09	>	12	<	15	<	18	<	21	>	24	>	27	<	30	<

연습문제 ⑤

[01-30] 다음 두 분수의 크기를 비교하시오.

01 $\frac{59}{71}$ ☐ $\frac{57}{69}$

02 $\frac{25}{77}$ ☐ $\frac{21}{73}$

03 $\frac{39}{74}$ ☐ $\frac{6}{11}$

04 $\frac{12}{79}$ ☐ $\frac{15}{82}$

05 $\frac{76}{97}$ ☐ $\frac{10}{13}$

06 $\frac{55}{81}$ ☐ $\frac{59}{85}$

07 $\frac{37}{72}$ ☐ $\frac{39}{74}$

08 $\frac{24}{69}$ ☐ $\frac{16}{61}$

09 $\frac{23}{54}$ ☐ $\frac{25}{56}$

10 $\frac{31}{82}$ ☐ $\frac{13}{30}$

11 $\frac{82}{99}$ ☐ $\frac{75}{92}$

12 $\frac{31}{64}$ ☐ $\frac{38}{71}$

13 $\frac{46}{93}$ ☐ $\frac{48}{95}$

14 $\frac{79}{102}$ ☐ $\frac{82}{105}$

15 $\frac{42}{111}$ ☐ $\frac{49}{118}$

16 $\frac{79}{132}$ ☐ $\frac{78}{131}$

17 $\frac{125}{193}$ ☐ $\frac{119}{187}$

18 $\frac{33}{201}$ ☐ $\frac{23}{191}$

19 $\frac{177}{245}$ ☐ $\frac{157}{225}$

20 $\frac{113}{211}$ ☐ $\frac{133}{231}$

21 $\frac{64}{137}$ ☐ $\frac{74}{144}$

22 $\frac{50}{159}$ ☐ $\frac{31}{140}$

23 $\frac{182}{241}$ ☐ $\frac{161}{220}$

24 $\frac{144}{255}$ ☐ $\frac{169}{280}$

25 $\frac{34}{117}$ ☐ $\frac{17}{100}$

26 $\frac{32}{119}$ ☐ $\frac{38}{125}$

27 $\frac{154}{287}$ ☐ $\frac{137}{270}$

28 $\frac{169}{289}$ ☐ $\frac{17}{29}$

29 $\frac{185}{222}$ ☐ $\frac{163}{200}$

30 $\frac{171}{234}$ ☐ $\frac{187}{250}$

01	>	04	<	07	<	10	<	13	<	16	>	19	>	22	>	25	>	28	<
02	>	05	>	08	>	11	>	14	<	17	>	20	<	23	>	26	<	29	>
03	<	06	<	09	<	12	<	15	<	18	>	21	<	24	<	27	>	30	<

연습문제 ⑥

[01-30] 다음 두 분수의 크기를 비교하시오.

01 $\frac{27}{312}$ $\frac{1}{20}$

02 $\frac{236}{343}$ $\frac{193}{300}$

03 $\frac{254}{817}$ $\frac{236}{799}$

04 $\frac{199}{724}$ $\frac{202}{727}$

05 $\frac{720}{829}$ $\frac{700}{809}$

06 $\frac{555}{619}$ $\frac{536}{600}$

07 $\frac{226}{999}$ $\frac{127}{900}$

08 $\frac{249}{898}$ $\frac{200}{849}$

09 $\frac{356}{679}$ $\frac{342}{665}$

10 $\frac{521}{600}$ $\frac{421}{500}$

11 $\frac{274}{499}$ $\frac{1}{2}$

12 $\frac{248}{575}$ $\frac{196}{521}$

13 $\frac{222}{661}$ $\frac{200}{639}$

14 $\frac{235}{718}$ $\frac{224}{707}$

15 $\frac{144}{169}$ $\frac{169}{194}$

16 $\frac{196}{225}$ $\frac{225}{254}$

17 $\frac{227}{256}$ $\frac{271}{300}$

18 $\frac{256}{811}$ $\frac{296}{851}$

19 $\frac{333}{548}$ $\frac{73}{116}$

20 $\frac{17}{425}$ $\frac{15}{423}$

21 $\frac{7}{5}$ $\frac{9}{7}$

22 $\frac{14}{11}$ $\frac{10}{7}$

23 $\frac{23}{15}$ $\frac{11}{3}$

24 $\frac{19}{14}$ $\frac{18}{13}$

25 $\frac{6}{5}$ $\frac{7}{6}$

26 $\frac{21}{11}$ $\frac{23}{13}$

27 $\frac{29}{25}$ $\frac{25}{21}$

28 $\frac{77}{39}$ $\frac{35}{16}$

29 $\frac{129}{17}$ $\frac{131}{19}$

30 $\frac{31}{27}$ $\frac{35}{31}$

01	>	04	<	07	>	10	>	13	>	16	<	19	<	22	<	25	>	28	<
02	>	05	>	08	>	11	>	14	>	17	<	20	>	23	<	26	>	29	>
03	>	06	>	09	>	12	>	15	<	18	<	21	>	24	<	27	<	30	>

연습문제 ⑦

[01-30] 다음 두 분수의 크기를 비교하시오.

01 $\frac{27}{312}$ □ $\frac{13}{160}$

02 $\frac{236}{360}$ □ $\frac{203}{300}$

03 $\frac{13}{16}$ □ $\frac{39}{43}$

04 $\frac{17}{24}$ □ $\frac{34}{37}$

05 $\frac{12}{31}$ □ $\frac{19}{45}$

06 $\frac{18}{45}$ □ $\frac{15}{36}$

07 $\frac{24}{55}$ □ $\frac{32}{90}$

08 $\frac{4}{15}$ □ $\frac{1}{5}$

09 $\frac{15}{27}$ □ $\frac{24}{36}$

10 $\frac{19}{41}$ □ $\frac{27}{50}$

11 $\frac{14}{15}$ □ $\frac{49}{72}$

12 $\frac{71}{96}$ □ $\frac{49}{72}$

13 $\frac{50}{74}$ □ $\frac{39}{60}$

14 $\frac{80}{126}$ □ $\frac{65}{97}$

15 $\frac{20}{95}$ □ $\frac{17}{76}$

16 $\frac{15}{65}$ □ $\frac{12}{51}$

17 $\frac{12}{28}$ □ $\frac{10}{21}$

18 $\frac{30}{45}$ □ $\frac{23}{38}$

19 $\frac{24}{35}$ □ $\frac{18}{28}$

20 $\frac{31}{47}$ □ $\frac{24}{40}$

21 $\frac{38}{51}$ □ $\frac{32}{39}$

22 $\frac{20}{96}$ □ $\frac{17}{71}$

23 $\frac{31}{35}$ □ $\frac{22}{29}$

24 $\frac{15}{42}$ □ $\frac{13}{29}$

25 $\frac{17}{22}$ □ $\frac{12}{16}$

26 $\frac{18}{34}$ □ $\frac{14}{23}$

27 $\frac{34}{120}$ □ $\frac{25}{90}$

28 $\frac{24}{71}$ □ $\frac{32}{89}$

29 $\frac{17}{42}$ □ $\frac{26}{63}$

30 $\frac{12}{25}$ □ $\frac{14}{31}$

01	>	04	<	07	>	10	<	13	>	16	<	19	>	22	<	25	>	28	<
02	<	05	<	08	>	11	>	14	<	17	<	20	>	23	>	26	<	29	<
03	<	06	<	09	<	12	>	15	<	18	>	21	<	24	<	27	>	30	>

연습문제 ⑧

[01-30] 다음 두 분수의 크기를 비교하시오.

01 $\frac{30}{125}$ $\quad$ $\frac{23}{101}$

02 $\frac{37}{122}$ $\quad$ $\frac{52}{185}$

03 $\frac{61}{238}$ $\quad$ $\frac{74}{300}$

04 $\frac{32}{267}$ $\quad$ $\frac{40}{308}$

05 $\frac{100}{512}$ $\quad$ $\frac{120}{607}$

06 $\frac{89}{575}$ $\quad$ $\frac{108}{690}$

07 $\frac{242}{288}$ $\quad$ $\frac{301}{349}$

08 $\frac{249}{510}$ $\quad$ $\frac{202}{387}$

09 $\frac{48}{123}$ $\quad$ $\frac{73}{180}$

10 $\frac{198}{267}$ $\quad$ $\frac{3}{4}$

11 $\frac{203}{437}$ $\quad$ $\frac{241}{555}$

12 $\frac{225}{461}$ $\quad$ $\frac{180}{351}$

13 $\frac{84}{125}$ $\quad$ $\frac{62}{100}$

14 $\frac{119}{781}$ $\quad$ $\frac{103}{648}$

15 $\frac{249}{344}$ $\quad$ $\frac{142}{172}$

16 $\frac{320}{679}$ $\quad$ $\frac{399}{854}$

17 $\frac{185}{424}$ $\quad$ $\frac{151}{342}$

18 $\frac{179}{355}$ $\quad$ $\frac{121}{222}$

19 $\frac{54}{181}$ $\quad$ $\frac{72}{235}$

20 $\frac{476}{567}$ $\quad$ $\frac{586}{678}$

21 $\frac{452}{731}$ $\quad$ $\frac{334}{425}$

22 $\frac{164}{477}$ $\quad$ $\frac{192}{612}$

23 $\frac{82}{124}$ $\quad$ $\frac{64}{101}$

24 $\frac{184}{256}$ $\quad$ $\frac{220}{289}$

25 $\frac{96}{623}$ $\quad$ $\frac{106}{750}$

26 $\frac{133}{354}$ $\quad$ $\frac{93}{285}$

27 $\frac{37}{125}$ $\quad$ $\frac{104}{375}$

28 $\frac{180}{365}$ $\quad$ $\frac{171}{292}$

29 $\frac{358}{683}$ $\quad$ $\frac{322}{545}$

30 $\frac{246}{467}$ $\quad$ $\frac{381}{700}$

01	>	04	<	07	<	10	<	13	>	16	>	19	<	22	>	25	>	28	<
02	>	05	<	08	<	11	>	14	<	17	<	20	<	23	>	26	>	29	<
03	>	06	<	09	<	12	<	15	<	18	<	21	<	24	<	27	>	30	<

연습문제 ⑨

[01-30] 다음 두 분수의 크기를 비교하시오.

01 $\frac{25}{81}$ ☐ 0.35

02 $\frac{12}{23}$ ☐ 0.5

03 $\frac{16}{25}$ ☐ 0.63

04 $\frac{3}{4}$ ☐ 0.77

05 $\frac{7}{12}$ ☐ 0.6

06 $\frac{8}{15}$ ☐ 0.55

07 $\frac{12}{19}$ ☐ 0.6

08 $\frac{13}{18}$ ☐ 0.7

09 $\frac{18}{25}$ ☐ 0.7

10 $\frac{14}{27}$ ☐ 0.54

11 $\frac{16}{31}$ ☐ 0.53

12 $\frac{18}{37}$ ☐ 0.46

13 $\frac{29}{54}$ ☐ 0.55

14 $\frac{37}{55}$ ☐ 0.7

15 $\frac{48}{59}$ ☐ 0.8

16 $\frac{39}{59}$ ☐ 0.67

17 $\frac{49}{61}$ ☐ 0.75

18 $\frac{48}{65}$ ☐ 0.75

19 $\frac{36}{49}$ ☐ 0.75

20 $\frac{60}{71}$ ☐ 0.82

21 $\frac{47}{80}$ ☐ 0.6

22 $\frac{67}{81}$ ☐ 0.84

23 $\frac{75}{83}$ ☐ 0.88

24 $\frac{71}{85}$ ☐ 0.85

25 $\frac{74}{89}$ ☐ 0.81

26 $\frac{72}{91}$ ☐ 0.8

27 $\frac{68}{87}$ ☐ 0.8

28 $\frac{62}{93}$ ☐ 0.68

29 $\frac{68}{97}$ ☐ 0.69

30 $\frac{77}{95}$ ☐ 0.8

01	<	04	<	07	>	10	<	13	<	16	<	19	<	22	<	25	>	28	<
02	>	05	<	08	>	11	<	14	<	17	>	20	>	23	>	26	<	29	>
03	>	06	<	09	>	12	>	15	>	18	<	21	<	24	<	27	<	30	>

05 혼합계산

앞에서 학습한 내용을 활용하여 복잡한 계산을 빠르게 해결할 수 있다.
이때 혼합계산의 순서는 괄호, 곱셈과 나눗셈, 덧셈과 뺄셈 순이며 곱셈과 나눗셈, 덧셈과 뺄셈은 각각 앞에서부터 차례로 계산한다.

풀이 전략

1. 자연수와 분수의 혼합계산 및 대소 비교

1) 자연수의 혼합계산

예

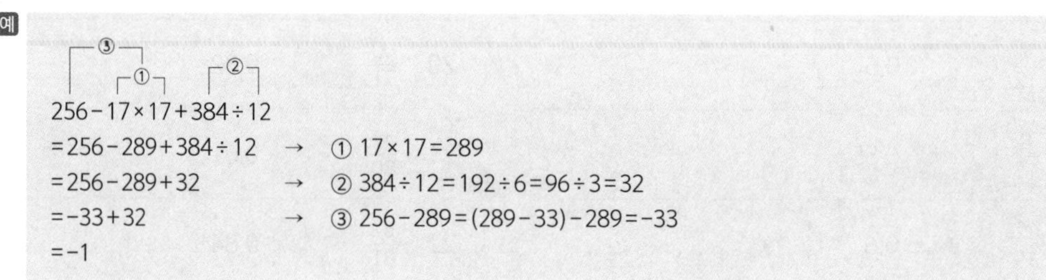

③: $256-17\times17+384\div12$ ①: 17×17 ②: $384\div12$

$256-17\times17+384\div12$

$=256-289+384\div12$ → ① $17\times17=289$

$=256-289+32$ → ② $384\div12=192\div6=96\div3=32$

$=-33+32$ → ③ $256-289=(289-33)-289=-33$

$=-1$

2) 분수의 혼합계산

예

$\frac{96}{34}+\frac{85}{54}\times\frac{153}{289}-\frac{129}{153}$

$=\frac{96}{34}+\frac{85}{102}-\frac{129}{153}$ → ① $\frac{85}{54}\times\frac{153}{289}=\frac{85}{102}$

$=\frac{373}{102}-\frac{129}{153}$ → ② $\frac{96}{34}+\frac{85}{102}=\frac{96\times3}{34\times3}+\frac{85}{102}=\frac{288}{102}+\frac{85}{102}=\frac{373}{102}$

$=\frac{861}{306}$ → ③ $\frac{373}{102}-\frac{129}{153}=\frac{373\times3}{102\times3}-\frac{129\times2}{153\times2}=\frac{1,119}{306}-\frac{258}{306}=\frac{861}{306}$

$=\frac{287}{102}$

3) 대소 비교

예

$16\times(20\div2)$와 $14\times(16-4)$의 크기 비교

$16\times(20\div2)=16\times10$
$14\times(16-4)=14\times12$

→ 16×10 □ 14×12 → 16×10 □ 14×12 (14%, 20%) → $16\times(20\div2)$ < $14\times(16-4)$

연습문제 ①

[01-40] 다음을 계산하시오. (단, 소수점 첫째 자리에서 반올림하여 계산한다.)

01 $26+34-12$

02 $29+93-54$

03 $123-185+210$

04 $159-412+562$

05 $12+23-19+37$

06 $82-49+75-28$

07 $256-171-233+741$

08 $5\times8\div4$

09 $12\div6\times18$

10 $14\times19\div13$

11 $21\div7\times25$

12 $81\times56\div63$

13 $256\times171\div76$

14 $280\div34\times25$

15 $10\times52\div12$

16 $160-60\div5$

17 $1{,}024\div8\times6$

18 $52+97\times3$

19 $8\times21\times5$

20 $\left(\frac{5}{16}+\frac{17}{64}\right)\times128-67$

21 $55+(27-13)$

22 $75-(12+13)$

23 $72\div(4+8)$

24 $6\times(5+11)$

25 $18-(5+3)\times12$

26 $35+(15-7)\div4$

27 $48\times(23+35)\div29-43$

28 $(33-12\times2)+25\times3$

29 $72\times(144\div36)-15\times14$

30 $200-150\div3$

31 $734-(828\div23)\times19$

32 $18+(257-193)\div256\times16$

33 $(720-7\times100)\times8$

34 $73\div125\times100+17.8$

35 $(360+45)\div50$

36 $1{,}000\div(80-72)$

37 $(134+4\times4)+9\times8$

38 $(180-65)\div4\times2$

39 $48+(250-40)\div7$

40 $\frac{177}{374}\div\frac{59}{85}+14.5$

01	48	05	53	09	36	13	576	17	768	21	69	25	-78	29	78	33	160	37	222
02	68	06	80	10	20	14	206	18	343	22	50	26	37	30	150	34	76	38	58
03	148	07	593	11	75	15	43	19	840	23	6	27	53	31	50	35	8	39	78
04	309	08	10	12	72	16	148	20	7	24	96	28	84	32	22	36	125	40	15

연습문제 ②

[01-40] 다음 두 수식의 크기를 비교하시오.

01	18−35+26		15+19−14
02	22+77+29		96+35−11
03	81+31+19		155+11−16
04	49+71+58		59+96+22
05	82+85−88		45+39+24
06	99−18−29		88−11−21
07	12−35+99		854−372−383
08	99+88+77		932−473−177
09	11×12×15		21×23×25
10	13×15×17		282÷3×12
11	21×23×29		22×24×28
12	56×24÷36		64×18÷30
13	20×21×22		296÷8×16×5
14	96×78×83		83×87×89
15	12×15×26		15×19×14
16	300÷15×18		15×5×8
17	18+12×6		15×8−40
18	70×30÷30		90÷15×15
19	160+240÷4		84+35+105
20	$\left(\frac{3}{4}+\frac{5}{6}\right)\times(200+40)$		45×(2+6)
21	(12−7)×25		(17−11)×19
22	435÷15+3		23×13−171
23	17×18		(35+17)×9−145
24	21+31×19		151+176+189
25	(89−53)×33		10×10×(10+1)
26	12×256÷36		377−(290−3)
27	39×29÷26		177+852−999
28	1,724+897		(438+631−811)×10
29	73÷125×100		17÷40×100
30	9×35+55		400−300÷12
31	98÷252×373		137÷751×492
32	33÷96×100		17÷95×200
33	282÷511×176		81÷266×388
34	173÷556×222		35÷947×777
35	100÷782×824		412÷180×50
36	250÷14×20		60÷160×900
37	(50−10)×15		150÷30×150
38	100−73+59		2×5×(3+6)
39	573÷324×256		67÷175×829
40	$100\times\left(\frac{5}{8}\quad\frac{7}{12}\right)$		(3×5) (2.5×3)

01	<	05	<	09	<	13	>	17	>	21	>	25	>	29	>	33	<	37	<
02	>	06	<	10	>	14	<	18	<	22	<	26	<	30	<	34	>	38	<
03	<	07	<	11	<	15	>	19	<	23	<	27	>	31	>	35	<	39	>
04	>	08	<	12	<	16	<	20	>	24	>	28	>	32	<	36	>	40	=

연습문제 ③

[01-30] 다음을 계산하시오. (단, 소수점 둘째 자리에서 반올림하여 계산한다.)

01 $25+112-2$

02 $25\div125\times100$

03 $185-124+200$

04 $250\div4+3$

05 $81\div(6\times27)$

06 $84+61-23+91$

07 $1{,}500-684-120\times3$

08 $7\times10\div3$

09 $98-50\div15$

10 $360\div12\times5-74$

11 $\left(\frac{3}{5}+\frac{4}{7}\right)\div2$

12 $1{,}000\div16\times10$

13 $\frac{33}{125}\times\frac{1}{15}\div\frac{1}{50}$

14 $\frac{1}{6}+\frac{5}{39}\times\frac{13}{15}$

15 $2{,}500\times\frac{8}{125}-20$

16 $950-212\times3$

17 $330\div880\times50$

18 $(632+18)\div15$

19 $944\div(43+37)$

20 $30\times24\div3$

21 $420\div(70\div5)$

22 $162\div18+237$

23 $3{,}800-1{,}200\times3$

24 $50\times17\div8$

25 $22\div2+4\times50$

26 $5\div20+\frac{1}{8}$

27 $\frac{1}{6}+\frac{3}{8}-\frac{5}{12}$

28 $\frac{100}{3}\times\left(\frac{9}{16}-\frac{1}{2}\right)$

29 $\frac{633}{200}\div\frac{1}{4}\times\frac{5}{3}$

30 $\left\{\frac{48}{7}\times\left(\frac{3}{2}+\frac{20}{3}\right)\right\}\div\left(\frac{1}{50}+\frac{3}{25}\right)$

01	135	04	65.5	07	456	10	76	13	0.9	16	314	19	11.8	22	246	25	211	28	2.1
02	20	05	0.5	08	23.3	11	0.6	14	0.3	17	18.8	20	240	23	200	26	0.4	29	21.1
03	261	06	213	09	94.7	12	625	15	140	18	43.3	21	30	24	106.3	27	0.1	30	400

자료분석

01 크기 비교

순위, 증감 추이 등 자료에 제시된 수치의 크기를 비교하여 옳고 그름 판단이 가능한 내용은 각 용어가 의미하는 개념을 정확하게 알고 해석하면 빠르게 해결할 수 있다.

풀이 전략

1. 순위

하나의 범주에 포함된 항목들의 크기를 비교하여 순서를 매긴 것으로, 기준이 되는 범주를 먼저 파악한 후 해당 범주 내에 포함되는 수치들의 크기만 비교한다.

예

[회사별 직원 수]

(단위: 명)

구분	2018년	2019년	2020년	2021년
A 회사	651	592	573	621
B 회사	438	481	556	653
C 회사	703	552	619	635

① A~C 회사 중 2020년 직원 수가 두 번째로 많은 회사는 A 회사이다.
→ 기준이 되는 범주가 2020년이므로 2020년 직원 수만 비교하면 직원 수가 두 번째로 많은 회사는 A 회사임을 알 수 있다.

② 제시된 기간 중 C 회사의 직원 수는 2019년에 가장 적다.
→ 기준이 되는 범주가 C 회사이므로 C 회사의 2018~2021년 직원 수만 비교하면 직원 수는 2019년에 가장 적음을 알 수 있다.

2. 증감 추이

시간의 흐름에 따른 수치의 증가 또는 감소 추이를 판단하는 것으로, 기준이 되는 시기와 비교하는 시기를 먼저 파악한 후, 두 항목의 크기를 비교한다.

예

[A 학교의 학생 수]

(단위: 명)

구분	2018년	2019년	2020년	2021년
A 학교	427	469	517	602

① 2019년 이후 A 학교의 학생 수는 매년 전년 대비 증가하였다.
→ A 학교의 학생 수는 2019년에 2018년 대비 증가, 2020년에 2019년 대비 증가, 2021년에 2020년 대비 증가하였으므로 2019~2021년 A 학교의 학생 수는 매년 전년 대비 증가하였음을 알 수 있다.

+ 플러스 학습

'후'와 '이후'의 차이

'후'는 기준이 되는 시점을 포함하지 않은 뒤나 다음을 의미하며, '이후'는 기준이 되는 시점을 포함하여 그보다 후를 의미함

연습문제 ①

[01-15] 다음 자료를 바탕으로 물음에 답하시오.

[카페별 일평균 방문 고객 수]

(단위: 명)

구분	2019년	2020년	2021년
A 카페	52	67	32
B 카페	96	84	46
C 카페	43	71	62

01 2020년 B 카페의 일평균 방문 고객 수는 전년 대비 (증가/감소)하였다.

02 2021년 C 카페의 일평균 방문 고객 수는 2년 전 대비 (증가/감소)하였다.

03 A~C 카페 중 2019년 일평균 방문 고객 수가 가장 많은 카페는 ______ 카페이다.

04 A~C 카페 중 2021년 일평균 방문 고객 수가 두 번째로 많은 카페는 ______ 카페이다.

05 2019년 일평균 방문 고객 수는 A 카페가 B 카페보다 (많다/적다).

06 2021년 일평균 방문 고객 수는 A 카페가 C 카페보다 (많다/적다).

07 제시된 기간 중 B 카페의 일평균 방문 고객 수는 ______ 년에 가장 많다.

08 제시된 기간 중 C 카페의 일평균 방문 고객 수는 ______ 년에 가장 적다.

09 2020년 이후 일평균 방문 고객 수의 전년 대비 증감 추이가 매년 A 카페와 동일한 카페는 ______ 카페이다.

10 연도별로 일평균 방문 고객 수가 많은 카페부터 순서대로 나열하면, 2020년과 2021년에 순위가 동일한 카페는 ______ 개이다.

11 2021년 A 카페의 일평균 방문 고객 수는 전년 대비 감소하였다. (O/X)

12 A~C 카페 중 2020년 일평균 방문 고객 수가 가장 적은 카페는 A 카페이다. (O/X)

13 2019년 일평균 방문 고객 수는 B 카페가 C 카페보다 적다. (O/X)

14 2021년 일평균 방문 고객 수가 전년 대비 증가한 카페는 1개이다. (O/X)

15 2019년과 2020년에 일평균 방문 고객 수가 두 번째로 적은 카페는 서로 동일하다. (O/X)

01	감소	04	B	07	2019	10	1	13	X
02	증가	05	적다	08	2019	11	O	14	X
03	B	06	적다	09	C	12	O	15	X

연습문제 ②

[01-15] 다음 자료를 바탕으로 물음에 답하시오.

[동물원별 전체 동물 수]

(단위: 마리)

구분	2018년	2019년	2020년	2021년
A 동물원	290	300	320	400
B 동물원	330	350	280	230
C 동물원	220	240	270	290

01 2019년 A 동물원의 전체 동물 수는 전년 대비 (증가/감소)하였다.

02 2021년 B 동물원의 전체 동물 수는 3년 전 대비 (증가/감소)하였다.

03 A~C 동물원 중 2020년 전체 동물 수가 두 번째로 많은 동물원은 ＿＿＿ 동물원이다.

04 A~C 동물원 중 2018년 전체 동물 수가 가장 적은 동물원은 ＿＿＿ 동물원이다.

05 2019년 전체 동물 수는 A 동물원이 C 동물원보다 (많다/적다).

06 2021년 전체 동물 수는 B 동물원이 C 동물원보다 (많다/적다).

07 제시된 기간 중 A 동물원의 전체 동물 수는 ＿＿＿ 년에 가장 많다.

08 제시된 기간 중 C 동물원의 전체 동물 수는 ＿＿＿ 년에 가장 적다.

09 2019년 이후 전체 동물 수의 전년 대비 증감 추이가 매년 A 동물원과 동일한 동물원은 ＿＿＿ 동물원이다.

10 연도별로 전체 동물 수가 많은 동물원부터 순서대로 나열하면, 2018년과 2020년의 순위가 동일한 동물원은 ＿＿＿ 개이다.

11 2020년 C 동물원의 전체 동물 수는 2년 전 대비 감소하였다. (O/X)

12 2019년 전체 동물 수가 가장 많은 동물원은 B 동물원이다. (O/X)

13 2018년 전체 동물 수는 A 동물원이 B 동물원보다 많다. (O/X)

14 2020년 이후 전체 동물 수가 매년 전년 대비 감소한 동물원은 1개이다. (O/X)

15 A~C 동물원 중 2020년과 2021년에 전체 동물 수가 두 번째로 많은 동물원은 동일하다. (O/X)

01	증가	04	C	07	2021	10	1	13	X
02	감소	05	많다	08	2018	11	X	14	O
03	B	06	적다	09	C	12	O	15	X

연습문제 ③

[01-15] 다음 자료를 바탕으로 물음에 답하시오.

[공항별 입국자 및 출국자 수]

(단위: 만 명)

구분	2018년		2019년		2020년		2021년	
	입국자	출국자	입국자	출국자	입국자	출국자	입국자	출국자
A 공항	29	32	31	33	36	29	26	24
B 공항	31	33	34	36	40	35	33	34
C 공항	42	36	46	47	45	46	32	32

01 2019년 A 공항의 출국자 수는 전년 대비 (증가/감소)하였다.

02 2021년 C 공항의 입국자 수는 3년 전 대비 (증가/감소)하였다.

03 A~C 공항 중 2018년 출국자 수가 가장 많은 공항은 ______ 공항이다.

04 A~C 공항 중 2020년 입국자 수가 두 번째로 적은 공항은 ______ 공항이다.

05 2020년 출국자 수는 A 공항이 B 공항보다 (많다/적다).

06 2021년 입국자 수는 B 공항이 C 공항보다 (많다/적다).

07 제시된 기간 중 C 공항의 출국자 수는 ______ 년에 가장 적다.

08 제시된 기간 중 B 공항의 입국자 수는 ______ 년에 가장 많다.

09 2019년 이후 입국자 수와 출국자 수의 전년 대비 증감 추이가 매년 동일한 공항은 ______ 공항이다.

10 2021년 출국자 수가 입국자 수보다 많은 공항은 ______ 개이다.

11 2019년 C 공항의 출국자 수는 전년 대비 감소하였다. (O/X)

12 A~C 공항 중 2021년 입국자 수가 가장 많은 공항은 B 공항이다. (O/X)

13 2018년 출국자 수는 A 공항이 B 공항보다 적다. (O/X)

14 2020년 입국자 수와 출국자 수가 모두 전년 대비 감소한 공항은 없다. (O/X)

15 제시된 기간 중 A 공항과 C 공항의 입국자 수가 가장 많은 해는 동일하다. (O/X)

01	증가	04	B	07	2021	10	1	13	O
02	감소	05	적다	08	2020	11	X	14	X
03	C	06	많다	09	C	12	O	15	X

연습문제 ④

[01-15] 다음 자료를 바탕으로 물음에 답하시오.

[성별 본인의 체형에 대한 생각의 비율]

(단위: %)

성	항목	2017년	2018년	2019년	2020년
남자	매우 마른 편이다	3.0	2.0	1.1	0.6
	약간 마른 편이다	16.5	20.4	14.9	15.3
	보통이다	55.3	55.7	61.7	63.1
	약간 비만이다	21.4	20.6	19.8	18.3
	매우 비만이다	3.8	1.3	2.5	2.7
여자	매우 마른 편이다	2.5	2.5	0.6	0.7
	약간 마른 편이다	19.9	22.9	16.3	18.0
	보통이다	53.5	52.3	60.8	59.1
	약간 비만이다	20.1	20.9	19.8	20.2
	매우 비만이다	4.0	1.4	2.5	2.0

※ 출처: KOSIS(한국청소년정책연구원, 청년사회경제실태조사)

01 2018년에 '매우 비만이다'라고 응답한 남자 비율은 전년 대비 (증가/감소)하였다.

02 2019년에 '보통이다'라고 응답한 여자 비율은 2년 전 대비 (증가/감소)하였다.

03 2020년 여자의 응답 항목 중 응답 비율이 가장 높은 항목은 '　　　　'이다.

04 2018년 남자의 응답 항목 중 응답 비율이 두 번째로 높은 항목은 '　　　　'이다.

05 2017년에 '매우 마른 편이다'라고 응답한 비율은 남자가 여자보다 (높다/낮다).

06 2019년에 '약간 마른 편이다'라고 응답한 비율은 여자가 남자보다 (높다/낮다).

07 제시된 기간 중 여자가 '매우 비만이다'라고 응답한 비율은 　　　　년에 가장 높다.

08 제시된 기간 중 남자가 '약간 비만이다'라고 응답한 비율은 　　　　년에 가장 낮다.

09 제시된 기간 중 '약간 비만이다'라고 응답한 비율이 남자가 여자보다 높은 해는 총 　　　　개 연도이다.

10 2019년 이후 남자의 응답 항목 중 응답 비율이 매년 전년 대비 증가한 항목은 　　　　개이다.

11 2020년에 '약간 마른 편이다'라고 응답한 여자 비율은 3년 전 대비 감소하였다. (O/X)

12 제시된 기간 중 '매우 비만이다'라고 응답한 비율이 가장 높은 해는 남자와 여자가 동일하다. (O/X)

13 2017년에 '약간 비만이다'라고 응답한 비율은 여자가 남자보다 높다. (O/X)

14 2020년 남자의 응답 항목 중 응답 비율이 전년 대비 증가한 항목은 3개이다. (O/X)

15 2018년 응답 비율이 두 번째로 높은 항목은 남자와 여자가 동일하다. (O/X)

01	감소	04	약간 비만이다	07	2017	10	2	13	X
02	증가	05	높다	08	2020	11	O	14	O
03	보통이다	06	높다	09	1	12	O	15	X

연습문제 ⑤

[01-15] 다음 자료를 바탕으로 물음에 답하시오. (단, 만족도 점수는 5점 만점임)

[조사대상별 학교생활 만족도]

(단위: 점)

구분	2016년	2017년	2018년	2019년
초등학생	4.37	4.34	4.34	4.27
중학생	4.16	4.19	4.30	4.18
고등학생	4.05	4.06	4.17	4.12

[조사대상별 진로활동 만족도]

(단위: 점)

구분	2016년	2017년	2018년	2019년
초등학생	4.18	4.14	4.16	4.09
중학생	3.77	3.76	4.02	3.88
고등학생	3.64	3.61	3.79	3.80

※ 출처: KOSIS(교육부, 진로교육현황조사)

01 2018년 초등학생의 학교생활 만족도는 2년 전 대비 (증가/감소)하였다.

02 2019년 고등학생의 진로활동 만족도는 전년 대비 (증가/감소)하였다.

03 조사대상 중 2016년 진로활동 만족도가 가장 높은 조사대상은 ______ 이다.

04 조사대상 중 2017년 학교생활 만족도가 가장 낮은 조사대상은 ______ 이다.

05 2019년 진로활동 만족도는 중학생이 고등학생보다 (높다/낮다).

06 2018년 학교생활 만족도는 초등학생이 중학생보다 (높다/낮다).

07 제시된 기간 중 중학생의 학교생활 만족도는 ______ 년에 가장 높다.

08 제시된 기간 중 고등학생의 진로활동 만족도는 ______ 년에 가장 낮다.

09 2017년 이후 진로활동 만족도의 전년 대비 증감 추이가 매년 중학생과 동일한 조사대상은 ______ 이다.

10 제시된 기간 중 초등학생의 학교생활 만족도가 진로활동 만족도보다 낮은 해는 총 ______ 개 연도이다.

11 2019년 고등학생의 학교생활 만족도는 2년 전 대비 감소하였다. (O/X)

12 2017년 이후 초등학생, 중학생, 고등학생의 진로활동 만족도가 모두 전년 대비 증가한 해는 2018년뿐이다. (O/X)

13 2019년 학교생활 만족도와 진로활동 만족도가 모두 전년 대비 감소한 조사대상은 1개이다. (O/X)

14 제시된 기간 중 초등학생의 진로활동 만족도가 두 번째로 낮은 해는 2017년이다. (O/X)

15 학교생활 만족도가 가장 높은 해는 중학생과 고등학생이 동일하다. (O/X)

01	감소	04	고등학생	07	2018	10	0	13	X
02	증가	05	높다	08	2017	11	X	14	O
03	초등학생	06	높다	09	초등학생	12	O	15	O

연습문제 ⑥

[01-15] 다음 자료를 바탕으로 물음에 답하시오.

[업종 및 종사자 규모별 바이오산업 전체 종사자 수]

(단위: 명)

구분		2016년	2017년	2018년	2019년
업종	의약업	18,818	20,362	20,211	20,894
	화학·에너지업	5,045	5,457	6,272	6,717
	식품업	6,286	6,631	6,125	6,302
	환경업	1,194	1,278	1,105	1,071
	의료기기업	3,734	4,229	4,893	5,382
	장비 및 기기업	1,163	1,220	1,412	1,552
	자원업	967	736	1,072	1,057
	서비스업	4,352	4,982	5,398	6,138
종사자 규모	1,000명 미만	30,796	32,510	30,098	35,669
	1,000명 이상	10,763	12,355	11,164	11,427

※ 출처: KOSIS(산업통상자원부, 국내바이오산업실태조사)

01 2017년 의료기기업 전체 종사자 수는 전년 대비 (증가/감소)하였다.

02 2019년 종사자 규모가 1,000명 이상인 바이오산업 기업의 전체 종사자 수는 2년 전 대비 (증가/감소)하였다.

03 2018년 전체 종사자 수가 네 번째로 많은 바이오산업 업종은 ______ 이다.

04 2016년 전체 종사자 수가 세 번째로 적은 바이오산업 업종은 ______ 이다.

05 2019년 전체 종사자 수는 환경업이 자원업보다 (많다/적다).

06 2018년 전체 종사자 수는 화학·에너지업이 식품업보다 (많다/적다).

07 제시된 기간 중 종사자 규모가 1,000명 미만인 바이오산업 기업의 전체 종사자 수는 ______ 년에 가장 적다.

08 제시된 기간 중 장비 및 기기업의 전체 종사자 수는 ______ 년에 가장 많다.

09 2017년 이후 전체 종사자 수가 매년 전년 대비 증가하는 바이오산업 업종은 ______ 개이다.

10 2019년 전체 종사자 수가 세 번째로 많은 바이오산업 업종의 같은 해 전체 종사자 수는 3년 전 대비 (증가/감소)하였다.

11 2017년 자원업의 전체 종사자 수는 전년 대비 감소하였다. (O/X)

12 2017년 전체 종사자 수가 두 번째로 많은 바이오산업 업종은 식품업이다. (O/X)

13 2019년 전체 종사자 수는 식품업이 서비스업보다 많다. (O/X)

14 2018년 전체 종사자 수가 2년 전 대비 감소한 바이오산업 업종은 1개이다. (O/X)

15 연도별로 전체 종사자 수가 세 번째로 많은 바이오산업 업종은 2016년과 2019년이 동일하다. (O/X)

01	증가	04	환경업	07	2018	10	증가	13	O
02	감소	05	많다	08	2019	11	O	14	X
03	서비스업	06	많다	09	4	12	O	15	X

연습문제 ⑦

[01-15] 다음 자료를 바탕으로 물음에 답하시오.

[연안별 수온]

(단위: ℃)

구분		2016년	2017년	2018년	2019년	2020년
남해	낙동강하구	18.18	17.67	18.28	18.64	17.57
	행암만	17.78	17.77	17.15	18.68	17.71
	마산만	16.76	17.03	16.91	17.21	17.61
동해	울산연안	16.23	17.19	17.38	17.70	15.65
	온산연안	16.56	17.38	17.40	17.76	15.42
서해	가막만	17.78	17.00	16.73	16.88	17.05
	완도연안	16.60	16.04	16.75	16.65	16.44
	도암만	17.53	17.11	16.48	17.77	17.05

※ 출처: KOSIS(해양수산부, 해수수질실태보고)

01 2017년 울산연안의 수온은 전년 대비 (증가/감소)하였다.

02 2020년 도암만의 수온은 4년 전 대비 (증가/감소)하였다.

03 제시된 전체 연안 중 2018년 수온이 네 번째로 높은 연안은 ______ 이다.

04 제시된 남해 연안 중 2020년 수온이 가장 낮은 연안은 ______ 이다.

05 2019년 수온은 마산만이 울산연안보다 (높다/낮다).

06 2016년 수온은 온산연안이 완도연안보다 (높다/낮다).

07 제시된 기간 중 마산만의 수온은 ______ 년에 가장 낮다.

08 제시된 기간 중 가막만의 수온은 ______ 년에 가장 높다.

09 제시된 전체 연안 중 2018년 이후 수온이 매년 전년 대비 증가한 연안은 ______ 개이다.

10 제시된 전체 연안 중 2017년 이후 수온의 전년 대비 증감 추이가 도암만과 매년 동일한 연안은 ______ 이다.

11 제시된 서해 연안 중 2019년 수온이 두 번째로 높은 연안은 완도연안이다. (O/X)

12 제시된 전체 연안 중 2020년 수온이 두 번째로 높은 연안은 마산만이다. (O/X)

13 제시된 연안 중 2018년 수온이 전년 대비 증가한 연안의 수는 서해가 남해보다 많다. (O/X)

14 제시된 전체 연안 중 2017년 수온이 높은 상위 3개 연안은 모두 남해이다. (O/X)

15 제시된 전체 연안 중 2019년 수온이 온산연안보다 높은 연안은 3개이다. (O/X)

01	증가	04	낙동강하구	07	2016	10	행암만	13	X
02	감소	05	낮다	08	2016	11	X	14	X
03	행암만	06	낮다	09	0	12	O	15	O

연습문제 ⑧

[01-15] 다음 자료를 바탕으로 물음에 답하시오.

[연령별 귀농가구원 수]

(단위: 명)

구분	0~39세		40~49세		50~59세		60~69세		70세 이상	
	남자	여자	남자	여자	남자	여자	남자	여자	남자	여자
2015년	2,913	2,195	1,826	1,420	3,530	3,042	2,479	1,367	551	537
2016년	3,081	2,226	1,773	1,359	3,622	3,128	2,722	1,517	585	546
2017년	2,716	2,072	1,634	1,314	3,416	2,986	2,824	1,584	569	515
2018년	2,485	1,748	1,512	1,101	3,126	2,603	2,763	1,436	577	505
2019년	2,077	1,336	1,303	864	2,972	2,405	2,768	1,417	567	472

※ 출처: KOSIS(통계청, 농림축산식품부, 해양수산부, 귀농어귀촌인통계)

01 2016년 50~59세 남자 귀농가구원 수는 전년 대비 (증가/감소)하였다.

02 2018년 70세 이상 여자 귀농가구원 수는 2년 전 대비 (증가/감소)하였다.

03 2019년 여자 중 귀농가구원 수가 두 번째로 많은 연령은 ______ 이다.

04 2017년 남자 중 귀농가구원 수가 두 번째로 적은 연령은 ______ 이다.

05 2015년 여자 귀농가구원 수는 40~49세가 60~69세보다 (많다/적다).

06 2019년 남자 귀농가구원 수는 0~39세가 50~59세보다 (많다/적다).

07 제시된 기간 중 0~39세 남자 귀농가구원 수는 ______ 년에 가장 많다.

08 제시된 기간 중 70세 이상 여자 귀농가구원 수는 ______ 년에 가장 적다.

09 2016년 이후 남자와 여자 귀농가구원 수가 모두 매년 전년 대비 감소하는 연령은 ______ 이다.

10 연도별로 남자 귀농가구원 수가 많은 연령부터 순서대로 나열하면, 2016년과 그 순서가 동일한 해는 ______ 년이다.

11 2018년 70세 이상 남자 귀농가구원 수는 2년 전 대비 감소하였다. (O/X)

12 2016년 여자 중 귀농가구원 수가 세 번째로 많은 연령은 60~69세이다. (O/X)

13 제시된 기간 중 70세 이상 남자 귀농가구원 수가 70세 이상 여자 귀농가구원 수보다 적은 해는 없다. (O/X)

14 2019년 남자 귀농가구원 수와 여자 귀농가구원 수가 모두 4년 전 대비 증가한 연령은 1개이다. (O/X)

15 2015년 남자와 여자 귀농가구원 수가 가장 많은 연령은 남자와 여자 모두 50~59세이다. (O/X)

01	증가	04	40~49세	07	2016	10	2015	13	O
02	감소	05	많다	08	2019	11	O	14	O
03	60~69세	06	적다	09	40~49세	12	O	15	O

연습문제 ⑨

[01-15] 다음 자료를 바탕으로 물음에 답하시오.

[산업별 종사자 수]

(단위: 명)

구분	2017년		2018년		2019년	
	남자	여자	남자	여자	남자	여자
건설업	250,381	25,476	253,874	28,045	265,251	30,310
도소매업	198,812	231,259	216,750	220,146	224,990	225,777
운수 및 창고업	171,129	34,690	179,805	38,086	182,760	38,935
숙박 및 음식점업	82,155	106,284	80,008	111,391	79,557	107,698
정보통신업	200,580	100,513	208,819	104,762	216,129	104,193
금융 및 보험업	162,100	207,898	168,277	189,817	169,694	196,321
부동산업	45,358	20,805	45,690	22,149	45,047	22,940
교육서비스업	8,146	12,618	9,194	14,098	9,370	13,670

※ 출처: KOSIS(통계청, 전국사업체조사)

01 2019년 부동산업의 여자 종사자 수는 2년 전 대비 (증가/감소)하였다.

02 2018년 정보통신업의 남자 종사자 수는 전년 대비 (증가/감소)하였다.

03 제시된 산업 중 2019년 남자 종사자 수가 네 번째로 많은 산업은 ______ 이다.

04 제시된 산업 중 2017년 여자 종사자 수가 세 번째로 적은 산업은 ______ 이다.

05 2018년 남자 종사자 수는 건설업이 도소매업보다 (많다/적다).

06 2019년 여자 종사자 수는 숙박 및 음식점업이 정보통신업보다 (많다/적다).

07 제시된 기간 중 교육서비스업의 남자 종사자 수는 ______ 년에 가장 적다.

08 제시된 기간 중 금융 및 보험업의 여자 종사자 수는 ______ 년에 가장 많다.

09 2018년 이후 건설업의 남자와 여자 종사자 수의 전년 대비 증감 추이는 매년 (같다/다르다).

10 제시된 산업 중 2018년 종사자 수가 네 번째로 많은 산업은 여자와 남자가 (같다/다르다).

11 2019년 부동산업의 남자 종사자 수는 전년 대비 감소하였다. (O/X)

12 제시된 산업 중 2017년 남자 종사자 수가 네 번째로 적은 산업은 운수 및 창고업이다. (O/X)

13 2018년 숙박 및 음식점업의 종사자 수는 남자가 여자보다 적다. (O/X)

14 제시된 기간 중 금융 및 보험업의 남자 종사자 수가 가장 많은 해에 금융 및 보험업의 여자 종사자 수도 가장 많다. (O/X)

15 제시된 산업 중 2019년 여자 종사가 수가 남자 종사자 수보다 많은 산업은 4개이다. (O/X)

01	증가	04	건설업	07	2017	10	다르다	13	O
02	증가	05	많다	08	2017	11	O	14	X
03	운수 및 창고업	06	많다	09	같다	12	X	15	O

연습문제 ⑩

[01-15] 다음 자료를 바탕으로 물음에 답하시오.

[2020년 공항별 도착 및 출발 화물 톤 수]

(단위: 톤)

구분	10월		11월		12월	
	도착	출발	도착	출발	도착	출발
김포	6,279	5,562	6,940	5,759	5,761	4,451
김해	1,263	1,553	1,587	1,598	1,262	1,224
제주	7,765	8,267	8,141	9,625	5,630	7,081
청주	639	561	737	605	363	306
대구	484	511	582	548	338	312
광주	450	435	472	410	248	225
인천	122,940	141,578	124,183	143,849	131,860	145,784

[2020년 전국 공항 도착 및 출발 화물 톤 수]

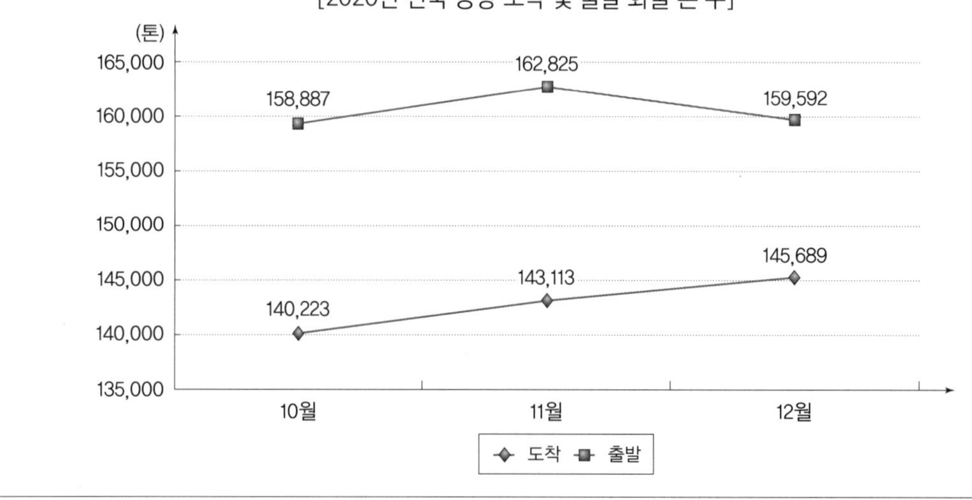

※ 출처: KOSIS(한국공항공사, 인천국제공항공사, 항공통계)

01 12월 제주 공항에 도착한 화물 톤 수는 전월 대비 (증가/감소)하였다.

02 11월 대구 공항에서 출발한 화물 톤 수는 전월 대비 (증가/감소)하였다.

03 제시된 공항 중 10월 공항에서 출발한 화물 톤 수가 다섯 번째로 많은 공항은 ______ 이다.

04 제시된 공항 중 12월 공항에 도착한 화물 톤 수가 네 번째로 적은 공항은 ______ 이다.

05 11월 공항에서 출발한 화물 톤 수는 대구가 광주보다 (많다/적다).

06 10월 공항에 도착한 화물 톤 수는 김포가 제주보다 (많다/적다).

07 제시된 기간 중 인천 공항에 도착한 화물 톤 수는 ______ 월에 가장 많다.

08 제시된 기간 중 전국 공항에서 출발한 화물 톤 수는 ______ 월에 가장 적다.

09 11월 이후 공항에 도착한 화물 톤 수의 전월 대비 증감 추이가 전국 공항과 동일한 공항은 ______ 이다.

10 제시된 공항 중 12월 공항에 도착한 화물 톤 수가 공항에서 출발한 화물 톤 수보다 많은 공항은 ______ 개이다.

11 12월 전국 공항에 도착한 화물 톤 수는 전월 대비 감소하였다. (O/X)

12 제시된 공항 중 10월 공항에서 출발한 화물 톤 수가 가장 적은 공항은 광주이다. (O/X)

13 12월 공항에서 출발한 화물 톤 수는 청주가 대구보다 많다. (O/X)

14 제시된 공항 중 11월 도착 및 출발 화물 톤 수가 모두 전월 대비 증가한 공항은 5개이다. (O/X)

15 제시된 기간 동안 공항에 도착한 화물 톤 수와 공항에서 출발한 화물 톤 수 모두 제주가 김포보다 매월 많다. (O/X)

01	감소	04	김해	07	12	10	5	13	X
02	증가	05	많다	08	10	11	X	14	X
03	청주	06	적다	09	인천	12	O	15	X

02 수치 계산

증감률, 비중, 비율, 평균 등 주어진 수치를 계산하여 옳고 그름을 판단할 수 있는 내용은 각 용어가 의미하는 개념과 관련 공식을 정확하게 알면 빠르게 해결할 수 있다.

풀이 전략

1. 증감량·증감률

1) 증감량

증감량은 시간의 흐름에 따라 수치가 증가하거나 감소한 양으로, 증가량과 감소량으로 구분할 수 있다. 이때 표현 방식에 따라 부호가 달라질 수 있음을 확인한다.

- 기준연도 대비 비교연도 A의 증감량 = 비교연도 A - 기준연도 A

구분	증가량	감소량	증감량
A가 100만큼 증가했을 때	100	-100	+100
A가 100만큼 감소했을 때	-100	100	-100

2) 증감률

증감률은 시간의 흐름에 따라 수치가 증가하거나 감소한 비율로, 증가율과 감소율로 구분할 수 있다. 이때 표현 방식에 따라 부호가 달라질 수 있음을 확인한다.

- 기준연도 대비 비교연도 A의 증감률(%) = $\frac{\text{비교연도 A} - \text{기준연도 A}}{\text{기준연도 A}} \times 100$

구분	증가율	감소율	증감률
A가 10%만큼 증가했을 때	10%	-10%	+10%
A가 10%만큼 감소했을 때	-10%	10%	-10%

예

[마을별 농가 비율 및 가구 수]

(단위: %, 가구)

구분	2019년		2020년		2021년	
	농가 비율	가구 수	농가 비율	가구 수	농가 비율	가구 수
A 마을	40	550	30	600	50	500
B 마을	25	600	35	500	20	400

① 2021년 A 마을 가구 수는 2년 전 대비 50가구 감소하였다.
→ 기준연도는 2019년, 비교연도는 2021년임에 따라 A 마을 가구 수의 증감량은 500 - 550 = -50가구이므로 감소량은 50가구임을 알 수 있다.

② 2020년 B 마을 농가 비율은 전년 대비 10%p 증가하였다.
→ 기준연도는 2019년, 비교연도는 2020년임에 따라 B 마을 농가 비율의 증감량은 35 - 25 = +10%p이므로 증가량은 10%p임을 알 수 있다.

③ 2020년 B 마을 농가 비율은 전년 대비 40% 증가하였다.
→ 기준연도는 2019년, 비교연도는 2020년임에 따라 B 마을 농가 비율의 증감률은 $\frac{35-25}{25} \times 100 = +40\%$이므로 증가율은 40%임을 알 수 있다.

플러스 학습

'%'와 '%p'의 차이

'%'는 비율을 나타낼 때 사용하며, '%p'는 비율의 차이를 나타낼 때 사용한다.

2. 비중

전체에서 특정 항목의 수치가 차지하는 정도를 백분율로 나타낸 것으로, 특정 수치가 포함된 전체 항목이 무엇인지 먼저 파악한 후, 수치의 비중을 구한다.

- 전체에서 A가 차지하는 비중(%) = $\frac{A}{전체} \times 100$

예

[A 회사의 연령별 직원 수]

(단위: 명)

구분	2020년		2021년	
	남자	여자	남자	여자
40대 미만	120	180	130	120
40대 이상	80	120	70	130

① 2021년 40대 미만 직원 중 남자 직원 수의 비중은 52%이다.

→ 전체는 2021년 40대 미만 직원이므로 2021년 40대 미만 직원에서 남자 직원 수가 차지하는 비중은 $\frac{130}{130+120} \times 100 = 52$%임을 알 수 있다.

② 2020년 여자 직원 중 40대 이상 직원 수의 비중은 40%이다.

→ 전체는 2020년 여자 직원이므로 2020년 여자 직원에서 40대 이상 직원 수가 차지하는 비중은 $\frac{120}{180+120} \times 100 = 40$%임을 알 수 있다.

3. 비율·평균

비율은 기준이 되는 양에 대해 비교하는 양의 크기이고, 평균은 여러 수치의 합을 수치의 개수로 나눈 것이다.

- A에 대한 B의 비율 = $\frac{B}{A}$
- $A_1, A_2, \cdots, A_{n-1}, A_n$의 평균 = $\frac{A_1 + \cdots + A_n}{n}$ (단, n은 자연수)

예

[B 중학교의 학년별 학생 및 교사 수]

(단위: 명)

구분	2020년		2021년	
	학생 수	교사 수	학생 수	교사 수
1학년	240	12	250	12
2학년	250	10	240	11
3학년	300	16	260	13

① 2020년 2학년 교사 수에 대한 2학년 학생 수의 비율은 25이다.

→ 기준이 되는 양은 2020년 2학년 교사 수이고, 비교하는 양은 2020년 2학년 학생 수이므로 2020년 2학년 교사 수에 대한 2학년 학생 수의 비율은 $\frac{250}{10} = 25$임을 알 수 있다.

② 2021년 1학년부터 3학년까지 학년별 학생 수의 평균은 250명이다.

→ 2021년 학생 수는 1학년이 250명, 2학년이 240명, 3학년이 260명이고, 변량의 개수는 3개이므로 1학년부터 3학년까지 학년별 학생 수의 평균은 $\frac{250+240+260}{3} = 250$명임을 알 수 있다.

연습문제 ①

[01-15] 다음 자료를 바탕으로 물음에 답하시오.

[A 중학교 학년별 학생 수]

(단위: 명)

구분	2019년	2020년	2021년
1학년	80	100	90
2학년	150	80	100
3학년	120	150	80

01 2020년 학생 수는 2학년이 1학년보다 ______ 명 더 적다.

02 2019년 학생 수는 3학년이 1학년보다 ______ 명 더 많다.

03 2020년 1학년 학생 수는 전년 대비 ______ 명 증가하였다.

04 2021년 2학년 학생 수는 2년 전 대비 ______ 명 감소하였다.

05 2020년 3학년 학생 수는 1학년 학생 수의 ______ 배이다.

06 2019년 2학년 학생 수는 3학년 학생 수의 ______ 배이다.

07 2021년 1학년 학생 수는 전년 대비 ______ % 감소하였다.

08 2020년 3학년 학생 수는 전년 대비 ______ % 증가하였다.

09 제시된 기간 동안 1학년 학생 수의 평균은 ______ 명이다.

10 2019년 A 중학교 학생 수는 ______ 명이다.

11 2021년 3학년 학생 수는 2학년 학생 수보다 20명 더 많다. (O/X)

12 2020년 2학년 학생 수는 전년 대비 70명 감소하였다. (O/X)

13 2019년 전체 학생 수에서 3학년 학생 수가 차지하는 비중은 30% 이상이다. (O/X)

14 2021년 1학년 학생 수의 2년 전 대비 증가율은 20% 미만이다. (O/X)

15 2020년 3학년 학생 수는 2학년 학생 수의 1.5배 이상이다. (O/X)

01	20	04	50	07	10	10	350	13	O
02	40	05	1.5	08	25	11	X	14	O
03	20	06	1.25	09	90	12	O	15	O

연습문제 ②

[01-15] 다음 자료를 바탕으로 물음에 답하시오.

[매장별 냉장고 판매량]

(단위: 대)

구분	2018년	2019년	2020년	2021년
A 매장	86	72	96	144
B 매장	75	108	81	128
C 매장	120	108	162	81

01 2020년 냉장고 판매량은 A 매장이 B 매장보다 ______ 대 더 많다.

02 2018년 냉장고 판매량은 B 매장이 C 매장보다 ______ 대 더 적다.

03 2019년 C 매장 냉장고 판매량은 전년 대비 ______ 대 감소하였다.

04 2021년 A 매장 냉장고 판매량은 3년 전 대비 ______ 대 증가하였다.

05 2019년 B 매장 냉장고 판매량은 A 매장 냉장고 판매량의 ______ 배이다.

06 2020년 B 매장 냉장고 판매량은 C 매장 냉장고 판매량의 ______ 배이다.

07 2019년 B 매장 냉장고 판매량은 전년 대비 ______ % 증가하였다.

08 2021년 C 매장 냉장고 판매량은 전년 대비 ______ % 감소하였다.

09 제시된 기간 동안 B 매장 냉장고 판매량의 평균은 ______ 대이다.

10 2018년부터 2021년까지 냉장고 판매량의 합은 C 매장이 A 매장보다 ______ 대 더 많다.

11 2018년 A 매장 냉장고 판매량은 B 매장 냉장고 판매량보다 11대 더 적다. (O/X)

12 2020년 C 매장 냉장고 판매량의 2년 전 대비 증감량은 +42대이다. (O/X)

13 2021년 B 매장 냉장고 판매량의 전년 대비 증가율은 50% 미만이다. (O/X)

14 2019년 A, B, C 매장의 냉장고 판매량은 총 288대이다. (O/X)

15 2021년 냉장고 판매량은 A 매장이 C 매장의 1.5배 이상이다. (O/X)

01	15	04	58	07	44	10	73	13	X
02	45	05	1.5	08	50	11	X	14	O
03	12	06	0.5	09	98	12	O	15	O

연습문제 ③

[01-15] 다음 자료를 바탕으로 물음에 답하시오. (단, 소수점 둘째 자리에서 반올림하여 계산한다.)

[채권 종류별 국가채권 및 연체채권 현황]

(단위: 조 원)

구분	2017년		2018년		2019년	
	국가채권	연체채권	국가채권	연체채권	국가채권	연체채권
전체	317	38	343	44	379	49
조세채권	38	29	42	32	44	36
경상이전수입	10	8	11	9	11	10
융자회수금	142	0	154	1	166	1
예금 및 예탁금	123	0	132	0	153	0
기타	4	1	4	2	5	2

※ 출처: KOSIS(기획재정부, 국가채권)

01 2017년 국가채권에서 융자회수금은 예금 및 예탁금보다 ______ 조 원 더 많다.

02 2019년 연체채권에서 경상이전수입은 조세채권보다 ______ 조 원 더 적다.

03 2018년 전체 국가채권은 전년 대비 ______ 조 원 증가하였다.

04 2019년 국가채권에서 예금 및 예탁금은 2년 전 대비 ______ 조 원 증가하였다.

05 2017년 경상이전수입에서 국가채권은 연체채권의 약 ______ 배이다.

06 2018년 연체채권에서 조세채권은 경상이전수입의 약 ______ 배이다.

07 2019년 전체 연체채권은 2년 전 대비 약 ______ % 증가하였다.

08 2019년 국가채권에서 융자회수금은 전년 대비 약 ______ % 증가하였다.

09 2018년 전체 국가채권에서 조세채권이 차지하는 비중은 약 ______ % 이다.

10 제시된 기간 동안 국가채권에서 예금 및 예탁금의 평균은 ______ 조 원이다.

11 2019년 국가채권에서 조세채권은 경상이전수입보다 33조 원 더 많다. (O/X)

12 2019년 국가채권에서 경상이전수입은 전년 대비 1조 원 감소하였다. (O/X)

13 2017년 조세채권에서 국가채권은 연체채권의 약 1.3배이다. (O/X)

14 2018년 국가채권에서 예금 및 예탁금의 전년 대비 증감률은 약 +7.3%이다. (O/X)

15 2018년 전체 연체채권에서 융자회수금이 차지하는 비중은 5% 이상이다. (O/X)

01	19	04	30	07	28.9	10	136	13	O
02	26	05	1.3	08	7.8	11	O	14	O
03	26	06	3.6	09	12.2	12	X	15	X

연습문제 ④

[01-15] 다음 자료를 바탕으로 물음에 답하시오. (단, 소수점 둘째 자리에서 반올림하여 계산한다.)

[공직자 근무환경 만족도]

(단위: %)

구분		매우 불만족한다	불만족한다	보통이다	만족한다	매우 만족한다
2017년	남성	4.4	20.1	38.4	32.8	4.3
	여성	8.0	23.0	39.7	26.3	3.0
2018년	남성	4.6	15.6	38.9	37.1	3.8
	여성	4.4	20.4	44.1	27.9	3.2
2019년	남성	4.2	15.9	40.0	35.6	4.3
	여성	6.7	20.6	42.9	27.4	2.4

※ 출처: KOSIS(한국행정연구원, 공직생활실태조사)

01 2017년 '보통이다'라고 응답한 비율은 남성이 여성보다 ______ %p 더 작다.

02 2019년 '불만족한다'라고 응답한 여성 비율은 '만족한다'라고 응답한 여성 비율보다 ______ %p 더 작다.

03 2018년 '매우 불만족한다'라고 응답한 남성 비율은 전년 대비 ______ %p 증가하였다.

04 2019년 '매우 만족한다'라고 응답한 여성 비율은 2년 전 대비 ______ %p 감소하였다.

05 2017년 '만족한다'라고 응답한 여성 비율은 '매우 만족한다'라고 응답한 여성 비율의 약 ______ 배이다.

06 2018년 '불만족한다'라고 응답한 비율은 여성이 남성의 약 ______ 배이다.

07 2018년 '매우 불만족한다'라고 응답한 여성 비율은 전년 대비 ______ % 감소하였다.

08 2019년 '불만족한다'라고 응답한 남성 비율은 2년 전 대비 약 ______ % 감소하였다.

09 제시된 기간 동안 '보통이다'라고 응답한 남성 비율의 평균은 ______ %이다.

10 2019년 '매우 만족한다', '만족한다'라고 응답한 남성 비율의 합은 전년 대비 ______ %p 감소하였다.

11 2018년 '만족한다'라고 응답한 여성 비율은 '매우 만족한다'라고 응답한 여성 비율보다 23.7%p 더 크다. (O/X)

12 2019년 '보통이다'라고 응답한 여성 비율은 전년 대비 1.2%p 감소하였다. (O/X)

13 2019년 '매우 만족한다'라고 응답한 비율은 여성이 남성의 약 1.6배이다. (O/X)

14 2018년 '불만족한다'라고 응답한 여성 비율은 전년 대비 10% 이상 증가하였다. (O/X)

15 제시된 기간 동안 '만족한다'라고 응답한 여성 비율의 평균은 27.2%이다. (O/X)

01	1.3	04	0.6	07	45	10	1.0	13	X
02	6.8	05	8.8	08	20.9	11	X	14	X
03	0.2	06	1.3	09	39.1	12	O	15	O

연습문제 ⑤

[01-15] 다음 자료를 바탕으로 물음에 답하시오. (단, 소수점 둘째 자리에서 반올림하여 계산한다.)

[연도별 외국인 순수토지 거래량]

(단위: 필지)

구분	2019년				2020년			
	9월	10월	11월	12월	9월	10월	11월	12월
전국	472	512	476	543	452	384	594	607
경기도	178	199	181	202	196	165	221	257
강원도	50	32	44	20	39	25	88	45

※ 출처: KOSIS(한국부동산원, 부동산거래현황)

01 2020년 전국의 외국인 순수토지 거래량은 10월이 9월보다 ______ 필지 더 적다.

02 2019년 경기도의 외국인 순수토지 거래량은 10월이 11월보다 ______ 필지 더 많다.

03 2020년 12월 강원도의 외국인 순수토지 거래량은 전년 동월 대비 ______ 필지 증가하였다.

04 2020년 10월 경기도의 외국인 순수토지 거래량은 전년 동월 대비 ______ 필지 감소하였다.

05 2019년 9월 외국인 순수토지 거래량은 경기도가 강원도의 약 ______ 배이다.

06 2020년 11월 외국인 순수토지 거래량은 경기도가 강원도의 약 ______ 배이다.

07 2020년 12월 전국의 외국인 순수토지 거래량은 전년 동월 대비 약 ______ % 증가하였다.

08 2020년 10월 강원도의 외국인 순수토지 거래량은 전년 동월 대비 약 ______ % 감소하였다.

09 2019년 11월 전국의 외국인 순수토지 거래량에서 강원도가 차지하는 비중은 약 ______ %이다.

10 2019년과 2020년 9월 전국의 외국인 순수토지 거래량의 평균은 ______ 필지이다.

11 2020년 9월 외국인 순수토지 거래량은 경기도가 강원도보다 147필지 더 많다. (O/X)

12 2019년 10월 전국의 외국인 순수토지 거래량은 전월 대비 40필지 증가하였다. (O/X)

13 2019년 12월 전국의 외국인 순수토지 거래량에서 경기도가 차지하는 비중은 40% 미만이다. (O/X)

14 2020년 12월 경기도의 외국인 순수토지 거래량은 전년 동월 대비 30% 이상 증가하였다. (O/X)

15 11월 전국의 외국인 순수토지 거래량은 2020년이 2019년의 1.1배 이상이다. (O/X)

01	68	04	34	07	11.8	10	462	13	O
02	18	05	3.6	08	21.9	11	X	14	X
03	25	06	2.5	09	9.2	12	O	15	O

연습문제 ⑥

[01-15] 다음 자료를 바탕으로 물음에 답하시오. (단, 소수점 둘째 자리에서 반올림하여 계산한다.)

[2019년 국립공원별 토지소유 면적]

(단위: ha)

구분	계룡산	내장산	가야산	북한산	월출산	무등산	태백산
전체	6,534	8,071	7,626	7,692	5,622	7,543	7,006
국유지	3,229	3,131	1,254	4,497	2,951	1,071	6,291
공유지	130	206	1,689	715	344	1,379	492
사유지	2,165	2,620	1,820	2,351	1,951	4,762	222
사찰지	1,010	2,114	2,863	129	376	331	1

※ 출처: KOSIS(국립공원공단, 국립공원기본통계)

01 국유지의 면적은 계룡산이 월출산보다 ( ) ha 더 넓다.

02 사찰지의 면적은 내장산이 가야산보다 ( ) ha 더 좁다.

03 북한산의 공유지 면적은 사찰지 면적보다 ( ) ha 더 넓다.

04 태백산의 사유지 면적은 공유지 면적보다 ( ) ha 더 좁다.

05 사찰지의 면적은 계룡산이 무등산의 약 ( ) 배이다.

06 사유지의 면적은 내장산이 월출산의 약 ( ) 배이다.

07 가야산의 전체 국립공원 토지소유 면적에서 국유지가 차지하는 비중은 약 ( ) %이다.

08 무등산의 전체 국립공원 토지소유 면적에서 사유지가 차지하는 비중은 약 ( ) %이다.

09 가야산과 북한산의 사유지 면적은 총 ( ) ha이다.

10 내장산과 무등산의 평균 공유지 면적은 ( ) ha이다.

11 국유지의 면적은 태백산이 북한산보다 1,794ha 더 넓다. (O/X)

12 월출산의 공유지 면적은 사찰지 면적보다 32ha 더 좁다. (O/X)

13 계룡산의 사유지 면적은 공유지 면적의 15배 이상이다. (O/X)

14 월출산의 전체 국립공원 토지소유 면적에서 사찰지가 차지하는 비중은 5% 미만이다. (O/X)

15 계룡산과 북한산의 전체 국립공원 토지소유 면적의 평균은 7,103ha이다. (O/X)

01	278	04	270	07	16.4	10	792.5	13	O
02	749	05	3.1	08	63.1	11	O	14	X
03	586	06	1.3	09	4,171	12	O	15	X

연습문제 ⑦

[01-15] 다음 자료를 바탕으로 물음에 답하시오. (단, 소수점 둘째 자리에서 반올림하여 계산한다.)

[우주활용 분야별 활동 금액]

(단위: 백만 원)

구분		2016년		2017년		2018년	
		연구기관	대학	연구기관	대학	연구기관	대학
위성활용 서비스 및 장비	소계	45,098	10,713	32,215	13,975	38,094	17,932
	원격탐사	17,976	7,254	12,325	6,612	15,055	13,073
	위성방송통신	2,000	1,395	1,700	441	1,900	1,180
	위성항법	25,122	2,064	18,190	6,922	21,139	3,679
과학연구	소계	45,743	12,305	44,734	14,763	44,711	14,450
	지구과학	1,064	4,651	3,268	8,337	2,940	4,818
	우주 및 행성과학	18,074	3,824	15,567	4,097	18,888	6,404
	천문학	26,605	3,830	25,899	2,329	22,883	3,228

※ 출처: KOSIS(과학기술정보통신부, 우주산업실태조사)

01 2016년 원격탐사 활동 금액은 연구기관이 대학보다 ______ 백만 원 더 많다.

02 2018년 지구과학 활동 금액은 대학이 연구기관보다 ______ 백만 원 더 많다.

03 2018년 연구기관의 위성항법 활동 금액은 전년 대비 ______ 백만 원 증가하였다.

04 2017년 대학의 천문학 활동 금액은 전년 대비 ______ 백만 원 감소하였다.

05 2017년 위성방송통신 활동 금액은 연구기관이 대학의 약 ______ 배이다.

06 2016년 지구과학 활동 금액은 대학이 연구기관의 약 ______ 배이다.

07 2018년 대학의 우주 및 행성과학 활동 금액은 전년 대비 약 ______ % 증가하였다.

08 2017년 연구기관의 위성활용 서비스 및 장비 전체 활동 금액은 전년 대비 약 ______ % 감소하였다.

09 제시된 기간 동안 대학의 과학연구 전체 활동 금액의 평균은 ______ 백만 원이다.

10 2018년 대학의 위성활용 서비스 및 장비 전체 활동 금액 중 원격탐사가 차지하는 비중은 약 ______ %이다.

11 2016년 위성방송통신 활동 금액은 대학이 연구기관보다 605백만 원 더 적다. (O/X)

12 2017년 연구기관의 우주 및 행성과학 활동 금액은 전년 대비 2,500백만 원 미만 감소하였다. (O/X)

13 2018년 천문학 활동 금액은 연구기관이 대학의 7배 이상이다. (O/X)

14 2018년 대학의 위성항법 활동 금액은 2년 전 대비 80% 이상 증가하였다. (O/X)

15 2017년 연구기관의 과학연구 전체 활동 금액에서 천문학 활동 금액이 차지하는 비중은 55% 이상이다. (O/X)

01	10,722	04	1,501	07	56.3	10	72.9	13	O
02	1,878	05	3.9	08	28.6	11	O	14	X
03	2,949	06	4.4	09	13,839.3	12	X	15	O

연습문제 ⑧

[01-15] 다음 자료를 바탕으로 물음에 답하시오. (단, 소수점 둘째 자리에서 반올림하여 계산한다.)

[지역별 농가 현황]

(단위: 가구)

구분	2017년		2018년		2019년	
	농가 수	전업농가 수	농가 수	전업농가 수	농가 수	전업농가 수
서울특별시	3,410	899	3,130	1,047	2,851	1,085
부산광역시	7,716	3,589	7,487	4,127	7,314	4,163
대구광역시	16,554	8,754	15,833	8,619	15,747	8,591
인천광역시	11,962	4,787	11,440	5,708	11,321	5,616
광주광역시	10,940	5,275	10,380	5,103	10,238	5,370
대전광역시	9,127	4,032	8,852	4,118	8,920	4,356
울산광역시	12,070	5,178	11,772	5,019	11,478	5,322
세종특별자치시	5,918	3,084	5,789	2,924	5,878	3,117

※ 농가 수=전업농가 수+겸업농가 수

※ 출처: KOSIS(통계청, 농림어업조사)

01 2018년 농가 수는 세종특별자치시가 서울특별시보다 ______ 가구 더 많다.

02 2017년 전업농가 수는 대전광역시가 인천광역시보다 ______ 가구 더 적다.

03 2019년 대구광역시의 농가 수는 2년 전 대비 ______ 가구 감소하였다.

04 2018년 광주광역시의 전업농가 수는 전년 대비 ______ 가구 감소하였다.

05 2017년 부산광역시의 겸업농가 수는 ______ 가구이다.

06 2019년 울산광역시의 겸업농가 수는 ______ 가구이다.

07 2019년 광주광역시의 농가 수는 2년 전 대비 약 ______ % 감소하였다.

08 2018년 서울특별시의 전업농가 수는 전년 대비 약 ______ % 증가하였다.

09 2017년 세종특별자치시의 농가 수에서 전업농가 수가 차지하는 비중은 약 ______ %이다.

10 2019년 전업농가 수는 대구광역시가 부산광역시의 약 ______ 배이다.

11 2018년 농가 수는 인천광역시가 광주광역시보다 1,060가구 더 많다. (O/X)

12 2019년 대전광역시의 전업농가 수는 전년 대비 238가구 증가하였다. (O/X)

13 2018년 울산광역시의 겸업농가 수는 전년 대비 139가구 감소하였다. (O/X)

14 2017년 서울특별시의 농가 수에서 겸업농가 수가 차지하는 비중은 70% 미만이다. (O/X)

15 2019년 세종특별자치시의 전업농가 수는 전년 대비 6% 이상 증가하였다. (O/X)

01	2,659	04	172	07	6.4	10	2.1	13	O
02	755	05	4,127	08	16.5	11	O	14	X
03	807	06	6,156	09	52.1	12	O	15	O

연습문제 ⑨

[01-15] 다음 자료를 바탕으로 물음에 답하시오. (단, 소수점 둘째 자리에서 반올림하여 계산한다.)

[지역별 국내 여행업체 수]

(단위: 개소)

구분	2013년	2014년	2015년	2016년	2017년
서울특별시	1,253	1,231	1,354	1,315	729
부산광역시	450	475	258	121	142
대구광역시	332	344	380	380	59
인천광역시	204	168	202	174	72
광주광역시	198	257	222	233	64
대전광역시	204	241	207	216	46
울산광역시	121	117	135	193	27
경기도	736	319	379	337	308
제주특별자치도	587	494	630	626	795

[연도별 전국 국내 여행업체 수]

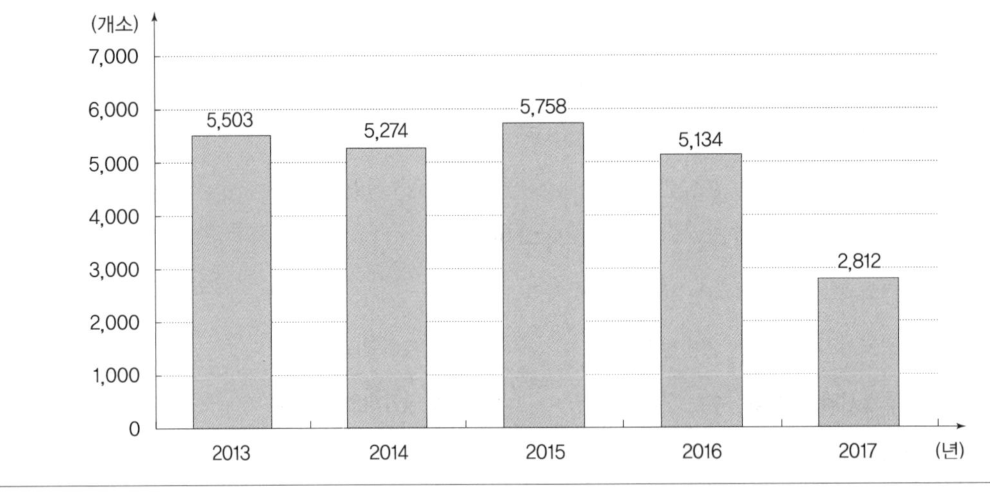

※ 출처: KOSIS(행정안전부, 한국도시통계)

01 2015년 국내 여행업체 수는 부산광역시가 대구광역시보다 ______ 개소 더 적다.

02 2013년 국내 여행업체 수는 경기도가 인천광역시보다 ______ 개소 더 많다.

03 2017년 광주광역시의 국내 여행업체 수는 3년 전 대비 ______ 개소 감소하였다.

04 2016년 제주특별자치도의 국내 여행업체 수는 2년 전 대비 ______ 개소 증가하였다.

05 2015년 국내 여행업체 수는 대전광역시가 울산광역시의 약 ______ 배이다.

06 2016년 국내 여행업체 수는 대구광역시가 인천광역시의 약 ______ 배이다.

07 2017년 서울특별시의 국내 여행업체 수는 전년 대비 약 ______ % 증가하였다.

08 2014년 부산광역시의 국내 여행업체 수는 전년 대비 약 ______ % 증가하였다.

09 제시된 기간 동안 전국의 국내 여행업체 수의 평균은 ______ 개소이다.

10 2017년 전국의 국내 여행업체 수에서 제주특별자치도의 국내 여행업체 수가 차지하는 비중은 약 ______ %이다.

11 2016년 국내 여행업체 수는 경기도가 대전광역시보다 111개소 더 많다. (O/X)

12 2015년 인천광역시의 국내 여행업체 수는 전년 대비 34개소 증가하였다. (O/X)

13 2017년 전국의 국내 여행업체 수는 4년 전 대비 50% 미만 감소하였다. (O/X)

14 2014년 국내 여행업체 수는 서울특별시가 울산광역시의 약 10.5배이다. (O/X)

15 2015년 전국의 국내 여행업체 수에서 경기도의 국내 여행업체 수가 차지하는 비중은 6% 이상이다. (O/X)

01	122	04	132	07	-44.6	10	28.3	13	O
02	532	05	1.5	08	5.6	11	X	14	O
03	193	06	2.2	09	4,896.2	12	O	15	O

연습문제 ⑩

[01-15] 다음 자료를 바탕으로 물음에 답하시오. (단, 소수점 둘째 자리에서 반올림하여 계산한다.)

[지역별 위험물 안전관리 선임자 수]

(단위: 명)

구분	2015년	2016년	2017년	2018년	2019년
서울특별시	3,330	3,501	3,356	3,345	3,315
경기도	12,704	11,664	12,166	13,765	13,736
강원도	3,165	2,955	2,922	2,854	2,920
충청북도	3,738	4,314	4,645	3,501	3,530
충청남도	4,389	4,116	4,109	3,762	4,434
전라북도	2,963	3,364	2,889	2,992	3,543
전라남도	4,051	3,911	4,055	4,068	3,815
경상북도	5,083	5,223	5,225	5,341	5,260
경상남도	3,589	3,633	3,279	3,374	3,467

[연도별 전국 위험물 안전관리 선임자 수]

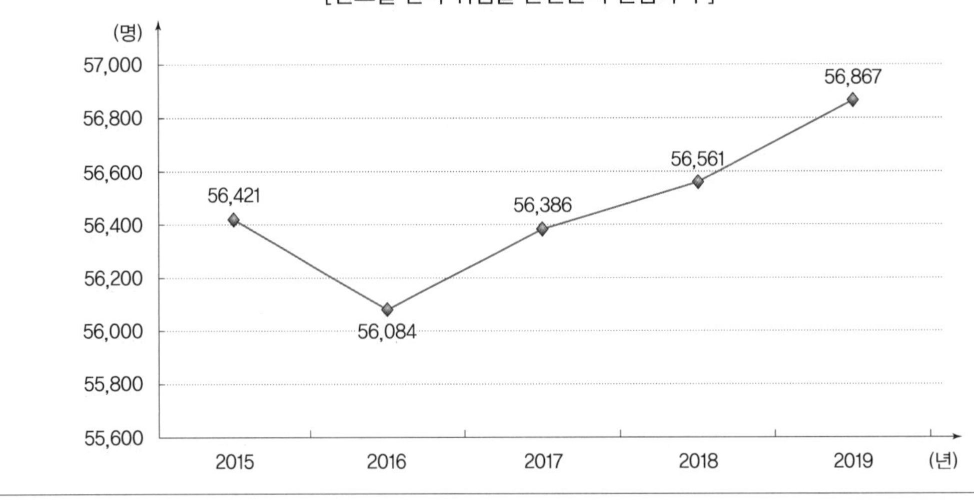

※ 출처: KOSIS(소방청, 위험물통계)

01 2015년 위험물 안전관리 선임자 수는 서울특별시가 전라북도보다 명 더 많다.

02 2019년 위험물 안전관리 선임자 수는 경상남도가 경상북도보다 명 더 적다.

03 2019년 전국의 위험물 안전관리 선임자 수는 4년 전 대비 명 증가하였다.

04 2017년 강원도의 위험물 안전관리 선임자 수는 전년 대비 명 감소하였다.

05 2018년 위험물 안전관리 선임자 수는 경기도가 충청북도의 약 배이다.

06 2016년 위험물 안전관리 선임자 수는 전라남도가 서울특별시의 약 배이다.

07 2018년 충청남도의 위험물 안전관리 선임자 수는 2년 전 대비 약 % 감소하였다.

08 2019년 전라북도의 위험물 안전관리 선임자 수는 3년 전 대비 약 % 증가하였다.

09 2017년 전국의 위험물 안전관리 선임자 수에서 경상남도의 위험물 안전관리 선임자 수가 차지하는 비중은 약 %이다.

10 제시된 기간 동안 전라남도의 위험물 안전관리 선임자 수의 평균은 명이다.

11 2019년 위험물 안전관리 선임자 수는 전라북도가 전라남도보다 272명 더 많다. (O/X)

12 2017년 충청북도의 위험물 안전관리 선임자 수는 전년 대비 331명 증가하였다. (O/X)

13 2015년 전체의 위험물 안전관리 선임자 수에서 경기도의 위험물 안전관리 선임자 수가 차지하는 비중은 20% 이상이다. (O/X)

14 2018년 경상남도의 위험물 안전관리 선임자 수는 2년 전 대비 7% 이상 감소하였다. (O/X)

15 2019년 충청북도와 충청남도의 위험물 안전관리 선임자 수의 평균은 4,000명 미만이다. (O/X)

01	367	04	33	07	8.6	10	3,980	13	O
02	1,793	05	3.9	08	5.3	11	X	14	O
03	446	06	1.1	09	5.8	12	O	15	O

취업강의 1위, 해커스잡
job.Hackers.com

최신 출제 경향

1. 공식에 숫자를 대입하여 푸는 단순한 문제와 주어진 조건을 응용하여 새로운 방정식을 세워 풀어야 하는 난도 높은 문제가 모두 출제되고 있다.

2. 응용계산 유형이지만 자료해석 유형과 비슷하게 표 형태의 자료가 제시되고 주어진 자료를 조건에 맞게 응용할 수 있는지를 판단하는 문제들이 꾸준히 출제되고 있다.

해커스 대기업 인적성 & NCS
수리·추리 집중 공략

Ⅱ

응용계산 만점공략

기출유형공략

세부 유형 1 | 거리·속력·시간

○ 세부 유형 소개

제시된 조건과 거리, 속력, 시간 공식을 이용하여 답을 도출하는 유형의 문제이다.

○ 대표예제

1. 직선거리 문제
2. 원형(운동장, 공원 등) 이동 문제
3. 기차와 터널 문제

○ 최근 출제 경향

거리·속력·시간 문제는 대기업 인적성 및 공기업 NCS에서 꾸준히 출제되고 있다. 거리, 속력, 시간 공식을 적용하는 문제가 골고루 출제되며, 간단한 계산으로 풀이가 가능한 문제부터 상황을 이해해야 풀이가 가능한 문제까지 다양한 난도로 출제된다. 최근 주요 대기업 및 공기업 시험에서는 기차가 터널을 통과할 때의 속력, 기차의 길이, 산에 올라가는 데 걸리는 시간, 평균 속력, 출장지까지 걸린 시간이 짧은 곳부터 나열 등 다양한 출제 포인트로 문제가 출제되었다.

○ 필수 암기 공식

- 거리 = 속력 × 시간
- 속력 = $\frac{\text{거리}}{\text{시간}}$
- 시간 = $\frac{\text{거리}}{\text{속력}}$

○ 학습 전략

1. 문제에서 묻는 대상을 찾고 공식을 활용하여 식을 세운다.
   예) 문제에서 묻는 대상이 시간일 경우, 시간을 미지수 x로 정하고 문제에서 거리 및 속력과 관련된 조건을 찾아 식을 세운다.
2. 거리·속력·시간 문제는 식을 어떻게 세우는지에 따라 문제 풀이 방법이 다양하므로 가능한 빠르게 문제를 풀 수 있는 조건을 찾아내서 풀이 시간을 단축한다. 이때 미지수를 정하지 않고 문제를 풀 수 있는 방법을 찾는 것이 중요하다.

대표예제 1 직선거리 문제

갑과 을은 A 건물에서 B 건물로 이동하기 위해 동시에 출발하였으며, 갑은 2m/s의 일정한 속력으로 걸어가고, 을은 7m/s의 일정한 속력으로 뛰어갔다. B 건물에 갑이 을보다 3분 20초 늦게 도착했을 때, A 건물에서 B 건물까지의 거리는?

① 490m ② 520m ③ 540m ④ 560m ⑤ 580m

풀이

시간 = $\frac{거리}{속력}$임을 적용하여 구한다.

갑과 을은 모두 A 건물에서 B 건물로 이동하므로 갑과 을이 이동한 거리는 같다.

갑과 을이 이동한 거리를 x라고 하면 이동하는 데 걸린 시간은 갑이 $\frac{x}{2}$초, 을이 $\frac{x}{7}$초이다. 이때 갑이 을보다 3분 20초(=200초) 늦게 도착하여 갑과 을이 이동하는 데 걸린 시간의 차이는 200초이므로

$\frac{x}{2}-\frac{x}{7}=200 \rightarrow \frac{5x}{14}=200 \rightarrow 5x=2{,}800 \rightarrow x=560$

따라서 A 건물에서 B 건물까지의 거리는 560m이다.

정답 ④

문제 풀이 꿀팁

을이 B 건물에 도착한 후, 갑이 혼자 이동한 거리를 이용하여 문제에 접근한다.

갑의 속력은 2m/s이고, 갑이 을보다 3분 20초(=200초) 더 걸렸으므로 을이 B 건물에 도착한 후, 갑이 혼자 이동한 거리는 2×200=400m이다. 이에 따라 을이 B 건물에 도착했을 때, 갑과 을이 이동한 거리의 차이는 400m이므로

을이 A 건물에서 B 건물까지 이동하는 데 걸린 시간을 x라고 하면

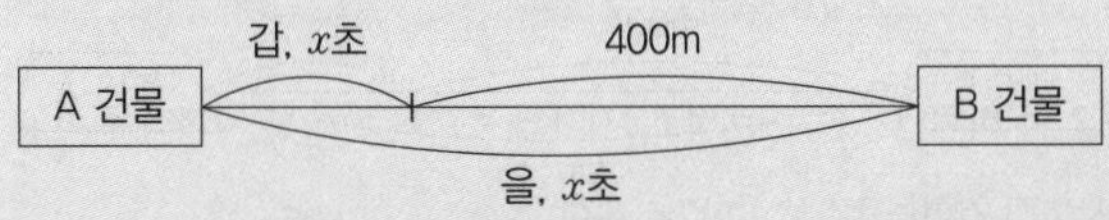

$7x-2x=400 \rightarrow 5x=400 \rightarrow x=80$

따라서 을이 A 건물에서 B 건물까지 이동하는 데 80초가 걸렸으므로 A 건물에서 B 건물까지의 거리는 7×80=560m이다.

대표예제 2 원형(운동장, 공원 등) 이동 문제

지아와 지희는 둘레가 18m인 원형 운동장의 서로 맞은편 양 끝에 서 있고, 반시계 방향으로 동시에 달리기를 시작하려고 한다. 지아는 1초당 6m, 지희는 1초당 10m를 움직일 때, 지아와 지희가 처음 서로 만날 때까지 걸리는 시간은?

① 2.25초 ② 2.30초 ③ 2.35초 ④ 2.40초 ⑤ 2.45초

풀이

거리 = 속력 × 시간임을 적용하여 구한다.

지아와 지희는 둘레가 18m인 원형 운동장의 서로 맞은편 양 끝에 서 있으므로 둘 사이의 거리는 $\frac{18}{2}=9$m이다. 이때 지희의 속력이 지아보다 빠르므로 지아와 지희가 서로 만나려면 지희가 지아를 따라잡아야 한다. 지아와 지희가 서로 만날 때까지 달린 시간을 x라고 하면 지아가 움직인 거리는 $6\times x=6x$, 지희가 움직인 거리는 $10\times x=10x$이고, 지희는 지아를 9m만큼 따라잡아야 하므로

$6x+9=10x \rightarrow 4x=9 \rightarrow x=2.25$

따라서 지아와 지희가 처음 서로 만날 때까지 걸리는 시간은 2.25초이다.

정답 ①

문제 풀이 꿀팁

지아와 지희의 속력 차이만큼 서로 가까워지는 점을 이용하여 문제에 접근한다.

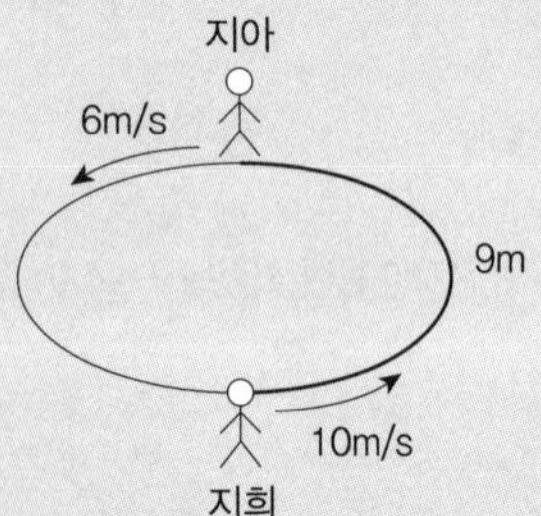

지아와 지희가 서로 만날 때까지 이동한 거리의 차이는 운동장 반 바퀴인 $\frac{18}{2}=9$m이고, 지아의 속력은 6m/s, 지희의 속력은 10m/s로 지아와 지희의 속력 차이는 $10-6=4$m/s이므로 둘 사이의 거리는 1초당 4m만큼 좁혀진다.

따라서 지아와 지희가 처음 서로 만날 때까지 걸리는 시간은 $\frac{9}{4}=2.25$초이다.

대표예제 3 기차와 터널 문제

기차 A와 기차 B는 1,500m 길이의 터널을 지나가고 있다. 150m 길이의 기차 A와 200m 길이의 기차 B는 서로 마주 보며 반대 방향으로 이동하고, 기차 A가 터널에 진입한 후 완전히 가려져 보이지 않자마자 기차 B가 터널에 진입했다. 기차 A보다 속력이 3m/s 더 빠른 기차 B가 터널에 진입한 지 50초 후에 기차 A와 교차했을 때, 기차 A의 속력은?

① 12m/s ② 15m/s ③ 18m/s ④ 21m/s ⑤ 24m/s

풀이

거리 = 속력 × 시간임을 적용하여 구한다.

기차 B는 기차 A보다 속력이 3m/s 더 빠르므로 기차 A의 속력을 x라고 하면 기차 B의 속력은 $x+3$이다. 이에 따라 기차 A가 터널에 완전히 가려져 보이지 않은 후, 기차 A와 기차 B가 만나기까지 이동한 시간은 50초이므로 기차 A가 이동한 거리는 $50x$, 기차 B가 이동한 거리는 $50(x+3)$이다. 이때 150m 길이의 기차 A가 1,500m 길이의 터널에 진입한 후 완전히 가려져 보이지 않자마자 바로 기차 B가 터널에 진입하여, 기차 B가 터널에 진입한 후 기차 A와 기차 B가 터널 안에서 서로 교차할 때까지 이동한 거리의 합은 1,500 − 150 = 1,350m이므로

$50x+50(x+3)=1,350 \rightarrow 50x+50x+150=1,350 \rightarrow 100x=1,200 \rightarrow x=12$

따라서 기차 A의 속력은 12m/s이다.

정답 ①

문제 풀이 꿀팁

기차 A와 기차 B의 속력 차이가 3m/s인 점을 이용하여 문제에 접근한다.

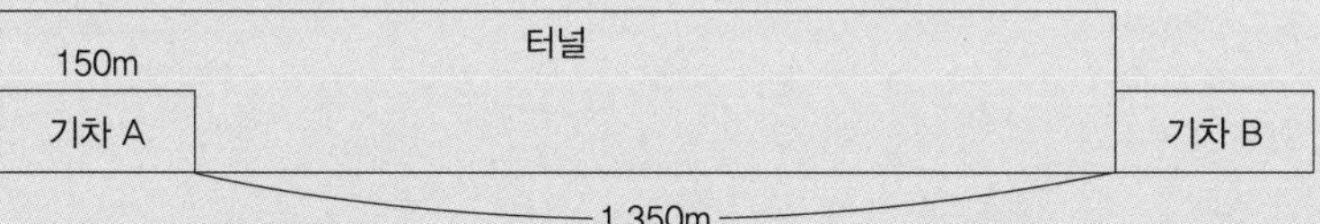

기차 B는 기차 A보다 속력이 3m/s 더 빠르므로 50초 동안 두 기차의 속력 차이(= 3m/s)만큼 기차 B가 터널에서 더 많이 이동함을 알 수 있다. 이에 따라 기차 B가 기차 A보다 3 × 50 = 150m 더 이동하였고, 두 기차가 만나기까지 이동한 거리는 총 1,350m이므로 50초 동안 기차 A가 이동한 거리를 x라고 하면

$x+(x+150)=1,350 \rightarrow 2x=1,200 \rightarrow x=600$

따라서 50초 동안 기차 A가 이동한 거리가 600m이므로 기차 A의 속력은 $\frac{600}{50}$ = 12m/s이다.

유형공략문제

· 맞힌 문제: /10문제

난이도 ★☆☆

01 수진이는 40km/h 속력으로 이동하는 택시를 타고 집에서 출발하여 45분 후 공항에 도착했을 때, 집에서 공항까지의 거리는? (단, 택시의 속력은 일정하다.)

① 20km ② 26km ③ 30km ④ 36km ⑤ 40km

난이도 ★☆☆

02 유진이와 누리는 학교에서 동시에 출발하여 10km 떨어진 학원에 가며, 유진이가 자전거를 타고 5km/h의 속력으로 이동하여 학원에 도착했을 때 누리는 걸어서 일정한 속력으로 이동하여 학원까지 6km가 남았다면, 누리의 속력은? (단, 자전거의 속력은 일정하다.)

① 2km/h ② 2.5km/h ③ 3km/h ④ 3.5km/h ⑤ 4km/h

난이도 ★★☆

03 A가 정상까지 편도 24km인 산을 왕복하는 데 10시간이 걸렸다. A가 산에서 내려올 때의 속력이 산을 오를 때의 속력의 1.5배일 때, A가 정상까지 오르는 데 걸린 시간은?

① 4시간 ② 5시간 ③ 6시간 ④ 7시간 ⑤ 8시간

난이도 ★★☆

04 우진이가 집에서 10km 떨어진 회사에 가기 위해 15km/h 속력으로 이동하는 버스에 탑승하여 20분을 간 다음, 4km/h의 속력으로 걸어서 회사에 도착했을 때, 우진이가 걸어간 시간은? (단, 버스의 속력은 일정하다.)

① 1시간 10분 ② 1시간 15분 ③ 1시간 20분 ④ 1시간 25분 ⑤ 1시간 30분

난이도 ★☆☆

05 새마을 기차는 터널 시작 지점부터 길이가 10km인 터널을 완전히 통과하기까지 6분이 걸린다. 새마을 기차의 속력이 120km/h일 때, 새마을 기차의 길이는? (단, 기차의 속력은 일정하다.)

① 1.2km ② 1.4km ③ 1.6km ④ 1.8km ⑤ 2km

난이도 ★★☆

06 길이가 200m인 A 기차가 길이가 2.2km인 다리에 진입 후 완전히 통과하는 데 30초가 걸렸을 때, A 기차의 속력은? (단, 기차의 속력은 일정하다.)

① 144km/h ② 180km/h ③ 216km/h ④ 252km/h ⑤ 288km/h

난이도 ★★☆

07 60km/h의 속력으로 이동하는 H 열차가 길이가 3.5km인 터널에 완전히 진입하는 데 30초가 걸렸을 때, H 열차가 터널에 진입해서 터널을 완전히 통과하기까지 걸리는 시간은? (단, 열차의 속력은 일정하다.)

① 2분 30초 ② 3분 ③ 3분 30초 ④ 4분 ⑤ 4분 30초

난이도 ★☆☆

08 원형 운동장에서 같은 위치에 서 있는 혜리와 지희는 동시에 반대 방향으로 뛰어서 출발한 지 40초 후에 만났다. 혜리는 2m/s, 지희는 3m/s의 속력으로 뛰었을 때, 원형 운동장의 둘레는?

① 50m ② 100m ③ 150m ④ 200m ⑤ 250m

난이도 ★★☆

09 갑과 을은 같은 지점에서 둘레가 600m인 밭을 동시에 한 바퀴 돌기 시작했다. 갑이 도착한 지 10초 후에 을이 도착했고 을의 속력은 10m/s일 때, 갑의 속력은?

① 10m/s ② 11m/s ③ 12m/s ④ 13m/s ⑤ 14m/s

난이도 ★★☆

10 둘레가 500m인 원형 트랙에 소민이와 영석이가 함께 서 있다. 소민이는 10m/s, 영석이는 15m/s의 속력으로 동시에 같은 방향으로 출발했을 때, 소민이와 영석이가 처음으로 만나기까지 걸린 시간은?

① 50초 ② 100초 ③ 150초 ④ 200초 ⑤ 250초

약점 보완 해설집 p.2

세부 유형 2 | 농도

○ 세부 유형 소개

제시된 조건과 용질(소금), 용매(물), 용액(소금물) 사이의 관계식을 이용하여 답을 도출하는 유형의 문제이다.

○ 대표예제

1. 두 개의 소금물을 섞는 문제
2. 소금물을 증발시키는 문제
3. 소금을 추가하는 문제

○ 최근 출제 경향

농도 문제는 대기업 인적성 및 공기업 NCS에서 주기적으로 출제되고 있다. 소금물을 섞는 문제, 소금을 추가하는 문제, 물을 증발시키는 문제가 출제되며, 공식을 적용하여 간단하게 풀이가 가능한 문제부터 여러 상황을 고려해야 하는 문제까지 다양한 난도로 출제된다. 최근 주요 대기업 및 공기업 시험에서는 추가한 소금의 양, 용액의 농도, 처음 소금물에 들어있던 소금의 양 등 다양한 출제 포인트로 문제가 출제되었다.

○ 필수 암기 공식

- 소금물의 양 = 소금의 양 + 물의 양
- 소금의 양 = 소금물의 양 × $\frac{\text{소금물의 농도}}{100}$
- 소금물의 농도(%) = $\frac{\text{소금의 양}}{\text{소금물의 양}} \times 100$

○ 학습 전략

1. 아래 공식을 적용하여 빠르게 풀 수 있는 문제인지 확인한다. 이때 필수 암기 공식으로 더 빨리 풀 수 있는 문제도 있으므로 어떤 공식을 적용할지 판단하는 것이 중요하다.
   1) 소금물과 소금물을 섞은 후의 소금물 농도
      → 농도 a% 소금물 x(g)과 농도 b% 소금물 y(g)을 섞었을 때의 농도 = $\frac{ax+by}{x+y}$%
   2) 소금물에서 물을 증발시킨 후의 소금물 농도
      → 농도 a% 소금물 x(g)에서 물 y(g)을 증발시킨 후의 농도 = $\frac{ax}{x-y}$%
   3) 소금물에 소금을 추가한 후의 소금물 농도
      → 농도 a% 소금물 x(g)에 소금 y(g)을 추가한 후의 농도 = $\frac{ax+100y}{x+y}$%
2. 문제에 제시된 조건을 그림으로 정리하면 문제를 빠르고 정확하게 이해하는 데 도움이 된다.

대표예제 1 두 개의 소금물을 섞는 문제

농도가 10%인 소금물 A 300g과 소금물 B를 섞었더니, 농도가 30%인 소금물 500g이 만들어졌다. 소금물 B의 농도는?

① 45% ② 50% ③ 55% ④ 60% ⑤ 65%

풀이

소금의 양 = 소금물의 양 × $\frac{\text{소금물의 농도}}{100}$임을 적용하여 구한다.

소금물 A의 소금물의 양은 300g이고, 소금물 A와 소금물 B를 섞어 만든 소금물의 양은 500g이므로 소금물 B의 소금물의 양은 500 − 300 = 200g이다. 이때 소금물 A와 B를 섞기 전과 섞은 후의 소금의 양은 같으므로

소금물 B의 농도를 x%라고 하면

$300 \times \frac{10}{100} + 200 \times \frac{x}{100} = 500 \times \frac{30}{100} \rightarrow 30 + 2x = 150 \rightarrow 2x = 120 \rightarrow x = 60$

따라서 소금물 B의 농도는 60%이다.

정답 ④

문제 풀이 꿀팁

농도 a% 소금물 x(g)과 농도 b% 소금물 y(g)을 섞었을 때의 농도는 $\frac{ax+by}{x+y}$%임을 적용한다.

농도가 10%인 소금물 A 300g과 농도가 x%인 소금물 B 200g을 섞었을 때의 농도가 30%이므로

$\frac{10 \times 300 + x \times 200}{300 + 200} = 30 \rightarrow \frac{3,000 + 200x}{500} = 30 \rightarrow 200x = 15,000 - 3,000 = 12,000 \rightarrow x = 60$

따라서 소금물 B의 농도는 60%이다.

대표예제 2 소금물을 증발시키는 문제

농도가 20%인 소금물에서 물 100g을 증발시켜 농도가 60%인 소금물을 만들었을 때, 농도가 20%인 소금물의 양은?

① 50g ② 70g ③ 100g ④ 120g ⑤ 150g

풀이

소금의 양 = 소금물의 양 × $\frac{\text{소금물의 농도}}{100}$임을 적용하여 구한다.

농도가 20%인 소금물의 양을 xg이라고 하면

물 100g을 증발시켜 만들어진 농도가 60%인 소금물의 양은 $(x-100)$g이고, 물 100g을 증발시키기 전과 후의 소금의 양은 같으므로

$x \times \frac{20}{100} = (x-100) \times \frac{60}{100}$ → $20x = 60x - 6{,}000$ → $40x = 6{,}000$ → $x = 150$

따라서 농도가 20%인 소금물의 양은 150g이다.

정답 ⑤

문제 풀이 꿀팁

농도 a% 소금물 x(g)에서 물 y(g)을 증발시킨 후의 농도는 $\frac{ax}{x-y}$%임을 적용한다.

농도가 20%인 소금물 xg에서 물 100g을 증발시킨 후의 농도는 $\frac{20x}{x-100}$%이고, 물을 증발시켜 만들어진 소금물의 농도는 60%이므로

$\frac{20x}{x-100} = 60$ → $20x = 60x - 6{,}000$ → $40x = 6{,}000$ → $x = 150$

따라서 농도가 20%인 소금물의 양은 150g이다.

대표예제 3 소금을 추가하는 문제

농도가 50%인 소금물 200g에 농도가 20%인 소금물 100g을 넣었다. 여기에 소금을 추가하여 농도가 70%인 소금물을 만들었을 때, 추가한 소금의 양은?

① 250g ② 300g ③ 350g ④ 400g ⑤ 450g

풀이

소금의 양 = 소금물의 양 × $\frac{\text{소금물의 농도}}{100}$임을 적용하여 구한다.

추가한 소금의 양을 xg이라고 하면

농도가 50%인 소금물 200g에 농도가 20%인 소금물 100g을 넣은 후 소금을 추가하여 만들어진 농도가 70%인 소금물의 양은 $200+100+x=(300+x)$g이다. 이때 농도가 50%, 20%인 두 소금물에 들어 있는 소금의 양에 추가한 소금의 양을 더하면 농도가 70%인 소금물에 들어 있는 소금의 양과 같으므로

$200\times\frac{50}{100}+100\times\frac{20}{100}+x=(300+x)\times\frac{70}{100}$ → $10{,}000+2{,}000+100x=21{,}000+70x$ → $30x=9{,}000$ → $x=300$

따라서 추가한 소금의 양은 300g이다.

정답 ②

문제 풀이 꿀팁

농도 a% 소금물 x(g)과 농도 b% 소금물 y(g)을 섞었을 때의 농도는 $\frac{ax+by}{x+y}$%,

농도 a% 소금물 x(g)에 소금 y(g)을 추가한 후의 농도는 $\frac{ax+100y}{x+y}$%임을 적용한다.

농도 50% 소금물 200g과 농도 20% 소금물 100g을 섞었을 때의 농도는 $\frac{50\times200+20\times100}{200+100}=\frac{12{,}000}{300}=40$%이다.

이에 따라 농도 40% 소금물 300g에 소금 yg을 추가한 후의 농도는 $\frac{40\times300+100y}{300+y}=\frac{12{,}000+100y}{300+y}$이고,

소금을 추가하여 농도가 70%인 소금물을 만들었으므로

$\frac{12{,}000+100y}{300+y}=70$ → $12{,}000+100y=21{,}000+70y$ → $30y=9{,}000$ → $y=300$

따라서 추가한 소금의 양은 300g이다.

유형공략문제

· 맞힌 문제: /10문제

난이도 ★☆☆

01 농도가 12%인 A 소금물 100g과 농도가 20%인 B 소금물 300g을 섞어서 C 소금물을 만들었을 때, C 소금물의 농도는?

① 14% ② 15% ③ 16% ④ 17% ⑤ 18%

난이도 ★☆☆

02 농도가 15%인 소금물 200g의 일부를 증발시켰더니 소금물이 150g이 되었을 때, 이 소금물의 농도는?

① 18% ② 20% ③ 22% ④ 24% ⑤ 26%

난이도 ★☆☆

03 농도가 14%인 설탕물 150g과 A 설탕물을 섞었더니 농도가 10%인 설탕물 450g이 만들어졌을 때, A 설탕물의 농도는?

① 6% ② 7% ③ 8% ④ 9% ⑤ 10%

난이도 ★☆☆

04 은별이는 농도가 23%인 소금물에 농도가 17%인 소금물 500g을 섞어 농도가 19%인 소금물을 만들었을 때, 농도가 23%인 소금물의 양은?

① 200g ② 250g ③ 300g ④ 350g ⑤ 400g

난이도 ★★☆

05 비커에 농도가 15%인 소금물이 있다. 비커에 있는 소금물의 $\frac{1}{5}$을 버린 후 버린 만큼 다시 물을 넣었을 때, 비커에 있는 소금물의 농도는?

① 10% ② 11% ③ 12% ④ 13% ⑤ 14%

난이도 ★★☆

06 정민이가 농도가 15%인 설탕물 300g에 물을 넣었더니 농도가 6%인 설탕물이 만들어졌을 때, 정민이가 넣은 물의 양은?

① 300g ② 350g ③ 400g ④ 450g ⑤ 500g

난이도 ★★☆

07 농도가 28%인 설탕물 400g 중 50g을 증발시킨 후 설탕을 추가했더니 농도가 50%인 설탕물이 되었을 때, 추가한 설탕의 양은?

① 110g ② 114g ③ 118g ④ 122g ⑤ 126g

난이도 ★★☆

08 지영이는 소금과 물의 비율을 1:3으로 섞으려고 했으나 실수로 소금과 물의 비율을 3:1로 섞은 소금물을 만들었다. 지영이가 만든 소금물과 농도가 20%인 소금물 200g을 섞었더니 농도가 50%인 소금물이 되었을 때, 지영이가 만든 소금물의 소금의 양은?

① 160g ② 180g ③ 200g ④ 220g ⑤ 240g

난이도 ★★☆

09 농도가 25%인 소금물에 소금을 추가로 넣고 물 100g을 증발시켰더니 농도가 35%인 소금물 400g이 만들어졌을 때, 소금물에 추가로 넣은 소금의 양은?

① 16g ② 18g ③ 20g ④ 22g ⑤ 24g

난이도 ★★★

10 연우는 농도가 각각 12%, 18%, 24%인 설탕물을 1:2:3의 비율로 섞어 한 잔의 설탕물을 만들었을 때, 연우가 만든 설탕물의 농도는?

① 16% ② 20% ③ 24% ④ 28% ⑤ 32%

약점 보완 해설집 p.3

세부 유형 3 | 일의 양

○ 세부 유형 소개

제시된 조건과 시간, 인력에 따른 작업량 공식을 이용하여 답을 도출하는 유형의 문제이다.

○ 대표예제

1. 한 명의 시간당 작업량 또는 소요 시간을 구하는 문제
2. 두 명 이상의 시간당 작업량 또는 소요 시간을 구하는 문제
3. 물을 채우는 문제

○ 최근 출제 경향

일의 양 문제는 대기업 인적성 및 공기업 NCS에서 꾸준히 출제되고 있다. 두 명 또는 세 명이 함께 일하는 문제, 물을 채우는 문제가 출제되며, 공식을 적용하여 간단하게 풀이가 가능한 문제부터 여러 개의 식을 연립해야 풀이가 가능한 문제까지 다양한 난도로 출제된다. 최근 주요 대기업 및 공기업 시험에서는 세 명이 일하는 조건을 바탕으로 특정 두 명이 함께 일할 때 걸리는 시간, 두 명이 일하는 조건을 바탕으로 한 명이 혼자 일할 때 걸리는 시간, 한 명이 특정 개수만큼 작업하는 데 소요되는 시간, 물 채우는 양과 속도를 바탕으로 한 명이 물탱크에 물을 채우는 데 걸리는 시간, 남은 부분을 세 명이 함께 일하는 데 걸리는 시간 등 다양한 출제 포인트로 문제가 출제되었다.

○ 필수 암기 공식

- $\text{시간당 작업량} = \frac{\text{작업량}}{\text{시간}}$
- $\text{작업량} = \text{시간당 작업량} \times \text{시간}$
- $\text{시간} = \frac{\text{작업량}}{\text{시간당 작업량}}$

○ 학습 전략

1. 전체 일의 양을 1로 가정하고 풀이하는 문제는 문제의 조건을 통해 비율이나 비중을 활용하여 간단하게 풀 수 있는 방법이 있는지 먼저 확인한다.
2. 제시된 조건에서 일하는 데 소요되는 시간의 비율이나 일의 양의 비율을 활용하여 문제를 풀이할 수 있는지 먼저 확인한다.

대표예제 1 한 명의 시간당 작업량 또는 소요 시간을 구하는 문제

A와 B가 함께 일하면 3시간, B와 C가 함께 일하면 4시간이 소요되는 일이 있다. 시간당 작업량은 A가 B의 2배일 때, 이 일을 C가 혼자 하여 끝마치는 데 소요되는 시간은?

① 7시간 ② 7시간 2분 ③ 7시간 5분 ④ 7시간 10분 ⑤ 7시간 12분

풀이

작업량=시간당 작업량×시간임을 적용하여 구한다.

전체 일의 양이 1일 때, A의 시간당 작업량은 $\frac{1}{a}$, B의 시간당 작업량은 $\frac{1}{b}$, C의 시간당 작업량을 $\frac{1}{c}$이라고 하면

이 일을 A와 B가 함께 일하면 3시간이 소요되고, B와 C가 함께 일하면 4시간이 소요되므로

$\left(\frac{1}{a}+\frac{1}{b}\right)\times 3=1$ … ⓐ

$\left(\frac{1}{b}+\frac{1}{c}\right)\times 4=1$ … ⓑ

이때 시간당 작업량은 A가 B의 2배이므로

$\frac{1}{a}=\frac{1}{b}\times 2$ … ⓒ

ⓒ를 ⓐ에 대입하여 정리하면

$\left(\frac{2}{b}+\frac{1}{b}\right)\times 3=1 \rightarrow \frac{3}{b}\times 3=1 \rightarrow b=9$ … ⓓ

ⓓ를 ⓑ에 대입하여 정리하면

$\left(\frac{1}{9}+\frac{1}{c}\right)\times 4=1 \rightarrow \frac{1}{9}+\frac{1}{c}=\frac{1}{4} \rightarrow \frac{1}{c}=\frac{1}{4}-\frac{1}{9}=\frac{5}{36}$

따라서 이 일을 C가 혼자 하여 끝마치는 데 소요되는 시간은 $1\div\frac{5}{36}=\frac{36}{5}$시간=7시간 12분이다.

정답 ⑤

문제 풀이 꿀팁

A의 시간당 작업량이 B의 2배인 점을 이용하여 문제에 접근한다.

전체 일의 양을 1이라고 하면

A의 시간당 작업량은 B의 시간당 작업량의 2배이며, A와 B가 함께 일하면 3시간이 소요되므로

3시간 동안 하는 일의 양은 A가 $\frac{2}{3}$, B가 $\frac{1}{3}$이다. 이에 따라 이 일을 B가 혼자 하여 끝마치는 데 소요되는 시간은 3×3=9시간이므로 B의 시간당 작업량은 $\frac{1}{9}$이다. 이때 B와 C가 함께 일하면 4시간이 소요되고 이 경우 B가 4시간 동안 하는 일의 양은 $\frac{4}{9}$이므로 C가 4시간 동안 하는 일의 양은 $1-\frac{4}{9}=\frac{5}{9}$이다. 이에 따라 C가 1시간 동안 하는 일의 양은 $\frac{5}{9}\times\frac{1}{4}=\frac{5}{36}$이다.

따라서 이 일을 C가 혼자 하여 끝마치는 데 소요되는 시간은 $1\div\frac{5}{36}=\frac{36}{5}$시간=7시간 12분이다.

대표예제 2 두 명 이상의 시간당 작업량 또는 소요 시간을 구하는 문제

혜수가 혼자 일하면 1시간 30분, 수호가 혼자 일하면 3시간이 소요되는 일이 있다. 이 일을 수호가 혼자 1시간 동안 일을 하다가 이후 혜수와 수호가 함께 일하여 끝마쳤을 때, 혜수와 수호가 함께 일한 시간은?

① 30분 ② 40분 ③ 50분 ④ 1시간 ⑤ 1시간 10분

풀이

시간당 작업량 = $\frac{작업량}{시간}$임을 적용하여 구한다.

전체 일의 양을 1이라고 하면

혜수가 혼자 일하면 1시간 30분(=1.5시간)이 소요되므로 1시간 동안 혜수가 하는 일의 양은 $\frac{1}{1.5}=\frac{10}{15}=\frac{2}{3}$이고, 수호가 혼자 일하면 3시간이 소요되므로 1시간 동안 수호가 하는 일의 양은 $\frac{1}{3}$이다. 이에 따라 수호가 혼자 1시간 동안 일을 하면 남은 일의 양은 $1-\frac{1}{3}=\frac{2}{3}$이므로

혜수와 수호가 함께 남은 일을 하는 데 소요되는 시간을 x라고 하면

$\left(\frac{2}{3}+\frac{1}{3}\right)\times x=\frac{2}{3} \rightarrow x=\frac{2}{3}$

따라서 혜수와 수호가 함께 일한 시간은 $\frac{2}{3}$시간=40분이다.

정답 ②

문제 풀이 꿀팁

혜수의 작업 속도가 수호의 작업 속도보다 2배 빠른 점을 이용하여 문제에 접근한다.

이 일을 혜수가 혼자 일하면 1시간 30분(=1.5시간), 수호가 혼자 일하면 3시간이 소요되므로 1시간 동안 혜수가 하는 일의 양은 수호가 하는 일의 양의 2배임을 알 수 있다.

전체 일의 양을 1이라고 하면

수호가 혼자 일하면 3시간이 소요되어 1시간 동안 수호가 하는 일의 양은 $\frac{1}{3}$이고, 1시간 동안 혜수가 하는 일의 양은 $\frac{1}{3}\times 2=\frac{2}{3}$이므로 1시간 동안 혜수와 수호가 함께 하는 일의 양은 1이다. 이때 수호가 혼자 1시간 동안 $\frac{1}{3}$만큼 일을 하다가 이후 혜수와 수호가 함께 일하여 끝마쳤으므로 혜수와 수호가 함께 한 일의 양은 $1-\frac{1}{3}=\frac{2}{3}$이다.

따라서 혜수와 수호가 1만큼 일을 하는 데 소요되는 시간은 1시간이므로 $\frac{2}{3}$만큼 일을 하는 데 소요되는 시간은 $\frac{2}{3}$시간=40분이다.

대표예제 3 물을 채우는 문제

A 호스로 물을 채우면 15분 동안 60%가 채워지는 통이 있으며, 비어있는 이 통에 10분 동안 A 호스로 물을 채우다가 B 호스로 물을 가득 채우려고 한다. 물을 채우는 속도는 A 호스가 B 호스의 2배일 때, B 호스로 물을 채우는 데 걸리는 시간은?

① 20분 ② 25분 ③ 30분 ④ 35분 ⑤ 40분

풀이

시간당 작업량 = $\frac{작업량}{시간}$임을 적용하여 구한다.

A 호스로 물을 채우면 15분 동안 60%가 채워지므로 1분 동안 $\frac{60}{15}$=4%의 물을 채울 수 있다. 이에 따라 비어있는 통에 A 호스로 10분 동안 물을 채우면 4×10=40%가 채워지므로 B 호스로 채워야 하는 물의 양은 100−40=60%이다. 이때 물을 채우는 속도는 A 호스가 B 호스의 2배이므로 1분 동안 B 호스로 $\frac{4}{2}$=2%의 물을 채울 수 있다.

따라서 B 호스로 물을 채우는 데 걸리는 시간은 $\frac{60}{2}$=30분이다.

정답 ③

문제 풀이 꿀팁

A 호스로 물을 채우는 시간과 양에 대한 비례식을 이용하여 문제에 접근한다.

A 호스로 물을 채우면 15분 동안 60%가 채워지므로
10분 동안 A 호스로 채울 수 있는 물의 양을 x라고 하면
15 : 60 = 10 : x → 15x = 600 → x = 40
이에 따라 10분 동안 A 호스로 채울 수 있는 물의 양은 40%이므로 B 호스로 채워야 하는 물의 양은 60%이다. 이때 물을 채우는 속도는 A 호스가 B 호스의 2배이므로 물을 채우는 시간은 B 호스가 A 호스의 2배이다.
따라서 A 호스로 60%를 채우는 데 걸리는 시간은 15분이므로 B 호스로 60%를 채우는 데 걸리는 시간은 15×2=30분이다.

유형공략문제

· 맞힌 문제:　　　/10문제

난이도 ★☆☆

01 A가 혼자 일하면 1시간이 소요되고, B가 혼자 일하면 2시간이 소요되는 일이 있다. 이 일을 B가 먼저 30분 동안 진행하고, 나머지 일은 A가 진행해서 완료했을 때, A가 일한 시간은?

① 15분　② 20분　③ 30분　④ 35분　⑤ 45분

난이도 ★☆☆

02 어떤 로봇을 조립하는 데 승희는 2시간이 걸리고, 민철이는 3시간이 걸린다고 한다. 이 로봇을 승희와 민철이가 함께 조립할 때, 걸리는 시간은?

① 48분　② 54분　③ 60분　④ 66분　⑤ 72분

난이도 ★☆☆

03 갑이 혼자 작업하면 4시간이 소요되고, 갑과 을이 함께 작업하면 3시간이 소요되는 일이 있다. 이 일을 을이 혼자 작업했을 때, 걸린 시간은?

① 4시간　② 6시간　③ 8시간　④ 10시간　⑤ 12시간

난이도 ★☆☆

04 A 호스로 어떤 물탱크의 절반만큼 물을 채우는 데 45분이 걸리고, 물탱크에 물을 채우는 속도는 B 호스가 A 호스의 1.5배일 때, 완전히 비어있는 이 물탱크에 B 호스로 물을 가득 채우는 데 걸리는 시간은?

① 30분　② 45분　③ 1시간　④ 1시간 15분　⑤ 1시간 30분

난이도 ★★☆

05 성은이가 팔찌 4개를 만드는 데 1시간 40분이 소요되고, 지연이가 팔찌 6개를 만드는 데 1시간 30분이 소요된다고 할 때, 성은이와 지연이가 함께 팔찌 24개를 만드는 데 걸리는 시간은?

① 2시간 30분　② 3시간 15분　③ 3시간 45분　④ 4시간 15분　⑤ 4시간 30분

난이도 ★★☆

06 지원이가 혼자 일하면 2시간 30분이 걸리고, 종우가 혼자 일하면 5시간이 걸리는 일이 있다. 이 일의 절반을 지원이가 혼자 일하고, 남은 절반을 지원이와 종우가 함께 일할 때, 걸리는 시간은?

① 2시간 ② 2시간 5분 ③ 2시간 10분 ④ 2시간 15분 ⑤ 2시간 20분

난이도 ★★☆

07 명우와 지현이가 함께 하면 3시간, 영일이와 지현이가 함께 하면 4시간, 영일이가 혼자 하면 6시간이 걸리는 작업이 있다. 이 작업을 명우가 혼자 할 때 걸리는 시간은?

① 2시간 ② 2시간 30분 ③ 3시간 ④ 3시간 30분 ⑤ 4시간

난이도 ★★☆

08 ○○공장에는 같은 모자를 제작하는 A, B 라인이 있다. A 라인에서 제작한 모자는 모두 정상 제품이고 B 라인에서 제작한 모자는 15분마다 불량품이 4개씩 나온다고 한다. A 라인에서 1분 동안 제작 가능한 모자는 20개이고, A 라인과 B 라인에서 함께 1시간 동안 제작 가능한 모자는 불량품을 포함하여 총 2,454개일 때, B 라인에서 3시간 30분 동안 제작 가능한 모자 중 정상 제품의 개수는?

① 3,489개 ② 4,333개 ③ 4,389개 ④ 4,453개 ⑤ 4,533개

난이도 ★★☆

09 승윤이와 고은이는 함께 어떤 프로젝트를 진행했다. 처음 계획은 이 프로젝트를 승윤이가 절반만큼 진행한 후 고은이가 나머지 절반을 진행해서 프로젝트 완료까지 총 3시간이 걸릴 예정이었으나, 승윤이가 20%만큼 진행한 후 고은이가 나머지 부분을 진행해서 프로젝트 완료까지 총 4시간이 걸렸다. 이 프로젝트를 승윤이가 혼자 진행했다면 걸리는 시간은?

① 1시간 ② 1시간 10분 ③ 1시간 20분 ④ 1시간 30분 ⑤ 1시간 40분

난이도 ★★★

10 A, B, C가 함께 일하면 2시간, A와 B가 함께 일하면 2시간 24분, B와 C가 함께 일하면 4시간이 걸리는 일이 있다. 이 일을 A와 C가 함께 일했을 때, 걸린 시간은?

① 2시간 ② 2시간 15분 ③ 2시간 30분 ④ 2시간 45분 ⑤ 3시간

약점 보완 해설집 p.5

세부 유형 4 | 원가·정가

○ 세부 유형 소개

제시된 조건과 정가, 이익, 할인율 등 가격과 관련된 공식을 이용하여 답을 도출하는 유형의 문제이다.

○ 대표예제

1. 원가 또는 정가를 구하는 문제
2. 이익을 구하는 문제
3. 할인가 또는 할인율을 구하는 문제

○ 최근 출제 경향

원가·정가 문제는 대기업 인적성 및 공기업 NCS에서 꾸준히 출제되고 있다. 원가, 정가, 이익, 할인율, 할인가 등 공식을 적용하는 문제가 골고루 출제되며, 간단한 계산으로 풀이가 가능한 문제부터 용어의 의미를 정확하게 알아야 풀이가 가능한 문제까지 다양한 난도로 출제된다. 최근 주요 대기업 및 공기업 시험에서는 수익률과 이익에 따른 분산 투자 금액, 할인가로 판매할 때 이익이 발생하기 위해 판매해야 하는 제품 개수, 특정 매장의 할인율, 이윤이 남기 위해 남은 제품을 얼마에 팔아야 하는지 등 다양한 출제 포인트로 문제가 출제되었다.

○ 필수 암기 공식

- 정가 = 원가 × (1 + 이익률)
- 이익 = 원가 × 이익률 = 정가 − 원가 (단, 정가 > 원가)
- 할인율(%) = $\left(\frac{\text{정가} - \text{할인가}}{\text{정가}}\right) \times 100$
- 할인가 = 정가 × (1 − 할인율)

○ 학습 전략

1. 공식을 변형하여 문제에서 묻는 대상을 찾을 수 있도록 식을 세운다.
   예 문제에서 묻는 대상이 정가일 경우, 조건에 이익 또는 이익률과 원가가 제시되었는지, 할인가와 할인율이 제시되었는지를 먼저 확인하여 이에 맞는 공식을 적용하여 식을 세운다.
2. 원가·정가 문제는 식을 어떻게 세우는지에 따라 문제 풀이 방법이 다양하므로 가능한 빠르게 문제를 풀 수 있는 조건을 찾아내서 풀이 시간을 단축한다. 이때 미지수를 정하지 않고 문제를 풀 수 있는 방법을 찾는 것이 중요하다.

대표예제 1 원가 또는 정가를 구하는 문제

H 판매점에서 화장품을 정가의 20% 할인하여 팔면 1개당 10,000원의 이익을 얻고, 30% 할인하여 팔면 1개당 4,000원의 손해를 볼 때, 화장품 1개당 정가는?

① 100,000원 ② 120,000원 ③ 140,000원 ④ 150,000원 ⑤ 160,000원

풀이

이익 = 정가 - 원가, 할인가 = 정가 × (1 - 할인율)임을 적용하여 구한다.
화장품 1개당 정가를 x, 원가를 y라고 하면
화장품을 정가의 20% 할인하여 팔면 1개당 10,000원의 이익을 얻고, 30% 할인하여 팔면 1개당 4,000원의 손해를 보므로
$x \times (1-0.2) - y = 10{,}000 \rightarrow 0.8x - y = 10{,}000$ … ⓐ
$x \times (1-0.3) - y = -4{,}000 \rightarrow 0.7x - y = -4{,}000$ … ⓑ
ⓐ - ⓑ에서 $0.1x = 14{,}000 \rightarrow x = 140{,}000$
따라서 화장품 1개당 정가는 140,000원이다.

정답 ③

문제 풀이 꿀팁

할인 금액의 차이와 이익과 손해의 차이가 같은 점을 이용하여 문제에 접근한다.
정가의 20%를 할인하여 정가의 80%로 팔면 1개당 10,000원의 이익을 얻고, 정가의 30%를 할인하여 정가의 70%로 팔면 1개당 4,000원의 손해를 보므로 화장품 1개당 정가의 20% 할인 금액과 30% 할인 금액의 차이는 10,000 - (-4,000) = 14,000원임을 알 수 있다.
화장품 1개당 정가를 x라고 하면
$0.3x - 0.2x = 14{,}000 \rightarrow 0.1x = 14{,}000 \rightarrow x = 140{,}000$
따라서 화장품 1개당 정가는 140,000원이다.

대표예제 2 이익을 구하는 문제

지훈이는 자전거 1대당 원가의 30% 이익이 남도록 정가를 정한 후, 20% 할인한 금액으로 총 1,000대를 판매하였다. 자전거 1대당 원가가 5만 원일 때, 지훈이가 1,000대를 판매하여 얻은 이익은?

① 150만 원 ② 200만 원 ③ 250만 원 ④ 300만 원 ⑤ 350만 원

풀이

이익=정가-원가임을 적용하여 구한다.

자전거 1대당 원가가 5만 원이며, 자전거 1대당 원가의 30% 이익이 남도록 정가를 정하였으므로 정가는 5×1.3=6.5만 원이다. 이때 정가의 20% 할인한 금액으로 판매하였으므로 판매가는 6.5×0.8=5.2만 원이다. 이에 따라 자전거 1,000대를 판매한 금액은 5.2×1,000=5,200만 원이고, 자전거 1,000대의 원가는 5×1,000=5,000만 원이다.

따라서 지훈이가 자전거 1,000대를 판매하여 얻은 이익은 5,200-5,000=200만 원이다.

정답 ②

문제 풀이 꿀팁

이익과 할인만 고려하여 문제에 접근한다.

자전거 1대당 원가는 5만 원이고, 원가의 30% 이익이 남도록 정가를 정한 후, 정가의 20% 할인한 금액으로 판매하였으므로 자전거 1대당 이익은 5×0.3×0.8=1.2만 원에서 원가의 20%에 해당하는 5×0.2=1만 원을 뺀 1.2-1=0.2만 원이다.

따라서 지훈이가 1,000대를 판매하여 얻은 이익은 0.2×1,000=200만 원이다.

대표예제 3 할인가 또는 할인율을 구하는 문제

기주는 정가가 100,000원인 M 브랜드 신발을 A 매장에서 40% 할인된 가격으로 한 켤레 구매하려고 했으나, 상품 품절로 B 매장에서 구매하려고 한다. A 매장에서 구매할 때보다 B 매장에서 구매할 때 6,000원 더 비쌀 때, B 매장의 할인율은? (단, M 브랜드 신발의 정가는 A 매장과 B 매장이 동일하다.)

① 34% ② 35% ③ 38% ④ 45% ⑤ 46%

풀이

할인율(%) $= \left(\frac{\text{정가}-\text{할인가}}{\text{정가}}\right) \times 100$임을 적용하여 구한다.

A 매장과 B 매장의 신발은 100,000원으로 동일하므로 A 매장의 신발 할인가는 $100,000 \times 0.6 = 60,000$원이다. 이때 A 매장에서 구매할 때보다 B 매장에서 구매할 때 6,000원 더 비싸므로 B 매장의 신발 할인가는 $60,000 + 6,000 = 66,000$원이다. 이에 따라 B 매장의 신발 할인율은 $\left(\frac{100,000-66,000}{100,000}\right) \times 100 = \frac{34,000}{100,000} \times 100 = 34\%$이다.

따라서 B 매장의 할인율은 34%이다.

정답 ①

문제 풀이 꿀팁

A 매장과 B 매장의 가격 차이의 비율을 이용하여 문제에 접근한다.

A 매장과 B 매장의 신발은 100,000원으로 동일하고, A 매장에서 구매할 때보다 B 매장에서 구매할 때 6,000원 더 비싸므로 B 매장의 할인율이 $\frac{6,000}{100,000} \times 100 = 6\%p$ 더 작음을 알 수 있다.

따라서 B 매장의 할인율은 $40-6=34\%$이다.

유형공략문제

· 맞힌 문제:　　　/10문제

난이도 ★☆☆

01 가희는 정가가 16,000원인 교재 1권을 온라인 중고 마켓을 통해 정가에서 25% 할인된 가격으로 구매했다. 배송비 3,000원을 별도로 지불했을 때, 가희가 교재를 구매하는 데 지불한 총비용은?

① 12,000원　② 13,000원　③ 14,000원　④ 15,000원　⑤ 16,000원

난이도 ★☆☆

02 갑은 1개당 원가가 2,000원인 제품의 20%만큼 이익이 남도록 정가를 책정했고, 을은 1개당 원가가 2,000원인 제품의 12%만큼 이익이 남도록 정가를 책정했을 때, 갑과 을이 얻는 제품 1개당 이익의 차이는?

① 120원　② 140원　③ 160원　④ 180원　⑤ 200원

난이도 ★☆☆

03 원가가 5,000원인 제품을 20%의 이익이 남는 금액으로 판매할 때, 250,000원의 이익이 남기 위해 판매해야 할 제품의 개수는?

① 50개　② 100개　③ 150개　④ 200개　⑤ 250개

난이도 ★★☆

04 나현이는 A 마트에서 사과 15개를 원가에서 25% 할인된 금액으로 구매하려 했으나 A 마트가 문을 닫아 같은 총비용으로 B 마트에서 사과 12개를 구매했을 때, B 마트의 할인율은? (단, A 마트와 B 마트의 사과의 원가는 같다.)

① 4.75%　② 5.25%　③ 5.75%　④ 6.25%　⑤ 6.75%

난이도 ★★☆

05 1개당 원가가 1,000원인 지우개 200개 중 50개는 2,000원에, 50개는 500원에 판매한 후, 손해 보지 않도록 남은 지우개를 같은 가격으로 모두 판매할 때, 남은 지우개의 1개당 최소 판매가는?

① 250원　② 500원　③ 750원　④ 1,000원　⑤ 1,250원

난이도 ★★☆

06 1잔에 1,500원인 커피와 1개에 3,000원인 샌드위치를 개별로 구매하면 커피는 1잔당 20%, 샌드위치는 1개당 25% 할인을 받을 수 있고, 커피 1잔과 샌드위치 1개를 세트로 구매하면 세트당 전체 금액의 28% 할인을 받을 수 있다. 커피 10잔과 샌드위치 10개를 구매하려고 할 때, 세트로 구매하면 개별로 구매한 것보다 얼마나 더 저렴한가?

① 2,100원　② 2,150원　③ 2,200원　④ 2,250원　⑤ 2,300원

난이도 ★★☆

07 원가에 20%의 이윤을 붙인 사탕 40개와 원가가 100원인 초콜릿에 30%의 이윤을 붙여 30개를 판매하여 총 1,860원의 이익을 얻었을 때, 사탕 1개당 원가는?

① 100원 ② 105원 ③ 110원 ④ 115원 ⑤ 120원

난이도 ★★★

08 유통업자는 산지에서 kg당 5,000원에 감자를 구매하여 kg당 30%의 이윤을 남겨 온라인 쇼핑몰에 판매하고, 온라인 쇼핑몰은 구매한 금액에 kg당 40%의 이윤을 남겨 소비자에게 판매한다고 한다. 동재는 온라인 쇼핑몰 이용 시 배송비를 제외하고 15% 할인을 받을 수 있고, 감자 10kg당 2,500원의 배송비를 별도로 지불해야 할 때, 동재가 온라인 쇼핑몰에서 감자 200kg을 구매한다면 지불해야 하는 금액은?

① 1,429,000원 ② 1,471,000원 ③ 1,547,000원 ④ 1,572,000원 ⑤ 1,597,000원

난이도 ★★☆

09 효영이는 가습공기청정기, 가습기, 공기청정기의 구매 또는 렌털 비용을 비교하여, 더 저렴한 것을 사용하고자 한다. 5년 동안 사용하려고 할 때, 가습공기청정기를 렌털해서 사용하는 것과 가습기와 공기청정기를 함께 일시불로 구매해서 사용하는 것 중 어느 것이 얼마만큼 더 저렴한가? (단, 각 장비는 렌털 시에만 렌털 등록비를 한 번 지불해야 한다.)

구분	가습공기청정기	가습기	공기청정기
월 렌털료	24,200원	28,900원	30,900원
렌털 등록비	120,000원	100,000원	80,000원
일시불 구매	1,300,000원	790,000원	894,000원

① 가습공기청정기 렌털, 112,000원

② 가습공기청정기 렌털, 168,000원

③ 가습기&공기청정기 일시불 구매, 86,000원

④ 가습기&공기청정기 일시불 구매, 112,000원

⑤ 가습기&공기청정기 일시불 구매, 168,000원

난이도 ★★★

10 ○○공장에서 1개당 원가가 3,000원인 볼펜 400개를 생산했다. 볼펜 1개당 40%의 이익을 붙여 정가를 정한 뒤 마케팅팀에서 시장 조사를 했더니 정가로는 200개가 판매될 것으로 예상되고, 정가에서 200원씩 할인할수록 할인하기 전보다 50개씩 더 판매될 것으로 예상된다고 할 때, 볼펜을 판매해서 얻을 수 있는 최대 이익은? (단, 볼펜은 모두 동일한 금액으로 판매해야 한다.)

① 124,000원 ② 136,000원 ③ 148,000원 ④ 160,000원 ⑤ 172,000원

약점 보완 해설집 p.6

세부 유형 5 | 방정식과 부등식의 활용

○ 세부 유형 소개

제시된 조건과 일차방정식, 이차방정식, 연립방정식, 부등식 등의 개념을 이용하여 답을 도출하는 유형의 문제이다.

○ 대표예제

1. 일차방정식 문제
2. 연립방정식 문제
3. 부등식 문제

○ 최근 출제 경향

방정식과 부등식의 활용 문제는 대기업 인적성 및 공기업 NCS에서 꾸준히 출제되고 있다. 일차방정식, 이차방정식, 연립방정식, 부등식 문제가 골고루 출제되며, 1개의 미지수로 풀이가 가능한 문제부터 2개 이상의 미지수로 연립하여 풀어야 하는 문제까지 다양한 난도로 출제된다. 최근 주요 대기업 및 공기업 시험에서는 연령대별 직원 수와 비율에 따른 특정 연령대의 직원 수, 공정별 총 소요 시간과 단축 비율에 따른 특정 공정의 단축 시간, 총 판매 금액과 제품 구매한 사람 수에 따른 특정 제품을 구매한 사람 수, 투자 비중, 증가 금액, 카드 연회비가 더 비싸지는 회차, 올해 추가된 안경을 쓰지 않은 사람 수 등 다양한 출제 포인트로 문제가 출제되었다.

○ 필수 암기 공식

- $(a \pm b)^2 = a^2 \pm 2ab + b^2$
- $(a+b)(a-b) = a^2 - b^2$
- $a : b = c : d$, 즉 $\frac{a}{b} = \frac{c}{d}$일 때 $ad = bc$
- $a < b$일 때, $a+c < b+c$, $a-c < b-c$
- $a < b$, $c > 0$일 때, $ac < bc$, $\frac{a}{c} < \frac{b}{c}$
- $a < b$, $c < 0$일 때, $ac > bc$, $\frac{a}{c} > \frac{b}{c}$

○ 학습 전략

1. 문제에서는 미지수를 활용하여 풀이하는 것을 유도하지만, 실제로 미지수를 활용하지 않고 풀이 가능한 문제도 있다. 이에 따라 최대한 계산 과정을 간단히 할 수 있는 방법을 찾아내는 것이 중요하다.
2. 미지수를 활용하여 풀이해야 하는 문제는 미지수를 여러 개로 정하기보다는 1개의 미지수를 정한 후, 문제의 조건에 이 미지수를 적용하여 식을 세운다.

대표예제 1 일차방정식 문제

S 회사는 전체 직원을 대상으로 송년회 만족도 조사를 진행하였다. 송년회에 불만족한 직원 수는 300명이고 이 중 60%가 여자 직원이며, 이 여자 직원 수는 전체 여자 직원 수의 30%이다. S 회사 전체 직원 중 40%가 여자 직원일 때, S 회사의 전체 직원 수는?

① 1,500명　② 1,600명　③ 1,700명　④ 1,800명　⑤ 1,900명

풀이

송년회에 불만족한 직원 수는 300명이고, 이 중 60%가 여자 직원이므로 송년회에 불만족한 여자 직원 수는 $300 \times 0.6 = 180$명이다. 이에 따라 송년회에 불만족한 여자 직원 수가 전체 여자 직원 수의 30%이므로

S 회사의 전체 여자 직원 수를 x라고 하면

$x \times 0.3 = 180 \rightarrow x = \frac{180}{0.3} = 600$

이에 따라 전체 여자 직원 수는 600명이고, S 회사 전체 직원 중 40%가 여자 직원이므로

S 회사의 전체 직원 수를 y라고 하면

$y \times 0.4 = 600 \rightarrow y = \frac{600}{0.4} = 1,500$

따라서 S 회사의 전체 직원 수는 1,500명이다.

정답 ①

문제 풀이 꿀팁

송년회에 불만족한 직원 수 중 여자 직원의 비중과 전체 직원 수 중 여자 직원의 비중을 먼저 고려하여 문제에 접근한다.

송년회에 불만족한 직원 수는 300명이고 이 중 60%가 여자 직원이며, 이 여자 직원 수는 S 회사 전체 직원 수의 40%인 여자 직원 중 30%에 해당하므로

S 회사의 전체 직원 수를 x라고 하면

5배

$300 \times 0.6 = x \times 0.4 \times 0.3$

5배

이에 따라 S 회사의 전체 직원 수는 $300 \times 5 = 1,500$명이다.

대표예제 2 연립방정식 문제

A, B, C 도서관에 있는 컴퓨터는 총 2,000대이다. 컴퓨터는 B 도서관보다 A 도서관에 500대 더 많으며, A 도서관보다 C 도서관에 200대 더 적을 때, B 도서관에 있는 컴퓨터 대수는?

① 400대 ② 500대 ③ 600대 ④ 700대 ⑤ 900대

풀이

A 도서관에 있는 컴퓨터 대수를 a, B 도서관에 있는 컴퓨터 대수를 b, C 도서관에 있는 컴퓨터 대수를 c라고 하면
A, B, C 도서관에 있는 컴퓨터는 총 2,000대이므로
$a+b+c=2{,}000$ … ⓐ
컴퓨터는 B 도서관보다 A 도서관에 500대 더 많으며, A 도서관보다 C 도서관에 200대 더 적으므로
$a=b+500 \rightarrow b=a-500$ … ⓑ
$c=a-200$ … ⓒ
ⓑ와 ⓒ를 ⓐ에 대입하여 정리하면
$a+(a-500)+(a-200)=2{,}000 \rightarrow 3a=2{,}700 \rightarrow a=900$
따라서 B 도서관에 있는 컴퓨터는 900-500=400대이다.

정답 ①

문제 풀이 꿀팁

A, B, C 도서관의 컴퓨터 대수 차이를 이용하여 문제에 접근한다.

컴퓨터는 B 도서관보다 A 도서관에 500대 더 많고, A 도서관보다 C 도서관에 200대 더 적으므로 C 도서관에 B 도서관보다 500-200=300대 더 많음을 알 수 있다. 이에 따라 A, B, C 도서관에 있는 총 2,000대의 컴퓨터 대수에서 A 도서관에 있는 컴퓨터 500대와 C 도서관에 있는 컴퓨터 300대를 제외한 컴퓨터 대수의 평균은 B 도서관에 있는 컴퓨터 대수와 같으므로 B 도서관에 있는 컴퓨터는 $\frac{2{,}000-500-300}{3}=\frac{1{,}200}{3}=400$대이다.

대표예제 3 부등식 문제

A 사의 택배비는 4,000원, B 사의 택배비는 2,500원이다. A 사의 택배비는 11회차 이용부터 40% 할인된다고 할 때, 몇 회차부터 B 사의 누적 택배비가 더 비싸지는가?

① 158회차 ② 159회차 ③ 160회차 ④ 161회차 ⑤ 162회차

풀이

A 사의 택배비는 10회차까지 4,000원이고, 11회차 이용부터 40% 할인되므로 x회차 이용 시 A 사의 누적 택배비는 (4,000×10)+{(4,000×0.6)×(x−10)}=40,000+2,400x−24,000=16,000+2,400x원(단, $x \geq 10$)이고, B 사의 택배비는 2,500원이므로 x회차 이용 시 B 사의 누적 택배비는 2,500x원이다. 이에 따라 B 사의 누적 택배비가 A 사의 누적 택배비보다 더 비싸지려면

2,500x>16,000+2,400x → 100x>16,000 → x>160

따라서 B 사의 누적 택배비가 더 비싸지는 회차는 161회차부터이다.

정답 ④

문제 풀이 꿀팁

A 사의 택배비와 B 사의 택배비 차이를 이용하여 문제에 접근한다.

A 사의 택배비가 할인되기 전 10회차까지 누적 택배비는 A 사가 B 사보다 (4,000−2,500)×10=15,000원 더 비싸다. 이후 11회차부터 A 사의 택배비는 40% 할인되어 4,000×0.6=2,400원이므로 11회차부터 택배비는 A 사가 B 사보다 1회차당 2,500−2,400=100원 더 저렴하다. 이에 따라 10회차까지의 누적 택배비 차이가 0원이 되기 위해서는 11회차부터 $\frac{15,000}{100}$=150번 이용해야 한다.

따라서 B 사의 누적 택배비가 더 비싸지는 회차는 10+150+1=161회차부터이다.

유형공략문제

· 맞힌 문제: /10문제

난이도 ★☆☆

01 가 도서관과 나 도서관에 있는 기술 분야 책과 인문 분야 책은 총 1,000권이다. 1,000권 중 기술 분야 책의 비중은 30%이고, 인문 분야 책은 가 도서관이 나 도서관보다 50권 더 많다. 가 도서관과 나 도서관에 있는 기술 분야 책의 권수가 같을 때, 나 도서관에 있는 기술 분야와 인문 분야의 책은 총 몇 권인가?

① 375권 ② 425권 ③ 475권 ④ 525권 ⑤ 575권

난이도 ★☆☆

02 공중에서 공을 떨어뜨렸을 때, 제자리에서 수직으로 위로만 튀어 오르는 공이 있으며, 이 공은 한 번 떨어질 때마다 떨어뜨린 높이의 절반만큼 튀어 오른다고 한다. 이 공을 어떤 높이에서 떨어뜨린 후 세 번째 튀어 오른 지점까지 공의 총 이동 거리가 4,200m일 때, 처음 공을 떨어뜨린 높이는?

① 800m ② 1,600m ③ 1,800m ④ 2,240m ⑤ 2,400m

난이도 ★☆☆

03 합이 18이고, 곱이 72인 두 자연수의 차는?

① 2 ② 4 ③ 6 ④ 8 ⑤ 10

난이도 ★☆☆

04 직각삼각형 모양의 운동장이 있다. 길이가 가장 짧은 한 변의 길이는 800m이고 나머지 두 변의 길이는 서로 200m만큼 차이 날 때, 운동장의 둘레는?

① 2,400m ② 2,800m ③ 3,200m ④ 3,600m ⑤ 4,000m

난이도 ★★☆

05 A, B, C 세 사람이 돈을 모아 비상금을 만들었다. B는 A가 낸 금액보다 13만 원을 더 냈고, C는 A가 낸 금액의 1.5배만큼을 냈다. A가 낸 금액이 전체 비상금의 10%일 때, 전체 비상금에서 B가 낸 금액의 비중은?

① 51% ② 57% ③ 63% ④ 69% ⑤ 75%

난이도 ★★☆

06 한 변의 길이가 1cm씩 차이 나는 정사각형 4개가 있다. 이 정사각형들의 넓이의 합이 126cm^2일 때, 가장 작은 정사각형의 넓이는?

① 4cm^2 ② 9cm^2 ③ 16cm^2 ④ 25cm^2 ⑤ 36cm^2

난이도 ★★☆

07 A 기업의 전체 근로자 수는 작년에 2,000명이었고, 올해 2,150명이다. 올해 여자 근로자 수는 작년 대비 30% 늘었고, 남자 근로자 수는 작년 대비 20% 줄었을 때, 작년 여자 근로자 수는?

① 800명 ② 900명 ③ 1,000명 ④ 1,100명 ⑤ 1,200명

난이도 ★★☆

08 작년 H 주식회사의 전체 직원 수는 150명이었다. 올해 H 주식회사 직원 중 자취하는 직원 수는 115명이고 자취하지 않는 직원 수는 작년 대비 30% 증가, 전체 직원 수는 작년 대비 20% 증가했을 때, 올해 자취하는 직원 수의 작년 대비 증가율은?

① 11% ② 13% ③ 15% ④ 17% ⑤ 19%

난이도 ★★☆

09 팥빵 30개와 식빵 40개가 있다. 식빵 40개의 평균 무게보다 팥빵 30개와 식빵 40개의 평균 무게가 150g 가볍고, 팥빵 30개의 평균 무게와 식빵 40개의 평균 무게의 합은 800g일 때, 팥빵 30개의 총 무게는?

① 4,500g ② 6,750g ③ 8,400g ④ 9,150g ⑤ 11,550g

난이도 ★★★

10 E 회사는 전체 직원 중 1,000명을 대상으로 회사 생활 만족도에 대한 설문조사를 시행하였다. 조사 결과, 만족이라고 응답한 여자 직원은 전체 여자 직원의 10%이고, 보통이라고 응답한 여자 직원은 만족이라고 응답한 여자 직원의 50%이며, 불만족이라고 응답한 여자 직원은 255명이다. 설문조사에 응답한 여자 직원은 전체 여자 직원의 30%, 설문조사에 응답한 남자 직원은 전체 남자 직원의 35%일 때, E 회사의 전체 직원 수는? (단, 설문조사 응답 시 만족, 보통, 불만족 중 1개만 응답할 수 있다.)

① 2,800명 ② 2,900명 ③ 3,000명 ④ 3,100명 ⑤ 3,200명

약점 보완 해설집 p.8

세부 유형 6 | 경우의 수·확률

○ 세부 유형 소개

제시된 조건과 경우의 수, 확률 등의 개념을 이용하여 답을 도출하는 유형의 문제이다.

○ 대표예제

1. 순서를 고려하는 경우의 수 문제
2. 순서를 고려하지 않는 경우의 수 문제
3. 조건부확률 문제

○ 최근 출제 경향

경우의 수·확률 문제는 대기업 인적성 및 공기업 NCS에서 꾸준히 출제되고 있다. 순열, 조합 공식을 적용하는 문제, 조건부 확률, 여사건 공식을 적용하는 문제가 매번 출제되며, 순열, 조합의 의미만 정확하게 알고 있다면 간단한 계산으로 풀이가 가능한 문제부터 상황을 정확하게 이해해야 풀이가 가능한 문제까지 다양한 난도로 출제된다. 최근 주요 대기업 및 공기업 시험에서는 초급반, 고급반 강의 개설 시 초급반이 연속으로 개설되지 않는 경우의 수, 대리와 사원으로 구성하여 프로젝트 진행 시 팀 구성 경우의 수, 부서장과 팀원이 차량 탑승 시, 특정 팀원이 부서장 옆에 앉지 않을 확률, 조장을 뽑는 조건에 따라 두 번 조장을 할 확률, 연령대별 조 구성 조건에 따라 같은 연령대끼리 조가 구성될 확률, 쉬운 문제와 어려운 문제를 맞힐 확률에 따른 조건부 확률, 제품별 불량률, 제품이 고장 날 확률, 기대 수익 등 다양한 출제 포인트로 문제가 출제되었다.

○ 필수 암기 공식

- n개를 줄 세우는 경우의 수: n!
- 서로 다른 n개에서 중복을 허락하지 않고 r개를 택하여 한 줄로 배열하는 경우의 수
  : ${}_{n}P_{r}=n\times(n-1)\times(n-2)\times\cdots\times(n-r+1)$ (단, $0<r\leq n$)
- n개 중 같은 것이 각각 p개, q개, r개일 때, n개를 모두 사용하여 한 줄로 배열하는 경우의 수
  : $\frac{n!}{p!q!r!}$ (단, $p+q+r=n$)
- 서로 다른 n개에서 순서를 고려하지 않고 r개를 뽑는 경우의 수: ${}_{n}C_{r}=\frac{n!}{r!(n-r)!}$ (단, $0<r\leq n$)
- 사건 A가 일어났을 때의 사건 B의 조건부확률: $P(B|A)=\frac{P(A\cap B)}{P(A)}$ (단, $P(A)\neq 0$)
- 사건 A가 일어날 확률이 p일 때, 사건 A가 일어나지 않을 확률: $1-p$

○ 학습 전략

1. 경우의 수가 누락되지 않도록 제시된 조건을 그림으로 간단히 정리하여 문제를 푸는 연습을 한다.
2. 문제에서 순서를 고려해야 하는지 정확하게 판단하여 순열 또는 조합 공식 중 알맞은 식을 활용하는 것이 중요하다.
3. 확률 문제의 경우, 분모와 분자에 들어가는 경우의 수를 정확하게 판단하는 것이 중요하며, 여사건의 확률로 문제를 풀이하는 것이 더 간단한지 먼저 확인하여 풀이 과정을 최소화한다.

대표예제 1 순서를 고려하는 경우의 수 문제

흰 공 2개, 빨간 공 2개, 파란 공 3개가 있다. 빨간 공끼리 서로 이웃하지 않도록 일렬로 나열하려고 할 때, 공을 나열하는 경우의 수는?

① 60가지 ② 90가지 ③ 120가지 ④ 150가지 ⑤ 180가지

 풀이

n개 중 같은 것이 각각 p개, q개, r개일 때, n개를 모두 사용하여 한 줄로 배열하는 경우의 수는 $\frac{n!}{p!q!r!}$임을 적용하여 구한다.

7개의 공 중 빨간 공끼리 서로 이웃하지 않도록 일렬로 나열하는 경우의 수는 7개의 공을 일렬로 나열하는 경우의 수에서 빨간 공끼리 서로 이웃하도록 일렬로 나열하는 경우의 수를 뺀 것과 같다.

이때 흰 공 2개, 빨간 공 2개, 파란 공 3개를 일렬로 나열하는 경우의 수는 $\frac{7!}{2!2!3!}=\frac{7\times6\times5\times4}{2\times2}=7\times6\times5=210$가지이고, 7개의 공 중 빨간 공 2개를 서로 이웃하도록 나열하는 경우의 수는 빨간 공 2개를 1개의 공으로 생각하고 흰 공 2개, 빨간 공 1개, 파란 공 3개를 일렬로 나열하는 것과 같으므로 $\frac{6!}{2!1!3!}=\frac{6\times5\times4}{2}=6\times5\times2=60$가지이다.

따라서 흰 공 2개, 빨간 공 2개, 파란 공 3개를 빨간 공끼리 서로 이웃하지 않도록 일렬로 나열하는 경우의 수는 $210-60=150$가지이다.

정답 ④

문제 풀이 꿀팁

흰 공과 파란 공을 먼저 나열한 후 흰 공과 파란 공 사이에 빨간 공을 나열하는 방법으로 문제에 접근한다.

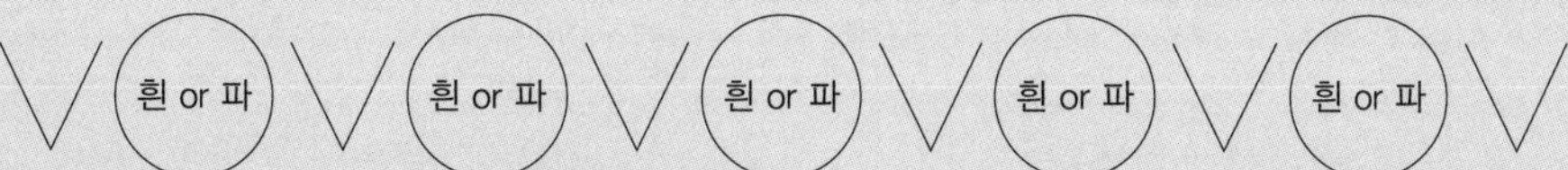

7개의 공 중 빨간 공끼리 서로 이웃하지 않게 나열하는 경우의 수는 흰 공과 파란 공 5개를 먼저 나열한 후 6곳의 공간에 빨간 공 2개를 나열하는 경우의 수와 같다.

흰 공 2개와 파란 공 3개를 일렬로 나열하는 경우의 수는 $\frac{5!}{2!3!}=\frac{5\times4}{2}=10$가지이고, 흰 공과 파란 공 사이의 6곳에 빨간 공을 나열하는 경우의 수는 빨간 공 2개의 순서는 고려하지 않으므로 ${}_6C_2=\frac{6!}{2!4!}=\frac{6\times5}{2}=15$가지이다.

따라서 흰 공 2개, 빨간 공 2개, 파란 공 3개를 빨간 공끼리 서로 이웃하지 않도록 일렬로 나열하는 경우의 수는 $10\times15=150$가지이다.

대표예제 2 순서를 고려하지 않는 경우의 수 문제

C 회사의 인사팀은 주임 5명, 대리 4명 중에서 3명의 멘토를 선정하려고 한다. 대리는 반드시 1명 이상 포함되도록 멘토를 선정할 때, 가능한 경우의 수는?

① 64가지 ② 70가지 ③ 74가지 ④ 80가지 ⑤ 84가지

풀이

서로 다른 n개에서 순서를 고려하지 않고 r개를 뽑는 경우의 수 ${}_nC_r = \frac{n!}{r!(n-r)!}$임을 적용하여 구한다.

주임 5명, 대리 4명 중 대리가 반드시 1명 이상 포함되도록 멘토 3명을 선정하는 방법은 (대리 1명, 주임 2명), (대리 2명, 주임 1명), (대리 3명)이다.

(대리 1명, 주임 2명)을 선정하는 경우의 수는 ${}_4C_1 \times {}_5C_2 = \frac{4!}{1!3!} \times \frac{5!}{2!3!} = 4 \times 10 = 40$가지,

(대리 2명, 주임 1명)을 선정하는 경우의 수는 ${}_4C_2 \times {}_5C_1 = \frac{4!}{2!2!} \times \frac{5!}{1!4!} = 6 \times 5 = 30$가지,

(대리 3명)을 선정하는 경우의 수는 ${}_4C_3 = \frac{4!}{3!1!} = 4$가지이다.

따라서 대리는 반드시 1명 이상 포함되도록 멘토를 선정할 때, 가능한 경우의 수는 $40+30+4=74$가지이다.

정답 ③

문제 풀이 꿀팁

여사건을 이용하여 문제에 접근한다.

대리가 반드시 1명 이상 포함되도록 멘토 3명을 선정하는 경우의 수는 전체 경우의 수에서 주임 3명이 멘토로 선정되는 경우의 수를 뺀 것과 같다.

총 9명 중에서 3명의 멘토를 선정하는 경우의 수는 ${}_9C_3 = \frac{9!}{3!6!} = 84$가지이고, 주임 3명이 멘토로 선정되는 경우의 수는 ${}_5C_3 = \frac{5!}{3!2!}$ $= 10$가지이다.

따라서 대리는 반드시 1명 이상 포함되도록 멘토를 선정할 때, 가능한 경우의 수는 $84-10=74$가지이다.

대표예제 3 조건부확률 문제

L 사의 전체 직원 수는 600명이며, 이 중 남자 직원은 45%이고, 남자 신입사원 수는 전체 남자 직원의 20%이다. L 사 전체 직원 중에서 임의로 뽑은 한 명이 남자 직원일 때, 이 직원이 신입사원일 확률은?

① $\frac{1}{9}$ ② $\frac{1}{3}$ ③ $\frac{1}{5}$ ④ $\frac{2}{5}$ ⑤ $\frac{4}{9}$

풀이

사건 A가 일어났을 때의 사건 B의 조건부확률 $P(B|A)=\frac{P(A\cap B)}{P(A)}$임을 적용하여 구한다.

L 사의 전체 직원 수는 600명이며, 이 중 남자 직원은 45%이므로 남자 직원 수는 $600 \times 0.45 = 270$명이다. 이때 남자 신입사원 수는 전체 남자 직원의 20%이므로 $270 \times 0.2 = 54$명이다. 이에 따라 L 사 전체 직원 중에서 임의로 뽑은 한 명이 남자 직원일 확률은 $\frac{270}{600}$이고, 이 남자 직원이 신입사원일 확률은 $\frac{54}{600}$이다.

따라서 L 사 전체 직원 중에서 임의로 뽑은 한 명이 남자 직원일 때, 이 직원이 신입사원일 확률은 $\frac{\frac{54}{600}}{\frac{270}{600}}=\frac{1}{5}$이다.

정답 ③

문제 풀이 꿀팁

제시된 비중으로 확률을 계산해도 정답은 동일하다는 점을 이용하여 문제에 접근한다.

남자 직원은 전체 직원 수의 45%이고, 남자 신입사원 수는 전체 남자 직원의 20%이므로 남자 신입사원 수는 전체 직원의 $45 \times 0.2 = 9$%이다. 이에 따라 L 사의 전체 직원 중에서 임의로 뽑은 한 명이 남자 직원이고, 이 직원이 신입사원일 확률은 $\frac{9}{45}=\frac{1}{5}$이다.

PART 1 수리 PART 2 추리 해커스 대기업 인적성 & NCS 수리·추리 집중 공략

유형공략문제

· 맞힌 문제: /10문제

난이도 ★☆☆

01 사원 2명과 대리 2명이 있다. 4명을 일렬로 줄을 세우는 경우의 수는?

① 24가지 ② 48가지 ③ 72가지 ④ 96가지 ⑤ 120가지

난이도 ★☆☆

02 1년 동안 고장 날 확률이 $\frac{1}{5}$인 장비가 있다. 이 장비가 2년 동안 고장 나지 않을 확률은?

① $\frac{12}{25}$ ② $\frac{13}{25}$ ③ $\frac{14}{25}$ ④ $\frac{3}{5}$ ⑤ $\frac{16}{25}$

난이도 ★☆☆

03 a, b, c, d 문자 4개와 1, 2 숫자 2개를 활용하여 네 자리의 비밀번호를 만드는 경우의 수는? (단, 비밀번호의 네 자리 숫자 또는 문자는 모두 다르다.)

① 180가지 ② 240가지 ③ 300가지 ④ 360가지 ⑤ 420가지

난이도 ★★☆

04 제품 생산량이 매일 동일한 T 회사와 S 회사의 제품 불량률은 각각 10%, 4%이다. 어느 날 T 회사 제품 생산량의 25%와 S 회사 제품 생산량의 50%를 함께 검수하였더니 검수한 제품에서 불량품이 나왔을 때, 이 불량품을 T 회사에서 생산했을 확률은?

① $\frac{3}{14}$ ② $\frac{2}{9}$ ③ $\frac{1}{3}$ ④ $\frac{5}{14}$ ⑤ $\frac{5}{9}$

난이도 ★★☆

05 유진이와 기준이가 게임 한 판을 했을 때, 유진이가 기준이를 이길 확률은 $\frac{3}{4}$이라고 한다. 유진이와 기준이가 이 게임을 총 세 판을 할 때, 유진이가 적어도 한 판을 이길 확률은? (단, 비기는 경우는 없다.)

① $\frac{51}{64}$ ② $\frac{27}{32}$ ③ $\frac{57}{64}$ ④ $\frac{15}{16}$ ⑤ $\frac{63}{64}$

난이도 ★★☆

06 숫자 0부터 5까지 각각 적힌 공이 1개씩 들어 있는 주머니가 있다. 주머니에서 한 번에 공을 3개 뽑아 세 자릿수를 만들 때, 이 수가 3의 배수일 경우의 수는?

① 16가지 ② 24가지 ③ 32가지 ④ 40가지 ⑤ 48가지

난이도 ★★☆

07 A, B, C, D, E, F 6명 중 2명을 뽑아 화장실 청소를 시키고 나머지 4명에게 교실 청소를 시킬 때, B와 F가 같은 곳에서 청소를 하는 경우의 수는?

① 3가지 ② 4가지 ③ 5가지 ④ 6가지 ⑤ 7가지

난이도 ★★☆

08 현지는 1, 3, 5가 적힌 카드를 1장씩, 영현이는 2, 3, 4가 적힌 카드를 1장씩 가지고 있다. 현지와 영현이가 각자 가지고 있는 카드 중 2장을 골라 두 자릿수를 만들 때, 현지가 만든 수가 영현이가 만든 수보다 클 확률은?

① $\frac{1}{6}$ ② $\frac{5}{18}$ ③ $\frac{7}{18}$ ④ $\frac{1}{2}$ ⑤ $\frac{11}{18}$

난이도 ★★★

09 나라와 민혁이는 언어, 수리, 외국어 시험을 치렀다. 나라가 언어에서 1등급, 수리와 외국어에서 3등급을 받았을 때, 민혁이가 언어, 수리, 외국어에서 받은 등급의 합이 나라와 같을 확률은? (단, 각 시험의 등급은 1~5등급으로 구분된다.)

① $\frac{3}{25}$ ② $\frac{16}{125}$ ③ $\frac{17}{125}$ ④ $\frac{19}{125}$ ⑤ $\frac{4}{25}$

난이도 ★★★

10 수정이는 A 지점에서 D 지점까지 사과를 운반하려고 한다. 수정이가 최단 거리로 이동하려고 할 때, B 지점 또는 C 지점을 지나지 않고 사과를 운반하는 경우의 수는?

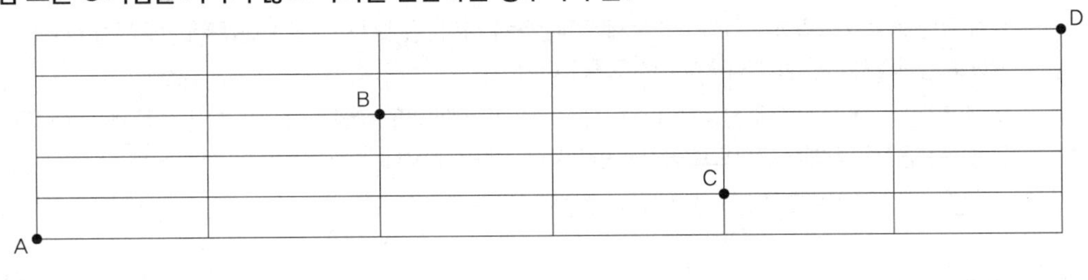

① 237가지 ② 241가지 ③ 245가지 ④ 249가지 ⑤ 253가지

약점 보완 해설집 p.9

세부 유형 7 | 통계·집합

○ 세부 유형 소개

제시된 조건과 평균, 집합 등의 개념을 이용하여 답을 도출하는 유형의 문제이다.

○ 대표예제

1. 평균 문제
2. 집합 문제

○ 최근 출제 경향

통계·집합 문제는 대기업 인적성 및 공기업 NCS에서 주기적으로 출제되고 있다. 평균, 중앙값, 분산 등 통계 공식을 적용하는 문제, 집합의 개수 공식을 적용하는 문제가 출제되며, 평균 공식을 적용하여 간단하게 풀이가 가능한 문제부터 통계 용어의 의미를 정확하게 알고 있어야 풀이가 가능한 문제까지 다양한 난도로 출제된다. 최근 주요 대기업 및 공기업 시험에서는 부서별 평균 점수 조건을 바탕으로 부서별 인원수 비교, 신입사원이 입사하기 전과 후의 팀 평균 나이에 따른 기존 팀의 직원 수, 세 종류의 인원수에 따른 한 종류 또는 두 종류의 인원수 등 다양한 출제 포인트로 문제가 출제되었다.

○ 필수 암기 공식

- 평균 = $\frac{\text{변량의 총합}}{\text{변량의 개수}}$
- 편차 = 변량 − 평균
- 표준편차 = $\sqrt{\text{분산}} = \sqrt{\frac{(\text{편차})^2\text{의 총합}}{\text{변량의 개수}}}$
- $n(A \cup B) = n(A) + n(B) - n(A \cap B)$
- $n(A \cup B \cup C) = n(A) + n(B) + n(C) - n(A \cap B) - n(B \cap C) - n(A \cap C) + n(A \cap B \cap C)$

○ 학습 전략

1. 통계 관련 공식을 정확하게 암기하여 문제에 적용해야 하며, 통계적 이론을 묻는 문제도 출제될 가능성이 있으므로 용어의 정의를 함께 학습하는 것도 중요하다.
2. 두 개 또는 세 개의 집합을 활용하여 풀이하는 문제가 출제되며, 다양한 포인트를 묻는 문제가 출제되지만 활용되는 공식은 정해져 있으므로 공식을 반드시 암기하여 문제에 적용한다.
3. 제시된 조건을 그림으로 간단히 정리하며 이해하는 것도 문제 풀이에 도움이 된다.

대표예제 1 평균 문제

어떤 회사의 연구소에 27세 신입사원이 입사를 하였다. 신입사원이 입사하기 전 팀의 평균 나이는 36세였으나, 신입사원이 입사한 후 기존 팀의 평균 나이가 3세 줄어들었을 때, 기존 팀의 팀원 수는?

① 1명 ② 2명 ③ 3명 ④ 4명 ⑤ 5명

풀이

변량의 총합 = 평균 × 변량의 개수임을 적용하여 구한다.

기존 팀의 팀원 수를 x라고 하면

신입사원이 입사하기 전 팀의 평균 나이는 36세이므로 기존 팀원들의 나이를 합하면 $36x$이다. 이때 신입사원이 입사한 후 기존 팀의 평균 나이가 3세 줄어들었으므로 평균 나이는 36 - 3 = 33세이고, 신입사원의 나이는 27세로 신입사원이 입사한 후 팀원들의 나이를 합하면 $36x+27$이므로

$\frac{36x+27}{x+1}=33$ → $36x+27=33(x+1)$ → $36x-33x=33-27$ → $3x=6$ → $x=2$

따라서 기존 팀의 팀원 수는 2명이다.

정답 ②

문제 풀이 꿀팁

평균 나이와 신입사원의 나이 차이, 신입사원이 입사하기 전과 후의 평균 나이의 차이를 이용하여 문제에 접근한다.

신입사원의 나이가 27세이고, 기존 팀의 평균 나이가 36세이므로 신입사원의 나이와 기존 팀의 평균 나이의 차이는 36 - 27 = 9세이다. 이때 신입사원이 입사한 후 기존 팀의 평균 나이가 3세 줄어들었으므로 신입사원이 입사한 후 팀원 수는 $\frac{9}{3}=3$명임을 알 수 있다. 따라서 기존 팀의 팀원 수는 3 - 1 = 2명이다.

대표예제 2 집합 문제

Q 사는 전 직원 500명을 대상으로 여행지 선호도 조사를 하였다. 충청도를 선호하는 직원은 185명, 전라도를 선호하는 직원은 135명, 경상도를 선호하는 직원은 240명이고, 세 지역을 모두 선호하는 직원은 10명일 때, 두 지역 이상을 선호하는 직원 수는? (단, Q 사 전 직원은 적어도 1개의 지역을 선호하였다.)

① 50명 ② 60명 ③ 70명 ④ 80명 ⑤ 90명

풀이

n(A∪B∪C) = n(A) + n(B) + n(C) − n(A∩B) − n(B∩C) − n(A∩C) + n(A∩B∩C)임을 적용하여 구한다.

Q 사의 전 직원은 500명이고, 전 직원은 적어도 1개의 지역을 선호하였으므로 세 지역을 모두 선호하지 않는 직원은 0명이다. 또한, 충청도를 선호하는 직원은 185명, 전라도를 선호하는 직원은 135명, 경상도를 선호하는 직원은 240명이고, 세 지역을 모두 선호하는 직원은 10명이므로

충청도를 선호하는 집합을 A, 전라도를 선호하는 집합을 B, 경상도를 선호하는 집합을 C라고 하면

n(A) = 185, n(B) = 135, n(C) = 240, n(A∩B∩C) = 10, n(A∪B∪C) = 500

이에 따라 500 = 185 + 135 + 240 − n(A∩B) − n(B∩C) − n(A∩C) + 10

→ n(A∩B) + n(B∩C) + n(A∩C) = 185 + 135 + 240 + 10 − 500 = 70

따라서 두 지역 이상을 선호하는 직원 수는 n(A∩B) + n(B∩C) + n(A∩C) − 2 × n(A∩B∩C) = 70 − 2 × 10 = 50명이다.

정답 ①

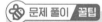

문제 풀이 꿀팁

벤다이어그램을 이용하여 문제에 접근한다.

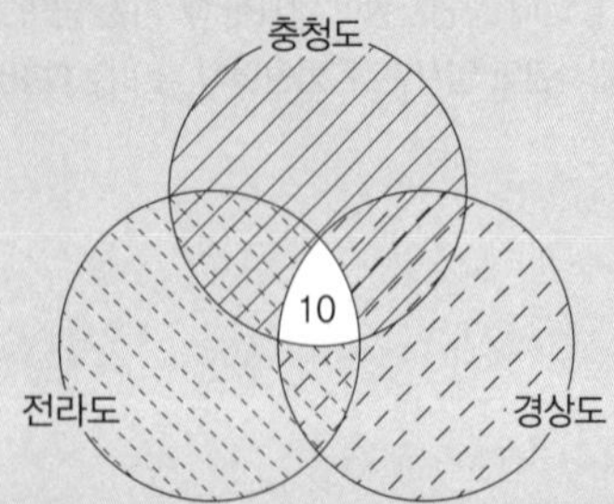

세 지역을 모두 선호하는 직원은 10명이고, 충청도를 선호하는 직원은 185명, 전라도를 선호하는 직원은 135명, 경상도를 선호하는 직원은 240명이므로 세 지역을 모두 선호하는 직원을 제외한 각 지역별 선호 직원 수는 충청도가 185 − 10 = 175명, 전라도가 135 − 10 = 125명, 경상도가 240 − 10 = 230명이다. 이에 따라 벤다이어그램에서 정 가운데 10을 제외하고 빗금 친 부분을 모두 더하면 2개 지역을 선호하는 직원 수가 2번씩 더해지므로 두 지역을 선호하는 직원 수는 (175 + 125 + 230) − (500 − 10) = 40명이다. 따라서 두 지역 이상을 선호하는 직원 수는 40 + 10 = 50명이다.

유형공략문제

· 맞힌 문제: /5문제

난이도 ★☆☆

01 전체 인원이 25명인 모임에서 안경을 착용한 사람은 10명, 시계를 착용한 사람은 8명, 안경과 시계를 모두 착용하지 않은 사람은 9명일 때, 안경과 시계를 모두 착용한 사람의 수는?

① 1명 ② 2명 ③ 3명 ④ 4명 ⑤ 5명

난이도 ★☆☆

02 갑, 을, 병, 정 4명의 평균 수학 점수는 80점이다. 을과 정의 평균 수학 점수가 85점일 때, 갑과 병의 수학 점수의 합은?

① 120점 ② 130점 ③ 140점 ④ 150점 ⑤ 160점

난이도 ★★☆

03 A={17, 51, 48, 96, 63}, B={11, 22, 33, 44, 55, 66, 77, 88}, C={79, 46, 18, 83, 54}일 때, 평균이 가장 큰 집합의 중앙값은?

① 44 ② 49.5 ③ 51 ④ 54 ⑤ 55

난이도 ★★☆

04 A, B, C, D, E 5명 직원에 대한 성실, 근면, 성과 점수가 다음과 같을 때, 평가 점수가 가장 높은 사람은?

(단위: 점)

구분	A	B	C	D	E
성실	80	70	60	70	60
근면	50	60	80	60	60
성과	60	50	70	75	90

※ 평가 점수는 성실, 근면, 성과 점수의 가중평균이며, 세 점수의 비중은 각각 35%, 35%, 30%임

① A ② B ③ C ④ D ⑤ E

난이도 ★★★

05 T 기업은 직원들에게 전자기기를 선물하기 위해 컴퓨터, 노트북, 스마트 워치 보유 여부를 조사하였다. 컴퓨터 또는 노트북을 보유한 직원은 70명, 스마트 워치를 보유한 직원은 40명, 컴퓨터와 스마트 워치 2개만 보유한 직원은 6명, 노트북과 스마트 워치를 모두 보유한 직원은 10명일 때, 조사한 직원 중 컴퓨터, 노트북, 스마트 워치 중 적어도 1개 이상 보유하고 있는 직원의 수는?

① 94명 ② 95명 ③ 96명 ④ 97명 ⑤ 98명

약점 보완 해설집 p.11

세부 유형 8 | 수와 식

○ 세부 유형 소개

제시된 조건과 약수, 배수 등의 개념을 이용하거나 수열 합 공식을 이용하여 답을 도출하는 유형의 문제이다.

○ 대표예제

1. 최소공배수 활용 문제
2. 합 공식 활용 문제

○ 최근 출제 경향

수와 식 문제는 대기업 인적성 및 공기업 NCS에서 주기적으로 출제되고 있다. 최소공배수, 최대공약수, 수열 합 공식을 적용하는 문제가 출제되며, 간단한 계산으로 풀이가 가능한 문제부터 공식을 정확하게 알고 있어야 풀이가 가능한 문제까지 다양한 난도로 출제된다. 최근 주요 대기업 및 공기업 시험에서는 뻐꾸기 시계 울림 횟수에 따른 팀원의 퇴근 시간, 공적 마스크 구매 조건에 따른 출생연도 끝자리 숫자와 구입 가능 날짜, 세 종류의 크기에 따른 사진 가격에 따른 특정 크기의 인화 가능한 최대 장수, 사거리 교차로 신호등 상태, 사수와 부원의 시간당 제품 제작 개수 및 소요 시간과 총 제작해야 하는 제품 개수를 바탕으로 다음 날 업무가 완료되는 시간, 3개의 식품의 세균 증식과 식품이 상하는 조건을 바탕으로 가장 빨리 상하는 식품 등 다양한 출제 포인트로 문제가 출제되었다.

○ 필수 암기 공식

- 최대공약수는 각 자연수를 소인수분해한 후, 공통 인수만을 곱하여 구한다.
  예 $24(=2^3\times3)$와 $16(=2^4)$의 최대공약수는 $2^3=8$이다.
- 최소공배수는 각 자연수를 소인수분해한 후, 적어도 어느 한 자연수에 포함된 인수를 모두 곱하여 구한다.
  예 $24(=2^3\times3)$와 $16(=2^4)$의 최소공배수는 $2^4\times3=48$이다.
- 등차수열의 합: $S_n=\frac{n\{2a+(n-1)d\}}{2}=\frac{n(a+l)}{2}$ (단, 첫째항: a, 끝항: l, 공차: d)
- 등비수열의 합: $r=1$일 때 $S_n=na$, $r\neq1$일 때 $S_n=\frac{a(1-r^n)}{1-r}=\frac{a(r^n-1)}{r-1}$ (단, 첫째항: a, 공비: r)

○ 학습 전략

1. 문제에서 필요로 하는 이론과 공식이 무엇인지 파악하여 문제 풀이 시간을 단축한다.
2. 제시된 조건을 그림으로 간단히 정리하여 문제를 푸는 연습을 한다.
3. 공식을 정확히 암기하는 것이 좋지만, 공식을 모르더라도 문제 풀이를 간단하게 할 수 있는 방법이 있을 수 있으므로 다양한 출제 포인트의 문제를 풀어보면서 해결 방법을 터득한다.

대표예제 1 최소공배수 활용 문제

3으로 나누면 1이 남고, 4로 나누면 2가 남고, 5로 나누면 3이 남고, 6으로 나누면 4가 남는 어떤 자연수 중 가장 작은 자연수를 7로 나눌 때, 나머지는?

① 1　　② 2　　③ 3　　④ 4　　⑤ 5

 풀이

최소공배수는 각 자연수를 소인수분해한 후, 적어도 어느 한 자연수에 포함된 인수를 모두 곱한 수임을 적용하여 구한다.
3으로 나누면 1이 남으므로 어떤 자연수는 $3a+1=3(a+1)-2$,
4로 나누면 2가 남으므로 어떤 자연수는 $4b+2=4(b+1)-2$,
5로 나누면 3이 남으므로 어떤 자연수는 $5c+3=5(c+1)-2$,
6으로 나누면 4가 남으므로 어떤 자연수는 $6d+4=6(d+1)-2$이다.
이에 따라 어떤 자연수는 3, 4, 5, 6의 공배수에서 2를 뺀 값임을 알 수 있다.
3, 4, 5, 6을 소인수분해하면 $3=1\times3$, $4=2^2$, $5=1\times5$, $6=2\times3$이므로 3, 4, 5, 6의 최소공배수는 $2^2\times3\times5=60$이고, 어떤 자연수 중 가장 작은 자연수는 $60-2=58$이다.
따라서 58을 7로 나누면 나머지는 2이다.

정답 ②

문제 풀이 꿀팁

나누는 수와 나머지의 차이를 이용하여 문제에 접근한다.
3으로 나누면 1이 남고, 4로 나누면 2가 남고, 5로 나누면 3이 남고, 6으로 나누면 4가 남으므로 나누는 수와 나머지의 차이는 모두 2이다. 이에 따라 어떤 자연수는 모두 '2'가 부족하여 나머지가 생기므로 어떤 자연수 중 가장 작은 자연수는 3, 4, 5, 6의 최소공배수에서 2를 뺀 수임을 알 수 있다.
3, 4, 5, 6의 최소공배수는

```
3 | 3  4  5  6
  ------------
2 | 1  4  5  2
  ------------
    1  2  5  1   →  3×2×1×2×5×1=60이다.
```

따라서 어떤 자연수 중 가장 작은 자연수는 $60-2=58$이므로 이를 7로 나누면 나머지는 2이다.

대표예제 2 합 공식 활용 문제

A 식품에는 현재 3마리/cc의 세균이 있다. 1시간이 지나면 처음보다 1cc당 2배의 세균이 더 추가로 증식하고, 그 이후부터는 시간당 바로 직전에 증식한 세균보다 1cc당 2배씩 더 추가로 증식한다. A 식품은 765마리/cc의 세균이 증식되면 상하여 폐기될 때, A 식품이 폐기되기까지 걸리는 시간은?

① 5시간 ② 6시간 ③ 7시간 ④ 8시간 ⑤ 9시간

풀이

등비수열의 합 $S_n = \frac{a(r^n-1)}{r-1}$ $(r \neq 1)$임을 적용하여 구한다.

A 식품에는 현재 1cc당 3마리의 세균이 있고, 1시간마다 바로 직전에 증식한 세균보다 2배씩 더 추가로 증식하므로 1시간마다 6마리, 12마리, 24마리, …가 추가로 증식한다. 이를 모두 더한 값은 첫 항이 3이고, 공비가 2인 등비수열의 합과 같다. 이때 A 식품은 1cc당 765마리의 세균이 증식되면 상하여 폐기되므로

A 식품이 폐기되기까지 걸리는 시간을 x라고 하면

$3 \times \frac{2^{x+1}-1}{2-1} = 765 \rightarrow \frac{2^{x+1}-1}{2-1} = 255 \rightarrow 2^{x+1} = 256 \rightarrow x+1 = 8 \rightarrow x = 7$

따라서 A 식품이 폐기되기까지 걸리는 시간은 7시간이다.

정답 ③

문제 풀이 꿀팁

공식을 활용하지 않고 조건을 식으로 정리하며 문제에 접근한다.

A 식품에는 현재 3마리/cc의 세균이 있으며, 이 세균이 1시간이 지나면 처음보다 1cc당 2배의 세균이 더 추가로 증식하고, 그 이후부터는 시간당 바로 직전에 증식한 세균보다 1cc당 2배씩 더 추가로 증식한다. 이에 따라 A 식품이 폐기되기까지 전체 세균의 합을 S라고 하면 S는 765와 같아야 하므로

$$\begin{array}{rl} - & S = 3+6+12+24+48+\cdots+a \\ & 2S = \quad 6+12+24+48+\cdots+a+2a \\ \hline & S = 2a-3 = 765 \rightarrow 2a = 768 \rightarrow a = 384 \end{array}$$

따라서 765=3+6+12+24+48+96+192+384이므로 A 식품이 폐기되기까지 걸리는 시간은 7시간이다.

1시간 2시간 7시간

유형공략문제

· 맞힌 문제: /5문제

난이도 ★☆☆

01 길이가 200m인 화단에 10m 간격으로 화분을 놓을 때, 필요한 화분의 개수는? (단, 화단의 양 끝에는 화분을 반드시 놓는다.)

① 19개 ② 20개 ③ 21개 ④ 22개 ⑤ 23개

난이도 ★☆☆

02 어떤 수학 경시대회의 상 종류는 3가지이며, 총상금은 1,800만 원이다. 대상, 최우수상, 우수상 수상자를 각 1명씩 총 3명을 선정해서 상금을 순서대로 3 : 2 : 1의 비율로 주려고 할 때, 우수상 수상자가 받는 상금은?

① 200만 원 ② 300만 원 ③ 400만 원 ④ 500만 원 ⑤ 600만 원

난이도 ★★☆

03 6일마다 세포 수가 절반씩 줄어드는 A 세포 256마리와 2일마다 세포 수가 절반씩 줄어드는 B 세포가 있다. 12일 후 두 세포의 수가 동일했을 때, 12일 전 B 세포의 수는?

① 256마리 ② 512마리 ③ 1,024마리 ④ 2,048마리 ⑤ 4,096마리

난이도 ★★☆

04 반지름이 20cm, 높이가 50cm인 원기둥 모양의 물통이 있다. 이 물통에 가득 찬 물의 가격이 300,000원일 때, 물 1ml당 가격은? (단, $\pi = 3$으로 계산한다.)

① 1원 ② 2원 ③ 3원 ④ 4원 ⑤ 5원

난이도 ★★★

05 A, B, C, D 4명이 1등부터 4등까지 순서대로 3점, 2점, 1점, 0점을 얻는 게임을 하려고 한다. 이 게임을 21번 진행하여 얻은 점수의 합이 가장 높은 사람이 우승할 때, 우승 가능한 점수의 최솟값은? (단, 4명이 얻은 점수의 합은 모두 다르며, 각 게임에서 동점자는 없다.)

① 31점 ② 32점 ③ 33점 ④ 34점 ⑤ 35점

약점 보완 해설집 p.12

기출동형 연습문제

· 풀이 시간: /15분
· 맞힌 문제: /15문제

세부 유형 거리·속력·시간 **난이도** ★☆☆

01 상철이는 서울에서 대전을 거쳐 부산으로 출장을 갔다. 서울에서 대전까지는 버스를 이용하여 평균 80km/h의 일정한 속력으로 2시간을 이동했고, 대전에서 부산까지는 기차를 이용하여 일정한 속력으로 1시간 30분을 이동했다. 속력은 기차가 버스의 2배일 때, 서울에서 부산까지 상철이가 이동한 거리는? (단, 버스에서 기차로 환승한 시간은 고려하지 않는다.)

① 360km ② 380km ③ 400km ④ 420km ⑤ 440km

세부 유형 거리·속력·시간 **난이도** ★★☆

02 혜민이는 16m/s의 일정한 속력으로 보트를 타고 강을 거슬러 올라가고 있다. 25초 동안 강을 거슬러 올라간 거리가 300m일 때, 거슬러 올라온 만큼 강을 따라 내려가는 데 걸리는 시간은? (단, 강물의 속력은 일정하다.)

① 15초 ② 15.5초 ③ 16초 ④ 16.5초 ⑤ 17초

세부 유형 농도 **난이도** ★☆☆

03 농도가 12%인 소금물 150g과 농도가 24%인 소금물을 섞어서 만든 소금물의 농도가 20%일 때, 농도가 24%인 소금물의 양은?

① 200g ② 250g ③ 300g ④ 350g ⑤ 400g

세부 유형 농도 난이도 ★★☆

04 농도를 모르는 소금물 A와 B를 4:1의 비율로 섞어서 만든 소금물의 농도는 12%이고, 1:2의 비율로 섞어서 만든 소금물의 농도는 19%일 때, 소금물 A의 농도는?

① 8% ② 9% ③ 10% ④ 11% ⑤ 12%

세부 유형 일의 양 난이도 ★☆☆

05 주연이는 구슬 7개를 만드는 데 28분이 걸리고, 현정이는 구슬 4개를 만드는 데 20분이 걸린다. 주연이와 현정이가 3시간 동안 같이 구슬을 만들 때, 만든 구슬의 개수는?

① 69개 ② 72개 ③ 75개 ④ 78개 ⑤ 81개

세부 유형 일의 양 난이도 ★★☆

06 욕조에 물을 채우는 데 호스 A로 24분간 욕조의 75%를 채우고 나머지는 호스 B로 채웠다. 욕조에 물을 채우는 속도는 호스 B가 호스 A의 1.6배일 때, 호스 B로 욕조의 나머지에 물을 채우는 데 걸린 시간은?

① 2분 ② 3분 ③ 4분 ④ 5분 ⑤ 6분

세부 유형 원가·정가 난이도 ★☆☆

07 A 물건을 4개, B 물건을 2개 팔았을 때의 이익은 각각 12,000원이고, A 물건 1개의 정가는 15,000원, B 물건 1개의 정가는 12,000원일 때, A 물건 1개와 B 물건 1개의 원가의 합은?

① 10,000원 ② 12,000원 ③ 14,000원 ④ 16,000원 ⑤ 18,000원

세부 유형 방정식과 부등식의 활용 **난이도** ★★☆

08 A 독서실의 이용 금액은 월 100,000원, B 독서실의 이용 금액은 월 90,000원이다. A 독서실은 6개월 이용 후부터 이용 금액을 20% 할인해준다고 할 때, 이용한 지 몇 개월 차부터 A 독서실의 총 이용 금액이 B 독서실의 총 이용 금액보다 저렴해지는가?

① 10개월 차 ② 11개월 차 ③ 12개월 차 ④ 13개월 차 ⑤ 14개월 차

세부 유형 방정식과 부등식의 활용 **난이도** ★☆☆

09 한 연구소의 석사 출신 연구원과 박사 출신 연구원은 작년에 총 60명이었다. 올해 석사 출신 연구원의 수는 작년 대비 20% 증가했고, 박사 출신 연구원의 수는 작년 대비 20% 감소하여 연구소의 석사 출신 연구원과 박사 출신 연구원은 총 64명일 때, 작년 석사 출신 연구원의 수는?

① 32명 ② 34명 ③ 36명 ④ 38명 ⑤ 40명

세부 유형 방정식과 부등식의 활용 **난이도** ★★☆

10 올해 지우의 나이는 올해 아버지의 나이의 절반이다. 12년 전 아버지의 나이는 12년 전 지우의 나이의 3배였을 때, 올해 지우와 아버지의 나이 차이는?

① 12세 ② 18세 ③ 24세 ④ 30세 ⑤ 36세

세부 유형 경우의 수·확률 **난이도** ★☆☆

11 육류 3종, 채소 2종, 조미료 4종이 있다. 이 중 육류 1종, 채소 1종, 조미료 2종을 선택하여 조리를 할 때, 가능한 조리의 경우의 수는?

① 24가지 ② 36가지 ③ 48가지 ④ 72가지 ⑤ 96가지

세부 유형 경우의 수·확률 난이도 ★★☆

12 어떤 회사의 정규직 전환 시험은 1번부터 5번까지 총 5문제가 출제되고, 이 중 4문제 이상 맞혔을 때 시험을 통과한다. 이 시험의 5문제 중 홀수 번호의 문제는 O/X 문제이고, 짝수 번호의 문제는 4지선다 문제일 때, 정규직 전환 시험을 통과할 확률은? (단, 모든 문제에서 각 선택지를 선택할 확률은 서로 동일하다.)

① $\frac{7}{128}$ ② $\frac{1}{16}$ ③ $\frac{9}{128}$ ④ $\frac{5}{64}$ ⑤ $\frac{11}{128}$

세부 유형 통계·집합 난이도 ★★☆

13 현정, 도진, 승민, 나현 4명의 평균 몸무게는 70kg이고, 4명의 몸무게를 3:1:3:1의 비율로 한 가중평균은 65kg일 때, 1:3:1:3의 비율로 한 가중평균은?

① 60kg ② 65kg ③ 70kg ④ 75kg ⑤ 80kg

세부 유형 수와 식 난이도 ★☆☆

14 백화점 1층에서 2층으로 올라갈 때 지정이는 에스컬레이터를 타고, 보근이는 계단으로 올라가려고 한다. 지정이가 에스컬레이터를 타고 올라가는 속력은 보근이가 계단으로 올라가는 속력의 3배이고, 지정이가 2층에 도착했을 때, 보근이가 올라간 계단이 30개였다면 보근이가 2층으로 가기 위해서 더 올라가야 하는 계단의 수는? (단, 지정이와 보근이는 일정한 속력으로 이동한다.)

① 30개 ② 45개 ③ 60개 ④ 75개 ⑤ 90개

세부 유형 수와 식 난이도 ★★☆

15 시계에서 1시 36분에 시침과 분침이 이루는 각도는? (단, 시침과 분침이 이루는 각도는 180° 이하이다.)

① 152° ② 156° ③ 160° ④ 164° ⑤ 168°

약점 보완 해설집 p.13

고난도 대비 문제

· 풀이 시간: /15분
· 맞힌 문제: /10문제

01 승현이는 집에서 15km 떨어진 회사에 매일 8시 30분까지 도착해야 한다. 아침에 늦잠을 잔 승현이는 집에서 8시 10분에 나왔고, 회사를 향해 12km/h의 속력으로 뛰어가면서 택시를 잡으려고 한다. 택시의 속력은 60km/h로 일정할 때, 승현이가 회사에 지각하지 않기 위해서 늦어도 집에서 출발한 지 몇 분 뒤에는 택시를 타야 하는가? (단, 택시를 타고 내리는 시간은 고려하지 않는다.)

① 5.5분 ② 5.75분 ③ 6분 ④ 6.25분 ⑤ 6.5분

02 길이가 100m인 A 기차와 길이가 200m인 B 기차가 서로 반대 방향에서 길이가 1.9km인 터널을 향해 마주 보고 달려오고 있다. A 기차가 터널에 들어가기 시작한 지 10초 후에 B 기차가 터널에 들어가기 시작했고, B 기차가 터널에 들어가기 시작한 지 20초 후에 두 기차가 터널 안에서 만났다. 두 기차가 터널 안에서 만난 지 22초 후에 B 기차가 터널에서 완전히 빠져나갔다면, A 기차의 속력은? (단, A 기차와 B 기차의 속력은 일정하다.)

① 10m/s ② 20m/s ③ 30m/s ④ 40m/s ⑤ 50m/s

03 농도가 서로 다른 소금물 A, B가 있다. 소금물 A와 B를 3:4의 비율로 섞어서 만든 소금물의 농도가 13%, 4:3의 비율로 섞어서 만든 소금물의 농도가 16%일 때, 소금물 A의 농도는?

① 17% ② 19% ③ 21% ④ 23% ⑤ 25%

04 A가 혼자 진행하면 B가 혼자 진행할 때보다 40분이 덜 걸리는 일이 있다. 이 일을 A와 B가 함께 진행하면 48분이 걸린다고 할 때, 이 일을 A가 절반 진행하고 이후 B와 함께 진행해서 완성했을 때 걸리는 시간은?

① 52분 ② 56분 ③ 60분 ④ 64분 ⑤ 68분

05 다은이는 1개당 정가가 4,000원인 A 제품을 구매하려고 한다. 낱개로 구매하면 개당 13%를 할인해주고, 100개씩 묶음으로 구매하면 첫 번째 묶음은 11%, 두 번째 묶음은 14%, 세 번째 묶음은 17%를 할인해 줄 때, 몇 개 이상 구매할 때부터 낱개로 구매하는 것보다 묶음으로 구매하는 것이 더 저렴한가?

① 100개 ② 200개 ③ 201개 ④ 300개 ⑤ 301개

06 어느 음악회에서는 3분, 4분, 6분짜리 곡만 연주한다고 한다. 이때, 준비된 3분짜리 곡과 4분짜리 곡의 수를 합한 것보다 6분짜리 곡의 수가 1곡 더 많고, 3분짜리 곡들의 총 연주시간은 4분짜리 곡들의 총 연주시간보다 6분 더 길다. 음악회는 1시간 48분 동안 진행되고 각 연주 사이에는 준비시간 1분이 소요될 때, 6분짜리 곡의 수는?

① 8곡 ② 9곡 ③ 10곡 ④ 11곡 ⑤ 12곡

07 서로 다른 주사위 2개를 던져서 나온 숫자로 2개의 두 자리 숫자를 만들 때, 만든 2개의 두 자리 숫자의 차이가 9 또는 27인 경우의 수는?

① 8가지 ② 10가지 ③ 12가지 ④ 14가지 ⑤ 16가지

08 개발팀 150명은 연말 평가를 진행하였다. 개발팀 남자들의 연말 평가 불합격률은 40%이고, 남자 수는 여자 합격자 수보다 31명 더 많으며, 여자 합격자 수는 여자 불합격자 수보다 28명 더 많다. 개발팀에서 연말 평가 불합격자 중 한 명을 뽑았을 때, 남자일 확률은? (단, 연말 평가는 합격 또는 불합격으로 진행된다.)

① $\frac{32}{53}$ ② $\frac{31}{53}$ ③ $\frac{10}{17}$ ④ $\frac{32}{49}$ ⑤ $\frac{29}{47}$

09 P 회사는 회사 내 직원 500명을 대상으로 치킨, 피자, 햄버거 중 선호하는 음식에 대한 조사를 진행했다. 치킨을 선호하는 직원은 270명, 피자를 선호하는 직원은 220명, 햄버거를 선호하는 직원은 145명이다. 치킨과 피자를 선호하는 직원은 치킨과 햄버거를 선호하는 직원보다 30명 더 적으며, 피자와 햄버거를 선호하는 직원은 치킨과 피자를 선호하는 직원의 $\frac{1}{4}$배이고, 3가지 음식 모두 선호하는 직원은 12명일 때, 피자와 햄버거만 선호하는 직원의 수는? (단, 중복 응답이 가능하며 3가지 중 선호하는 음식이 없는 직원은 없다.)

① 0명 ② 1명 ③ 2명 ④ 3명 ⑤ 4명

10 A, B, C 세 미술관이 소장하고 있는 현대 미술 작품 수는 총 1,000점이며 다음과 같은 조건을 만족한다고 할 때, B 미술관이 소장하고 있는 현대 미술 작품 수의 최솟값은?

- 세 미술관 중 현대 미술 작품을 가장 많이 소장하고 있는 미술관은 B이고, 가장 적게 소장하고 있는 미술관은 A이며, B 미술관은 500점 이상, A 미술관과 C 미술관은 각각 100점 이상 소장하고 있다.
- A 미술관과 C 미술관이 소장하고 있는 현대 미술 작품 수의 모든 자리 숫자는 홀수이다.
- A 미술관과 C 미술관이 소장하고 있는 현대 미술 작품 수의 합의 모든 자리 숫자는 짝수이다.
- A 미술관과 C 미술관이 소장하고 있는 현대 미술 작품 수의 차는 세 자릿수이다.

① 500점 ② 504점 ③ 508점 ④ 512점 ⑤ 516점

약점 보완 해설집 p.15

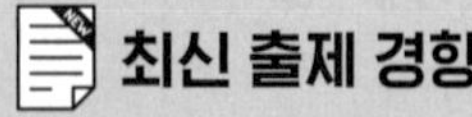

최신 출제 경향

1. 자료의 내용과 일치/불일치하는 설명을 고르는 문제와 제시된 자료를 바탕으로 특정한 값을 추론하는 문제가 주로 출제되고 있다.

2. 제시된 자료를 바탕으로 다른 형태의 자료로 변환하는 문제는 낮은 비중이지만 꾸준히 출제되고 있다.

III

자료해석 만점공략

기출유형공략

세부 유형 1 자료이해
세부 유형 2 자료계산
세부 유형 3 자료변환

기출동형 연습문제

고난도 대비 문제

기출유형공략

세부 유형 1 | 자료이해

ㅇ 세부 유형 소개

제시된 자료에 대한 설명의 옳고 그름을 판단하는 유형의 문제이다.

ㅇ 대표예제

1. 옳은 설명 또는 옳지 않은 설명을 고르는 문제
2. 옳은 설명 또는 옳지 않은 설명을 모두 고르는 문제

ㅇ 최근 출제 경향

자료이해 문제는 대기업 인적성 및 공기업 NCS에서 꾸준히 비중 높게 출제되고 있다. 1개의 항목으로 구성된 자료부터 여러 항목으로 구성되어 자료를 정확하게 이해해야 문제 풀이가 가능한 자료까지 다양한 형태의 자료가 출제되며, 암산으로도 옳고 그름 파악이 가능한 문제부터 소수점 아래 숫자까지 계산하여 비교해야 옳고 그름 파악이 가능한 문제까지 다양한 난도로 출제된다. 최근 주요 대기업 및 공기업 시험에서는 1인 가구, 서민 맞춤 대출 금액 및 금리, 분기별 승용차 수출입액 및 수출입 대수, 업체별 평균 수주액 및 발주 부문별 수주액, 유기동물 입양, 보호, 안락사 비율 및 동물 등록 및 보호기관 현황 등 다양한 소재로 문제가 출제되었다.

ㅇ 필수 암기 공식

- 기준연도 대비 비교연도 A의 변화량 = 비교연도 A - 기준연도 A
- 기준연도 대비 비교연도 A의 증감률(%) = {(비교연도 A - 기준연도 A) / 기준연도 A} × 100
- A 대비 B의 비율 = B / A
- 전체에서 A가 차지하는 비중(%) = (A / 전체) × 100
- 산술평균 = 변량의 총합 / 변량의 개수

ㅇ 학습 전략

1. 계산이 필요 없는 선택지가 정답이 될 수도 있으므로 계산이 필요한 선택지를 가장 마지막에 확인하여 문제 풀이 시간을 단축한다.
2. 한정된 정보만으로 문제를 풀이한다.
   예) 자료에 비율 이외에 추가 정보가 제시되지 않는 경우, 인원수 등 구체적인 수치에 대한 정보는 알 수 없다.
3. 자료의 단위가 비율인 경우, 제시된 비율을 통해 또 다른 정보를 도출할 수 있음을 활용한다.
   예) 전체 인원수와 성별 비율이 제시된 경우 성별 인원수를 구할 수 있다.
4. '이후'는 기준이 되는 시점을 포함하고, '후'는 기준이 되는 시점을 포함하지 않는 차이점에 유의하여 문제를 풀이한다.
   예) 2020년 이후 전체 인원수의 전년 대비 증감 추이는 2020년 전체 인원수의 2019년 대비 증감 추이부터 비교하고, 2020년 후 전체 인원수의 전년 대비 증감 추이는 2021년 전체 인원수의 2020년 대비 증감 추이부터 비교한다.

대표예제 1 옳은 설명 또는 옳지 않은 설명을 고르는 문제

다음은 2019년 국립공원 내 멸종위기 종 현황을 나타낸 자료이다. 다음 중 자료에 대한 설명으로 옳지 않은 것을 고르시오.

[분류별 국립공원 내 멸종위기 종 현황]

(단위: 종)

구분	계	식물	포유류	조류	양서류	파충류	어류	곤충	무척추동물
Ⅰ급	37	7	7	10	0	1	4	6	2
Ⅱ급	137	45	5	44	2	3	8	18	12
소계	174	52	12	54	2	4	12	24	14

※ 출처: KOSIS(국립공원공단, 국립공원기본통계)

① 각 분류의 멸종위기 종에서 Ⅱ급이 차지하는 비중은 어류가 포유류보다 크다.

② 무척추동물만 5종이 추가로 멸종위기 종으로 지정된다면 전체 멸종위기 종에서 무척추동물의 비중은 10% 이상이다.

③ 각 분류의 멸종위기 종에서 Ⅰ급의 비율은 파충류와 곤충이 서로 같다.

④ 모든 분류에서 각 분류의 멸종위기 종 대비 Ⅰ급의 비율이 멸종위기 종 대비 Ⅱ급의 비율보다 낮다.

⑤ Ⅰ급 중 멸종위기 종이 가장 많은 분류와 Ⅱ급 중 멸종위기 종이 가장 많은 분류는 서로 다르다.

풀이

포유류는 Ⅰ급의 멸종위기 종이 Ⅱ급의 멸종위기 종보다 많아, 멸종위기 종 대비 Ⅰ급의 비율도 멸종위기 종 대비 Ⅱ급의 비율보다 높으므로 옳지 않은 설명이다.

① 각 분류의 멸종위기 종에서 Ⅱ급이 차지하는 비중은 어류가 (8 / 12) × 100 ≒ 67%, 포유류가 (5 / 12) × 100 ≒ 42%로 어류가 포유류보다 크므로 옳은 설명이다.

② 무척추동물만 5종이 추가로 멸종위기 종으로 지정된다면 전체 멸종위기 종에서 무척추동물의 비중은 {(14 + 5) / (174 + 5)} × 100 ≒ 10.6%이므로 옳은 설명이다.

③ 각 분류의 멸종위기 종에서 Ⅰ급의 비율은 파충류가 1/4, 곤충이 6/24 = 1/4로 서로 같으므로 옳은 설명이다.

⑤ Ⅰ급 중 멸종위기 종이 가장 많은 분류는 조류이고, Ⅱ급 중 멸종위기 종이 가장 많은 분류는 식물로 서로 다르므로 옳은 설명이다.

정답 ④

문제 풀이 꿀팁

선택지 대부분이 비율 또는 비중을 묻고 있지만, 구체적인 수치 계산이 아닌 단순 수치 비교로 오답 소거가 가능한 점을 바탕으로 문제에 접근한다.

비교 대상이 적고, 계산 없이 수치 비교로 오답 소거가 가능한 ①, ④, ⑤를 먼저 확인한다.

①은 어류와 포유류의 멸종위기 종 수가 12종으로 같아 Ⅱ급 종 수를 비교하면 어류가 포유류보다 크므로 옳은 설명이다. 이에 따라 ①은 소거한다. 그다음 ④는 각 분류의 Ⅰ급과 Ⅱ급 종 수를 비교하면 포유류만 Ⅰ급이 더 크므로 옳지 않은 설명이다.
따라서 정답은 ④가 된다.

대표예제 2 옳은 설명 또는 옳지 않은 설명을 모두 고르는 문제

다음은 연도별 공동연구의 수행 건수와 지출액을 나타낸 자료이다. 다음 중 자료에 대한 설명으로 옳은 것을 모두 고르시오.

[연도별 공동연구 수행 건수 및 지출액]

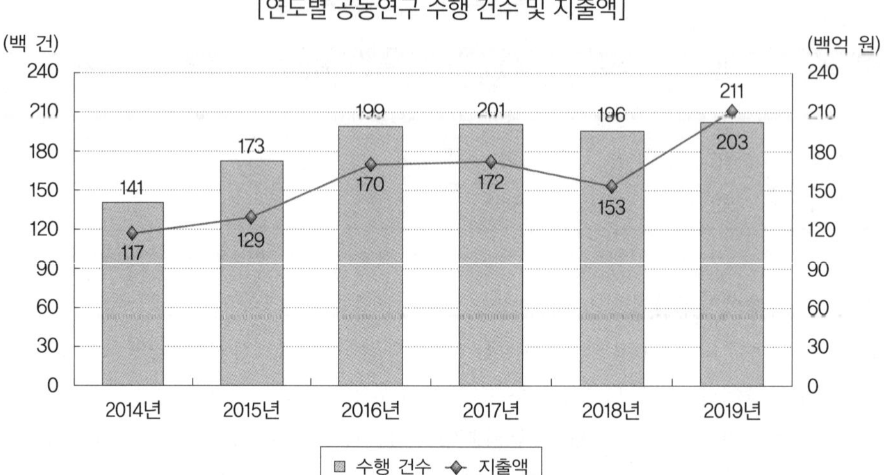

※ 출처: KOSIS(과학기술정보통신부, 국가연구개발사업통계)

a. 2015~2019년 동안 지출액의 전년 대비 증가율은 2019년이 가장 크다.
b. 2016년과 2017년 수행 건수의 합은 2018년과 2019년 수행 건수의 합보다 작다.
c. 2015~2019년 동안 수행 건수의 전년 대비 증가율은 2017년이 가장 작다.
d. 2015년 이후 수행 건수와 지출액의 전년 대비 증감 추이는 매년 동일하다.

① a, b ② a, c ③ a, d ④ b, c ⑤ c, d

풀이

a. 지출액의 전년 대비 기울기가 가파른 2016년과 2019년만 확인하면, 지출액의 전년 대비 증가율은 2016년에 {(170 − 129) / 129} × 100 ≒ 31.8%, 2019년에 {(211 − 153) / 153} × 100 ≒ 37.9%로 2019년이 가장 크므로 옳은 설명이다.

d. 수행 건수와 지출액은 2018년을 제외하고 모두 전년 대비 증가하였고, 2018년에는 전년 대비 감소하여 증감 추이가 매년 동일하므로 옳은 설명이다.

b. 2016년과 2017년 수행 건수의 합은 199 + 201 = 400백 건으로 2018년과 2019년 수행 건수의 합인 196 + 203 = 399백 건보다 크므로 옳지 않은 설명이다.

c. 2015~2019년 동안 수행 건수의 전년 대비 증가율은 수행 건수가 전년 대비 감소한 2018년이 가장 작으므로 옳지 않은 설명이다.

정답 ③

문제 풀이 꿀팁

증감 추이 및 그래프의 기울기 비교로 오답 소거가 가능한 점을 바탕으로 문제에 접근한다.

추이 비교로 오답 소거가 가능한 d를 먼저 확인한다.

d는 2018년을 제외한 모든 해에 수행 건수와 지출액이 전년 대비 증가하였으므로 옳은 설명이다. 이에 따라 d가 포함되어 있지 않은 ①, ②, ④를 소거하고, a, c 중 하나만 옳고 그름을 판단한다. 이때 2018년에만 수행 건수가 전년 대비 감소하여 수행 건수의 전년 대비 증가율이 가장 작은 연도를 찾는 것이 더 간단하므로 c를 확인한다. c는 수행 건수가 전년 대비 감소한 2018년이 증가율도 가장 작으므로 옳지 않은 설명이다. 이에 따라 ⑤도 소거한다.

따라서 정답은 ③이 된다.

난이도 ★☆☆

01 다음은 지역별 여행업 일반등록 관광사업체 수에 대한 자료이다. 다음 중 자료에 대한 설명으로 옳지 않은 것을 고르시오.

[지역별 여행업 일반등록 관광사업체 수]

(단위: 개소)

구분	2014년	2015년	2016년	2017년
서울특별시	1,757	2,138	2,607	3,532
부산광역시	91	121	145	211
대구광역시	50	64	92	124
인천광역시	59	83	107	127
광주광역시	61	68	77	98
대전광역시	52	57	67	86
울산광역시	11	11	32	34
세종특별자치시	2	2	2	10
경기도	227	279	373	506
강원도	45	51	59	81
충청북도	22	33	39	56
충청남도	6	13	21	31
전라북도	61	70	51	109
전라남도	41	42	54	72
경상북도	44	42	47	66
경상남도	55	63	66	103
제주특별자치도	243	290	330	402

※ 출처: KOSIS(행정안전부, 한국도시통계)

① 2015년 여행업 일반등록 관광사업체 수가 전년 대비 감소한 지역은 1곳이다.

② 2017년 여행업 일반등록 관광사업체 수는 부산광역시가 경상남도보다 108개소 더 많다.

③ 제시된 기간 동안 울산광역시 여행업 일반등록 관광사업체 수의 평균은 22개소이다.

④ 2016년 여행업 일반등록 관광사업체 수는 서울특별시가 제주특별자치도의 8배 이상이다.

⑤ 2014년 여행업 일반등록 관광사업체 수가 세 번째로 많은 지역은 경기도이다.

난이도 ★☆☆

02 **다음은 2018년 로봇 단품별 5개국 수입액에 대한 자료이다. 다음 중 자료에 대한 설명으로 옳은 것을 모두 고르시오.**

[로봇 단품별 5개국 수입액]

(단위: 백만 원)

구분	일본	미국	중국	독일	스웨덴
제조업용 로봇	243,566	28,751	34,767	56,408	18,106
전문 서비스용 로봇	11,481	15	429	12,600	172
개인 서비스용 로봇	1,144	27	4,287	10,780	-

※ 서비스용 로봇은 전문 서비스용 로봇과 개인 서비스용 로봇으로 구분됨

※ 출처: KOSIS(한국로봇산업협회, 로봇산업실태조사)

a. 제시된 중국의 3가지 로봇 단품의 평균 수입액은 13,061백만 원이다.
b. 일본의 서비스용 로봇 총 수입액은 12,625백만 원이다.
c. 제조업용 로봇 수입액은 미국이 스웨덴의 1.5배 이하이다.
d. 독일의 로봇 단품 총 수입액에서 전문 서비스용 로봇 수입액이 차지하는 비중은 20% 미만이다.

① a, b ② a, d ③ b, c ④ b, d ⑤ c, d

난이도 ★☆☆

03 다음은 선체 재질별 어선 척수를 나타낸 자료이다. 다음 중 자료에 대한 설명으로 옳지 않은 것을 모두 고르시오.

[선체 재질별 어선 척수]

(단위: 척)

구분		2015년	2016년	2017년	2018년	2019년
강선	동력 어선	1,562	1,499	1,479	1,011	1,329
	무동력 어선	13	9	10	21	20
목선	동력 어선	1,732	1,330	1,017	844	803
	무동력 어선	605	458	365	312	270
FRP선	동력 어선	62,882	63,160	63,244	63,078	62,721
	무동력 어선	370	430	510	479	490
기타	동력 어선	58	78	106	156	197
	무동력 어선	4	5	5	5	5

※ 어선은 추진기관의 유무에 따라 동력 어선과 무동력 어선으로 구분됨

※ 출처: KOSIS(해양수산부, 등록어선통계)

a. 2016년 이후 강선과 목선의 동력 어선 척수의 전년 대비 증감 추이는 매년 동일하다.
b. 2019년 강선의 무동력 어선 척수는 2년 전 대비 50% 증가하였다.
c. 제시된 기간 동안 FRP선의 전체 어선은 매년 63,000척 이상이다.
d. 제시된 기간 동안 목선의 무동력 어선 척수의 평균은 402척이다.

① a, b ② a, c ③ b, c ④ c, d ⑤ a, b, c

난이도 ★☆☆

04 다음은 만 25~79세 평생학습 개인실태조사 응답자에 대한 연도별 학습방법 선호도를 나타낸 자료이다. 다음 중 자료에 대한 설명으로 옳은 것을 고르시오.

[연도별 학습방법 선호도]

(단위: %)

구분		2017		2018		2019	
		개인학습	집단학습	개인학습	집단학습	개인학습	집단학습
전체		35.4	31.3	34.8	30.5	34.8	35.2
성	남자	37.2	29.1	36.4	29.0	37.1	34.1
	여자	33.7	33.5	33.1	32.1	32.5	36.4
학력	중졸 이하	12.0	18.8	15.0	22.4	15.0	26.1
	고졸	29.4	30.9	28.8	30.1	28.4	34.6
	대졸 이상	51.0	37.3	48.2	34.3	47.6	39.2
경제활동 상태	취업	37.9	31.5	37.2	30.6	36.8	35.7
	실업	44.2	36.7	37.2	33.8	39.3	38.6
	비경제활동	27.4	30.0	26.7	29.9	27.8	33.0
지역	서울 및 광역시	34.9	32.3	34.6	34.0	36.9	39.6
	중소도시	39.0	31.6	36.8	27.5	35.2	32.2
	농어촌	27.4	27.5	30.7	28.1	27.6	30.5

※ 5점 척도로 조사하여, 각 유형별로 4점 또는 5점으로 응답한 비율을 나타냄

※ 출처: KOSIS(한국교육개발원, 평생학습개인실태조사)

① 2018년 이후 전체 집단학습 선호도는 매년 전년 대비 증가하였다.

② 제시된 기간 동안 개인학습 선호도와 집단학습 선호도는 매년 남자가 여자보다 높다.

③ 2017년 개인학습 선호도는 대졸 이상 학력이 중졸 이하 학력의 4.5배이다.

④ 2019년 경제활동 상태에서 개인학습 선호도와 집단학습 선호도의 평균은 실업 상태가 가장 높다.

⑤ 제시된 기간 중 중소도시 지역의 집단학습 선호도가 가장 낮았던 해와 농어촌 지역의 집단학습 선호도가 가장 낮았던 해는 동일하다.

난이도 ★☆☆

05 다음은 일부 지역군별 영농폐비닐 발생량에 대한 자료이다. 다음 중 자료에 대한 설명으로 옳은 것을 모두 고르시오.

[지역군별 영농폐비닐 발생량]

(단위: t)

구분		2017년	2018년	2019년
서울·경기·인천	합계	34,397	33,340	36,141
	하우스용 LDPE	6,263	5,885	10,028
	멀칭용 LDPE	6,600	5,346	5,698
	HDPE	19,016	21,042	18,287
	기타	2,518	1,067	2,128
대전·세종·충남	합계	38,354	36,963	38,322
	하우스용 LDPE	11,086	14,305	10,890
	멀칭용 LDPE	8,411	7,646	8,996
	HDPE	18,462	14,062	17,508
	기타	395	950	928
부산·울산·경남	합계	45,995	44,502	48,000
	하우스용 LDPE	11,682	13,247	14,534
	멀칭용 LDPE	30,723	28,001	21,025
	HDPE	273	39	1,680
	기타	3,317	3,215	10,761

※ 출처: KOSIS(한국환경공단, 영농폐기물조사)

a. 2018년 '서울·경기·인천'의 멀칭용 LDPE 영농폐비닐 발생량은 전년 대비 20% 감소하였다.
b. 2019년 하우스용 LDPE 영농폐비닐 발생량은 '대전·세종·충남'이 '부산·울산·경남'보다 3,644t 더 적다.
c. 2017년 기타 영농폐비닐 발생량은 '서울·경기·인천'이 '대전·세종·충남'의 6배 이상이다.
d. 2019년 '부산·울산·경남'의 전체 영농폐비닐 발생량에서 HDPE 영농폐비닐 발생량이 차지하는 비중은 5% 이상이다.

① a, b ② a, c ③ a, d ④ b, c ⑤ b, d

난이도 ★☆☆

06 다음은 일부 장애 유형별 등록 장애인 수를 나타낸 자료이다. 다음 중 자료에 대한 설명으로 옳은 것을 고르시오.

[장애 유형별 등록 장애인 수]

(단위: 명)

구분	2018년		2019년	
	남자	여자	남자	여자
지체	716,788	521,744	708,246	514,889
시각	150,315	102,642	150,261	102,794
청각·언어	197,149	166,177	214,437	184,142
지적	124,746	82,171	128,332	84,604
뇌병변	145,005	108,078	144,617	107,571
호흡기	8,762	2,999	8,542	2,980
자폐성	22,629	4,074	24,234	4,444
정신	52,421	49,719	52,658	50,322
신장	51,520	36,372	54,343	38,065
심장	3,369	1,935	3,368	1,898
간	8,925	3,599	9,309	3,845
안면	1,561	1,128	1,559	1,114

※ 출처: KOSIS(보건복지부, 장애인현황)

① 2018년 남자와 여자 안면 장애인 수의 평균은 약 1,335명이다.

② 연도별로 남자 장애인 수가 많은 장애 유형부터 순서대로 나열하면 그 순서는 2018년과 2019년이 동일하다.

③ 2019년 여자 청각·언어 장애인 수는 전년 대비 10% 이상 증가하였다.

④ 2019년 간 장애인 수는 남자가 여자의 2.5배 이상이다.

⑤ 2019년 호흡기 장애인 수는 전년 대비 229명 감소하였다.

난이도 ★☆☆

07 다음은 2017년과 2018년 종사자 규모별 노동조합 유무 인식도에 대한 자료이다. 다음 중 자료에 대한 설명으로 옳지 않은 것을 모두 고르시오.

[2017년 종사자 규모별 노동조합 유무 인식도]

(단위: %)

구분	있음	없음	모름
5인 이상 9인 이하	2.7	96.1	1.2
10인 이상 19인 이하	8.3	91.2	0.5
20인 이상 49인 이하	11.1	87.9	1.0
50인 이상 99인 이하	19.8	79.7	0.5
100인 이상	34.9	65.1	0.0

[2018년 종사자 규모별 노동조합 유무 인식도]

(단위: %)

구분	있음	없음	모름
5인 이상 9인 이하	3.6	94.9	1.5
10인 이상 19인 이하	7.5	92.0	0.5
20인 이상 49인 이하	13.4	84.9	1.7
50인 이상 99인 이하	22.6	74.5	2.9
100인 이상	28.7	67.8	3.5

※ 출처: KOSIS(문화체육관광부, 근로자휴가조사)

a. 종사자 규모별 2018년 노동조합 유무에 대해 '모름'이라고 응답한 비율의 평균은 약 1.5%이다.
b. 2017년 100인 이상 규모에서 노동조합 유무에 대해 '있음'이라고 응답한 비율은 '없음'이라고 응답한 비율보다 30.2%p 더 높다.
c. 2017년과 2018년 노동조합 유무에 대해 응답한 비율은 모든 종사자 규모에서 '없음'이 가장 높고, '모름'이 가장 낮다.
d. 2018년 5인 이상 9인 이하 규모에서 노동조합 유무에 대해 '있음'이라고 응답한 비율은 전년 대비 30% 이상 증가하였다.

① a, b ② a, c ③ b, d ④ a, b, d ⑤ b, c, d

난이도 ★★☆

08 다음은 전체 가구와 부채 보유 가구의 소득 5분위별 1가구당 평균 부채 및 금융부채 현황에 대한 자료이다. 다음 중 자료에 대한 설명으로 옳은 것을 고르시오.

[전체 가구의 소득 5분위별 1가구당 평균 부채 및 금융부채 현황]

(단위: 만 원)

구분	2018년		2019년		2020년	
	부채	금융부채	부채	금융부채	부채	금융부채
소득 1분위	1,613	1,023	1,610	980	1,752	1,182
소득 2분위	3,846	2,820	3,735	2,714	4,056	2,850
소득 3분위	6,618	4,892	6,653	4,954	6,851	5,131
소득 4분위	9,113	6,929	9,838	7,578	9,975	7,757
소득 5분위	17,146	12,029	17,712	12,542	18,645	13,326

[부채 보유 가구의 소득 5분위별 1가구당 평균 부채 및 금융부채 현황]

(단위: 만 원)

구분	2018년		2019년		2020년	
	부채	금융부채	부채	금융부채	부채	금융부채
소득 1분위	4,802	3,046	4,850	2,989	5,481	3,698
소득 2분위	6,503	4,769	6,339	4,606	6,915	4,859
소득 3분위	9,016	6,664	9,425	7,017	9,589	7,182
소득 4분위	11,847	9,008	12,651	9,744	13,014	10,120
소득 5분위	22,088	15,496	22,552	15,969	23,437	16,751

※ 1) 전체 가구는 부채 보유 가구와 부채 미보유 가구로 구분됨
2) 1가구당 평균 부채 = 1가구당 평균 금융부채 + 1가구당 평균 임대보증금

※ 출처: KOSIS(통계청, 한국은행, 금융감독원, 가계금융복지조사)

① 2020년 전체 가구에서 1가구당 평균 임대보증금은 소득 5분위가 소득 4분위보다 3,101만 원 더 많다.

② 2018년 모든 소득 분위에서 부채 보유 가구 수는 부채 미보유 가구 수보다 많다.

③ 2020년 부채 보유 가구에서 소득 3분위의 1가구당 평균 금융부채는 전년 대비 175만 원 증가하였다.

④ 2019년 소득 1분위의 1가구당 평균 금융부채는 부채 보유 가구가 전체 가구의 3배 미만이다.

⑤ 2019년 이후 부채 보유 가구에서 모든 소득 분위의 1가구당 평균 부채는 매년 전년 대비 증가하였다.

난이도 ★★☆

09 **다음은 지역별 수산물가공제품 생산량 및 생산액을 나타낸 자료이다. 다음 중 자료에 대한 설명으로 옳지 않은 것을 고르시오.**

[지역별 수산물가공제품 생산량 및 생산액]

(단위: 톤, 백만 원)

구분	2017년		2018년		2019년	
	생산량	생산액	생산량	생산액	생산량	생산액
전국	1,291,632	5,916,664	1,356,572	6,202,065	1,085,519	6,063,594
서울특별시	907	11,462	2,342	22,621	1,783	18,036
부산광역시	349,861	1,404,413	378,828	1,525,156	316,731	1,574,996
대구광역시	3,447	25,559	2,030	14,157	2,360	20,245
인천광역시	13,273	103,275	9,818	92,282	11,461	134,354
광주광역시	541	6,832	1,520	17,906	608	9,771
대전광역시	4,036	52,440	2,781	38,963	3,379	47,306
울산광역시	2,676	14,644	2,491	10,424	2,780	16,958
경기도	84,182	519,947	80,766	485,530	113,887	668,536
강원도	70,639	433,074	86,581	505,977	72,989	459,305
충청북도	8,737	77,392	4,076	27,675	3,941	25,969
충청남도	58,259	299,491	69,128	281,148	68,957	556,784
전라북도	11,708	194,550	11,068	199,068	12,378	203,618
전라남도	340,748	1,355,076	370,029	1,452,231	273,034	1,297,299
경상북도	204,714	738,501	183,849	733,484	64,616	406,344
경상남도	125,257	589,976	142,572	722,925	129,981	562,874
제주특별자치도	12,647	90,032	8,693	72,518	6,634	61,199

※ 출처: KOSIS(해양수산부, 수산물가공업통계)

① 2018년 이후 수산물가공제품 생산액이 매년 전년 대비 증가하는 지역은 2곳이다.

② 제시된 기간 중 울산광역시 수산물가공제품 생산량이 가장 많은 해에 수산물가공제품 생산량 1톤당 평균 생산액은 6.1백만 원이다.

③ 제시된 지역 중 2019년 수산물가공제품 생산량이 세 번째로 많은 지역의 같은 해 생산액은 2년 전 대비 27,102백만 원 감소하였다.

④ 2017년 전국 수산물가공제품 생산량에서 전라남도 생산량이 차지하는 비중은 25% 미만이다.

⑤ 제시된 기간 동안 수산물가공제품 총생산량은 대구광역시가 대전광역시보다 적다.

난이도 ★★☆

10 다음은 2020년 12월 일부 지방청별 선박 톤수 및 척수에 대한 자료이다. 다음 중 자료에 대한 설명으로 옳지 않은 것을 고르시오.

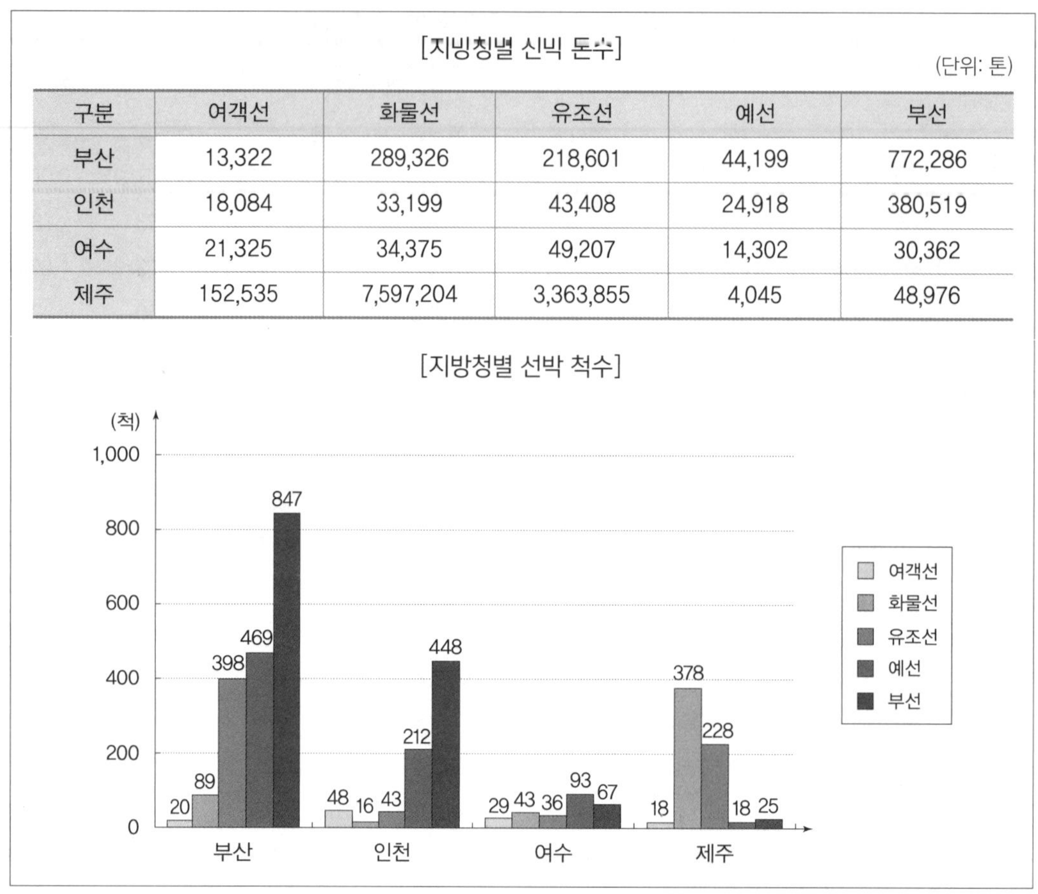

[지방청별 선박 톤수]

(단위: 톤)

구분	여객선	화물선	유조선	예선	부선
부산	13,322	289,326	218,601	44,199	772,286
인천	18,084	33,199	43,408	24,918	380,519
여수	21,325	34,375	49,207	14,302	30,362
제주	152,535	7,597,204	3,363,855	4,045	48,976

[지방청별 선박 척수]

※ 출처: KOSIS(해양수산부, 등록선박통계)

① 부산의 부선 1척당 평균 톤수는 900톤 이상이다.

② 톤수가 큰 선박부터 순서대로 나열하면 인천과 여수의 선박별 순서는 모두 다르다.

③ 여수의 선박별 평균 척수는 53.6척이다.

④ 제시된 지방청 중 화물선 톤수가 가장 큰 지방청의 총 선박 척수는 667척이다.

⑤ 인천의 총 선박 톤수 중 여객선 톤수가 차지하는 비중은 5% 이상이다.

난이도 ★★☆

11 **다음은 일부 지역별 이혼 건수를 나타낸 자료이다. 다음 중 자료에 대한 설명으로 옳은 것을 모두 고르시오.**

[지역별 이혼 건수]

(단위: 건)

구분	2016년		2017년		2018년		2019년	
	협의 이혼	재판 이혼	협의 이혼	재판 이혼	협의 이혼	재판 이혼	협의 이혼	재판 이혼
서울특별시	13,665	4,106	13,216	3,866	13,270	3,667	12,903	4,063
부산광역시	5,422	1,437	5,185	1,466	5,266	1,408	5,396	1,391
대구광역시	3,418	964	3,305	1,074	3,454	1,076	3,533	1,121
인천광역시	5,684	1,413	5,598	1,389	5,688	1,323	5,938	1,236
광주광역시	2,171	646	2,116	578	2,227	660	2,313	602
대전광역시	2,345	545	2,272	583	2,318	690	2,411	686
울산광역시	1,974	546	1,967	552	2,089	569	1,982	551

※ 출처: KOSIS(통계청, 인구동향조사)

a. 제시된 기간 중 울산광역시의 재판 이혼 건수가 다른 해에 비해 가장 적은 해에 협의 이혼 건수와 재판 이혼 건수의 차이는 1,438건이다.
b. 제시된 지역 중 2017년 협의 이혼 건수가 재판 이혼 건수의 4배 이상인 지역은 1곳뿐이다.
c. 2019년 대전광역시 재판 이혼 건수의 3년 전 대비 증가율은 20% 이상이다.
d. 2016년부터 2019년까지 협의 이혼 건수가 많은 순서에 따라 1순위인 지역의 협의 이혼 건수는 매년 2~4순위인 지역의 협의 이혼 건수의 합보다 작다.

① a, b ② b, c ③ c, d ④ a, b, c ⑤ b, c, d

난이도 ★★☆

12 **다음은 일부 지역의 연도별 전체 개통도 및 포장도로의 길이를 나타낸 자료이다. 다음 중 자료에 대한 설명으로 옳은 것을 고르시오.**

[연도별 전체 개통도 및 포장도로 길이]

(단위: km)

구분	2016		2017		2018		2019	
	전체 개통도	포장도로	전체 개통도	포장도로	전체 개통도	포장도로	전체 개통도	포장도로
서울	8,264	8,264	8,269	8,269	8,271	8,271	8,307	8,307
부산	3,330	3,271	3,347	3,289	3,371	3,313	3,384	3,326
대구	2,801	2,801	2,831	2,831	2,867	2,841	2,890	2,865
인천	2,938	2,826	3,181	3,069	3,243	3,159	3,461	3,394
경기	12,217	11,939	12,610	12,374	12,942	12,697	12,936	12,690

※ 도로 포장률(%) = (포장도로 길이 / 전체 개통도 길이) × 100

※ 출처: KOSIS(통계청, 지역통계총괄과)

① 제시된 지역 중 2017년 도로 포장률이 100%인 지역은 1곳이다.

② 2019년 인천의 포장도로 길이는 2년 전 대비 10% 미만 증가하였다.

③ 2018년 부산의 도로 포장률은 약 96.3%이다.

④ 제시된 기간 동안 포장도로 길이는 매년 서울이 대구의 3배 미만이다.

⑤ 제시된 기간 중 경기의 전체 개통도 길이가 가장 긴 해에 경기의 전체 개통도 길이는 포장도로 길이보다 246km 더 길다.

난이도 ★★☆

13 다음은 대전광역시와 울산광역시의 면적별 건축물 수에 대한 자료이다. 다음 중 자료에 대한 설명으로 옳지 않은 것을 모두 고르시오.

[대전광역시 면적별 건축물 수]

(단위: 동)

구분	2016년	2017년	2018년	2019년
100m² 미만	41,856	41,210	40,846	40,096
100m² 이상 200m² 미만	35,186	34,767	34,543	34,190
200m² 이상 300m² 미만	10,202	10,292	10,343	10,344
300m² 이상 500m² 미만	21,415	22,077	22,617	22,862
500m² 이상 1,000m² 미만	12,852	13,169	13,442	13,613
1,000m² 이상 3,000m² 미만	5,726	5,818	5,802	5,895
3,000m² 이상 10,000m² 미만	4,159	4,260	4,328	4,391
10,000m² 이상	2,154	2,191	2,240	2,272

[울산광역시 면적별 건축물 수]

(단위: 동)

구분	2016년	2017년	2018년	2019년
100m² 미만	48,304	48,321	48,341	48,346
100m² 이상 200m² 미만	33,134	33,192	33,261	33,262
200m² 이상 300m² 미만	11,041	11,250	11,387	11,477
300m² 이상 500m² 미만	19,192	19,763	20,143	20,377
500m² 이상 1,000m² 미만	11,227	11,513	11,674	11,842
1,000m² 이상 3,000m² 미만	6,140	6,246	6,366	6,437
3,000m² 이상 10,000m² 미만	3,550	3,678	3,816	3,925
10,000m² 이상	1,565	1,613	1,658	1,720

※ 출처: KOSIS(국토교통부, 건축물통계)

a. 2018년 울산광역시의 면적 3,000m² 이상 건축물 수는 2년 전 대비 약 7% 증가하였다.
b. 2019년 대전광역시가 울산광역시보다 건축물 수가 더 많은 면적 종류는 총 4개이다.
c. 2016년 면적 100m² 미만인 건축물 수는 대전광역시가 울산광역시보다 6,438동 더 적다.
d. 2017년 이후 울산광역시의 모든 면적별 건축물 수는 매년 전년 대비 증가하였다.
e. 2017년 대전광역시의 건축물 수는 면적 200m² 이상 300m² 미만이 면적 1,000m² 이상 3,000m² 미만의 2배 이상이다.

① a, c ② b, e ③ a, c, d ④ b, c, d ⑤ b, c, e

난이도 ★★☆

14 다음은 19세 이상 인구의 소비생활 만족도에 대한 자료이다. 다음 중 자료에 대한 설명으로 옳은 것을 고르시오.

[소비생활 만족도별 전체 응답 비율]

(단위: %)

구분	2011년	2013년	2015년	2017년	2019년
매우 만족	1.6	2.0	2.0	2.1	2.5
약간 만족	11.1	11.6	11.9	13.3	14.4
보통	46.9	46.8	48.0	47.3	48.1
약간 불만족	30.3	29.9	28.6	28.3	26.8
매우 불만족	10.1	9.7	9.5	9.0	8.2

[2019년 소비생활 만족도별 남녀 응답 비율]

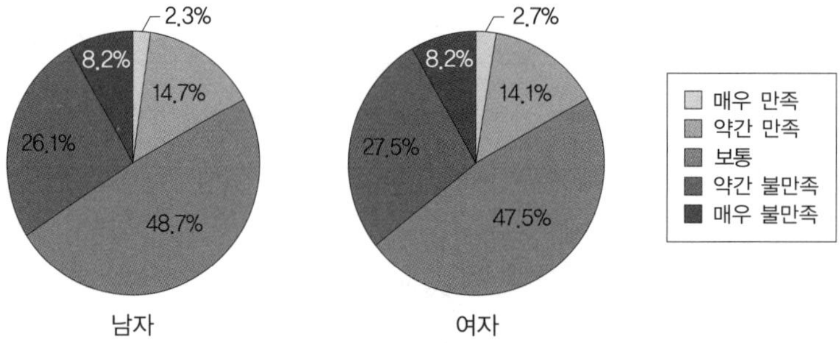

※ 출처: KOSIS(통계청, 사회조사)

① 2015년 소비생활 만족도에 대해 '약간 불만족'이라고 응답한 비율은 2년 전 대비 5% 이상 감소하였다.

② 제시된 기간 중 소비생활 만족도에 대해 '매우 불만족'이라고 응답한 비율이 가장 낮은 해에 '보통'이라고 응답한 비율도 가장 낮다.

③ 2019년 소비생활 만족도 응답자 수는 남자가 여자보다 많다.

④ 2019년 소비생활 만족도에 대해 '보통'이라고 응답한 남녀 비율의 차이는 '약간 불만족'이라고 응답한 남녀 비율의 차이보다 0.2%p 더 크다.

⑤ 2013년 소비생활 만족도에 대해 '보통'이라고 응답한 비율은 '약간 만족'이라고 응답한 비율의 4배 이상이다.

난이도 ★★★

15 **다음은 대구광역시의 행정구역별 폐기물 발생량 및 2017년 폐기물 재활용률을 나타낸 자료이다. 다음 중 자료에 대한 설명으로 옳지 않은 것을 고르시오.**

[대구광역시 행정구역별 폐기물 발생량]

(단위: t/일)

구분	2014년	2015년	2016년	2017년
합계	11,601	12,490	137,894	11,432
중구	460	736	1,060	543
동구	1,456	1,695	7,289	1,119
서구	1,637	1,677	27,058	1,370
남구	477	471	947	750
북구	2,017	1,940	29,657	1,882
수성구	1,287	1,250	8,381	1,593
달서구	2,094	2,231	30,723	2,028
달성군	2,173	2,490	32,779	2,147

[2017년 대구광역시 행정구역별 폐기물 재활용률]

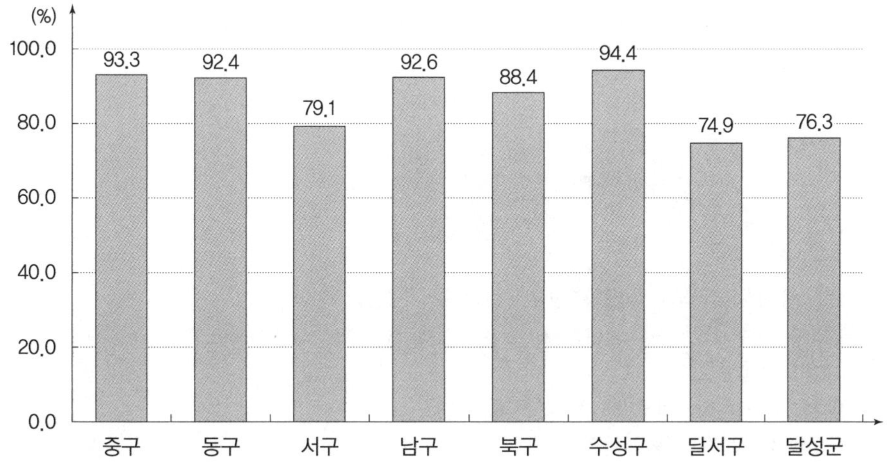

※ 폐기물 재활용률(%) = (폐기물 재활용량 / 폐기물 발생량) × 100

※ 출처: KOSIS(행정안전부, 한국도시통계)

① 2017년 폐기물 재활용률이 가장 높은 행정구역의 2017년 폐기물 발생량은 같은 해 대구광역시 전체 폐기물 발생량에서 약 14%의 비중을 차지한다.

② 2015년 중구와 동구의 폐기물 발생량의 합은 전년 대비 25% 이상 증가하였다.

③ 2017년 폐기물 재활용량은 북구가 달서구보다 많다.

④ 2016년 폐기물 발생량은 달성군이 수성구의 4배 미만이다.

⑤ 2018년 남구의 폐기물 발생량은 전년 대비 10% 감소하였고 폐기물 재활용률은 전년도와 동일하였다면 폐기물 재활용량은 전년 대비 70t/일 이상 감소하였다.

약점 보완 해설집 p.18

세부 유형 2 | 자료계산

ㅇ 세부 유형 소개

제시된 자료의 수치를 이용하여 특정 값을 계산하는 유형의 문제이다.

ㅇ 대표예제

1. 특정 값을 구하는 문제
2. 조건을 활용하여 빈칸에 들어갈 값을 구하는 문제
3. 규칙을 찾아 빈칸에 들어갈 값을 구하는 문제

ㅇ 최근 출제 경향

자료계산 문제는 대기업 인적성 및 공기업 NCS에서 꾸준히 출제되고 있다. 자료에 제시된 수치를 계산하는 문제, 자료에 제시된 빈칸에 들어갈 수치 또는 항목을 유추하는 문제가 출제되며, 간단한 계산으로 풀이가 가능한 문제부터 자료에 제시된 용어의 의미와 공식을 정확하게 이해해야 풀이가 가능한 문제까지 다양한 난도로 출제된다. 최근 주요 대기업 및 공기업 시험에서는 주식과 펀드의 가격, 수량과 이익률을 바탕으로 가격이 두 번째로 높은 펀드의 가격을 계산하는 문제, 증감률/비중/평균/비율 등의 공식을 적용하여 계산하는 문제, 세포 분열로 인해 늘어나는 세포 수의 규칙을 찾아 빈칸에 들어갈 값을 계산하는 문제, 제시된 공식을 바탕으로 미지수 2개를 먼저 찾은 후 공식에 자료의 수치를 대입하여 빈칸에 들어갈 값을 계산하는 문제 등 다양한 출제 포인트로 문제가 출제되었다.

ㅇ 필수 암기 공식

- 기준연도 대비 비교연도 A의 변화량 = 비교연도 A - 기준연도 A
- 기준연도 대비 비교연도 A의 증감률(%) = {(비교연도 A - 기준연도 A) / 기준연도 A} × 100
- A 대비 B의 비율 = B / A
- 전체에서 A가 차지하는 비중(%) = (A / 전체) × 100
- 산술평균 = 변량의 총합 / 변량의 개수

ㅇ 학습 전략

1. 계산 과정을 최소한으로 줄여서 풀이한다.
2. 선택지에 제시된 숫자의 특정 자릿수가 모두 다를 경우 특정 자릿수만 계산하여 문제 풀이 시간을 단축한다.
   예) 선택지에 제시된 숫자의 일의 자릿수가 모두 다를 경우 일의 자릿수만 확인하도록 계산한다.
3. 선택지에 제시된 숫자 간의 크기 차이가 클 경우 십의 자리 또는 백의 자리에서 반올림하여 근삿값으로 계산한다.

대표예제 1 특정 값을 구하는 문제

다음은 연도별 우체국 택배의 접수물량을 나타낸 자료이다. 2014년 이후 접수물량의 전년 대비 증가율이 가장 큰 해에 접수물량의 전년 대비 증가량은?

[연도별 우체국 택배 접수물량]

(단위: 천 통)

구분	2013	2014	2015	2016	2017	2018	2019
접수물량	154,300	145,000	137,100	164,700	188,700	214,400	263,200

※ 출처: KOSIS(과학기술정보통신부, 우편물통계)

① 19,300천 통 ② 24,000천 통 ③ 25,700천 통 ④ 27,600천 통 ⑤ 48,800천 통

풀이

접수물량이 전년 대비 증가한 2016~2019년 접수물량의 전년 대비 증가율을 계산하면
2016년에 {(164,700 − 137,100) / 137,100} × 100 ≒ 20%,
2017년에 {(188,700 − 164,700) / 164,700} × 100 ≒ 15%,
2018년에 {(214,400 − 188,700) / 188,700} × 100 ≒ 14%,
2019년에 {(263,200 − 214,400) / 214,400} × 100 ≒ 23%이다.
이에 따라 2014년 이후 접수물량의 전년 대비 증가율이 가장 큰 해는 2019년이다.
따라서 2019년 접수물량의 전년 대비 증가량은 263,200 − 214,400 = 48,800천 통이다.

정답 ⑤

문제 풀이 꿀팁

연도별 수치의 대소 비교를 통해 계산 과정을 최소화할 수 있는 점을 활용하여 문제에 접근한다.
먼저, 증가율의 공식에서 분자와 분모에 들어갈 수치를 대소 비교한다.
접수물량은 2016년 이후 전년 대비 매년 증가하였으므로 분모에 해당하는 수치도 2016년 이후 매년 증가하였다. 또한, 분자에 해당하는 수치는 접수물량의 전년 대비 증가량으로, 대략적으로 계산하면 2016년에 164,700 − 137,100 ≒ 27,XXX, 2017년에 188,700 − 164,700 ≒ 24,XXX, 2018년에 214,400 − 188,700 ≒ 25,XXX, 2019년에 263,200 − 214,400 ≒ 48,XXX이며, 2016~2018년 중 증가량은 2016년에 가장 크므로 증가율도 2016년에 가장 큼을 알 수 있다. 이에 따라 2016년과 2019년 증가율만 비교한다.

2016년: $\frac{27,600}{137,100}$, 2019년: $\frac{48,800}{214,400}$ (분자: 1.7배↑, 분모: 1.7배↓)

두 수의 분자와 분모의 배수를 비교하면, 2019년 분자는 2016년 분자인 27,600보다 큰 28,000의 1.7배인 47,600보다 크고, 2019년 분모는 2016년 분모인 137,100보다 작은 130,000의 1.7배인 221,000보다 작으므로 증가율은 2019년이 2016년보다 크다. 이에 따라 2019년 접수물량의 전년 대비 증가량은 263,XXX − 214,XXX ≒ 4X,XXX천 통이다.
따라서 정답은 ⑤가 된다.

대표예제 2 조건을 활용하여 빈칸에 들어갈 값을 구하는 문제

다음은 연도별 교통사고 발생 건수 및 비율을 나타낸 자료이다. 자료를 보고 빈칸 ㉠, ㉡에 해당하는 값을 예측했을 때 가장 타당한 값을 고르시오.

[연도별 교통사고 발생 건수 및 비율]

(단위: 천 건, %)

구분	2015	2016	2017	2018	2019
전체 교통사고 발생 건수	232	220	216	(㉠)	(　　)
음주운전 교통사고 발생 건수	24	20	19	(　　)	(　　)
음주운전 교통사고 비율	10.3	9.1	8.8	8.7	(㉡)

※ 음주운전 교통사고 비율(%) = (음주운전 교통사고 발생 건수 / 전체 교통사고 발생 건수) × 100

※ 출처: KOSIS(통계청)

- 2018년 이후 전체 교통사고 발생 건수의 전년 대비 변화량은 매년 같다.
- 2019년 음주운전 교통사고 발생 건수의 3년 전 대비 감소율은 30%이다.
- 2017년 전체 교통사고 발생 건수의 전년 대비 감소량과 2019년 전체 교통사고 발생 건수의 2년 전 대비 증가량은 같다.

	㉠	㉡
①	216	9.5
②	218	6.4
③	218	9.5
④	220	6.4
⑤	220	9.5

풀이

㉠ 2017년 전체 교통사고 발생 건수의 전년 대비 감소량은 220 − 216 = 4천 건으로 2019년 전체 교통사고 발생 건수의 2년 전 대비 증가량과 같으므로 2019년 전체 교통사고 발생 건수는 216 + 4 = 220천 건이다. 이때 2018년 이후 전체 교통사고 발생 건수의 전년 대비 변화량은 매년 같아 2018년 이후 전체 교통사고 발생 건수는 매년 4 / 2 = 2천 건 증가하였으므로 2018년 전체 교통사고 발생 건수는 216 + 2 = 218천 건이다.

㉡ 2019년 음주운전 교통사고 발생 건수의 2016년 대비 감소율은 30%이므로 2019년 음주운전 교통사고 발생 건수는 20 × (1 − 0.3) = 14천 건이다. 이에 따라 2019년 음주운전 교통사고 비율은 (14 / 220) × 100 ≒ 6.4%이다.

따라서 ㉠은 218, ㉡은 6.4인 ②가 정답이다.

정답 ②

문제 풀이 꿀팁

㉠과 ㉡ 중 더 빠르게 찾을 수 있는 빈칸을 먼저 확인하여 오답을 소거하는 방법으로 문제에 접근한다.

2017년 전체 교통사고 발생 건수의 2016년 대비 감소량과 2019년 전체 교통사고 발생 건수의 2017년 대비 증가량이 같으므로 2016년과 2019년 전체 교통사고 발생 건수가 220천 건으로 같음을 알 수 있다. 이때 2018년 이후 전체 교통사고 발생 건수의 전년 대비 변화량은 매년 같으므로 ㉠은 216과 220이 될 수 없다. 이에 따라 ①, ④, ⑤를 소거한다. 그다음 2019년 음주운전 교통사고 발생 건수는 2016년 대비 감소하였고, 2019년 전체 교통사고 발생 건수는 2016년과 같아 2019년 음주운전 교통사고 비율도 2016년 대비 감소하였으므로 ㉡은 9.1 미만이다.

따라서 정답은 ②가 된다.

대표예제 3 규칙을 찾아 빈칸에 들어갈 값을 구하는 문제

다음은 10주 동안 실험 I 과 실험 II 의 세포 수 변화 추이를 관찰한 결과이며, 각 실험의 세포 수는 일정한 규칙을 가지고 변화했다. 자료를 보고 빈칸 ㉠, ㉡에 해당하는 값을 예측했을 때 가장 타당한 값을 고르시오.

[실험별 세포 수 변화 추이]

(단위: 마리)

구분	1주 차	2주 차	3주 차	4주 차	5주 차	6주 차	7주 차	8주 차	9주 차	10주 차
실험 I	10	30	50	90	150	250	410	( )	( )	(㉠)
실험 II	1	2	4	8	16	32	64	( )	( )	(㉡)

	㉠	㉡
①	1,770	512
②	1,770	256
③	1,760	512
④	1,760	256
⑤	1,750	512

풀이

㉠ 실험 I 에서 세포 수는 3주 차부터 1주 전과 2주 전 세포 수의 합에 10마리씩 증가하였음을 알 수 있다. 이에 따라 세포 수는 8주 차에 (250+410)+10=670마리, 9주 차에 (410+670)+10=1,090마리이므로 10주 차에 (670+1,090)+10=1,770마리이다.

㉡ 실험 II 에서 세포 수는 2주 차부터 전 주 대비 2배씩 증가하였음을 알 수 있다. 이에 따라 세포 수는 8주 차에 64×2=128마리, 9주 차에 128×2=256마리이므로 10주 차에 256×2=512마리이다.

따라서 ㉠은 1,770, ㉡은 512인 ①이 정답이다.

정답 ①

문제 풀이 꿀팁

규칙을 파악한 후 계산 과정을 최소화할 수 있는 방법으로 문제에 접근한다.

실험 II 에서 세포 수는 1주 차에 2^0, 2주 차에 2^1, 3주 차에 2^2, 4주 차에 2^3, …이므로 10주 차에 2^9=512마리임을 알 수 있다. 이에 따라 ②, ④를 소거한다. 그다음 실험 I 에서 세포 수는 3주 차부터 1주 전과 2주 전 세포 수의 합에 10마리씩 증가하는 규칙이므로 6주 차와 7주 차의 끝 두 자릿수에만 규칙을 적용하여 8주 차부터 대략적으로 계산하면 다음과 같다.

6주 차	7주 차	8주 차	9주 차	10주 차
250	410	x70	x90	x70

따라서 정답은 ①이 된다.

유형공략문제

· 맞힌 문제: /15문제

난이도 ★☆☆

01 다음은 2019년 일부 지역별 국가지정문화재 및 국가등록문화재 건수에 대한 자료이다. 국가등록문화재 건수가 가장 많은 지역과 세 번째로 많은 지역의 전체 국가지정문화재 건수의 차이는?

[지역별 국가지정문화재 및 국가등록문화재 건수]

(단위: 건)

구분	국가지정문화재							국가등록문화재
	국보	보물	사적	명승	천연기념물	무형문화재	민속문화재	
경기	12	165	69	4	20	10	22	85
강원	11	82	19	25	44	3	11	44
충북	12	94	19	10	23	4	21	29
충남	29	131	50	3	17	4	24	61
전북	8	99	41	7	32	9	14	86
전남	21	187	45	21	60	14	38	112
경북	55	350	101	15	68	11	93	60
경남	13	165	53	12	44	14	12	44
제주	0	8	7	9	49	4	8	24

※ 출처: KOSIS(문화재청, 문화재관리현황)

① 84건 ② 86건 ③ 88건 ④ 90건 ⑤ 92건

난이도 ★☆☆

02 다음은 지역별 직장어린이집 수를 나타낸 자료이다. 2019년 직장어린이집 수가 2년 전 대비 감소한 지역의 2015년부터 2019년까지 직장어린이집 수의 평균은?

[지역별 직장어린이집 수]

(단위: 개소)

구분	2015년	2016년	2017년	2018년	2019년
전체	785	948	1,053	1,111	1,153
서울	194	226	244	258	265
부산	32	42	48	53	55
대구	19	24	31	36	36
인천	51	56	65	63	71
광주	22	26	30	29	32
대전	38	49	52	55	58
울산	25	30	34	36	35
세종	12	12	13	13	15
경기	170	224	242	259	268
강원	31	40	42	42	41
충북	28	29	32	34	35
충남	33	40	45	50	52
전북	19	23	26	25	28
전남	23	27	30	31	31
경북	38	43	49	54	55
경남	38	43	54	57	58
제주	12	14	16	16	18

※ 출처: KOSIS(보건복지부, 어린이집및이용자통계)

① 31.6개소 ② 32.0개소 ③ 39.2개소 ④ 41.7개소 ⑤ 49.0개소

난이도 ★☆☆

03 **다음은 2019년 연령대별 개인 토지 소유자 수를 나타낸 자료이다. 제시된 연령대 중 전체 개인 토지 소유자 수가 세 번째로 많은 연령대에서 개인 토지 소유자 수의 남성 대비 여성의 비율은 약 얼마인가?** (단, 소수점 셋째 자리에서 반올림하여 계산한다.)

[연령대별 개인 토지 소유자 수]

(단위: 백만 명)

구분	전체	남성	여성
전체	17,667	9,888	7,779
20대 미만	42	26	16
20대	342	200	142
30대	1,972	1,175	797
40대	3,788	2,102	1,686
50대	4,490	2,377	2,113
60대	3,552	1,931	1,621
70대	2,118	1,188	930
80대 이상	1,363	889	474

※ 출처: KOSIS(국토교통부, 토지소유현황)

① 0.68 ② 0.78 ③ 0.80 ④ 0.84 ⑤ 0.89

난이도 ★☆☆

04 다음은 연령별 국내 신규 석사학위 여성 취득자 수를 나타낸 자료이다. 제시된 기간 동안 국내 신규 석사학위 여성 취득자 수가 가장 많은 해에 신규 석사학위 여성 취득자 수 중 30세 이상 35세 미만 여성 취득자 수가 차지하는 비중은 약 얼마인가? (단, 소수점 첫째 자리에서 반올림하여 계산한다.)

[연령별 국내 신규 석사학위 여성 취득자 수]

(단위: 명)

구분	2018년	2019년	2020년
30세 미만	163	165	154
30세 이상 35세 미만	883	1,047	931
35세 이상 40세 미만	678	725	586
40세 이상 45세 미만	498	537	479
45세 이상 50세 미만	432	424	398
50세 이상	560	659	611

※ 출처: KOSIS(한국직업능력개발원, 교육부, 국내신규박사학위취득자조사)

① 23% ② 25% ③ 27% ④ 29% ⑤ 31%

난이도 ★☆☆

05 다음은 2019년 의약품 수입액 및 수출액 상위 10개국 현황에 대한 자료이다. 제시된 국가 중 의약품 수입액이 가장 큰 국가의 의약품 수출액은 의약품 수입액이 가장 작은 국가의 의약품 수출액의 약 몇 배인가? (단, 소수점 둘째 자리에서 반올림하여 계산한다.)

[의약품 수입액 상위 10개국 현황]

(단위: 만 달러)

구분	프랑스	네덜란드	중국	인도	독일	스위스	영국	미국	일본	이탈리아
수입액	35,172	22,389	84,865	22,921	81,149	56,916	80,296	92,833	50,437	22,527

[의약품 수출액 상위 10개국 현황]

(단위: 만 달러)

구분	터키	일본	미국	베트남	아일랜드	독일	브라질	네덜란드	헝가리	중국
수출액	41,703	57,583	52,908	18,611	14,008	57,128	15,763	17,797	23,918	52,258

※ 출처: KOSIS(식품의약품안전처, 의약품생산및수출수입실적)

① 2.8배 ② 3.0배 ③ 3.2배 ④ 4.0배 ⑤ 4.1배

난이도 ★★☆

06 다음은 일부 지역별 전체 혼인 건수 및 다문화 혼인 건수를 나타낸 자료이다. 2017~2019년 중 제시된 지역의 전체 혼인 건수의 합이 가장 적은 해에 전체 혼인 건수에서 다문화 혼인 건수가 차지하는 비중이 10% 이상인 지역의 같은 해 다문화 혼인 건수의 합은?

[지역별 전체 혼인 건수 및 다문화 혼인 건수]

(단위: 건)

구분	2017년		2018년		2019년	
	전체	다문화	전체	다문화	전체	다문화
서울	55,248	4,711	53,462	4,891	49,707	5,018
부산	15,934	1,058	15,060	1,151	14,086	1,216
대구	11,581	743	11,163	883	10,069	930
광주	7,244	488	6,747	525	6,403	577
대전	7,798	470	7,495	548	6,691	537
울산	6,413	451	5,983	506	5,526	531
경기	67,868	6,092	68,358	6,605	63,869	6,905
전북	7,915	744	7,333	766	7,115	800
전남	8,136	759	7,658	809	7,500	886
경북	12,362	1,043	11,861	1,120	10,809	1,175
경남	16,249	1,292	15,280	1,299	13,901	1,385

※ 출처: KOSIS(통계청, 인구동향조사)

① 14,784건 ② 14,884건 ③ 14,984건 ④ 16,169건 ⑤ 16,269건

난이도 ★★☆

07 **다음은 2020년 사립대학 등록금 수입 및 자금 수입 총액에 대한 자료이다. 산업대학과 대학원대학의 등록금 의존율 차이는 약 얼마인가?** (단, 소수점 첫째 자리에서 반올림하여 계산한다.)

[사립대학 등록금 수입 및 자금 수입 총액]

(단위: 백만 원)

구분	등록금 수입	자금 수입 총액
대학	9,902,515	18,432,507
산업대학	81,019	126,445
대학원대학	59,059	139,992

※ 등록금 의존율(%) = (등록금 수입 / 자금 수입 총액) × 100

※ 출처: KOSIS(한국사학진흥재단, 사립대학재정통계)

① 20%p ② 22%p ③ 24%p ④ 26%p ⑤ 28%p

난이도 ★★☆

08 **다음은 연도별 자산 및 부채를 나타낸 자료이다. 2015년 이후 부채가 가장 적은 해에 순자산의 전년 대비 증가액은?**

[연도별 자산 및 부채]

(단위: 만 원)

구분	2014	2015	2016	2017	2018
금융자산	2,103	1,979	2,259	2,436	2,628
부동산자산	13,427	14,827	15,158	15,688	17,328
기타자산	83	126	133	551	562
부채	2,303	2,324	2,387	2,382	2,616

※ 순자산 = 금융자산 + 부동산자산 + 기타자산 − 부채

※ 출처: KOSIS(한국조세재정연구원, 재정패널조사)

① 1,130만 원 ② 1,298만 원 ③ 1,609만 원 ④ 13,310만 원 ⑤ 14,608만 원

난이도 ★★☆

09 다음은 일부 지역별 체육도장 수에 대한 자료이다. 2014년 중 체육도장 수가 세 번째로 적은 지역과 2015년 중 체육도장 수가 세 번째로 적은 지역의 2014~2017년 체육도장 수 평균의 차이는?

[지역별 체육도장 수]

(단위: 개소)

구분	2014년	2015년	2016년	2017년
서울특별시	2,466	2,384	2,546	2,289
부산광역시	875	846	888	865
대구광역시	750	768	799	780
인천광역시	889	828	924	902
광주광역시	454	471	493	509
대전광역시	438	450	469	480
울산광역시	400	355	344	357
경기도	3,716	3,697	3,912	3,957
강원도	358	358	369	370
충청북도	399	401	350	366
충청남도	526	503	524	545
전라북도	540	561	505	588
전라남도	476	481	495	513
경상북도	768	768	797	801
경상남도	842	833	908	897

※ 출처: KOSIS(행정안전부, 한국도시통계)

① 15개소 ② 16개소 ③ 17개소 ④ 18개소 ⑤ 19개소

난이도 ★★☆

10 **다음은 근속기간별 2019년 퇴직연금제도 가입 대상 근로자 수 및 가입 근로자 수를 나타낸 자료이다. 퇴직연금 가입률이 더 높은 성별에서 근속기간이 10년 이상인 근로자의 퇴직연금 가입률은 약 얼마인가?** (단, 소수점 둘째 자리에서 반올림하여 계산한다.)

[퇴직연금제도 가입 대상 근로자 수 및 가입 근로자 수]

(단위: 천 명)

구분	남성		여성	
	가입 대상 근로자 수	가입 근로자 수	가입 대상 근로자 수	가입 근로자 수
합계	6,897	3,591	4,607	2,332
1년 이상 3년 미만	2,490	776	2,098	744
3년 이상 5년 미만	1,148	569	870	459
5년 이상 10년 미만	1,491	964	995	658
10년 이상 20년 미만	1,164	819	525	383
20년 이상	604	463	119	88

※ 퇴직연금 가입률(%) = (가입 근로자 수 / 가입 대싱 근로자 수) × 100

※ 출처: KOSIS(통계청, 퇴직연금통계)

① 70.4% ② 72.5% ③ 73.0% ④ 73.1% ⑤ 76.7%

난이도 ★★☆

11 **다음은 일부 지역의 2020년 하반기 미분양 주택 수를 나타낸 자료이다. 8월 이후 미분양 주택 수가 전월 대비 매월 감소하는 지역의 월별 미분양 주택 수의 합이 처음으로 2,000호 미만이 되는 달에 제시된 모든 지역의 총 미분양 주택 수는 전월 총 미분양 주택 수의 약 몇 배인가?** (단, 소수점 셋째 자리에서 반올림하여 계산한다.)

[지역별 미분양 주택 수]

(단위: 호)

구분	7월	8월	9월	10월	11월	12월
서울	58	56	54	52	52	49
부산	1,544	1,454	1,397	1,262	1,084	973
대전	849	783	773	832	831	638
울산	548	502	494	474	473	468
경기	2,793	2,585	3,338	2,733	2,440	1,616

※ 출처: KOSIS(국토교통부, 미분양주택현황보고)

① 0.77배 ② 0.88배 ③ 0.91배 ④ 0.93배 ⑤ 1.13배

난이도 ★★★

12 **다음은 운영처별 자연휴양림의 운영 개소 및 이용자 수를 나타낸 자료이다. 제시된 기간 중 자연휴양림 1개소당 전체 이용자 수가 가장 많은 해에 자연휴양림 이용자 수가 가장 많은 운영처의 같은 해 자연휴양림 1개소당 이용자 수의 전년 대비 증가율은 약 몇 %인가?** (단, 소수점 둘째 자리에서 반올림하여 계산한다.)

[자연휴양림 운영 개소 및 이용자 수]

구분		2015년	2016년	2017년	2018년	2019년
운영 개소 (개소)	전체	165	165	166	170	175
	중앙정부	41	41	42	43	43
	지방자치단체	101	101	101	104	109
	개인	23	23	23	23	23
이용자 수 (천 명)	전체	15,658	15,290	16,707	15,328	15,949
	중앙정부	3,840	4,241	4,353	4,571	4,657
	지방자치단체	10,807	9,696	10,302	9,672	10,246
	개인	1,011	1,353	2,052	1,085	1,046

① -10.3% ② -8.8% ③ 1.1% ④ 6.3% ⑤ 9.3%

난이도 ★☆☆

13 다음은 서울특별시 사고종별 구조 인원에 대한 자료이다. 자료를 보고 빈칸 ㉠, ㉡에 해당하는 값을 예측했을 때 가장 타당한 값을 고르시오.

[서울특별시 사고종별 구조 인원]

(단위: 명)

구분	2013년	2014년	2015년	2016년	2017년
화재	3,207	2,669	920	1,032	1,183
교통	2,149	2,674	1,797	1,960	1,996
수난	678	1,064	899	894	827
기계	201	203	186	203	255
승강기	6,296	5,514	(㉠)	7,107	8,464
산악	1,195	1,309	1,204	1,114	(㉡)
갇힘	4,796	5,243	2,147	5,833	5,734

- 2016년에 전년 대비 증가한 구조 인원은 갇힘 사고가 승강기 사고보다 2,253명 더 많다.
- 2013년부터 2017년까지 산악 사고 구조 인원의 평균은 1,159명이다.

※ 출처: KOSIS(행정안전부, 한국도시통계)

	㉠	㉡
①	1,168	963
②	1,168	973
③	5,674	953
④	5,674	963
⑤	5,674	973

PART 1 수리 PART 2 추리 해커스 대기업 인적성 & NCS 수리·추리 집중 공략

난이도 ★★☆

14 다음은 동갑내기 5명의 운동 강도 및 안정 심박수에 따른 목표 심박수를 나타낸 자료이다. 자료를 보고 빈칸 ㉠, ㉡에 해당하는 값을 예측했을 때 가장 타당한 값을 고르시오.

[운동 강도 및 안정 심박수에 따른 목표 심박수]

구분	예진	혜림	지현	수영	효진
운동 강도(%)	65	60	50	(㉡)	40
안정 심박수(회/분)	(　　)	85	65	70	80
목표 심박수(회/분)	153	(㉠)	(　　)	145	126

※ 목표 심박수={(220-a-안정 심박수)×운동 강도(%)}/100+안정 심박수

	㉠	㉡
①	130	60
②	130	75
③	151	60
④	151	65
⑤	151	75

난이도 ★☆☆

15 다음은 약품 투입량에 따른 A, B 오염물질의 누적 제거량을 나타낸 자료이며, 분석 결과 약품 투입량이 10g씩 증가할 때마다 오염물질 누적 제거량은 일정한 규칙으로 변화하였다. 자료를 보고 빈칸 ㉠, ㉡에 해당하는 값을 예측했을 때 가장 타당한 값을 고르시오.

[약품 투입량에 따른 오염물질 누적 제거량]

(단위: g)

구분	A 오염물질	B 오염물질
약품 투입량 10g	4	13
약품 투입량 20g	15	15
약품 투입량 30g	(　)	28
약품 투입량 40g	37	43
약품 투입량 50g	(　)	(　)
약품 투입량 60g	59	114
약품 투입량 70g	70	(　)
약품 투입량 80g	(　)	(　)
약품 투입량 90g	(　)	(㉡)
약품 투입량 100g	(㉠)	(　)

	㉠	㉡
①	103	299
②	103	484
③	103	783
④	114	484
⑤	114	783

약점 보완 해설집 p.22

세부 유형 3 | 자료변환

○ 세부 유형 소개

제시된 자료를 다른 형태의 자료로 변환하는 유형의 문제이다.

○ 대표예제

1. 모두 같은 항목을 묻는 문제
2. 모두 다른 항목을 묻는 문제

○ 최근 출제 경향

자료변환 문제는 대기업 인적성 및 공기업 NCS에서 꾸준히 출제되고 있지만, 출제 비중은 낮은 편이다. 제시된 자료를 바탕으로 1개의 항목을 그래프로 변환하는 문제, 5개의 다른 항목을 그래프로 변환하는 문제가 출제되며, 1개의 출제 포인트만 파악하여 옳고 그름을 파악하는 문제, 제시된 자료의 수치를 그대로 비교하여 옳고 그름을 파악하는 문제부터 5개의 출제 포인트를 모두 파악하여 옳고 그름을 파악하는 문제, 제시된 자료의 수치를 계산하여 옳고 그름을 파악하는 문제까지 다양한 난도로 출제된다. 최근 주요 대기업 및 공기업 시험에서는 제시된 자료 수치의 전년 대비 증감률을 그래프로 변환하는 문제, 운행장애 요인에 대한 수치를 5개의 다른 항목의 그래프로 변환하는 문제, 철도장애 발생 현황에 대한 수치를 5개의 다른 항목의 그래프로 변환하는 문제 등 다양한 소재 및 출제 포인트로 문제가 출제되었다.

○ 필수 암기 공식

- 기준연도 대비 비교연도 A의 변화량 = 비교연도 A - 기준연도 A
- 기준연도 대비 비교연도 A의 증감률(%) = {(비교연도 A - 기준연도 A) / 기준연도 A} × 100
- A 대비 B의 비율 = B / A
- 전체에서 A가 차지하는 비중(%) = (A / 전체) × 100
- 산술평균 = 변량의 총합 / 변량의 개수

○ 학습 전략

1. 선택지에서 모두 같은 항목을 묻는 경우, 선택지를 비교하여 수치가 서로 다른 부분을 먼저 확인하거나, 수치가 가장 높거나 가장 낮은 부분과 같이 특징적인 부분을 확인한다. 또한, 구체적인 수치를 계산하기 전에 먼저 그래프 추이를 자료와 비교하여 옳고 그름을 판단하여 오답을 소거한다.
2. 선택지에서 모두 다른 항목을 묻는 경우, 비교 대상이 더 적거나 제시된 자료의 값을 계산하지 않고 그대로 나타낸 것을 먼저 확인한다. 이때 제시된 자료의 값을 계산하여 재구성한 경우에도 항목 간의 수치 대소 비교나 자료의 추이 비교를 먼저 진행하여 오답을 소거한다.

대표예제 1 모두 같은 항목을 묻는 문제

다음은 2019년 12월 공항 기상 관측 지점별 평균최고기온 및 평균최저기온과 전월 대비 증가율을 나타낸 자료이다. 이를 바탕으로 2019년 11월 평균기온의 월교차(평균최고기온과 평균최저기온의 차이)를 바르게 나타낸 것을 고르시오.

[2019년 12월 평균최고기온 및 평균최저기온]

(단위: ℃, %)

구분	A 공항	B 공항	C 공항	D 공항	E 공항
평균최고기온	5.8	8.4	10.8	9.2	12.0
└ 전월 대비 증가율	−60	−40	−40	−50	−25
평균최저기온	−4.0	1.1	−1.9	0.6	6.3
└ 전월 대비 증가율	−500	−80	−150	−90	−40

※ 출처: KOSIS(기상청, 기상관측통계)

①
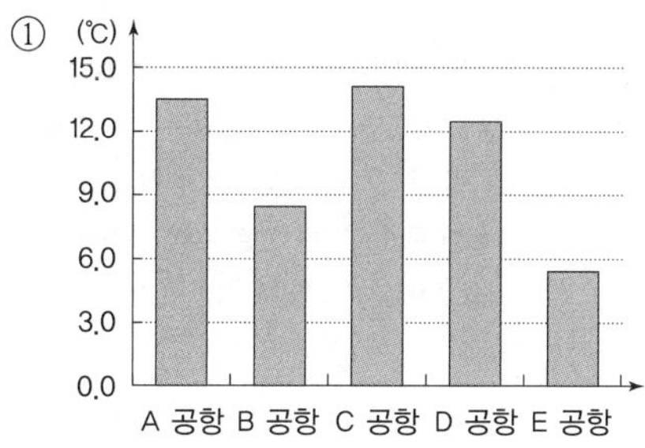

②
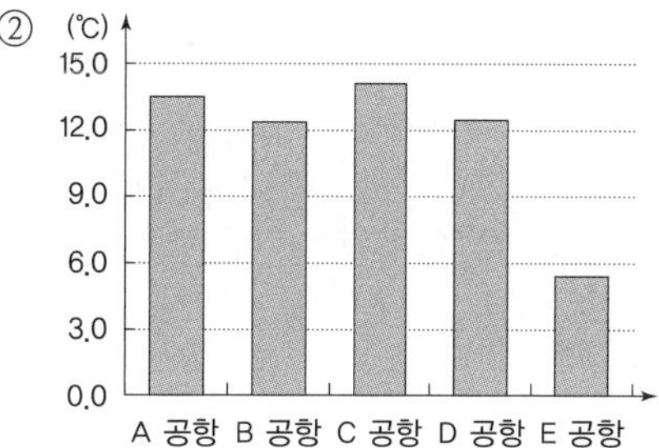

③
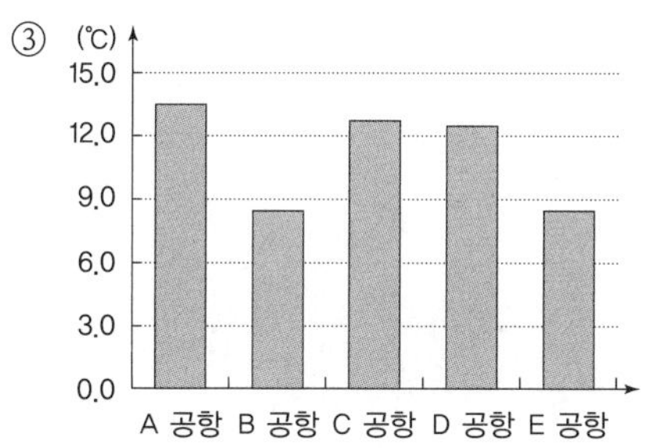

④
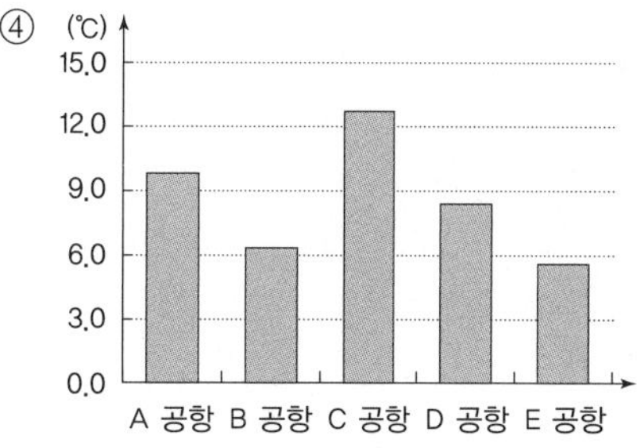

⑤
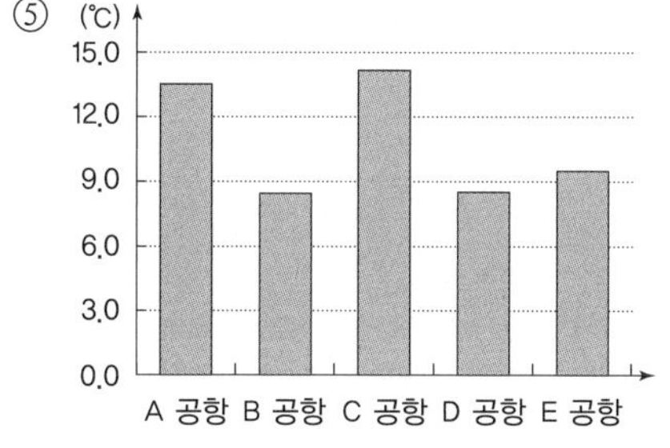

풀이

제시된 자료에 따라 비교연도 A = $\frac{\text{기준연도 A} \times 100}{\text{기준연도 대비 비교연도 A의 증가율} + 100}$ 임을 적용하여 A~E 공항의 2019년 11월 평균최고기온 및 평균최저기온과 평균기온의 월교차를 계산하면 다음과 같다.

구분	A 공항	B 공항	C 공항	D 공항	E 공항
평균최고기온	$\frac{580}{-60+100}=14.5$	$\frac{840}{-40+100}=14.0$	$\frac{1,080}{-40+100}=18.0$	$\frac{920}{-50+100}=18.4$	$\frac{1,200}{-25+100}=16.0$
평균최저기온	$\frac{-400}{-500+100}=1.0$	$\frac{110}{-80+100}=5.5$	$\frac{-190}{-150+100}=3.8$	$\frac{60}{-90+100}=6.0$	$\frac{630}{-40+100}=10.5$
평균기온의 월교차	13.5	8.5	14.2	12.4	5.5

따라서 A~E 공항의 평균기온의 월교차와 그래프의 높이가 일치하는 ①이 정답이다.

정답 ①

문제 풀이 꿀팁

2019년 12월 평균기온의 월교차와 공항별 평균최고기온 및 평균최저기온의 전월 대비 증가율 수치를 비교하여 2019년 11월 평균기온의 월교차를 유추하는 방법으로 문제에 접근한다.

제시된 5개의 선택지에서 그래프의 높이가 다양한 B 공항을 먼저 확인하면, 2019년 12월 B 공항의 평균기온의 월교차는 8.4−1.1=7.3℃이고, 평균최고기온의 전월 대비 증가율은 −40%, 평균최저기온의 전월 대비 증가율은 −80%이므로 11월 평균기온의 월교차는 7.3℃보다 크고 7.3/(1−0.4)≒12℃보다 작아야 한다. 이에 따라 ②, ④를 소거한다. 그다음 ①, ③, ⑤에서 높이가 모두 다른 E 공항을 확인하면, 2019년 12월 E 공항의 평균기온의 월교차는 12.0−6.3=5.7℃이고, 평균최고기온의 전월 대비 증가율은 −25%, 평균최저기온의 전월 대비 증가율은 −40%이므로 11월 평균기온의 월교차는 5.7/(1−0.25)=7.6℃보다 작아야 한다. 이에 따라 ③, ⑤를 소거한다.

따라서 정답은 ①이 된다.

대표예제 2 모두 다른 항목을 묻는 문제

다음은 OECD 5개국의 2018년과 2019년 수출액 및 수입액을 나타낸 자료이다. 이를 바탕으로 만든 그래프로 옳은 것을 고르시오.

[국가별 수출액 및 수입액]

(단위: 십억 달러)

구분	수출액		수입액	
	2018년	2019년	2018년	2019년
A	340	330	390	370
B	160	150	170	150
C	310	270	280	230
D	470	480	650	640
E	580	570	670	650

※ 무역수지 = 수출액 − 수입액

① [A~E 5개국의 총 수출액 및 수입액]

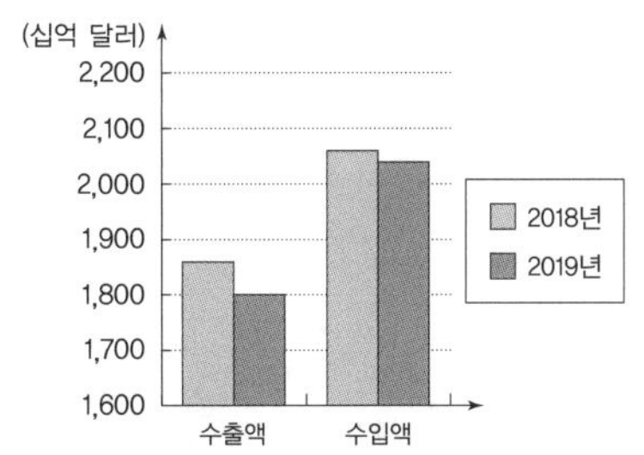

② [국가별 수입액]

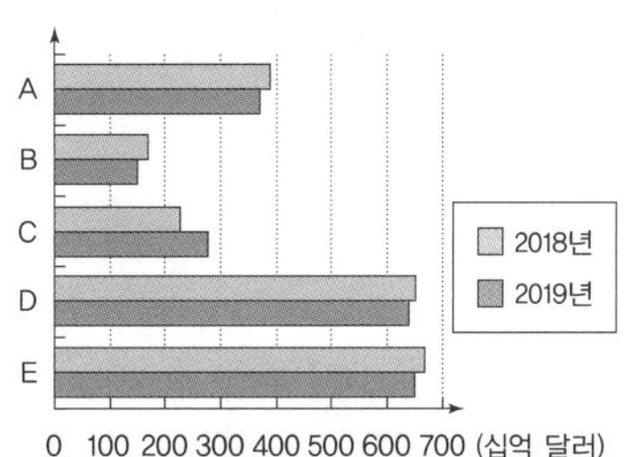

③ [2019년 국가별 수출액의 전년 대비 증가액]

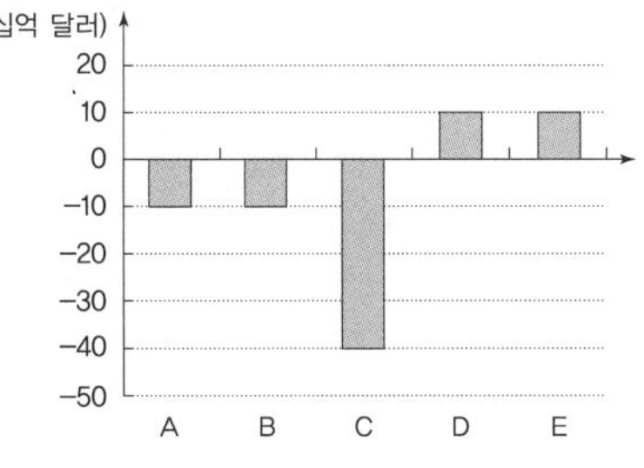

④ [2019년 국가별 수입액의 전년 대비 증가액]

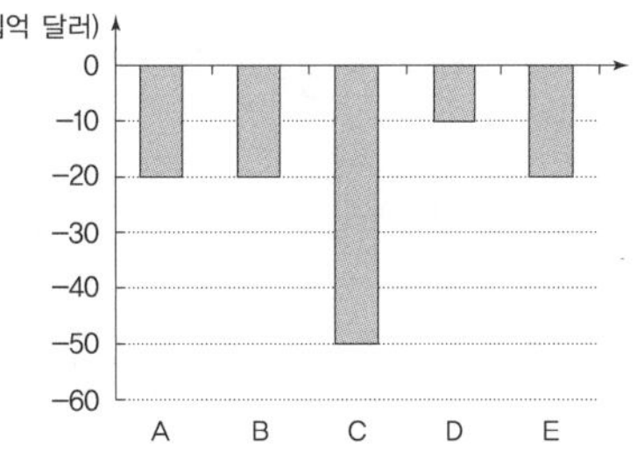

⑤ [2019년 국가별 무역수지]

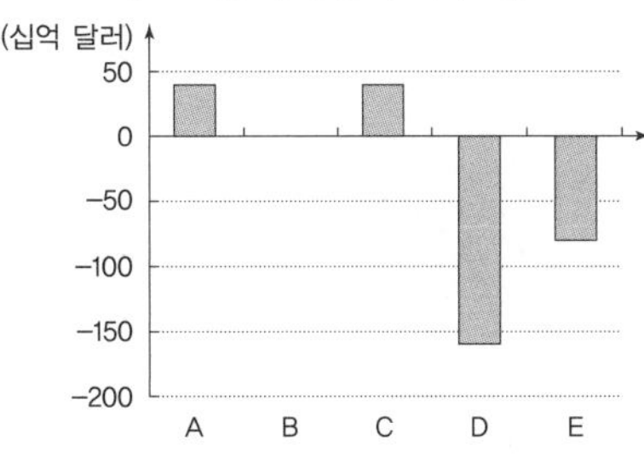

풀이

2019년 수입액의 전년 대비 증가액은 A 국가가 370-390=-20십억 달러, B 국가가 150-170=-20십억 달러, C 국가가 230-280=-50십억 달러, D 국가가 640-650=-10십억 달러, E 국가가 650-670=-20십억 달러이므로 옳은 그래프는 ④이다.

① 2018년 A~E 5개국의 총 수입액은 390+170+280+650+670=2,160십억 달러이지만, 이 그래프에서는 2,100십억 달러를 넘지 않으므로 옳지 않은 그래프이다.

② 2019년 C 국가의 수입액은 전년 대비 감소하였지만, 이 그래프에서는 전년 대비 증가하였으므로 옳지 않은 그래프이다.

③ 2019년 E 국가의 수출액은 전년 대비 감소하여 증가액은 음수이어야 하지만, 이 그래프에서는 양수로 나타나므로 옳지 않은 그래프이다.

⑤ 2019년 A 국가의 무역수지는 330-370=-40십억 달러이지만, 이 그래프에서는 양수로 나타나므로 옳지 않은 그래프이다.

정답 ④

문제 풀이 꿀팁

증감 추이를 비교하여 오답 소거가 가능한 점을 바탕으로 문제에 접근한다.

제시된 자료의 값을 계산하지 않고 그대로 나타낸 ②를 먼저 확인하면 5개국 모두 2019년 수입액이 전년 대비 감소하여 옳지 않은 그래프이므로 소거한다. 그다음 계산이 필요한 항목이 적은 ③, ④, ⑤ 먼저 확인하고 ①을 확인한다. 이때 구체적인 계산을 하기 전 추이 비교로 오답 소거가 가능한지 먼저 확인한다. ③은 2019년 E 국가의 수출액이 전년 대비 감소하여 옳지 않은 그래프이므로 소거한다. ④는 국가별 수입액의 증감 추이와 증가액이 모두 일치하므로 옳은 그래프이다.

따라서 정답은 ④가 된다.

유형공략문제

· 맞힌 문제:　　　　/10문제

난이도 ★☆☆

01 다음은 2018년 전국 및 수도권 지역의 자동차등록 대수와 주차장 면수를 나타낸 자료이다. 이를 바탕으로 2018년 전국 및 수도권 지역의 주차장 확보율을 바르게 나타낸 것을 고르시오.

[자동차등록 대수 및 주차장 면수]

(단위: 천 대, 천 면)

구분	전국	서울특별시	인천광역시	경기도
자동차등록 대수	23,200	3,100	1,600	5,600
주차장 면수	23,432	4,123	1,280	5,712

※ 주차장 확보율(%) = (주차장 면수 / 자동차등록 대수) × 100

※ 출처: KOSIS(통계청, 지역통계총괄과)

①
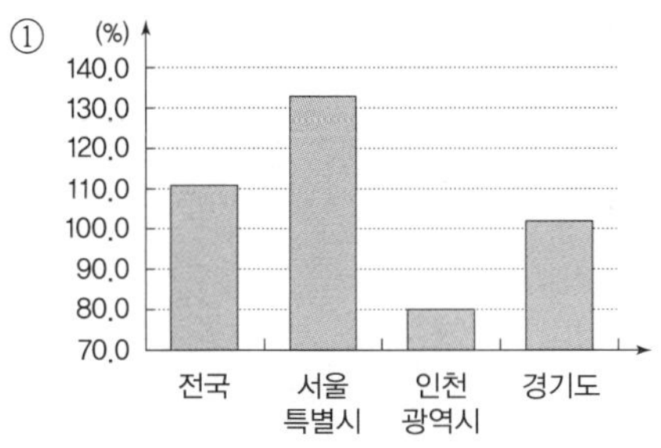

②
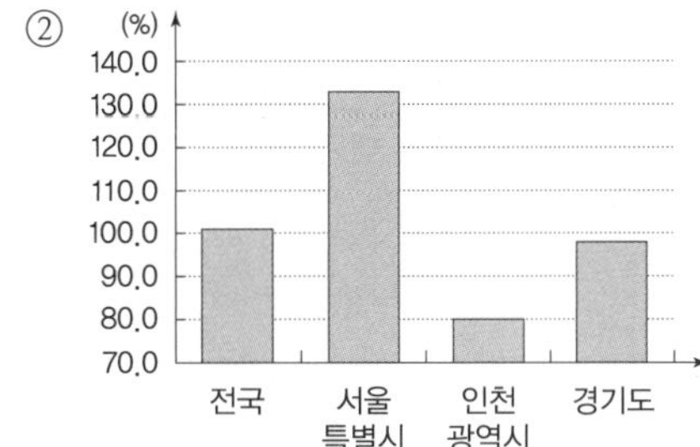

③
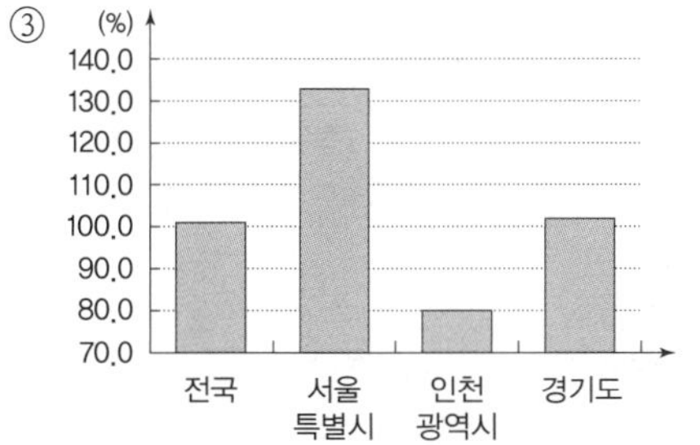

④
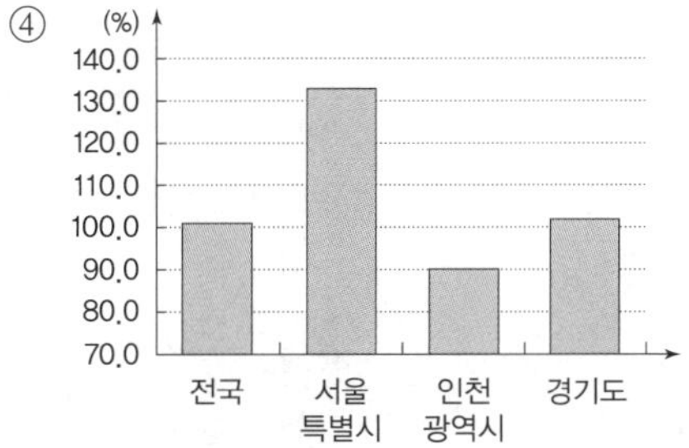

⑤
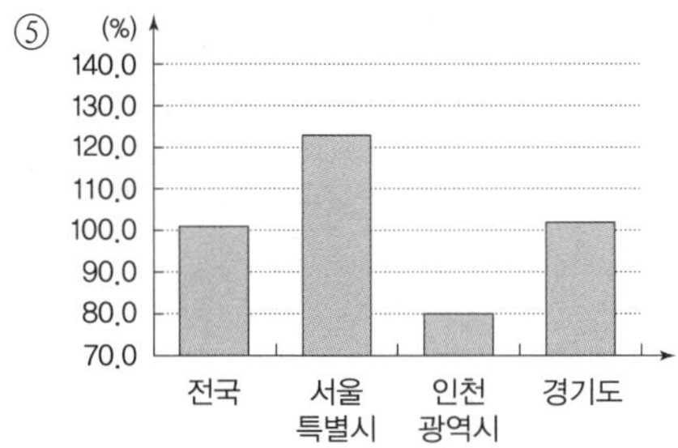

난이도 ★☆☆

02 다음은 서울특별시의 자전거도로 현황에 대한 자료이다. 이를 바탕으로 만든 그래프로 옳은 것을 고르시오.

[연도별 서울특별시 자전거도로 현황]

(단위: 개, km)

구분		2015	2016	2017	2018
자전거 전용도로	구간 수	85	87	83	95
	길이	99.5	104.2	114.0	138.8
자전거·보행자 겸용도로	구간 수	299	318	322	322
	길이	577.8	596.6	606.9	611.6
자전거 전용차로	구간 수	39	39	51	48
	길이	51.8	54.9	54.7	55.0
자전거 우선도로	구간 수	56	96	98	97
	길이	49.7	113.0	113.1	110.6

※ 출처: KOSIS(서울특별시, 서울특별시기본통계)

① [자전거 전용도로 구간 수]

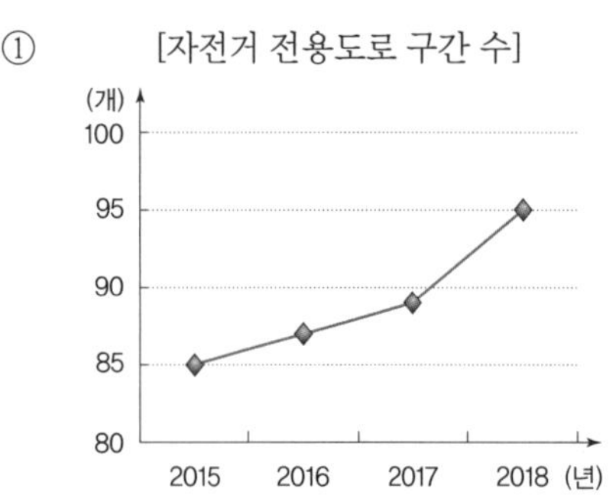

② [자전거 전용차로 길이]

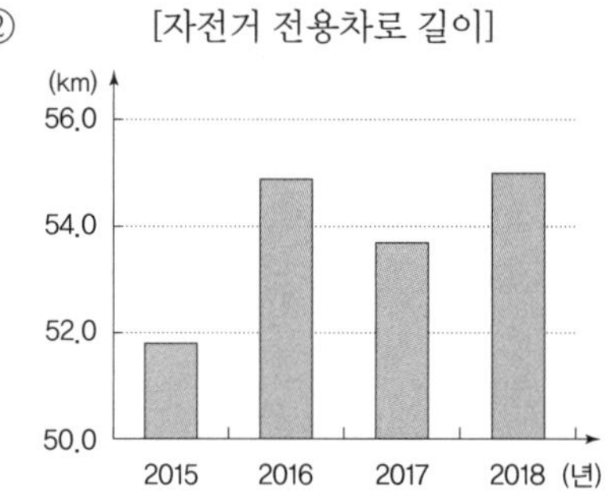

③ [자전거·보행자 겸용도로 길이]

④ [자전거·보행자 겸용도로 구간 수]

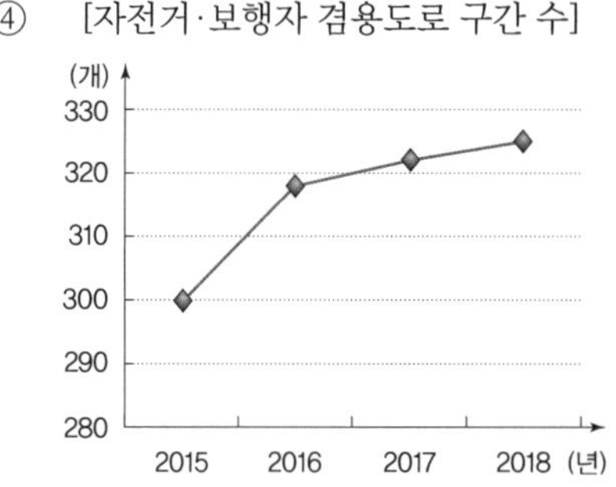

⑤ [자전거 전용도로 및 우선도로 길이]

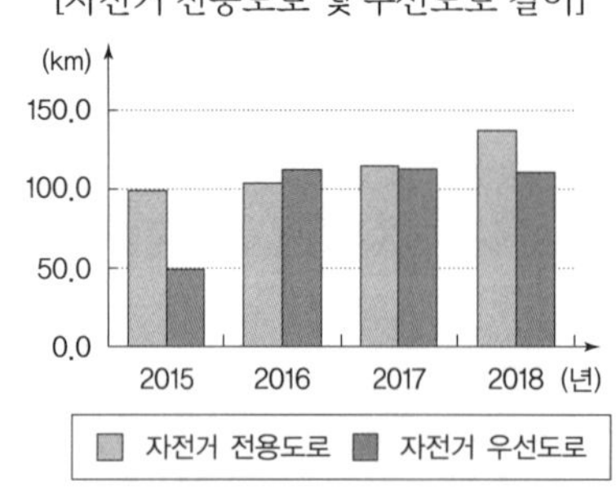

난이도 ★☆☆

03 다음은 광역시별 스포츠 사업체 수에 대한 자료이다. 이를 바탕으로 2018년 광역시별 스포츠 사업체 수를 바르게 나타낸 것을 고르시오.

[2017년 광역시별 스포츠 사업체 수]

(단위: 개)

구분	부산	대구	인천	광주	대전	울산
사업체 수	7,127	5,107	4,869	3,002	3,025	2,357

[2018년 광역시별 스포츠 사업체 수의 전년 대비 증가량]

(단위: 개)

구분	부산	대구	인천	광주	대전	울산
증가량	131	165	168	116	106	96

※ 출처: KOSIS(문화체육관광부, 스포츠산업조사)

①
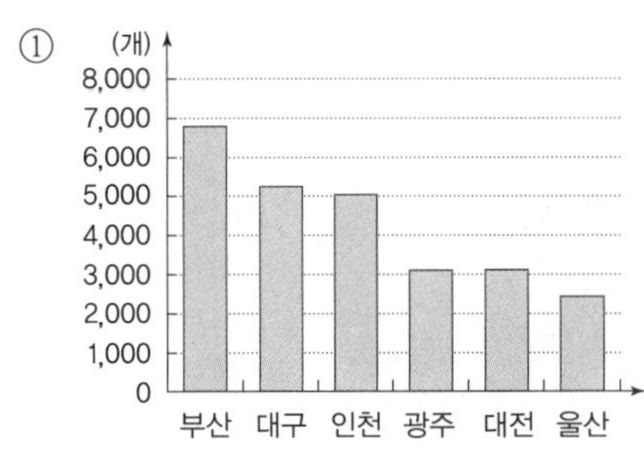

②
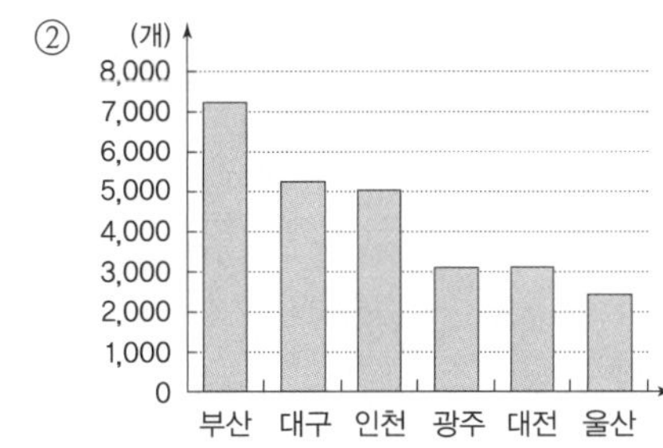

③
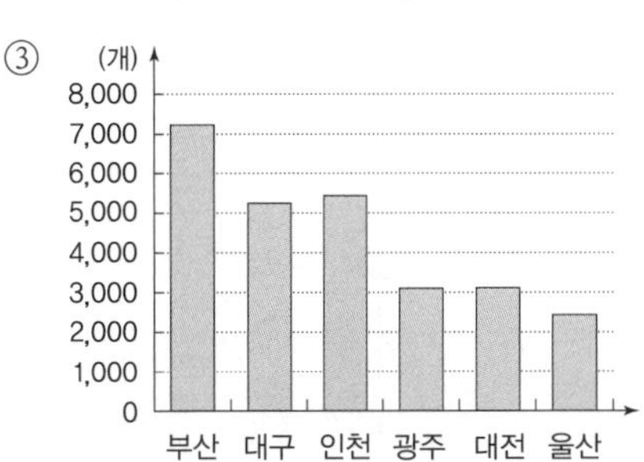

④
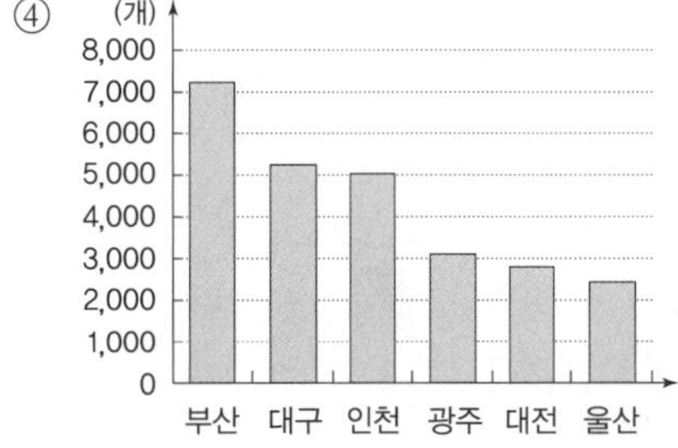

⑤
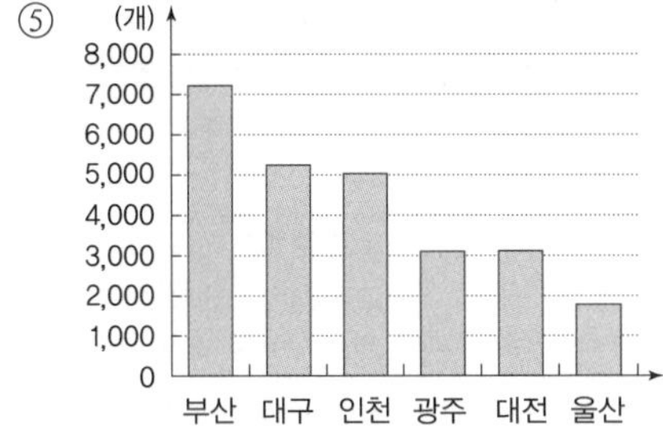

난이도 ★☆☆

04 다음은 2019년 성인 독서 선호도에 대한 자료이다. 이를 바탕으로 만든 그래프로 옳지 않은 것을 고르시오.

[성인 독서 선호도]

(단위: 명, %)

구분		참여 인원	매우 좋아함	약간 좋아함	보통	약간 싫어함	매우 싫어함
성	남성	2,990	4.3	18.9	46.9	23.3	6.6
	여성	3,010	5.6	22.8	42.8	22.6	6.2
연령대	20대	1,057	3.9	30.1	46.8	16.6	2.6
	30대	1,022	4.9	22.9	52.5	17.6	2.1
	40대	1,158	5.1	20.7	47.5	21.7	5.0
	50대	1,192	3.8	18.3	41.1	29.1	7.7
	60대 이상	1,571	6.5	15.6	39.3	26.9	11.7

※ 출처: KOSIS(문화체육관광부, 국민독서실태조사)

① [남성과 여성 참여 인원의 독서 선호도]

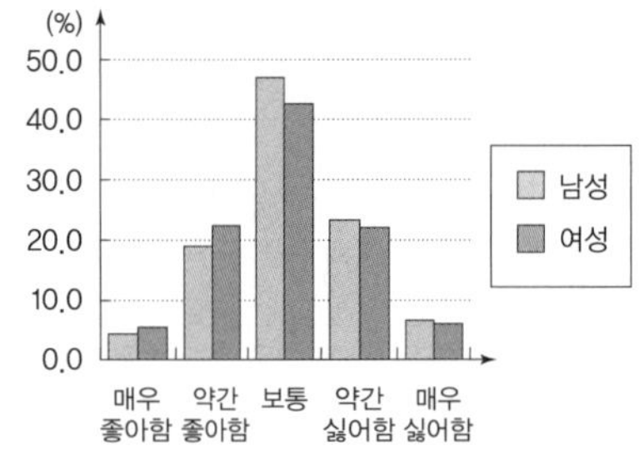

② [연령대별 독서 선호도 조사 참여 인원 비중]

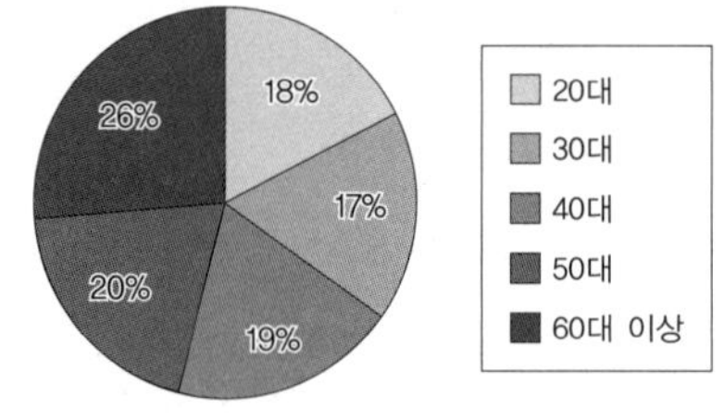

③ [60대 이상 참여 인원의 독서 선호도]

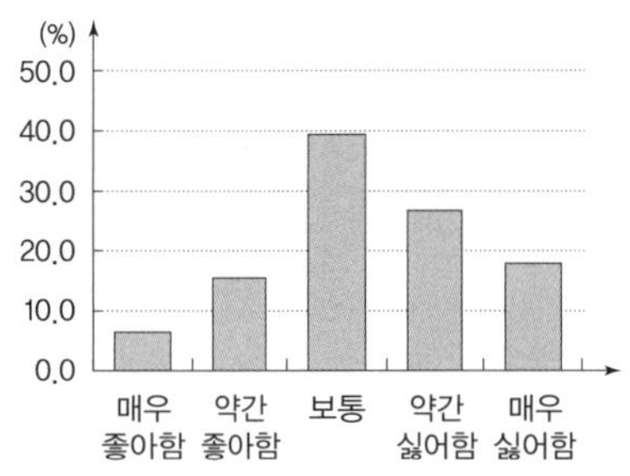

④ [40대 참여 인원의 독서 선호도]

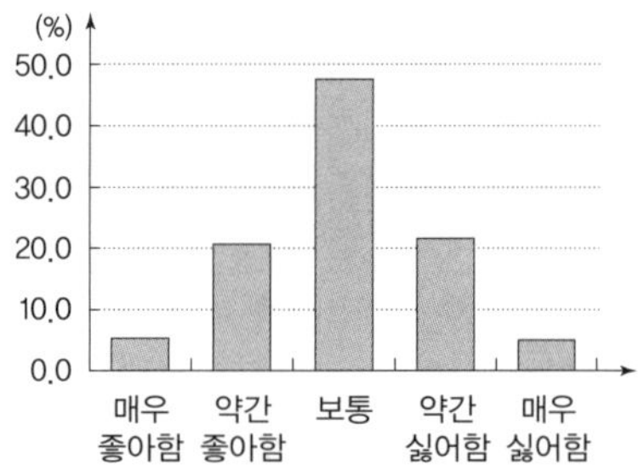

⑤ [20대 참여 인원의 독서 선호도]

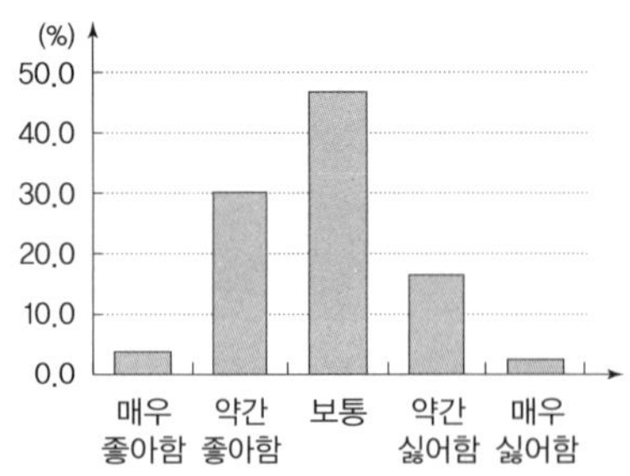

난이도 ★★☆

05 다음은 일부 지역의 맞벌이 및 주택소유 신혼부부 수를 나타낸 자료이다. 이를 바탕으로 만든 그래프로 옳지 않은 것을 고르시오.

[지역별 맞벌이 및 주택소유 신혼부부 수]

(단위: 쌍)

구분	2016년		2017년		2018년		2019년	
	맞벌이	주택소유	맞벌이	주택소유	맞벌이	주택소유	맞벌이	주택소유
부산	35,769	43,465	33,953	41,235	33,632	37,101	32,413	32,495
대구	23,887	28,822	23,460	28,552	23,766	27,711	23,417	25,948
인천	34,989	40,055	33,349	38,874	33,962	36,879	32,889	33,455
광주	16,692	20,291	16,358	19,526	16,530	19,159	16,267	17,788
대전	18,132	18,167	17,246	16,371	17,166	15,797	16,540	14,208

※ 출처: KOSIS(통계청, 신혼부부통계)

① [2018년 맞벌이 신혼부부 수의 전년 대비 증가 인원]

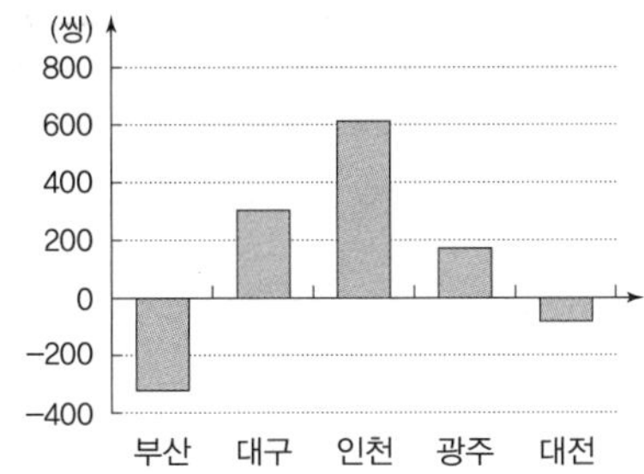

② [대구 맞벌이 및 주택소유 신혼부부 수]

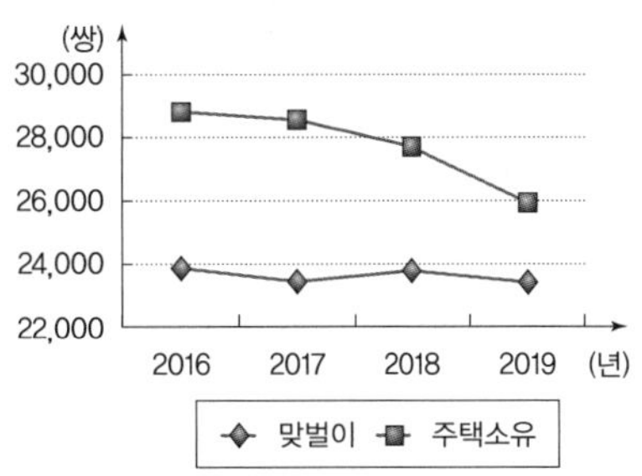

③ [대전 맞벌이 및 주택소유 신혼부부 수]

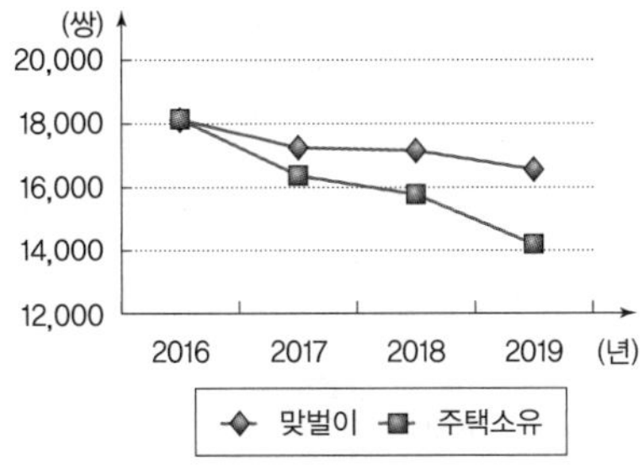

④ [2017년 주택소유 신혼부부 수의 전년 대비 감소 인원]

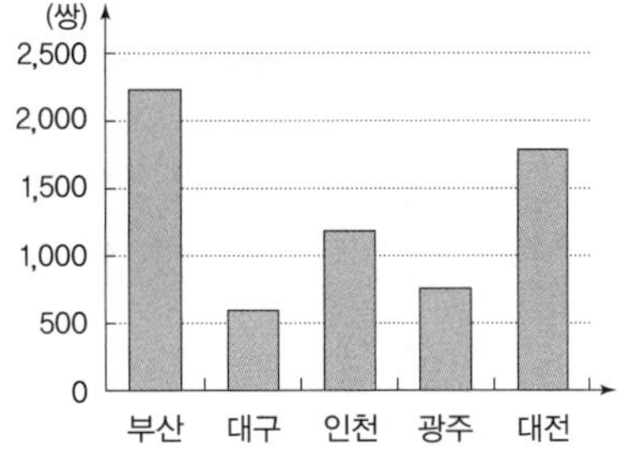

⑤ [2019년 맞벌이 및 주택소유 신혼부부 수]

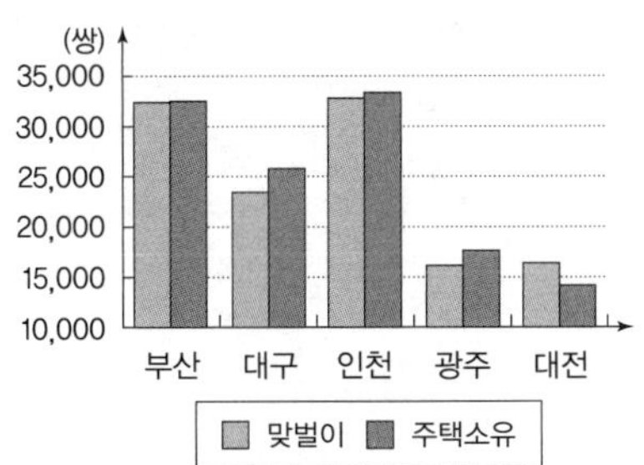

PART 1 수리 PART 2 추리 해커스 대기업 인적성 & NCS 수리·추리 집중 공략

난이도 ★☆☆

06 다음은 2019년 옥외광고 업무 분야별 종사자 수에 대한 자료이다. 이를 바탕으로 만든 그래프로 옳지 않은 것을 고르시오.

[옥외광고 업무 분야별 종사자 수]

(단위: 명)

구분		광고물	경영지원	전략기획	영업마케팅	R&D	기타
주력사업	매체사	1,631	719	551	1,043	218	637
	제작·설치	17,542	6,416	2,836	2,621	1,705	3,079
	기타	913	428	281	187	39	483
매출규모	10억 원 미만	18,562	6,858	3,100	2,768	1,775	3,832
	10억 원 이상 50억 원 미만	1,266	513	406	429	159	118
	50억 원 이상	258	192	162	654	28	249
권역	서울	3,833	1,592	1,052	2,000	871	1,052
	6대 광역시	4,889	1,679	685	596	457	699
	도지역	11,364	4,292	1,931	1,255	634	2,448

※ 출처: KOSIS(한국지방재정공제회, 옥외광고통계)

① [매체사 종사자 수]

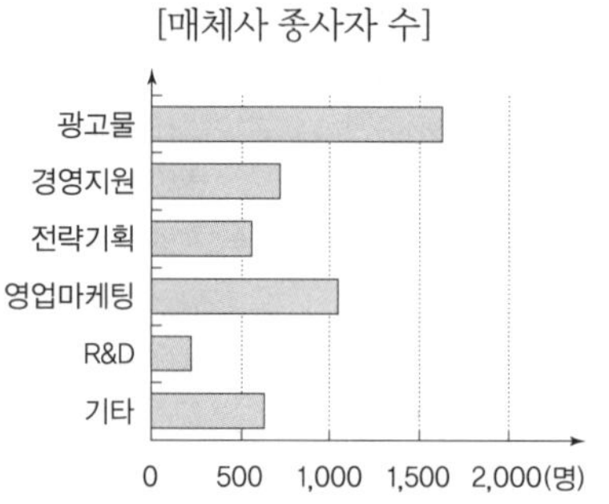

② [매출규모 50억 원 이상 기업 종사자 수]

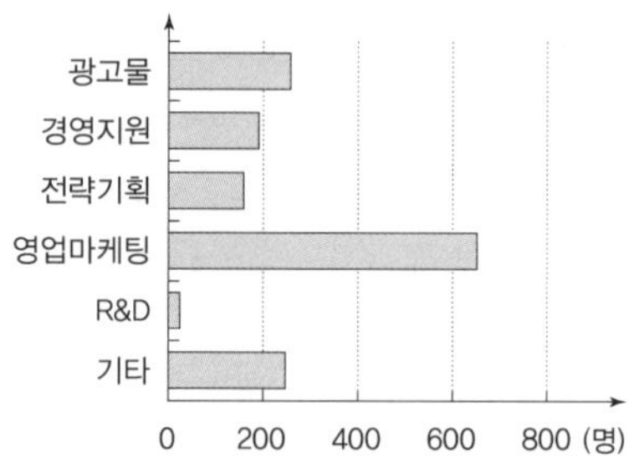

③ [권역별 전략기획 분야 종사자 수]

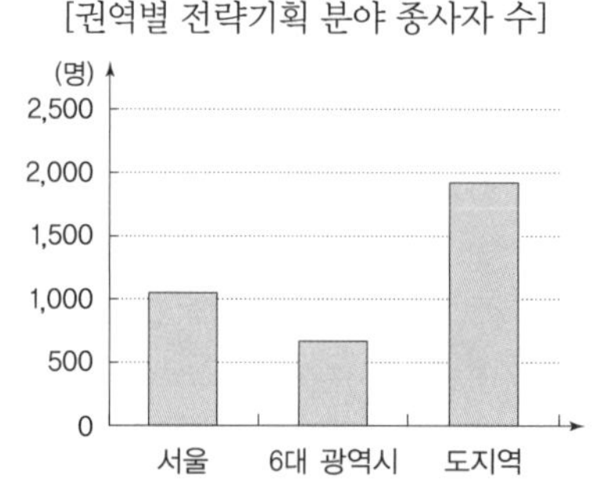

④ [권역별 R&D 분야 종사자 수]

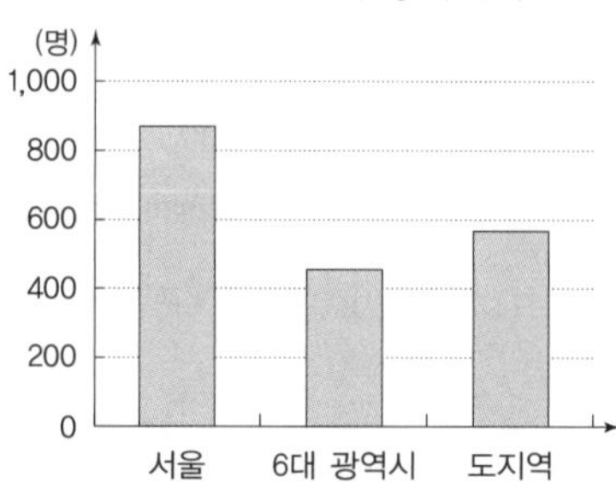

⑤ [매출규모 10억 원 이상 50억 원 미만 기업 종사자 수]

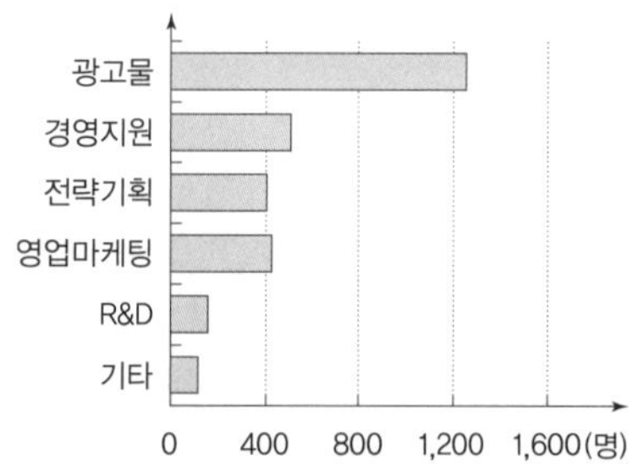

난이도 ★★☆

07 다음은 2018년 하반기 월별 담배소비세 과세 건수와 2019년 하반기 월별 담배소비세 과세 건수의 전년 동월 대비 증감률을 나타낸 자료이다. 이를 바탕으로 2019년 하반기 월별 담배소비세 과세 건수를 바르게 나타낸 것을 고르시오.

[2018년 하반기 월별 담배소비세 과세 건수]

(단위: 건)

구분	7월	8월	9월	10월	11월	12월
과세 건수	2,178	1,076	916	1,963	1,332	1,540

[2019년 하반기 월별 담배소비세 과세 건수의 전년 동월 대비 증감률]

(%)
120.0
80.0
40.0
0.0
−40.0
−80.0
7 8 9 10 11 12 (월)
−3.1 −33.7 103.7 −24.9 9.2 14.2

※ 출처: KOSIS(행정안전부, 지방세통계)

① 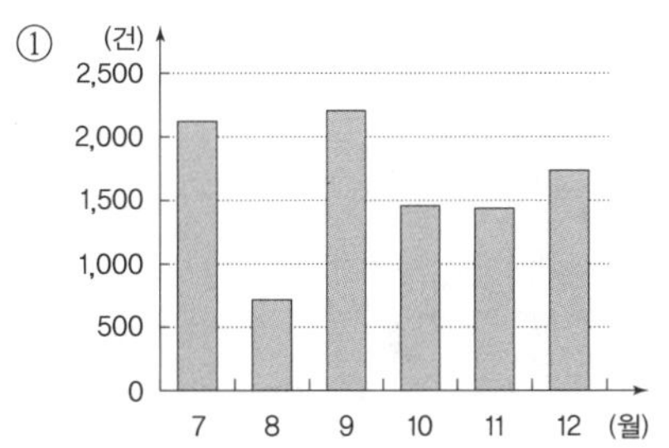

② 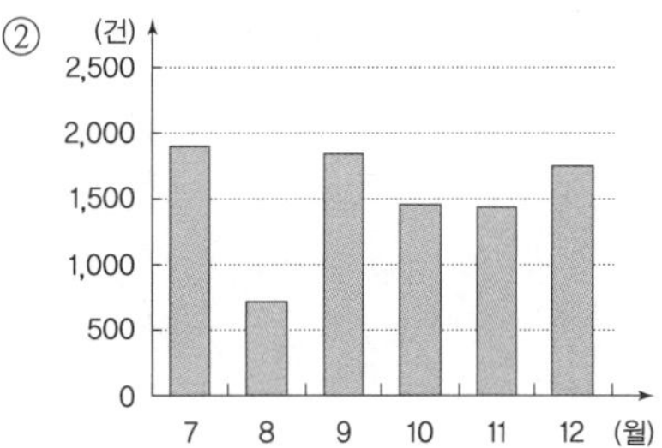

③ 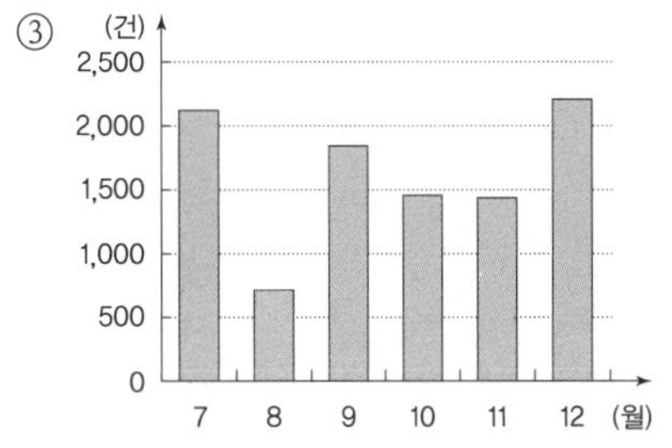

④ 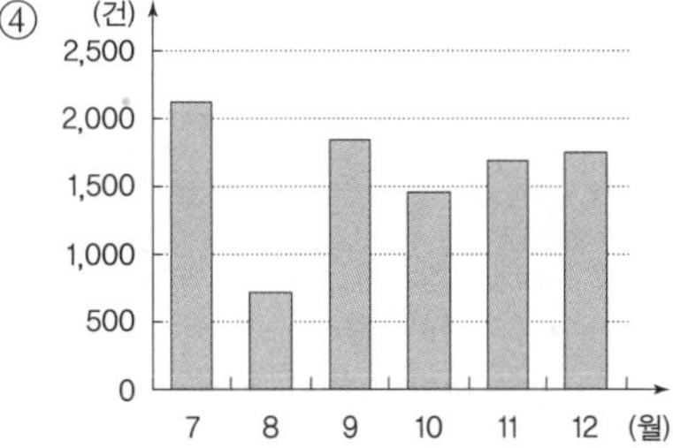

⑤ 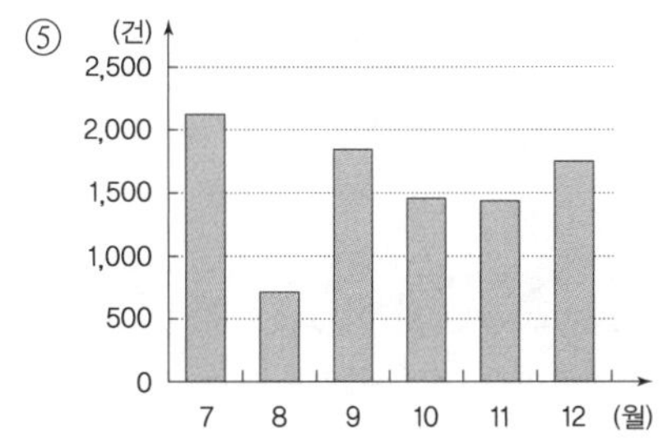

난이도 ★★☆

08 다음은 전문분야별 업체 수 및 기술사 보유 업체 수에 대한 자료이다. 이를 바탕으로 만든 그래프로 옳지 않은 것을 고르시오.

[전문분야별 업체 수]

(단위: 개사)

구분	2016년	2017년	2018년	2019년	2020년
정보통신	1,009	940	1,047	1,155	1,279
교통	695	678	726	751	778
도시계획	1,113	1,016	1,075	1,122	1,180
조경	1,017	974	1,041	1,091	1,138
구조	1,616	1,479	1,579	1,680	1,781
설비	443	432	478	520	560

[전문분야별 기술사 보유 업체 수]

(단위: 개사)

구분	2016년	2017년	2018년	2019년	2020년
정보통신	101	99	110	115	120
교통	213	212	212	216	222
도시계획	145	139	142	134	136
조경	104	105	108	114	115
구조	384	388	405	437	474
설비	285	286	301	314	322

※ 출처: KOSIS(산업통상자원부, 엔지니어링사업자·기술자현황)

① [2018년 전문분야별 기술사 보유 업체 수]

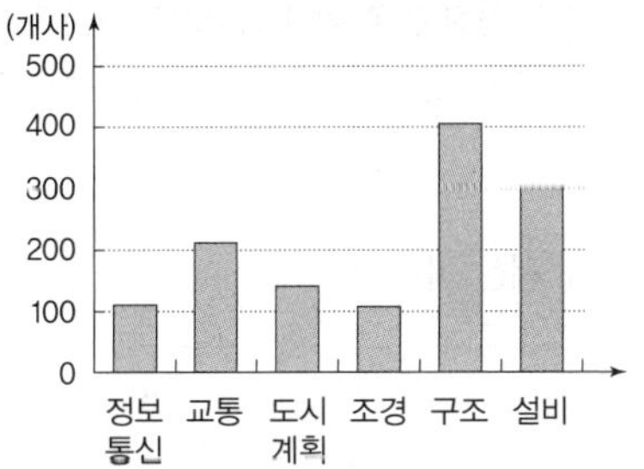

② [2020년 전문분야별 업체 수]

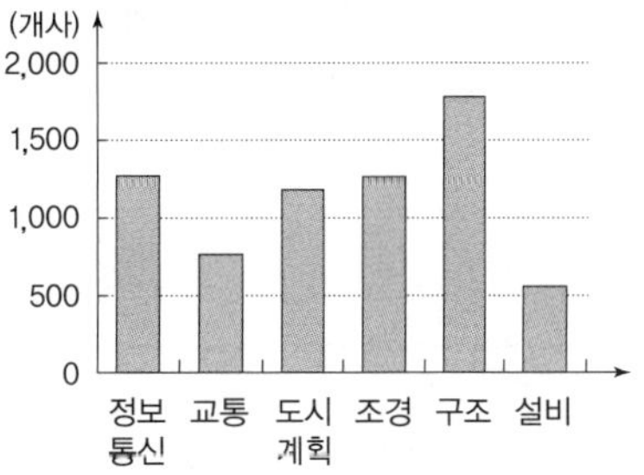

③ [연도별 도시계획 분야 기술사 보유 업체 수]

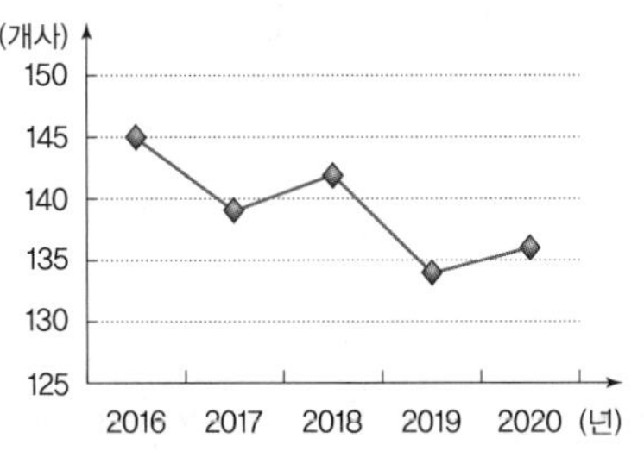

④ [연도별 구조 분야 업체 수]

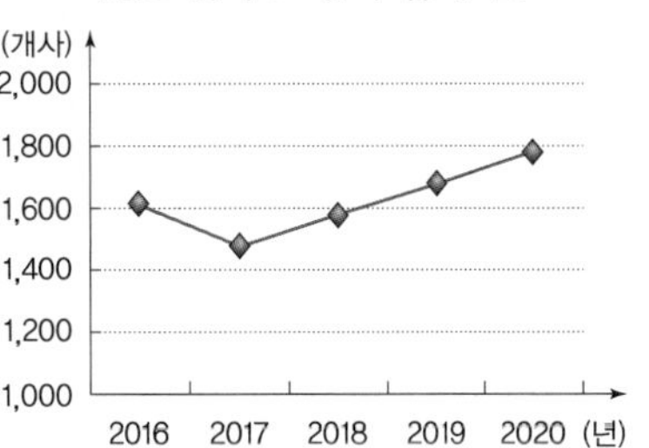

⑤ [2019년 전문분야별 기술사 보유 업체 수 비율]

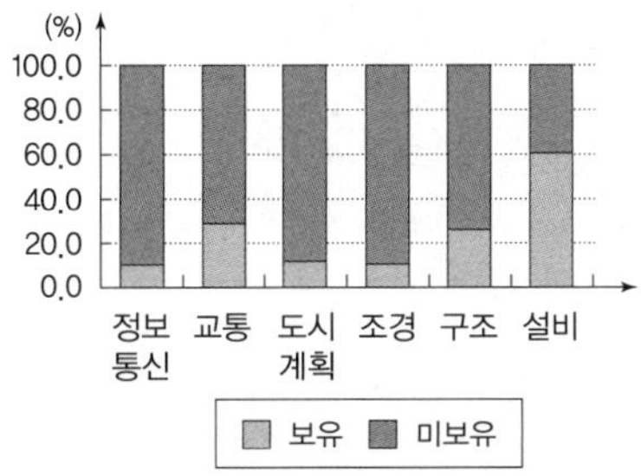

난이도 ★★☆

09 **다음은 교육 시설의 화재 재산 피해액에 대한 자료이다. 이를 바탕으로 2015년부터 2019년까지 교육 시설의 연도별 1월 화재 재산 피해액을 바르게 나타낸 것을 고르시오.** (단, 소수점 첫째 자리에서 반올림하여 계산한다.)

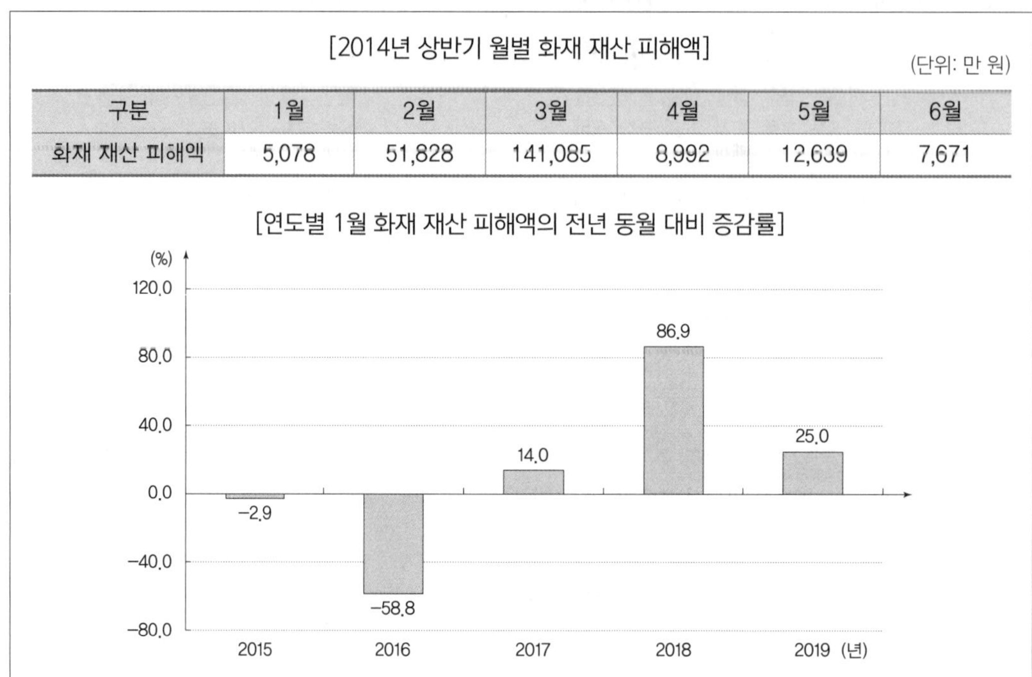

[2014년 상반기 월별 화재 재산 피해액]

(단위: 만 원)

구분	1월	2월	3월	4월	5월	6월
화재 재산 피해액	5,078	51,828	141,085	8,992	12,639	7,671

[연도별 1월 화재 재산 피해액의 전년 동월 대비 증감률]

※ 출처: KOSIS(소방청, 화재발생총괄표)

①
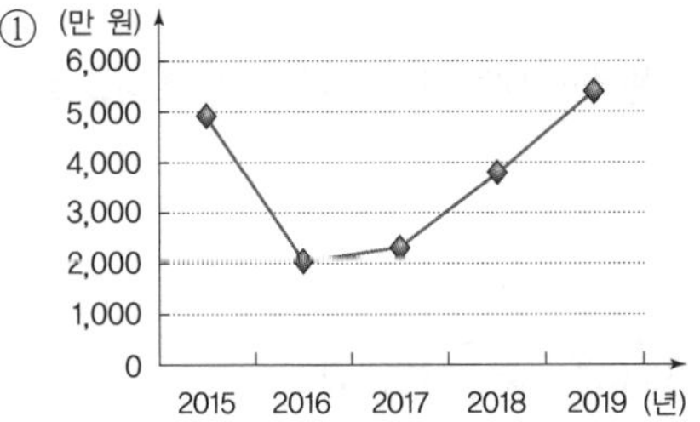
(만 원)
6,000
5,000
4,000
3,000
2,000
1,000
0
2015
2016
2017
2018
2019
(년)

②
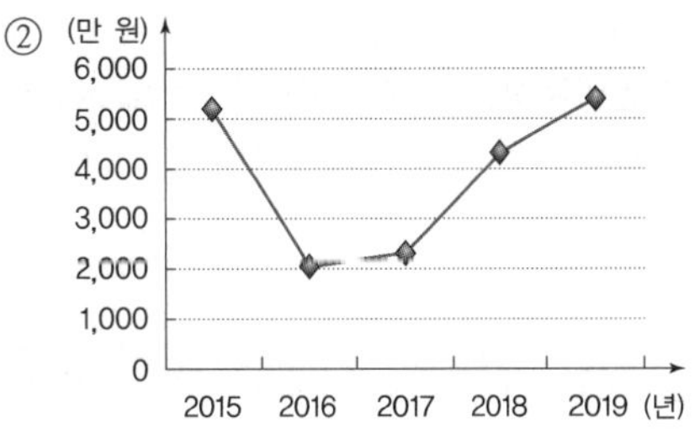
(만 원)
6,000
5,000
4,000
3,000
2,000
1,000
0
2015
2016
2017
2018
2019
(년)

③
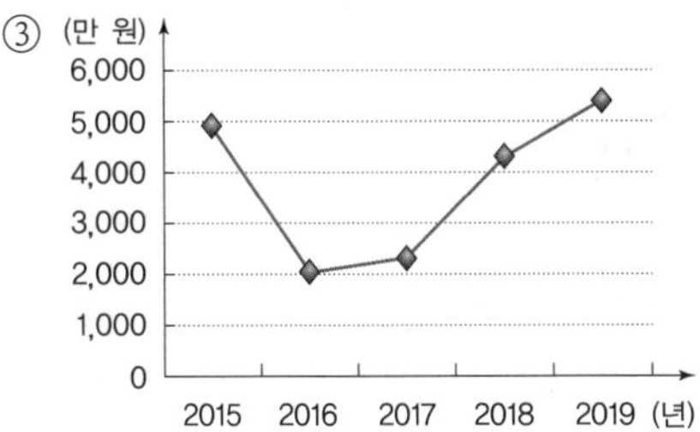
(만 원)
6,000
5,000
4,000
3,000
2,000
1,000
0
2015
2016
2017
2018
2019
(년)

④
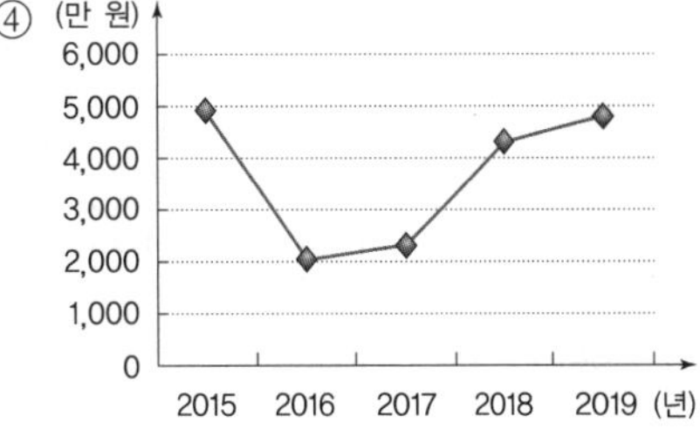
(만 원)
6,000
5,000
4,000
3,000
2,000
1,000
0
2015
2016
2017
2018
2019
(년)

⑤
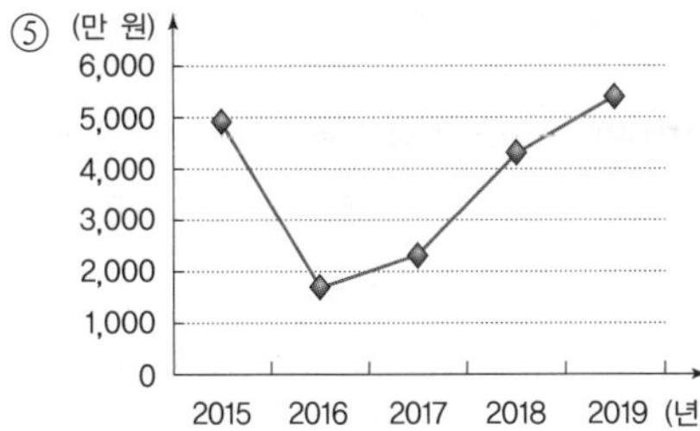
(만 원)
6,000
5,000
4,000
3,000
2,000
1,000
0
2015
2016
2017
2018
2019
(년)

난이도 ★★★

10 다음은 합법저작물 종류별 온라인 및 오프라인 시장 침해 유통액에 대한 자료이다. 이를 바탕으로 만든 그래프로 옳지 않은 것을 고르시오.

[합법저작물 종류별 온라인 시장 침해 유통액]

(단위: 억 원)

구분	2014년	2015년	2016년	2017년	2018년
총계	9,691	10,713	11,942	13,619	12,263
음악	547	318	526	462	514
영화	4,126	3,648	4,521	5,122	4,260
방송	1,550	2,513	2,218	1,965	2,249
출판	1,379	1,646	1,753	2,516	1,851
게임	2,089	2,588	2,924	3,554	3,389

[합법저작물 종류별 오프라인 시장 침해 유통액]

(단위: 억 원)

구분	2014년	2015년	2016년	2017년	2018년
총계	13,287	12,460	11,900	12,027	12,652
음악	3,883	2,760	2,737	2,990	3,244
영화	4,235	3,995	4,588	3,718	4,290
방송	516	560	639	763	894
출판	2,783	2,857	2,559	3,082	2,993
게임	1,870	2,288	1,377	1,474	1,231

※ 출처: KOSIS(한국저작권위원회, 저작권통계)

① [방송 온라인 시장 침해 유통액]

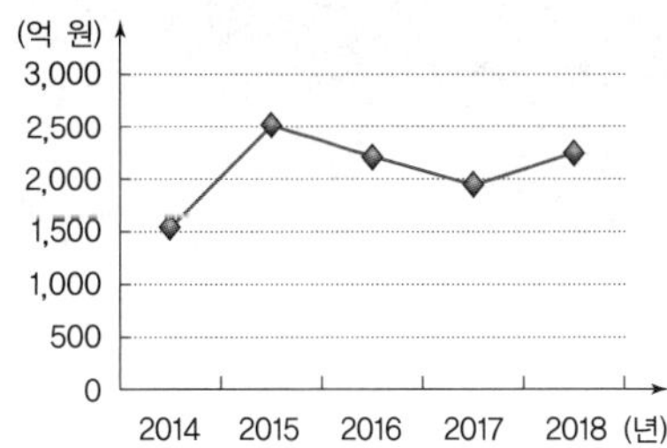

② [2014년 온라인 시장 침해 유통액 비중]

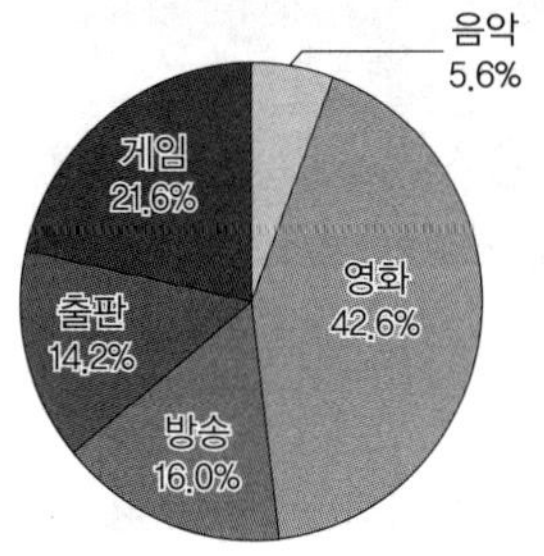

③ [2016년 온라인 시장 침해 유통액]

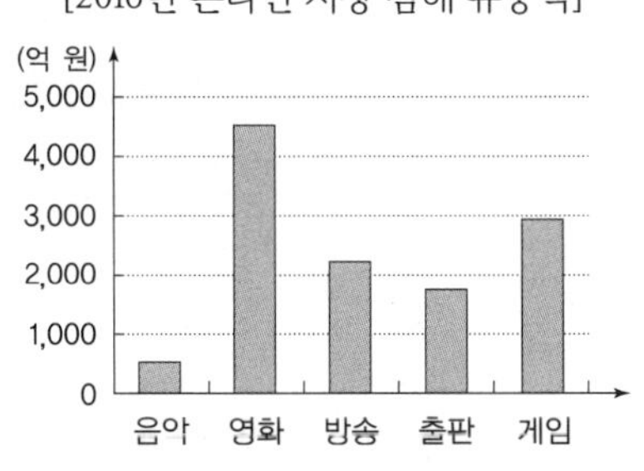

④ [게임 오프라인 시장 침해 유통액]

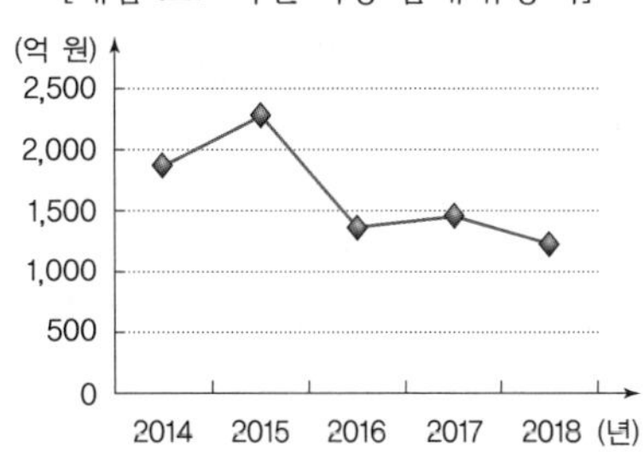

⑤ [2018년 오프라인 시장 침해 유통액 전년 대비 증감량]

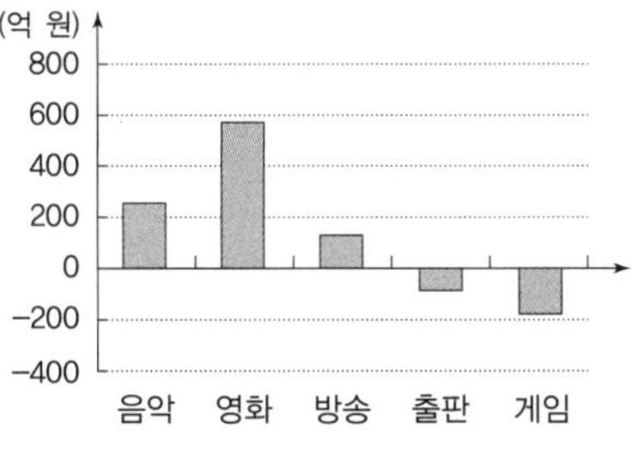

약점 보완 해설집 p.24

기출동형 연습문제

· 풀이 시간: /20분
· 맞힌 문제: /15문제

세부 유형 자료이해 **난이도** ★☆☆

01 **다음은 연도별 남북한 기대수명에 대한 자료이다. 다음 중 자료에 대한 설명으로 옳은 것을 고르시오.**

[연도별 남북한 기대수명]

(단위: 세)

구분	남한		북한		남북한 기대수명 차이	
	남자	여자	남자	여자	남자	여자
2000	72.3	79.7	60.5	67.4	11.8	12.3
2005	74.9	81.6	62.8	69.7	12.1	11.9
2010	76.8	83.6	64.9	71.7	11.9	11.9
2015	79.0	85.2	66.0	72.7	13.0	12.5
2020	80.3	86.1	66.9	73.6	13.4	12.5
2025	81.5	86.9	67.7	74.4	13.8	12.5
2030	82.6	87.7	68.4	75.1	14.2	12.6
2035	83.6	88.4	69.1	75.8	14.5	12.6
2040	84.6	89.0	69.7	76.3	14.9	12.7
2045	85.4	89.5	70.3	76.9	15.1	12.6
2050	86.2	90.1	70.9	77.4	15.3	12.7
2055	87.0	90.6	71.4	77.9	15.6	12.7

※ 출처: KOSIS(통계청, 북한인구추계, 장래인구추계)

① 2000년 대비 2040년 남한의 기대수명의 증가량은 여자가 남자보다 크다.

② 2055년 북한의 남자 기대수명은 40년 전 대비 10% 이상 증가하였다.

③ 제시된 기간 중 남북한의 남자 기대수명 차이가 가장 작은 해와 남북한의 여자 기대수명 차이가 가장 작은 해는 동일하다.

④ 2005년 이후 남한의 남자 기대수명과 북한의 남자 기대수명의 5년 전 대비 증감 추이는 5년마다 동일하다.

⑤ 2020년 남한의 남녀 기대수명의 평균과 북한의 남녀 기대수명의 평균의 차이는 10.0세 미만이다.

세부 유형 자료이해　난이도 ★☆☆

02 다음은 연도별 G20 일부 국가의 생산자 물가지수에 대한 자료이다. 다음 중 자료에 대한 설명으로 옳지 않은 것을 고르시오.

[국가별 생산자 물가지수]

구분	2015년	2016년	2017년	2018년	2019년
한국	100.0	98.2	101.6	103.5	103.5
터키	142.9	149.1	172.7	219.3	257.8
미국	108.0	108.4	111.0	114.2	116.1
브라질	136.1	151.7	150.6	167.6	175.1
프랑스	104.0	101.7	104.1	106.6	107.1
독일	103.9	102.6	105.0	107.8	108.9
이탈리아	104.3	102.5	104.9	107.5	107.7
영국	100.9	102.9	109.2	113.9	116.1
남아프리카공화국	136.5	146.2	153.3	161.7	169.1
호주	107.5	109.8	111.6	113.6	115.6

※ 출처: KOSIS(한국은행)

① 2019년 생산자 물가지수의 2년 전 대비 증가량은 프랑스가 이탈리아보다 크다.

② 제시된 국가 중 2015년부터 2019년까지 매년 생산자 물가지수가 가장 낮은 국가는 한국이다.

③ 2017년 터키와 남아프리카공화국의 생산자 물가지수의 평균은 163이다.

④ 제시된 국가 중 2016년 생산자 물가지수가 전년 대비 감소한 국가는 총 4개국이다.

⑤ 2018년 생산자 물가지수는 브라질이 미국보다 43.4 더 높다.

세부 유형 자료이해　　난이도 ★☆☆

03 다음은 일부 지역별 입출항 선박 척수에 대한 자료이다. 다음 중 자료에 대한 설명으로 옳지 않은 것을 모두 고르시오.

[지역별 입출항 선박 척수]

(단위: 척)

구분	2020년 1월		2020년 4월		2020년 7월		2020년 10월	
	입항	출항	입항	출항	입항	출항	입항	출항
합계	13,603	13,747	13,332	13,412	13,310	13,484	13,176	13,345
부산	3,526	3,646	3,456	3,503	3,468	3,536	3,348	3,403
인천	1,230	1,212	1,346	1,352	1,199	1,195	1,351	1,372
평택·당진	750	764	741	742	657	660	734	729
동해·묵호	251	242	301	298	375	380	345	361
대산	657	660	454	454	518	532	540	534
군산	247	261	276	267	256	267	281	284
목포	517	536	481	490	504	523	491	504
여수	617	616	603	611	667	682	662	658
광양	1,818	1,835	1,849	1,844	1,915	1,907	1,819	1,837
포항	408	427	515	515	484	497	521	534
마산	396	399	443	450	373	386	292	304
옥포	164	163	179	181	139	149	140	142
고현	139	142	126	128	121	130	113	115
울산	1,959	1,924	1,911	1,926	2,033	2,039	1,960	1,989
제주	478	473	453	453	475	474	477	476
서귀포	446	447	198	198	126	127	102	103

※ 출처: KOSIS(해양수산부, 입항선박톤급별통계)

a. 2020년 10월 제시된 지역 전체의 입항 선박 척수에서 부산, 광양, 울산의 입항 선박 척수가 차지하는 비중은 50% 이상이다.
b. 제시된 기간 중 서귀포의 입출항 선박 척수가 처음으로 모두 200척 이하인 달에 제주의 입출항 선박 척수는 모두 400척 이상이다.
c. 제시된 지역 중 2020년 1월, 4월, 7월, 10월에 출항 선박 척수가 가장 적은 지역은 매월 고현이다.
d. 제시된 지역 중 2020년 4월에 입항 선박 척수와 출항 선박 척수가 같은 지역의 2020년 4월 입항 선박 척수의 평균은 450척이다.

① a, b　② a, c　③ c, d　④ a, b, d　⑤ a, c, d

세부 유형 자료이해 난이도 ★★☆

04 다음은 OECD 일부 국가의 의약품 판매액에 대한 자료이다. 다음 중 자료에 대한 설명으로 옳지 않은 것을 고르시오.

[연도별 의약품 판매액]

(단위: 십억 달러)

구분	2014	2015	2016	2017	2018
한국	22.5	21.8	21.9	23.8	26.3
일본	62.2	55.7	60.9	59.9	62.6
독일	44.6	39.2	40.0	42.0	50.6
이탈리아	26.4	25.1	25.2	25.6	26.4
스페인	15.0	12.7	13.1	13.6	22.4
스위스	6.5	6.4	6.5	6.6	6.8
영국	26.3	27.0	25.1	25.1	27.3
호주	10.7	9.2	11.4	11.3	11.1

※ 출처: KOSIS(OECD)

① 제시된 국가 중 2015년 대비 2018년 의약품 판매액의 증가량이 가장 큰 국가는 스페인이다.

② 2017년 한국의 의약품 판매액은 전년 대비 10% 미만 증가하였다.

③ 제시된 기간 중 독일과 이탈리아의 의약품 판매액 차이가 가장 큰 해는 2018년이다.

④ 제시된 기간 동안 영국의 의약품 판매액은 매년 25십억 달러 이상이다.

⑤ 제시된 국가 중 2016년 의약품 판매액이 전년 대비 감소한 국가는 1개국이다.

세부 유형 자료이해　　난이도 ★★☆

05 다음은 연도별 건축물 미술작품 설치 건수에 대한 자료이다. 다음 중 자료에 대한 설명으로 옳은 것을 모두 고르시오.

[연도별 건축물 미술작품 설치 건수]

(단위: 건)

구분		2014	2015	2016	2017	2018
장르	회화	101	77	63	168	144
	조각	366	289	306	612	728
	공예	2	1	0	3	5
	사진	1	1	1	1	0
	서예	1	6	0	0	0
	벽화	0	2	0	2	1
	미디어	3	7	2	3	13
	기타	11	11	7	8	10
금액대	3천만 원 미만	52	82	48	119	87
	3천만 원 이상 5천만 원 미만	80	44	37	82	99
	5천만 원 이상 7천만 원 미만	58	43	54	52	89
	7천만 원 이상 1억 원 미만	90	63	60	146	129
	1억 원 이상 2억 원 미만	156	133	131	319	376
	2억 원 이상 3억 원 미만	35	23	34	53	92
	3억 원 이상	14	6	15	26	29

※ 출처: KOSIS(한국저작권위원회, 저작권통계)

a. 2018년 전체 미술작품 설치 건수에서 조각 미술작품 설치 건수가 차지하는 비중은 80% 이상이다.
b. 2016년 미술작품 설치 건수가 두 번째로 많은 금액대의 설치 건수는 2년 전 대비 30% 이상 감소하였다.
c. 2017년에 설치된 회화 미술작품이 모두 1억 원 이상이라면, 같은 해 1억 원 이상인 조각 미술작품 설치 건수는 200건 이상이다.
d. 제시된 기간 동안 미디어 미술작품 설치 건수의 평균은 5.8건이다.

① a, b　　② a, d　　③ b, c　　④ c, d　　⑤ a, b, c

세부 유형 자료이해　난이도 ★★☆

06 다음은 중소기업의 주거래은행 만족도 응답 비율에 대한 자료이다. 다음 중 자료에 대한 설명으로 옳지 않은 것을 모두 고르시오.

[중소기업의 주거래은행 만족도 응답 비율]

(단위: %)

구분		2017년 매우 만족	2017년 만족	2017년 보통	2017년 불만	2017년 매우 불만	2018년 매우 만족	2018년 만족	2018년 보통	2018년 불만	2018년 매우 불만
전체		13.8	54.7	29.4	1.8	0.3	17.2	53.4	27.1	1.9	0.4
종사자 규모	5~9인	12.3	52.2	33.0	2.1	0.4	15.3	51.4	30.4	2.3	0.6
	10~19인	14.0	61.0	23.4	1.5	0.1	19.8	57.1	21.8	1.3	0.0
	20~49인	20.1	55.7	23.4	0.8	0.0	20.5	58.7	19.3	1.2	0.3
	50~99인	25.6	55.8	17.8	0.5	0.3	24.0	55.3	18.7	1.9	0.1
	100~199인	18.1	62.9	17.3	1.7	0.0	24.8	56.6	18.1	0.5	0.0
	200~299인	14.1	66.9	18.4	0.0	0.6	19.3	58.1	20.6	2.0	0.0
규모	소기업	13.5	54.5	29.9	1.8	0.3	17.0	53.3	27.4	1.9	0.4
	중기업	22.6	58.6	17.7	0.8	0.3	24.0	55.8	18.6	1.5	0.1
업력	5년 미만	12.8	50.3	34.9	1.9	0.1	17.3	52.4	25.9	4.0	0.4
	5~9년	13.1	55.7	28.9	1.7	0.6	16.1	54.3	28.1	1.2	0.3
	10~14년	15.9	53.8	27.9	2.2	0.2	12.7	54.4	30.8	1.1	1.0
	15~19년	12.4	61.1	24.7	1.8	0.0	17.9	54.0	26.8	1.3	0.0
	20년 이상	16.3	56.6	25.4	1.4	0.3	22.0	52.1	23.7	1.8	0.4

※ 긍정평가 비율은 '매우 만족'과 '만족'으로 응답한 비율의 합, 부정평가 비율은 '매우 불만'과 '불만'으로 응답한 비율의 합임
※ 출처: KOSIS(중소기업은행, 중소기업금융실태조사)

a. 2018년 전체 긍정평가 비율과 부정평가 비율은 모두 전년 대비 증가하였다.
b. '만족'으로 응답한 비율이 다른 종사자규모에 비해 가장 높은 종사자규모는 2017년과 2018년이 동일하다.
c. 2017년과 2018년 긍정평가 비율의 평균은 중기업이 소기업보다 15%p 이상 크다.
d. 2018년 모든 업력의 중소기업에서 '보통'으로 응답한 비율은 '매우 만족'으로 응답한 비율보다 높다.

① a, b　② a, d　③ b, c　④ b, d　⑤ c, d

세부 유형 자료이해   난이도 ★★☆

07 다음은 연도별 APEC 국가의 인터넷 이용률을 나타낸 자료이다. 다음 중 자료에 대한 설명으로 옳지 않은 것을 고르시오.

[연도별 APEC 국가의 인터넷 이용률]

(단위: %)

구분		2014	2015	2016	2017	2018
아시아	한국	87.6	89.9	92.8	95.1	95.9
	브루나이	68.8	71.2	90.0	94.9	94.6
	중국	47.9	50.3	53.2	54.3	54.3
	홍콩	79.9	84.9	87.5	89.4	89.4
	인도네시아	17.1	22.0	25.4	32.3	39.8
	일본	89.1	91.1	93.2	84.6	84.6
	말레이시아	63.7	71.1	78.8	80.1	81.2
	필리핀	49.6	36.0	55.5	60.1	60.1
	싱가포르	79.0	79.0	84.5	84.4	88.2
	대만	78.0	78.0	79.7	92.8	92.8
	태국	34.9	39.3	47.5	52.9	56.8
	베트남	41.0	45.0	53.0	58.1	70.3
북아메리카	캐나다	87.1	90.0	91.2	91.0	91.0
	멕시코	44.4	57.4	59.5	63.9	65.8
	미국	73.0	74.6	85.5	87.3	87.3
남아메리카	칠레	61.1	76.6	83.6	82.3	82.3
	페루	40.2	40.9	45.5	48.7	52.5
유럽	러시아	70.5	70.1	73.1	76.0	80.9
오세아니아	오스트레일리아	84.0	84.6	86.5	86.5	86.5
	뉴질랜드	85.5	88.2	88.5	90.8	90.8
	파푸아뉴기니	6.5	7.9	9.6	11.2	11.2

※ 출처: KOSIS(ITU)

① 2016년 인터넷 이용률은 러시아가 중국보다 19.9%p 더 높다.

② 2018년 북아메리카 APEC 국가의 인터넷 이용률의 평균은 같은 해 남아메리카 APEC 국가의 인터넷 이용률의 평균보다 10%p 이하 높다.

③ 제시된 기간 동안 아시아 APEC 국가를 인터넷 이용률이 높은 국가부터 순서대로 나열하면 한국은 매년 1순위 또는 2순위이다.

④ 2018년 오세아니아 APEC 국가 중 인터넷 이용률이 가장 높은 국가의 인터넷 이용률은 인터넷 이용률이 가장 낮은 국가의 인터넷 이용률의 8배 이상이다.

⑤ 아시아 APEC 국가 중 2015년 인터넷 이용률이 70% 이하인 국가는 총 5개국이다.

세부 유형 자료계산 **난이도** ★☆☆

08 **다음은 일부 지역별 산불 발생 건수 및 면적에 대한 자료이다. 제시된 지역 중 2019년 산불 발생 1건당 평균 산불 발생 면적이 가장 넓은 지역의 같은 해 산불 발생 면적의 전년 대비 증가율은 약 얼마인가?** (단, 소수점 첫째 자리에서 반올림하여 계산한다.)

[지역별 산불 발생 건수 및 면적]

(단위: 건, ha)

구분	2018년		2019년	
	건수	면적	건수	면적
서울	16	0.4	6	1.2
부산	15	65.9	22	72.9
대구	5	0.6	6	3.3
인천	19	1.2	24	2.9
대전	5	0.2	9	2.1
경기	69	15.8	172	41.1
강원	47	674.2	78	3,001.5
충북	33	1.1	28	4.2
충남	29	3.2	39	3.7
전남	39	6.3	37	13.0

※ 출처: KOSIS(산림청, 산불통계)

① 335% ② 340% ③ 345% ④ 350% ⑤ 355%

세부 유형 자료계산 **난이도** ★★☆

09 **다음은 연도별 일부 악기 및 전체 악기의 수출입 실적에 대한 자료이다. 2016년부터 2018년까지 매년 수출 실적과 수입 실적의 전년 대비 증감 추이가 각각 동일한 악기 품목의 2018년 수출 실적이 전체 악기 수출 실적에서 차지하는 비중은 약 얼마인가?** (단, 소수점 둘째 자리에서 반올림하여 계산한다.)

[악기 품목별 수출입 실적]

(단위: 천 달러)

구분	2015년		2016년		2017년		2018년	
	수출	수입	수출	수입	수출	수입	수출	수입
건반악기	6,216	17,455	7,718	18,607	1,592	10,447	1,407	10,442
금관악기	29	4,391	97	4,587	61	4,500	229	4,196
목관악기	2,100	36,657	2,916	36,096	2,278	37,167	1,929	35,614
전자악기	50,744	49,403	41,362	51,241	50,646	50,285	44,471	58,453
타악기	1,084	11,126	1,268	9,360	1,150	10,234	853	10,870
현악기	7,136	24,973	5,492	23,302	4,521	20,357	4,042	22,259

[전체 악기 수출입 실적]

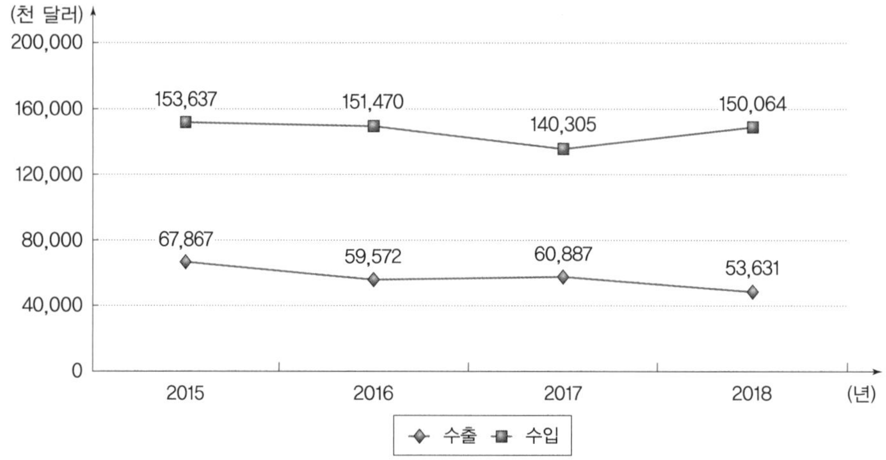

※ 출처: KOSIS(한국문화관광연구원, 문화체육관광산업통계)

① 1.6% ② 2.4% ③ 2.6% ④ 7.5% ⑤ 82.9%

세부 유형 자료계산 난이도 ★★☆

10 다음은 약물 투입량에 따른 A~D 쥐의 평균 수면시간을 나타낸 자료이며, 분석 결과 약물 투입량이 1g씩 증가할 때마다 평균 수면시간이 일정한 규칙으로 변화하였다. 자료를 보고 빈칸 ㉠, ㉡, ㉢에 해당하는 값을 예측했을 때 가장 타당한 값을 고르시오.

[약물 투입량에 따른 평균 수면시간]

(단위: 분)

구분	A 쥐	B 쥐	C 쥐	D 쥐
약물 투입량 1g	( )	( )	( )	600
약물 투입량 2g	484	( )	726	591
약물 투입량 3g	492	( )	732	582
약물 투입량 4g	504	65	( )	( )
약물 투입량 5g	( )	105	744	564
약물 투입량 6g	540	170	750	555
약물 투입량 7g	564	275	( )	( )
약물 투입량 8g	( )	( )	( )	( )
약물 투입량 9g	( )	(㉡)	768	(㉢)
약물 투입량 10g	(㉠)	1,165	( )	( )

	㉠	㉡	㉢
①	660	710	519
②	660	720	519
③	660	720	528
④	700	710	519
⑤	700	720	528

세부 유형 자료계산 **난이도** ★★☆

11 다음은 일부 광고물 종류별 안전점검 현황에 대한 자료이다. 자료를 보고 빈칸 ㉠, ㉡에 해당하는 값을 예측했을 때 가장 타당한 값을 고르시오.

[광고물 종류별 안전점검 현황]

(단위: 건)

구분	2018년			2019년		
	실시 건수	합격 건수	불합격 건수	실시 건수	합격 건수	불합격 건수
벽면 이용 간판	19,653	19,462	191	20,866	20,719	147
돌출간판	38,005	37,606	399	33,909	33,770	139
옥상간판	2,990	( )	164	2,683	( )	(㉡)
지주 이용 간판	10,978	10,873	105	11,175	11,138	37
공공시설물 이용 광고물	( )	637	( )	( )	628	( )
현수막 지정게시대	805	539	266	368	366	2
현수막 게시틀	(㉠)	453	( )	730	730	( )

- 안전점검 실시 후 결과는 합격, 불합격으로만 분류된다.
- 제시된 기간 동안 공공시설물 이용 광고물과 현수막 게시틀의 불합격 건수는 연도별로 동일하다.
- 2019년 옥상간판의 합격 건수는 전년 대비 199건 감소하였다.
- 2019년 공공시설물 이용 광고물의 실시 건수는 전년 대비 11건 감소하였다.

※ 출처: KOSIS(한국지방재정공제회, 옥외광고통계)

	㉠	㉡
①	451	46
②	451	56
③	453	46
④	455	46
⑤	455	56

세부 유형 자료계산 난이도 ★☆☆

12 다음은 A 은행을 이용하는 고객의 이용 기간에 따른 만족도를 나타낸 자료이다. 자료를 보고 빈칸 ㉠, ㉡에 해당하는 값을 예측했을 때 가장 타당한 값을 고르시오.

[이용 기간에 따른 만족도]

이용 기간	2개월	4개월	6개월	8개월	10개월
만족도	24	30	(㉠)	(㉡)	( )

※ 만족도 $= \frac{a+b}{\text{이용 기간}} +$ 이용 기간 $\times$ b

	㉠	㉡
①	36	42
②	36	47
③	36	51
④	40	47
⑤	40	51

세부 유형 자료계산 난이도 ★★☆

13 다음은 특정 지역에 있는 A 곤충과 B 곤충의 개체 수를 10개월 동안 관찰한 결과이다. 자료를 보고 빈칸 ㉠, ㉡에 해당하는 값을 예측했을 때 가장 타당한 값을 고르시오.

[개체 수 관찰 결과]

(단위: 마리)

구분	A 곤충	B 곤충
1개월 차	8,765	3,500
2개월 차	8,760	3,485
3개월 차	8,750	3,470
4개월 차	8,730	3,440
5개월 차	8,690	3,395
6개월 차	8,610	3,320
7개월 차	( )	( )
8개월 차	( )	( )
9개월 차	( )	( )
10개월 차	(㉠)	(㉡)

- 관찰 결과, A 곤충과 B 곤충의 개체 수는 1개월마다 일정하게 변화하였다.

※ 출처: KOSIS(한국지방재정공제회, 옥외광고통계)

	㉠	㉡
①	6,210	2,080
②	6,210	2,180
③	6,210	2,280
④	6,410	2,180
⑤	6,410	2,280

세부 유형 자료변환 난이도 ★★☆

14 다음은 2018년 음악산업 업종의 연령대별 종사자 현황에 대한 자료이다. 이를 바탕으로 2018년 총 종사자 수가 가장 많은 음악산업 업종의 연령대별 종사자 수를 바르게 나타낸 것을 고르시오.

[연령내별 음악산업 종사자 비중]

(단위: %)

구분	20대 이하	30대	40대	50대 이상
음악 제작업	33	35	30	30
음반 배급 및 복제업	2	2	4	3
음반 도·소매업	5	6	2	5
온라인 음악 유통업	24	25	23	22
음악 공연업	36	32	41	40

[연령대별 음악산업 종사자 수]

(명)

구분	20대 이하	30대	40대	50대 이상
종사자 수	3,200	6,900	2,300	800

※ 출처: KOSIS(문화체육관광부, 콘텐츠산업조사)

①

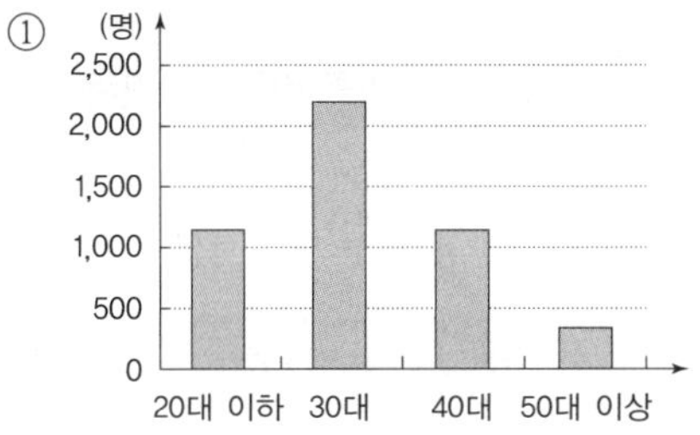
(명)
2,500
2,000
1,500
1,000
500
0
20대 이하
30대
40대
50대 이상

②

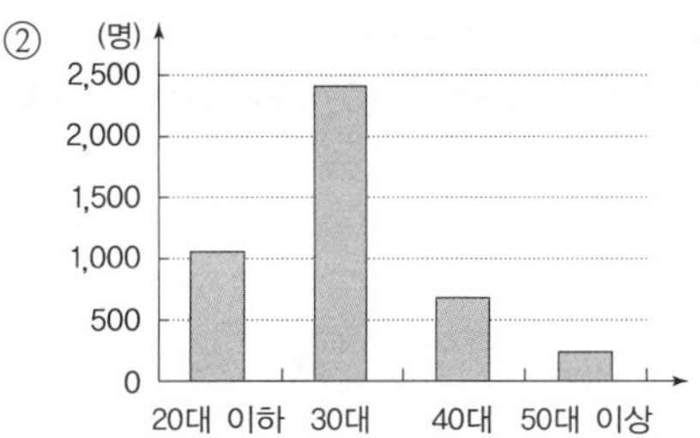
(명)
2,500
2,000
1,500
1,000
500
0
20대 이하
30대
40대
50대 이상

③

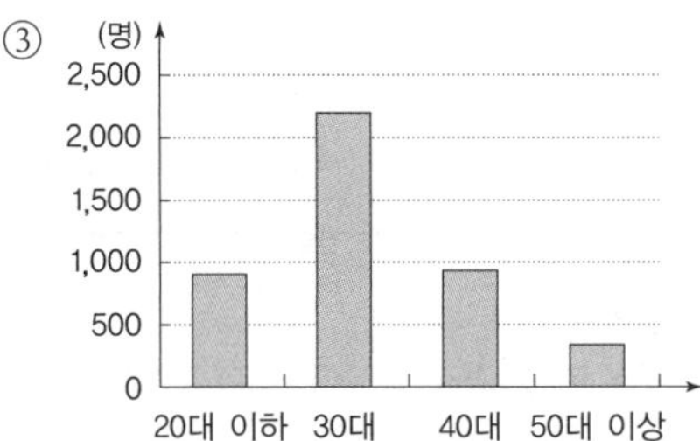
(명)
2,500
2,000
1,500
1,000
500
0
20대 이하
30대
40대
50대 이상

④

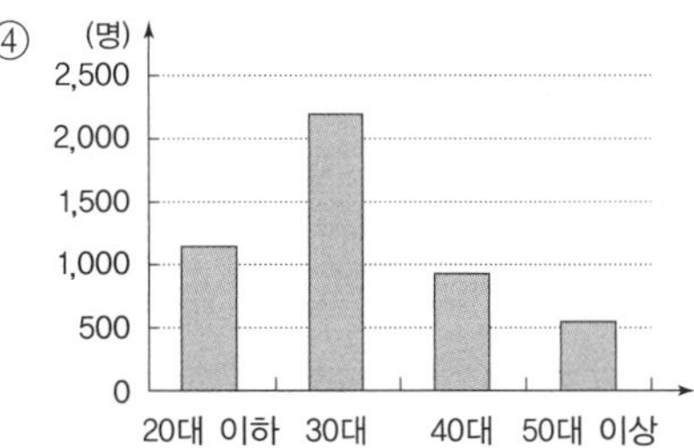
(명)
2,500
2,000
1,500
1,000
500
0
20대 이하
30대
40대
50대 이상

⑤

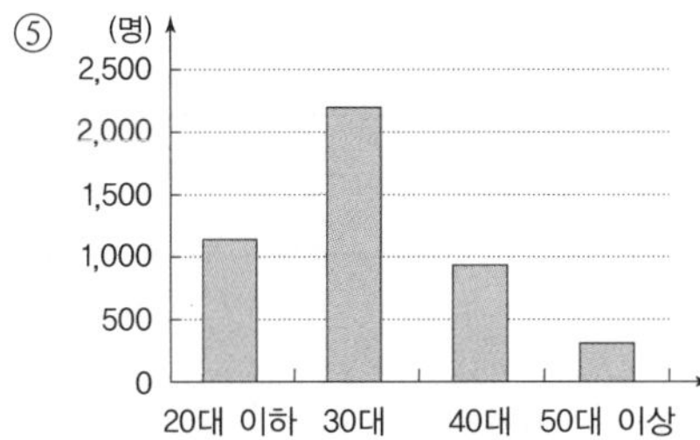
(명)
2,500
2,000
1,500
1,000
500
0
20대 이하
30대
40대
50대 이상

세부 유형 자료변환 난이도 ★★☆

15 다음은 2018년부터 2020년까지 하반기 교역조건지수를 나타낸 자료이다. 이를 바탕으로 만든 그래프로 옳지 않은 것을 고르시오.

[2018년 하반기 교역조건지수]

구분	7월	8월	9월	10월	11월	12월
순상품 교역조건지수	94.6	95.0	95.6	94.0	91.3	93.5
소득 교역조건지수	108.2	109.9	108.0	115.2	106.0	101.2

[2019년 하반기 교역조건지수]

구분	7월	8월	9월	10월	11월	12월
순상품 교역조건지수	89.9	91.9	90.6	91.8	90.9	91.0
소득 교역조건지수	95.5	104.5	98.6	101.4	106.2	102.9

[2020년 하반기 교역조건지수]

구분	7월	8월	9월	10월	11월	12월
순상품 교역조건지수	98.3	96.2	96.7	97.0	97.8	98.2
소득 교역조건지수	103.0	108.4	101.4	121.6	114.5	117.3

※ 교역조건지수는 순상품 교역조건지수와 소득 교역조건지수로 구분됨

※ 출처: KOSIS(한국은행, 국제수지통계)

① [2018년 하반기 교역조건지수]

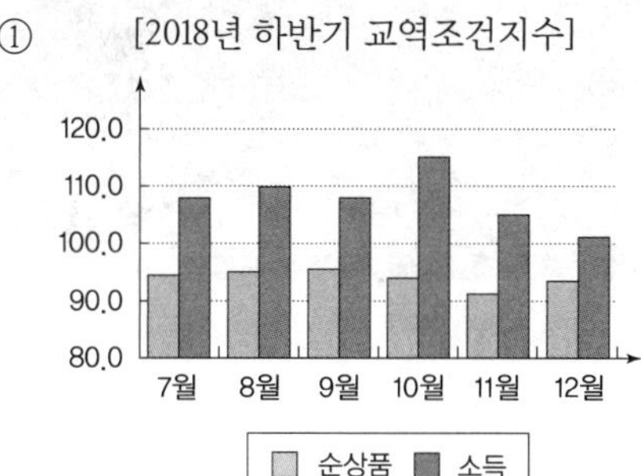

② [2018년 및 2019년 하반기 순상품 교역조건지수 평균]

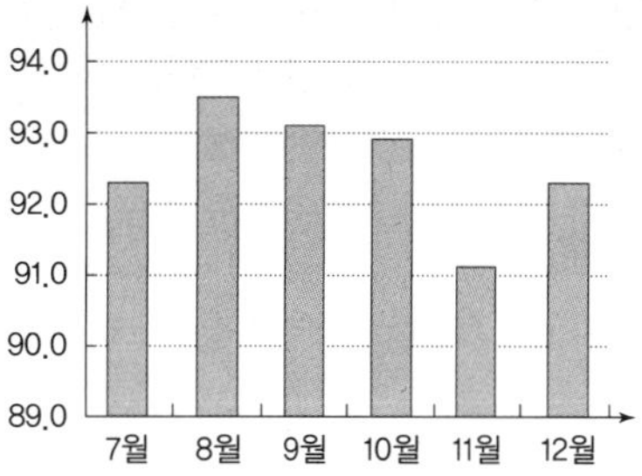

③ [2020년 하반기 순상품 교역조건지수 전년 동월 대비 증가량]

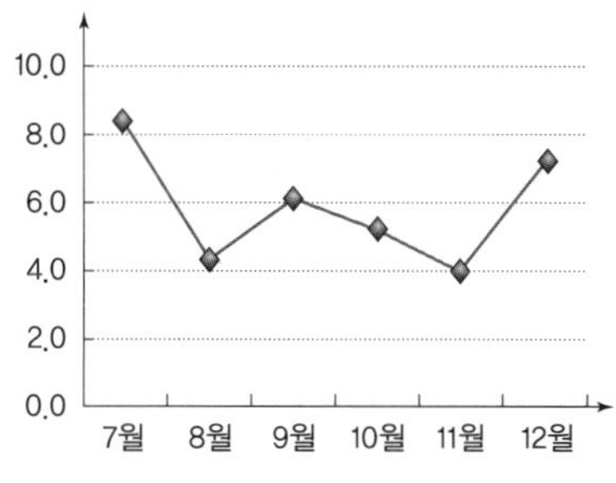

④ [2019년 하반기 소득 교역조건지수 전년 동월 대비 변화량]

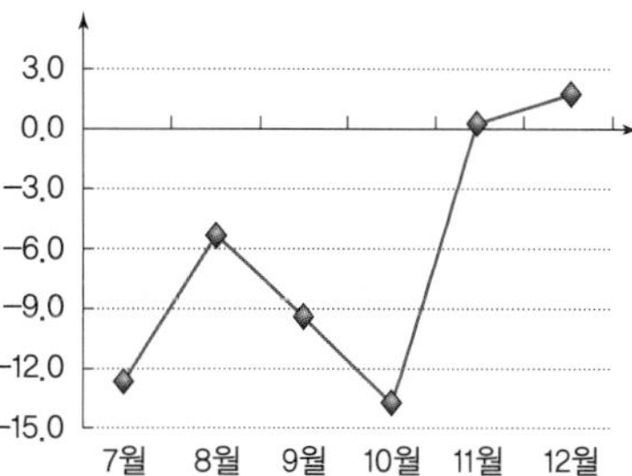

⑤ [2019년 및 2020년 하반기 소득 교역조건지수]

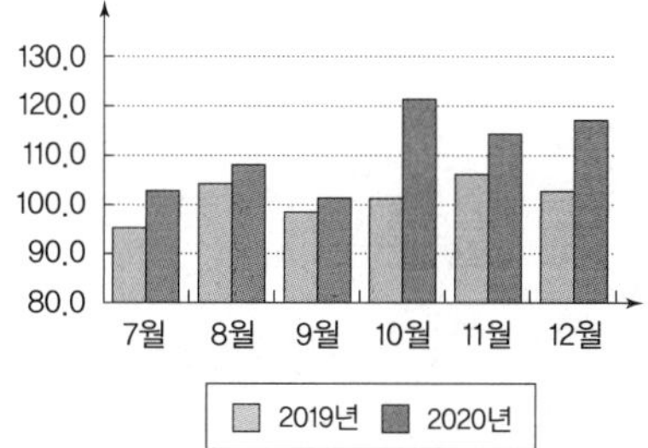

약점 보완 해설집 p.26

고난도 대비 문제

· 풀이 시간: /15분
· 맞힌 문제: /10문제

01 다음은 평생학습 참여율에 대한 자료이다. 다음 중 자료에 대한 설명으로 옳은 것을 고르시오.

[평생학습 참여율]

(단위: %)

구분		2019년			2020년		
		형식 교육	비형식 교육		형식 교육	비형식 교육	
			전체	직업 관련 목적		전체	직업 관련 목적
전체		1.5	40.9	18.7	1.4	39.3	20.1
성	남자	1.7	39.9	23.8	1.6	38.9	25.4
	여자	1.3	41.9	13.6	1.1	39.7	14.8
연령대	25~34세	5.6	47.9	29.8	4.9	47.8	29.6
	35~44세	1.1	45.0	25.0	0.9	46.1	28.0
	45~54세	0.6	41.4	20.0	0.7	39.4	21.0
	55~64세	0.4	36.8	12.4	0.4	33.6	15.0
	65~79세	0.1	32.4	4.9	0.1	29.4	6.0
학력	중졸 이하	0.2	28.9	5.7	0.2	28.1	8.5
	고졸	1.8	34.8	14.2	1.3	30.8	13.4
	대졸 이상	1.7	50.5	27.5	1.8	50.6	30.0
경제활동상태	취업	0.7	42.1	23.6	0.9	42.2	25.7
	실업	5.9	46.8	21.6	4.3	41.8	20.6
	비경제활동	3.2	35.6	2.7	2.0	30.1	3.0

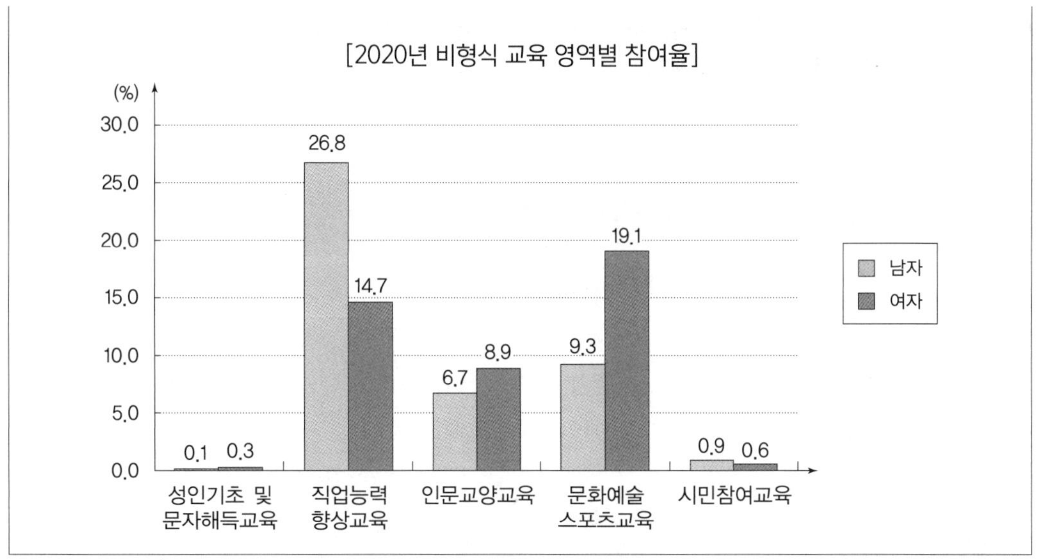

※ 출처: KOSIS(한국교육개발원, 평생학습개인실태조사)

① 제시된 기간 동안 비형식 교육 전체 참여율은 여자가 남자보다 매년 1.0%p 이상 더 높다.

② 2019년 제시된 각 연령대의 전체 비형식 교육 참여율은 직업 관련 목적 비형식 교육 참여율의 1.8배 이상이다.

③ 2020년 형식 교육 참여율의 전년 대비 감소율은 실업자가 비경제활동자보다 높다.

④ 2020년 비형식 교육 영역별 남자 참여율의 평균은 약 8.8%이다.

⑤ 2020년 직업 관련 목적 비형식 교육 참여율의 전년 대비 증가량은 중졸 이하가 대졸 이상보다 0.3%p 더 작다.

02 다음은 서울특별시 연령대별 인구수와 일부 행정구역별 인구수를 나타낸 자료이다. 다음 중 자료에 대한 설명으로 옳은 것을 모두 고르시오.

[서울특별시 연령대별 인구수]

(단위: 천 명)

구분	2011년		2015년		2019년	
	남자	여자	남자	여자	남자	여자
전체	5,073	5,174	4,931	5,093	4,746	4,983
10대 미만	430	406	402	382	341	322
10대	630	573	510	476	422	398
20대	762	767	723	724	714	743
30대	928	904	838	831	755	755
40대	876	869	850	852	774	787
50대	754	806	774	815	754	785
60대	431	463	493	545	563	627
70대	210	265	266	316	311	372
80대 이상	52	121	75	152	112	194

[서울특별시 일부 행정구역별 인구수]

(단위: 천 명)

구분	2011년		2015년		2019년	
	남자	여자	남자	여자	남자	여자
서초구	210	224	215	232	206	225
강남구	272	294	276	300	261	284
송파구	334	348	322	338	327	349
강동구	248	247	229	230	215	221

※ 출처: KOSIS(서울특별시, 주민등록인구통계)

a. 2019년 서울특별시 전체 인구수는 4년 전 대비 5% 이상 감소하였다.
b. 2015년 서초구, 강남구, 송파구, 강동구 인구수의 평균은 여자가 남자보다 14.5천 명 더 많다.
c. 2011년, 2015년, 2019년 모두 10대 이하 전체 인구수는 80대 이상 전체 인구수의 5배 이상이다.
d. 2011년, 2015년, 2019년 모두 남자가 여자보다 인구수가 많은 연령대는 3개 이상이다.
e. 2019년 서초구, 강남구, 송파구, 강동구 남자 인구수의 합이 서울특별시 남자 인구수에서 차지하는 비중은 8년 전 대비 증가하였다.

① a, c ② b, e ③ b, c, d ④ b, d, e ⑤ a, c, d, e

03 다음은 2019년 요일 및 시간대별 교통사고 건수 및 사망자 수에 대한 자료이다. 다음 중 자료에 대한 설명으로 옳지 않은 것을 고르시오.

[요일별 교통사고 현황]

구분	교통사고 건수(건)				사망자 수(명)			
	1분기	2분기	3분기	4분기	1분기	2분기	3분기	4분기
일요일	5,655	6,591	6,399	7,013	71	107	76	107
월요일	6,604	8,447	9,380	8,909	103	139	153	145
화요일	6,801	8,858	8,716	9,758	103	137	101	138
수요일	7,283	8,533	8,879	8,920	126	123	119	125
목요일	7,596	8,476	8,141	9,028	130	121	105	147
금요일	8,113	9,229	8,897	10,183	119	135	119	155
토요일	7,385	8,717	8,145	8,944	99	108	108	130

[시간대별 교통사고 현황]

구분	교통사고 건수(건)				사망자 수(명)			
	1분기	2분기	3분기	4분기	1분기	2분기	3분기	4분기
00~02시	2,315	2,458	2,391	2,544	60	68	52	43
02~04시	1,374	1,476	1,459	1,394	40	47	35	50
04~06시	1,457	1,512	1,659	1,731	63	58	69	72
06~08시	3,003	3,348	3,114	3,713	81	69	62	91
08~10시	4,749	6,526	6,143	6,553	58	67	76	68
10~12시	4,752	5,753	5,794	5,972	66	91	76	85
12~14시	5,094	6,221	6,360	6,369	52	72	70	61
14~16시	5,562	6,657	6,761	6,930	67	97	71	78
16~18시	5,784	7,829	7,538	8,008	53	75	58	106
18~20시	7,144	7,066	7,781	9,932	97	75	79	148
20~22시	4,690	5,799	5,612	5,566	67	90	79	81
22~24시	3,513	4,206	3,945	4,043	47	61	54	64

※ 출처: KOSIS(경찰청, 경찰접수교통사고현황)

① 교통사고 사망자 수가 가장 많은 요일은 금요일이다.

② 1분기 평일 교통사고 건수의 평균은 주말 교통사고 건수의 평균보다 많다.

③ 06~10시 교통사고 건수가 가장 많은 분기와 06~10시 교통사고 사망자 수가 가장 많은 분기는 같다.

④ 교통사고 사망자 수는 18~20시에 20~22시보다 82명 더 많다.

⑤ 18~20시 교통사고 건수가 가장 많은 분기의 교통사고 건수는 18~20시 교통사고 건수가 가장 적은 분기의 교통사고 건수의 1.5배 미만이다.

04 다음은 아프리카 일부 국가별 영양부족 인구 현황 및 빈민가 거주 도시인구 비율을 나타낸 자료이다. 다음 중 자료에 대한 설명으로 옳지 않은 것을 모두 고르시오.

[국가별 영양부족 인구 현황]

(단위: 백만 명, %)

구분	2014년		2016년		2018년	
	인구수	비율	인구수	비율	인구수	비율
앙골라	6.2	23.1	5.6	19.5	5.7	18.6
카메룬	1.5	6.7	1.6	6.5	1.6	6.3
콩고	1.2	25.8	1.3	25.9	1.5	28.0
이집트	4.3	4.8	4.5	4.7	4.6	4.7
에티오피아	24.3	24.8	21.3	20.6	21.5	19.7
가봉	0.3	14.9	0.3	15.1	0.4	16.6
가나	2.1	7.5	2.1	7.5	1.9	6.5
케냐	10.0	21.5	11.5	23.4	11.8	23.0
라이베리아	1.6	37.1	1.8	38.8	1.8	37.5
마다가스카르	8.7	36.7	10.3	41.4	11.0	41.7
모로코	1.4	4.1	1.3	3.8	1.6	4.3
나이지리아	17.4	9.8	22.2	12.0	24.6	12.6
세네갈	1.6	11.2	1.5	10.3	1.5	9.4
남아프리카공화국	2.5	4.6	3.0	5.3	3.3	5.7
수단	5.1	13.3	4.8	11.9	5.2	12.4

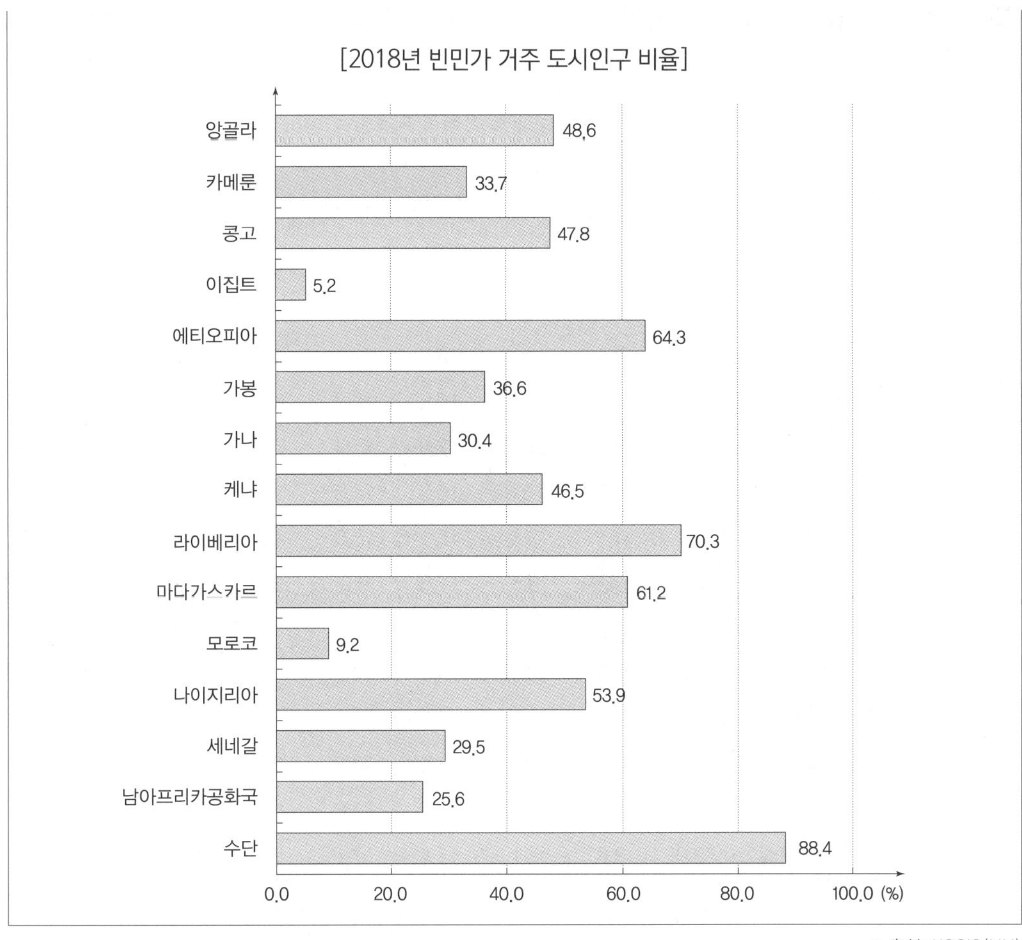

※ 출처: KOSIS(UN)

a. 제시된 국가 중 2016년 영양부족 인구 비율이 가장 큰 국가의 비율은 다른 국가에 비해 영양부족 인구 비율이 가장 작은 국가의 비율의 11배 미만이다.
b. 제시된 국가 중 2018년 빈민가 거주 도시인구 비율이 두 번째로 높은 국가는 같은 해 영양부족 인구 비율도 두 번째로 높다.
c. 제시된 국가 중 2018년 영양부족 인구 비율이 빈민가 거주 도시인구 비율보다 높은 국가는 1개국이다.
d. 제시된 국가 중 2016년 영양부족 인구수가 다른 국가에 비해 가장 많은 국가의 영양부족 인구수와 비율은 모두 2년 전 대비 25% 이상 증가하였다.

① a, c ② b, d ③ c, d ④ a, c, d ⑤ b, c, d

05 다음은 2019년 규칙적 체육활동 빈도에 대한 자료이다. 다음 중 자료에 대한 설명으로 옳지 않은 것을 고르시오.

[성 및 연령대별 규칙적 체육활동 빈도]

(단위: %)

구분		하지 않음	주 1회 미만	주 1회	주 2회	주 3회	주 4회	주 5회	주 6회	매일
남자	10대	28.8	13.6	22.9	13.5	10.6	4.6	4.2	0.4	1.4
	20대	17.7	9.1	18.9	19.3	18.9	4.8	6.0	2.9	2.4
	30대	21.1	7.5	18.1	14.3	22.2	6.7	6.6	0.8	2.7
	40대	22.6	8.0	19.3	16.8	18.2	6.4	5.3	0.5	2.9
	50대	20.6	9.4	24.2	12.8	17.4	6.3	4.0	1.3	4.0
	60대	21.8	9.7	19.8	16.3	11.2	5.5	6.8	2.4	6.5
	70대 이상	37.1	4.1	7.3	15.1	15.0	4.5	5.8	1.4	9.7
여자	10대	43.4	14.6	8.5	17.3	9.0	2.1	2.9	1.1	1.1
	20대	30.7	4.7	6.8	22.4	21.3	6.8	4.4	1.5	1.4
	30대	25.3	5.6	11.3	14.4	24.9	6.8	8.8	1.0	1.9
	40대	22.5	6.0	8.6	16.3	26.3	6.8	7.3	1.7	4.5
	50대	22.3	6.2	13.5	14.5	23.2	8.0	7.5	1.4	3.4
	60대	25.5	4.9	7.9	15.2	23.6	5.9	6.0	2.0	9.0
	70대 이상	39.0	3.8	8.1	11.4	17.1	5.0	6.0	1.5	8.1

[도시 규모별 규칙적 체육활동 빈도]

(단위: %)

구분	하지 않음	주 1회 미만	주 1회	주 2회	주 3회	주 4회	주 5회	주 6회	매일
대도시	25.0	7.8	15.3	16.4	20.1	6.0	5.4	1.2	2.8
중소도시	26.6	7.2	14.3	16.2	19.4	5.4	5.4	1.3	4.2
읍, 면 이하	26.4	7.7	12.8	13.1	17.0	6.6	8.1	2.2	6.1

※ 출처: KOSIS(문화체육관광부, 국민생활체육조사)

① 읍, 면 이하 도시 규모에서 체육활동 빈도에 대해 '주 3회'로 응답한 비율은 '주 6회'로 응답한 비율의 7배 이상이다.

② 체육활동 빈도에 대해 '하지 않음'으로 응답한 비율이 가장 높은 도시 규모의 응답 비율은 가장 낮은 도시 규모의 응답 비율보다 1.6%p 더 높다.

③ 체육활동 빈도에 대해 '매일'로 응답한 비율이 여자가 남자보다 높은 연령대는 총 2개이다.

④ 30대 응답자 중 체육활동 빈도에 대해 '주 5회'로 응답한 남자와 여자의 응답 비율의 평균은 7.7%이다.

⑤ 여자 중 체육활동 빈도에 대해 '주 2회'로 응답한 비율이 '주 4회'로 응답한 비율의 2.5배 이상인 연령대는 총 4개이다.

06 다음은 일부 관측 지역별 2018년 기상 관측 결과와 2019년 기온 연교차의 전년 대비 감소량을 나타낸 자료이다. 자료를 보고 빈칸 ㉠, ㉡, ㉢에 해당하는 값을 예측했을 때 가장 타당한 값을 고르시오.

[2018년 기상 관측 결과]

항목	속초	철원	파주	춘천	수원	창원	여수	인제
연 최고기온(℃)	38.7	38.4	37.6	39.5	39.3	37.0	35.0	(㉢)
연 최저기온(℃)	−16.2	−25.2	−23.5	−21.6	(㉡)	−12.0	−10.3	−21.3
연평균 상대습도(%)	(㉠)	69	73	69	67	67	68	65

※ 기온 연교차(℃)=연 최고기온−연 최저기온

[2019년 기온 연교차의 전년 대비 감소량]

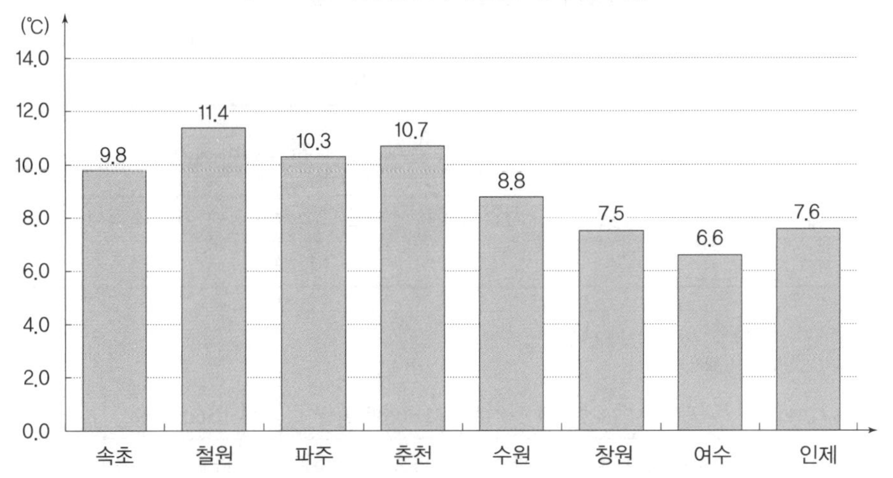

- 2019년 수원의 연 최고기온은 36.0°C 이상이고 연 최저기온은 −10.8°C이다.
- 2019년 춘천의 기온 연교차는 인제의 기온 연교차보다 1.0°C 더 작다.
- 제시된 지역의 2018년 연평균 상대습도의 평균은 67.5%이다.

※ 출처: KOSIS(기상청, 기상관측통계)

	㉠	㉡	㉢
①	62	−17.0	35.7
②	62	−16.8	37.7
③	62	−16.0	37.7
④	72	−15.8	39.7
⑤	72	−15.0	39.7

07 **다음은 2019년 일부 소득세 원천분 세수 실적 및 예산액의 전년 대비 증가율을 나타낸 자료이다. 2019년 미수납액이 가장 많은 소득세와 두 번째로 많은 소득세의 2018년 예산액의 차이는 약 얼마인가?** (단, 2018년 예산액은 소수점 첫째 자리에서 반올림하여 계산한다.)

[2019년 소득세 원천분 세수 실적]

(단위: 억 원)

구분	예산액	징수 결정액	수납액	불납 결손액
이자 소득세	23,731	26,236	26,179	1
배당 소득세	25,906	29,635	29,588	10
사업 소득세	31,051	32,794	31,988	49
근로 소득세	411,130	422,056	419,712	89
기타 소득세	17,693	19,881	19,832	1
퇴직 소득세	11,773	12,968	12,908	6

[2019년 소득세 원천분 예산액의 전년 대비 증가율]

(단위: %)

이자 소득세	배당 소득세	사업 소득세	근로 소득세	기타 소득세	퇴직 소득세
10	17	13	12	14	−19

※ 미수납액 = 징수 결정액 − (수납액 + 불납 결손액)

※ 출처: KOSIS(국세청, 국세통계)

① 339,601억 원 ② 344,938억 원 ③ 345,506억 원 ④ 351,560억 원 ⑤ 352,545억 원

08 다음은 A~C 대학교의 총정원과 학생정원에 따른 환산정원을 나타낸 자료이다. 자료를 보고 빈칸 ㉠, ㉡에 해당하는 값을 예측했을 때 가장 타당한 값을 고르시오.

[대학교별 학생정원 및 환산정원]

(단위: 명)

구분	총정원	학생정원		환산정원	
		공학 계열	교육 계열	공학 계열	교육 계열
A 대학교	3,000	330	120	(㉠)	( )
B 대학교	4,500	( )	135	14	6
C 대학교	4,800	360	(㉡)	15	6

※ 계열별 환산정원 = (a − 총정원) × $\frac{\text{계열별 학생정원}}{\text{총정원}}$ + 계열별 학생정원 × b

	㉠	㉡
①	22	128
②	22	144
③	22	160
④	24	144
⑤	24	160

09 다음은 온라인 플랫폼에서 개인 채널을 운영하는 방송인 A와 B의 채널 구독자 수를 매주 기록한 자료이며, 이를 분석한 결과 개인 채널 구독자 수가 일정한 규칙에 따라 변화하였다. 자료를 보고 빈칸 ㉠, ㉡에 해당하는 값을 예측했을 때 가장 타당한 값을 고르시오.

[개인 채널 구독자 수]

(단위: 명)

구분	방송인 A	방송인 B
1주 차	( )	1,150
2주 차	(㉠)	1,266
3주 차	( )	1,395
4주 차	( )	1,537
5주 차	( )	1,692
6주 차	1,231	( )
7주 차	1,196	( )
8주 차	1,173	( )
9주 차	1,161	( )
10주 차	1,150	(㉡)

	㉠	㉡
①	1,772	2,662
②	1,772	2,895
③	1,772	3,141
④	1,777	2,662
⑤	1,777	2,895

10 **다음은 목장 용지와 학교 용지의 중금속별 오염도를 측정한 자료이다. 이를 바탕으로 만든 그래프로 옳지 않은 것을 고르시오.**

[목장 용지 중금속별 오염도]

(단위: mg/kg)

구분	2015년	2016년	2017년	2018년	2019년
구리	18.46	27.46	17.07	39.04	15.52
비소	6.53	4.89	6.30	5.17	3.49
납	15.40	18.71	21.87	22.74	19.93
아연	83.20	85.33	81.97	120.38	64.42
니켈	13.06	26.03	17.70	26.10	11.87

[학교 용지 중금속별 오염도]

(단위: mg/kg)

구분	2015년	2016년	2017년	2018년	2019년
구리	17.17	17.05	17.88	18.53	19.37
비소	4.28	4.30	4.22	5.27	3.54
납	22.80	19.39	23.11	18.49	22.12
아연	93.19	97.60	92.71	87.12	92.55
니켈	9.81	11.05	10.37	10.98	10.33

※ 출처: KOSIS(환경부, 토양오염도현황)

① [2017년 중금속 오염도]

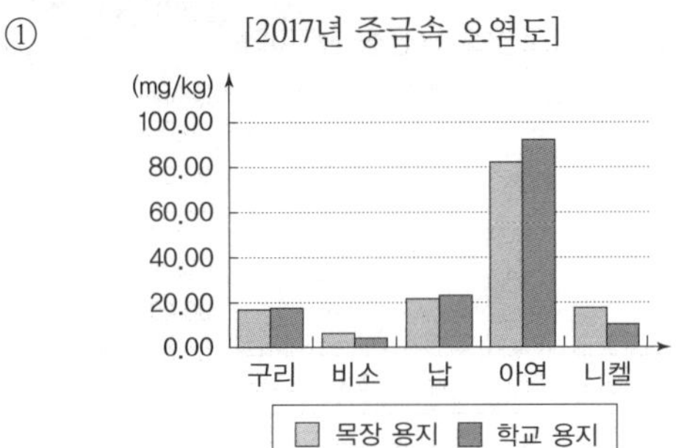

② [목장 및 학교 용지 아연 오염도의 평균]

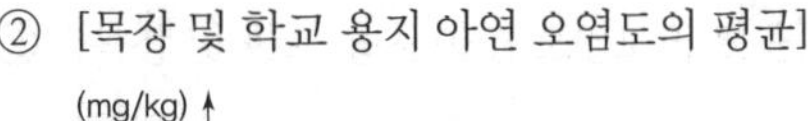

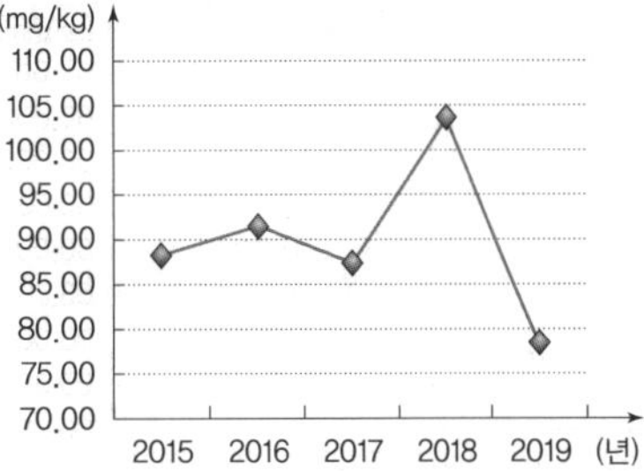

③ [학교 용지 비소 및 니켈 오염도]

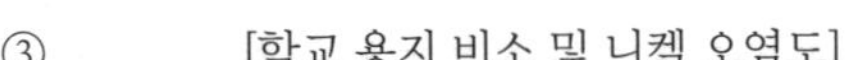

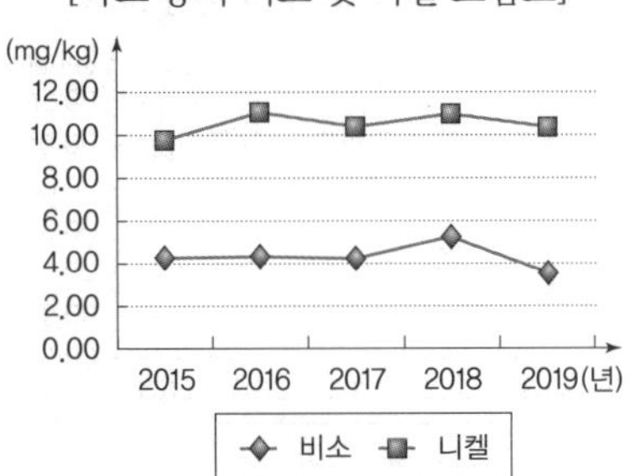

④ [학교 용지 납 오염도 전년 대비 증감량]

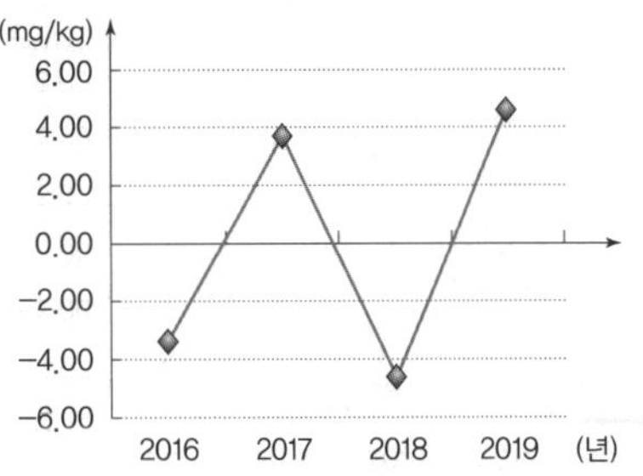

⑤ [2019년 목장 용지 중금속 오염도 전년 대비 감소율]

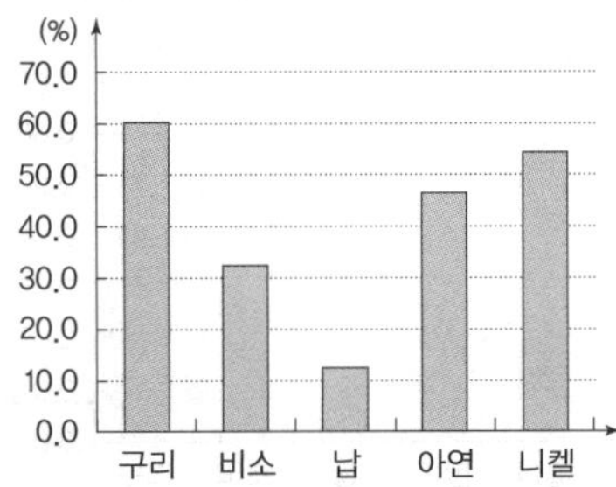

약점 보완 해설집 p.29

취업강의 1위, 해커스잡
job.Hackers.com

본 모의고사는 가장 최근에 시행된 대기업 인적성 검사 및 공기업 NCS 시험의 출제 경향을 반영한 문제로만 구성되어 있습니다.
시간을 정하고 실전처럼 문제를 풀어본 후, 약점 보완 해설집에 있는 취약 유형 분석표를 이용하여 취약한 유형을 파악하고 취약한 유형은 '기출유형공략'을 다시 한번 확인하며 복습하세요.

Ⅳ

실전모의고사

실전모의고사 1회

· 풀이 시간: /25분
· 맞힌 문제: /20문제

01 걷기 대회에 참가한 효진이는 결승점까지 15km 구간의 거리를 시속 5km로 걷다가 이후 시속 3km로 걸었다. 쉬지 않고 결승점을 통과하는 데 3시간 32분이 걸렸을 때, 효진이가 시속 5km로 걸은 거리는?

① 9km ② 10km ③ 10.5km ④ 11km ⑤ 11.5km

02 농도가 7%인 설탕물 300g에 설탕물 1잔을 추가로 섞은 후 물 50g을 증발시켰더니 농도가 12%인 설탕물 700g이 되었을 때, 추가로 섞은 설탕물 1잔에 들어 있는 설탕의 양은?

① 13g ② 14g ③ 61g ④ 62g ⑤ 63g

03 선웅이가 혼자 레고 1개를 조립하면 1시간 20분이 걸리고, 다인이와 함께 레고 1개를 조립하면 혼자 조립하는 시간보다 50분 더 적게 걸린다. 다인이가 3시간 동안 선웅이와 함께 레고를 조립하다가 이후 다인이가 8시간 동안 혼자 레고를 조립했을 때, 총 11시간 동안 조립한 레고의 개수는?

① 10개 ② 12개 ③ 14개 ④ 16개 ⑤ 18개

04 W 유업은 우유 1팩의 정가를 원가에서 20% 이익이 남는 금액에 300원 할인한 금액으로 책정했다. 우유를 총 500팩 판매하여 175,000원의 이익이 남았을 때, 우유 1팩의 원가는?

① 3,200원 ② 3,250원 ③ 3,300원 ④ 3,350원 ⑤ 3,400원

05 같은 종류의 코트 4벌을 정가로 판매하면 총 판매액은 80만 원이고, 코트 1벌의 원가는 정가의 70%이다. 4벌 중 2벌은 오프라인 매장에서 정가 그대로 판매했고, 나머지 2벌은 온라인 매장에서 정가의 5% 할인된 가격으로 판매했을 때, 코트 4벌의 총 판매 이익은?

① 20만 원 ② 21만 원 ③ 22만 원 ④ 23만 원 ⑤ 24만 원

06 A, B, C 3가지 종류의 자격증 시험을 준비하는 동욱이는 각 시험에 맞는 온라인 강의를 수강한다. A와 B 자격증 시험의 온라인 강의 수는 모두 합쳐 65강, B와 C 자격증 시험의 온라인 강의 수는 모두 합쳐 55강이고, 각 온라인 강의의 강의 1개당 시간은 A 자격증 시험이 1시간 30분, B 자격증 시험이 2시간, C 자격증 시험이 1시간이다. A, B, C 자격증 시험의 온라인 강의를 모두 수강하면 135시간이 소요될 때, A 자격증 시험의 온라인 강의 수는?

① 20강 ② 25강 ③ 30강 ④ 35강 ⑤ 40강

07 서로 다른 초콜릿 4개를 민희, 철민, 수형 3명이 각자 적어도 1개씩 갖도록 나누어 가질 때, 가능한 경우의 수는?

① 18가지 ② 24가지 ③ 30가지 ④ 36가지 ⑤ 42가지

08 갑, 을, 병 3명은 게임 대회에 출전하여 리그전을 통해 서로 1경기씩 진행하려고 한다. 갑이 을을 이길 확률은 40%, 을이 병을 이길 확률은 35%, 병이 갑을 이길 확률은 60%일 때, 리그 경기 후 3명의 최종 성적이 모두 다를 확률은? (단, 무승부는 없다.)

① 0.64 ② 0.67 ③ 0.70 ④ 0.73 ⑤ 0.76

09 승현이는 빨간색, 초록색 페인트를 사용하여 건물의 벽을 보수하였다. 빨간색 페인트를 사용한 면적은 $82m^2$, 초록색 페인트를 사용한 면적은 $73m^2$이고, 보수한 벽의 총면적은 $136m^2$일 때, 보수한 벽이 검은색인 면적은? (단, 빨간색과 초록색을 섞으면 검은색이 나타난다.)

① $16m^2$ ② $17m^2$ ③ $18m^2$ ④ $19m^2$ ⑤ $20m^2$

10 원 모양의 고리 25개를 서로 연결하여 목걸이를 만들려고 한다. 고리를 서로 연결하기 위해 홈이 필요한 고리는 2mm씩 잘라내고 홈의 개수를 최소로 해서 목걸이를 만들 때, 잘라낸 부분의 총 길이는? (단, 각 고리에 연결된 고리는 2개이다.)

① 24mm ② 26mm ③ 48mm ④ 50mm ⑤ 52mm

11 **다음은 한식 및 외국식 음식점업 현황에 대한 자료이다. 다음 중 자료에 대한 설명으로 옳은 것을 고르시오.**

[한식 및 외국식 음식점업 현황]

(단위: 개, 명, 십억 원)

구분		2018년		2019년	
		한식	외국식	한식	외국식
사업체 수	가맹점	29,209	7,561	30,927	7,476
	비가맹점	284,353	47,575	286,298	50,910
종사자 수	가맹점	123,697	41,452	126,022	39,233
	비가맹점	820,871	198,864	830,807	199,671
매출액	가맹점	8,712	2,745	9,456	2,859
	비가맹점	54,420	13,404	56,492	13,690
영입비용	가맹점	7,872	2,432	8,351	2,562
	비가맹점	48,727	12,503	51,456	12,949

※ 출처: KOSIS(통계청, 프랜차이즈조사)

① 2019년 가맹점 영업비용은 한식 음식점업이 외국식 음식점업보다 5,889십억 원 더 크다.

② 2019년 외국식 음식점업의 비가맹점 영업비용은 전년 대비 5% 이상 증가하였다.

③ 2019년 한식 음식점업의 매출액은 비가맹점이 가맹점의 6배 이하이다.

④ 2019년 한식 음식점업의 가맹점 종사자 수는 전년 대비 2,325명 감소하였다.

⑤ 2018년 외국식 음식점업의 사업체 수 1개당 평균 종사자 수는 가맹점이 비가맹점보다 적다.

12 다음은 청년을 대상으로 조사한 2020년 지역별 행복한 삶을 위한 요건 응답 비율을 나타낸 자료이다. 다음 중 자료에 대한 설명으로 옳지 않은 것을 모두 고르시오.

[2020년 지역별 행복한 삶을 위한 요건 응답 비율]

(단위: %)

구분	재산·경제력	화목한 가정	자아성취	건강	감사·긍정적 태도	직업·직장	기타
전체	28.1	20.7	8.4	12.9	7.3	7.3	15.3
서울	23.1	16.4	14.4	17.3	7.6	4.8	16.4
인천·경기	29.4	22.3	7.4	9.5	8.5	6.5	16.4
대전·충청·세종·강원	30.2	23.4	7.1	14.2	5.3	4.3	15.5
광주·전라·제주	24.8	24.0	6.0	10.9	7.7	10.7	15.9
부산·울산·경남	34.5	19.5	6.2	12.1	5.9	10.0	11.8
대구·경북	25.7	19.0	5.9	16.5	6.9	12.6	13.4

※ 출처: KOSIS(한국청소년정책연구원, 청년사회·경제실태조사)

a. 서울에서 행복한 삶을 위한 요건을 재산·경제력이라고 응답한 비율은 제시된 다른 요건의 응답 비율보다 높다.
b. 행복한 삶을 위한 요건을 자아성취라고 응답한 비율은 대전·충청·세종·강원이 대구·경북의 1.3배 이상이다.
c. 조사에 응답한 청년 수가 서울과 부산·울산·경남이 각각 5,000명일 때, 행복한 삶을 위한 요건을 직업·직장이라고 응답한 사람 수는 서울이 부산·울산·경남보다 260명 더 적다.
d. 기타를 제외하고 응답 비율이 높은 항목부터 순서대로 나열했을 때 그 순위가 인천·경기와 동일한 지역은 대구·경북이다.

① a, b ② a, c ③ b, c ④ b, d ⑤ c, d

13 다음은 2018년과 2019년 권리유형별 저작권 사용료 징수액에 대한 자료이다. 다음 중 자료에 대한 설명으로 옳은 것을 고르시오.

[2018년 권리유형별 저작권 사용료 징수액]

(단위: 백만 원)

구분	1분기	2분기	3분기	4분기
복제권·배포권	14,097	15,532	17,656	26,243
공연권	11,177	10,538	11,529	13,150
방송권	9,334	8,953	8,560	42,305
전송권	19,053	24,556	29,361	41,567
기타	1,855	4,297	2,166	2,421
전체	55,516	63,876	69,272	125,686

[2019년 권리유형별 저작권 사용료 징수액]

(단위: 백만 원)

구분	1분기	2분기	3분기	4분기
복제권·배포권	14,409	15,946	17,413	23,554
공연권	10,733	10,995	11,783	12,599
방송권	7,667	9,582	9,117	37,953
전송권	29,395	34,449	34,840	45,593
기타	3,275	6,601	3,144	2,906
전체	65,479	77,573	76,297	122,605

※ 출처: KOSIS(한국저작권위원회, 저작권통계)

① 분기별 공연권의 저작권 사용료 징수액의 평균은 2018년이 2019년보다 작다.

② 4분기 전체 저작권 사용료 징수액에서 전송권이 차지하는 비중은 2018년이 2019년보다 크다.

③ 2019년 2분기 이후 복제권·배포권의 저작권 사용료 징수액의 직전 분기 대비 증감 추이는 전체 저작권 사용료 징수액의 직전 분기 대비 증감 추이와 동일하다.

④ 2019년 2분기 방송권의 저작권 사용료 징수액의 전년 동분기 대비 증가율은 약 7.0%이다.

⑤ 분기별 기타 저작권 사용료 징수액의 합은 2019년이 2018년의 1.5배 이상이다.

14 다음은 전라북도 주민을 대상으로 조사한 직업 선택 요인 1순위에 대한 응답 비율을 나타낸 자료이다. 다음 중 자료에 대한 설명으로 옳은 것을 모두 고르시오.

[직업 선택 요인 1순위에 대한 응답 비율]

(단위: %)

구분		명예·명성	안정성	수입	적성·흥미	보람·자아성취	발전성·장래성	기타	잘 모르겠다
전체		2.2	35.5	37.6	12.8	3.5	3.9	0.3	4.2
성	남성	2.7	36.2	36.7	12.9	3.5	4.5	0.2	3.3
	여성	1.8	34.7	38.5	12.7	3.5	3.4	0.3	5.1
연령대	20대	2.4	34.6	29.0	22.1	3.6	6.9	0.4	1.0
	30대	2.3	35.4	38.2	12.5	4.1	4.8	0.8	1.9
	40대	1.8	34.7	40.9	13.8	3.3	3.5	0.2	1.8
	50대	1.9	38.5	40.3	10.0	3.7	2.9	0.1	2.6
	60대 이상	2.7	36.3	39.6	7.0	3.0	2.6	0.3	8.5
결혼 상태	미혼	2.5	32.5	29.8	21.9	3.8	7.0	0.2	2.3
	기혼	2.2	37.2	39.2	10.6	3.7	3.1	0.3	3.7

※ 출처: KOSIS(전라북도, 전라북도사회조사)

a. 제시된 연령대 중 20대를 제외한 모든 연령대에서 가장 높은 응답 비율을 차지한 직업 선택 요인 1순위 항목은 모두 동일하다.
b. 직업 선택 요인 1순위에 대해 '발전성·장래성'으로 응답한 남성 인원수 대비 '명예·명성'으로 응답한 남성 인원수의 비율은 0.6이다.
c. 전체 응답 인원수가 총 5,000명일 때, 650명 이상이 직업 선택 요인 1순위로 응답한 항목은 3개이다.
d. 미혼과 기혼 각각의 응답 비율에서 상위 5개의 직업 선택 요인 1순위 항목에 대한 응답 비율의 합은 미혼이 기혼보다 크다.

① a, b ② a, d ③ c, d ④ a, b, c ⑤ a, b, d

[15-16] 다음은 운영기관별 여객 수송 인원수를 나타낸 자료이다. 각 물음에 답하시오.

[운영기관별 여객 수송 인원수]

(단위: 천 명)

구분		2016년	2017년	2018년	2019년
한국철도공사	승차	789,746	769,983	767,843	780,557
	유입	363,799	389,647	393,051	402,600
신분당선㈜	승차	22,972	23,640	24,130	25,335
	유입	39,643	45,495	49,023	52,284
경기철도㈜	승차	11,058	14,762	19,534	23,778
	유입	8,986	11,878	17,240	21,068
공항철도㈜	승차	35,937	35,050	39,309	43,817
	유입	40,853	45,601	47,819	51,422

※ 수송 인원수=승차 인원수+유입 인원수

※ 출처: KOSIS(한국철도공사, 한국철도통계)

15 다음 중 자료에 대한 설명으로 옳지 않은 것을 고르시오.

① 2017년 이후 제시된 모든 운영기관의 유입 인원수는 매년 전년 대비 증가하였다.

② 2019년 한국철도공사 유입 인원수는 3년 전 대비 10% 이상 증가하였다.

③ 2017년 이후 신분당선㈜ 유입 인원수의 전년 대비 증가 인원은 매년 감소한다.

④ 제시된 기간 중 경기철도㈜ 승차 인원수와 유입 인원수의 차이가 가장 작은 해는 2018년이다.

⑤ 2016년 공항철도㈜ 수송 인원수에서 승차 인원수가 차지하는 비중은 약 46.8%이다.

16 제시된 운영기간 중 2016년부터 2019년까지 수송 인원수가 매년 가장 많은 운영기관과 두 번째로 많은 운영기관의 2019년 수송 인원수의 합은?

① 1,178,396천 명 ② 1,228,003천 명 ③ 1,259,776천 명 ④ 1,260,776천 명 ⑤ 1,278,396천 명

17 다음은 연도별 만 15세 이상 39세 이하의 청년 3,500명을 대상으로 조사한 채무 발생 이유에 대한 응답 비율을 나타낸 자료이다. 제시된 채무 발생 이유 중 2019년 응답자 수가 전년 대비 가장 많이 증가한 이유의 2019년 응답자 수의 전년 대비 증가 인원은?

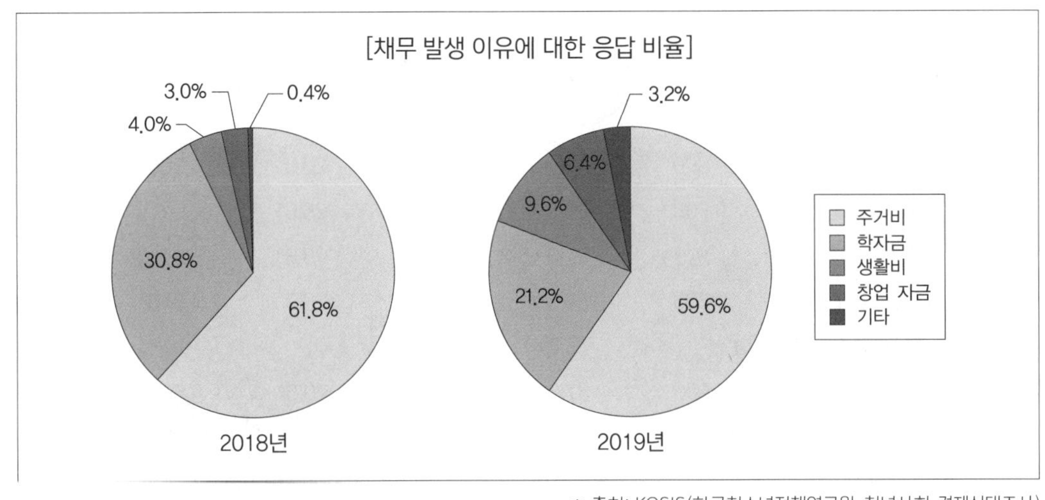

※ 출처: KOSIS(한국청소년정책연구원, 청년사회·경제실태조사)

① 77명 ② 98명 ③ 119명 ④ 196명 ⑤ 336명

18 다음은 2019년 종사자 수별 중견기업 신입사원 초임 평균을 나타낸 자료이다. 석사 신입사원 초임 평균과 전문대졸 신입사원 초임 평균의 차이가 가장 큰 종사자 수의 중견기업에서 석사 신입사원 초임 평균은 전문대졸 신입사원 초임 평균의 약 몇 배인가? (단, 소수점 셋째 자리에서 반올림하여 계산한다.)

[2019년 종사자 수별 중견기업 신입사원 초임 평균]

(단위: 만 원)

구분	박사	석사	대졸	전문대졸	고졸
50명 미만	3,930	3,681	3,262	2,896	2,656
50명 이상 100명 미만	3,908	3,640	3,264	2,926	2,647
100명 이상 200명 미만	3,904	3,617	3,298	2,946	2,737
200명 이상 300명 미만	4,115	3,797	3,367	3,012	2,740
300명 이상 500명 미만	4,118	3,819	3,458	3,036	2,740
500명 이상 1,000명 미만	4,227	3,990	3,589	3,142	2,891
1,000명 이상	4,133	3,856	3,531	3,116	2,839

※ 출처: KOSIS(산업통상자원부, 중견기업실태조사)

① 1.23배 ② 1.24배 ③ 1.26배 ④ 1.27배 ⑤ 1.29배

19 다음은 2019년 중·고등학생의 학년별 주 3회 이상 패스트푸드 섭취율을 나타낸 자료이다. 자료를 보고 빈칸 ㉠, ㉡에 해당하는 값을 예측했을 때 가장 타당한 값을 고르시오.

[2019년 중·고등학생 학년별 주 3회 이상 패스트푸드 섭취율]

(단위: 명, %)

구분	전체		남자		여자	
	조사대상	섭취율	조사대상	섭취율	조사대상	섭취율
중학교 1학년	9,800	( )	5,100	23.0	4,700	20.0
중학교 2학년	9,700	26.0	(㉠)	26.0	( )	( )
중학교 3학년	( )	27.0	( )	28.8	( )	( )
고등학교 1학년	9,300	26.0	4,750	28.0	4,550	( )
고등학교 2학년	( )	26.8	4,650	(㉡)	( )	( )
고등학교 3학년	9,600	27.0	5,000	29.6	4,600	( )
합계	57,300	( )	29,800	( )	27,500	( )

※ 주 3회 이상 패스트푸드 섭취율(%) = (주 3회 이상 패스트푸드를 섭취한 사람 수 / 조사대상) × 100

※ 출처: KOSIS(질병관리청, 청소년건강행태조사)

- 중학교 2학년 조사대상은 남자가 여자보다 400명 더 많다.
- 전체 조사대상은 중학교 3학년이 고등학교 2학년의 1.1배이다.
- 고등학교 2학년에서 주 3회 이상 패스트푸드를 섭취한 사람 수는 남자가 여자보다 378명 더 많다.

	㉠	㉡
①	4,950	28.0
②	4,950	30.0
③	5,050	28.0
④	5,050	29.0
⑤	5,050	30.0

20 다음은 연도별 배추밭 면적과 배추 생산량을 나타낸 자료이다. 이를 바탕으로 연도별 배추밭 $1km^2$당 배추 생산량을 바르게 나타낸 것을 고르시오.

[연도별 배추밭 면적 및 배추 생산량]

(단위: km^2, 백 톤)

구분	2015	2016	2017	2018	2019	2020
배추밭 면적	272	249	324	311	258	139
배추 생산량	21,350	17,934	23,957	23,919	18,597	13,397

※ 출처: KOSIS(통계청, 농작물생산조사)

①
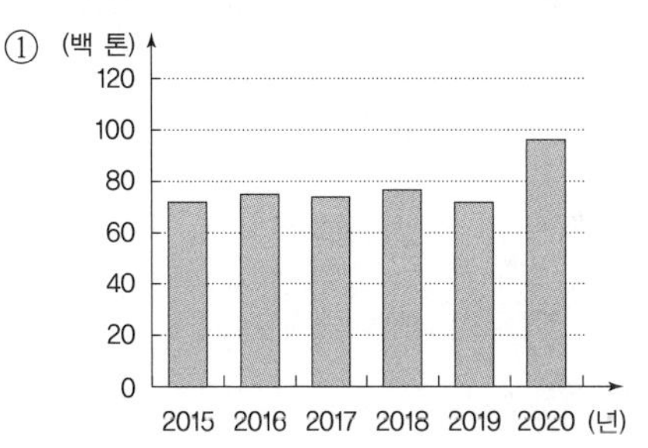

②
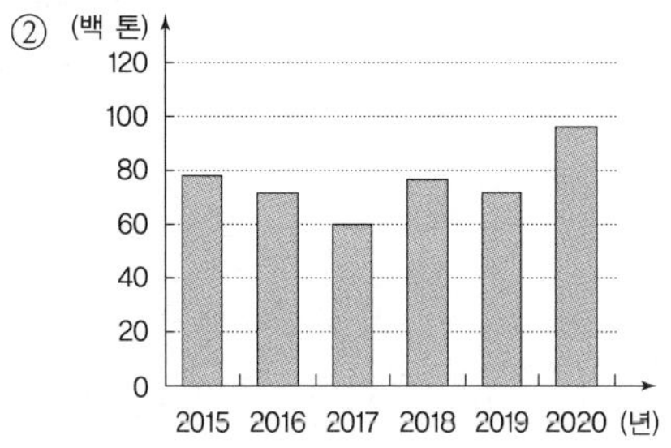

③
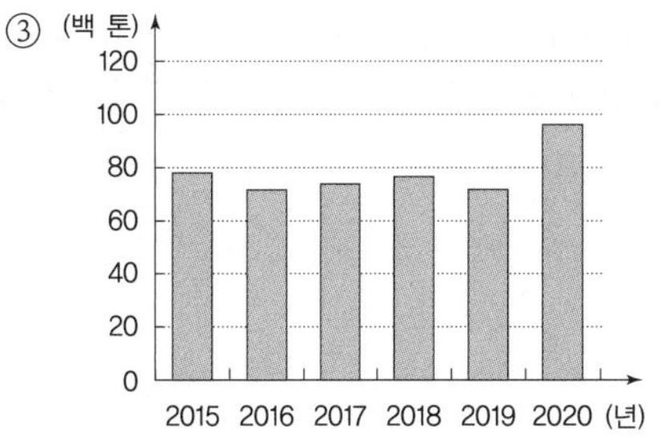

④
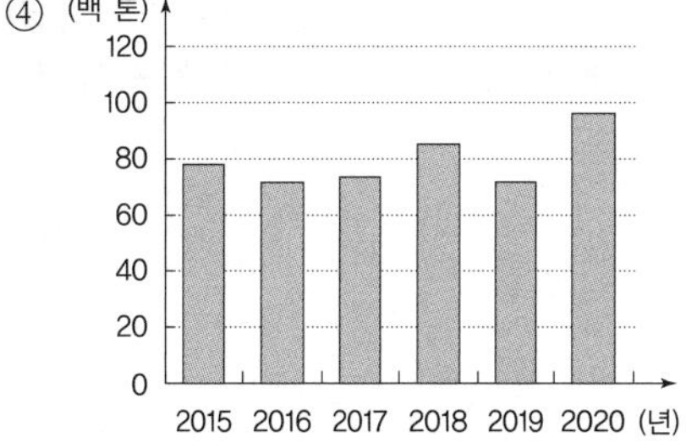

⑤
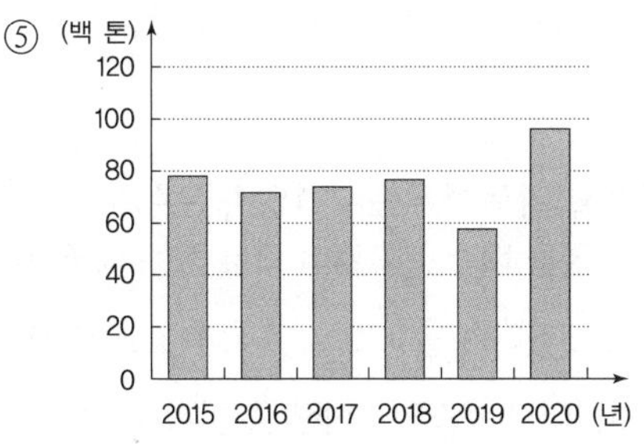

약점 보완 해설집 p.32

실전모의고사 2회

· 풀이 시간:　　　/25분
· 맞힌 문제:　　　/20문제

01 지현이와 하늘이는 원형 운동장의 같은 위치에 서 있다가 서로 반대 방향으로 달리기 시작했다. 달리기를 시작한 지 10초 후, 지현이가 반대 방향으로 돌아 하늘이를 쫓아가기 시작해 30초 후에 만났다. 지현이의 달리기 속력이 하늘이보다 5m/s 더 빠를 때, 하늘이의 달리기 속력은? (단, 달리기 속력은 일정하다.)

① 5m/s　② 7m/s　③ 9m/s　④ 10m/s　⑤ 12m/s

02 당도가 40%인 버블티에 시럽을 1회 추가하였더니 당도가 46%로 높아졌고, 시럽을 2회 더 추가하였더니 양이 총 600mL로 늘어났을 때, 최종적으로 만들어진 600mL 버블티의 당도는? (단, 시럽 1회당 추가되는 시럽의 양은 같다.)

① 53%　② 55%　③ 57%　④ 58%　⑤ 60%

03 수정이가 욕조 안에 물을 채우려고 한다. 온수 호스로만 욕조를 가득 채우는 데 10분, 온수와 냉수 호스로 같이 욕조를 가득 채우는 데 4분이 소요되고, 가득 찬 욕조의 물을 배수구를 열어 모두 빼는 데 6분이 소요된다. 수정이는 온수와 냉수 호스로 같이 욕조의 $\frac{2}{3}$만큼 물을 채웠다가 물이 뜨거워 온수 호스를 끄고 냉수 호스로만 물을 채우면서 배수구를 열어 물을 빼서 온도를 맞췄더니 욕조의 절반만큼 물이 남았을 때, 수정이가 물의 온도를 맞추기까지 총 소요된 시간은?

① 12분　② 12분 20초　③ 12분 40초　④ 13분　⑤ 13분 20초

04 지난달에 예선이는 1개당 원가가 정가의 30%인 우산을 40개 판매하여 총 140,000원의 판매 이익을 얻었다. 이번 달에 원가가 동일한 우산의 정가를 올려 56개를 판매하였더니 판매 이익이 지난달 대비 60% 늘어났을 때, 이번 달에 책정한 우산 1개의 정가는?

① 5,000원　② 5,300원　③ 5,500원　④ 5,700원　⑤ 6,000원

05 민주가 태어난 해에 엄마의 나이는 올해 민주의 나이보다 5살 더 많고, 올해 아빠의 나이는 올해 민주의 나이의 2배보다 7살 더 많다. 올해 엄마와 아빠의 나이의 합이 103살일 때, 민주가 태어난 해에 아빠의 나이는? (단, 민주가 태어난 해에 민주의 나이는 1살이다.)

① 28살 ② 29살 ③ 30살 ④ 31살 ⑤ 32살

06 갑, 을, 병, 정, 무, 기 6명이 원탁에 둘러앉을 때, 갑, 을, 병 3명이 서로 인접하지 않게 앉는 경우의 수는?

① 48가지 ② 60가지 ③ 72가지 ④ 84가지 ⑤ 96가지

07 다음은 A, B 회사의 2021년 1~5월 매출액에 대한 자료일 때, A, B 회사의 2021년 1~5월 매출액에 대한 표준편차의 합은?

[2021년 회사별 매출액]

(단위: 백만 원)

구분	1월	2월	3월	4월	5월	평균
A 회사	232	( )	261	204	210	227
B 회사	613	583	598	553	553	( )

① 20백만 원 ② 24백만 원 ③ 32백만 원 ④ 40백만 원 ⑤ 44백만 원

08 세 변의 길이가 각각 408m, 396m, 156m인 삼각형 모양의 농지 둘레에 일정한 간격으로 말뚝을 설치하려고 한다. 말뚝의 간격이 최대가 되도록 설치할 때, 필요한 말뚝의 수는? (단, 삼각형의 꼭짓점에 해당하는 부분에는 반드시 말뚝을 설치한다.)

① 80개 ② 81개 ③ 82개 ④ 83개 ⑤ 84개

09 다음은 2020년 짝수달 항공 운항 편수를 나타낸 자료이다. 다음 중 자료에 대한 설명으로 옳지 않은 것을 고르시오.

[짝수달 항공 운항 편수]

(단위: 편)

구분		전체	월요일	화요일	수요일	목요일	금요일	토요일	일요일
2월	도착	29,356	2,284	2,175	2,115	2,169	2,142	16,007	2,464
	출발	29,281	2,257	2,176	2,110	2,179	2,127	15,973	2,459
4월	도착	12,733	1,224	1,146	4,914	1,593	1,265	1,287	1,304
	출발	12,713	1,226	1,147	4,891	1,593	1,265	1,287	1,304
6월	도착	18,548	6,198	2,297	1,834	1,888	2,119	2,092	2,120
	출발	18,550	6,199	2,298	1,834	1,888	2,119	2,092	2,120
8월	도착	22,394	2,877	2,399	1,868	2,345	2,520	7,268	3,117
	출발	22,410	2,882	2,399	1,868	2,351	2,520	7,273	3,117
10월	도착	22,655	2,273	2,095	2,134	7,574	3,052	3,022	2,505
	출발	22,713	2,277	2,095	2,134	7,622	3,053	3,027	2,505
12월	도착	18,865	2,267	2,800	2,792	3,130	2,753	2,499	2,624
	출발	18,902	2,224	2,860	2,849	3,091	2,740	2,495	2,643

※ 출처: KOSIS(한국공항공사, 인천국제공항공사, 항공통계)

① 12월 전체 도착 항공 운항 편수는 2월 전체 도착 항공 운항 편수 대비 30% 이상 감소하였다.

② 월요일부터 금요일까지 8월 출발 항공 운항 편수의 평균은 2,404편이다.

③ 10월 전체 도착 항공 운항 편수에서 토요일 도착 항공 운항 편수가 차지하는 비중은 15% 이상이다.

④ 4월 중 출발 항공 운항 편수가 가장 많은 요일과 가장 적은 요일의 운항 편수 차이는 3,744편이다.

⑤ 제시된 기간 중 도착 항공 운항 편수와 출발 항공 운항 편수가 같은 요일이 가장 많은 달은 6월이다.

10 다음은 경기도 화성시에서 타지역으로 전출한 인구수를 나타낸 자료이다. 다음 중 자료에 대한 설명으로 옳은 것을 모두 고르시오.

[화성시에서 타지역으로 전출한 인구수]

(단위: 명)

구분	2015년		2016년		2017년		2018년	
	남자	여자	남자	여자	남자	여자	남자	여자
전체	49,344	44,288	42,911	38,342	45,124	39,398	56,604	51,000
서울특별시	2,979	2,684	3,094	2,950	3,362	3,071	4,062	3,704
부산광역시	375	311	329	274	331	311	359	291
대구광역시	250	216	275	213	267	236	334	312
인천광역시	1,068	843	1,172	917	1,141	834	1,351	1,089
광주광역시	240	236	282	237	284	227	249	244
대전광역시	391	320	439	323	437	289	452	353
울산광역시	156	100	142	118	131	95	136	89
세종특별자치시	224	220	197	170	215	205	232	198
경기도	38,819	35,642	32,065	29,215	34,059	30,190	44,246	40,607
강원도	638	456	593	475	635	484	643	524
충청북도	645	501	645	528	645	529	771	598
충청남도	1,230	928	1,371	1,047	1,418	1,120	1,518	1,095
전라북도	583	438	572	462	570	429	488	492
전라남도	483	406	430	384	424	371	425	344
경상북도	585	421	583	456	553	440	572	432
경상남도	472	364	472	366	393	332	499	363
제주특별자치도	206	202	250	207	259	235	267	265

※ 출처: KOSIS(경기도화성시, 경기도화성시기본통계)

a. 2018년 화성시에서 타지역으로 전출한 전체 인구수는 2년 전 대비 30% 이상 증가하였다.
b. 2017년 화성시에서 타지역으로 전출한 전체 여자 인구수에서 경기도 내 타지역으로 전출한 여자 인구수가 차지하는 비중은 70% 이상이다.
c. 제시된 지역 중 2016년 화성시에서 타지역으로 전출한 남자 인구수가 전년 대비 증가한 지역은 6곳이다.
d. 제시된 기간 중 화성시에서 인천광역시로 전출한 여자 인구수가 처음으로 1,000명을 넘는 해에 인천광역시로 전출한 전체 인구수는 2,340명이다.
e. 제시된 지역 중 2015년부터 2018년까지 화성시에서 타지역으로 전출한 전체 인구수가 매년 가장 적은 지역의 화성시에서 타지역으로 전출한 전체 인구수는 매년 260명 이하이다.

① a, b　② a, e　③ b, c　④ a, b, e　⑤ c, d, e

11 다음은 전국 가구를 대상으로 조사한 2019년 국내 여행 횟수 상위 5개 지역의 가구원 수 및 가구 소득별 국내 여행 횟수를 나타낸 자료이다. 다음 중 자료에 대한 설명으로 옳은 것을 고르시오.

[가구원 수 및 가구 소득별 국내 여행 횟수]

(단위: 천 회)

구분		경기	강원	충남	경북	경남
가구원 수	1인	7,275	4,593	3,401	3,543	3,800
	2인	10,104	7,463	6,574	7,541	7,791
	3인 이상	34,986	28,380	18,315	18,769	17,485
가구 소득	100만 원 미만	1,500	963	998	1,461	1,183
	100만 원 이상 200만 원 미만	3,459	2,054	1,849	2,240	2,111
	200만 원 이상 300만 원 미만	7,469	4,378	4,000	4,039	4,338
	300만 원 이상 400만 원 미만	9,406	8,167	5,385	6,644	7,166
	400만 원 이상 500만 원 미만	11,770	9,322	7,237	6,536	6,399
	500만 원 이상 600만 원 미만	9,841	8,237	5,058	5,074	4,255
	600만 원 이상	8,920	7,315	3,763	3,859	3,624

※ 출처: KOSIS(문화체육관광부, 국민여행조사)

① 가구 소득이 100만 원 미만인 가구가 가장 많이 여행을 가는 상위 3개 지역의 여행 횟수는 모두 1,200천 회 이상이다.

② 가구원 수가 3인 미만인 가구의 강원 지역 여행 횟수는 11,056천 회이다.

③ 가구 소득이 500만 원 이상 600만 원 미만인 가구의 여행 횟수는 경기, 강원, 충남, 경북, 경남 지역 순으로 많다.

④ 제시된 지역 중 가구 소득이 100만 원 이상 200만 원 미만인 가구와 200만 원 이상 300만 원 미만인 가구의 여행 횟수 차이가 가장 작은 지역은 충남 지역이다.

⑤ 가구원 수가 3인 이상인 가구가 가장 많이 여행을 가는 지역의 여행 횟수는 가장 적게 여행을 가는 지역의 여행 횟수의 2배 이상이다.

12 다음은 2020년 수도권 지역의 재활용 가능 자원 중 일부 자원의 월별 가격에 대한 자료이다. 다음 중 자료에 대한 설명으로 옳지 않은 것을 모두 고르시오.

[재활용 가능 자원의 월별 가격]

(단위: 원/kg)

구분	폐지(신문지)	폐플라스틱(PE)	EPS PELLET	압축 PET	폐유리병(백색)	철스크랩	폐금속캔(철캔)
1월	76	560	980	301	57	207	149
2월	75	555	970	320	57	199	147
3월	74	550	935	322	58	193	144
4월	74	500	755	272	58	153	130
5월	77	490	705	222	58	168	125
6월	80	485	705	222	58	200	145
7월	81	479	705	216	58	192	149
8월	83	467	705	214	58	185	155
9월	85	461	705	223	58	230	172
10월	86	463	705	225	58	216	169
11월	87	463	690	227	58	216	171
12월	87	464	690	227	58	234	187

※ 출처: KOSIS(한국환경공단, 재활용가능자원가격조사)

a. 제시된 자원 중 1월과 12월 가격 차이가 가장 큰 자원의 12월 가격은 1월 대비 35% 이상 감소하였다.
b. 2020년 상반기 폐지(신문지) 가격의 평균은 76원/kg이다.
c. 폐유리병(백색) 가격이 전월 대비 증가한 달에 제시된 모든 자원의 가격이 전월 대비 변화하였다.
d. 폐플라스틱(PE) 가격이 다섯 번째로 높은 달에 폐플라스틱(PE) 가격은 철스크랩 가격의 3배 이상이다.

① a ② a, d ③ b, c ④ a, c, d ⑤ b, c, d

13 다음은 2020년 1월 일부 지역의 지가변동률과 2021년 1월 일부 지역의 주거지역 지가변동률의 전년 동월 대비 증감량에 대한 자료이다. 다음 중 자료에 대한 설명으로 옳지 않은 것을 고르시오.

[2020년 1월 지역별 지가변동률]

(단위: %)

구분	주거지역	상업지역	공업지역	녹지지역
서울	0.445	0.502	0.520	0.314
부산	0.412	0.313	0.143	0.118
대구	0.415	0.372	0.060	0.242
인천	0.327	0.694	0.236	0.292
광주	0.404	0.277	0.624	0.320
대전	0.510	0.770	0.255	0.178
울산	0.071	0.112	0.017	0.262
세종	0.390	0.020	0.002	0.788

[2021년 1월 지역별 주거지역 지가변동률의 전년 동월 대비 증감량]

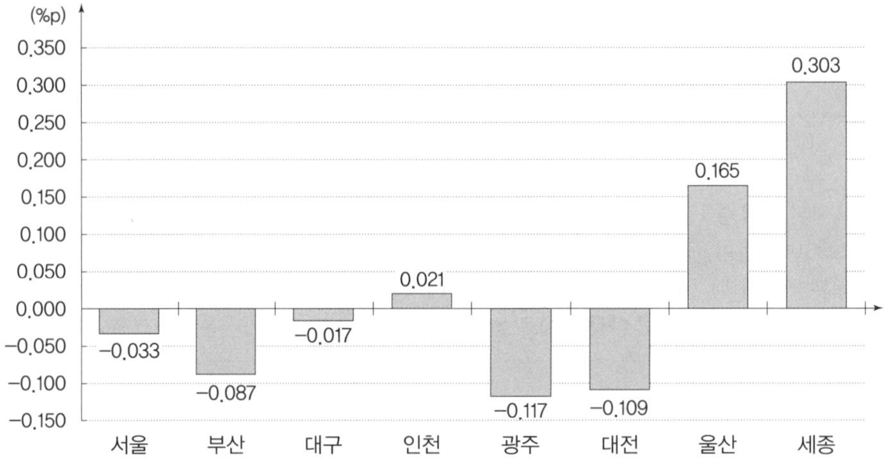

※ 출처: KOSIS(한국부동산원, 전국지가변동률조사)

① 제시된 지역의 2020년 1월 주거지역 지가변동률은 평균 0.3% 이상이다.

② 제시된 지역 중 2021년 1월 주거지역 지가변동률이 전년 동월 대비 증가한 곳은 3곳이다.

③ 제시된 지역 중 2020년 1월 녹지지역 지가변동률이 가장 높은 지역의 공업지역 지가변동률은 두 번째로 낮다.

④ 제시된 지역 중 2021년 1월 주거지역 지가변동률이 가장 높은 지역은 세종이다.

⑤ 제시된 지역 중 2020년 1월 상업지역 지가변동률이 세 번째로 높은 지역의 지가변동률은 다섯 번째로 높은 지역의 1.5배 이상이다.

14 다음은 2019년과 2020년 성별 이직 희망 사유 비율에 대한 자료이다. 2019년과 2020년 모두 조사에 응답한 남자와 여자가 각각 5,000명일 때, 2019년 남자와 여자의 이직 희망 사유 비율의 차이가 가장 큰 항목의 2020년 남자와 여자의 응답자 수의 차이는?

[성별 이직 희망 사유 비율]

(단위: %)

구분	2019년		2020년	
	남자	여자	남자	여자
더 나은 보수·복지를 위해서	48.0	49.4	46.8	38.0
더 나은 근무환경	14.1	19.2	15.0	17.8
개인 발전·승진	12.0	8.2	8.0	11.7
더 나은 안정성을 위해서	12.7	9.5	14.0	14.6
개인 사업을 위해서	7.2	5.1	8.9	6.2
업무가 적성에 맞지 않아서	3.1	4.4	2.5	4.9
집안 사정 때문에	0.8	1.7	1.3	4.3
기술 또는 기능 수준이 맞지 않아서	1.2	1.3	2.9	2.0
건강상의 이유로	0.9	1.2	0.6	0.5
합계	100.0	100.0	100.0	100.0

※ 출처: KOSIS(한국청소년정책연구원, 청년사회·경제실태조사)

① 120명 ② 125명 ③ 130명 ④ 135명 ⑤ 140명

[15-16] 다음은 문화재 유형별 보수정비 현황에 대한 자료이다. 각 물음에 답하시오.

[문화재 유형별 보수정비 투입금액]

(단위: 백만 원)

구분		2018년	2010년	2020년
국보·보물	국비	65,696	66,675	77,045
	지방비	31,318	30,201	33,658
천연기념물·명승	국비	33,199	33,404	48,024
	지방비	14,236	14,319	20,581
사적 문화재	국비	175,953	230,161	238,708
	지방비	76,816	100,249	103,816
국가민속 문화재	국비	11,642	15,016	19,224
	지방비	5,115	6,518	8,383
국가등록 문화재	국비	9,525	14,902	10,297
	지방비	9,525	14,902	10,297

[문화재 유형별 보수정비 건수]

(건)

구분	2018	2019	2020
국보·보물	477	472	411
천연기념물·명승	359	367	379
사적 문화재	357	360	443
국가민속 문화재	164	148	175
국가등록 문화재	134	134	147

※ 투입금액은 국비와 지방비로 구성됨

※ 출처: KOSIS(문화재청, 문화재관리현황)

15 다음 중 자료에 대한 설명으로 옳은 것을 고르시오.

① 2019년 국보·보물 보수정비에 투입된 지방비는 전년 대비 1,120백만 원 이상 감소하였다.

② 2020년 보수정비 건수가 세 번째로 많은 문화재 유형의 보수정비에 투입된 같은 해 지방비는 2년 전 대비 40% 이상 증가하였다.

③ 2018년 보수정비에 투입된 지방비가 가장 큰 문화재 유형에 제시된 기간 동안 투입된 지방비는 총 280,921백만 원이다.

④ 국가민속 문화재 보수정비에 투입된 국비는 2020년이 2018년의 1.5배 이하이다.

⑤ 2019년 이후 문화재 유형별 보수정비에 투입된 국비의 전년 대비 증감 추이는 매년 동일하다.

16 제시된 문화재 유형 중 2019년 보수정비 건수당 전체 투입금액이 가장 큰 문화재 유형과 가장 작은 문화재 유형의 같은 해 보수정비 건수당 전체 투입금액의 차이는 약 얼마인가? (단, 소수점 둘째 자리에서 반올림하여 계산한다.)

① 633.1백만 원 ② 695.4백만 원 ③ 712.6백만 원 ④ 772.3백만 원 ⑤ 787.8백만 원

17 다음은 A 회사 직원들의 업무 시간에 따른 집중도를 나타낸 자료이다. 자료를 보고 빈칸 ㉠, ㉡에 해당하는 값을 예측했을 때 가장 타당한 값을 고르시오.

[업무 시간에 따른 집중도]

업무 시간(시간)	집중도
4	78
6	42
8	(㉠)
(㉡)	13

※ 집중도 = $\frac{a+2b+4}{\text{업무 시간}}$ − b × 업무 시간

	㉠	㉡		㉠	㉡
①	21	9	②	21	10
③	24	9	④	24	10
⑤	24	11			

18 다음은 A 사과나무와 B 사과나무에 열린 사과를 10주 동안 관찰한 결과이며, 이를 분석한 결과 일정한 규칙성이 발견되었다. 자료를 보고 빈칸 ㉠, ㉡에 해당하는 값을 예측했을 때 가장 타당한 값을 고르시오.

[사과 수 관찰 결과]

(단위: 개)

구분	A 사과나무	B 사과나무
1주 차	1	4
2주 차	2	8
3주 차	3	15
4주 차	5	25
5주 차	8	38
6주 차	( )	54
7주 차	( )	( )
8주 차	( )	( )
9주 차	( )	(㉡)
10주 차	(㉠)	148

	㉠	㉡		㉠	㉡
①	87	119	②	87	120
③	89	118	④	89	119
⑤	89	120			

19 다음은 2019년 우리나라 일부 지역의 총가구 수 및 무주택 가구 수를 나타낸 자료이다. 이를 바탕으로 2019년 지역별 주택소유 가구 수를 바르게 나타낸 것을 고르시오.

[지역별 총가구 수 및 무주택 가구 수]

(단위: 백 가구)

구분	서울	인천	대전	대구	부산	광주
총가구 수	38,964	11,206	6,090	9,686	13,770	5,872
무주택 가구 수	20,015	4,704	2,827	4,053	5,773	2,482

※ 총가구 수=주택소유 가구 수+무주택 가구 수

※ 출처: KOSIS(통계청, 주택소유통계)

①
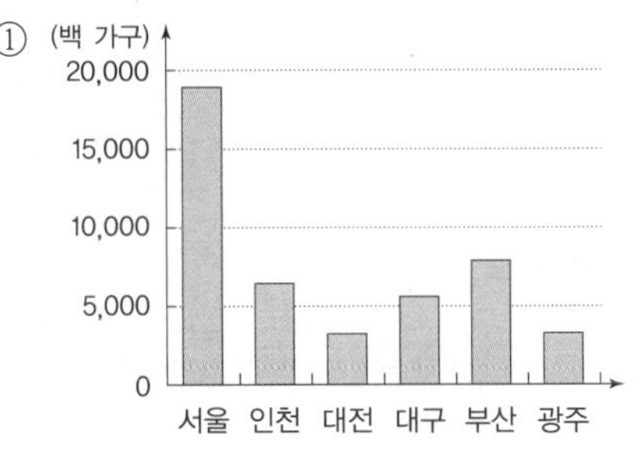

②
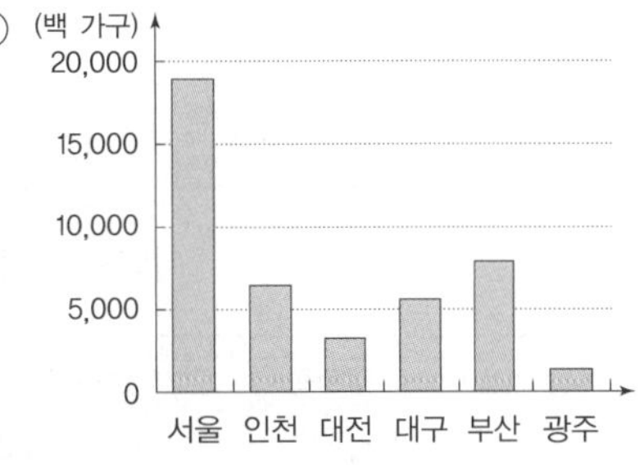

③
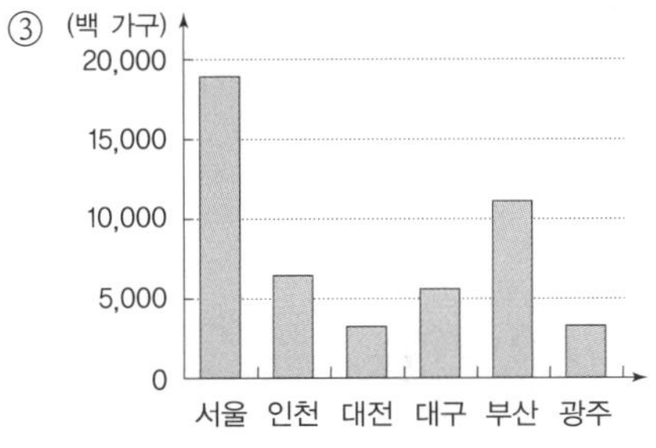

④
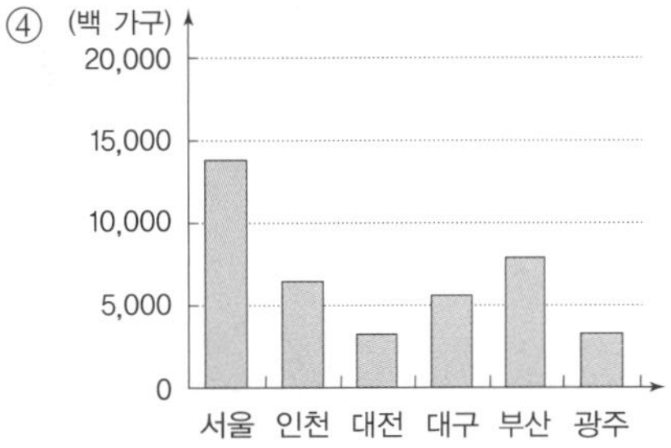

⑤
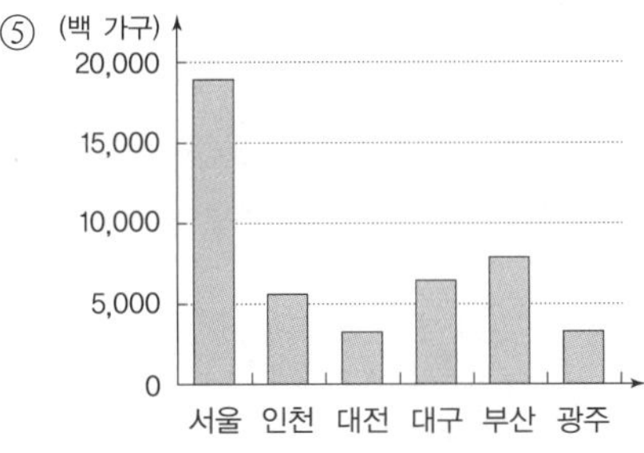

20 다음은 경기도 일부 지역별 중학교 남교원 및 여교원 수와 경기도 중학교의 전체 교원 수에 대한 자료이다. 이를 바탕으로 만든 그래프로 옳지 않은 것을 고르시오.

[연도별 중학교 남교원 및 여교원 수]

(단위: 명)

구분	2016		2017		2018		2019	
	남교원 수	여교원 수	남교원 수	여교원 수	남교원 수	여교원 수	남교원 수	여교원 수
수원시	498	1,753	478	1,721	481	1,678	482	1,688
성남시	244	1,554	249	1,521	244	1,471	244	1,430
안양시	144	891	152	853	144	800	140	842
부천시	276	1,227	275	1,246	278	1,196	263	1,202
광명시	126	616	125	586	118	578	115	575

[연도별 경기도 중학교 전체 교원 수]

(단위: 명)

구분	2016	2017	2018	2019
교원 수	23,127	23,395	23,202	23,800

※ 출처: KOSIS(경기도, 경기도기본통계)

① [2016년 지역별 중학교 여교원 수]

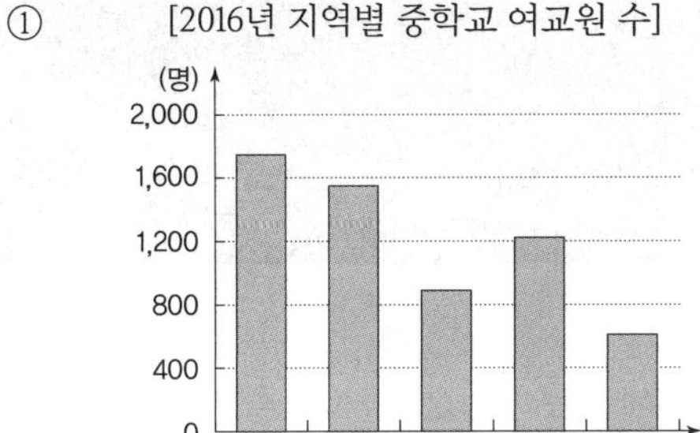
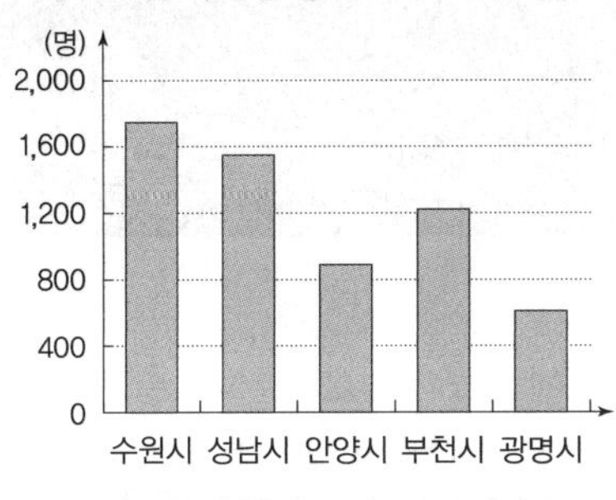

② [2017년 지역별 중학교 남교원 수]

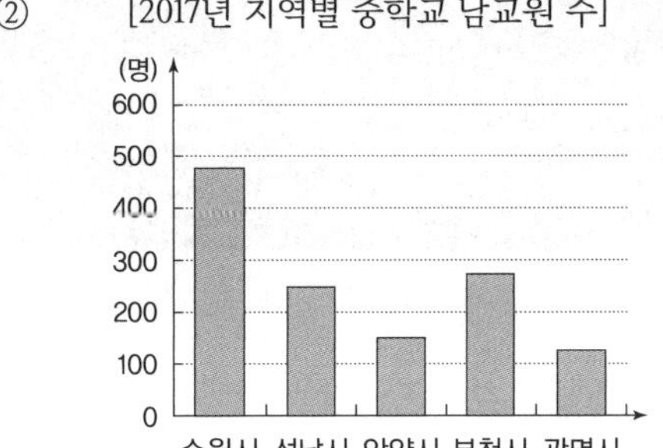

③ [2018년 지역별 중학교 교원 수]

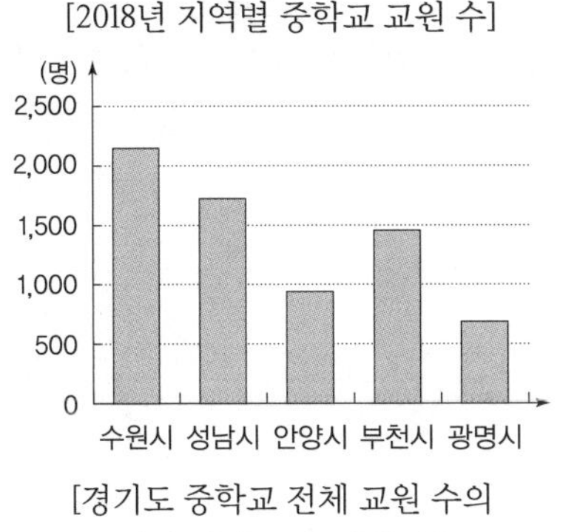

④ [2019년 지역별 중학교 남교원 및 여교원 수]

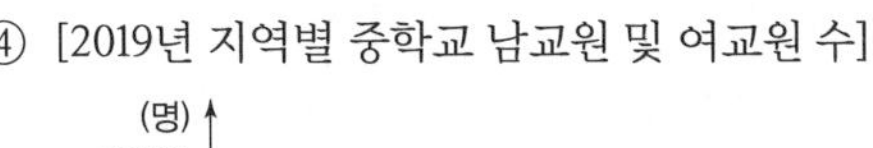
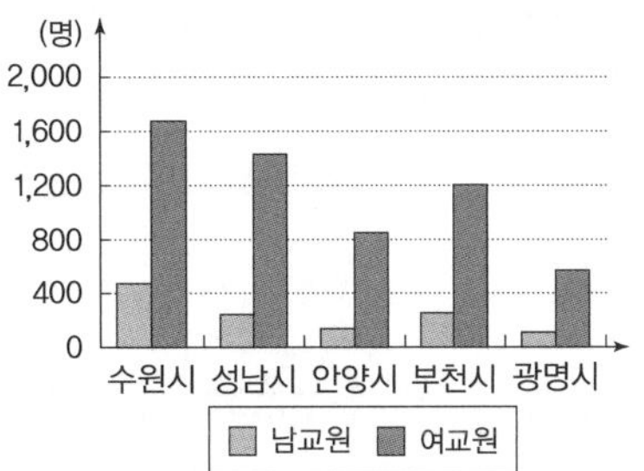

⑤ [경기도 중학교 전체 교원 수의 전년 대비 증가 인원 수]

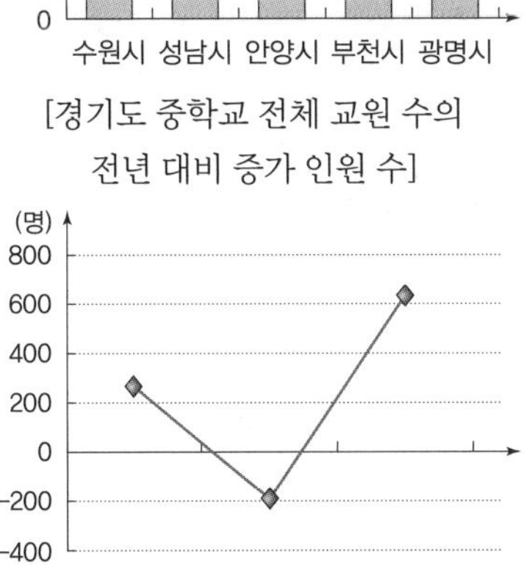

약점 보완 해설집 p.38

실전모의고사 3회

· 풀이 시간: /25분
· 맞힌 문제: /20문제

01 직장 동료인 용준이와 희주는 매일 회사에서 동시에 출발해 같은 헬스장에 가고, 용준이는 헬스장까지 자전거를 타고 12km/h의 속력으로 이동한다. 희주가 20분 동안 6km/h의 속력으로 걷다가 이후 전동킥보드를 타고 이동하면 용준이보다 2분 먼저 헬스장에 도착하고, 처음부터 전동킥보드를 타고 이동하면 용준이보다 16분 먼저 헬스장에 도착할 때, 용준이가 회사에서 헬스장까지 가는 데 걸리는 시간은? (단, 자전거와 전동킥보드의 속력은 각각 일정하다.)

① 18분 ② 24분 ③ 28분 ④ 38분 ⑤ 40분

02 농도가 4%인 소금물과 농도가 12%인 소금물을 섞어 농도가 6%인 소금물을 만들었다. 농도가 4%인 소금물이 농도가 12%인 소금물보다 100g이 더 많을 때, 농도가 12%인 소금물의 양은?

① 25g ② 50g ③ 75g ④ 100g ⑤ 125g

03 A는 40분 동안 6개의 라면을 끓이고, B는 50분 동안 4개의 라면을 끓이며, A와 C는 함께 1시간 동안 12개의 라면을 끓인다. A와 B가 함께 라면을 끓이다 C가 혼자 이어받아 라면을 끓이기 시작해 총 24개의 라면을 끓이는 데 3시간 20분이 소요되었을 때, C가 혼자 라면을 끓인 시간은? (단, A~C는 각자 2개 이상의 라면을 동시에 끓이지 않는다.)

① 102분 ② $\frac{1,090}{9}$분 ③ $\frac{1,100}{9}$분 ④ $\frac{370}{3}$분 ⑤ $\frac{1,120}{9}$분

04 지난달에 갑돌이는 1개당 원가가 8,000원인 인형 20개를 팔아 40,000원의 이익을 얻었다. 이번 달에는 동일한 인형 20개를 할인하여 팔아 180,000원의 매출을 올렸을 때, 이번 달에 판매한 인형 1개당 할인율은?

① 5% ② 10% ③ 15% ④ 20% ⑤ 25%

05 영주는 가지고 있는 철사로 가로의 길이가 세로의 길이보다 13cm 더 길면서 넓이가 168cm^{2}인 직사각형을 만들었다. 이 철사로 넓이가 210cm^{2}인 직사각형을 새로 만들 때, 가로의 길이와 세로의 길이의 차이는?

① 1cm ② 2cm ③ 3cm ④ 4cm ⑤ 5cm

06 C 회사의 전체 직원 중 미혼인 직원의 수가 차지하는 비중은 70%이고, 미혼인 직원과 기혼인 직원은 56명 차이가 난다. 또한, 전체 직원 중 대출금이 있는 직원의 수가 차지하는 비중은 60%이고, 대출금이 없으면서 기혼인 직원은 24명이다. 전체 직원 중 임의로 선택한 직원이 대출금이 없을 때, 미혼일 확률은? (단, C 회사의 모든 직원은 미혼이거나 기혼이다.)

① $\frac{2}{7}$ ② $\frac{3}{7}$ ③ $\frac{4}{7}$ ④ $\frac{3}{8}$ ⑤ $\frac{5}{8}$

07 올해 경제학과 졸업생은 모두 대기업, 중견기업, 공기업 중 적어도 한 곳에 지원했고, 전체 졸업생의 60%가 대기업에 지원했으며 이 중 20%는 공기업도 함께 지원했다. 세 곳 모두 지원한 졸업생은 전체 졸업생의 4%인 6명이고, 한 곳만 지원한 졸업생은 세 곳 모두 지원한 졸업생의 17배이다. 중견기업과 공기업 두 곳만 지원한 졸업생이 5명 이상이라면, 대기업만 지원한 졸업생의 최소 인원은?

① 25명 ② 30명 ③ 47명 ④ 57명 ⑤ 65명

08 J 마트에 파인애플과 아보카도 재고의 비가 4 : 7이었다가, 파인애플만 추가 입고된 후 파인애플과 아보카도 재고의 비는 3 : 4가 되었다. 현재 파인애플과 아보카도 개수의 합이 총 245개일 때, 추가 입고된 파인애플의 개수는?

① 15개 ② 25개 ③ 35개 ④ 60개 ⑤ 80개

[09-10] 다음은 요일 및 시간대별 산불 발생 건수에 대한 자료이다. 각 물음에 답하시오.

[요일별 산불 발생 건수]

(단위: 건)

구분	2016년	2017년	2018년	2019년	2020년
월요일	50	80	79	75	69
화요일	45	72	66	91	77
수요일	52	74	45	99	80
목요일	57	100	61	82	95
금요일	62	89	52	73	75
토요일	54	137	75	116	96
일요일	47	113	79	77	102
공휴일	24	27	40	40	26

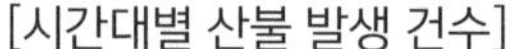
[시간대별 산불 발생 건수]

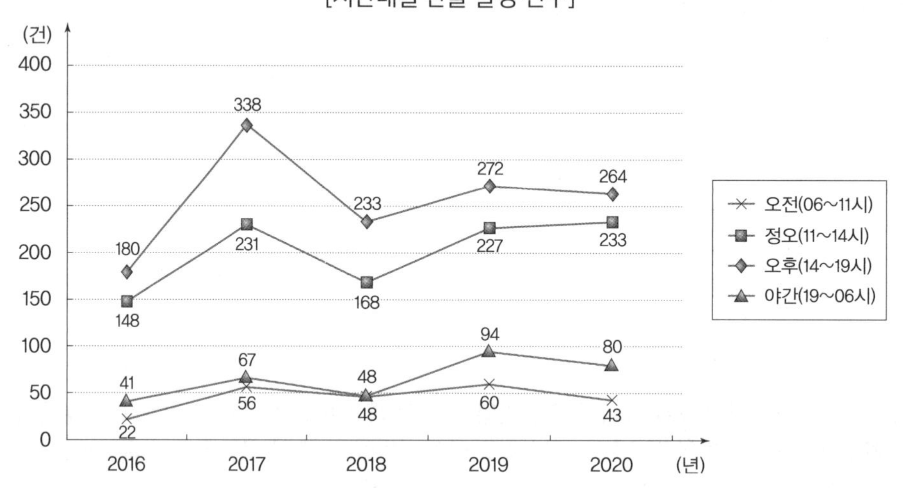

※ 공휴일 산불 발생 건수는 월요일부터 일요일까지의 산불 발생 건수에 포함되지 않음

※ 출처: KOSIS(산림청, 산불통계)

09 다음 중 자료에 대한 설명으로 옳은 것을 모두 고르시오.

a. 2017년 이후 화요일 산불 발생 건수의 전년 대비 증감 추이와 같은 때는 수요일뿐이다.

b. 제시된 기간 중 일요일 산불 발생 건수가 가장 적은 해에 산불 발생 건수는 정오 시간대가 오전 시간대의 6.5배 이상이다.

c. 제시된 기간 중 오후 시간대 산불 발생 건수가 두 번째로 많은 해에 오후 시간대 산불 발생 건수는 2년 전 대비 25% 이상 감소하였다.

d. 제시된 기간 중 전체 산불 발생 건수가 가장 많은 해에 산불 발생 건수가 가장 많은 시간대와 두 번째로 많은 시간대의 산불 발생 건수의 합은 569건이다.

① a, b ② a, d ③ b, c ④ b, d ⑤ c, d

10 **제시된 기간 중 2017년 이후 정오 시간대 산불 발생 건수의 전년 대비 변화량이 두 번째로 큰 해에 전체 산불 발생 건수의 전년 대비 증감률은 약 얼마인가?** (단, 소수점 둘째 자리에서 반올림하여 계산한다.)

① -39.5% ② -28.2% ③ -5.1% ④ 31.4% ⑤ 77.0%

11 **다음은 성 및 연령대별 국내여행과 해외여행 경험률에 대한 자료이다. 다음 중 자료에 대한 설명으로 옳은 것을 고르시오.**

[국내여행 및 해외여행 경험률]

(단위: %)

구분		2018년		2019년	
		국내여행	해외여행	국내여행	해외여행
성	남자	91.4	21.7	91.0	21.7
	여자	87.2	23.0	93.7	24.7
연령대	15~19세	88.6	10.3	95.1	6.4
	20대	92.7	30.7	91.1	30.7
	30대	95.0	28.9	90.6	33.9
	40대	92.9	25.2	92.8	20.8
	50대	91.6	20.0	90.7	27.3
	60대	91.4	21.6	96.5	20.6
	70세 이상	71.0	7.8	92.6	6.9

※ 출처: KOSIS(문화체육관광부, 국민여행조사)

① 제시된 연령대 중 2018년 국내여행 경험률이 3번째로 높은 연령대는 해외여행 경험률도 3번째로 높다.

② 2019년 40대의 해외여행 경험률은 전년 대비 3.4%p 감소하였다.

③ 2019년 여자의 국내여행 경험률은 해외여행 경험률의 3.5배 미만이다.

④ 2019년 70세 이상의 국내여행 경험률은 전년 대비 25% 이상 증가하였다.

⑤ 2018년 국내여행 경험률은 남자가 여자보다 3.2%p 더 높다.

12 다음은 연령별 남성 평균 신체질량지수와 연령별 남성 20m 왕복 오래달리기 기록을 나타낸 자료이다. 다음 중 자료에 대한 설명으로 옳은 것을 모두 고르시오.

[연령별 남성 평균 신체질량지수]

(단위: kg/m²)

구분	2013년	2015년	2017년	2019년
19~24세	23.4	23.3	23.7	24.0
25~29세	24.4	23.8	24.4	24.6
30~34세	24.2	24.9	25.4	25.3
35~39세	24.5	25.2	24.8	25.5
40~44세	24.1	24.0	25.3	25.4
45~49세	24.6	24.4	25.2	25.2
50~54세	24.7	24.9	24.6	25.1
55~59세	23.9	24.5	24.7	24.9
60~64세	24.4	24.6	24.3	24.8

[연령별 남성 20m 왕복 오래달리기 기록]

(단위: 회)

구분	2013년	2015년	2017년	2019년
19~24세	53.3	48.3	51.1	48.4
25~29세	46.7	47.7	46.0	46.1
30~34세	41.4	38.0	42.9	42.4
35~39세	34.0	35.9	39.1	37.4
40~44세	38.5	30.3	36.7	34.6
45~49세	37.6	32.0	32.7	31.4
50~54세	28.8	28.2	31.2	28.1
55~59세	27.3	23.1	27.5	24.3
60~64세	19.8	18.3	24.1	20.4

※ 출처: KOSIS(문화체육관광부, 국민체력측정통계)

a. 2019년 남성 중 평균 신체질량지수가 6년 전 대비 가장 많이 증가한 연령은 같은 해 평균 신체질량지수가 6년 전 대비 5% 이상 증가하였다.
b. 2017년 남성 중 평균 신체질량지수가 2년 전 대비 감소한 연령은 2017년 20m 왕복 오래달리기 기록이 2년 전 대비 증가하였다.
c. 19~29세 남성의 20m 왕복 오래달리기 기록의 평균은 2015년에 2013년 대비 증가하였다.
d. 2013년 20m 왕복 오래달리기 기록은 30~34세 남성이 55~59세 남성의 1.5배 미만이다.

① a, b ② a, d ③ b, c ④ a, b, c ⑤ a, b, d

13 다음은 일부 지역의 소방본부별 소방헬기 운영 현황에 대한 자료이다. 다음 중 자료에 대한 설명으로 옳은 것을 고르시오.

[소방본부별 소방헬기 운항 시간 및 구조 인력]

(단위: 시간, 명)

구분	2016년		2017년		2018년		2019년	
	운항 시간	구조 인력	운항 시간	구조 인력	운항 시간	구조 인력	운항 시간	구조 인력
전국	4,711	2,338	5,659	2,456	5,926	2,223	6,260	2,113
서울	311	208	462	188	322	186	507	372
부산	129	86	122	53	274	55	327	66
대구	162	34	289	43	280	71	283	31
인천	274	127	358	143	277	66	257	31
경기	734	516	803	642	908	523	811	382

[2019년 소방본부별 소방헬기 운영 횟수]

(단위: 회)

구분	전체	구조 구급	화재 출동	산불 진압	홍보 활동	교육 훈련	순찰 배치	업무 지원	정비 시험
전국	5,990	2,647	98	319	18	1,892	209	76	731
서울	608	397	2	11	0	159	2	13	24
부산	327	106	3	31	0	147	12	4	24
대구	276	71	5	23	0	125	3	1	48
인천	264	61	4	5	0	141	6	6	41
경기	956	471	30	54	0	291	5	8	97

※ 출처: KOSIS(소방청, 119구조구급활동실적보고)

① 2017년 이후 서울 소방본부의 소방헬기 운항 시간당 구조 인력은 전년 대비 매년 감소하였다.

② 2019년 전국 소방본부의 구조 구급 목적의 소방헬기 운영 횟수에서 서울과 경기 소방본부가 차지하는 비중은 35% 이상이다.

③ 제시된 소방본부 중 2019년 소방본부별 전체 소방헬기 운영 횟수당 운항 시간이 1시간 이하인 소방본부는 총 3곳이다.

④ 2019년 경기 소방본부의 소방헬기 구조 인력은 2년 전 대비 약 40.5% 감소하였다.

⑤ 전국 소방본부 중 제시된 소방본부 외의 소방본부에서 교육 훈련 목적의 소방헬기 운영 횟수는 1,039회이다.

14 **다음은 일부 제조업별 근로자 및 재해자 수와 전체 제조업 근로자 및 재해자 수에 대한 자료이다. 다음 중 자료에 대한 설명으로 옳지 않은 것을 고르시오.**

[제조업별 근로자 및 재해자 수]

(단위: 명)

구분	2016년		2017년		2018년	
	근로자 수	재해자 수	근로자 수	재해자 수	근로자 수	재해자 수
식료품제조업	290,174	2,184	297,733	2,173	305,672	2,592
목재 및 나무제품제조업	61,773	1,057	61,543	1,003	63,822	1,062
고무제품제조업	65,401	642	65,071	588	64,608	688
유리제조업	31,959	231	27,925	205	26,830	193
금속제련업	42,307	80	41,529	83	41,076	121
도금업	52,438	316	65,158	428	67,272	491
선박건조 및 수리업	229,899	1,911	198,328	1,953	169,455	1,848
수제품제조업	37,866	175	37,352	148	37,118	153

[전체 제조업 근로자 및 재해자 수]

(단위: 명)

2016년		2017년		2018년	
근로자 수	재해자 수	근로자 수	재해자 수	근로자 수	재해자 수
4,236,653	26,142	4,149,966	25,333	4,152,058	27,377

※ 재해율(%) = (재해자 수 / 근로자 수) × 100

※ 출처: KOSIS(고용노동부, 산업재해현황)

① 2018년 재해율은 수제품제조업이 선박건조 및 수리업보다 낮다.

② 2017년 전체 제조업 재해자 수에서 식료품제조업 재해자 수가 차지하는 비중은 약 8.6%이다.

③ 2018년 유리제조업에서 근로자 수의 2년 전 대비 감소율은 재해자 수의 2년 전 대비 감소율보다 높다.

④ 2016년 근로자 수는 고무제품제조업이 도금업보다 12,963명 더 많다.

⑤ 제시된 제조업 중 2017년 이후 근로자 수의 전년 대비 증감 추이가 전체 제조업과 동일한 제조업은 1개뿐이다.

15 다음은 전국 및 일부 지역별 중장년층 평균소득 및 중앙값에 대한 자료이다. 제시된 지역 중 2017년 이후 중장년층 평균소득과 중앙값의 전년 대비 증감 추이가 전국과 동일하지 않은 지역의 2016~2019년 평균소득의 평균은?

[지역별 중장년층 평균소득 및 중앙값]

(단위: 만 원)

구분	2016년		2017년		2018년		2019년	
	평균소득	중앙값	평균소득	중앙값	평균소득	중앙값	평균소득	중앙값
서울	3,845	1,925	3,970	2,074	3,981	2,141	4,240	2,390
부산	2,954	1,819	3,094	1,946	3,242	2,057	3,329	2,175
대구	3,176	1,832	3,171	1,937	3,250	2,066	3,461	2,191
인천	2,831	1,800	3,059	2,003	3,166	2,153	3,176	2,259
대전	3,239	1,901	3,419	2,077	3,457	2,150	3,580	2,340
세종	3,747	2,668	3,937	2,789	4,184	3,000	4,410	3,285

[전국 중장년층 평균소득 및 중앙값]

연도	평균소득	중앙값
2016	3,220	1,877
2017	3,349	2,005
2018	3,441	2,141
2019	3,555	2,288

(만 원) 4,000 3,500 3,000 2,500 2,000 1,500 1,000 500 0 (년)

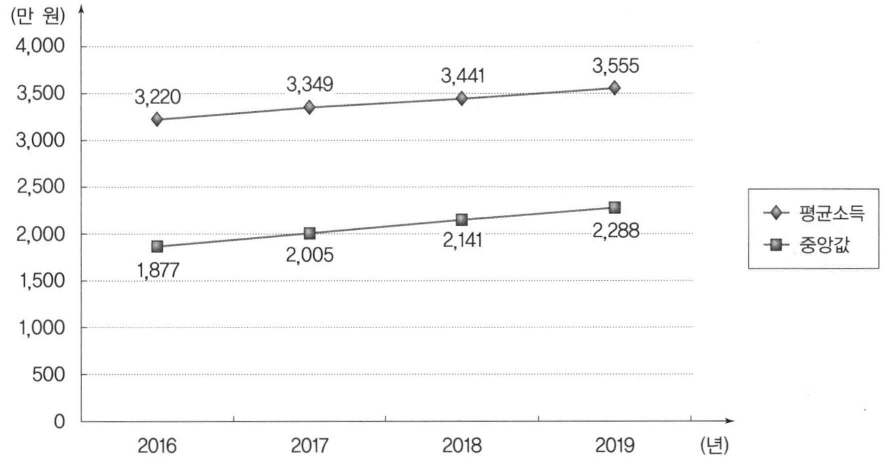

※ 출처: KOSIS(통계청, 중장년층행정통계)

① 2,132.5만 원　② 3,058만 원　③ 3,154.8만 원　④ 3,264.5만 원　⑤ 4,009만 원

16 **다음은 2019년 사업체의 인력 규모별 인공지능 인력 현황에 대한 자료이다. 다음 중 자료에 대한 설명으로 옳지 않은 것을 고르시오.**

[사업체의 인력 규모별 인공지능 인력 현황]

(단위: 명)

구분		10인 미만	10인 이상 100인 미만	100인 이상 1,000인 미만	1,000인 이상
경력	3년 미만	235	607	484	276
	3년 이상 7년 미만	235	630	372	1,147
	7년 이상 10년 미만	101	327	340	357
	10년 이상	87	195	282	151
학력	대졸 이하	447	1,209	1,160	1,477
	대학원 석사 졸업	160	444	238	339
	대학원 박사 졸업	51	106	80	115

※ 출처: KOSIS(과학기술정보통신부, 인공지능산업실태조사)

① 100인 미만 규모의 사업체에서 근무하는 대학원 석사 졸업 인력은 604명이다.

② 경력이 3년 이상 7년 미만인 인력 중 1,000인 미만 규모의 사업체에서 근무하는 인력은 1,000인 이상 규모의 사업체에서 근무하는 인력의 약 1.08배이다.

③ 학력별로 인력이 많은 사업체 규모부터 순서대로 나열하면 그 순서는 대졸 이하와 대학원 박사 졸업만 서로 동일하다.

④ 경력이 7년 이상 10년 미만인 전체 인력과 10년 이상인 전체 인력의 차이는 400명이다.

⑤ 10인 미만 규모의 사업체에서 근무하는 전체 인력 중 경력이 3년 미만인 인력이 차지하는 비중은 35% 이상이다.

17 **다음은 일부 지역별 주택 건설 인허가 실적에 대한 자료이다. 5개년 중 제시된 지역의 전체 인허가 실적이 두 번째로 적은 해에 전체 인허가 실적에서 경기 지역의 인허가 실적이 차지하는 비중은 약 얼마인가?** (단, 소수점 둘째 자리에서 반올림하여 계산한다.)

[지역별 주택 건설 인허가 실적]

(단위: 호)

구분	2016년	2017년	2018년	2019년	2020년
서울	74,739	113,131	65,751	62,272	58,181
인천	22,186	22,689	39,375	44,530	28,745
경기	244,237	185,582	174,971	165,424	165,375
부산	36,664	47,159	34,352	17,237	19,145
대구	23,169	31,378	35,444	27,725	28,063
광주	22,796	20,326	14,999	19,174	10,512
대전	13,509	9,953	6,520	17,523	16,951
울산	16,325	12,747	12,759	5,919	7,314
세종	12,627	9,332	2,062	5,297	3,551
강원	29,489	29,497	26,297	19,366	12,438

※ 출처: KOSIS(국토교통부, 주택건설실적통계)

① 38.5% ② 42.4% ③ 43.0% ④ 47.2% ⑤ 49.3%

18 다음은 두께가 일정한 A~D 유리의 길이 및 무게에 따른 유리 비중을 나타낸 자료이다. 자료를 보고 빈칸 ㉠, ㉡에 해당하는 값을 예측했을 때 가장 타당한 값을 고르시오.

[길이 및 무게에 따른 유리 비중]

구분	A 유리	B 유리	C 유리	D 유리
가로 길이(m)	2.0	1.2	2.0	(㉡)
세로 길이(m)	2.0	1.5	5.0	2.0
무게(kg)	120	(㉠)	312	156
유리 비중	2.4	2.4	2.5	2.5

※ 유리 비중 = $\frac{\text{무게}}{\text{가로 길이} \times \text{세로 길이} \times a} - b$

	㉠	㉡
①	54	1.5
②	54	2.2
③	54	2.5
④	64	2.2
⑤	64	2.5

19 **다음은 어느 전자기기 회사의 신제품 A, B, C의 판매량을 10개월 동안 기록한 자료이다. 자료를 보고 빈칸 ㉠, ㉡, ㉢에 해당하는 값을 예측했을 때 가장 타당한 값을 고르시오.** (단, 신제품 A, B, C의 판매량은 각각 일정한 규칙을 가지고 1개월마다 변화하였다.)

[신제품 A, B, C 판매량]

(단위: 개)

구분	신제품 A	신제품 B	신제품 C
1개월 차	5,631	8,967	2,456
2개월 차	5,762	8,921	2,472
3개월 차	5,893	8,829	2,488
4개월 차	6,024	8,691	2,520
5개월 차	6,155	8,507	2,568
6개월 차	(　　)	(　　)	2,648
7개월 차	(　　)	(　　)	(　　)
8개월 차	(　　)	(㉡)	(　　)
9개월 차	(㉠)	(　　)	(　　)
10개월 차	(　　)	(　　)	(㉢)

	㉠	㉡	㉢
①	6,679	7,579	3,864
②	6,679	7,679	3,864
③	6,679	7,679	3,964
④	6,779	7,579	3,964
⑤	6,779	7,679	3,964

20 다음은 서울과 경기의 응급실 이용 현황에 대한 자료이다. 이를 바탕으로 두 지역 중 2018년 응급실 총 이용 횟수가 가장 많은 지역의 2019년 상반기 응급실 이용 횟수를 바르게 나타낸 것을 고르시오.

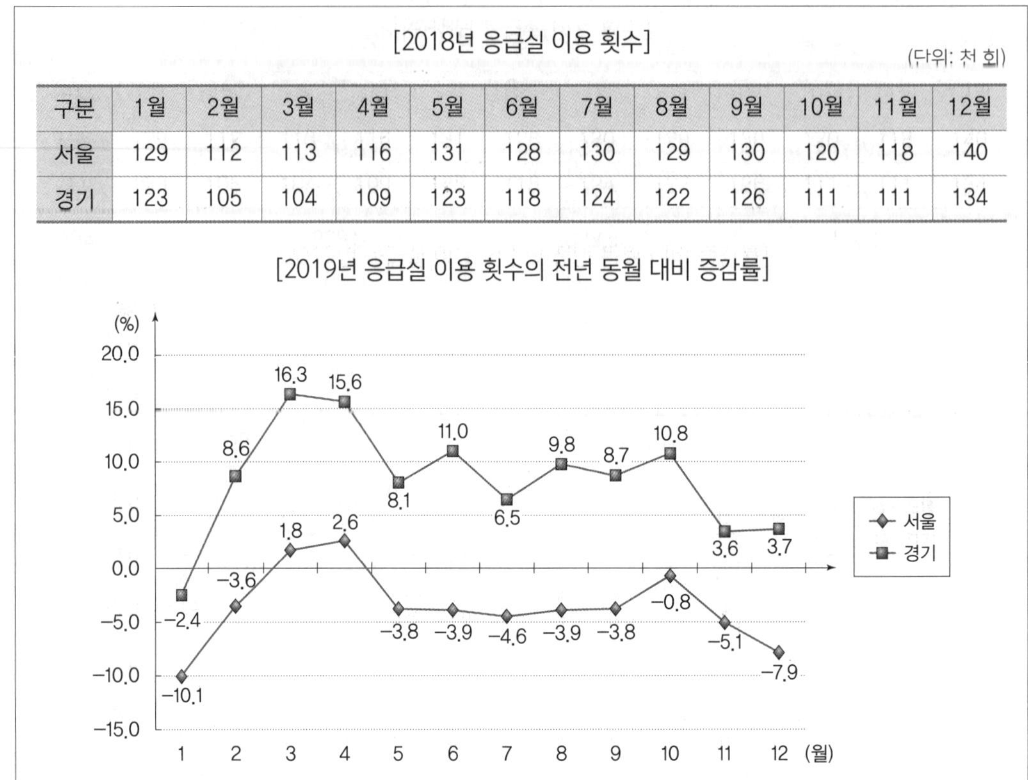

[2018년 응급실 이용 횟수]

(단위: 천 회)

구분	1월	2월	3월	4월	5월	6월	7월	8월	9월	10월	11월	12월
서울	129	112	113	116	131	128	130	129	130	120	118	140
경기	123	105	104	109	123	118	124	122	126	111	111	134

[2019년 응급실 이용 횟수의 전년 동월 대비 증감률]

※ 출처: KOSIS(국립중앙의료원, 응급의료현황통계)

① 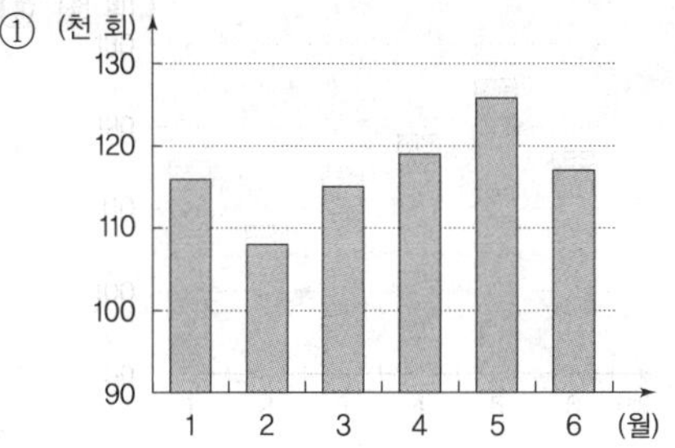

② 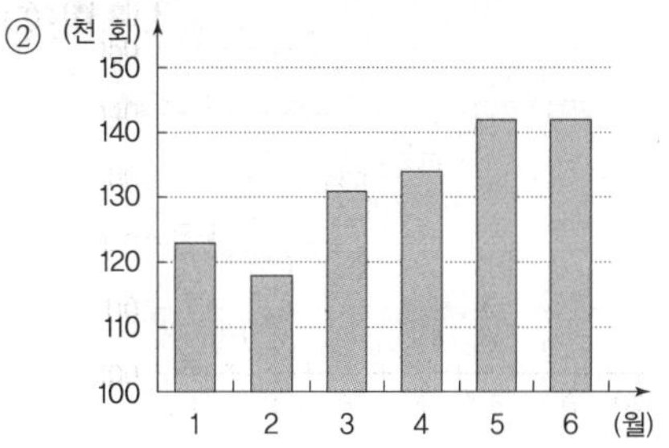

③ 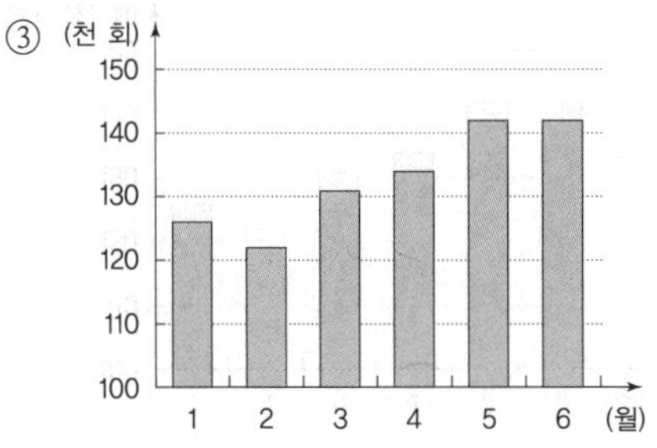

④ 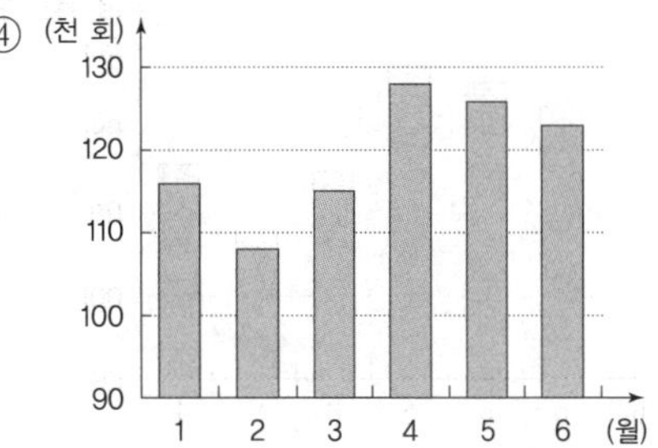

⑤ 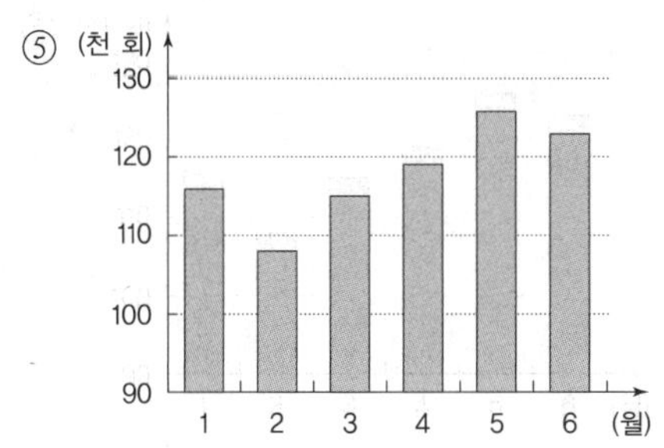

약점 보완 해설집 p.44

추리 영역은 주어진 조건을 종합하여 논리적으로 사고하는 능력, 숫자 또는 문자의 배열 규칙을 추리하는 능력, 제시된 도형 또는 암호 기호에 적용된 규칙을 추리하는 능력을 평가하는 영역이다.

추리 영역은 ① 언어추리, ② 수·문자추리, ③ 도식·도형추리 유형으로 출제된다.

언어추리는 제시된 조건을 바탕으로 알맞은 전제 또는 결론을 도출하거나 결론의 옳고 그름을 판단하는 유형의 문제, 수·문자추리는 일렬로 제시되거나 도형 안에 제시된 숫자 또는 문자의 배열 규칙을 찾아 빈칸에 들어갈 숫자 또는 문자를 고르는 유형의 문제, 도식·도형추리는 제시된 도식 또는 도형의 규칙을 찾아 빈칸에 들어갈 문자·숫자 배열 또는 도형을 고르는 유형의 문제이다.

1. 유형별 출제 세부 유형

유형	세부 유형
언어추리	명제추리/위치·배치/순서·순위/참·거짓 진술
수·문자추리	일렬나열형/도형형
도식·도형추리	도식추리/도형추리

2. 유형별 최신 출제 기업

유형	출제 기업
언어추리	삼성, 롯데, CJ, SK, LG, KT, 포스코, GS, 한국철도공사, 한국전력공사, LH 한국토지주택공사, 한국수자원공사, 신용보증기금, 한국산업인력공단, 도로교통공단, 서울교통공사, 부산교통공사, 한국서부발전, 한국남동발전
수·문자추리	LG, KT, 두산, 지역농협, 한국수자원공사, 서울교통공사, 부산교통공사
도식·도형추리	삼성, 현대, CJ, SK, LG, KT, 포스코, 삼양, 지역농협

※ 2020~2021년 기준(최근 시행된 시험 기준)

PART 2

Ⅰ 기초학습

Ⅱ 언어추리 만점공략

Ⅲ 수·문자추리 만점공략

Ⅳ 도식·도형추리 만점공략

Ⅴ 실전모의고사

활용 방법

1. 명제 풀이 전략을 통해 제시된 명제의 핵심 개념과 명제 간 관계를 간결하게 나타내는 방법을 익힌다. 명제들의 관계를 빠르게 파악하고 풀이 시간을 단축할 수 있도록 본격적인 문제 풀이에 앞서 충분히 연습하는 것이 좋다.

2. 조건추리 풀이 전략을 통해 조건 또는 진술의 관계를 간결하게 나타내는 방법을 익힌다. 조건추리 문제 풀이 시 도식화를 통해 가능한 경우의 수를 빠르게 파악할 수 있도록 본격적인 문제 풀이에 앞서 충분히 연습하는 것이 좋다.

3. 문자도식 풀이 전략을 통해 문자를 수치화하고 자리 변환 규칙을 기호화하는 방법을 익힌다. 문자를 숫자로 빠르게 변환시키고 자리 변환 규칙을 최대한 간략하게 정리하여 문제에 적용할 수 있도록 본격적인 문제 풀이에 앞서 충분히 연습하는 것이 좋다.

해커스 대기업 인적성 & NCS
수리·추리 집중 공략

I

기초학습

명제

조건추리

문자도식

명제

01 도식화

제시된 명제에서 핵심 개념을 간결하게 도식화하여 나타내면 명제 간의 연결 관계를 빠르게 확인할 수 있어 풀이 시간을 단축할 수 있다.

풀이 전략

1. 명제의 의미

1) '모든'의 의미를 가진 명제

'모든'의 의미를 가진 명제는 '모든 A는 B이다.', '모든 A는 B가 아니다.' 등의 형태로 제시되는 명제로, 앞선 명제를 각각 도식화하면 'A O → B O', 'A O → B X'로 나타낼 수 있다. 빈출 표현은 다음과 같다.

긍정(A O → B O)	부정(A O → B X)
모든 A는 B이다. = A는 B이다. = A 중에 B가 아닌 것은 없다. = B가 아닌 모든 것은 A가 아니다.	모든 A는 B가 아니다. = 어떤 A도 B가 아니다. = A 중에 B인 것은 없다. = 모든 B는 A가 아니다.

✚ 플러스 학습

명제가 '모든'의 의미를 가진 경우에만 명제가 참일 때 그 명제의 '대우'는 항상 참이지만, 명제의 '역', '이'는 참인지 거짓인지 알 수 없다. 명제의 '역', '이', '대우' 관계는 다음과 같다.

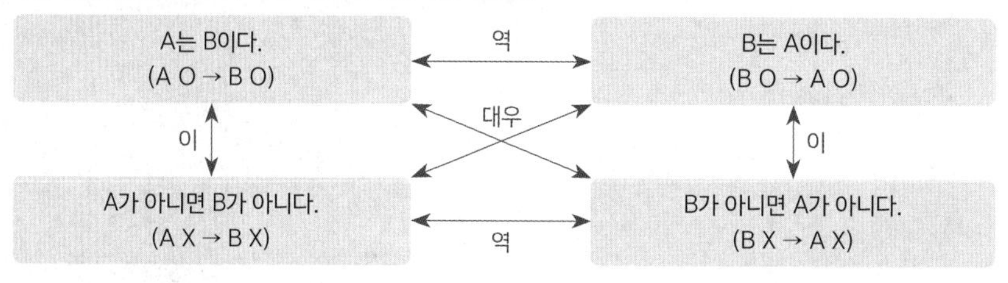

2) '어떤'의 의미를 가진 명제

'어떤'의 의미를 가진 명제는 '어떤 A는 B이다.', '어떤 A는 B가 아니다.' 등의 형태로 제시되는 명제이다. 빈출 표현은 다음과 같다. (단, '어떤'의 의미를 가진 명제는 도식화하여 풀이하기보다는 벤다이어그램으로 풀이하면 풀이 시간을 단축할 수 있다.)

긍정	부정
어떤 A는 B이다. = 어떤 B는 A이다. = A 중에 B인 것이 있다. = A 중 일부는 B이다. = A이면서 B인 것이 존재한다.	어떤 A는 B가 아니다. = B가 아닌 어떤 것은 A이다. = A 중에 B가 아닌 것이 있다. = A 중 일부는 B가 아니다. = 모든 A가 B인 것은 아니다.

2. 명제의 분리

분리된 명제가 참인 경우와 분리된 명제의 참과 거짓을 판별할 수 없는 경우는 다음과 같다.

분리된 명제가 참인 경우		분리된 명제의 참과 거짓을 판별할 수 없는 경우	
A → B and C	A → B (참)	A and B → C	A → C (알 수 없음)
	A → C (참)		B → C (알 수 없음)
A or B → C	A → C (참)	A → B or C	A → B (알 수 없음)
	B → C (참)		A → C (알 수 없음)

예

- 정이 많은 모든 사람은 눈물이 많은 사람이다.
- 정이 많은 모든 사람은 감수성이 풍부한 사람이다.
- 차분하면서 혈기가 있지 않은 모든 사람은 고양이를 좋아하는 사람이다.
- 고양이를 좋아하거나 강아지를 좋아하는 모든 사람은 정이 많은 사람이다.

⇒ 위 명제를 도식화하면 다음과 같다.

- 명제 1: 정 O → 눈물 O (대우: 눈물 X → 정 X)
- 명제 2: 정 O → 감수성 O (대우: 감수성 X → 정 X)
- 명제 3: 차분 O and 혈기 X → 고양이 O (대우: 고양이 X → 차분 X or 혈기 O)
- 명제 4: 고양이 O or 강아지 O → 정 O ⇒ 고양이 O → 정 O, 강아지 O → 정 O
  (대우: 정 X → 고양이 X and 강아지 X ⇒ 정 X → 고양이 X, 정 X → 강아지 X)

① 차분한 모든 사람은 고양이를 좋아한다.
→ 명제 3은 분리된 명제의 참과 거짓을 판별할 수 없는 명제이다. 따라서 차분한 모든 사람이 고양이를 좋아하는지는 알 수 없는 내용이다.

② 고양이를 좋아하는 모든 사람은 눈물이 많지 않다.
→ 명제 4는 분리된 명제가 참이므로 분리된 명제 4와 명제 1을 차례대로 결합하면 '고양이 O → 정 O → 눈물 O'이다. 따라서 고양이를 좋아하는 모든 사람은 눈물이 많으므로 항상 거짓인 내용이다.

③ 고양이를 좋아하지 않는 모든 사람은 혈기가 있다.
→ 명제 3은 분리된 명제의 참과 거짓을 판별할 수 없는 명제이므로 명제 3의 대우도 분리된 명제의 참과 거짓을 판별할 수 없다. 따라서 고양이를 좋아하지 않는 모든 사람이 혈기가 있는지는 알 수 없는 내용이다.

④ 감수성이 풍부하지 않은 모든 사람은 고양이를 좋아하지 않는다.
→ 명제 4는 분리된 명제가 참이므로 분리된 명제 4의 대우도 참이다. 명제 2의 대우와 분리된 명제 4의 대우를 차례대로 결합하면 '감수성 X → 정 X → 고양이 X'이다. 따라서 감수성이 풍부하지 않은 모든 사람은 고양이를 좋아하지 않으므로 항상 참인 내용이다.

연습문제 ①

[01-10] 다음 각 명제를 읽고, 명제를 도식화하시오.

01 투명하지 않은 수돗물은 없다.

02 모든 10대는 조언 듣는 것을 좋아하지 않는다.

03 모든 의사는 흰 가운을 입는다.

04 판다 중에 대나무를 먹지 않는 판다는 없다.

05 연구실에 있는 모든 사람은 학사가 아니다.

06 핸드폰이 없는 중학생은 없다.

07 어떤 사탕도 치아에 좋지 않다.

08 우비 중에 방수가 되지 않는 것은 없다.

09 모든 차량용 방향제는 액체 방향제가 아니다.

10 과속으로 주행하면 연료 소비가 많다.

[11-20] 다음 각 명제를 읽고, 명제의 대우를 도식화하시오.

11 우유를 좋아하는 모든 사람은 키가 크다.

12 향이 없는 향수는 존재하지 않는다.

13 체력이 좋은 사람은 마사지를 받지 않는다.

14 성격이 밝은 사람은 교우관계가 좋다.

15 모든 청소년은 주름이 없다.

16 직급이 대리이면 반드시 안경을 쓴다.

17 뉴스 중에 거짓인 내용은 없다.

18 끈기가 있는 사람은 쉽게 포기하지 않는다.

19 음주 운전을 하는 모든 사람은 벌금을 낸다.

20 맛있지 않은 과일은 모두 제철 과일이 아니다.

01	투명 X → 수돗물 X	06	핸드폰 X → 중학생 X	11	키 X → 우유 X	16	안경 X → 대리 X
02	10대 O → 조언 X	07	사탕 O → 치아 X	12	향수 O → 향 O	17	거짓 O → 뉴스 X
03	의사 O → 가운 O	08	우비 O → 방수 O	13	마사지 O → 체력 X	18	포기 O → 끈기 X
04	판다 O → 대나무 O	09	차량용 방향제 O → 액체 X	14	교우관계 X → 밝음 X	19	벌금 X → 음주 운전 X
05	연구실 O → 학사 X	10	과속 O → 연료 O	15	주름 O → 청소년 X	20	제철 O → 맛 O

※ 위에 제시된 답안은 대표 답안으로, 동일하게 도식화하지 않아도 의미하는 바가 같다면 정답이 될 수 있음

연습문제 ②

[01-10] 다음 각 명제를 읽고, 명제를 도식화하시오.

01 최신 시계이면서 방수가 되지 않는 것은 없다.

02 상위권에 있는 모든 영화는 감동이 있으면서 재미가 있다.

03 부지런한 모든 사람은 자기 개발을 한다.

04 어떤 선물도 마음이 들어가지 않은 것은 없다.

05 빵을 먹는 모든 사람은 버터를 좋아하거나 잼을 좋아하지 않는다.

06 정적이거나 사교적이지 않은 사람은 동물을 좋아하지 않는다.

07 야근을 하는 모든 직원은 군것질을 한다.

08 맛있지 않은 모든 음식은 정성이 들어가지 않는다.

09 탈모인 모든 사람은 흑채를 사용한다.

10 노래하는 것과 춤추는 것을 좋아하는 사람은 뮤지컬을 좋아한다.

[11-20] 다음 각 명제를 읽고, 명제의 대우를 도식화하시오.

11 MSG가 들어간 음식 중에 깊은 맛이 나지 않는 것은 없다.

12 모든 승객은 안전벨트를 매야 한다.

13 황사가 심한 날은 함진도가 높은 날이다.

14 일정을 확인하지 않는 모든 사람은 지각한다.

15 호두를 좋아하는 사람 중에 견과류 알레르기가 있는 사람은 없다.

16 군인 중에 전역일을 기다리지 않는 사람은 없다.

17 걷기를 좋아하지 않는 모든 사람은 산책하는 것을 좋아하지 않는다.

18 텀블러가 있는 사람은 음료 주문 시 할인을 받는다.

19 배려하는 사람 중에 이기적인 사람은 없다.

20 모든 오징어는 먹물을 뿌린다.

01	최신 시계 O → 방수 O	06	정적 O or 사교적 X → 동물 X	11	깊은 맛 X → MSG X	16	전역일 X → 군인 X
02	상위 O → 감동 O and 재미 O	07	야근 O → 군것질 O	12	안전벨트 X → 승객 X	17	산책 O → 걷기 O
03	부지런 O → 자기 개발 O	08	맛 X → 정성 X	13	함진도 X → 황사 X	18	할인 X → 텀블러 X
04	선물 O → 마음 O	09	탈모 O → 흑채 O	14	지각 X → 일정 확인 O	19	이기적 O → 배려 X
05	빵 O → 버터 O or 잼 X	10	노래 O and 춤 O → 뮤지컬 O	15	알레르기 O → 호두 X	20	먹물 X → 오징어 X

※ 위에 제시된 답안은 대표 답안으로, 동일하게 도식화하지 않아도 의미하는 바가 같다면 정답이 될 수 있음

연습문제 ③

[01-20] 다음 각 명제를 읽고, 분리된 명제가 참이면 O, 분리된 명제의 참과 거짓을 판별할 수 없으면 X에 표시하시오.

01 병원에 있는 사람은 환자이거나 보호자이다. (O/X)

02 레몬을 좋아하는 사람은 자몽과 라임을 좋아한다. (O/X)

03 스터디카페는 조용하고 쾌적하다. (O/X)

04 회사에 가장 먼저 출근하는 사람은 과장 또는 팀장이다. (O/X)

05 운동을 하고 샐러드를 먹으면 체중이 증가하지 않는다. (O/X)

06 라면에 어울리는 반찬은 김치와 단무지이다. (O/X)

07 염색과 파마를 시술받으면 머릿결이 상한다. (O/X)

08 식물이 잘 자라기 위해서는 햇빛과 물이 있어야 한다. (O/X)

09 겨울철 대표 간식은 호떡 또는 붕어빵이다. (O/X)

10 선풍기 또는 에어컨은 여름철 필수 가전제품이다. (O/X)

11 주얼리 회사의 주력 상품은 목걸이와 반지이다. (O/X)

12 장미 또는 튤립은 선물하기 좋은 꽃이다. (O/X)

13 모든 공무원은 국가 공무원 또는 지방 공무원이다. (O/X)

14 스페인어를 잘하는 사람은 독일어를 잘하거나 프랑스어를 잘한다. (O/X)

15 수출입 규모와 투자가 늘어나면 경기가 호전된다. (O/X)

16 김밥의 주재료는 김과 밥이다. (O/X)

17 교복을 입은 사람은 중학생 또는 고등학생이다. (O/X)

18 마스크를 쓰고 손 소독제를 가지고 있는 사람은 바이러스에 걸리지 않는다. (O/X)

19 편의점 도시락은 가격이 저렴하고 반찬 가짓수가 많다. (O/X)

20 폴라로이드 카메라 또는 일회용 카메라는 20대에게 인기가 많은 제품이다. (O/X)

01	X	06	O	11	O	16	O
02	O	07	X	12	O	17	X
03	O	08	O	13	X	18	X
04	X	09	X	14	X	19	O
05	X	10	O	15	X	20	O

연습문제 ④

[01-20] 제시된 조건이 모두 참일 때, 명제가 참이면 O, 알 수 없으면 △, 거짓이면 X에 표시하시오.

- 미용에 관심이 많은 모든 사람은 퍼스널 컬러 진단을 받는다.
- 금색 액세서리가 잘 어울리지 않는 사람은 쿨톤이다.
- 화장품 성분에 대해 잘 아는 모든 사람은 미용에 관심이 많다.
- 은색 액세서리가 잘 어울리지 않거나 흑발이 잘 어울리지 않는 모든 사람은 쿨톤이 아니다.

01 미용에 관심이 많지 않은 모든 사람은 화장품 성분에 대해 잘 알지 못한다. (O/△/X)

02 은색 액세서리가 잘 어울리지 않는 모든 사람은 쿨톤이 아니다. (O/△/X)

03 쿨톤이 아닌 모든 사람은 금색 액세서리가 잘 어울리지 않는다. (O/△/X)

04 흑발이 잘 어울리지 않는 모든 사람은 금색 액세서리가 잘 어울린다. (O/△/X)

05 화장품 성분에 대해 잘 아는 모든 사람은 퍼스널 컬러 진단을 받는다. (O/△/X)

06 은색 액세서리가 잘 어울리지 않는 모든 사람은 금색 액세서리가 잘 어울리지 않는다. (O/△/X)

07 퍼스널 컬러 진단을 받지 않는 모든 사람은 미용에 관심이 많지 않다. (O/△/X)

08 쿨톤인 모든 사람은 흑발이 잘 어울린다. (O/△/X)

09 은색 액세서리가 잘 어울리는 모든 사람은 쿨톤이다. (O/△/X)

10 쿨톤이 아닌 모든 사람은 금색 액세서리가 잘 어울린다. (O/△/X)

11 퍼스널 컬러 진단을 받는 모든 사람은 미용에 관심이 많다. (O/△/X)

12 쿨톤인 모든 사람은 은색 액세서리가 잘 어울리거나 흑발이 잘 어울린다. (O/△/X)

13 금색 액세서리가 잘 어울리는 모든 사람은 쿨톤이 아니다. (O/△/X)

14 쿨톤이 아닌 모든 사람은 은색 액세서리가 잘 어울리지 않는다. (O/△/X)

15 미용에 관심이 많은 모든 사람은 화장품 성분에 대해 잘 안다. (O/△/X)

16 퍼스널 컬러 진단을 받지 않는 모든 사람은 화장품 성분에 대해 잘 안다. (O/△/X)

17 쿨톤인 모든 사람은 흑발이 잘 어울리거나 화장품 성분에 대해 잘 안다. (O/△/X)

18 쿨톤인 모든 사람은 은색 액세서리가 잘 어울리고 흑발이 잘 어울린다. (O/△/X)

19 미용에 관심이 많은 모든 사람은 퍼스널 컬러 진단을 받거나 화장품 성분에 대해 잘 안다. (O/△/X)

20 금색 액세서리가 잘 어울리지 않거나 은색 액세서리가 잘 어울리지 않는 모든 사람은 쿨톤이다. (O/△/X)

01	O	06	X	11	△	16	X
02	O	07	O	12	O	17	O
03	X	08	O	13	△	18	O
04	O	09	△	14	△	19	O
05	O	10	O	15	△	20	X

02 벤다이어그램

제시된 명제에서 핵심 개념 간의 관계를 벤다이어그램으로 나타내면 도출되는 결론을 빠르게 확인하여 풀이 시간을 단축할 수 있다.

풀이 전략

1. '모든'의 의미를 가진 명제

1) 긍정(A O → B O)

'모든 A는 B이다.'라는 명제는 A가 B에 포함된 형태로, 모든 A는 B이므로 A는 B와 같을 수도 있다. 이를 벤다이어그램으로 나타내면 다음과 같다.

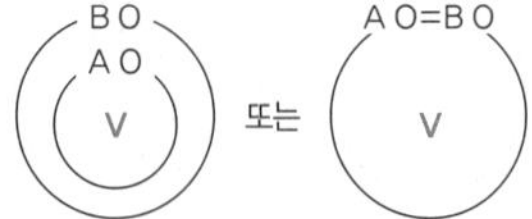

2) 부정(A O → B X)

'모든 A는 B가 아니다.'라는 명제는 A가 B가 아닌 것에 포함된 형태로, 모든 A는 B가 아니므로 A 중에 B는 반드시 존재하지 않으며 A는 B가 아닌 것과 같을 수도 있다. 이를 벤다이어그램으로 나타내면 다음과 같다.

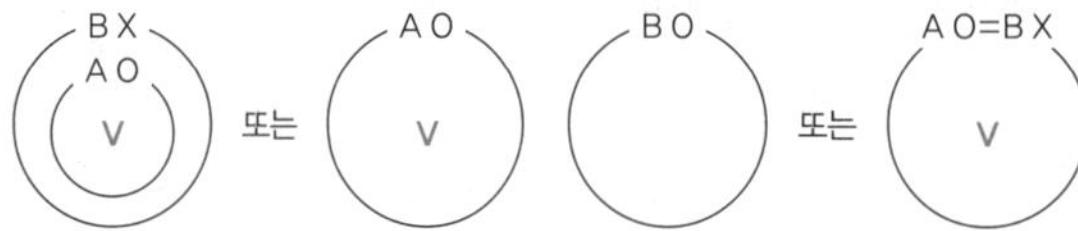

2. '어떤'의 의미를 가진 명제

1) 긍정

'어떤 A는 B이다.'라는 명제는 A 중에 B가 반드시 존재하는 형태로, '어떤'이 '모든'의 의미를 포함할 수 있으므로 A가 B에 포함되거나, B가 A에 포함될 수 있고, A는 B와 같을 수도 있다. 이를 벤다이어그램으로 나타내면 다음과 같다.

2) 부정

'어떤 A는 B가 아니다.'라는 명제는 A 중에 B가 아닌 것이 반드시 존재하는 형태로, '어떤'이 '모든'의 의미를 포함할 수 있으므로 A가 B가 아닌 것에 포함되거나, B가 아닌 것이 A에 포함되거나, A는 B가 아닌 것과 같을 수도 있다. 이를 벤다이어그램으로 나타내면 다음과 같다.

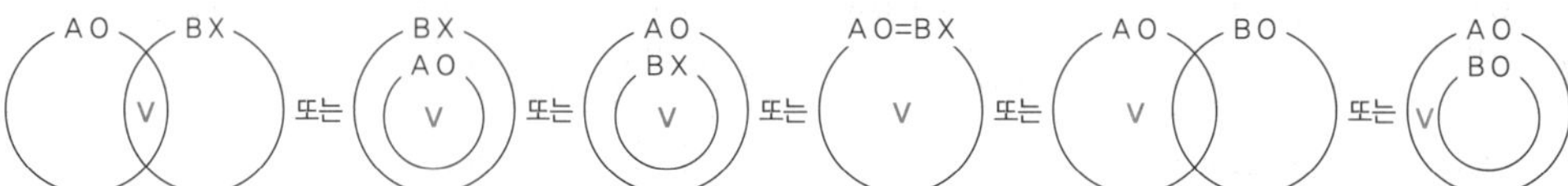

예

- 카페인에 취약한 모든 사람은 커피를 마시지 않는다.
- 카페인에 취약한 어떤 사람은 불면증이 있다.

① 불면증이 있는 모든 사람은 커피를 마신다.

→ 불면증이 있는 사람 중에 커피를 마시지 않는 사람이 반드시 존재하므로 항상 거짓인 내용이다.

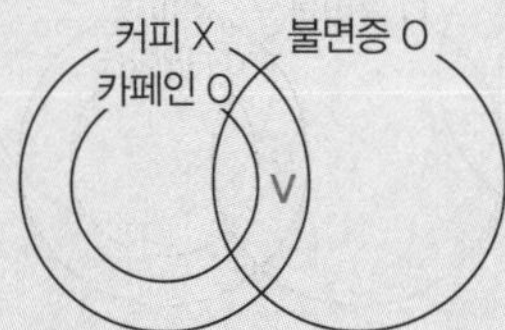

② 불면증이 있는 어떤 사람은 커피를 마신다.

→ 불면증이 있는 어떤 사람이 커피를 마실 수도 있지만, 불면증이 있는 모든 사람이 커피를 마시지 않을 수도 있으므로 참인지 거짓인지 알 수 없는 내용이다.

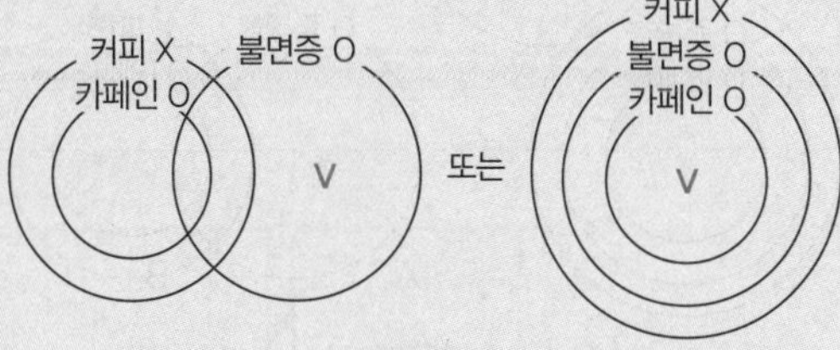

③ 커피를 마시지 않는 어떤 사람은 불면증이 있다.

→ 커피를 마시지 않는 사람 중에 불면증이 있는 사람이 반드시 존재하므로 항상 참인 내용이다.

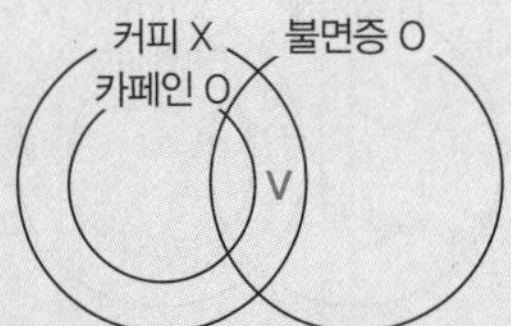

④ 불면증이 있는 모든 사람은 커피를 마시지 않는다.

→ 불면증이 있는 모든 사람이 커피를 마시지 않을 수도 있지만, 불면증이 있는 사람 중에 커피를 마시는 사람이 있을 수도 있으므로 참인지 거짓인지 알 수 없는 내용이다.

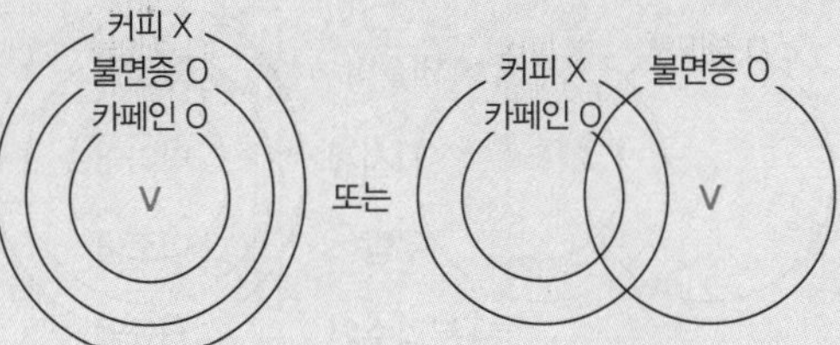

연습문제 ①

[01-15] 다음 각 명제를 읽고, A와 B의 관계를 나타낼 수 있는 벤다이어그램을 모두 고르시오. (단, 벤다이어그램의 내부·외부에는 적어도 하나의 대상이 존재한다고 가정한다.)

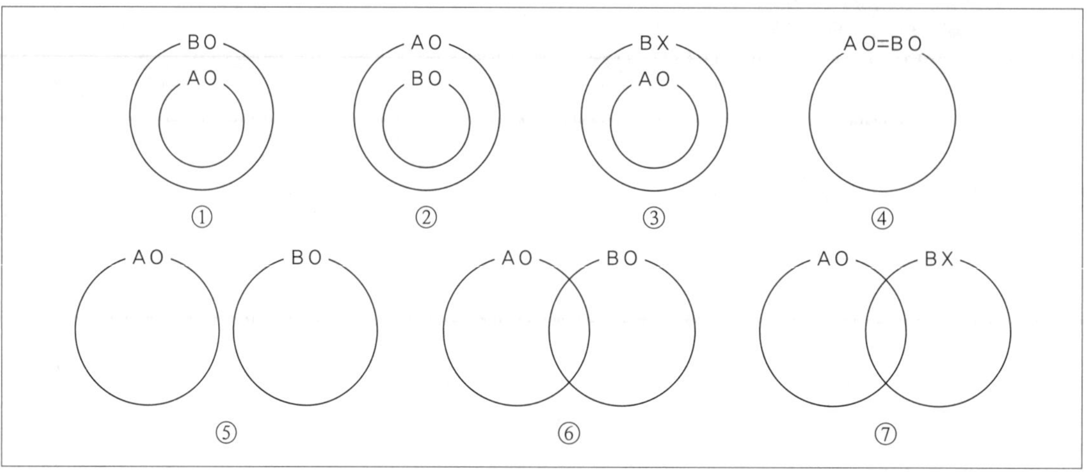

		A	B	
01	블루베리는 눈 건강에 좋은 식품이다.	블루베리	눈 건강	
02	모든 학생은 시험 보는 것을 좋아하지 않는다.	학생	시험	
03	시력이 좋은 사람 중에 라식 수술을 한 사람이 있다.	시력	라식	
04	축구를 좋아하면서 야구를 좋아하지 않는 사람이 있다.	축구	야구	
05	영화를 좋아하는 어떤 사람은 티켓을 모은다.	영화	티켓	
06	눈이 내리는 날 중에 바람이 불지 않는 날이 있다.	눈	바람	
07	모든 귀국자는 2주간 자가격리를 해야 한다. .	귀국자	자가격리	
08	감수성이 풍부한 어떤 사람은 비 오는 날을 좋아한다.	감수성	비	
09	모든 인절미는 쫄깃한 식감이다.	인절미	쫄깃함	
10	어떤 전자시계는 타이머 기능이 없다.	전자시계	타이머	
11	모든 우박은 사람에게 이롭지 않다.	우박	이로움	
12	분리수거를 하는 요일은 월요일이다.	분리수거	월요일	
13	돼지고기를 좋아하면서 소고기를 좋아하는 사람이 존재한다.	돼지고기	소고기	
14	패션쇼 무대에 서지 않는 모든 사람은 모델이 아니다.	패션쇼	모델	
15	재택근무를 하는 어떤 사람은 좌식의자를 구매한다.	재택근무	좌식의자	

01	①, ④	04	②, ③, ⑤, ⑥, ⑦	07	①, ④	10	②, ③, ⑤, ⑥, ⑦	13	①, ②, ④, ⑥, ⑦
02	③, ⑤	05	①, ②, ④, ⑥, ⑦	08	①, ②, ④, ⑥, ⑦	11	③, ⑤	14	②, ④
03	①, ②, ④, ⑥, ⑦	06	②, ③, ⑤, ⑥, ⑦	09	①, ④	12	①, ④	15	①, ②, ④, ⑥, ⑦

연습문제 ②

[01-15] 다음 각 명제를 읽고, A와 B의 관계를 나타낼 수 있는 벤다이어그램을 모두 고르시오. (단, 벤다이어그램의 내부·외부에는 적어도 하나의 대상이 존재한다고 가정한다.)

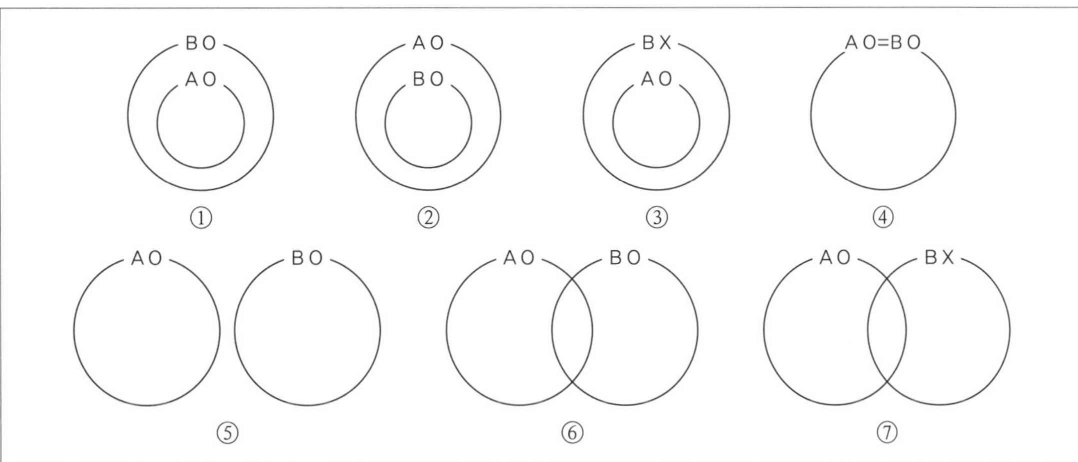

		A	B
01	우울증이 있는 어떤 사람은 감정 기복이 심하다.	우울증	감정 기복
02	모든 사회초년생은 주식 투자를 한다.	사회초년생	주식
03	손톱을 물어뜯는 어떤 사람은 심리적으로 불안정하다.	손톱	불안정
04	법인카드를 사용한 모든 사람은 지출 결의서를 상신해야 한다.	법인카드	지출 결의서
05	편안하지 않은 옷은 잠옷이 아니다.	편안함	잠옷
06	암산을 잘하는 모든 사람은 계산기를 사용하지 않는다.	암산	계산기
07	필라테스는 혈액순환에 도움이 된다.	필라테스	혈액순환
08	통유리창은 자외선 차단이 되지 않는다.	통유리창	자외선 차단
09	어떤 콘서트는 인당 구매 매수 제한이 있다.	콘서트	구매 제한
10	전자 기계 중에 편리하지 않은 것은 없다.	전자 기계	편리함
11	믹서기 중에 소음이 없는 것이 존재한다.	믹서기	소음
12	요리를 하는 모든 사람은 설거지를 한다.	요리	설거지
13	워터파크에 방문하는 모든 사람은 음식물을 반입할 수 없다.	워터파크	음식물 반입
14	모든 독극물은 위험성이 높다.	독극물	위험성
15	머릿결이 좋은 사람 중 트리트먼트를 하는 사람이 있다.	머릿결	트리트먼트

01	①, ②, ④, ⑥, ⑦	04	①, ④	07	①, ④	10	①, ④	13	③, ⑤
02	①, ④	05	②, ④	08	③, ⑤	11	②, ③, ⑤, ⑥, ⑦	14	①, ④
03	①, ②, ④, ⑥, ⑦	06	③, ⑤	09	①, ②, ④, ⑥, ⑦	12	①, ④	15	①, ②, ④, ⑥, ⑦

연습문제 ③

[01-15] 다음 각 명제를 읽고, A와 B의 관계를 나타낼 수 있는 벤다이어그램을 모두 고르시오. (단, 벤다이어그램의 내부·외부에는 적어도 하나의 대상이 존재한다고 가정한다.)

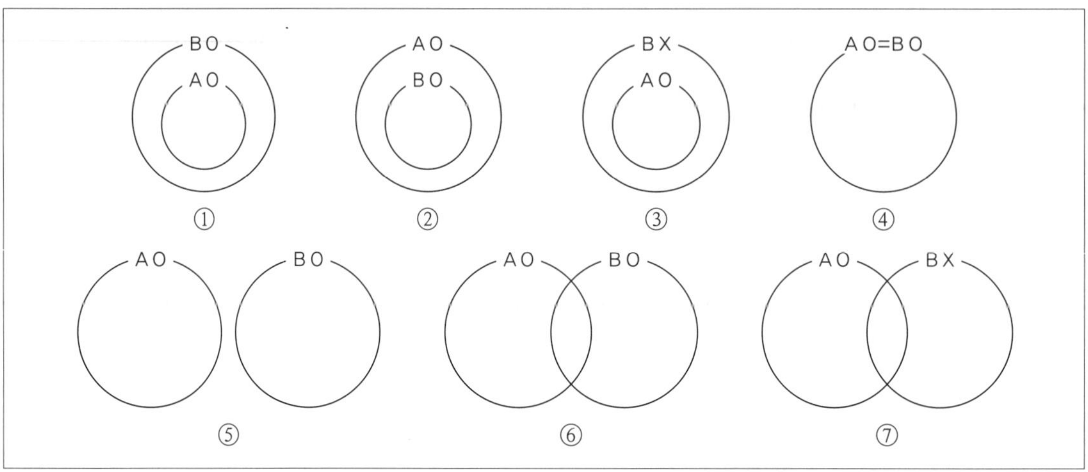

		A	B	
01	바로 출차하는 차량은 사전정산을 한 차량이다.	출차	사전정산	
02	쌀국수를 좋아하는 어떤 사람은 마라탕을 좋아하지 않는다.	쌀국수	마라탕	
03	모든 비닐우산은 잘 찢어진다.	비닐우산	찢어짐	
04	어떤 호텔은 루프탑 수영장이 있다.	호텔	수영장	
05	독서를 좋아하는 모든 사람이 글쓰기를 잘하는 것은 아니다.	독서	글쓰기	
06	모든 지하철은 전자동으로 운행된다.	지하철	전자동	
07	쇼핑을 좋아하는 어떤 사람은 과소비를 한다.	쇼핑	과소비	
08	헬스장 중에 샤워실이 없는 헬스장도 있다.	헬스장	샤워실	
09	설렁탕을 좋아하면서 해장국을 좋아하는 사람이 있다.	설렁탕	해장국	
10	바다를 좋아하는 모든 사람이 산을 좋아하는 것은 아니다.	바다	산	
11	선크림을 바르는 모든 사람은 피부가 노화되지 않는다.	선크림	노화	
12	왼손잡이 중 오른손으로 식사하는 사람이 있다.	왼손잡이	오른손 식사	
13	모든 한국인이 김치찌개를 좋아하는 것은 아니다.	한국인	김치찌개	
14	어떤 디저트도 식사가 되지 않는다.	디저트	식사	
15	테니스를 하는 사람 중 배드민턴을 하지 않는 사람이 있다.	테니스	배드민턴	

01	①, ④	04	①, ②, ④, ⑥, ⑦	07	①, ②, ④, ⑥, ⑦	10	②, ③, ⑤, ⑥, ⑦	13	②, ③, ⑤, ⑥, ⑦
02	②, ③, ⑤, ⑥, ⑦	05	②, ③, ⑤, ⑥, ⑦	08	②, ③, ⑤, ⑥, ⑦	11	③, ⑤	14	③, ⑤
03	①, ④	06	①, ④	09	①, ②, ④, ⑥, ⑦	12	①, ②, ④, ⑥, ⑦	15	②, ③, ⑤, ⑥, ⑦

연습문제 ④

[01-10] 다음 각 명제를 읽고, 명제를 벤다이어그램으로 나타내시오.

01 모든 객실이 바다 전망인 것은 아니다.

02 어떤 공모전은 상금이 없는 공모전이다.

03 케이크를 받지 않은 사람 중에 생일인 사람이 있다.

04 네일아트를 하는 모든 사람은 손톱 관리를 잘하는 사람이다.

05 모든 친환경 쇼핑백은 재활용이 가능하다.

06 바벨 운동을 하면서 덤벨 운동을 하지 않는 사람이 존재한다.

07 정수기에서 나오는 모든 물이 침전물이 없는 물은 아니다.

08 어린이 중에 별 관측을 좋아하지 않는 어린이는 없다.

09 1급수인 계곡 중에 민물 가재가 거주하는 계곡이 있다.

10 고소 공포증이 있는 모든 사람은 비행기를 타지 않는다.

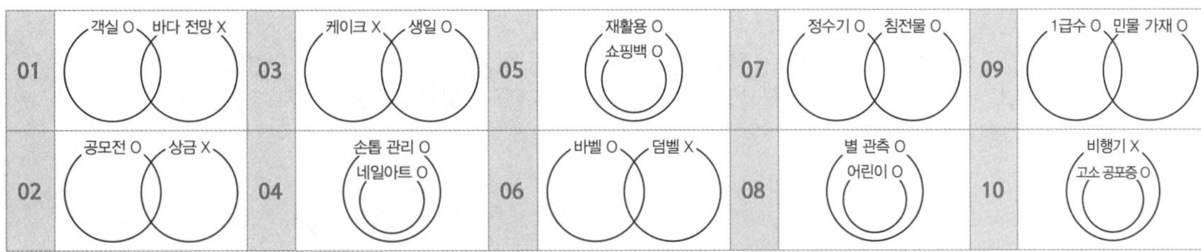

※ 위에 제시된 답안은 대표 답안으로, 동일하게 벤다이어그램을 그리지 않아도 의미하는 바가 같다면 정답이 될 수 있음

조건추리

01 경우의 수

고정 조건 또는 진술의 관계를 먼저 확인하고, 도식화를 통해 가능한 경우의 수를 빠르게 파악하여 정답이 아닌 선택지를 소거하며 풀이 시간을 단축할 수 있다.

풀이 전략

1. 위치·배치/순서·순위

1) 고정 조건

제시된 조건 중 변하지 않는 고정 조건을 먼저 파악하여 경우의 수를 줄인다. 이때 고정 조건 중 정보가 직접적으로 제시되지 않은 조건도 있으므로 의미하는 바를 여러 가지 의미로 해석한다.

예

- 4명의 팀원 중 민희는 네 번째 순서로 출근했다.
  → 민희는 4명 중 마지막 순서로 출근했으므로 민희보다 먼저 출근한 사람은 3명임을 알 수 있다.
- 갑, 을, 병, 정 4인이 둘러앉아 있는 정사각형 테이블에서 갑과 을은 서로 마주 보고 앉아 있다.
  → 갑과 을이 서로 마주 보고 앉아 있으므로 병과 정도 서로 마주 보고 앉아 있음을 알 수 있다.

2) 도식화

제시된 조건을 통해 확실히 알 수 있는 정보를 표로 도식화하여 가능한 경우의 수를 찾는다. 이때 한 가지의 조건으로 알 수 있는 정보를 모두 표시한다.

예

- A, B, C, D 4명은 농구, 배구, 야구, 축구 중 서로 다른 하나의 운동을 한다.
- A는 야구를 한다.
- B는 농구와 배구를 하지 않는다.
- 배구를 하는 사람은 C가 아니다.

구분	A	B	C	D
농구	X			
배구	X			
야구	O	X	X	X
축구	X			

→

구분	A	B	C	D
농구	X	X		
배구	X	X		
야구	O	X	X	X
축구	X	O	X	X

→

구분	A	B	C	D
농구	X	X	O	X
배구	X	X	X	O
야구	O	X	X	X
축구	X	O	X	X

→ A는 야구, B는 축구, C는 농구, D는 배구를 함을 알 수 있다.

3) 소거

제시된 조건을 통해 확실히 알 수 있는 정보를 모두 정리하였을 때 가능한 경우가 2가지 이상인 경우, 판단이 가능한 내용부터 선택지에 대입한다. 문제에 따라 항상 참인 선택지 또는 항상 거짓인 선택지, 참인지 거짓인지 알 수 없는 선택지를 소거한다.

예

- 갑, 을, 병, 정 4명은 월요일부터 금요일 중 하루만 휴가를 가고, 같은 요일에 휴가를 가는 사람은 없다.
- 수요일에 휴가를 가는 사람은 없고, 정은 갑과 을이 휴가를 가는 요일 사이에 휴가를 간다.
- 갑이 휴가를 가는 요일의 바로 다음 날 휴가를 가는 사람은 병이다.

<경우 1> 갑이 월요일에 휴가를 가는 경우

구분	월	화	수	목	금
갑	O	X	X	X	X
을	X	X	X	X	O
병	X	O	X	X	X
정	X	X	X	O	X

<경우 2> 갑이 목요일에 휴가를 가는 경우

구분	월	화	수	목	금
갑	X	X	X	O	X
을	O	X	X	X	X
병	X	X	X	X	O
정	X	O	X	X	X

① 갑은 을보다 먼저 휴가를 간다.
→ 갑이 월요일에 휴가를 가면 을은 금요일에 휴가를 가고, 갑이 목요일에 휴가를 가면 을은 월요일에 휴가를 가므로 참인지 거짓인지 알 수 없는 내용이다.

② 병이 휴가를 가는 요일의 바로 다음 날 휴가를 가는 사람은 없다.
→ 병이 화요일에 휴가를 가면 다음 날인 수요일에 휴가를 가는 사람은 없고, 병이 금요일에 휴가를 가면 병은 4명 중 마지막 순서로 휴가를 가므로 항상 참인 내용이다.

2. 참·거짓 진술

1) 진술의 관계

진술의 내용이 서로 모순되거나 지목하는 대상이 같은 경우를 파악하여 참 또는 거짓을 말하는 사람의 범위를 좁힌다.

- A: B는 범인이야.
- B: 나는 범인이 아니야.
- C: D는 거짓말을 하지 않았어.
- D: 거짓말을 한 사람은 내가 아니야.

→ A와 B의 진술이 서로 모순되므로 A의 말이 진실이면 B의 말은 거짓, A의 말이 거짓이면 B의 말은 진실이다.
→ C와 D의 진술이 서로 지목하는 대상이 D로 같으므로 C의 말이 진실이면 D의 말도 진실이고, C의 말이 거짓이면 D의 말도 거짓이 되어 C와 D의 말은 모두 진실이거나 모두 거짓이다.

2) 도식화

제시된 진술의 참·거짓 여부를 도식화하여 조건과 모순되는 경우를 소거하며 문제에서 묻는 대상을 찾는다.

정사각형 테이블에 기은, 나래, 소담, 아라 순으로 시계 방향으로 한 칸씩 앉았고, 술래는 1명, 진실을 말하는 사람도 1명이다.

- 기은: 나는 술래가 아니야.
- 나래: 이름에 받침이 있는 사람이 술래야.
- 소담: 나와 마주 보고 있는 사람은 술래가 아니야.
- 아라: 내 양옆에 앉은 사람 중 술래인 사람은 없어.

구분	기은 진술	나래 진술	소담 진술	아라 진술
기은이가 술래인 경우	거짓	진실	거짓	거짓
나래가 술래인 경우	진실	거짓	진실	진실
소담이가 술래인 경우	진실	진실	진실	거짓
아라가 술래인 경우	진실	거짓	진실	진실

→ 술래는 기은이, 진실을 말하는 사람은 나래임을 알 수 있다.

연습문제 ①

[01-15] 다음 각 조건을 읽고, 참이면 O, 알 수 없으면 △, 거짓이면 X에 표시하시오.

01 한 줄로 선 5명 중 경아는 맨 뒤에 선 수진이와 인접해 서 있을 때, 경아는 앞에서 네 번째에 서 있다. (O/△/X)

02 5층 건물 기숙사에 있는 각 층의 방은 고층일수록 평수가 작아질 때, 평수가 가장 큰 방은 5층에 있다. (O/△/X)

03 한식, 양식, 중식 중 같은 메뉴를 먹은 사람은 없고 B가 한식을 먹었을 때, C는 양식 또는 중식을 먹었다. (O/△/X)

04 5명 중 민지보다 성적이 높은 사람과 낮은 사람의 인원수가 같을 때, 민지는 3등이다. (O/△/X)

05 딸기, 바나나, 사과 중 두 가지 종류의 과일을 구매할 때, 바나나를 구매하지 않는다면 딸기를 구매한다. (O/△/X)

06 3명이 기차, 버스, 비행기 중 서로 다른 한 가지 교통수단을 이용할 때, 가능한 경우는 9가지이다. (O/△/X)

07 A~F 6명이 경기에 출전하여 4등까지만 상품을 받았을 때, 상품을 받지 못한 F는 5등 또는 6등이다. (O/△/X)

08 연이어 개봉하는 A, B, C 영화 중 C 영화가 A 영화 다음으로 개봉할 때, C 영화는 세 번째로 개봉한다. (O/△/X)

09 부장, 과장, 대리, 사원 중 사원만 운전면허증이 없을 때, 출장 시 운전석에 앉을 수 있는 사람은 3명이다. (O/△/X)

10 팀장 3명과 대리 4명으로 각 직급이 최소 1명씩 포함되도록 세 팀을 구성할 때, 최대 팀원 수는 3명이다. (O/△/X)

11 A~E 5명 중 인턴은 1명이고 1명만 거짓을 말했으며, A는 자신이 인턴이라고 말하고, B는 C와 E 중 1명이 인턴이라고 말할 때, C, D, E 중 거짓을 말한 사람이 있다. (O/△/X)

12 101~103호 중 갑이 101호에 거주하고 을이 갑 바로 옆방에 거주할 때, 을은 102호에 거주한다. (O/△/X)

13 2명씩 4줄로 앉는 놀이기구를 8명이 타고, 세희 바로 뒷좌석에 하니가 앉으며 하니보다 뒷줄에 타는 사람이 2명 이상일 때, 세희보다 앞줄에 타는 사람은 없다. (O/△/X)

14 S, M, L 사이즈 중 정현이가 진회보다 큰 사이즈를 입지 않을 때, 정현이는 S 또는 M 사이즈를 입는다. (O/△/X)

15 같은 양의 커피 4잔을 재희, 인해, 현지가 나누어 마셨으며, 현지는 자신이 2잔을 마셨다고 말했고, 인해는 자신이 커피를 가장 많이 마신 사람이라고 말했을 때, 현지와 인해 중 한 명은 반드시 거짓을 말했다. (O/△/X)

[16-20] 다음 각 조건을 읽고, 빈칸에 알맞은 정답을 쓰시오.

16 원탁에 서로 마주 보고 앉은 건이와 솔이 사이에 각각 1명씩 앉을 때, 원탁에는 총 ＿＿＿ 명이 앉아 있다.

17 영어 선생님은 1~6반 중 3반과 인접하지 않은 짝수반의 담임일 때, 영어 선생님은 ＿＿＿ 반의 담임이다.

18 경아, 서은, 예지는 A~C 학점 중 서로 다른 1개의 학점을 받았으며, 경아는 A 학점을 받지 않았고 서은이가 C 학점을 받았을 때, 예지가 받은 학점은 ＿＿＿ 이다.

19 5명이 토너먼트 방식으로 경기를 하여 진영이가 부전승으로 1위를 했을 때, 진영이는 최대 ＿＿＿ 번의 경기를 했다.

20 주원, 지성, 현우 3명 모두 서로 다른 성적으로 입상하였으며, 금상에게 10만 원, 은상에게 5만 원, 동상에게 1만 원을 수여할 때, 주원이와 지성이가 받은 총상금이 10만 원 미만이면 현우가 받은 상은 ＿＿＿ 이다.

01	O	03	O	05	O	07	O	09	O	11	X	13	△	15	O	17	6	19	2
02	X	04	O	06	X	08	△	10	O	12	O	14	△	16	4	18	A	20	금상

연습문제 ②

[01-15] 다음 각 조건을 읽고, 참이면 O, 알 수 없으면 △, 거짓이면 X에 표시하시오.

01 일렬로 서 있는 5명 중 갑과 을 사이에 3명이 서 있을 때, 갑이 맨 앞에 서 있다. (O/△/X)

02 민준이가 축구, 농구, 야구, 배구 중 두 가지 운동을 하고 축구는 하지 않을 때, 민준이는 야구를 한다. (O/△/X)

03 40명 중 1등이 100점이고 각 등수는 최소 2점씩 차이가 날 때, 96점은 3등이다. (O/△/X)

04 각 자리 숫자가 0~9 중 하나의 숫자로 이루어진 두 자리 비밀번호의 첫 번째 자리와 두 번째 자리 숫자의 합이 7일 때, 첫 번째 자리 숫자가 5 이상인 경우는 2가지이다. (O/△/X)

05 5가지 음료를 차례대로 마신 지민이가 우유보다 주스를 먼저 마셨을 때, 우유는 첫 번째로 마실 수 없다. (O/△/X)

06 A~D 제품 중 B는 A보다 판매 순위가 낮으면서 D보다 판매 순위가 높을 때, B의 판매 순위는 2위이다. (O/△/X)

07 3층짜리 건물에 3명만 거주하고 2명이 같은 층에 거주할 때, 비어 있는 층은 한 층이다. (O/△/X)

08 각 층에 한 명씩 거주하는 기숙사에 같은 성별끼리는 인접한 층에 거주하지 않고 1층에 남자가 거주할 때, 4층에 여자가 거주한다. (O/△/X)

09 피아노, 첼로 연주자 5명 중 연주자 수는 첼로가 피아노보다 1명 더 적을 때, 첼로 연주자 수는 3명이다. (O/△/X)

10 각각 빨간 모자, 노란 모자, 초록 모자를 쓴 세 사람이 있고, 노란 모자를 쓴 사람보다 앞에 서 있는 사람은 초록 모자를 쓴 사람뿐일 때, 빨간 모자를 쓴 사람은 맨 뒤에 서 있다. (O/△/X)

11 갑 사원이 을 사원보다 업무량이 적을 때, 정 사원의 업무량은 갑 사원과 을 사원보다 많다. (O/△/X)

12 6명 중 서우와 지유 사이에 3명이 서 있고 지유가 서우보다 앞에 서 있을 때, 지유는 첫 번째로 서 있다. (O/△/X)

13 6명이 도착한 순서에 따라 차례대로 일렬로 설 때, 첫 번째와 여섯 번째로 도착한 사람은 인접하여 선다. (O/△/X)

14 3행 3열로 구성된 좌석에서 미진이와 인접해서 앉는 사람이 4명일 때, 미진이는 2행 2열 좌석에 앉는다. (O/△/X)

15 5명 중 성적 장학금을 받은 사람이 지수를 포함해서 3명일 때, 지수보다 성적이 낮은 사람은 1명뿐이라는 주희의 말은 참인지 거짓인지 알 수 없는 내용이다. (O/△/X)

[16-20] 다음 각 조건을 읽고, 빈칸에 알맞은 정답을 쓰시오.

16 갑은 을보다 먼저 입사했고 병보다 늦게 입사했을 때, 3명 중 가장 늦게 입사한 사람은 ______ 이다.

17 A, B, C 중 초코 우유를 먹는 사람은 1명, 딸기 우유를 먹는 사람은 2명이고 A와 C가 먹는 우유가 다를 때, B는 ______ 우유를 먹는다.

18 4명 중 다희가 2등이고 가희와 라희 사이에 나희가 있을 때, 나희의 등수는 ______ 등이다.

19 5명은 평일 중 서로 다른 요일에 휴가를 가고, 희주보다 휴가를 늦게 가는 사람은 4명이며 은지는 희주와 연이어 휴가를 갈 때, 은지가 휴가를 가는 요일은 ______ 요일이다.

20 다혜, 수현, 진영, 한별은 1~4가 적힌 카드 중 서로 다른 한 장을 뽑았고, 다혜와 진영이 각각 뽑은 카드에 적힌 숫자의 합은 수현이가 뽑은 카드에 적힌 숫자보다 작을 때, 수현이가 뽑은 카드에 적힌 숫자는 ______ 이다.

01	△	03	△	05	O	07	O	09	X	11	△	13	X	15	X	17	딸기	19	화
02	△	04	X	06	△	08	O	10	O	12	△	14	O	16	을	18	3	20	4

연습문제 ③

[01-05] 다음 조건을 읽고, 빈칸에 O 또는 △ 또는 X를 표시하시오.

경희, 민영, 선아, 인해, 하윤 5명은 강아지, 고양이, 물고기, 앵무새, 햄스터 중 서로 다른 애완동물을 기르고 있다.

- 경희는 햄스터를 기르지 않는다.
- 민영이는 고양이를 기른다.
- 인해가 기르는 애완동물은 물에 산다.
- 선아는 앵무새 또는 햄스터를 기른다.
- 강아지를 기르는 사람은 하윤이가 아니다.

구분	01 경희	02 민영	03 선아	04 인해	05 하윤
강아지					
고양이					
물고기					
앵무새					
햄스터					

[06-15] 다음 조건을 읽고, 참이면 O, 알 수 없으면 △, 거짓이면 X에 표시하거나 빈칸에 알맞은 정답을 쓰시오.

A, B, C, D는 의사소통, 수리, 문제해결, 자기개발, 자원관리, 대인관계능력 중 각각 4개의 직무 역량을 갖추고 있다.

- A는 수리능력과 자원관리능력을 갖추고 있지 않다.
- B는 자기개발능력을 갖추고 있지만, 대인관계능력은 갖추고 있지 않다.
- C는 A가 갖추고 있지 않은 직무 역량을 모두 갖추고 있다.
- 의사소통능력과 수리능력을 모두 갖추고 있는 사람은 D뿐이다.
- 4명 중 자기개발능력을 갖추고 있는 사람은 2명이다.

06 A는 문제해결능력을 갖추고 있지 않다. (O/△/X)

07 C는 수리능력을 갖추고 있다. (O/△/X)

08 C는 의사소통능력을 갖추고 있다. (O/△/X)

09 B는 문제해결능력을 갖추고 있다. (O/△/X)

10 D는 대인관계능력을 갖추고 있지 않다. (O/△/X)

11 A와 C가 공통으로 갖추고 있는 직무 역량은 ______ 개이다.

12 4명 중 자원관리능력을 갖추고 있는 사람은 ______ 명 또는 ______ 명이다.

13 B가 수리능력을 갖추고 있으면 B와 C 둘 다 갖추고 있지 않은 직무 역량은 ______ 개이다.

14 D가 자원관리능력을 갖추고 있지 않으면 4명 중 가장 많은 사람이 갖추고 있는 직무 역량은 ______ 능력이다.

15 D가 모든 경우에 갖추고 있지 않은 직무 역량은 ______ 능력이다.

01	O X X X X	04	X X O X X	07	O	10	△	13	1
02	X O X X X	05	X X X △ △	08	X	11	2	14	문제해결
03	X X X △ △	06	X	09	O	12	2, 3	15	자기개발

연습문제 ④

[01-05] 다음 조건을 읽고, 빈칸에 O 또는 △ 또는 X를 표시하시오.

도경, 수호, 연우, 준혁, 한결 5명은 월요일부터 금요일까지 5일 중 한 번 서로 다른 요일에 진학 상담을 받으려고 한다.

- 도경이는 화요일에 상담을 받는다.
- 수호는 연우와 연달아 상담을 받는다.
- 준혁이는 도경이와 연달아 상담을 받지 않는다.
- 한결이는 연우보다 먼저 상담을 받는다.

구분	월	화	수	목	금
01 도경					
02 수호					
03 연우					
04 준혁					
05 한결					

[06-15] 다음 조건을 읽고, 참이면 O, 알 수 없으면 △, 거짓이면 X에 표시하거나 빈칸에 알맞은 정답을 쓰시오.

영업 사원 갑, 을, 병은 매주 월요일부터 일요일까지 7일 중 수요일을 제외하고 출장을 간다.

- 하루에 1명만 출장을 가고, 이틀 연속으로 출장을 가는 사람은 없다.
- 갑은 일주일 동안 1번 출장을 간다.
- 을은 일주일 동안 2번 출장을 가고, 출장을 다녀온 후 최소 이틀 동안은 출장을 가지 않는다.
- 병은 일주일 동안 3번 출장을 가고, 그중 1번은 일요일에 간다.

06 병은 토요일에 출장을 가지 않는다. (O/△/X)

07 병은 화요일에 출장을 간다. (O/△/X)

08 을은 월요일에 출장을 가지 않는다. (O/△/X)

09 을은 목요일에 출장을 간다. (O/△/X)

10 수요일 전후로 출장을 가는 사람은 모두 병이다. (O/△/X)

11 월요일에 출장을 가는 사람은 일주일 동안 ____ 번 출장을 간다.

12 주말에 출장을 가지 않는 사람은 갑, 을, 병 중 ____ 이다.

13 갑이 출장을 가는 요일은 ____ 요일이다.

14 을이 금요일에 출장을 가면 병이 수요일 이후로 처음 출장을 가는 요일은 ____ 요일이다.

15 병이 금요일에 출장을 가면 을이 수요일 이후로 처음 출장을 가는 요일은 ____ 요일이다.

01	X O X X X	04	X X X X O	07	O	10	△	13	토
02	X X △ △ X	05	O X X X X	08	X	11	2	14	목
03	X X △ △ X	06	O	09	△	12	을	15	목

연습문제 ⑤

[01-05] 다음 진술을 읽고, 참이면 T, 거짓이면 F를 표시하거나 빈칸에 알맞은 정답을 쓰시오.

남수, 민제, 수희, 아라 4명 중 3명은 시민, 1명은 마피아이고, 1명만 거짓을 말하고 있다.

- 남수: 나는 시민이야.
- 민제: 수희는 시민이야.
- 수희: 나는 마피아가 아니야.
- 아라: 마피아는 민제와 수희 중 1명이야.

구분	남수 진술	민제 진술	수희 진술	아라 진술
01 남수가 마피아인 경우				
02 민제가 마피아인 경우				
03 수희가 마피아인 경우				
04 아라가 마피아인 경우				

05 남수, 민제, 수희, 아라 중 마피아는 ______ 이다.

[06-15] 다음 진술을 읽고, 참이면 O, 알 수 없으면 △, 거짓이면 X에 표시하거나 빈칸에 알맞은 정답을 쓰시오.

다예, 승규, 영기, 진주, 찬미는 각각 1~5 중 서로 다른 숫자 한 개를 뽑았고, 진실을 말한 사람은 2명, 거짓을 말한 사람은 3명이다.

- 다예: 영기가 뽑은 숫자는 홀수야.
- 승규: 내가 뽑은 숫자는 짝수가 아니야.
- 영기: 승규의 말은 진실이야.
- 진주: 내가 뽑은 숫자는 홀수야.
- 찬미: 진실을 말하는 사람이 뽑은 숫자의 합은 홀수야.

06 진실을 말한 사람 중 한 명은 다예이다. (O/△/X)

07 영기는 가장 큰 숫자를 뽑았다. (O/△/X)

08 진주가 뽑은 숫자는 짝수이다. (O/△/X)

09 진실을 말하는 사람이 뽑은 숫자의 합은 4 이상이다. (O/△/X)

10 다예가 뽑은 숫자는 홀수이다. (O/△/X)

11 찬미는 진실과 거짓 중 ______ 을 말했다.

12 진주는 진실과 거짓 중 ______ 을 말했다.

13 거짓을 말한 사람이 뽑은 숫자의 합은 홀수와 짝수 중 ______ 이다.

14 진주가 뽑은 숫자가 찬미보다 크고 영기보다 작으면 진주가 뽑은 숫자는 ______ 이다.

15 승규와 찬미가 뽑은 숫자의 합은 ______ 이다.

01	F T T F	04	T T T F	07	△	10	O	13	홀수
02	T T T T	05	아라	08	X	11	거짓	14	3
03	T F F T	06	O	09	O	12	진실	15	6

연습문제 ⑥

[01-10] 다음 조건을 읽고, 참이면 O, 알 수 없으면 △, 거짓이면 X에 표시하거나 빈칸에 알맞은 정답을 쓰시오.

> 갑 도시에는 A 마을과 B 마을만 있고, 각 마을에는 박사인 사람과 박사가 아닌 사람이 모두 존재한다.
> • 박사는 모두 여성, 박사가 아닌 사람은 모두 남성이다.
> • A 마을에서 박사가 아닌 사람은 모두 부지런하다.
> • B 마을에서 박사인 사람은 모두 꼼꼼하다.

01 B 마을에 거주하면서 꼼꼼하지 않은 사람은 박사가 아니다. (O/△/X)

02 A 마을에 거주하면서 부지런하지 않은 사람은 모두 여성이다. (O/△/X)

03 남성이면 모두 박사가 아니다. (O/△/X)

04 B 마을에 거주하는 사람은 모두 여성이다. (O/△/X)

05 여성이면 모두 A 마을에 거주한다. (O/△/X)

06 여성이면서 꼼꼼하지 않은 사람은 ______ 마을에 거주할 수 없다.

07 박사가 아니면서 부지런한 사람은 남성과 여성 중 ______ 이다.

08 A 마을에 거주하면서 부지런한 사람은 남성과 여성 중 ______ 이다.

09 남성이면서 부지런하지 않은 사람은 ______ 마을에 거주할 수 없다.

10 B 마을에 거주하면서 꼼꼼한 사람은 남성과 여성 중 ______ 이다.

[11-20] 다음 조건을 읽고, 참이면 O, 알 수 없으면 △, 거짓이면 X에 표시하거나 빈칸에 알맞은 정답을 쓰시오.

> 갑, 을, 병, 정 4명 중 피해자는 1명이고, 피해자는 거짓말을 하지 않는다.
> • 갑: 4명 중 1명만 거짓말을 하고 있다.
> • 을: 4명 중 2명만 거짓말을 하고 있다.
> • 병: 갑과 을 중 1명만 거짓말을 하고 있다.
> • 정: 나는 피해자이다.

11 4명 모두 피해자가 될 수 있다. (O/△/X)

12 갑이 거짓말을 하면 정도 거짓말을 한다. (O/△/X)

13 을이 거짓말을 하지 않으면 갑은 거짓말을 한다. (O/△/X)

14 을이 피해자가 아니면 을은 거짓말을 한다. (O/△/X)

15 병은 거짓말을 한다. (O/△/X)

16 을이 피해자인 경우의 수와 병이 피해자인 경우의 수의 합은 ______ 이다.

17 병이 거짓말을 하면 4명 중 거짓말을 하는 사람은 ______ 명이다.

18 갑이 거짓말을 하지 않는 경우의 수는 ______ 가지이다.

19 거짓말을 하지 않는 사람이 피해자뿐인 경우의 수는 ______ 가지이다.

20 갑과 을이 모두 거짓말을 하면 피해자는 갑, 을, 병, 정 중 ______ 이다.

01	O	03	O	05	X	07	남성	09	A	11	X	13	O	15	△	17	3	19	1
02	O	04	X	06	B	08	남성	10	여성	12	△	14	△	16	2	18	1	20	정

문자도식

01 변환

문자도식 문제는 정확도가 중요하므로 일반적으로 문자를 모두 나열하여 작성한 후 규칙을 대입하는 방법이 많이 사용되지만, 대부분의 시험이 문제 수 대비 풀이 시간이 부족하므로 문자를 수치화하여 증감 규칙에 대입하거나 자리 변환 규칙을 기호화하는 방법으로 연습하여 풀이 시간을 단축할 수 있다.

풀이 전략

1. 증감

1) 수치화

첫 번째로 시작하는 문자를 기준으로 문자 순서에 따라 오름차순으로 수치화한다. 이때 일정한 간격의 수치와 그에 따른 문자를 암기하면 해당하는 수치의 문자와 주변 수치의 문자를 빠르게 파악할 수 있다. 또한, 증감 규칙이 두 개 이상 연속으로 제시되는 경우 제시된 규칙을 더하여 한 개의 규칙으로 적용하면 풀이 시간을 단축할 수 있다.

…	W	X	Y	Z
…	-3	-2	-1	0
A	B	C	D	E
1	2	3	4	5
F	G	H	I	J
6	7	8	9	10
K	L	M	N	O
11	12	13	14	15
P	Q	R	S	T
16	17	18	19	20
U	V	W	X	Y
21	22	23	24	25
Z	A	B	C	…
26	27	28	29	…

…	ㅋ	ㅌ	ㅍ	ㅎ
…	-3	-2	-1	0
ㄱ	ㄴ	ㄷ	ㄹ	ㅁ
1	2	3	4	5
ㅂ	ㅅ	ㅇ	ㅈ	ㅊ
6	7	8	9	10
ㅋ	ㅌ	ㅍ	ㅎ	…
11	12	13	14	…

ㅏ	ㅑ	ㅓ	ㅕ	ㅗ
1	2	3	4	5
ㅛ	ㅜ	ㅠ	ㅡ	ㅣ
6	7	8	9	10

예

◇: (+1, +1, -1, -1), ◆: (+2, +2, -2, -2)

FLQY → ◇ → ◆ → IONV

⇒ 증감 규칙이 두 개 이상 연속으로 제시될 때, ◇ 규칙과 ◆ 규칙을 더하여 (+3, +3, -3, -3) 규칙으로 한 번만 적용할 수 있다. 이때 FLQY를 숫자로 변경한 (6, 12, 17, 25)에 (+3, +3, -3, -3) 규칙을 적용하면 다음과 같다.

(6, 12, 17, 25) → ◇ → ◆ → (6+3, 12+3, 17-3, 25-3) → (9, 15, 14, 22)

그다음, 5 간격으로 수치화하여 암기한 알파벳에 이를 적용하면 다음과 같다.

(9, 15, 14, 22) → (10-1, 15, 15-1, 20+2) → (J-1, O, O-1, T+2) → IONV

2. 자리 변환

1) 기호화

자리 변환 규칙을 숫자 또는 화살표 등으로 기호화한다. 이때 최대한 간략하게 표현할 수 있는 방식으로 자리 변환 규칙을 정리하면 풀이 시간을 단축할 수 있다.

예

IMLK → ◐ → KLMI

⇒ 각 자리를 1, 2, 3, 4로 나타내면, ◐ 규칙은 제시된 문자의 자리를 역순으로 변환하는 규칙이므로 4321 또는 ← 등으로 기호화할 수 있다. 이를 풀이에 적용하면 다음과 같다.

IMLK (1 2 3 4) → ◐ → KLMI (4 3 2 1)

DWPU → ◉ → WDUP

⇒ 각 자리를 1, 2, 3, 4로 나타내면, ◉ 규칙은 첫 번째, 두 번째 문자의 자리를 서로 바꾸고, 세 번째, 네 번째 문자의 자리를 서로 바꾸는 변환하는 규칙이므로 2143 또는 1↔2 3↔4 등으로 기호화할 수 있다. 이를 풀이에 적용하면 다음과 같다.

DWPU → ◉ → D↔WP↔U → WDUP

연습문제 ①

[01-30] 제시된 기호의 증감 규칙을 확인하고, 빈칸에 알맞은 문자를 쓰거나 도식의 번호를 고르시오.

①	♡	ABCD → BDFH (+1, +2, +3, +4)	④	☎	ABCD → BCBC (+1, +1, −1, −1)	⑦	♬	ABCD → CAZE (+2, −1, −3, +1)
②	☻	ABCD → ZZZZ (−1, −2, −3, −4)	⑤	☆	ABCD → YDAF (−2, +2, −2, +2)	⑧	♠	ABCD → BWGB (+1, −5, +4, −2)
③	♧	ABCD → BZFZ (+1, −2, +3, −4)	⑥	▼	ABCD → DABG (+3, −1, −1, +3)	⑨	▣	ABCD → XXAF (−3, −4, −2, +2)

01 DAWK → ♡ → ____

02 QUYZ → ☆ → ____

03 NLPO → ▣ → ____

04 CXER → ☻ → ____

05 TOLU → ♬ → ♡ → ____

06 FVYG → ♧ → ▼ → ____

07 JSRP → ☎ → ♠ → ____

08 HKMI → ☆ → ♧ → ____

09 W95X → ☎ → ♬ → ____

10 8B2G → ▣ → ♠ → ____

11 ㅌㅅㅈㄴ → ☻ → ▼ → ____

12 ㄱㅊㄷㅋ → ☆ → ♬ → ____

13 5ㄴㄹ6 → ♠ → ♡ → ____

14 ㅏㅡㅓㅣ → ▼ → ▣ → ____

15 7ㅗㅑ9 → ♧ → ☻ → ____

16 KLHA → ____ → JJEW

17 WFST → ____ → UHQV

18 BZJQ → ____ → CUNO

19 EKIG → ____ → GJFH

20 CDRT → ____ → DEQS

21 MUAX → ____ → NWDB

22 SDQH → ____ → RBND

23 CWPB → ____ → DUSX

24 5L4Y → ____ → 2H2A

25 Z89V → ____ → C78Y

26 ㅂㄷㅁㅎ → ____ → ㅅㄱㅇㅊ

27 ㅋㄹㄴㅊ → ____ → ㅌㅁㄱㅈ

28 ㅅㅌ37 → ____ → ㄹㅇ19

29 ㅛㅣㅠㅓ → ____ → ㅡㅡㅜㅛ

30 ㅜ16ㅏ → ____ → ㅗ34ㅓ

01	ECZO	06	JSAF	11	ㅎㄹㅁㄱ	16	②	21	①	26	③
02	OWWB	07	LOUM	12	ㄱㅋㅌㅎ	17	⑤	22	②	27	④
03	KHNQ	08	GKNG	13	7ㅍㅋ8	18	⑧	23	③	28	⑨
04	BVBN	09	Z91X	14	ㅏㅕㅣㅗ	19	⑦	24	⑨	29	⑥
05	WPLZ	10	6S4G	15	7ㅏㅑ1	20	④	25	⑥	30	⑤

연습문제 ②

[01-30] 제시된 기호의 자리 변환 규칙을 확인하고, 빈칸에 알맞은 문자를 쓰거나 도식의 번호를 고르시오.

①	♡	ABCD → DCBA (4321)	④	☎	ABCD → CDAB (3412)	⑦	♬	ABCD → CADB (3142)
②	☻	ABCD → BADC (2143)	⑤	☆	ABCD → BDAC (2413)	⑧	♠	ABCD → DBCA (4231)
③	♧	ABCD → DABC (4123)	⑥	▼	ABCD → ADCB (1432)	⑨	▣	ABCD → ADBC (1423)

01 BUQI → ☻ → ____

02 JLVX → ♬ → ____

03 CREB → ♠ → ____

04 WYRN → ▣ → ____

05 OJAZ → ♧ → ♡ → ____

06 SDGT → ☎ → ☻ → ____

07 FHUE → ▣ → ▼ → ____

08 PKOT → ♡ → ♠ → ____

09 AM27 → ☆ → ♧ → ____

10 D51P → ▼ → ▣ → ____

11 ㅅㄷㅈㅌ → ☎ → ☆ → ____

12 ㅍㅂㄱㄹ → ♠ → ☻ → ____

13 ㅁ3ㄴ9 → ▼ → ♧ → ____

14 ㅗㅣㅠㅑ → ☆ → ☎ → ____

15 46ㅡㅓ → ♬ → ♡ → ____

16 CWPN → ____ → PCNW

17 ZIYB → ____ → BIYZ

18 KVTG → ____ → GTVK

19 LZUE → ____ → ZELU

20 QUOR → ____ → QRUO

21 HSBV → ____ → VBSH

22 DXAF → ____ → XDFA

23 JCGT → ____ → JTCG

24 28EQ → ____ → Q28E

25 5PA7 → ____ → 57AP

26 ㄴㅈㄱㅇ → ____ → ㄱㅇㄴㅈ

27 ㅂㅌㅋㅎ → ____ → ㅌㅎㅂㅋ

28 ㅅㅊ49 → ____ → 9ㅊ4ㅅ

29 ㅕㅛㅡㅏ → ____ → ㅡㅕㅏㅛ

30 ㅣ3ㅠ1 → ____ → 3ㅣ1ㅠ

01	UBIQ	06	TGDS	11	ㅌㄷㅈㅅ	16	⑦	21	①	26	④
02	VJXL	07	FUHE	12	ㅂㄹㅍㄱ	17	⑧	22	②	27	⑤
03	BREC	08	POKT	13	3ㅁ9ㄴ	18	①	23	⑨	28	⑧
04	WNYR	09	2M7A	14	ㅗㅠㅣㅑ	19	⑤	24	③	29	⑦
05	AJOZ	10	D5P1	15	6ㅓ4ㅡ	20	⑨	25	⑥	30	②

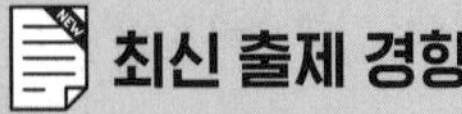

최신 출제 경향

1. 2개의 전제를 통해 1개의 결론을 도출하는 문제 또는 1개의 전제와 1개의 결론을 통해 나머지 전제를 도출하는 문제가 꾸준히 출제되고 있다.

2. 제시된 조건을 통해 모든 경우의 수를 찾아야 정답을 도출할 수 있는 난도 높은 문제가 꾸준히 출제되고 있다.

3. 진실 또는 거짓을 말하는 사람의 수가 제시되고, 서로 상통하거나 모순되는 진술을 확인하여 범인을 찾는 문제가 꾸준히 출제되고 있다.

Ⅱ 언어추리 만점공략

기출유형공략

기출동형 연습문제

고난도 대비 문제

기출유형공략

세부 유형 1 | 명제추리

○ 세부 유형 소개

제시된 전제를 바탕으로 올바른 결론을 도출하거나 결론을 도출하기 위해 추가로 필요한 전제를 고르는 유형의 문제이다.

○ 대표예제

1. 결론 고르는 문제
2. 전제 고르는 문제

○ 최근 출제 경향

명제추리 문제는 대기업 인적성 및 공기업 NCS에서 꾸준히 출제되고 있지만, 출제 비중은 낮은 편이다. 전제를 찾는 문제 또는 결론을 찾는 문제로 출제되며, 역·이·대우의 개념을 활용하여 풀이 가능한 문제부터 벤다이어그램으로 풀어야 정답을 찾을 수 있는 문제까지 다양한 형태로 출제된다. 최근 주요 대기업 및 공기업 시험에서는 전제 고르는 문제와 결론 고르는 문제가 모두 출제되었으며, '모든'의 의미를 가진 명제로만 구성된 난도 낮은 문제도 출제되지만, '어떤'의 의미를 가진 명제가 포함된 문제와 명제 간 모순의 관계를 찾아 특정 대상을 찾는 문제와 같이 난도 높은 문제도 출제되었다.

○ 필수 암기 이론

- 삼단논법은 명제로 구성된 두 개의 전제로부터 하나의 결론을 도출하는 추리 방법이다.
- 어떤 명제가 참이면, 그 명제의 대우 명제는 항상 참이다.
- 매개념은 결론의 중개 역할을 하면서 전제에만 나오는 개념이다.

○ 학습 전략

1. 벤다이어그램을 이용하면 명제의 참·거짓 여부를 상대적으로 쉽게 파악할 수 있다.
   예 나은이는 일찍 일어나는 사람이고, 일찍 일어나는 사람은 부지런한 사람이다.

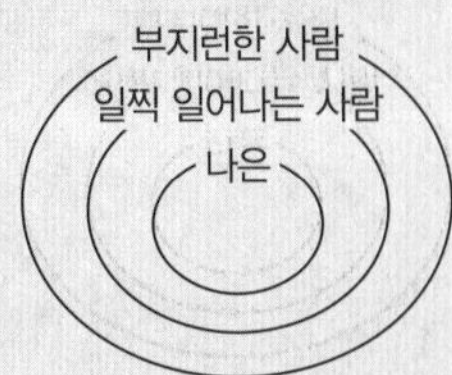

2. 제시된 전제를 연결하여 정답을 찾을 수 있는 경우에는 전제를 기호로 정리하여 전제 간 연결 관계와 선택지를 비교한다.

대표예제 1 결론 고르는 문제

다음 명제가 모두 참일 때, 항상 참인 문장을 고르시오.

- 두부를 좋아하는 사람은 사과를 좋아한다.
- 멜론을 좋아하는 사람은 두부를 좋아하지 않는다.
- 사과를 좋아하는 사람은 망고를 좋아한다.
- 바나나를 좋아하지 않는 사람은 사과를 좋아하지 않는다.
- 멜론을 좋아하는 사람은 망고를 좋아하지 않는다.

① 두부를 좋아하는 사람은 멜론을 좋아한다.

② 사과를 좋아하는 사람은 멜론을 좋아하지 않는다.

③ 두부를 좋아하지 않는 사람은 바나나를 좋아하지 않는다.

④ 바나나를 좋아하는 사람은 망고를 좋아한다.

⑤ 망고를 좋아하는 사람은 바나나를 좋아하지 않는다.

풀이

제시된 명제가 참일 때 그 명제의 '대우'만이 참이므로
세 번째 명제와 다섯 번째 명제의 '대우'를 차례로 결합한 결론은 다음과 같다.

- 세 번째 명제: 사과를 좋아하는 사람은 망고를 좋아한다.
- 다섯 번째 명제(대우): 망고를 좋아하는 사람은 멜론을 좋아하지 않는다.
- 결론: 사과를 좋아하는 사람은 멜론을 좋아하지 않는다.

정답 ②

문제 풀이 꿀팁

제시된 명제를 기호로 간단하게 정리하여 문제에 접근한다.

- 두부 O → 사과 O
- 멜론 O → 두부 X $\xrightarrow{\text{대우}}$ 두부 O → 멜론 X
- 사과 O → 망고 O
- 바나나 X → 사과 X $\xrightarrow{\text{대우}}$ 사과 O → 바나나 O
- 멜론 O → 망고 X $\xrightarrow{\text{대우}}$ 망고 O → 멜론 X

①부터 ⑤까지 순서대로 확인한다.
①은 두 번째 명제의 대우에 의해 두부 O → 멜론 X이므로 항상 거짓인 문장이다.
②는 세 번째 명제와 다섯 번째 명제의 대우를 연결하면
사과 O → 망고 O → 멜론 X이므로 항상 참인 문장이다.
따라서 정답은 ②가 된다.

대표예제 2 전제 고르는 문제

다음 결론이 반드시 참이 되게 하는 전제를 고르시오.

전제	섬세한 어떤 사람은 주변 정리를 잘한다.
결론	다이어리를 쓰는 어떤 사람은 주변 정리를 잘한다.

① 섬세한 어떤 사람은 다이어리를 쓰지 않는다.

② 섬세하면서 다이어리를 쓰는 사람이 존재한다.

③ 다이어리를 쓰는 모든 사람은 섬세하지 않다.

④ 섬세한 모든 사람은 다이어리를 쓴다.

⑤ 다이어리를 쓰는 어떤 사람은 섬세하지 않다.

풀이

섬세한 어떤 사람이 주변 정리를 잘하고, 섬세한 모든 사람이 다이어리를 쓰면 다이어리를 쓰면서 주변 정리를 잘하는 사람이 반드시 존재하게 된다.

따라서 '섬세한 모든 사람은 다이어리를 쓴다.'가 타당한 전제이다.

섬세한 사람을 A, 주변 정리를 잘하는 사람을 B, 다이어리를 쓰는 사람을 C라고 하면

①, ② 섬세한 어떤 사람이 주변 정리를 잘하고, 섬세한 어떤 사람이 다이어리를 쓰지 않거나 섬세한 어떤 사람이 다이어리를 쓰면 다이어리를 쓰는 모든 사람은 주변 정리를 잘하지 않을 수도 있으므로 결론이 반드시 참이 되게 하는 전제가 아니다.

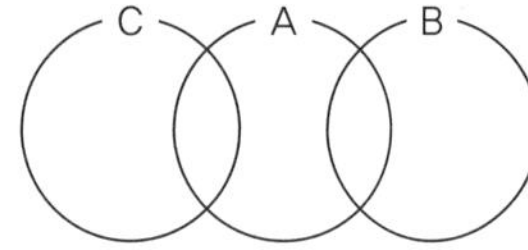

③, ⑤ 섬세한 어떤 사람이 주변 정리를 잘하고, 다이어리를 쓰는 모든 사람이 섬세하지 않으면 다이어리를 쓰는 모든 사람은 주변 정리를 잘하지 않을 수도 있으므로 결론이 반드시 참이 되게 하는 전제가 아니다.

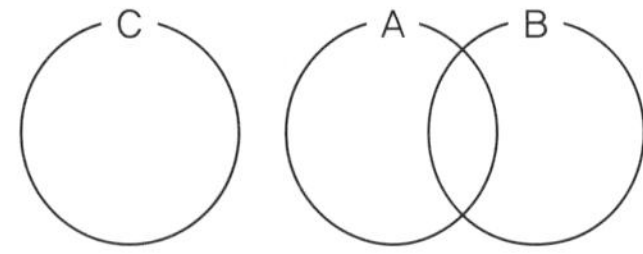

정답 ④

문제 풀이 꿀팁

제시된 전제와 결론이 '어떤'의 의미를 가진 명제로만 구성되어 있다면, 결론이 반드시 참이 되기 위해서는 다른 전제에 '모든'의 의미를 가진 명제가 반드시 포함되어야 하는 점을 활용하여 문제에 접근한다.

제시된 전제와 결론에 '어떤'의 의미를 가진 명제만 포함되므로 결론이 반드시 참이 되려면 나머지 전제에는 '모든'의 의미를 가진 명제가 포함되어야 한다. 이에 따라 ①, ②, ⑤를 소거한다. 남은 선택지 ③, ④를 확인하면, ③은 섬세한 어떤 사람이 주변 정리를 잘하고 다이어리를 쓰는 모든 사람이 섬세하지 않으면 다이어리를 쓰는 모든 사람은 주변 정리를 잘하지 않을 수도 있으므로 결론이 반드시 참이 되게 하는 전제가 아니다.

따라서 정답은 ④가 된다.

유형공략문제

· 맞힌 문제: /10문제

난이도 ★☆☆

01 다음 전제를 읽고 반드시 참인 결론을 고르시오.

전제	계단을 좋아하는 모든 사람은 걷기를 좋아한다.
	걷기를 좋아하지 않는 어떤 사람은 엘리베이터를 좋아한다.
결론	

① 계단을 좋아하는 어떤 사람은 엘리베이터를 좋아한다.

② 계단을 좋아하지 않는 모든 사람은 엘리베이터를 좋아한다.

③ 엘리베이터를 좋아하지 않는 어떤 사람은 계단을 좋아한다.

④ 엘리베이터를 좋아하는 어떤 사람은 계단을 좋아하지 않는다.

⑤ 엘리베이터를 좋아하는 모든 사람은 계단을 좋아하지 않는다.

난이도 ★☆☆

02 다음 전제를 읽고 반드시 참인 결론을 고르시오.

전제	탄산음료를 좋아하지 않는 모든 사람은 과자를 좋아하지 않는다.
	탄산음료를 좋아하는 모든 사람은 젤리를 좋아한다.
결론	

① 젤리를 좋아하는 모든 사람은 과자를 좋아한다.

② 젤리를 좋아하지 않는 어떤 사람은 과자를 좋아한다.

③ 과자를 좋아하는 모든 사람은 젤리를 좋아한다.

④ 과자를 좋아하는 모든 사람은 젤리를 좋아하지 않는다.

⑤ 과자를 좋아하는 어떤 사람은 젤리를 좋아하지 않는다.

난이도 ★★☆

03 다음 결론이 반드시 참이 되게 하는 전제를 고르시오.

전제	부지런한 어떤 사람은 목표 의식이 확고하다.
결론	목표 의식이 확고한 어떤 사람은 매일 아침 식사를 한다.

① 부지런하지 않은 어떤 사람은 매일 아침 식사를 한다.

② 부지런한 모든 사람은 매일 아침 식사를 한다.

③ 매일 아침 식사를 하는 모든 사람은 부지런하다.

④ 매일 아침 식사를 하는 모든 사람은 부지런하지 않다.

⑤ 매일 아침 식사를 하는 사람 중에 부지런한 사람이 있다.

난이도 ★★☆

04 다음 전제를 읽고 반드시 참인 결론을 고르시오.

전제	물을 많이 마시는 어떤 사람은 피부가 좋다.
	피부가 좋은 모든 사람은 운동을 좋아하지 않는다.
결론	

① 물을 많이 마시는 모든 사람은 운동을 좋아한다.

② 물을 많이 마시지 않는 모든 사람은 운동을 좋아한다.

③ 물을 많이 마시는 어떤 사람은 운동을 좋아한다.

④ 운동을 좋아하지 않는 사람 중에 물을 많이 마시는 사람이 있다.

⑤ 운동을 좋아하지 않으면서 물을 많이 마시지 않는 사람이 있다.

난이도 ★★★

05 다음 결론이 반드시 참이 되게 하는 전제를 고르시오.

전제	긍정적인 모든 사람은 실패를 두려워하지 않는다.
결론	긍정적이지 않은 사람 중에 타인의 시선에 민감한 사람이 있다.

① 타인의 시선에 민감한 어떤 사람도 실패를 두려워하지 않는다.

② 실패를 두려워하지 않는 모든 사람은 타인의 시선에 민감하다.

③ 타인의 시선에 민감하지 않은 어떤 사람은 실패를 두려워하지 않는다.

④ 실패를 두려워하는 어떤 사람은 타인의 시선에 민감하다.

⑤ 타인의 시선에 민감하면서 실패를 두려워하지 않는 사람이 있다.

난이도 ★☆☆

06 다음 명제가 모두 참일 때, 항상 참인 문장을 고르시오.

- 초콜릿을 좋아하는 사람은 한약을 마시지 않는다.
- 초콜릿을 좋아하지 않는 사람은 껌을 좋아한다.
- 고등학생은 수면 시간이 부족하다.
- 한약을 마시지 않는 사람은 수면 시간이 부족하지 않다.

① 고등학생은 초콜릿을 좋아한다.

② 수면 시간이 부족하지 않은 사람은 초콜릿을 좋아한다.

③ 초콜릿을 좋아하는 사람은 수면 시간이 부족하다.

④ 한약을 마시지 않는 사람은 고등학생이다.

⑤ 껌을 좋아하지 않는 사람은 수면 시간이 부족하지 않다.

난이도 ★☆☆

07 다음 명제가 모두 참일 때, 항상 참인 문장을 고르시오.

- 컴퓨터를 구매하지 않는 사람은 프린터를 구매한다.
- 팩스를 구매하지 않는 사람은 컴퓨터를 구매하지 않는다.
- 태블릿을 구매하지 않는 사람은 프린터를 구매하지 않는다.
- 팩스를 구매하는 사람은 전화기를 구매하지 않는다.

① 전화기를 구매하는 사람은 컴퓨터를 구매한다.

② 팩스를 구매하지 않는 사람은 태블릿을 구매하지 않는다.

③ 전화기를 구매하는 사람은 태블릿을 구매한다.

④ 프린터를 구매하지 않는 사람은 팩스를 구매하지 않는다.

⑤ 태블릿을 구매하는 사람은 컴퓨터를 구매한다.

난이도 ★★☆

08 다음 명제가 모두 참일 때, 항상 참인 문장을 고르시오.

- 계주를 하지 않는 사람은 제기차기를 한다.
- 줄다리기를 하지 않는 사람은 이어달리기를 한다.
- 계주를 하는 사람은 박 터뜨리기를 한다.
- 퀴즈 맞히기를 하지 않는 사람은 제기차기를 하지 않는다.
- 박 터뜨리기를 하는 사람은 이어달리기를 하지 않는다.

① 이어달리기를 하는 송 인턴은 제기차기를 하지 않는다.

② 계주를 하는 권 사원은 이어달리기를 한다.

③ 퀴즈 맞히기를 하지 않는 한 대리는 계주를 하지 않는다.

④ 박 터뜨리기를 하는 최 주임은 줄다리기를 하지 않는다.

⑤ 줄다리기를 하지 않는 정 팀장은 퀴즈 맞히기를 한다.

난이도 ★★☆

09 다음 명제가 모두 참일 때, 항상 참인 문장을 고르시오.

- 영어 강의를 듣거나 일본어 강의를 듣는 사람은 신입사원이다.
- 석사가 아닌 사람은 중국어 강의를 듣는다.
- 영어 강의를 듣지 않지 않는 사람은 독일어 강의를 듣지 않는다.
- 중국어 강의를 듣는 사람은 학사이고 신입사원이 아니다.

① 석사가 아닌 사람은 신입사원이다.

② 신입사원이 아닌 사람은 독일어 강의를 듣는다.

③ 일본어 강의를 듣는 사람은 학사이다.

④ 독일어 강의를 듣는 사람은 석사이다.

⑤ 중국어 강의를 듣는 사람은 영어 강의를 듣는다.

난이도 ★★★

10 다음 명제가 모두 참일 때, 항상 참인 문장을 고르시오.

- 물고기를 키우는 사람은 햄스터를 키우지 않는다.
- 햄스터를 키우지 않고 화단을 가꾸는 사람은 꽃을 좋아하지 않는다.
- 화단을 가꾸는 사람은 꽃을 좋아하고 식물을 기른다.
- 화단을 가꾸지 않는 사람은 햄스터를 키우거나 주택에 거주한다.
- 꽃을 좋아하거나 식물을 기르지 않는 사람은 햄스터를 키운다.
- 주택에 거주하지 않는 사람은 물고기를 키운다.

① 물고기를 키우는 사람은 식물을 기르지 않는다.

② 화단을 가꾸는 사람은 주택에 거주하지 않는다.

③ 꽃을 좋아하거나 식물을 기르지 않는 사람은 물고기를 키운다.

④ 식물을 기르지 않는 사람은 주택에 거주한다.

⑤ 꽃을 좋아하지 않는 사람은 햄스터를 키우지 않거나 주택에 거주하지 않는다.

약점 보완 해설집 p.50

세부 유형 2 | 위치·배치

○ 세부 유형 소개

제시된 조건을 바탕으로 특정 대상의 위치 또는 배치 결과를 도출하거나, 위치·배치에 대한 내용의 옳고 그름을 판단하는 유형의 문제이다.

○ 대표예제

1. 건물 또는 좌석에 위치한 대상 찾는 문제
2. 원형 또는 다각형 테이블에 배치된 사람의 자리 찾는 문제

○ 최근 출제 경향

위치·배치 문제는 대기업 인적성 및 공기업 NCS에서 꾸준히 출제되고 있다. 제시된 조건을 바탕으로 항상 참인 것을 찾는 문제, 항상 거짓인 것을 찾는 문제, 특정 대상을 찾는 문제 등 다양한 형태로 출제된다. 최근 주요 대기업 및 공기업 시험에서는 토너먼트 경기 진행 시 대진표, 카드 숫자 게임, 시상식 자리 배치, 원형 테이블 배치, 아파트 배치, 팀별 출장 날짜, 4명이 입은 옷의 종류 및 색상 등 다양한 소재로 문제가 출제되었다.

○ 학습 전략

1. 제시된 조건 중 위치 또는 배치를 정확하게 알 수 있는 조건부터 확인하여 가능한 경우의 수를 줄여 나간다.
2. 동일한 대상에 대한 조건을 모두 찾아 연결한 다음 나머지 조건도 확인하여 가능한 경우의 수를 찾는다.
3. 테이블에 사람을 배치하는 경우에는 회전 시에도 경우의 수는 동일하다는 점을 고려하여 문제를 푼다.
   예 아래 두 가지 경우는 같은 경우이다.

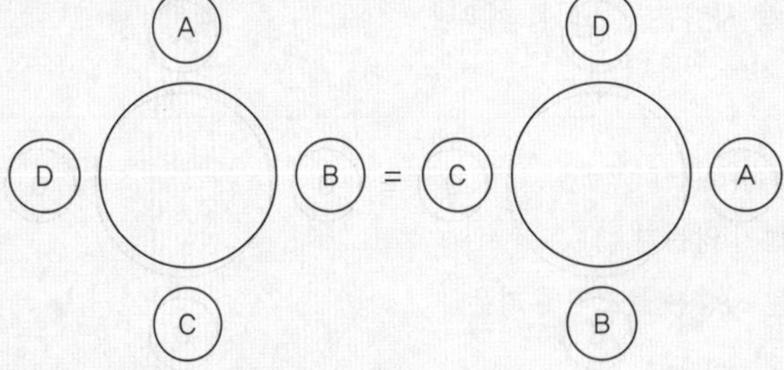

4. 선택지에 특정 조건이 추가로 제시되는 경우, 문제의 경우의 수가 더 줄어들므로 해당 선택지부터 확인하여 오답을 소거하며 문제 풀이 시간을 단축한다.
   예 ① 갑이 맨 뒤에 앉으면 을은 맨 앞에 앉는다. → '갑은 맨 뒤에 앉는다.'라는 조건이 추가되는 것과 같다.

대표예제 1 건물 또는 좌석에 위치한 대상 찾는 문제

경아, 보미, 수지, 진희 4명은 6층으로 구성된 빌라의 서로 다른 층에 1명씩 입주할 예정이다. 다음 조건을 모두 고려하였을 때, 항상 참인 것을 고르시오.

- 4명 중 가장 높은 층에 입주하는 사람은 수지다.
- 경아와 보미가 입주하는 층 사이에 입주하는 사람은 없다.
- 진희는 1층에 입주하지 않으며, 진희가 입주하는 층과 인접한 층에 입주하는 사람은 없다.

① 진희보다 높은 층에 입주하는 사람은 3명이다.
② 수지와 인접한 층에 입주하는 사람은 경아다.
③ 보미는 4층에 입주한다.
④ 4명이 빌라에 입주하는 경우의 수는 총 2가지이다.
⑤ 4명 중 3층에 입주하는 사람은 없다.

풀이

제시된 조건에 따르면 4명 중 가장 높은 층에 입주하는 사람은 수지고, 진희는 1층에 입주하지 않으며, 진희가 입주하는 층과 인접한 층에 입주하는 사람은 없으므로 진희는 2층 또는 3층 또는 4층에 입주한다. 이때 경아와 보미가 입주하는 층 사이에 입주하는 사람은 없으므로 수지는 6층에 입주하고, 진희는 2층 또는 4층에 입주한다. 진희가 입주하는 층에 따라 가능한 경우는 다음과 같다.

구분	경우 1	경우 2
6층	수지	수지
5층	경아 또는 보미	X
4층	경아 또는 보미	진희
3층	X	X
2층	진희	경아 또는 보미
1층	X	경아 또는 보미

따라서 3층에 입주하는 사람은 없으므로 항상 참인 설명이다.
① 진희보다 높은 층에 입주하는 사람은 1명 또는 3명이므로 항상 참인 설명은 아니다.
② 수지와 인접한 층에 입주하는 사람은 경아 또는 보미이거나 아무도 없으므로 항상 참인 설명은 아니다.
③ 보미는 1층 또는 2층 또는 4층 또는 5층에 입주하므로 항상 참인 설명은 아니다.
④ 4명이 빌라에 입주하는 경우의 수는 총 4가지이므로 항상 거짓인 설명이다.

정답 ⑤

문제 풀이 꿀팁

경우의 수를 정확하게 확인하지 않아도 오답 소거가 가능한 선택지부터 확인하는 방법으로 문제에 접근한다.
4명이 입주한 층수를 정확하게 확인하지 않아도 옳고 그름을 판단할 수 있는 ①, ⑤ 먼저 확인한다. 이때 세 번째, 두 번째, 첫 번째 조건 순으로 확인하여 가능한 경우를 간단하게 정리하면 다음과 같다.

경우 A		경우 B
수지		수지
X		O
진희	또는	O
X		X
O		진희
O		X

이에 따라 ①은 진희보다 높은 층에 입주하는 사람이 수지뿐일 수도 있어 항상 참인 설명이 아니므로 소거한다. 그다음 ⑤는 4명 중 3층에 입주하는 사람은 없으므로 항상 참인 설명이다.
따라서 정답은 ⑤가 된다.

대표예제 2 원형 또는 다각형 테이블에 배치된 사람의 자리 찾는 문제

A, B, C, D, E, F 6명이 서로 마주 보며 일정한 간격으로 원탁에 둘러앉는다. 다음 조건을 모두 고려하였을 때, 항상 거짓인 것을 고르시오.

- A와 F는 마주 보고 앉는다.
- C의 왼쪽 바로 옆자리에 앉는 사람은 E가 아니다.
- B의 오른쪽 바로 옆자리에 앉는 사람은 F이다.
- D는 C와 마주 보고 앉지 않는다.

① D는 E와 마주 보고 앉는다.
② B의 왼쪽 바로 옆자리에 앉는 사람은 D이다.
③ A의 오른쪽 바로 옆자리에 앉는 사람은 C이다.
④ F의 오른쪽 바로 옆자리에 앉는 사람은 C이다.
⑤ B와 마주 보고 앉는 사람은 D이다.

풀이

제시된 조건에 따르면 A와 F는 마주 보고 앉고, B의 오른쪽 바로 옆자리에 앉는 사람은 F이다. 이때 C의 왼쪽 바로 옆자리에 앉는 사람은 E가 아니고, D는 C와 마주 보고 앉지 않으므로 C가 앉는 위치에 따라 가능한 경우는 다음과 같다.

경우 1	경우 2	경우 3
A C D B E F	A E C B D F	A E D B C F

따라서 B의 왼쪽 바로 옆자리에 앉는 사람은 C 또는 E이므로 항상 거짓인 설명이다.
① D는 B 또는 E와 마주 보고 앉으므로 항상 거짓인 설명은 아니다.
③ A의 오른쪽 바로 옆자리에 앉는 사람은 C 또는 E이므로 항상 거짓인 설명은 아니다.
④ F의 오른쪽 바로 옆자리에 앉는 사람은 C 또는 D 또는 E이므로 항상 거짓인 설명은 아니다.
⑤ B와 마주 보고 앉는 사람은 C 또는 D이므로 항상 거짓인 설명은 아니다.

정답 ②

문제 풀이 꿀팁

불가능한 경우를 찾는 방법으로 문제에 접근한다.

A와 F는 마주 보고 앉으며, B의 오른쪽 바로 옆자리에 앉는 사람은 F이므로 이를 그림으로 정리하면 다음과 같다.

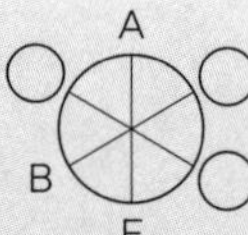

남은 세 자리를 고려했을 때, C의 왼쪽 바로 옆자리에 앉는 사람은 E가 아니고, C의 오른쪽 바로 옆자리에 E가 앉을 경우 C와 D가 마주 보고 앉게 되므로 C와 E는 바로 옆자리에 앉을 수 없어 D는 A와 B 사이에 앉을 수 없다.
따라서 정답은 ②가 된다.

유형공략문제

· 맞힌 문제: /10문제

난이도 ★☆☆

01 A, B, C, D, E, F, G, H 8명 중 사원은 5명, 대리는 3명이다. 다음 조건을 모두 고려하였을 때, 대리 3명끼리 바르게 묶인 것을 고르시오.

- A, B, C, D 중 사원은 2명이다.
- B와 C는 직급이 서로 다르다.
- A, F, G 중 대리는 1명이다.
- B와 F는 모두 사원이다.
- C, E, H 중 대리는 1명이다.

① A, C, G ② A, D, E ③ A, D, H ④ C, D, E ⑤ C, D, G

난이도 ★☆☆

02 한 달에 1번씩 회식을 하는 H 팀은 회식 메뉴를 1월부터 4월까지 매월 다르게 정하려고 한다. 다음 조건을 모두 고려하였을 때, 4월 회식 메뉴로 알맞은 것을 고르시오.

- 회식 메뉴는 한식, 일식, 중식, 양식 중 한 가지로 정한다.
- 중식은 2월 또는 3월 회식 메뉴이다.
- 일식은 1월 회식 메뉴가 아니다.
- 한식은 양식으로 회식을 하고 2개월 후의 회식 메뉴이다.

① 한식 ② 일식 ③ 중식 ④ 양식 ⑤ 알 수 없음

난이도 ★☆☆

03 **가, 나, 다, 라, 마 5명은 5층 빌딩에 거주하며, 각 층에 1명씩 거주한다. 다음 조건을 모두 고려하였을 때, 항상 거짓인 것을 고르시오.**

- 마는 짝수 층에 거주한다.
- 가는 나보다 위층에 거주한다.
- 다와 마가 거주하는 층 사이에 거주하는 사람은 없다.
- 라보다 위층에 거주하는 사람은 없다.

① 라 바로 아래층에 거주하는 사람은 가이다.

② 다는 3층에 거주한다.

③ 나와 마가 거주하는 층 사이에 거주하는 사람은 1명이다.

④ 다 바로 위층에 거주하는 사람은 마이다.

⑤ 가는 나보다 한 층 위에 거주한다.

난이도 ★☆☆

04 **소미, 아라, 재희, 혜수 4명은 동해, 서해, 남해 중 한 곳으로 휴가를 가려고 한다. 다음 조건을 모두 고려하였을 때, 항상 참인 것을 고르시오.**

- 소미는 동해로 휴가를 가지 않는다.
- 재희와 같은 곳으로 휴가를 가는 사람은 없다.
- 아라와 혜수 중에서는 1명만 서해로 휴가를 간다.

① 2명이 함께 휴가를 가는 곳은 남해이다.

② 혜수는 서해와 남해 중 한 곳으로 휴가를 간다.

③ 소미와 혜수가 같은 곳으로 휴가를 가면 재희는 동해로 휴가를 간다.

④ 재희가 동해로 휴가를 가면 혜수는 남해로 휴가를 간다.

⑤ 아라가 동해로 휴가를 가면 소미는 서해로 휴가를 간다.

난이도 ★☆☆

05 **부장, 과장, 대리, 사원 중 서로 다른 직급인 직원 A, B, C, D 4명은 원탁에 일정한 간격으로 앉아 논의를 하려고 한다. 다음 조건을 모두 고려하였을 때, 항상 거짓인 것을 고르시오.**

- 4명 중 남자와 여자는 각각 2명이다.
- A는 C 바로 오른쪽에 앉는다.
- B는 남자이며, C와 같은 성별이다.
- D의 직급은 대리이다.
- A는 사원과 마주 보고 앉는다.

① 대리는 자신보다 높은 직급인 직원과 마주 보고 앉는다.

② A의 직급이 부장이면 과장과 사원의 성별은 다르다.

③ 부장의 성별은 남자이다.

④ D는 B 바로 왼쪽에 앉는다.

⑤ 과장은 대리와 마주 보고 앉지 않는다.

난이도 ★★☆

06 **인사팀, 총무팀, 회계팀, 영업팀, 개발팀은 1~5 회의실 중 각 팀의 인원수에 맞는 서로 다른 회의실을 이용하려고 한다. 다음 조건을 모두 고려하였을 때, 항상 참인 것을 고르시오.**

- 수용 인원은 1 회의실이 가장 적고, 1, 2, 3, 4, 5 회의실 순으로 수용 인원이 많아진다.
- 수용 인원과 회의실의 면적은 비례한다.
- 회계팀의 인원수는 10명으로 인사팀의 인원수보다 많다.
- 영업팀의 인원수보다 인원수가 많은 팀은 3팀 이상이다.
- 총무팀이 이용하는 회의실의 면적은 인사팀이 이용하는 회의실의 면적보다 넓다.
- 5 회의실은 개발팀이 이용한다.

① 회계팀보다 인원수가 적은 팀은 2팀이다.

② 회의실의 면적은 영업팀이 인사팀보다 넓다.

③ 인사팀이 1 회의실을 이용하면 회계팀은 3 회의실을 이용한다.

④ 팀의 인원수는 영업팀이 총무팀보다 많다.

⑤ 총무팀이 3 회의실을 이용하면 개발팀의 인원수는 최소 11명이다.

난이도 ★★☆

07 5층짜리 A 건물에서 근무하던 기획본부, 개발부, 생산부, 품질부, 구매부는 최근 5층짜리 B 건물로 이사하였으며, 일부 부서는 근무하던 층이 달라지게 되었다. 다음 조건을 모두 고려하였을 때, 항상 참인 것을 고르시오.

- 비어 있는 층은 이사 전, 후 모두 한 층이며, 해당 층은 이사 전이 후보다 높다.
- 이사 후 근무하던 층이 이사 전보다 낮아진 부서는 기획본부와 개발부뿐이다.
- 이사 전, 후 모두 품질부가 근무하는 층은 생산부가 근무하는 층보다 높다.
- 이사 전 3층에서 근무하던 부서는 기획본부뿐이다.
- 이사 후 개발부와 품질부만 4층에서 근무한다.
- 이사 후 비어 있는 층보다 높은 층에서 근무하는 부서는 3개이다.

① 이사 전 개발부보다 낮은 층에서 근무했던 부서는 4개이다.

② 이사 후 기획본부는 1층에서 근무한다.

③ 이사 전 구매부는 다른 부서와 같은 층에서 근무하였다.

④ 이사 전, 후 근무하는 층이 달라지지 않은 부서는 품질부이다.

⑤ 이사 후 생산부보다 높은 층에서 근무하는 부서는 4개이다.

난이도 ★★☆

08 갑, 을, 병, 정 4명은 오케스트라에서 플루트, 오보에, 클라리넷, 바순 중 한 가지의 목관악기를 담당하여 연주하려고 한다. 다음 조건을 모두 고려하였을 때, 항상 거짓인 것을 고르시오.

- 4명은 서로 다른 악기를 연주한다.
- 정은 오보에 또는 클라리넷을 연주한다.
- 갑 또는 을이 바순을 연주한다.
- 병이 클라리넷을 연주하면 바순을 연주하는 사람은 을이 아니다.

① 갑이 연주하는 악기로 가능한 경우의 수는 4가지이다.

② 병이 플루트를 연주하면 을은 오보에 또는 클라리넷을 연주한다.

③ 을이 바순을 연주하면 갑은 플루트를 연주한다.

④ 정이 클라리넷을 연주하면 병은 플루트 또는 오보에를 연주한다.

⑤ 정이 오보에를 연주하는 경우의 수와 클라리넷을 연주하는 경우의 수는 같다.

난이도 ★★★

09 **고등학생 A, B, C, D, E 5명과 대학생 F, G, H 3명이 세 팀으로 나뉘어 멘토링, 무료 급식, 연탄 봉사활동 중 서로 다른 봉사활동에 참여하려고 한다. 다음 조건을 모두 고려하였을 때, 항상 참인 것을 고르시오.**

- 팀은 1팀, 2팀, 3팀으로 나뉘며, 각 팀에는 고등학생과 대학생이 최소 1명씩 포함되어야 한다.
- 연탄 봉사활동에 참여하는 팀은 3팀이다.
- B는 D와 같은 팀에 속하며, G와 다른 팀에 속한다.
- 멘토링 봉사활동에 참여하는 A가 속한 팀의 인원수가 다른 두 팀보다 적다.
- H는 무료 급식 봉사활동에 참여한다.

① 2팀의 인원수는 3명이다.

② D가 무료 급식 봉사활동에 참여하면 1팀에 속한다.

③ 멘토링 봉사활동에 참여하는 대학생은 G이다.

④ B가 연탄 봉사활동에 참여하면 F와 같은 봉사활동에 참여한다.

⑤ H와 같은 봉사활동에 참여하는 고등학생은 C와 E이다.

난이도 ★★★

10 **마케팅팀 소속인 김 팀장, 박 과장, 이 차장, 신 대리, 최 대리 5명은 월요일부터 금요일까지 한 사람당 이틀씩 외근하려고 한다. 다음 조건을 모두 고려하였을 때, 항상 거짓인 것을 고르시오.**

- 하루에 외근할 수 있는 팀원은 최대 2명이다.
- 박 과장은 이틀 연속으로 외근한다.
- 수요일에 외근하는 팀원은 이 차장과 신 대리이다.
- 김 팀장은 월요일과 금요일에 외근하지 않는다.
- 이 차장은 대리 직급의 팀원과 일주일 중 한 번만 같은 요일에 외근한다.

① 이 차장과 박 과장은 일주일 중 한 번 같은 요일에 외근한다.

② 이 차장은 이틀 모두 화요일 이후에 외근한다.

③ 목요일에 외근하는 팀원 중 한 명은 김 팀장이다.

④ 신 대리는 이틀 모두 김 팀장이 외근하는 요일의 바로 다음 요일에 외근한다.

⑤ 최 대리가 목요일에 외근하면 박 과장은 대리 직급의 팀원과 일주일 중 한 번 같은 요일에 외근한다.

약점 보완 해설집 p.52

세부 유형 3 | 순서·순위

○ 세부 유형 소개

제시된 조건을 바탕으로 특정 대상의 순서 또는 순위 결과를 도출하거나, 순서·순위에 대한 내용의 옳고 그름을 판단하는 유형의 문제이다.

○ 대표예제

1. 순서 또는 순위를 비교하는 문제
2. 특정 대상의 순서 또는 순위를 찾는 문제

○ 최근 출제 경향

순서·순위 문제는 대기업 인적성 및 공기업 NCS에서 꾸준히 출제되고 있다. 제시된 조건을 바탕으로 항상 참인 것을 찾는 문제, 항상 거짓인 것을 찾는 문제, 특정 대상을 찾는 문제 등 다양한 형태로 출제된다. 최근 주요 대기업 및 공기업 시험에서는 출근 순서, 달리기 순위, 도착한 순서대로 원형 테이블 앉기, 콘센트에 코드를 꽂는 순서, 줄 세우기, 교육 계획 순서, 오전/오후 근무 순서 등 다양한 소재로 문제가 출제되었다.

○ 학습 전략

1. 제시된 조건 중 순서 또는 순위를 정확하게 알 수 있는 조건부터 확인하여 가능한 경우의 수를 줄여 나간다.
2. 동일한 대상에 대한 조건을 모두 찾아 연결한 다음 나머지 조건도 확인하여 가능한 경우의 수를 찾는다.
3. 선택지에 특정 조건이 추가로 제시되는 경우, 문제의 경우의 수가 더 줄어들므로 해당 선택지부터 확인하여 오답을 소거하며 문제 풀이 시간을 단축한다.

   예 ① A가 1등이면 C는 2등이다. → 'A가 1등이다.'라는 조건이 추가되는 것과 같다.

4. 두 대상의 순서·순위에 대한 정보는 2가지 경우로 해석 가능한 점에 주의하여 문제를 풀어 조건을 누락하지 않도록 한다.

   예 A와 B 사이에 1명이 줄 서 있다. → ① A ○ B 또는 ② B ○ A로, 두 가지 경우가 모두 가능하다.

대표예제 1 순서 또는 순위를 비교하는 문제

갑, 을, 병, 정, 무, 기 6명은 한 명씩 기획안 발표를 할 예정이다. 다음 조건을 모두 고려하였을 때, 항상 참인 것을 고르시오.

- 정은 갑보다 먼저 발표를 한다.
- 을과 무 사이에 발표를 하는 사람은 1명이다.
- 기보다 늦게 발표를 하는 사람은 없다.
- 병은 네 번째로 발표를 한다.

① 갑 바로 다음 순서로 발표를 하는 사람은 기이다.

② 정과 병 사이에 발표를 하는 사람은 1명이다.

③ 갑과 을 사이에 발표를 하는 사람은 2명이다.

④ 무가 세 번째로 발표를 하면 갑은 다섯 번째로 발표를 한다.

⑤ 을이 첫 번째로 발표를 하면 정과 기 사이에 발표를 하는 사람은 3명이다.

풀이

제시된 조건에 따르면 기보다 늦게 발표를 하는 사람은 없으므로 기는 여섯 번째로 발표를 한다. 이때 병은 네 번째로 발표를 하고, 을과 무 사이에 발표를 하는 사람은 1명이므로 을과 무는 각각 첫 번째 또는 세 번째로 발표를 하거나 세 번째 또는 다섯 번째로 발표를 한다. 또한, 정은 갑보다 먼저 발표를 하므로 을 또는 무의 발표 순서에 따라 가능한 경우는 다음과 같다.

구분	첫 번째	두 번째	세 번째	네 번째	다섯 번째	여섯 번째
경우 1	을 또는 무	정	을 또는 무	**병**	갑	**기**
경우 2	정	갑	을 또는 무	**병**	을 또는 무	**기**

따라서 을이 첫 번째로 발표를 하면 정과 기 사이에 갑, 병, 무 3명이 발표를 하므로 항상 참인 설명이다.
① 갑 바로 다음 순서로 발표를 하는 사람은 을 또는 무 또는 기이므로 항상 참인 설명은 아니다.
② 정과 병 사이에 발표를 하는 사람은 1명 또는 2명이므로 항상 참인 설명은 아니다.
③ 갑과 을 사이에 발표를 하는 사람은 0명 또는 1명 또는 2명 또는 3명이므로 항상 참인 설명은 아니다.
④ 무가 세 번째로 발표를 하면 갑은 두 번째 또는 다섯 번째로 발표를 하므로 항상 참인 설명은 아니다.

정답 ⑤

문제 풀이 꿀팁

추가 조건이 제시된 선택지를 먼저 확인하여 오답을 소거하는 방법으로 문제에 접근한다.

제시된 조건에서 고정 조건인 세 번째와 네 번째 조건에 따라 네 번째와 여섯 번째로 발표한 사람은 정해져 있으므로 두 번째 조건에 의해 을과 무는 두 번째로 발표를 할 수 없다. 이를 정리하면 다음과 같다.

1	2	3	4	5	6
△	정	△	병	갑	기
정	갑	△		△	

선택지에 추가 조건이 제시된 ④, ⑤를 먼저 확인한다. ④는 무가 세 번째로 발표를 하면 갑의 순서는 고정되지 않아 항상 참인 설명이 아니므로 소거한다. 그다음 ⑤를 확인하면 을이 첫 번째로 발표를 하면 정과 기 사이에 3명이 발표를 하므로 항상 참인 설명이다. 따라서 정답은 ⑤가 된다.

대표예제 2 특정 대상의 순서 또는 순위를 찾는 문제

H 사는 토요일과 일요일에 오전, 오후로 나누어 총 4번 채용 면접을 진행할 예정이다. A, B, C, D, E, F 6명이 면접관으로 들어갈 때, 일요일 오후 면접에 함께 들어가는 면접관으로 가능성이 없는 경우를 고르시오.

- 각 면접에는 최소 1명에서 최대 2명까지 들어간다.
- 6명은 면접에 한 번만 들어간다.
- B와 F는 같은 요일의 면접에 들어간다.
- C와 D는 오후 면접에 들어간다.
- A와 함께 면접에 들어가는 면접관은 1명이고, A와 E는 다른 시간대의 면접에 들어간다.
- E는 토요일 오전 면접에 들어간다.

① A, C ② A, D ③ B, C ④ C, D ⑤ C, F

풀이

제시된 조건에 따르면 E는 토요일 오전 면접에 들어가고, C와 D는 오후 면접에 들어간다. 이때 A와 함께 면접에 들어가는 면접관은 1명이고, A와 E는 다른 시간대의 면접에 들어가므로 A는 오후 면접에 들어간다. 또한, B와 F는 같은 요일의 면접에 들어가므로 B와 F는 일요일 면접에 들어가며, 2명 중 적어도 1명은 일요일 오전 면접에 들어간다. B와 F가 들어가는 면접에 따라 가능한 경우는 다음과 같다.

경우 1. B와 F가 함께 일요일 오전 면접에 들어가는 경우

구분	토요일	일요일
오전	E	B, F
오후	C	A, D

토요일	일요일
E	B, F
D	A, C

토요일	일요일
E	B, F
A, C	D

토요일	일요일
E	B, F
A, D	C

경우 2. B만 일요일 오전 면접에 들어가는 경우

구분	토요일	일요일
오전	E	B
오후	A, C	D, F

토요일	일요일
E	B
A, D	C, F

토요일	일요일
E	B
C, D	A, F

경우 3. F만 일요일 오전 면접에 들어가는 경우

구분	토요일	일요일
오전	E	F
오후	A, C	B, D

토요일	일요일
E	F
A, D	B, C

토요일	일요일
E	F
C, D	A, B

따라서 일요일 오후 면접에 함께 들어가는 면접관으로 가능성이 없는 경우는 'C, D'이다.

정답 ④

문제 풀이 꿀팁

경우의 수를 대략적으로 찾은 후, 선택지와 비교하여 오답을 소거하는 방법으로 문제에 접근한다.

E는 토요일 오전 면접에 들어가고, A는 E와 다른 시간대의 면접에 들어가므로 A는 오후 면접에 들어간다. 이때 C와 D도 오후 면접에 들어가고, B와 F는 같은 요일의 면접에 들어가므로 토요일 오전 면접에 들어가는 면접관은 E뿐이다. 이에 따라 B와 F는 일요일 면접에 들어가므로 1) B 또는 F 둘 중 한 명은 일요일 오전, 나머지 한 명은 일요일 오후에 들어가거나 2) 둘 다 일요일 오전에 들어감을 알 수 있다. 1)의 경우 일요일 오후에 B 또는 F 둘 중 한 명이 반드시 면접에 들어가므로 ③, ⑤는 소거한다. 2)의 경우 오후에 A, C, D 3명이 면접에 들어가며, A는 혼자 면접에 들어가지 않으므로 C, D가 일요일 오후에 함께 면접에 들어갈 수 없다.
따라서 정답은 ④가 된다.

유형공략문제

· 맞힌 문제: /10문제

난이도 ★☆☆

01 **H 병원은 의료진을 A 조, B 조, C 조로 나누어 3교대 근무 계획을 세웠다. 다음 조건을 모두 고려하였을 때, 항상 참인 것을 고르시오.**

- 3교대 근무는 근무 시간이 07:00~15:00인 낮 근무, 15:00~24:00인 저녁 근무, 24:00~07:00인 야간 근무로 구분된다.
- 3교대 근무 중 출근 시각은 낮 근무가 가장 빠르고, 야간 근무가 가장 늦다.
- B 조는 낮 근무를 하지 않는다.
- A 조는 C 조보다 먼저 출근한다.

① C 조는 B 조보다 늦게 출근한다.

② B 조의 근무 시간은 8시간 이상이다.

③ A 조와 C 조의 근무 시간은 1시간 차이가 난다.

④ C 조가 저녁 근무를 하는 경우는 2가지이다.

⑤ C 조의 근무 시간은 9시간 이상이다.

난이도 ★☆☆

02 **지예는 4월부터 6월까지 소설책, 수필, 시집, 에세이, 자기계발책, 요리책을 읽었다. 다음 조건을 모두 고려하였을 때, 지예가 6권의 책을 읽은 순서대로 바르게 나열한 것을 고르시오.**

- 지예는 매월 1권 이상의 책을 읽었으며, 1권을 다 읽은 후에 다음 책을 읽었다.
- 수필은 4월에 읽었다.
- 시집과 에세이는 같은 달에 연달아 읽었다.
- 자기계발책보다 먼저 읽은 책은 소설책뿐이다.
- 요리책 바로 전에 읽은 책은 에세이이다.

① 소설책 - 자기계발책 - 시집 - 에세이 - 요리책 - 수필

② 소설책 - 자기계발책 - 수필 - 시집 - 에세이 - 요리책

③ 소설책 - 자기계발책 - 수필 - 에세이 - 시집 - 요리책

④ 소설책 - 수필 - 자기계발책 - 에세이 - 시집 - 요리책

⑤ 소설책 - 수필 - 자기계발책 - 에세이 - 요리책 - 시집

난이도 ★☆☆

03 지호는 하루 안에 국립 공원, 미술관, 박물관, 수도원, 유적지 다섯 곳의 여행지를 모두 방문하려고 한다. 다음 조건을 모두 고려하였을 때, 항상 거짓인 것을 고르시오.

- 세 번째 순서로 방문하는 곳은 박물관이다.
- 미술관과 유적지를 방문하는 사이에 방문하는 곳은 2곳이다.
- 수도원 다음 순서로 방문하는 곳은 1곳 이상이다.

① 국립 공원과 수도원을 연이어 방문한다.

② 미술관 다음 순서로 방문하는 곳은 1곳 또는 4곳이다.

③ 마지막 순서로 방문하는 곳은 유적지이다.

④ 박물관 바로 다음 순서로 방문하는 곳은 미술관이다.

⑤ 미술관과 수도원을 방문하는 사이에 방문하는 곳은 1곳이다.

난이도 ★☆☆

04 A, B, C, D, E 5명이 토너먼트 형식으로 가위바위보를 하여 결과에 따라 상금을 받았다. 다음 조건을 모두 고려하였을 때, 최종 등수가 1등인 사람이 받은 총상금을 고르시오.

- 바위로 승리하면 1만 원, 가위로 승리하면 2만 원, 보로 승리하면 5만 원의 상금을 받는다.
- 최종 등수가 1등인 사람은 추가로 1만 원의 상금을 받는다.
- A는 경기를 1번만 하였으며, A와 B의 경기 횟수는 동일하다.
- A는 E와의 경기에서 보로 패배하였다.
- D는 경기를 1번만 하였으며, 최종 등수는 2등이다.
- E는 매 경기 같은 것을 냈으며, C보다 경기 횟수가 많다.

① 3만 원　② 4만 원　③ 5만 원　④ 6만 원　⑤ 7만 원

난이도 ★☆☆

05 **송아지 농장에 A, B, C, D, E 송아지 5마리가 있고, 이 중 검정 송아지는 3마리, 얼룩 송아지는 2마리이다. 다음 조건을 모두 고려하였을 때, 항상 참인 것을 고르시오.**

- A 송아지와 E 송아지는 검정 송아지이다.
- C 송아지와 D 송아지는 서로 다른 종류이다.
- D 송아지보다 가벼운 송아지는 없다.
- A 송아지는 C 송아지보다 무거우며 E 송아지보다 가볍다.
- 세 번째로 무거운 송아지는 C 송아지가 아니다.

① C 송아지는 B 송아지보다 가볍다.

② B 송아지와 C 송아지는 서로 다른 종류이다.

③ D 송아지는 검정 송아지이다.

④ 가장 무거운 송아지는 검정 송아지 중에 있다.

⑤ 네 번째로 무거운 송아지는 얼룩 송아지 중에 있다.

난이도 ★★☆

06 **세윤, 준배, 다울, 재호, 한나, 다은 6명은 정육각형 테이블에 가장 먼저 도착한 사람의 자리를 기준으로 오른쪽 자리부터 도착한 순서대로 앉았다. 다음 조건을 모두 고려하였을 때, 항상 거짓인 것을 고르시오.**

- 6명 중 3명은 기획팀, 3명은 영상팀에 속한다.
- 회의 진행자와 회의록 작성자는 같은 팀이며, 회의 진행자 바로 오른쪽에는 회의록 작성자가 앉았다.
- 같은 팀끼리는 서로 마주 보고 앉지 않았다.
- 세윤이와 준배는 서로 마주 보고 앉았다.
- 준배와 다울이는 영상팀에 속한다.
- 다울이는 다은이 바로 옆에 앉았다.
- 준배는 한나 바로 다음 순서로 회의실에 도착했다.
- 회의 진행자인 세윤이는 가장 먼저 회의실에 도착해서 회의를 준비했다.

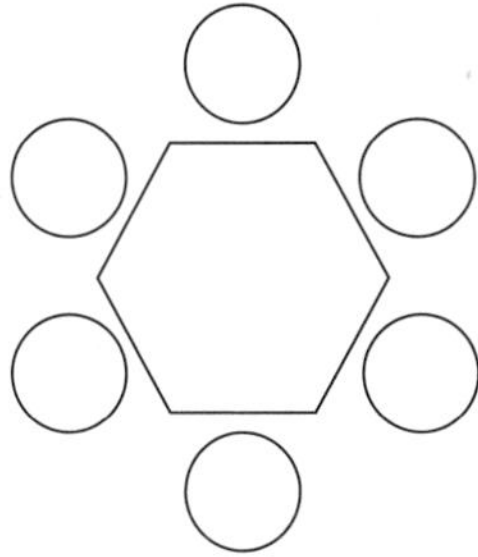

① 다은이는 영상팀에 속한다.

② 회의실에 가장 먼저 도착한 3명은 모두 기획팀에 속한다.

③ 준배와 한나는 서로 다른 팀에 속한다.

④ 회의록 작성자는 재호이다.

⑤ 회의실에 여섯 번째로 도착한 사람이 영상팀이면 한나도 영상팀이다.

PART 1 수리 PART 2 추리 해커스 대기업 인적성 & NCS 수리·추리 집중 공략

난이도 ★★☆

07 **아르바이트생 A, B, C, D, E, F, G 7명이 앞을 보고 한 줄로 서 있다. 다음 조건을 모두 고려하였을 때, 항상 참인 것을 고르시오.**

- G는 맨 마지막에 서 있다.
- B와 C 사이에 한 명이 서 있다.
- D는 E보다 뒤에 서 있다.
- C는 F보다 앞에 서 있다.
- A는 앞에서 네 번째에 서 있다.
- F가 D보다 앞에 서 있으면 B는 E보다 뒤에 서 있다.

① B는 D보다 앞에 서 있다.

② F는 뒤에서 두 번째에 서 있다.

③ C는 E와 연이어 서 있다.

④ E 바로 앞에 사람이 서 있으면 그 사람은 B이다.

⑤ B가 맨 앞에 서 있으면 F는 앞에서 여섯 번째에 서 있다.

난이도 ★★☆

08 **한국, 미국, 스페인, 이탈리아 4개국은 농구 리그전에 참가하여 경기를 진행했다. 다음 조건을 모두 고려하였을 때, 항상 거짓인 것을 고르시오.**

- 경기에서 승리한 팀은 3점, 무승부를 기록한 양 팀은 1점을 얻고, 패배한 팀은 점수를 얻지 못한다.
- 한국은 스페인과의 경기에서 무승부를 기록했다.
- 이탈리아는 한국과의 경기에서 패배를 기록했으며, 전체 경기에서 1승 1무 1패를 기록했다.
- 전체 경기에서 미국은 무승부를 1번만 기록했거나 기록하지 않았으며, 단독 1위를 기록했다.

① 스페인과의 경기에서 무승부를 기록한 국가는 1개국이다.

② 스페인과 이탈리아가 얻은 총점의 합은 한국이 얻은 총점보다 작다.

③ 미국이 이탈리아와의 경기에서 무승부를 기록했다면 미국이 얻은 총점은 7점이다.

④ 이탈리아가 얻은 총점은 4점이다.

⑤ 가장 낮은 총점을 얻은 국가는 스페인이다.

난이도 ★★☆

09 **A, B, C, D, E, F 6명은 회사에 8시 30분까지 도착해야 하며, 각자의 손목시계는 실제 시각과 다르게 맞춰져 있다. 다음 조건을 모두 고려하였을 때, 항상 참인 것을 고르시오.**

- 각자의 손목시계를 기준으로 6명 모두 8시 25분에 도착했으며, 동시에 도착한 사람은 없다.
- 6명의 도착 시각 간격은 각각 2분 이상이다.
- C는 8시 18분에 도착했고, C가 도착한 지 4분 후 B가 도착했다.
- D보다 늦게 도착한 사람은 없다.
- 가장 먼저 도착한 사람은 8시 15분에 도착한 E이다.
- 가장 먼저 도착한 사람은 가장 늦게 도착한 사람보다 20분 일찍 도착했다.
- C보다 늦게 도착하면서 F보다 먼저 도착한 사람은 총 2명이다.

① 지각한 사람은 2명 이하이다.

② F가 8시 24분에 도착했다면 실제 시각보다 느리게 맞춰진 손목시계는 총 2개이다.

③ C와 F의 도착 시각 차이는 최대 16분이다.

④ A가 B보다 먼저 도착했다면 A의 손목시계는 실제 시각보다 10분 빠르게 맞춰져 있다.

⑤ A의 손목시계가 실제 시각보다 4분 느리게 맞춰져 있으면 지각한 사람은 총 2명이다.

난이도 ★★★

10 **W 회사 소속의 A~H 8명은 서로 다른 팀끼리 2명씩 한 조를 이루어 4개의 조를 구성하였으며, 1조부터 2조, 3조, 4조 순으로 출장을 가려고 한다. 다음 조건을 모두 고려하였을 때, 항상 거짓인 것을 고르시오.**

- A, B는 개발팀, C, D는 기획팀, E, F는 사업팀, G, H는 홍보팀이다.
- 모든 홍보팀 직원은 모든 기획팀 직원보다 먼저 출장을 간다.
- A는 G 바로 다음 순서로 출장을 간다.
- 개발팀 직원 2명은 연이어 출장을 간다.
- E는 가장 마지막 순서로 출장을 간다.

① A는 홍보팀 직원과 같은 조이다.

② 3조는 개발팀과 기획팀 직원으로 구성된다.

③ E와 G 사이에 출장을 가는 직원은 2명이다.

④ C와 D 중 먼저 출장을 가는 사람은 알 수 없다.

⑤ F와 H가 함께 출장을 가면 B는 3조이다.

약점 보완 해설집 p.55

세부 유형 4 | 참·거짓 진술

○ 세부 유형 소개

제시된 진술의 진실 또는 거짓 여부를 판단하여 진실 또는 거짓을 말한 사람을 찾거나, 특정 행동을 한 사람을 찾는 유형의 문제이다.

○ 대표예제

1. 1명만 거짓을 말하는 문제
2. 2명 이상이 거짓을 말하는 문제

○ 최근 출제 경향

참·거짓 진술 문제는 대기업 인적성 및 공기업 NCS에서 꾸준히 출제되고 있지만, 출제 비중은 낮은 편이다. 제시된 조건을 바탕으로 거짓말 또는 진실을 말하는 사람을 찾는 문제, 범인 등 특정 대상을 찾는 문제, 항상 참 또는 거짓인 것을 찾는 문제 등 다양한 형태로 출제된다. 최근 주요 대기업 및 공기업 시험에서는 2명이 거짓말을 하는 문제, 1명이 거짓말을 하는 문제, 1~5등 중 1등과 5등이 거짓말을 하는 문제, 진실 마을과 거짓 마을에 사는 주민 등 다양한 출제 포인트로 문제가 출제되었다.

○ 학습 전략

1. 조건에서 진실과 거짓 진술의 개수를 먼저 파악하고, 제시된 진술 중 진술이 상통하거나 모순되는 것을 찾은 후 나머지 진술을 이용하여 문제를 푼다.
2. 어떤 사람의 진술에 대해 그 사람의 진술이 진실이라고 진술하는 사람이 존재할 경우, 2명의 진술은 모두 진실이거나 모두 거짓인 점을 이용하여 문제를 푼다.

   예 • 갑: 나는 범인이야.
   • 을: 갑은 진실을 말하고 있어.
   → 을의 진술이 진실이면 갑의 진술도 진실이고, 을의 진술이 거짓이면 갑의 진술도 거짓이다.
3. 어떤 사람의 진술에 대해 그 사람의 진술이 거짓이라고 진술하는 사람이 존재할 경우, 2명 중 1명의 진술은 진실, 나머지 1명의 진술은 거짓인 점을 이용하여 문제를 푼다.

   예 • 갑: 나는 범인이야.
   • 을: 갑은 거짓을 말하고 있어.
   → 을의 진술이 진실이면 갑의 진술은 거짓이고, 을의 진술이 거짓이면 갑의 진술은 진실이다.

대표예제 1 1명만 거짓을 말하는 문제

같은 팀 소속인 A, B, C, D, E 5명 중 3명은 부산, 2명은 대전으로 출장을 갔다. 5명 중 1명만 거짓을 말했을 때, 대전으로 출장을 간 사람을 고르시오.

- A: 나와 같은 지역으로 출장을 간 사람은 나를 포함해서 총 3명이야.
- B: 나는 D와 다른 지역으로 출장을 갔어.
- C: B의 말은 거짓이야.
- D: 난 대전으로 출장을 갔어.
- E: 나는 C와 같은 지역으로 출장을 갔어.

① A, D ② A, E ③ B, C ④ B, D ⑤ C, E

풀이

제시된 조건에 따르면 B의 말이 거짓이라는 C의 말이 진실이면 B의 말은 거짓이고, C의 말이 거짓이면 B의 말은 진실이므로 B와 C 중 1명은 진실, 다른 1명은 거짓을 말하고 있다. 이때 5명 중 1명만 거짓을 말했으므로 A, D, E의 말은 진실이다. 5명 중 3명은 부산, 2명은 대전으로 출장을 갔으며, 자신과 같은 지역으로 출장을 간 사람은 자신을 포함해서 총 3명이라는 A의 말은 진실이므로 A는 부산으로 출장을 갔다. 또한, D는 대전으로 출장을 갔고, C와 E는 같은 지역으로 출장을 갔으므로 C와 E는 부산, 나머지 B는 대전으로 출장을 갔음을 알 수 있다. 이에 따라 B와 D는 같은 지역으로 출장을 갔으므로 B의 말은 거짓이고, C의 말은 진실이다.
따라서 대전으로 출장을 간 사람은 'B, D'이다.

정답 ④

문제 풀이 꿀팁

상반되는 진술을 찾은 후, 나머지 조건들로 오답을 소거하며 문제에 접근한다.
5명 중 1명만 거짓을 말하므로 나머지 4명은 진실을 말하며, B의 말이 거짓이라는 C의 말에 따라 B와 C의 말은 상반되므로 나머지 A, D, E의 말은 진실임을 알 수 있다. 이때 자신은 대전으로 출장을 갔다는 D의 말은 진실이므로 선택지에 D가 포함되어 있지 않은 ②, ③, ⑤를 소거한다. 그다음 A의 말에 따라 A와 같은 지역으로 출장을 간 사람은 총 3명으로, A는 대전으로 출장을 가지 않았으므로 ①도 소거한다.
따라서 정답은 ④가 된다.

대표예제 2 2명 이상이 거짓을 말하는 문제

도현, 민혁, 승희, 주연, 민준 5명 중 1명이 케이크를 훔쳤으며, 5명 중 3명의 진술은 진실, 2명의 진술은 거짓일 때, 케이크를 훔친 사람을 고르시오.

- 도현: 나와 승희는 케이크를 훔치지 않았어.
- 민혁: 도현이의 진술은 진실이야.
- 승희: 주연이와 민준이는 케이크를 훔치지 않았어.
- 주연: 민혁이와 민준이 중 1명이 케이크를 훔쳤어.
- 민준: 승희의 진술은 거짓이야.

① 도현 ② 민혁 ③ 승희 ④ 주연 ⑤ 민준

풀이

제시된 조건에 따르면 도현이의 진술이 진실이라는 민혁이의 진술이 진실이면 도현이의 진술도 진실이고, 민혁이의 진술이 거짓이면 도현이의 진술도 거짓이므로 도현이와 민혁이 진술은 모두 진실이거나 거짓이다. 또한, 승희의 진술이 거짓이라는 민준이의 진술이 진실이면 승희의 진술은 거짓이고, 민준이의 진술이 거짓이면 승희의 진술은 진실이므로 승희와 민준이 둘 중 한 명의 진술은 진실, 다른 한 명의 진술은 거짓이다. 이때 5명 중 3명의 진술은 진실, 2명의 진술은 거짓이므로 도현이와 민혁이의 진술은 모두 진실이고, 주연이의 진술은 거짓임을 알 수 있다. 도현이의 진술에 따라 도현이와 승희는 케이크를 훔치지 않았으며, 주연이의 진술에 따라 민혁이와 민준이 중 케이크를 훔친 사람은 없다. 이에 따라 승희의 진술이 진실이면 주연이와 민준이는 케이크를 훔치지 않았으므로 5명 중 케이크를 훔친 사람이 없으나, 이는 5명 중 1명이 케이크를 훔쳤다는 조건에 모순되므로 승희의 진술은 거짓이다.
따라서 케이크를 훔친 사람은 '주연'이다.

정답 ④

상통하거나 상반되는 진술을 찾은 후, 나머지 조건들로 오답을 소거하며 문제에 접근한다.
5명 중 2명의 진술이 거짓이며, 도현이의 진술이 진실이라는 민혁이의 진술에 따라 도현이와 민혁이의 진술은 모두 진실이거나 거짓이고, 승희의 진술이 거짓이라는 민준이의 진술에 따라 승희와 민준이의 진술 중 한 명은 거짓, 다른 한 명은 진실이다. 이에 따라 도현이와 민혁이의 진술은 모두 진실이므로 도현이와 승희는 케이크를 훔치지 않았다는 도현이의 진술에 따라 ①, ③은 소거한다. 그다음 나머지 주연이의 진술은 거짓이므로 민혁이와 민준이는 케이크를 훔치지 않아 ②, ⑤도 소거한다.
따라서 정답은 ④가 된다.

유형공략문제

· 맞힌 문제: /5문제

난이도 ★☆☆

01 **갑, 을, 병, 정, 무 5명 중 범인은 1명이며 범인만 거짓을 말하고 있을 때, 범인을 고르시오.**

- 갑: 정은 범인이 아니야.
- 을: 갑과 무 중 1명은 반드시 범인이야.
- 병: 나는 범인이 아니야.
- 정: 을은 진실을 말하고 있어.
- 무: 나는 범인이 누군지 알지 못해.

① 갑 ② 을 ③ 병 ④ 정 ⑤ 무

난이도 ★☆☆

02 **서윤, 나연, 유정, 지빈, 희수 5명은 분홍색 형광펜 2개, 주황색 형광펜 2개, 노란색 형광펜 1개 중 1개씩 나누어 가졌다. 5명 중 3명은 진실, 2명은 거짓을 말했을 때, 주황색 형광펜을 가진 사람끼리 바르게 묶인 것을 고르시오.**

- 서윤: 지빈이가 가진 형광펜의 색깔은 노란색이야.
- 나연: 나와 서윤이는 모두 분홍색 형광펜을 갖고 있어.
- 유정: 나는 주황색 형광펜을 갖고 있어.
- 지빈: 나연이의 말은 진실이야.
- 희수: 나와 나연이는 모두 주황색 형광펜을 갖고 있어.

① 서윤, 유정 ② 나연, 유정 ③ 나연, 희수 ④ 유정, 지빈 ⑤ 유정, 희수

난이도 ★★☆

03 **지호, 연우, 민재, 현우, 은태 5명 중 녹차를 마신 사람은 2명이고, 3명은 진실, 2명은 거짓을 말했을 때, 녹차를 마신 사람과 거짓을 말한 사람이 순서대로 바르게 묶인 것을 고르시오.**

- 지호: 나는 녹차를 마신 사람이 아니야.
- 연우: 현우는 거짓을 말하고 있어.
- 민재: 나는 녹차를 마셨어.
- 현우: 은태는 녹차를 마시지 않았어.
- 은태: 녹차를 마신 사람 중 1명은 민재야.

① 지호 - 연우 ② 지호 - 민재 ③ 지호 - 현우 ④ 민재 - 현우 ⑤ 민재 - 은태

난이도 ★★☆

04 **A, B, C, D, E, F 6명 중 승진한 사람은 2명이고, 거짓을 말한 사람도 2명일 때, 승진한 사람끼리 바르게 묶인 것을 고르시오.**

- A: 나랑 E는 승진하지 않았어.
- B: C는 거짓을 말하고 있어.
- C: A는 승진했어.
- D: A는 진실을 말하고 있어.
- E: 나는 승진했어.
- F: C와 D는 승진하지 않았어.

① A, B ② A, E ③ A, F ④ B, E ⑤ B, F

난이도 ★★★

05 인사팀, 경영지원팀, 마케팅팀, 자원팀, 영업팀은 5층 건물의 서로 다른 층 회의실에서 회의를 하려고 한다. 서로 다른 팀에 속한 A, B, C, D, E 5명 중 1명만 거짓을 말할 때, 거짓을 말하는 사람과 1층에서 회의를 하는 팀이 바르게 짝지어진 것을 고르시오.

- A: 마케팅팀보다 아래층에서 회의를 하는 팀이 있다.
- B: 인사팀은 영업팀보다 두 층 위에서 회의를 한다.
- C: 영업팀은 3층에서 회의를 한다.
- D: 자원팀은 인사팀과 경영지원팀이 회의를 하는 층 사이에 있는 회의실을 이용한다.
- E: 경영지원팀과 영업팀이 회의를 하는 층 사이에 회의를 하는 팀은 두 팀이다.

① A - 경영지원팀

② C - 영업팀

③ C - 경영지원팀

④ E - 영업팀

⑤ E - 경영지원팀

약점 보완 해설집 p.59

기출동형 연습문제

· 풀이 시간: /15분
· 맞힌 문제: /15문제

[01-02] 다음 결론이 반드시 참이 되게 하는 전제를 고르시오.

세부 유형 명제추리 **난이도** ★☆☆

01

전제	달력을 자주 보는 모든 사람은 일정 관리를 잘한다.
결론	달력을 자주 보지 않는 어떤 사람은 꼼꼼하다.

① 일정 관리를 잘하는 어떤 사람은 꼼꼼하다.

② 일정 관리를 잘하지 못하는 모든 사람은 꼼꼼하지 않다.

③ 꼼꼼한 모든 사람은 일정 관리를 잘한다.

④ 꼼꼼한 어떤 사람은 일정 관리를 잘하지 못한다.

⑤ 꼼꼼하지 못한 어떤 사람은 일정 관리를 잘하지 못한다.

세부 유형 명제추리 **난이도** ★★☆

02

전제	성공한 사람 중 노력을 하지 않은 사람은 없다.
결론	운이 좋은 어떤 사람은 노력을 했다.

① 성공한 어떤 사람은 운이 좋지 않다.

② 성공한 어떤 사람은 운이 좋다.

③ 성공한 사람 중 운이 좋은 사람은 없다.

④ 운이 좋은 어떤 사람은 성공하지 못했다.

⑤ 운이 좋은 모든 사람은 성공하지 못했다.

세부 유형 명제추리 난이도 ★★☆

03 다음 전제를 읽고 반드시 참인 결론을 고르시오.

전제	음악을 좋아하지 않는 어떤 사람은 노래를 좋아한다.
	춤을 좋아하는 모든 사람은 음악을 좋아한다.
결론	

① 노래를 좋아하는 모든 사람은 춤을 좋아하지 않는다.

② 노래를 좋아하지 않는 어떤 사람은 춤을 좋아한다.

③ 춤을 좋아하는 모든 사람은 노래를 좋아하지 않는다.

④ 춤을 좋아하지 않는 어떤 사람은 노래를 좋아하지 않는다.

⑤ 춤을 좋아하지 않는 어떤 사람은 노래를 좋아한다.

세부 유형 명제추리 난이도 ★★★

04 다음 명제가 모두 참일 때, A~E 5명 중 출장을 가는 사람끼리 바르게 묶인 것을 고르시오.

- A, B, C, D, E 5명 중 출장을 가는 사람은 2명이다.
- A 또는 D가 출장을 가면 C는 출장을 가지 않는다.
- B 또는 D가 출장을 가지 않으면 E는 출장을 가지 않는다.
- D가 출장을 가면 E도 출장을 간다.
- A와 B는 출장을 같이 가지 않는다.
- B, C, E 중 적어도 1명은 출장을 간다.

① A, C ② A, E ③ B, C ④ B, D ⑤ C, E

세부 유형 위치·배치 난이도 ★☆☆

05 A 책임과 B 대리는 C, D, E, F 사원과 프로젝트팀을 각자 구성하려고 한다. 다음 조건을 모두 고려하였을 때, B 대리와 같은 프로젝트팀에 속하는 사원을 모두 고르시오.

- C, D, E, F 사원은 각각 A 책임 또는 B 대리 중 1명의 프로젝트팀에 속한다.
- C 사원과 E 사원은 같은 프로젝트팀에 속한다.
- F 사원은 A 책임의 프로젝트팀에 속한다.
- D 사원은 E 사원과 같은 프로젝트팀에 속하고, F 사원과 다른 프로젝트팀에 속한다.

① C, E ② C, F ③ D, E ④ E, F ⑤ C, D, E

세부 유형 위치·배치 난이도 ★☆☆

06 신입사원 갑, 을, 병, 정, 무 5명은 생산관리팀, 품질관리팀, 물류팀 중 하나의 팀에 배치된다. 다음 조건을 모두 고려하였을 때, 항상 참인 것을 고르시오.

- 한 팀에 최대 2명이 배치된다.
- 을과 정은 다른 팀에 배치된다.
- 병은 생산관리팀에 배치되지 않는다.
- 갑과 무는 같은 팀에 배치된다.

① 무는 물류팀에 배치된다.

② 생산관리팀에 배치되는 사람은 1명이다.

③ 갑이 품질관리팀에 배치되면 병은 물류팀에 배치된다.

④ 정이 물류팀에 배치되면 병과 다른 팀에 배치된다.

⑤ 을이 생산관리팀에 배치되면 정은 품질관리팀에 배치된다.

세부 유형 위치·배치 난이도 ★★☆

07 **선생님 A, B, C, D, E, F 6명은 새 학기를 맞아 1반부터 6반까지 1명씩 담임선생님으로 배정받았다. 다음 조건을 모두 고려하였을 때, 항상 거짓인 것을 고르시오.**

- 1반 교실부터 6반 교실은 숫자 순서대로 배치되어 있다.
- E는 4반의 담임선생님이다.
- C와 F가 배정받은 반은 서로 이웃하지 않는 반이다.
- A와 B가 배정받은 반은 서로 이웃하는 반이다.
- D가 배정받은 반은 1~3반 중 하나이다.

① A는 5반 또는 6반의 담임선생님이다.

② B와 E가 배정받은 반은 서로 이웃하지 않는 반이다.

③ C와 E가 배정받은 반은 서로 이웃하는 반이다.

④ D는 2반의 담임선생님이다.

⑤ F는 A 또는 B와 서로 이웃하는 반의 담임선생님이다.

세부 유형 순서·순위 난이도 ★☆☆

08 **A 축구팀은 월요일부터 금요일까지 매일 훈련, 휴식, 외출 중 하나의 일정을 갖고 생활한다. 다음 조건을 모두 고려하였을 때, 항상 참인 것을 고르시오.**

- 월요일부터 금요일까지 5일 중 3일은 훈련, 1일은 휴식, 1일은 외출을 한다.
- 월요일은 외출을 하지 않는다.
- 화요일은 휴식을 하지 않는다.
- 목요일은 훈련을 하지 않는다.
- 외출을 하는 날의 전날은 훈련을 한다.

① 금요일은 훈련을 한다.

② 수요일은 휴식을 하지 않는다.

③ 휴식을 하는 날의 전날은 훈련을 한다.

④ 외출을 하는 날의 다음 날은 훈련을 한다.

⑤ 외출을 하는 날은 휴식을 하는 날보다 먼저이다.

세부 유형 순서·순위 난이도 ★★☆

09 **같은 반 학생 A, B, C, D, E, F 6명이 학교로 등교하였다. 다음 조건을 모두 고려하였을 때, 항상 거짓인 것을 고르시오.**

- 6명이 등교하는 시간대는 8시 30분 전, 8시 30분부터 9시, 9시 후로 총 3가지이다.
- 9시 후에 등교하면 지각이다.
- 6명은 같은 시간대에 3명 이상 등교하지 않는다.
- B, F는 A와 다른 시간대에 등교하였으며, A보다 늦게 등교하였다.
- D는 지각하였다.
- E는 8시 30분 이후에 등교하였다.

① F는 E보다 나중에 등교하였다.

② 지각을 한 학생은 B, D 또는 D, F이다.

③ A는 8시 30분 전에 등교하였다.

④ B는 E보다 먼저 등교하였다.

⑤ 8시 30분부터 9시에 등교한 학생은 A, E이다.

세부 유형 순서·순위 난이도 ★★★

10 **갑, 을, 병, 정, 무, 기, 경, 신 8명은 월요일부터 금요일까지 오전, 오후로 나뉘어 각각 팀장과 면담을 진행하려고 한다. 다음 조건을 모두 고려하였을 때, 항상 참인 것을 고르시오.**

- 면담은 요일별로 오전과 오후에 각각 한 번씩 진행한다.
- 경은 을보다 먼저 면담을 진행한다.
- 정과 신은 같은 요일에 면담을 진행한다.
- 목요일 오전은 면담을 진행하지 않는다.
- 무는 기보다 먼저 면담을 진행한다.
- 을은 수요일 오후에 면담을 진행한다.
- 8명 중 가장 먼저 면담을 진행하는 사람은 갑이고, 가장 나중에 면담을 진행하는 사람은 병이다.

① 경은 수요일 오전에 면담을 진행한다.

② 면담을 진행하는 순서로 가능한 경우의 수는 총 18가지이다.

③ 갑은 월요일 오전에 면담을 진행한다.

④ 병은 금요일에 면담을 진행하지 않는다.

⑤ 신과 무의 면담 순서 사이에 면담을 진행하는 사람은 1명 또는 2명이다.

세부 유형 참·거짓 진술   난이도 ★☆☆

11 A, B, C, D, E 5명 중 1명만 취업을 했고 5명 중 3명은 진실, 2명은 거짓을 말했을 때, 취업을 한 사람을 고르시오.

- A: 취업을 한 사람은 E야.
- B: D는 진실을 말하고 있어.
- C: 취업을 한 사람은 A야.
- D: A는 거짓을 말하고 있어.
- E: 취업을 한 사람은 거짓을 말하고 있어.

① A ② B ③ C ④ D ⑤ E

세부 유형 참·거짓 진술   난이도 ★☆☆

12 경민, 나윤, 여진, 재영, 하림 5명 중 3명이 수학여행을 간다. 수학여행을 가는 3명은 진실, 수학여행을 가지 않는 2명은 거짓을 말할 때, 거짓을 말하는 사람끼리 바르게 묶인 것을 고르시오.

- 경민: 나는 수학여행을 가.
- 나윤: 여진이는 진실을 말하고 있어.
- 여진: 재영이와 하림이는 수학여행을 가지 않아.
- 재영: 경민이의 말은 진실이 아니야.
- 하림: 나윤이는 거짓을 말하고 있어.

① 경민, 여진 ② 경민, 하림 ③ 나윤, 여진 ④ 나윤, 재영 ⑤ 재영, 하림

세부 유형 참·거짓 진술 난이도 ★☆☆

13 **부장, 차장, 과장, 대리, 사원 5명은 서울, 인천, 대전 중 한 곳으로 출장을 가고, 출장지별로 최대 2명이 출장을 간다. 5명 중 1명만 거짓을 말했을 때, 인천으로 출장을 가는 사람과 대전으로 출장을 가는 사람이 순서대로 바르게 묶인 것을 고르시오.**

- 부장: 저는 인천으로 출장을 갑니다.
- 차장: 부장님의 말은 거짓입니다.
- 과장: 저는 대리와 함께 서울로 출장을 갑니다.
- 대리: 부장님과 사원은 같은 곳으로 출장을 갑니다.
- 사원: 대전으로 출장을 가는 사람은 1명입니다.

① 부장 - 차장 ② 부장 - 사원 ③ 과장 - 부장 ④ 과장 - 차장 ⑤ 사원 - 부장

세부 유형 위치·배치 난이도 ★★☆

14 **민철, 형길, 영완, 명우 4명은 캠핑을 하기 위해 지도, 나침반, 삽, 텐트, 의자, 반합, 쌀, 물 8가지 물건 중 서로 다른 물건을 2가지씩 가져왔다. 다음 조건을 모두 고려하였을 때, 항상 거짓인 것을 고르시오.**

- 8가지 물건 중 가져오지 않은 물건은 없다.
- 쌀을 가져온 사람은 민철 또는 형길이다.
- 지도를 가져온 사람은 명우가 아니다.
- 텐트를 가져온 사람은 민철이다.
- 반합을 가져온 사람은 형길이다.
- 물을 가져온 사람이 나침반도 가져왔다.

① 의자는 영완이가 가져왔다.

② 지도는 형길이가 가져왔다.

③ 지도를 가져온 사람이 쌀도 가져왔다.

④ 명우가 물을 가져왔으면, 영완이는 지도를 가져왔다.

⑤ 민철이가 삽을 가져왔으면, 명우는 나침반을 가져왔다.

세부 유형 순서·순위 난이도 ★★★

15 **현수는 집들이에 초등학교 동창 A, B, C, 중학교 동창 D, E, F, 고등학교 동창 G, H 8명을 각각 금요일, 토요일, 일요일 중 한 번만 초대하려고 한다. 다음 조건을 모두 고려하였을 때, 항상 거짓인 것을 고르시오.**

- A~H 8명을 각각 한 번씩 초대하며, 하루에 초대할 수 있는 사람은 최대 4명이다.
- 중학교 동창은 모두 다른 요일에 초대한다.
- 초등학교 동창 중 2명만 같은 요일에 초대한다.
- G는 C를 초대한 바로 다음 날에 초대한다.
- F는 토요일에 초대한다.
- H는 금요일에 초대하지 않고, A는 일요일에 초대하지 않는다.
- B와 G는 같은 요일에 초대하고, C와 E는 다른 요일에 초대한다.

① B와 같은 날에 초대하는 사람은 3명이다.

② A와 F는 같은 요일에 초대한다.

③ 8명을 초대할 수 있는 경우의 수는 총 6가지이다.

④ C와 D는 같은 요일에 초대한다.

⑤ 가장 많은 사람을 초대하는 날은 토요일이다.

약점 보완 해설집 p.60

고난도 대비 문제

· 풀이 시간: /10분
· 맞힌 문제: /10문제

01 다음 결론이 반드시 참이 되게 하는 전제를 고르시오.

전제	단기채가 많은 어떤 기업도 재무 구조가 탄탄하지 않다.
결론	성장 가능성이 큰 기업 중에 재무 구조가 탄탄한 기업이 존재한다.

① 성장 가능성이 크지 않은 어떤 기업은 단기채가 많다.

② 성장 가능성이 크면서 단기채가 많은 기업이 존재한다.

③ 단기채가 많은 기업 중에 성장 가능성이 큰 기업은 없다.

④ 단기채가 많지 않은 어떤 기업은 성장 가능성이 크지 않다.

⑤ 단기채가 많지 않은 기업 중에 성장 가능성이 크지 않은 기업은 없다.

02 다음 명제가 모두 참일 때, 항상 참인 문장을 고르시오.

- 면접 경험이 있지 않은 모든 사람은 정장을 가지고 있지 않다.
- 모든 회사원은 정장과 구두를 가지고 있다.
- 어떤 회사원은 통근 버스를 이용한다.
- 자취를 하거나 차로 이동하는 모든 사람은 통근 버스를 이용하지 않는다.
- 모든 취업 준비생은 면접 경험과 스터디 경험이 있다.
- 모든 취업 준비생은 인터넷 강의를 듣거나 현장 강의를 듣는다.
- 취업 준비생이 아닌 어떤 사람은 구두를 가지고 있다.

① 면접 경험이 있지 않은 어떤 사람은 회사원이다.

② 스터디 경험이 있지 않은 사람 중에 구두를 가지고 있는 사람이 있다.

③ 자취를 하지 않으면서 통근 버스를 이용하면 회사원이다.

④ 통근 버스를 이용하면서 면접 경험이 있는 사람은 없다.

⑤ 회사원이면서 차로 이동하지 않는 사람이 반드시 존재한다.

03 **다음 명제가 모두 참일 때, B~F 중 A와 함께 봉사활동을 하지 않는 사람을 모두 고르시오.**

- B가 봉사활동을 하면 D는 봉사활동을 하지 않는다.
- C가 봉사활동을 하거나 D가 봉사활동을 하지 않으면 A는 봉사활동을 하지 않는다.
- F가 봉사활동을 하면 D는 봉사활동을 하지 않는다.
- E가 봉사활동을 하지 않으면 C는 봉사활동을 한다.
- A는 봉사활동을 한다.

① B, C　② D, E　③ B, C, E　④ B, C, F　⑤ C, E, F

04 **A~G 7명은 7인용 원탁에 앉아 주스와 커피 중 하나의 음료를 마시고 있다. 다음 조건을 모두 고려하였을 때, 항상 참인 것을 고르시오.**

- 주스를 마시고 있는 사람은 3명, 커피를 마시고 있는 사람은 4명이다.
- B 양옆에 앉아 있는 사람은 커피를 마시고 있다.
- 옆으로 나란히 앉아 있는 A와 C는 모두 주스를 마시고 있다.
- G 양옆에 앉아 있는 사람은 모두 주스를 마시고 있다.
- G는 1번 자리에 앉아 있으며, G 바로 오른쪽 자리에 E가 앉아 있다.

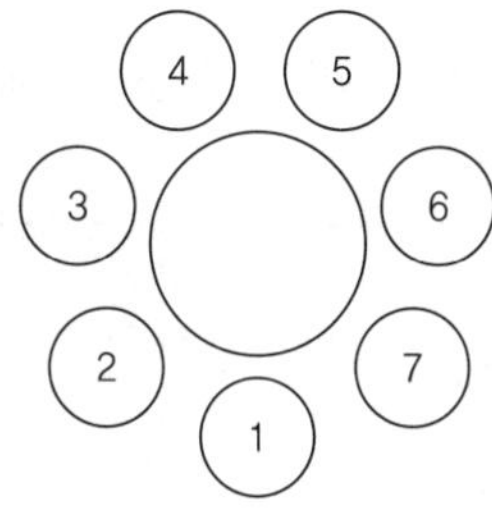

① G는 주스를 마시고 있다.

② B와 D 중 커피를 마시고 있는 사람은 1명이다.

③ C 양옆에 앉아 있는 사람은 모두 주스를 마시고 있다.

④ A는 짝수 번호 자리에 앉아 있다.

⑤ D와 F 중 1명은 6번 자리에 앉아 있다.

05 **A, B, C, D 4명의 강사는 4월 1일부터 4월 4일까지 4일 중 서로 다른 날짜에 특강을 진행하려고 한다. 다음 조건을 모두 고려하였을 때, 항상 거짓인 것을 고르시오.**

- 4명의 강사는 국어, 영어, 수학, 탐구 중 서로 다른 한 가지 과목을 담당한다.
- 수학 특강은 영어 특강 바로 다음 날 진행한다.
- 국어 특강은 탐구 특강 바로 다음 날 진행한다.
- B 강사는 4월 2일 이후에 특강을 진행하고, C 강사보다 먼저 진행한다.
- 국어 특강은 A 강사의 담당 과목 특강보다 먼저 진행한다.

① 4월 1일에 진행하는 특강은 탐구 특강이다.

② C 강사의 담당 과목은 수학이다.

③ B 강사는 4월 3일에 특강을 진행한다.

④ 영어 특강 바로 다음 날 C 강사가 특강을 진행한다.

⑤ D 강사는 A 강사보다 2일 먼저 특강을 진행한다.

06 **함께 조별 과제를 하는 갑, 을, 병, 정, 무 5명 중 1명이 과제를 하지 않았다. 5명 중 2명만 거짓말을 했을 때, 과제를 하지 않은 사람을 고르시오.**

- 갑: 을은 과제를 하지 않았어.
- 을: 갑이 거짓말을 하는 게 분명해.
- 병: 무는 확실히 과제를 했어.
- 정: 과제를 한 사람은 을이야.
- 무: 정은 거짓말을 하는 사람이 아니야.

① 갑 ② 을 ③ 병 ④ 정 ⑤ 무

07 **경호, 아라, 윤지, 태우 4명은 각각 광고, 독서, 봉사, 창업, 토론 동아리 중 2개 이상의 동아리에 가입하였다. 다음 조건을 모두 고려하였을 때, 항상 거짓인 것을 고르시오.**

- 윤지는 경호보다 가입한 동아리가 더 많다.
- 태우가 가입한 동아리는 광고 동아리와 창업 동아리이다.
- 독서 동아리에 가입한 사람은 1명이다.
- 아라는 광고 동아리와 독서 동아리를 제외한 모든 동아리에 가입하였다.
- 경호는 태우와 같은 동아리에 가입하지 않았다.
- 윤지가 가입한 동아리 중 아라가 가입한 동아리는 1개이다.

① 경호와 아라 중 1명도 가입하지 않은 동아리는 2개이다.

② 가입한 동아리가 4개 이상인 사람은 없다.

③ 태우가 가입한 동아리에 가입한 사람은 각각 2명 이상이다.

④ 경호가 가입한 동아리 중 윤지가 가입한 동아리는 2개이다.

⑤ 윤지가 창업 동아리에 가입한다면 창업 동아리에 가입한 사람은 3명이다.

08 **A~G 7개 브랜드의 선호도 조사에 따라 브랜드 평판 순위를 정하려고 한다. 다음 조건을 모두 고려하였을 때, 항상 참인 것을 고르시오.**

- 7개의 브랜드 중 순위가 같은 브랜드는 없다.
- B 브랜드는 A 브랜드보다 순위가 낮다.
- 순위가 가장 낮은 브랜드는 G 브랜드가 아니다.
- D 브랜드는 F 브랜드와 G 브랜드보다 순위가 높다.
- E 브랜드는 B 브랜드보다 순위가 낮지만, D 브랜드보다는 순위가 높다.
- C 브랜드는 E 브랜드보다 순위가 높지 않다.

① B 브랜드보다 순위가 높은 브랜드는 2개이다.

② D 브랜드의 순위는 5위이다.

③ C 브랜드의 순위는 4위보다 낮다.

④ G 브랜드의 순위가 6위일 때 F 브랜드의 순위는 C 브랜드의 순위보다 낮다.

⑤ 7개 브랜드의 순위로 가능한 경우의 수는 총 5가지이다.

09 도하, 우제, 윤우, 재하, 태오 5명 중 육군 소속은 2명이고, 공군, 해군, 해병대 소속은 각 1명씩이다. 5명은 각자 2개의 진술을 했으며 이 중 1개는 참, 1개는 거짓일 때, 공군 소속인 사람과 해군 소속인 사람을 순서대로 바르게 나타낸 것을 고르시오.

- 도하: 나는 공군 또는 해병대 소속이다. 우제는 육군 소속이 아니다.
- 우제: 나는 해병대 소속이다. 도하는 공군 소속이 아니다.
- 윤우: 나는 육군 소속이다. 태오는 육군 소속이다.
- 재하: 나는 해병대 소속이다. 우제는 해병대 소속이다.
- 태오: 나는 해군 소속이다. 윤우는 육군 소속이다.

① 도하 - 윤우 ② 우제 - 윤우 ③ 우제 - 태오 ④ 윤우 - 우제 ⑤ 태오 - 우제

10 출생연도가 서로 다른 원영, 지성, 재훈, 홍재 4명이 자신보다 먼저 태어난 사람에 대해서는 거짓을 말했고, 자신보다 늦게 태어난 사람에 대해서는 진실을 말했을 때, 4명 중 세 번째로 태어난 사람을 고르시오.

- 원영: 홍재는 세 번째로 태어났거나 가장 늦게 태어났다.
- 지성: 홍재는 두 번째로 태어났다.
- 재훈: 지성이는 가장 먼저 태어났거나 세 번째로 태어났다.
- 홍재: 원영이는 네 번째로 태어나지 않았다.

① 원영 ② 지성 ③ 재훈 ④ 홍재 ⑤ 알 수 없음

약점 보완 해설집 p.65

 최신 출제 경향

1. 수·문자추리 유형은 알맞은 숫자를 찾는 유형의 문제에 대한 출제 빈도가 높으며, 도형 안에 숫자 또는 문자가 제시되는 형태로 출제되기도 한다.
2. 등비수열, 계차수열, 반복수열, 피보나치수열 등의 수열이 출제 빈도가 높으며, 숫자 외에도 알파벳, 한글 자음 또는 모음이 나열된 형태의 문제가 출제되기도 한다.

해커스 대기업 인적성 & NCS
수리·추리 집중 공략

Ⅲ

수·문자추리 만점공략

기출유형공략

세부 유형 1 일렬나열형
세부 유형 2 도형형

기출동형 연습문제

고난도 대비 문제

기출유형공략

세부 유형 1 | 일렬나열형

○ 세부 유형 소개

일렬로 제시된 숫자 또는 문자의 배열 규칙을 찾아 빈칸에 들어갈 숫자 또는 문자를 고르는 유형의 문제이다.

○ 대표예제

1. 한 줄로 나열된 숫자의 규칙을 찾는 문제

○ 최근 출제 경향

일렬나열형 문제는 대기업 인적성 및 공기업 NCS에서 꾸준히 출제되고 있으며, 일반적인 수열 규칙만 알고 있다면 풀이가 가능한 문제로 출제된다. 최근 주요 대기업 및 공기업 시험에서는 등차, 등비, 피보나치, 계차 등 다양한 규칙으로 문제가 출제되었다.

○ 필수 암기 이론

- 등차: 앞항에 차례로 일정한 수를 더하여 다음 항이 얻어지는 규칙
- 등비: 앞항에 차례로 일정한 수를 곱하여 다음 항이 얻어지는 규칙
- 피보나치: 앞의 두 항을 합하면 다음 항이 얻어지는 규칙
- 등차 계차: 앞항과 다음 항의 차가 순서대로 등차를 이루는 규칙
- 등비 계차: 앞항과 다음 항의 차가 순서대로 등비를 이루는 규칙

○ 학습 전략

1. 제시된 숫자 또는 문자에 연산기호(+, −, ×, ÷)를 사용하여 규칙을 찾는다. 이때 숫자 간의 차이가 크면 적용된 규칙이 곱셈 또는 나눗셈일 확률이 높으므로 곱셈과 나눗셈을 먼저 사용하여 규칙을 찾는다.

   예 5　30　180　(1,080)　6,480 → 제시된 숫자가 점점 커지고, 각 숫자 간의 차이가 크므로 곱셈을 적용한다.
   (×6　×6　×6　×6)

2. 연산기호를 사용하여 규칙을 찾기 어려운 경우에는 피보나치 또는 소수의 나열 규칙 등이 아닌지 확인한다.

3. 제시된 숫자 또는 문자의 크기가 한 항씩 번갈아 가며 변화하면 홀수항과 짝수항으로 나누어 숫자를 비교하며 규칙을 찾는다.

   예 10　−2　20　−4　30　−6　(40) → 제시된 숫자의 크기가 한 항씩 번갈아 가며 변화하므로 홀수항과 짝수항으로 나누어 규칙을 찾는다.
   (짝수항: −2　−2 / 홀수항: +10　+10　+10)

4. 제시된 숫자 또는 문자 간의 차이가 일정하게 홀수 또는 짝수만큼 변화하는 경우에는 먼저 빈칸 앞 숫자에 홀수 또는 짝수를 연산하며 오답을 소거한다.

   예 1　3　6　8　11　(13) → 각 숫자 간의 값이 +2, +3으로 반복되므로 빈칸에 들어갈 숫자는 홀수+짝수=홀수이므로 선택지에서 짝수는 소거한다.
   (+2　+3　+2　+3　+2)

5. 문자추리 문제는 알파벳과 한글 자음 또는 모음을 문자 순서에 따라 숫자로 빠르게 변경하여 규칙을 찾는다.

대표예제 1 한 줄로 나열된 숫자의 규칙을 찾는 문제

일정한 규칙으로 나열된 수를 통해 빈칸에 들어갈 알맞은 숫자를 고르시오.

2 5 14 41 ( ) 365

① 120 ② 121 ③ 122 ④ 123 ⑤ 124

풀이

제시된 숫자에 적용된 규칙을 찾아 정리하면 다음과 같다.

2 5 14 41 ( ) 365

+3 +9 +27

×3 ×3

이에 따라 제시된 각 숫자 간의 값이 +3, +9, +27, …과 같이 ×3씩 변화하므로 빈칸에 들어갈 알맞은 숫자는 41 + (27 × 3) = 41 + 81 = 122이다.

정답 ③

문제 풀이 꿀팁

규칙을 찾은 후, 찾은 규칙을 일의 자릿수에만 적용하는 방법으로 문제에 접근한다.

제시된 각 숫자 간의 값이 ×3씩 변화하므로 빈칸에 들어갈 숫자와 41은 빈칸 앞 두 숫자의 차이인 41 − 14 ≒ x7에 ×3을 적용한 +x1만큼 차이가 남을 알 수 있다. 이에 따라 빈칸에 들어갈 알맞은 숫자는 41 + x1 ≒ x2이다.
따라서 정답은 ③이 된다.

유형공략문제

· 맞힌 문제: /10문제

난이도 ★☆☆

01 일정한 규칙으로 나열된 수를 통해 빈칸에 들어갈 알맞은 숫자를 고르시오.

4 5 8 13 20 29 40 ( )

① 51 ② 53 ③ 55 ④ 57 ⑤ 59

난이도 ★☆☆

02 일정한 규칙으로 나열된 수를 통해 빈칸에 들어갈 알맞은 숫자를 고르시오.

5 3 ( ) 11 19 30 49

① 6 ② 7 ③ 8 ④ 9 ⑤ 10

난이도 ★☆☆

03 일정한 규칙으로 나열된 수를 통해 빈칸에 들어갈 알맞은 숫자를 고르시오.

11 16 14 19 17 ( )

① 12 ② 15 ③ 20 ④ 22 ⑤ 27

난이도 ★☆☆

04 일정한 규칙으로 나열된 수를 통해 빈칸에 들어갈 알맞은 숫자를 고르시오.

1 1 3 4 9 16 27 ( ) 81 256

① 36 ② 49 ③ 53 ④ 60 ⑤ 64

난이도 ★★☆

05 일정한 규칙으로 나열된 수를 통해 빈칸에 들어갈 알맞은 숫자를 고르시오.

651 652 648 664 600 856 ( )

① −344 ② −168 ③ 300 ④ 536 ⑤ 800

난이도 ★★☆

06 일정한 규칙으로 나열된 수를 통해 빈칸에 들어갈 알맞은 숫자를 고르시오.

4　3　6　9　8　32　(　　)　34　204　207

① 21　② 35　③ 38　④ 39　⑤ 42

난이도 ★★☆

07 일정한 규칙으로 나열된 수를 통해 빈칸에 들어갈 알맞은 숫자를 고르시오.

2　3　5　7　11　13　17　19　(　　)

① 20　② 21　③ 22　④ 23　⑤ 24

난이도 ★☆☆

08 일정한 규칙으로 나열된 문자를 통해 빈칸에 들어갈 알맞은 문자를 고르시오.

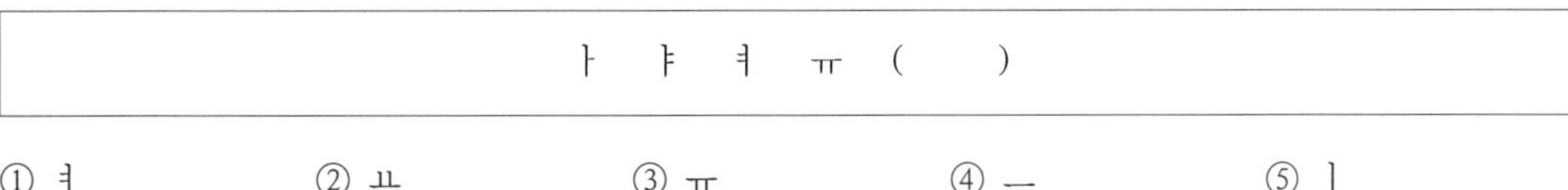

ㅏ　ㅑ　ㅕ　ㅠ　(　　)

① ㅕ　② ㅛ　③ ㅠ　④ ㅡ　⑤ ㅣ

난이도 ★★☆

09 일정한 규칙으로 나열된 문자를 통해 빈칸에 들어갈 알맞은 문자를 고르시오.

A　B　F　(　　)　W

① M　② P　③ R　④ V　⑤ Z

난이도 ★★★

10 일정한 규칙으로 나열된 문자를 통해 빈칸에 들어갈 알맞은 문자를 고르시오.

니　르　뷰　(　　)　쵸

① 소　② 우　③ 져　④ 카　⑤ 푸

약점 보완 해설집 p.69

세부 유형 2 | 도형형

○ 세부 유형 소개

도형 안에 제시된 숫자 또는 문자의 배열 규칙을 찾아 빈칸에 들어갈 숫자 또는 문자를 고르는 유형의 문제이다.

○ 대표예제

1. 도형 형태로 제시된 숫자에 1개의 규칙이 적용된 문제
2. 도형 형태로 제시된 숫자에 2개 이상의 규칙이 적용된 문제

○ 최근 출제 경향

도형형 문제는 특정 주요 대기업 인적성 및 공기업 NCS에서만 출제되지만, 소수 기업에서는 매 시험에 꾸준히 출제되고 있다. 약 3~5개의 숫자 또는 문자를 도형으로 묶어 규칙을 찾는 문제가 출제되며, 일반적인 수열 규칙으로 풀이가 가능한 문제부터 난센스 문제와 같이 다양한 사고를 필요로 하는 문제까지 다양한 난도로 출제된다. 최근 주요 대기업 및 공기업 시험에서는 계차등비수열(×3), 단순 사칙 연산(곱셈, 덧셈 등) 등 다양한 규칙으로 문제가 출제되었다.

○ 필수 암기 이론

- 소수: 2, 3, 5, 7, 11, …과 같이 1과 자신만으로 나누어떨어지는 1보다 큰 양의 정수
- 완전수: 6, 28, 496, …과 같이 자신을 제외한 양의 약수들의 합으로 표현되는 양의 정수
- 제곱수(완전제곱수): 0, 1, 4, 9, 16, …과 같이 어떤 정수의 제곱이 되는 정수
- 피타고라스의 정리: 직각삼각형의 빗변을 c, 나머지 두 변을 각각 a, b라고 하면 $a^2+b^2=c^2$

○ 학습 전략

1. 2개 이상의 규칙이 적용된 경우에는 한 개의 도형에 제시된 숫자 또는 문자 간의 규칙을 찾은 다음 다른 도형에도 그 규칙을 적용해 보며 규칙을 찾는다.
2. 도형의 형태에 따라 수열 공식을 활용한 규칙이 제시될 수도 있고, 난센스 문제와 같이 사고의 전환을 필요로 하는 문제가 출제될 수도 있으므로 다양한 문제를 접하며 여러 풀이 방식을 익힌다.
   예) 전자시계 형태로 제시된 숫자를 좌우 대칭한 다음, 좌우 대칭된 숫자를 계산하는 규칙이 출제된다.
   10 + 10 = 50 → 제시된 숫자를 좌우 대칭하면 01 + 01 = 02이므로, '02'를 다시 좌우 대칭하면 50이다.

대표예제 1 도형 형태로 제시된 숫자에 1개의 규칙이 적용된 문제

다음 도형에서 일정한 규칙을 찾아 빈칸에 들어갈 알맞은 숫자를 고르시오.

1	5	15

2	6	20

5	9	35

7	10	(　　)

① 24　　② 30　　③ 34　　④ 40　　⑤ 44

풀이

각각 나열된 수에 적용된 규칙은 다음과 같다.

1+2+3+4+5=15

2+3+4+5+6=20

5+6+7+8+9=35

이에 따라 3열에 제시된 숫자는 1열과 2열에 제시된 두 숫자와 그 사이에 있는 자연수를 모두 합한 값이라는 규칙이 적용된다.

따라서 빈칸에 들어갈 알맞은 숫자는 7+8+9+10=34이다.

정답 ③

1+2+3+4=5×2인 점을 활용하여 문제에 접근한다.

각각 나열된 수를 정리하면

(1+5)×2+3=15

(2+6)×2+4=20

(5+9)×2+7=35

이에 따라 3, 4, 7은 각 행의 1열과 2열에 제시된 숫자의 정중앙에 위치한 숫자임을 알 수 있다. 이때 7부터 10까지는 7, 8, 9, 10으로 짝수 개수만큼 숫자가 제시되어 정중앙에 위치하는 숫자가 없으므로 빈칸에 들어갈 알맞은 숫자는 1열과 2열에 제시된 두 숫자의 합×2인 (7+10)×2=34임을 알 수 있다.

따라서 정답은 ③이 된다.

대표예제 2 도형 형태로 제시된 숫자에 2개 이상의 규칙이 적용된 문제

다음 도형에서 행은 행끼리, 열은 열끼리 서로 같은 규칙이 적용될 때, 빈칸에 들어갈 알맞은 숫자를 고르시오.

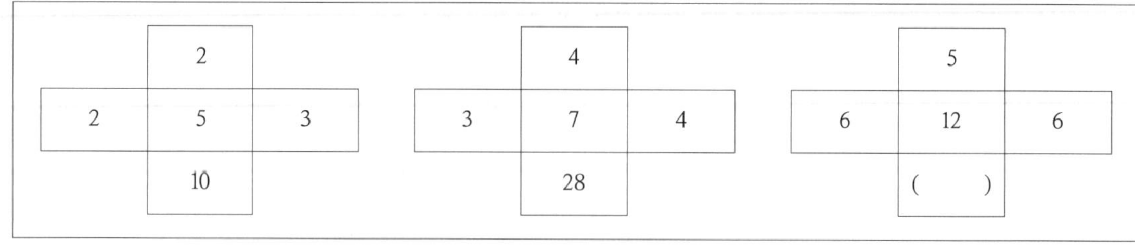

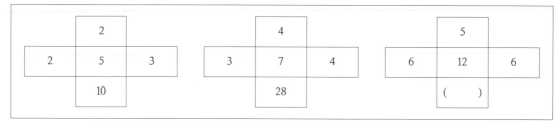

① 7 ② 13 ③ 17 ④ 54 ⑤ 60

풀이

제시된 각 도형의 행을 확인하면, 2열에 제시된 숫자는 1열과 3열에 제시된 숫자를 합한 값이라는 규칙이 적용된다. 그다음 열을 확인하면, 3행에 제시된 숫자는 1행과 2행에 제시된 숫자를 곱한 값이라는 규칙이 적용됨을 알 수 있다.

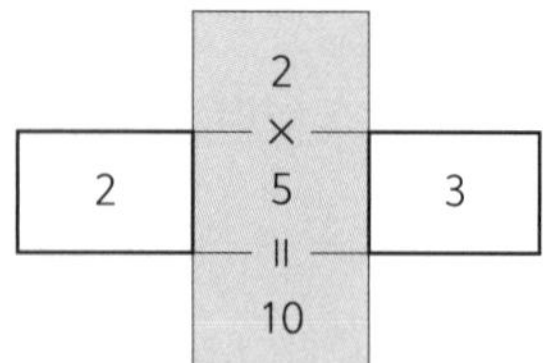

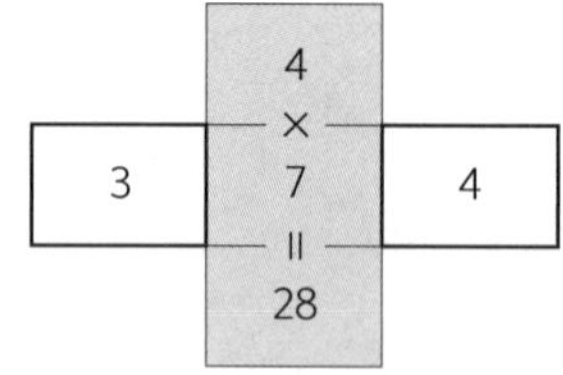

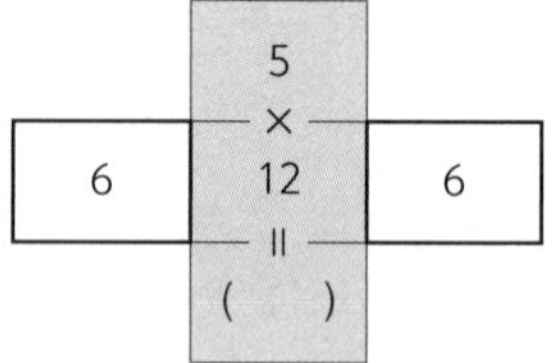

따라서 빈칸에 들어갈 알맞은 숫자는 5×12=60이다.

정답 ⑤

문제 풀이 꿀팁

빈칸이 해당하는 위치에 공통으로 적용된 규칙만 찾아 빈칸에 적용하는 방법으로 문제에 접근한다.

각 도형의 열에 서로 같은 규칙이 적용되고, 빈칸은 열에 해당하므로 열에 적용된 규칙만 찾는다. 이때 첫 번째 도형과 두 번째 도형의 열을 확인하면, 3행에 제시된 숫자는 1행과 2행에 제시된 숫자의 곱과 같으므로 빈칸에 들어갈 알맞은 숫자는 5×12=60이다. 따라서 정답은 ⑤가 된다.

유형공략문제

· 맞힌 문제: /5문제

난이도 ★☆☆

01 다음 도형에서 일정한 규칙을 찾아 빈칸에 들어갈 알맞은 숫자를 고르시오.

4	16
256	64

5	( )
320	80

① 15 ② 18 ③ 20 ④ 25 ⑤ 30

난이도 ★★☆

02 다음 도형에서 일정한 규칙을 찾아 빈칸에 들어갈 알맞은 숫자를 고르시오.

1	2	6

2	3	4

5	1	( )

7	1	1

① 1 ② 3 ③ 5 ④ 6 ⑤ 8

난이도 ★★☆

03 다음 도형에서 일정한 규칙을 찾아 빈칸에 들어갈 알맞은 수를 고르시오.

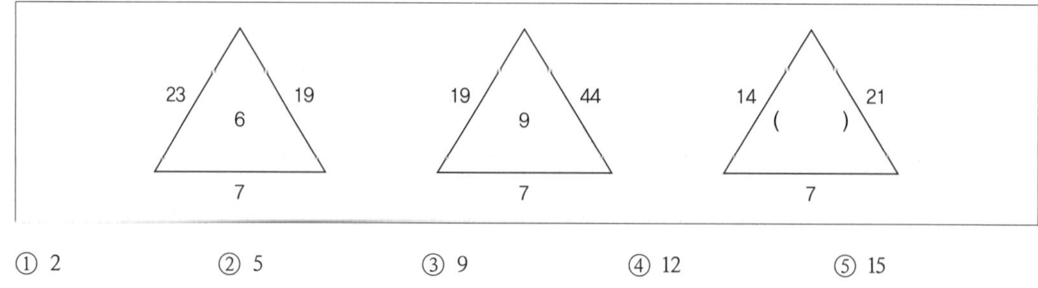

① 2　② 5　③ 9　④ 12　⑤ 15

난이도 ★☆☆

04 다음 도형에서 일정한 규칙을 찾아 빈칸에 들어갈 알맞은 문자를 고르시오.

A	C	D
J	L	( )
K	O	M

① E　② F　③ G　④ H　⑤ I

난이도 ★★☆

05 다음 도형에서 일정한 규칙을 찾아 빈칸에 들어갈 알맞은 문자를 고르시오.

a	c	f	e	d
ㄹ	ㅇ	ㅎ	(　　)	ㅊ

① ㅁ　　② ㅈ　　③ ㅋ　　④ ㅌ　　⑤ ㅍ

약점 보완 해설집 p.69

기출동형 연습문제

· 풀이 시간: /10분
· 맞힌 문제: /10문제

세부 유형 일렬나열형 **난이도** ★☆☆

01 일정한 규칙으로 나열된 수를 통해 빈칸에 들어갈 알맞은 숫자를 고르시오.

124 126 128 ( ) 132 118 136 114

① 112 ② 116 ③ 120 ④ 122 ⑤ 124

세부 유형 일렬나열형 **난이도** ★★☆

02 일정한 규칙으로 나열된 수를 통해 빈칸에 들어갈 알맞은 숫자를 고르시오.

347 ( ) 396 431 473 522 578 641

① 386 ② 368 ③ 363 ④ 359 ⑤ 352

세부 유형 일렬나열형 **난이도** ★☆☆

03 일정한 규칙으로 나열된 수를 통해 빈칸에 들어갈 알맞은 숫자를 고르시오.

11 5 20 10 4 16 8 ( ) 8

① −12 ② −6 ③ −4 ④ 2 ⑤ 4

세부 유형 일렬나열형 난이도 ★★☆

04 일정한 규칙으로 나열된 수를 통해 빈칸에 들어갈 알맞은 숫자를 고르시오.

63 63 126 ( ) 1,512 7,560

① 252 ② 378 ③ 428 ④ 504 ⑤ 756

세부 유형 일렬나열형 난이도 ★☆☆

05 일정한 규칙으로 나열된 수를 통해 빈칸에 들어갈 알맞은 숫자를 고르시오.

11 21 32 53 85 ( ) 223

① 127 ② 138 ③ 159 ④ 191 ⑤ 244

세부 유형 일렬나열형 난이도 ★☆☆

06 일정한 규칙으로 나열된 문자를 통해 빈칸에 들어갈 알맞은 문자를 고르시오.

C ( ) J L X Z

① E ② F ③ G ④ H ⑤ I

세부 유형 일렬나열형 난이도 ★★★

07 일정한 규칙으로 나열된 문자를 통해 빈칸에 들어갈 알맞은 문자를 고르시오.

ㅆ ㅂ ㅈ ㄹ ㅊ ( )

① ㄲ ② ㄷ ③ ㅁ ④ ㅃ ⑤ ㅇ

세부 유형 도형형　난이도 ★☆☆

08 다음 도형에서 일정한 규칙을 찾아 빈칸에 들어갈 알맞은 숫자를 고르시오.

(　　)	1	3
-12		-6
6	4	-8

① -30　② -24　③ -14　④ 6　⑤ 10

세부 유형 도형형　난이도 ★★☆

09 다음 도형에서 일정한 규칙을 찾아 빈칸에 들어갈 알맞은 숫자를 고르시오.

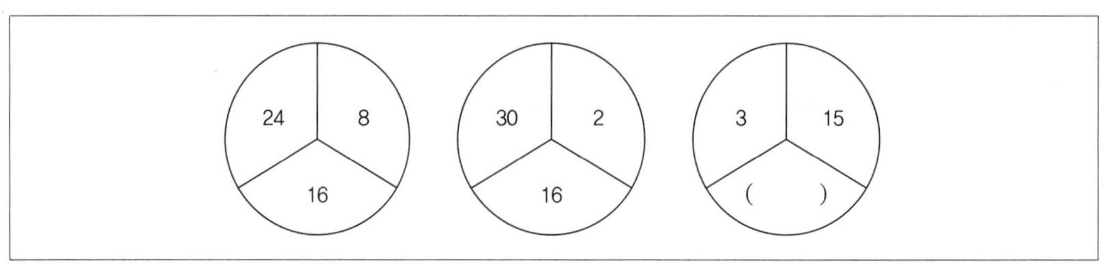

① 9　② 11　③ 14　④ 17　⑤ 20

세부 유형 도형형 **난이도** ★☆☆

10 다음 도형에서 일정한 규칙을 찾아 빈칸에 들어갈 알맞은 문자를 고르시오.

B	ㄴ
E	(　　)
C	ㄷ
F	ㅂ

① ㄹ　② ㅁ　③ ㅅ　④ ㅇ　⑤ ㅊ

약점 보완 해설집 p.70

고난도 대비 문제

· 풀이 시간: /5분
· 맞힌 문제: /5문제

01 일정한 규칙으로 나열된 수를 통해 빈칸에 들어갈 알맞은 숫자를 고르시오.

2 1 6 3 2 ( ) 5 3 16 4 6 20

① 7 ② 9 ③ 10 ④ 12 ⑤ 15

02 일정한 규칙으로 나열된 수를 통해 빈칸에 들어갈 알맞은 숫자를 고르시오.

$\frac{2}{5}$ $\frac{3}{4}$ $\frac{11}{15}$ $\frac{17}{12}$ $\frac{16}{15}$ $\frac{25}{12}$ $\frac{7}{5}$ $\frac{11}{4}$ ( )

① $\frac{9}{4}$ ② $\frac{23}{12}$ ③ $\frac{9}{5}$ ④ $\frac{26}{15}$ ⑤ $\frac{7}{15}$

03 일정한 규칙으로 나열된 문자를 통해 빈칸에 들어갈 알맞은 문자를 고르시오.

B F C H E K H O ( )

① Q ② P ③ N ④ M ⑤ L

04 다음 도형에서 일정한 규칙을 찾아 빈칸에 들어갈 알맞은 숫자를 고르시오.

11+11=55 12+12=501 28+05=201 25×20=( )

① 125 ② 208 ③ 251 ④ 255 ⑤ 521

05 다음 도형에서 일정한 규칙을 찾아 빈칸에 들어갈 알맞은 문자를 고르시오.

ㅇ	ㅣ	13
ㅅ	ㅡ	12
( )	ㅛ	9
ㄷ	ㅗ	8

① ㄱ ② ㄴ ③ ㄷ ④ ㄹ ⑤ ㅁ

약점 보완 해설집 p.71

최신 출제 경향

1. 문자도식추리 문제는 출제되는 형태와 규칙이 일정하여 난도가 평이한 편이다.
2. 그림도식추리 문제는 최근 출제 기업이 줄어들었지만, 소수 기업에서는 꾸준히 출제되고 있으며, 한번에 규칙을 파악하기 어렵거나 주어진 규칙을 모두 적용해야 정답이 도출되는 문제가 출제되고 있다.
3. 도형추리 문제는 출제되는 규칙이 한정되어 있으나 제시되는 도형에 따라 규칙을 파악하는 데 소요되는 시간이 상이하여 다양한 난도의 문제가 출제되고 있다.

해커스 대기업 인적성 & NCS
수리·추리 집중 공략

IV

도식·도형추리 만점공략

기출유형공략

세부 유형 1 | 도식추리

○ 세부 유형 소개

제시된 도식에 따라 각 기호의 규칙을 찾아 문자나 도형에 규칙을 적용하여 결론을 도출하는 유형의 문제이다.

○ 대표예제

1. 문자도식추리 문제
2. 그림도식추리 문제

○ 최근 출제 경향

도식추리 문제는 대기업 인적성 및 공기업 NCS에서 꾸준히 출제되고 있으며, 숫자 또는 문자 사이에 적용된 규칙을 찾는 문자도식추리 문제부터 도형에 규칙을 적용하는 그림도식추리 문제까지 다양한 형태로 출제되지만, 그림도식추리 문제의 출제 비중이 점차 줄어들고 있다.

○ 필수 암기 이론

• 알파벳 순서

A	B	C	D	E	F	G	H	I	J
K	L	M	N	O	P	Q	R	S	T
U	V	W	X	Y	Z				

• 한글 자음 순서

ㄱ	ㄴ	ㄷ	ㄹ	ㅁ	ㅂ	ㅅ	ㅇ	ㅈ	ㅊ
ㅋ	ㅌ	ㅍ	ㅎ						

• 한글 모음 순서

ㅏ	ㅑ	ㅓ	ㅕ	ㅗ	ㅛ	ㅜ	ㅠ	ㅡ	ㅣ

○ 학습 전략

1. 문자도식추리 문제는 출제되는 규칙이 한정되어 있으므로 다양한 문제 풀이를 통해 빈출 규칙을 익힌다.
   예) 문자 변환: ABCD → BCDE (+1, +1, +1, +1), ABCD → ZDBF (−1, +2, −1, +2) 등
   자리 변환: ABCD → DCBA (역순), ABCD → CDAB (3412), ABCD → BADC (2143) 등
2. 문자도식추리 문제는 알파벳, 한글 자음 또는 모음의 문자 순서를 충분히 익혀 문제 풀이 시간을 단축한다.
3. 그림도식추리 문제는 문제 풀이 과정을 최소화할 수 있는 방법을 찾아 풀이 시간을 단축한다.
   예) 제시된 도식을 숫자와 같이 간단한 형태로 변경한 후, 규칙을 적용한다.
4. 도식추리 문제는 선택지를 먼저 비교한 다음 일부에만 규칙을 적용하여 정답을 찾을 수 있다면, 특정 자리에만 규칙을 적용하거나 일부 규칙만 적용하는 방법으로 문제 풀이 시간을 단축한다.

대표예제 1 문자도식추리 문제

[01-02] 다음 각 기호가 문자, 숫자의 배열을 바꾸는 규칙을 나타낸다고 할 때, 각 문제의 '?'에 해당하는 것을 고르시오.

```
                    3D1X
                     ↓
ARDW    →    □    →    △    →    YFTC
                     ↓
59PY    →    ☆    →    61SC
                     ↓
                    6H6D
```

01

ESFP → △ → ☆ → ?

① HWKV ② QHVI ③ TIUF ④ ODPA ⑤ RHUG

02

? → ☆ → □ → DF03

① 18DB ② AB58 ③ CF15 ④ AB57 ⑤ 58AB

풀이

☆: 문자와 숫자 순서에 따라 첫 번째 문자(숫자)를 바로 다음 순서에 오는 문자(숫자)로, 두 번째 문자(숫자)를 다음 두 번째 순서에 오는 문자(숫자)로, 세 번째 문자(숫자)를 다음 세 번째 순서에 오는 문자(숫자)로, 네 번째 문자(숫자)를 다음 네 번째 순서에 오는 문자(숫자)로 변경한다.

예 abcd → bdfh (a+1, b+2, c+3, d+4)

□: 문자와 숫자 순서에 따라 첫 번째, 두 번째, 세 번째, 네 번째 문자(숫자)를 다음 두 번째 순서에 오는 문자(숫자)로 변경한다.

예 abcd → cdef (a+2, b+2, c+2, d+2)

△: 문자(숫자)의 전체 자리를 역순으로 바꾼다.

예 abcd → dcba

01 ESFP → △ → PFSE → ☆ → QHVI

02 AB57 → ☆ → BD81 → □ → DF03

정답 **01** ② **02** ④

문제 풀이 꿀팁

선택지를 비교하여 문자 또는 숫자가 서로 다른 특정 자리에만 규칙을 적용하는 방법으로 문제에 접근한다.

'59PY → ☆ → 61SC'에 의해 ☆ 규칙은 (+1, +2, +3, +4)이고, ☆ 규칙을 '3D1X → □ → ☆ → 6H6D'에 적용하여 정리하면 '3D1X → □ → 5F3Z'이므로 □ 규칙은 (+2, +2, +2, +2)이다. 이에 따라 □ 규칙을 'ARDW → □ → △ → YFTC'에 적용하여 정리하면 'CTFY → △ → YFTC'이므로 △ 규칙은 역순(4321)이다.

01 선택지에서 첫 번째 자리의 알파벳이 모두 다르므로 첫 번째 자리의 알파벳만 찾을 수 있도록 규칙을 적용하면 '●●●P → △ → P●●● → ☆ → Q●●●'이다.
따라서 정답은 ②가 된다.

02 ☆ 규칙과 □ 규칙은 모두 문자 변환이므로 자리 이동이 없어 '?'에 해당하는 문자의 조합은 '알파벳, 알파벳, 숫자, 숫자' 순이다. 이에 따라 ①, ⑤를 소거한다. 그다음 남은 선택지에서 네 번째 자리의 숫자가 서로 다르므로 네 번째 자리의 숫자만 찾을 수 있도록 규칙을 적용한다. 이때 ☆, □ 규칙을 한꺼번에 적용하면 규칙은 (+3, +4, +5, +6)이므로 '●●●7 → ☆ → □ → ●●●3'이다.
따라서 정답은 ④가 된다.

대표예제 2 그림도식추리 문제

다음의 변환 규칙과 비교 규칙을 적용하여 문제의 정답을 고르시오.

[변환 규칙]

(Ⅰ)	음영을 포함한 도형 전체를 시계 방향으로 90도 회전	◇Ⅰ	음영을 제외한 도형 전체를 시계 방향으로 90도 회전
(Ⅱ)	음영을 포함한 도형 전체를 시계 방향으로 180도 회전	◇Ⅱ	음영을 제외한 도형 전체를 시계 방향으로 180도 회전
(Ⅲ)	음영을 포함한 도형 전체를 시계 방향으로 270도 회전	◇Ⅲ	음영을 제외한 도형 전체를 시계 방향으로 270도 회전

ex.
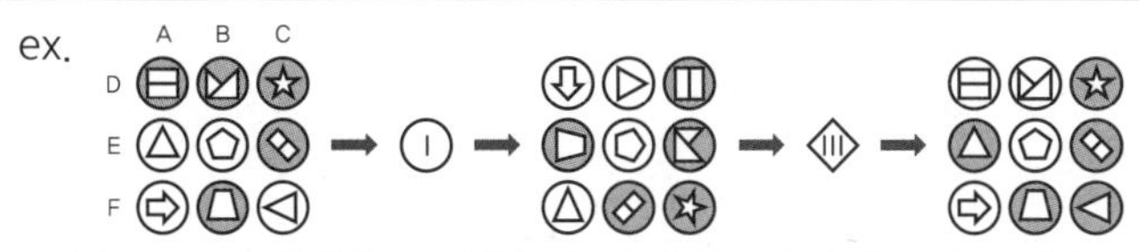

X ↑ n	X열을 위로 n칸씩 이동	Y ← n	Y행을 왼쪽으로 n칸씩 이동
X ↓ n	X열을 아래로 n칸씩 이동	Y → n	Y행을 오른쪽으로 n칸씩 이동

ex.
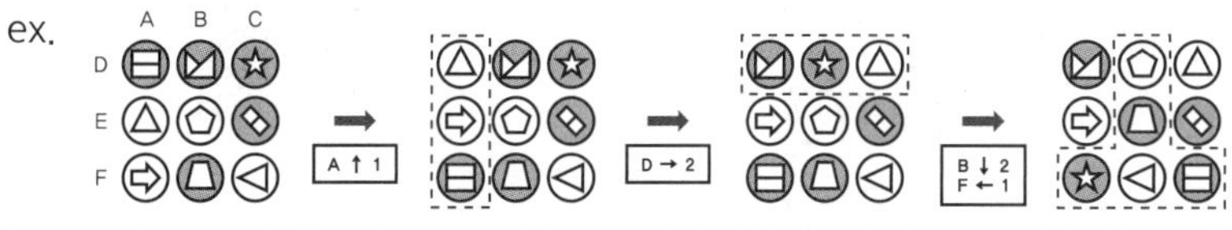

○②①
○①②
○○○ 같은 숫자가 적힌 위치의 도형과 음영을 서로 교환

ex.
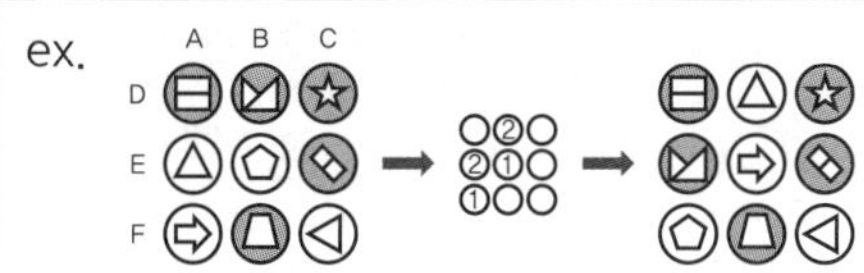

[비교 규칙]

변환된 도형과 음영이 일치하면 Yes, 그렇지 않으면 No로 이동

변환된 도형과 표시된 위치의 도형 모양 및 방향이 일치하면 Yes, 그렇지 않으면 No로 이동

다음을 주어진 규칙에 따라 변환시킬 때 '?'에 해당하는 것을 고르시오.

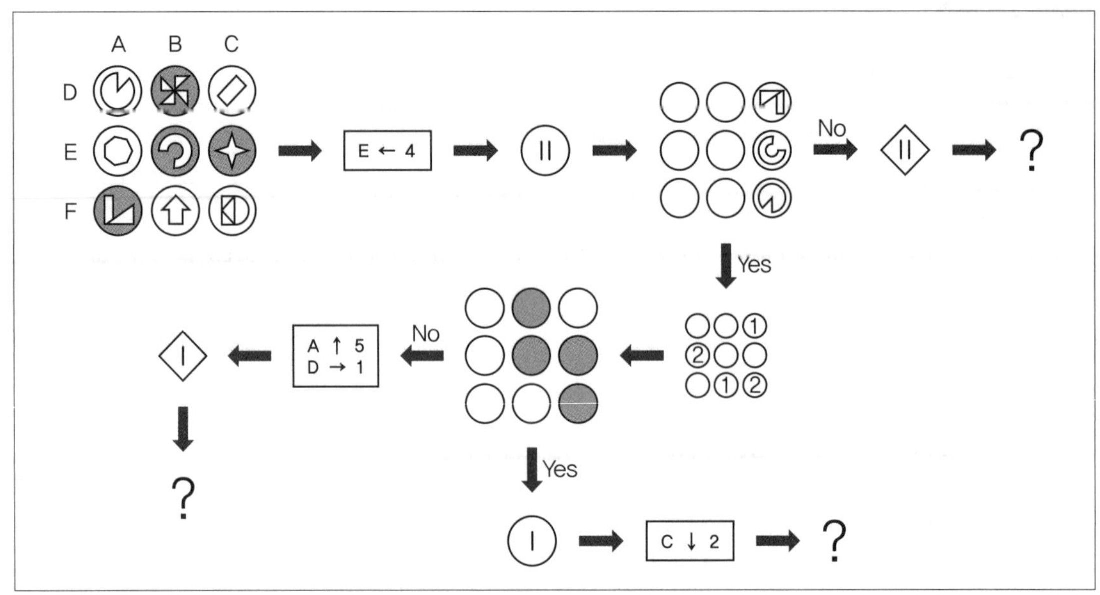

①
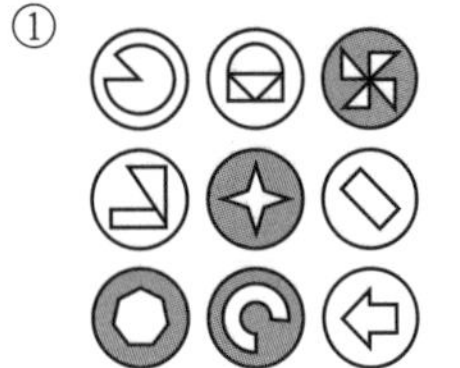

②

③

④
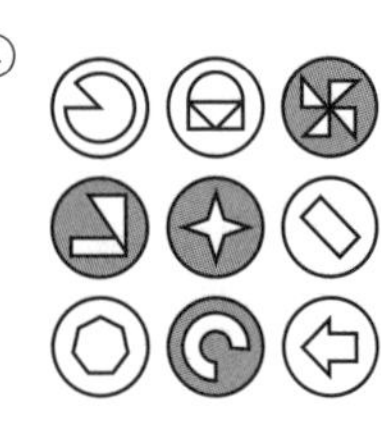

⑤

풀이

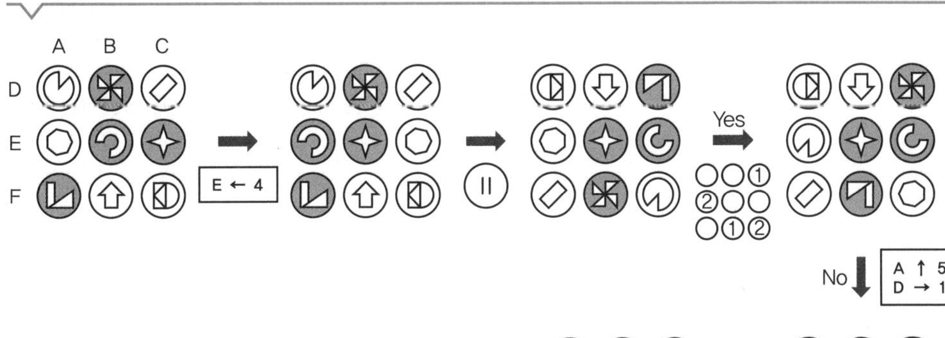

정답 ③

문제 풀이 꿀팁

제시된 도형을 간단한 형태로 변경하여 문제에 접근한다.

제시된 각 도형을 숫자 1~9로 변경하고, 음영이 있는 위치에 동그라미 표시하여 간단한 형태로 변경하면 다음과 같다.

1 ② 3
4 ⑤ ⑥
⑦ 8 9

이때 E ← 4 규칙을 적용한 모양은 E ← 1 규칙을 적용할 때와 같으므로 E행에 제시된 도형을 왼쪽으로 1칸씩 이동시킨다.

1 ② 3 / 4 ⑤ ⑥ / ⑦ 8 9 → (E ← 1) 1 ② 3 / ⑤ ⑥ 4 / ⑦ 8 9 → (II) 9 8 ⑦ / 4 ⑥ ⑤ / 3 ② 1

사각형 표시한 1, 5, 7을 비교 규칙에 표시된 도형 모양 및 방향과 비교하면 모양은 일치하고, 방향도 지금까지 적용된 회전 규칙인 180도 회전(II)한 형태와 일치하여 Yes로 이동한다. 이때 선택지에 제시된 도형의 음영이 모두 다르므로 다음 단계부터는 음영만 확인한다.

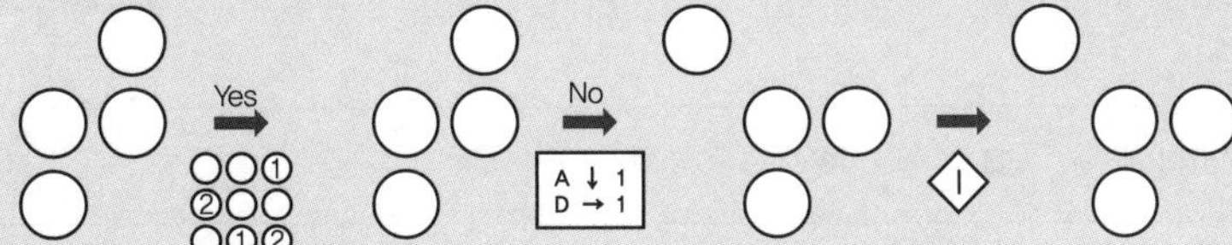

따라서 정답은 ③이 된다.

유형공략문제

· 맞힌 문제: /20문제

[01-04] 다음 각 기호가 문자, 숫자의 배열을 바꾸는 규칙을 나타낸다고 할 때, 각 문제의 '?'에 해당하는 것을 고르시오.

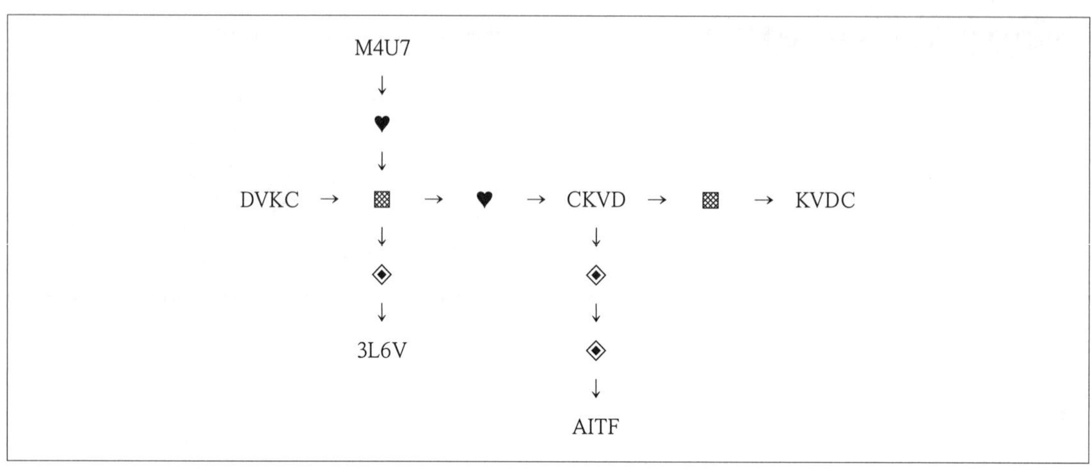

난이도 ★☆☆

01

D49W → ◈ → ▩ → ?

① 38XC ② C38X ③ 38VE ④ 49WD ⑤ 4DW9

난이도 ★☆☆

02

UNEY → ♥ → ◈ → ?

① ENUY ② NUYE ③ MDXV ④ DMTZ ⑤ TMDZ

난이도 ★★☆

03

Y5B8 → ▩ → ◈ → ♥ → ?

① 4A7P ② 7A4Z ③ 7N4C ④ A4N9 ⑤ 8B5O

난이도 ★☆☆

04

? → ♥ → ▩ → IASH

① HSAI ② ASHI ③ AIHS ④ GHZR ⑤ IJBT

[05-08] 다음 각 기호가 문자, 숫자의 배열을 바꾸는 규칙을 나타낸다고 할 때, 각 문제의 '?'에 해당하는 것을 고르시오.

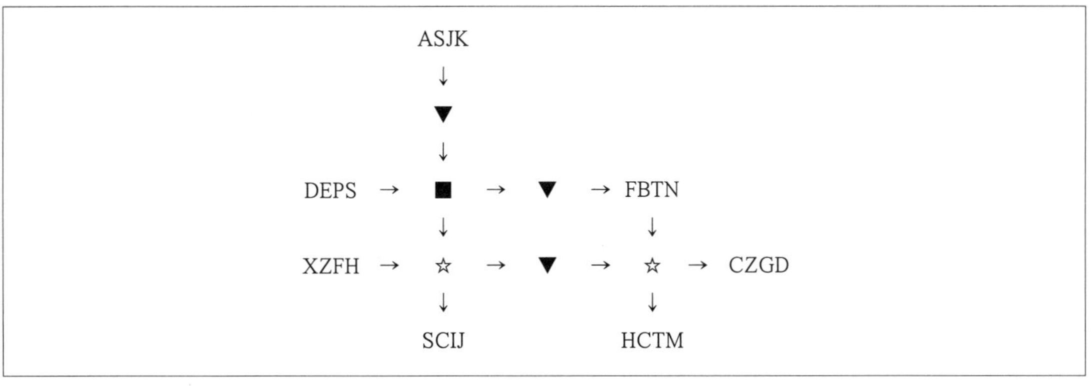

난이도 ★☆☆

05

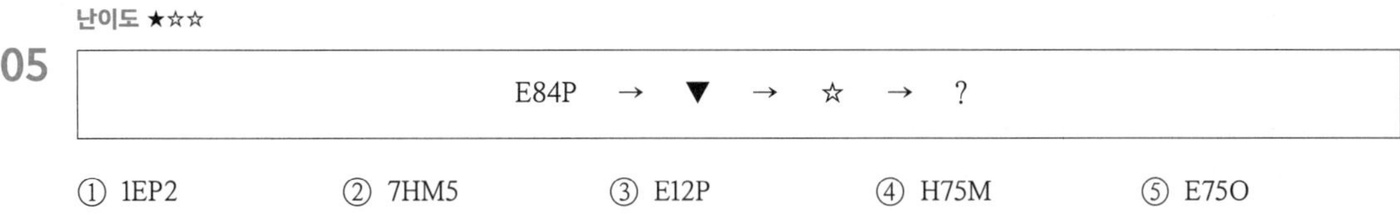

① 1EP2 ② 7HM5 ③ E12P ④ H75M ⑤ E75O

난이도 ★☆☆

06

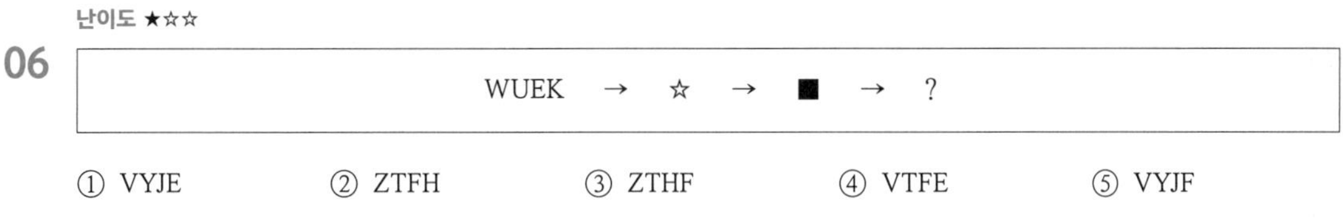

① VYJE ② ZTFH ③ ZTHF ④ VTFE ⑤ VYJF

난이도 ★☆☆

07

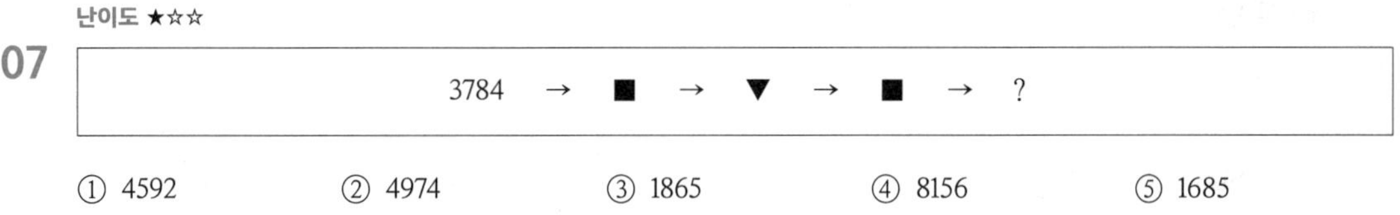

① 4592 ② 4974 ③ 1865 ④ 8156 ⑤ 1685

난이도 ★★☆

08

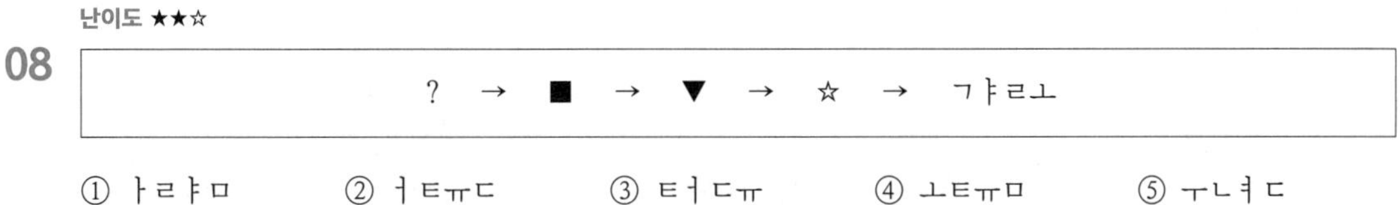

① ㅏㄹㅑㅁ ② ㅓㅌㅠㄷ ③ ㅌㅓㄷㅠ ④ ㅗㅌㅠㅁ ⑤ ㅜㄴㅕㄷ

[09-12] 다음 각 기호가 문자, 숫자의 배열을 바꾸는 규칙을 나타낸다고 할 때, 각 문제의 '?'에 해당하는 것을 고르시오.

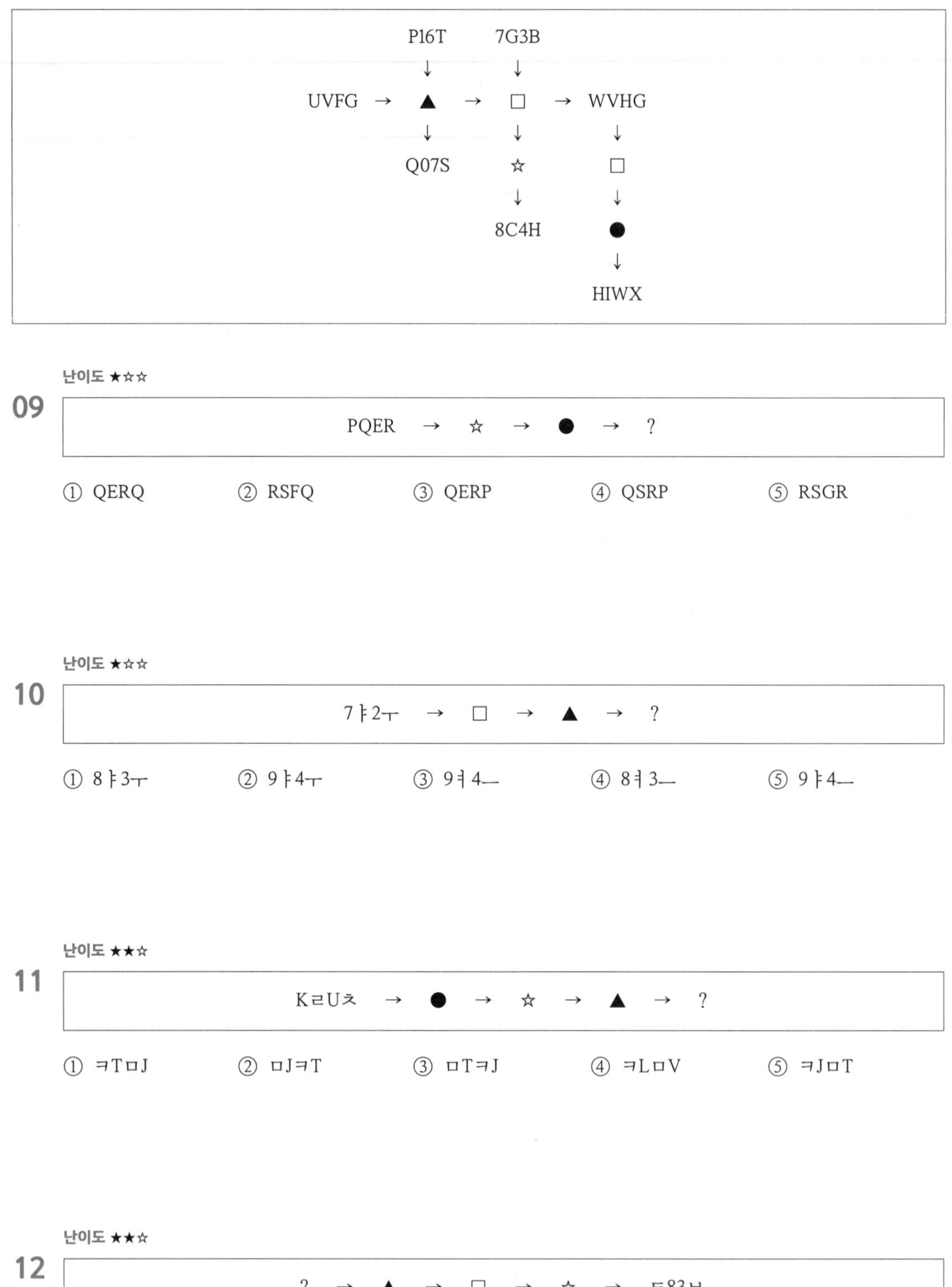

난이도 ★☆☆

09

PQER → ☆ → ● → ?

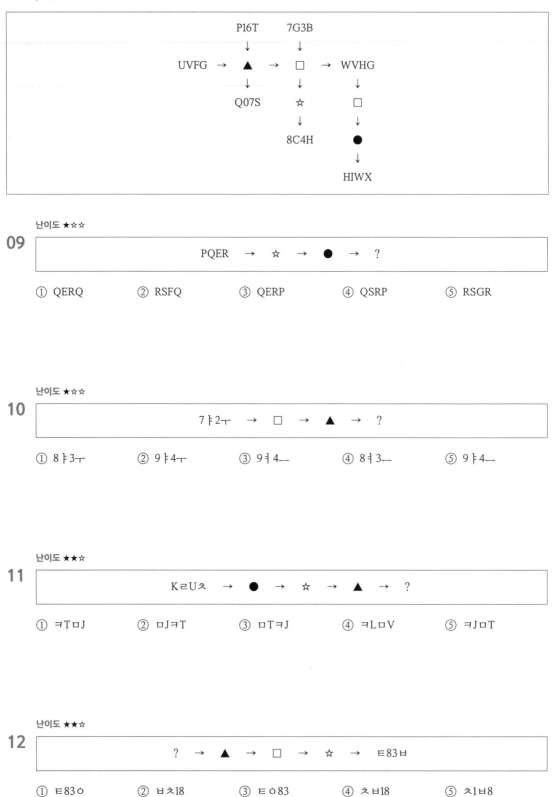

① QERQ ② RSFQ ③ QERP ④ QSRP ⑤ RSGR

난이도 ★☆☆

10

7ㅑ2ㅜ → □ → ▲ → ?

① 8ㅑ3ㅜ ② 9ㅑ4ㅜ ③ 9ㅕ4ㅡ ④ 8ㅕ3ㅡ ⑤ 9ㅑ4ㅡ

난이도 ★★☆

11

KㄹUㅊ → ● → ☆ → ▲ → ?

① ㅋTㅁJ ② ㅁJㅋT ③ ㅁTㅋJ ④ ㅋLㅁV ⑤ ㅋJㅁT

난이도 ★★☆

12

? → ▲ → □ → ☆ → ㅌ83ㅂ

① ㅌ83ㅇ ② ㅂㅊ18 ③ ㅌㅇ83 ④ ㅊㅂ18 ⑤ ㅊ1ㅂ8

[13-16] 다음 각 기호가 문자, 숫자의 배열을 바꾸는 규칙을 나타낸다고 할 때, 각 문제의 '?'에 해당하는 것을 고르시오.

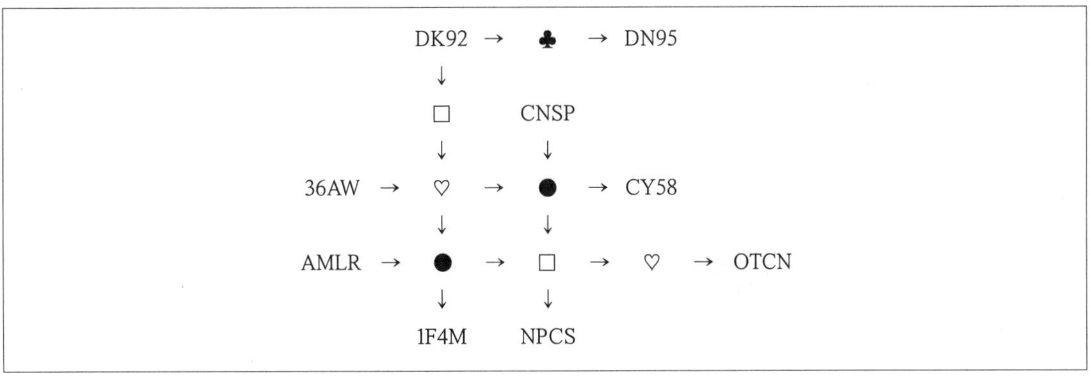

난이도 ★★☆

13

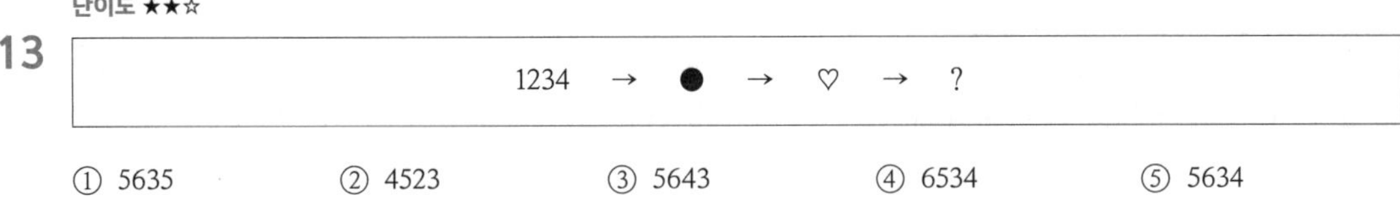

① 5635 ② 4523 ③ 5643 ④ 6534 ⑤ 5634

난이도 ★★☆

14

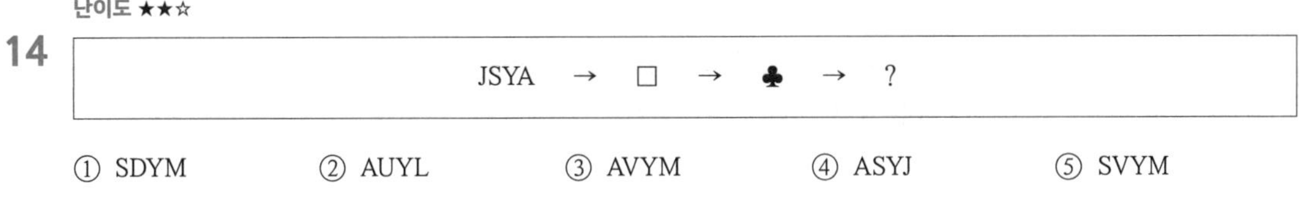

① SDYM ② AUYL ③ AVYM ④ ASYJ ⑤ SVYM

난이도 ★★☆

15

① ㅅㄷPD ② ㅅㄷDP ③ ㄷㅅPD ④ ㄷㅅDP ⑤ ㅁㄱEQ

난이도 ★★★

16

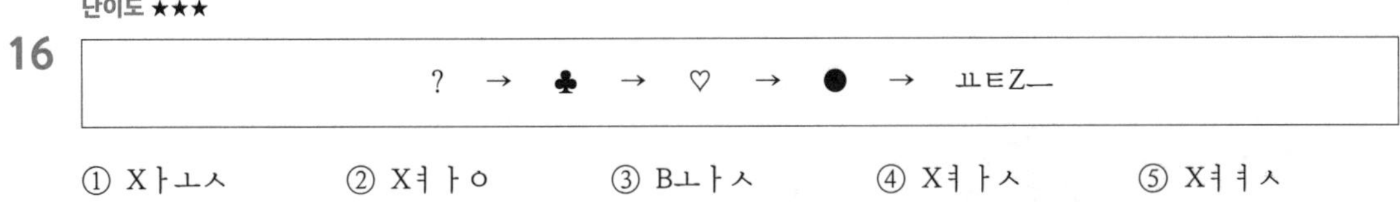

① Xㅏㅗㅅ ② Xㅕㅏㅇ ③ Bㅗㅏㅅ ④ Xㅕㅏㅅ ⑤ Xㅕㅕㅅ

[17-18] 다음의 변환 규칙과 비교 규칙을 적용하여 각 문제의 정답을 고르시오.

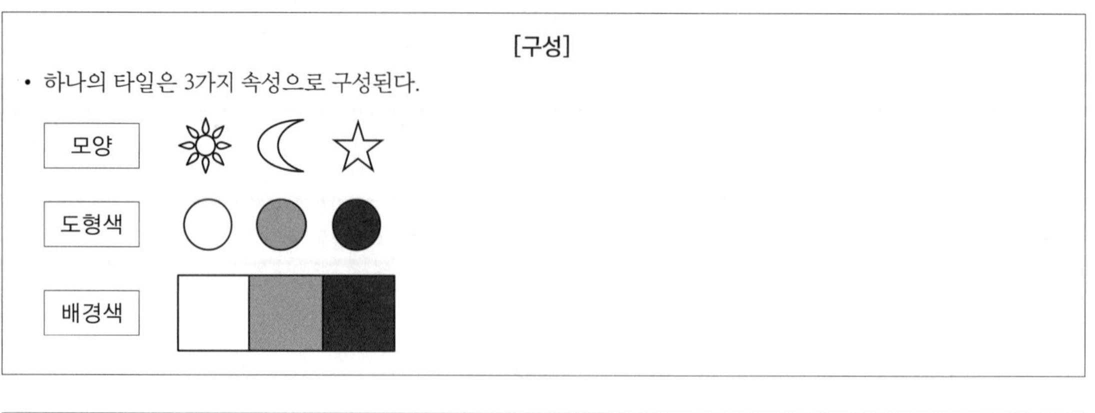

[구성]

• 하나의 타일은 3가지 속성으로 구성된다.

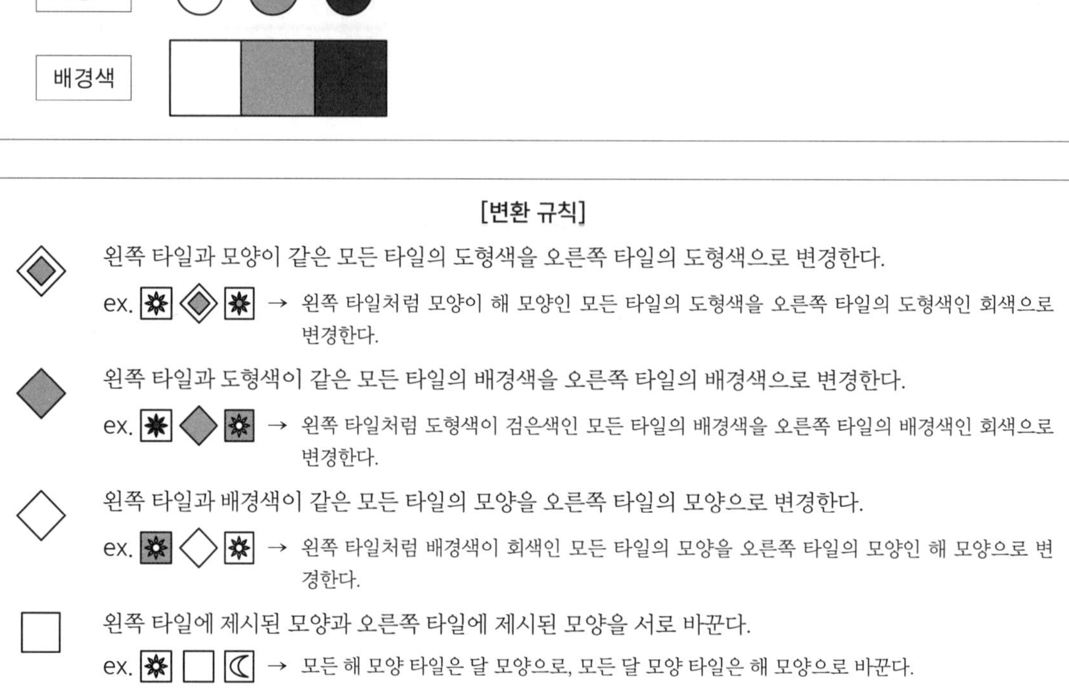

[변환 규칙]

왼쪽 타일과 모양이 같은 모든 타일의 도형색을 오른쪽 타일의 도형색으로 변경한다.

ex. → 왼쪽 타일처럼 모양이 해 모양인 모든 타일의 도형색을 오른쪽 타일의 도형색인 회색으로 변경한다.

왼쪽 타일과 도형색이 같은 모든 타일의 배경색을 오른쪽 타일의 배경색으로 변경한다.

ex. → 왼쪽 타일처럼 도형색이 검은색인 모든 타일의 배경색을 오른쪽 타일의 배경색인 회색으로 변경한다.

왼쪽 타일과 배경색이 같은 모든 타일의 모양을 오른쪽 타일의 모양으로 변경한다.

ex. → 왼쪽 타일처럼 배경색이 회색인 모든 타일의 모양을 오른쪽 타일의 모양인 해 모양으로 변경한다.

왼쪽 타일에 제시된 모양과 오른쪽 타일에 제시된 모양을 서로 바꾼다.

ex. → 모든 해 모양 타일은 달 모양으로, 모든 달 모양 타일은 해 모양으로 바꾼다.

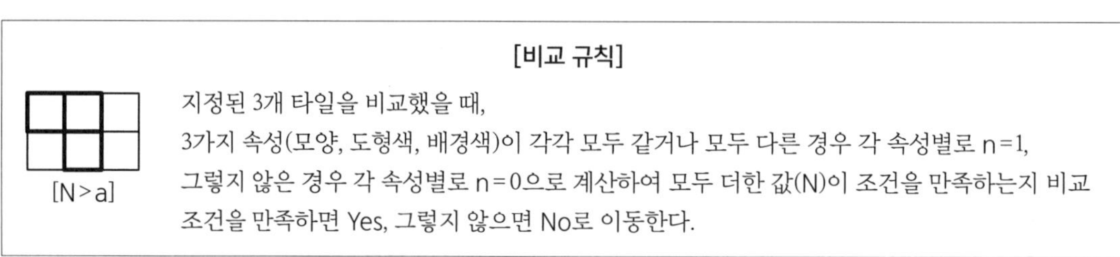

[비교 규칙]

지정된 3개 타일을 비교했을 때,
3가지 속성(모양, 도형색, 배경색)이 각각 모두 같거나 모두 다른 경우 각 속성별로 n=1,
그렇지 않은 경우 각 속성별로 n=0으로 계산하여 모두 더한 값(N)이 조건을 만족하는지 비교
조건을 만족하면 Yes, 그렇지 않으면 No로 이동한다.

난이도 ★★☆

17 다음을 주어진 규칙에 따라 변환시킬 때 '?'에 해당하는 것을 고르시오.

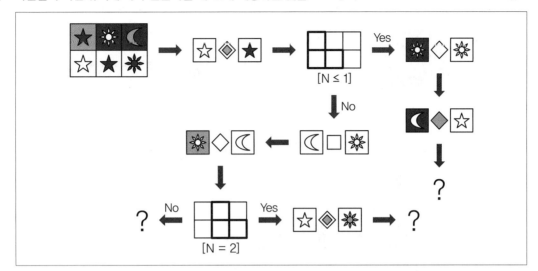

Yes
[N ≤ 1]
No
?
No
Yes
?
[N = 2]
?

① 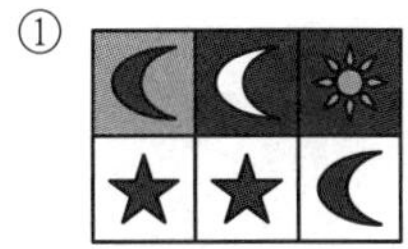

② 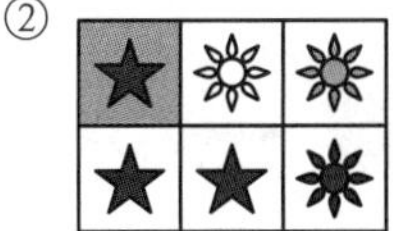

③ 

④ 

⑤ 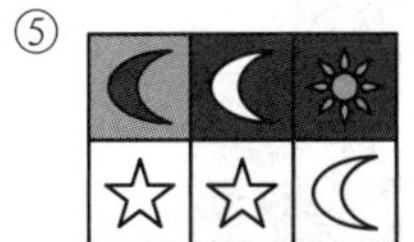

난이도 ★★★

18 다음을 주어진 규칙에 따라 변환시킬 때 '?'에 해당하는 것을 고르시오.

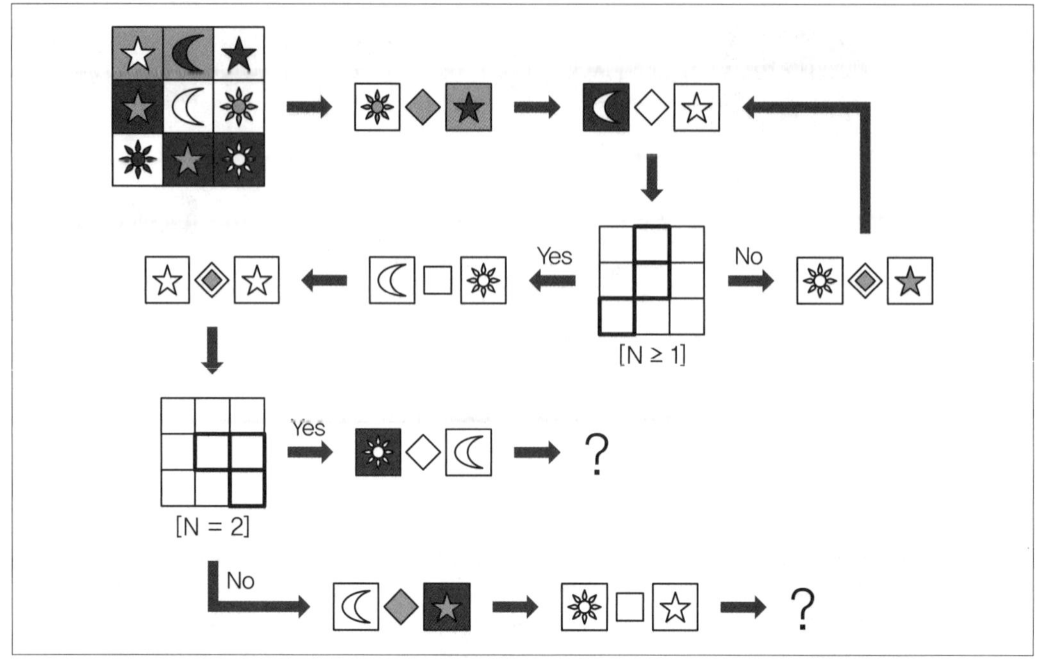

①

②

③

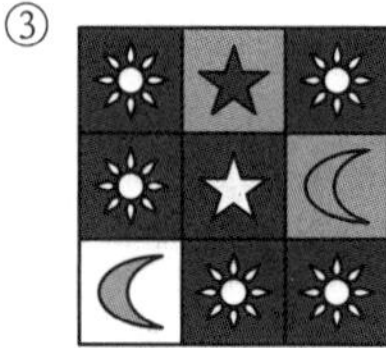

④

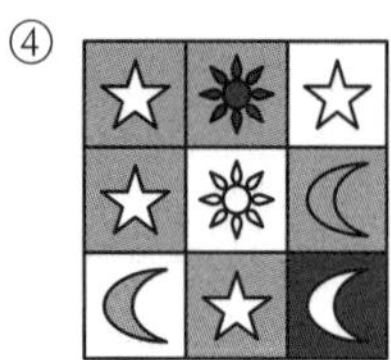

⑤

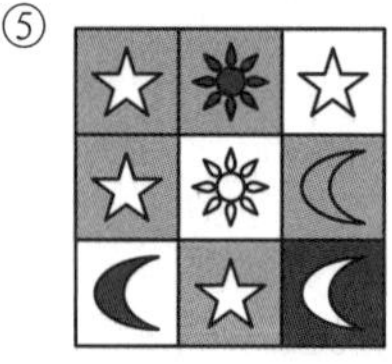

[19-20] 다음의 변환 규칙과 비교 규칙을 적용하여 각 문제의 정답을 고르시오.

[변환 규칙]

Ⅰ	음영을 포함한 도형 전체를 시계 방향으로 90도 회전		음영을 제외한 도형 전체를 시계 방향으로 90도 회전
Ⅱ	음영을 포함한 도형 전체를 시계 방향으로 180도 회전		음영을 제외한 도형 전체를 시계 방향으로 180도 회전
Ⅲ	음영을 포함한 도형 전체를 시계 방향으로 270도 회전		음영을 제외한 도형 전체를 시계 방향으로 270도 회전

ex.

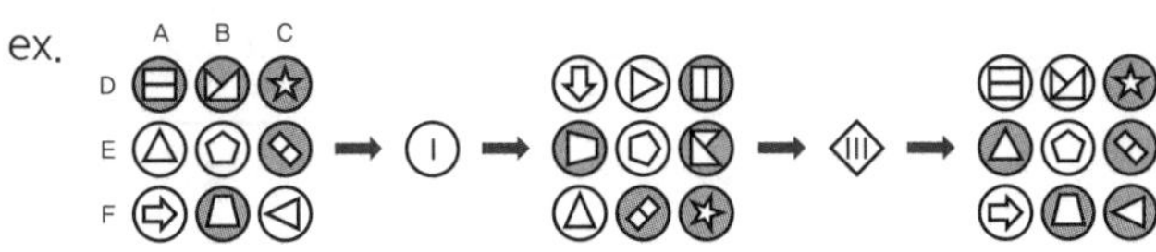

X ↑ n	X열을 위로 n칸씩 이동	Y ← n	Y행을 왼쪽으로 n칸씩 이동
X ↓ n	X열을 아래로 n칸씩 이동	Y → n	Y행을 오른쪽으로 n칸씩 이동

ex.

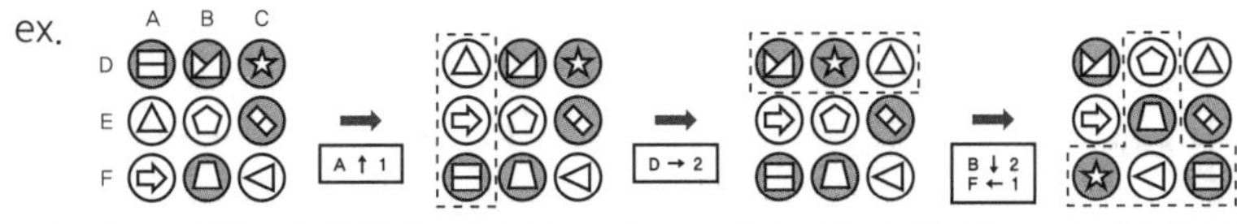

같은 숫자가 적힌 위치의 도형과 음영을 서로 교환

ex.

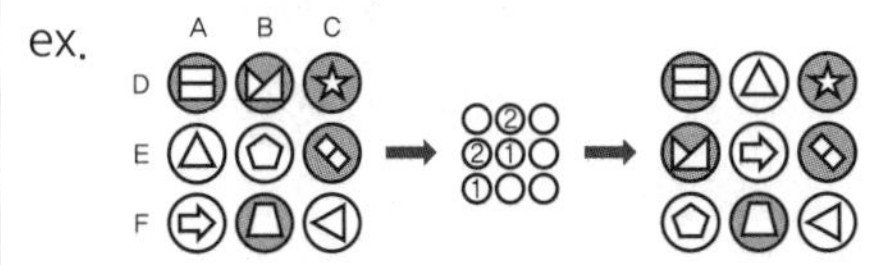

[비교 규칙]

변환된 도형과 음영이 일치하면 Yes, 그렇지 않으면 No로 이동

변환된 도형과 표시된 위치의 도형 모양 및 방향이 일치하면 Yes, 그렇지 않으면 No로 이동

난이도 ★★★

19 다음을 주어진 규칙에 따라 변환시킬 때 '?'에 해당하는 것을 고르시오.

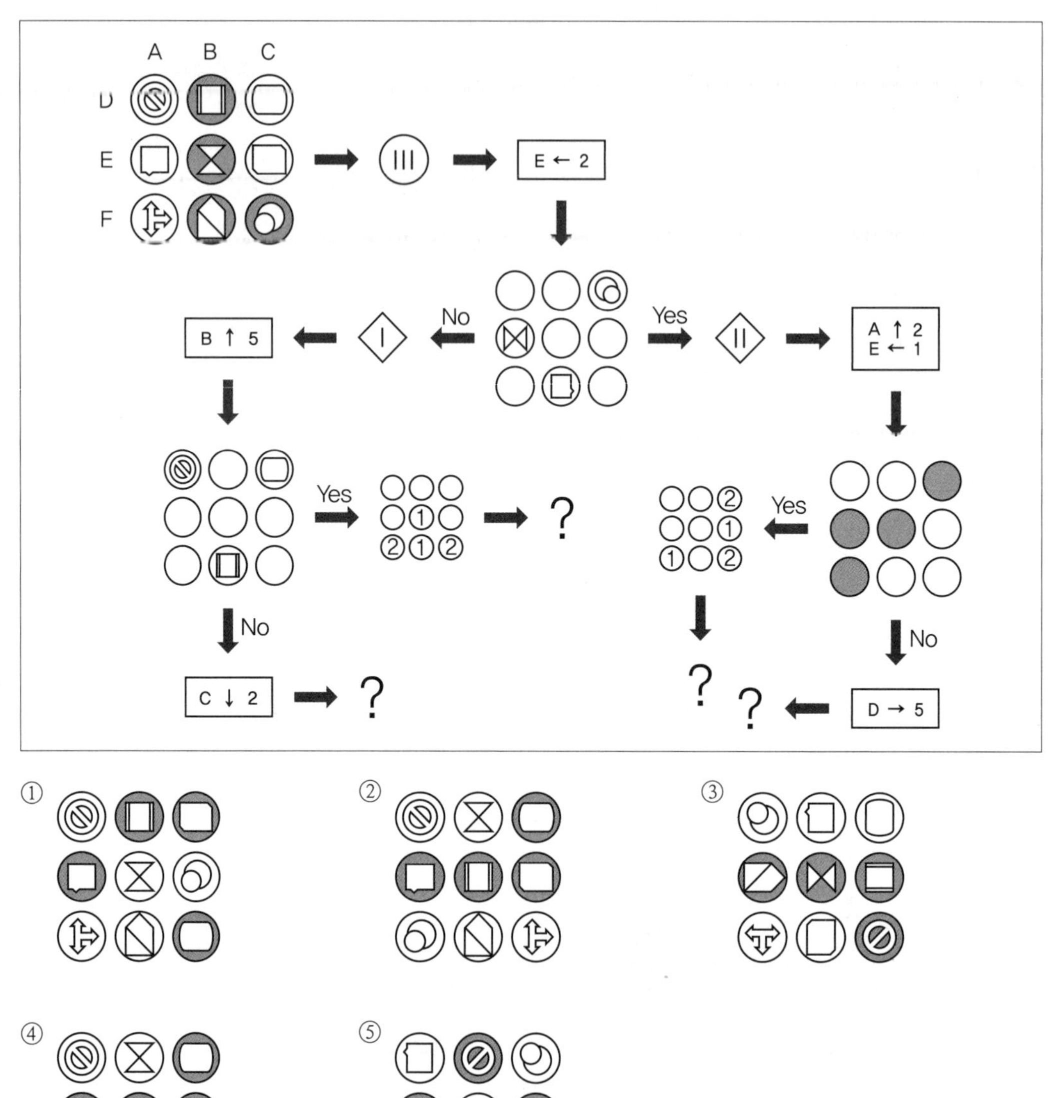

①

②

③

④

⑤

난이도 ★★★

20 다음을 주어진 규칙에 따라 변환시킬 때 '?'에 해당하는 것을 고르시오.

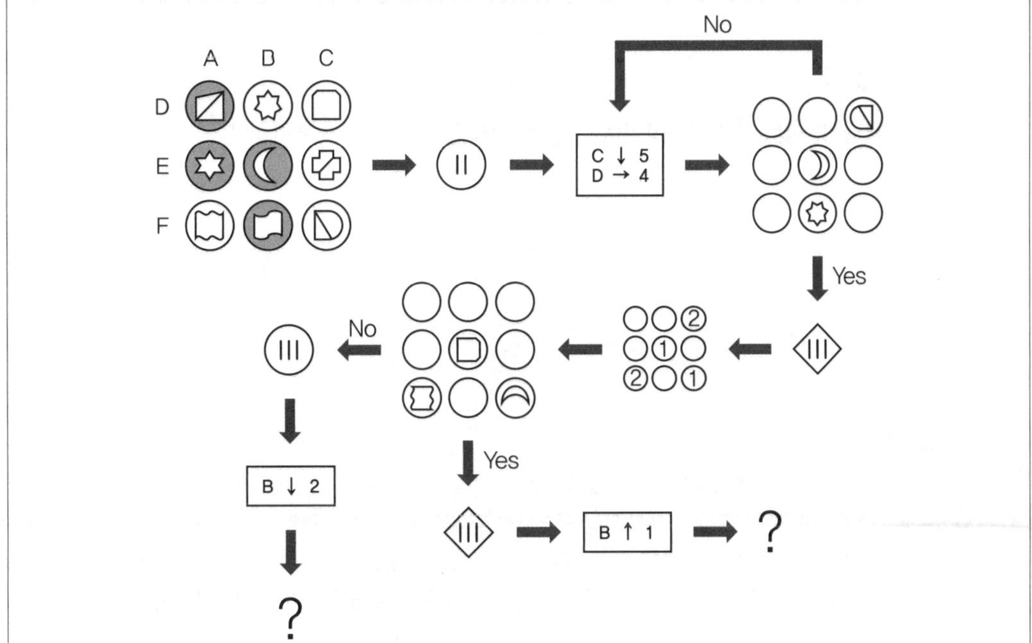

①

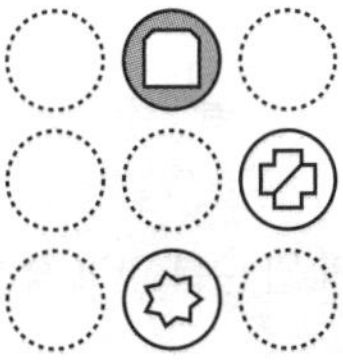

②

③

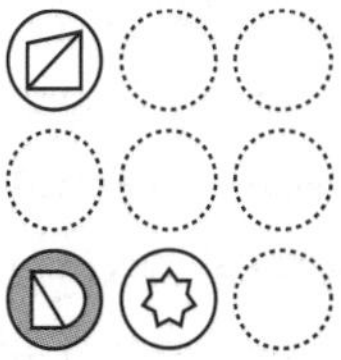

④

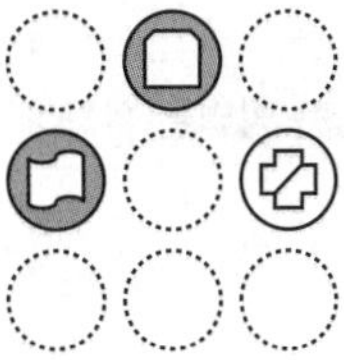

⑤

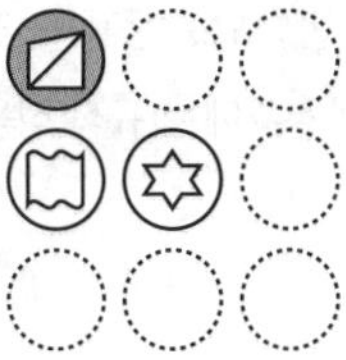

약점 보완 해설집 p.72

세부 유형 2 | 도형추리

○ 세부 유형 소개

도형의 변환 규칙을 찾아 문제에 적용하여 도출되는 도형을 고르는 유형의 문제이다.

○ 대표예제

1. 박스형
2. 일렬나열형

○ 최근 출제 경향

도형추리 문제는 대기업 인적성에서 꾸준히 출제되고 있으며, 기업마다 다양한 형태로 출제되지만, 문제 풀이 방식은 유사하다. 하지만 주요 기업에서 특정 영역으로 출제되던 도형추리 영역이 삭제되면서 일렬나열형 문제의 출제 비중이 점차 줄어들고 있다. 최근 주요 대기업 시험에서는 색반전, 시계 또는 반시계 방향으로 60도/90도/120도/180도/270도 회전, 열 또는 행 이동, 상하 대칭, 좌우 대칭 등 다양한 규칙으로 문제가 출제되었다.

○ 학습 전략

1. 도형추리 문제는 출제되는 규칙이 한정되어 있으므로 다양한 문제 풀이를 통해 빈출 규칙을 익힌다.
   예 색반전, (반)시계 방향으로 90도/180도/270도 회전, 상하/좌우 대칭, 상/하/좌/우로 이동 등
2. 박스형 문제는 규칙이 열과 열 사이에 적용되는지, 행과 행 사이에 적용되는지, 행과 열 구분 없이 박스 전체에 적용되는지를 먼저 파악한 후, 도형의 모양이나 음영 등을 통해 규칙을 찾는다.
3. 도형추리 문제는 선택지를 먼저 비교한 다음 일부에만 규칙을 적용하여 정답을 찾을 수 있다면, 특정 위치에만 규칙을 적용하거나 일부 규칙만 적용하는 방법으로 문제 풀이 시간을 단축한다.
4. 대칭 규칙 또는 회전 규칙이 연달아 적용되는 경우에는 규칙 적용 단계를 줄일 수 있는 방법을 적용하여 문제 풀이 시간을 단축한다.
   예 대칭 또는 회전 규칙
   - 좌우 대칭+180°=상하 대칭
   - 상하 대칭+180°=좌우 대칭
   - 좌우 대칭+상하 대칭=180°
   - 상하 대칭+좌우 대칭=180°
   - 좌우 대칭+(반)시계 방향 90°+상하 대칭=(반)시계 방향 90°
   - 상하 대칭+(반)시계 방향 90°+좌우 대칭=(반)시계 방향 90°
   - 좌우 대칭+시계 방향 90°+좌우 대칭=반시계 방향 90°
   - 상하 대칭+시계 방향 90°+상하 대칭=반시계 방향 90°

대표예제 1 박스형

다음 도형에 적용된 규칙을 찾아 '?'에 해당하는 도형을 고르시오.

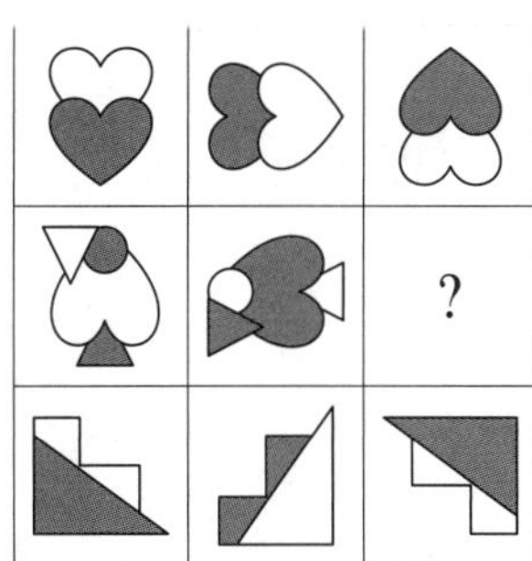

① 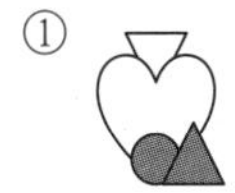

② 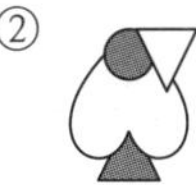

③ 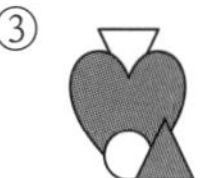

④ 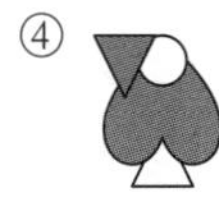

⑤ 

풀이

제시된 도형의 모양을 비교하면, 박스의 행마다 같은 모양의 도형이 제시되어 있으므로 규칙이 열과 열 사이에 적용되었음을 알 수 있다. 이에 따라 1행과 3행의 도형에 열마다 적용된 공통 규칙을 찾으면 각 열에 제시된 도형은 다음 열에서 반시계 방향으로 90도 회전하면서 색반전하므로 '?'에 해당하는 도형은  도형을 반시계 방향으로 90도 회전한 후 색반전한 형태인  이다.

따라서 '?'에 해당하는 도형은 ⑤이다.

정답 ⑤

문제 풀이 꿀팁

1열과 3열에 제시된 도형을 비교하여 문제에 접근한다.

3열에 제시된 도형은 1열에 제시된 도형을 반시계 방향으로 90도 회전을 2번, 색반전을 2번 한 형태이므로 1열에 제시된 도형을 반시계 방향으로 180도 회전한 형태와 같다.

이에 따라 '?'에 해당하는 도형은 도형을 180도 회전한 형태인 이다.

따라서 정답은 ⑤가 된다.

대표예제 2 일렬나열형

다음 조건을 고려하여 문제의 정답을 고르시오.

[조건]

1. 2×2 분할 도형의 내부 도형은 각 위치에 대응하는 기호 'V', 'X', '=', '+'의 규칙에 따라 변환됨
2. 기호별로 규칙은 모두 다르고, 다음의 규칙 중 1개의 규칙이 적용됨
   - 시계 방향으로 90도 회전
   - 반시계 방향으로 90도 회전
   - 상하 반전
   - 좌우 반전
   - 밝게 색 변환(검은색 → 회색, 회색 → 흰색, 흰색 → 검은색)
   - 어둡게 색 변환(흰색 → 회색, 회색 → 검은색, 검은색 → 흰색)
3. 빈칸 외 각 위치에 대응하는 기호의 규칙은 해당 위치에 개별 적용되고, 빈칸에 대응하는 기호의 규칙은 제시된 도형 전체에 적용되는 규칙으로 가장 마지막에 적용됨
4. 개별 적용되는 회전/반전 규칙은 내부 도형의 위치 변화 없이 모양만 변환되고, 도형 전체에 적용되는 회전/반전 규칙은 내부 도형의 모양 변화 없이 위치만 변환됨

ex. 'V' 좌우 반전, 'X' 어둡게 색 변환 , '=' 반시계 방향으로 90도 회전, '+' 상하 반전인 경우

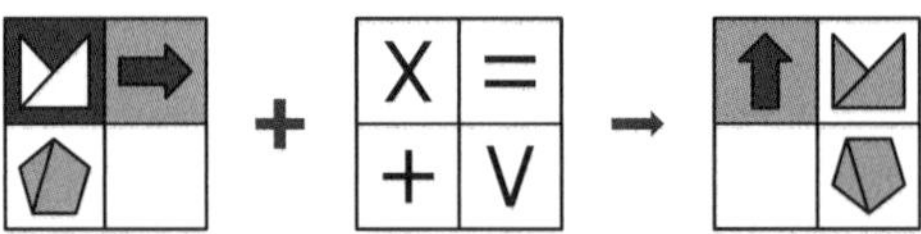

각 기호에 적용된 규칙을 찾아 제시된 도형을 변환시킬 때, '?'에 해당하는 도형을 고르시오.

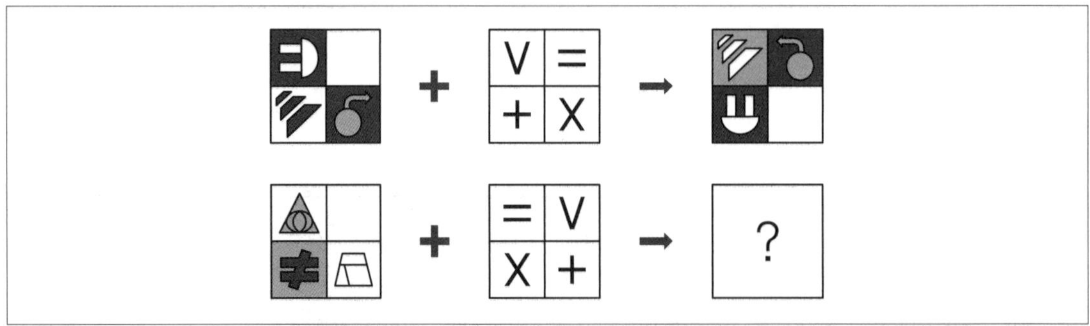

① 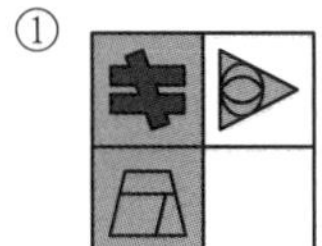

② 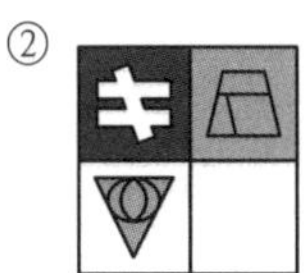

③ 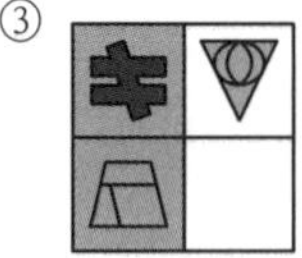

④ 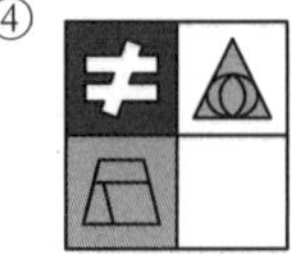

⑤ 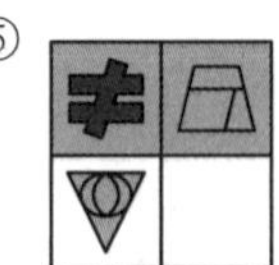

 풀이

빈칸에 대응하는 '=' 기호의 규칙은 상하 반전이며, 'V' 기호의 규칙은 시계 방향으로 90도 회전, '+' 기호의 규칙은 어둡게 색 변환(흰색 → 회색, 회색 → 검은색, 검은색 → 흰색), 'X' 기호의 규칙은 좌우 반전이다.
각 기호에 적용된 규칙을 찾아 제시된 도형을 변환시키면 다음과 같다.

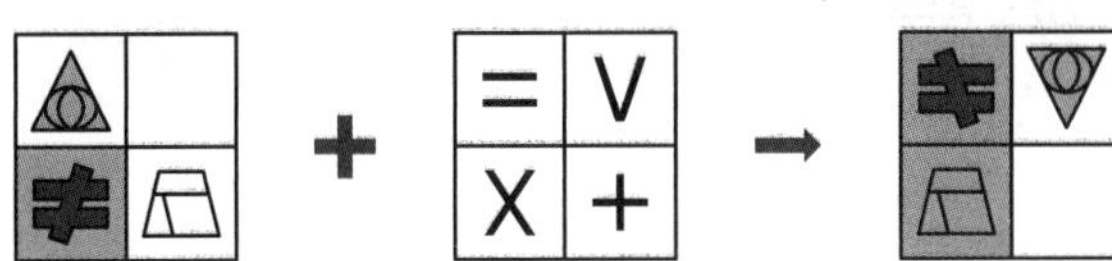

따라서 '?'에 해당하는 도형은 ③이다.

정답 ③

선택지를 비교하여 도형의 모양이나 회전 방향이 서로 다른 특정 위치만 확인할 수 있도록 일부 규칙만 적용하며 문제에 접근한다.
제시된 첫 번째 도형과 세 번째 도형을 비교하여 'V' 기호의 규칙을 유추하면 시계 방향으로 90도 회전임을 알 수 있다.

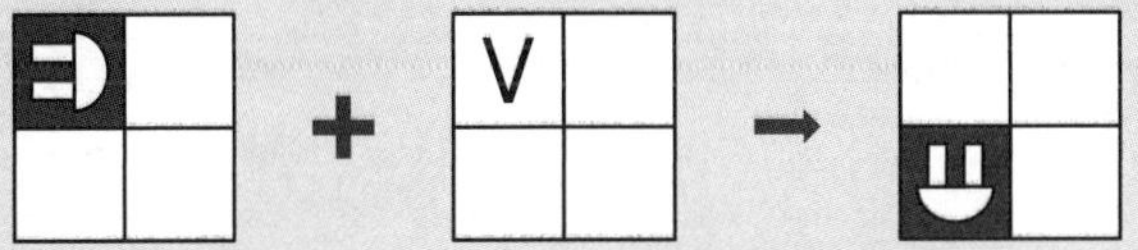

이에 따라 에서 내부 도형의 위치만 시계 방향으로 90도 회전한 형태가 아닌 ②, ⑤를 소거한다. 그다음 남은 선택지에서 도형의 회전 방향이 모두 다른 1행 2열만 확인한다. 도형에 '=' 기호의 규칙인 상하 반전을 적용하면 다음과 같다.

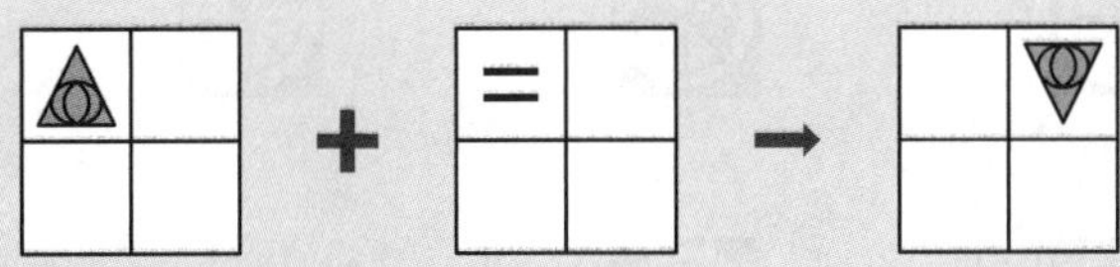

따라서 정답은 ③이 된다.

유형공략문제

· 맞힌 문제: /10문제

난이도 ★☆☆

01 다음 도형에 적용된 규칙을 찾아 '?'에 해당하는 도형을 고르시오.

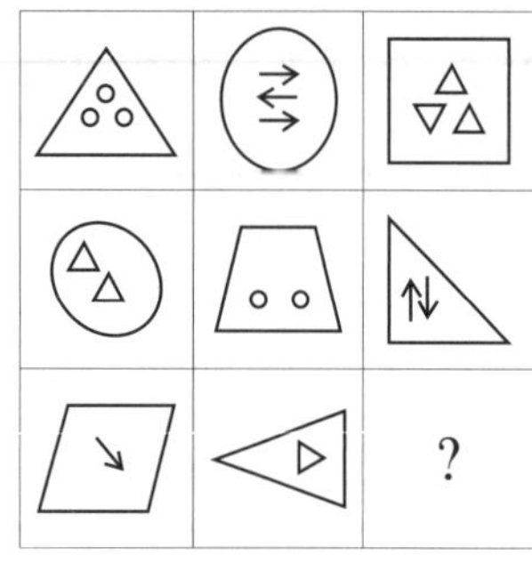

① 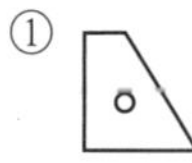

② 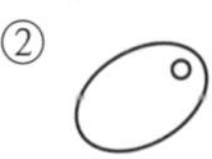

③ 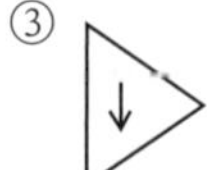

④

⑤

난이도 ★☆☆

02 다음 도형에 적용된 규칙을 찾아 '?'에 해당하는 도형을 고르시오.

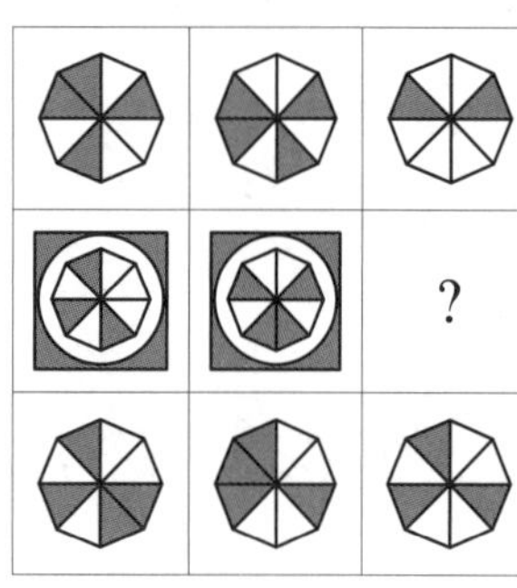

① 

② 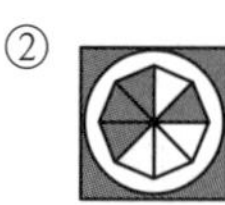

③ 

④

⑤ 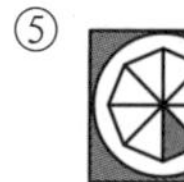

난이도 ★☆☆

03 다음 도형에 적용된 규칙을 찾아 '?'에 해당하는 도형을 고르시오.

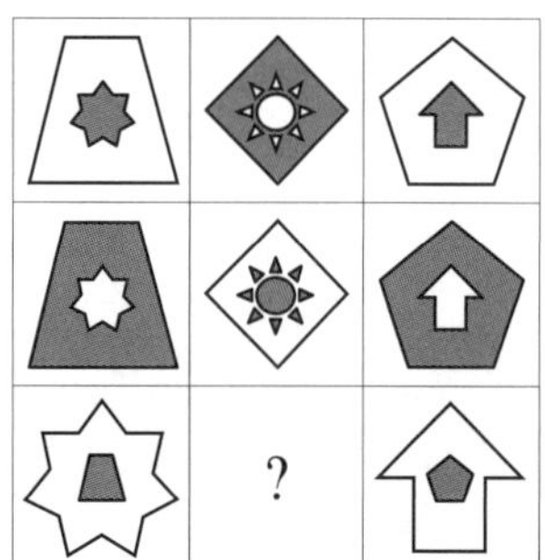

① 

② 

③ 

④

⑤  

난이도 ★☆☆

04 다음 도형에 적용된 규칙을 찾아 '?'에 해당하는 도형을 고르시오.

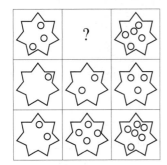

① 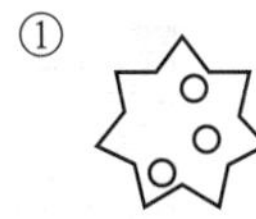

② 

③ 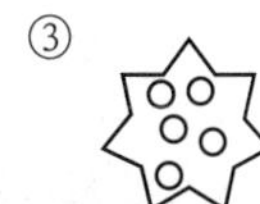

④ 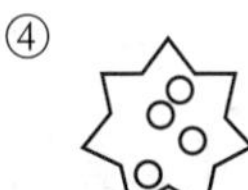

⑤ 

난이도 ★★☆

05 다음 도형에 적용된 규칙을 찾아 '?'에 해당하는 도형을 고르시오.

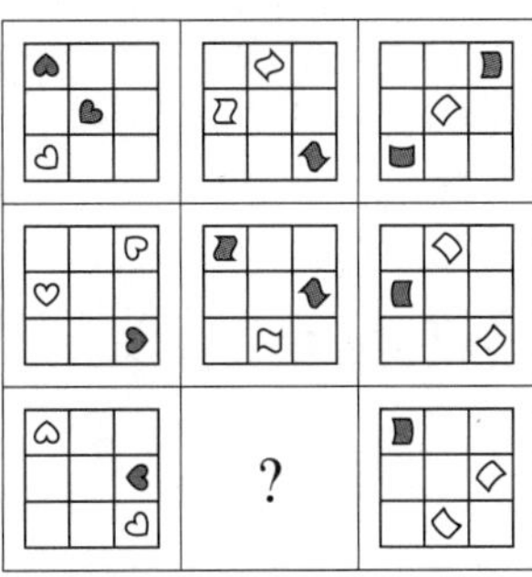

① 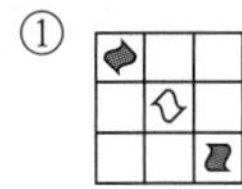

② 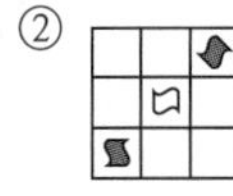

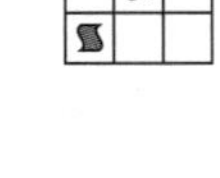

③ ④ ⑤

난이도 ★★★

06 다음 도형에 적용된 규칙을 찾아 '?'에 해당하는 도형을 고르시오.

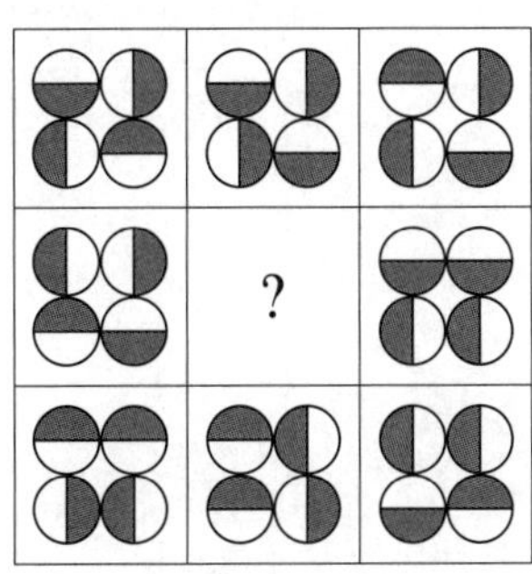

① 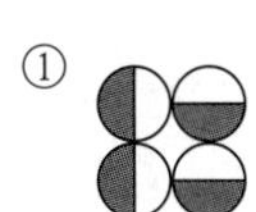

② 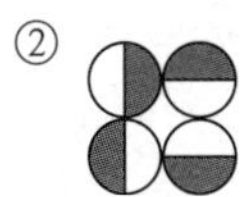

③ 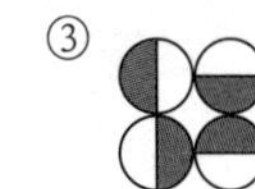

④ 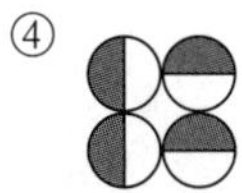

⑤ 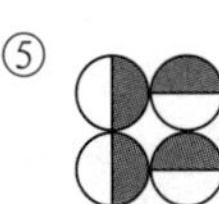

난이도 ★☆☆

07 다음 각 그룹 내의 도형에 적용된 일정한 규칙을 찾아 A, B에 해당하는 도형을 순서대로 고르시오.

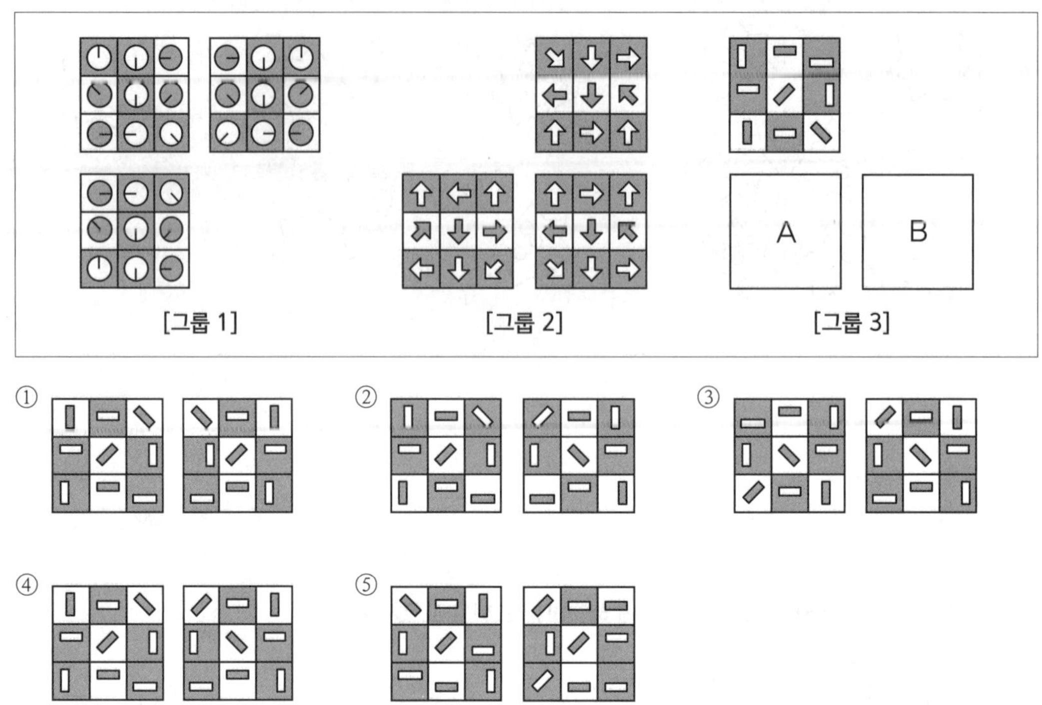

①

②

③

④

⑤

난이도 ★★☆

08 다음 각 그룹 내의 도형에 적용된 일정한 규칙을 찾아 A, B에 해당하는 도형을 순서대로 고르시오.

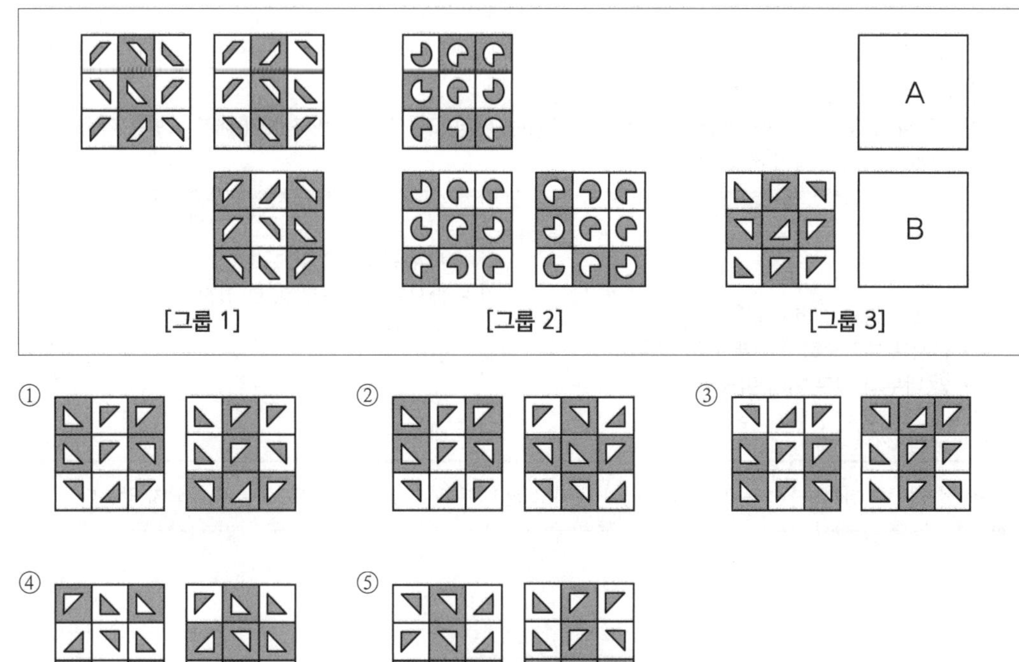

① ② ③

④ ⑤

[09-10] 다음 조건을 고려하여 각 문제의 정답을 고르시오.

[조건]

1. 큰 다각형에 접해있는 두 개의 원은 원 내부 배경의 모양에 따라 적용되는 규칙이 구분되고, 각 규칙에 따라 원 전체의 위치 및 내부 도형의 모양과 색이 변환된다.
2. 원 내부의 배경 모양은 띠 한 줄과 띠 두 줄로 나뉘며, 배경 모양에 따라 원 전체와 내부 도형은 다음의 규칙 중 각각 1개 이상의 규칙이 적용된다.

원 전체	내부 도형
• 시계 방향으로 변 n개 위치 이동 • 반시계 방향으로 변 n개 위치 이동 • 변 내부와 외부 위치 이동	• 시계 방향으로 90도 회전 • 반시계 방향으로 90도 회전 • 상하 대칭 • 좌우 대칭 • 색반전 • 내부 도형 교환

3. 원 전체는 큰 다각형을 기준으로 위치만 변환되고 원 내부 배경의 모양, 각도, 색은 변환되지 않는다.

난이도 ★★☆

09 다음에 적용된 규칙을 찾아 제시된 도형을 변환시킬 때 A, B에 해당하는 도형을 고르시오.

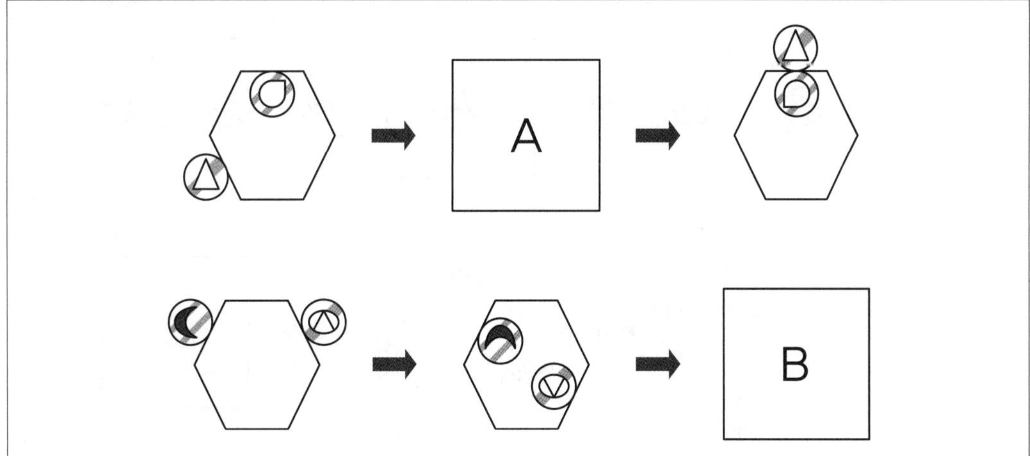

①
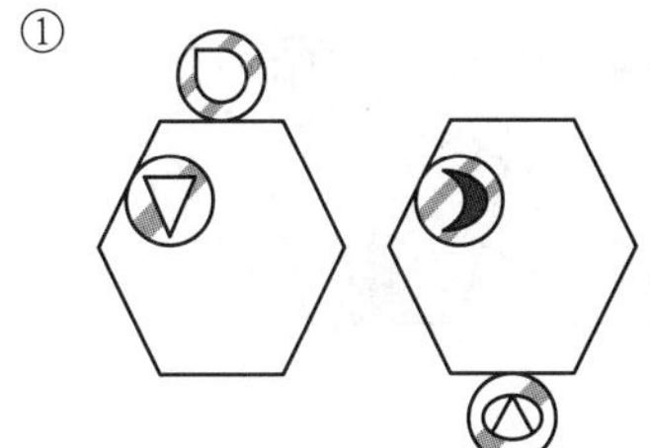

②
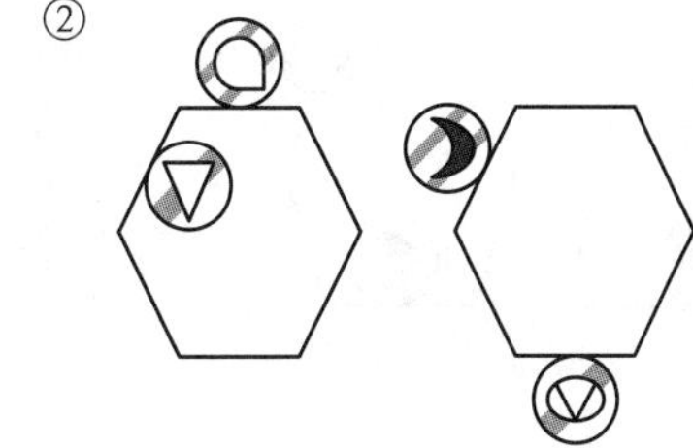

③
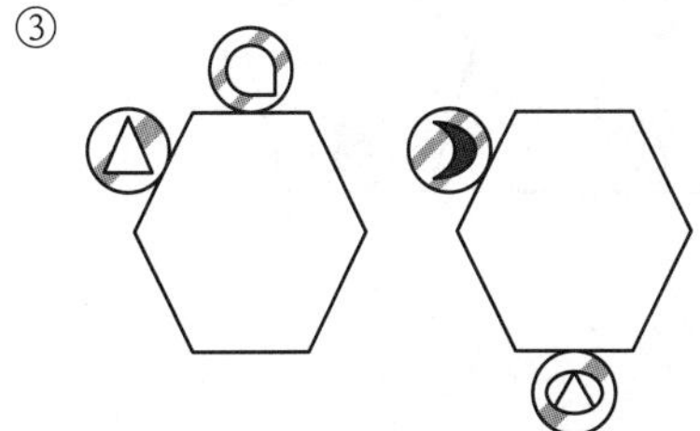

④
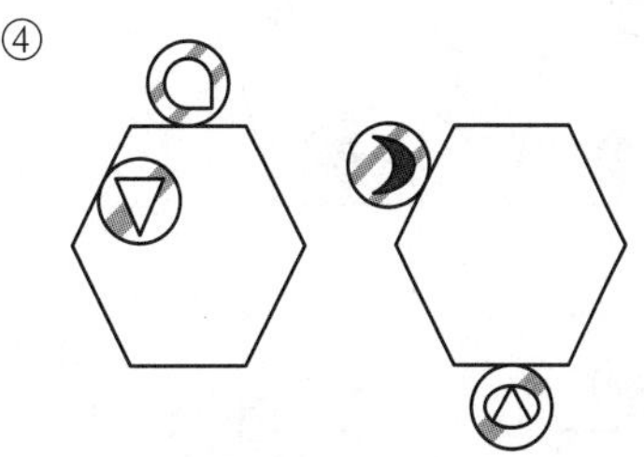

⑤

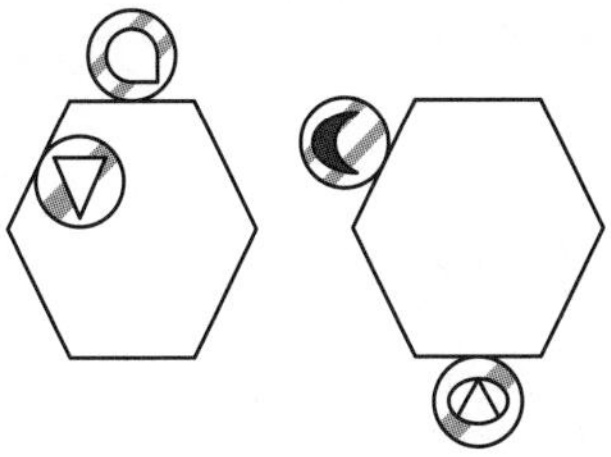

난이도 ★★★

10 다음에 적용된 규칙을 찾아 제시된 도형을 변환시킬 때 A, B에 해당하는 도형을 고르시오.

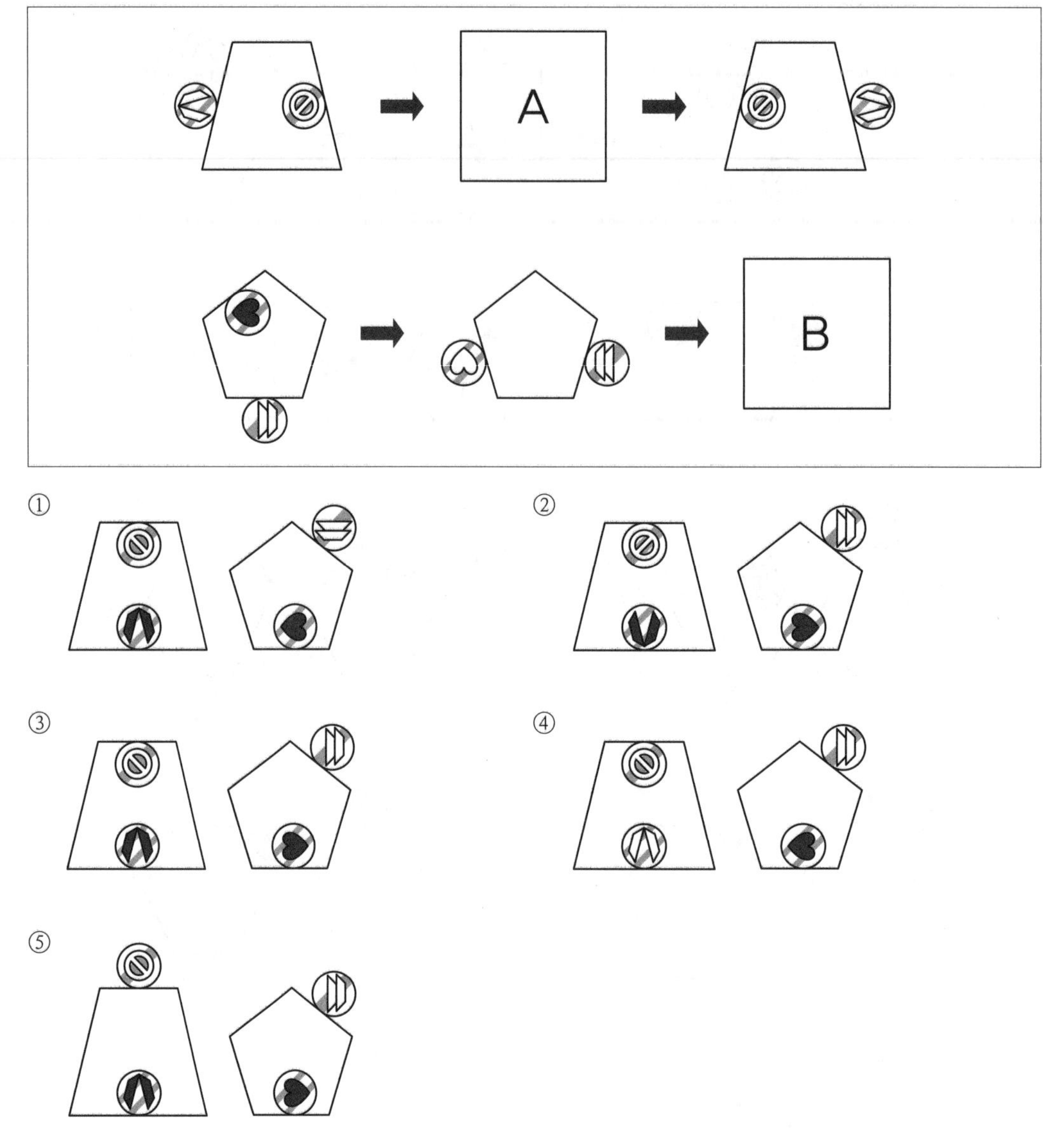

약점 보완 해설집 p.74

기출동형 연습문제

· 풀이 시간: /10분
· 맞힌 문제: /10문제

[01-04] 다음 각 기호가 문자, 숫자의 배열을 바꾸는 규칙을 나타낸다고 할 때, 각 문제의 '?'에 해당하는 것을 고르시오.

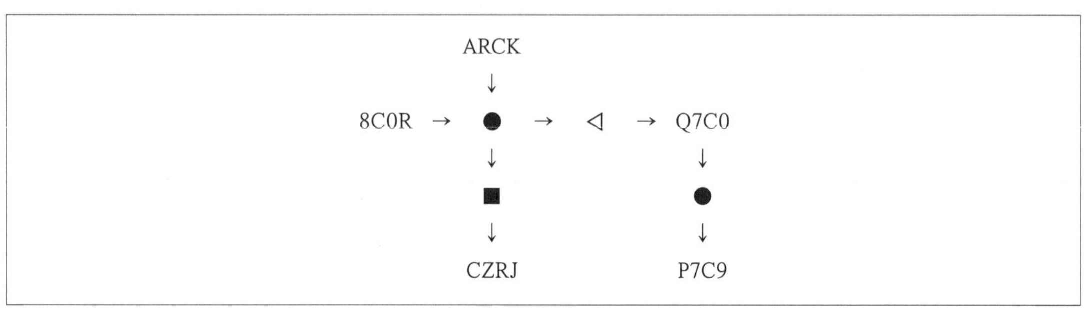

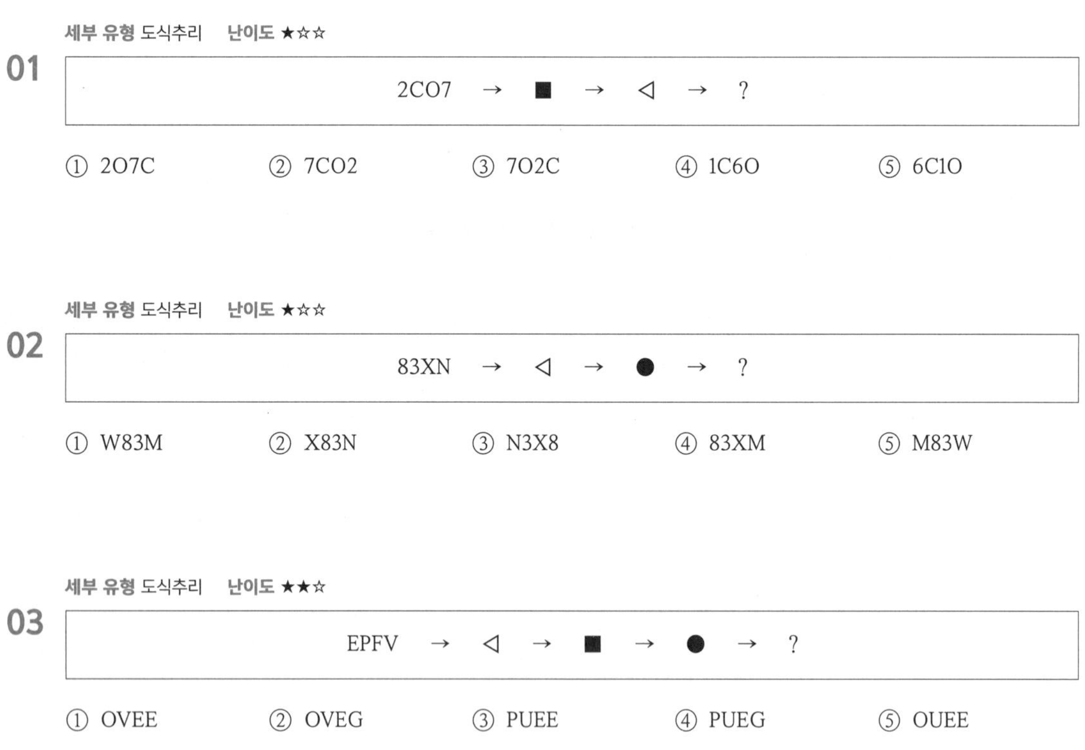

세부 유형 도식추리 난이도 ★☆☆

01

2CO7 → ■ → ◁ → ?

① 2O7C ② 7CO2 ③ 7O2C ④ 1C6O ⑤ 6C1O

세부 유형 도식추리 난이도 ★☆☆

02

83XN → ◁ → ● → ?

① W83M ② X83N ③ N3X8 ④ 83XM ⑤ M83W

세부 유형 도식추리 난이도 ★★☆

03

EPFV → ◁ → ■ → ● → ?

① OVEE ② OVEG ③ PUEE ④ PUEG ⑤ OUEE

세부 유형 도식추리 난이도 ★★☆

04

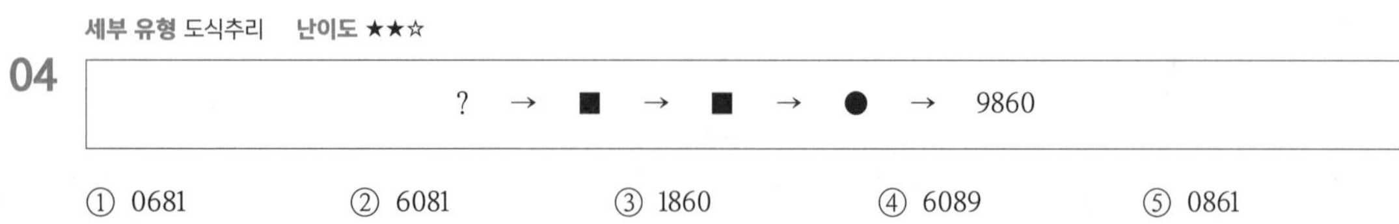

? → ■ → ■ → ● → 9860

① 0681 ② 6081 ③ 1860 ④ 6089 ⑤ 0861

[05-06] 다음의 변환 규칙과 비교 규칙을 적용하여 각 문제의 정답을 고르시오.

[구성]

• 한 도형은 구름의 양, 바람의 세기 및 바람의 방향으로 구성된다.

단계	0	1	2	3	4
구름의 양	○	◔	◑	◕	●
바람의 세기					

방향	동	서	남	북
바람의 방향				

• 이외 다음의 안개 기호로 구성된다.

안개	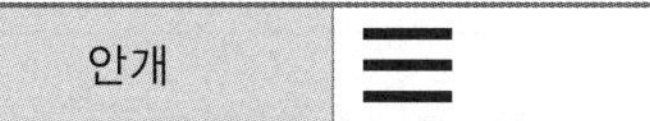

[변환 규칙]

 도형 전체 바람의 세기가 n단계 증가한다. (단, 4단계에서 1단계 증가는 0단계로 변환)

 도형 전체 구름의 양이 n단계 증가한다. (단, 4단계에서 1단계 증가는 0단계로 변환)

 도형 전체 바람의 세기가 n단계 감소한다. (단, 0단계에서 1단계 감소는 4단계로 변환)

 도형 전체 구름의 양이 n단계 감소한다. (단, 0단계에서 1단계 감소는 4단계로 변환)

 도형 전체 바람의 방향을 시계 방향으로 90도 회전한다.

 도형 전체의 위치를 상↔하, 좌↔우로 교환한다.

 도형 전체 바람의 방향을 반시계 방향으로 90도 회전한다.

 도형 전체의 위치를 반시계 방향으로 한 칸씩 이동한다.

[비교 규칙]

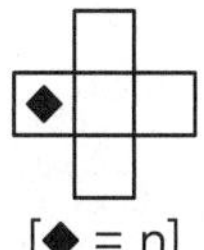
[◆ = n]

해당 위치의 바람의 세기를 비교하여 바람의 세기가 n단계와 일치하면 Yes, 그렇지 않으면 No로 이동한다.

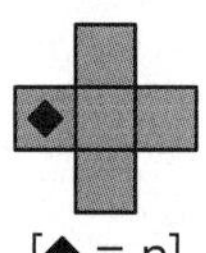
[◆ = n]

해당 위치의 구름의 양을 비교하여 구름의 양이 n단계와 일치하면 Yes, 그렇지 않으면 No로 이동한다.

[◇ = k]

해당 위치의 바람의 방향을 비교하여 바람의 방향이 k방향과 일치하면 Yes, 그렇지 않으면 No로 이동한다.

세부 유형 도식추리 난이도 ★★☆

05 다음을 주어진 규칙에 따라 변환시킬 때 '?'에 해당하는 것을 고르시오.

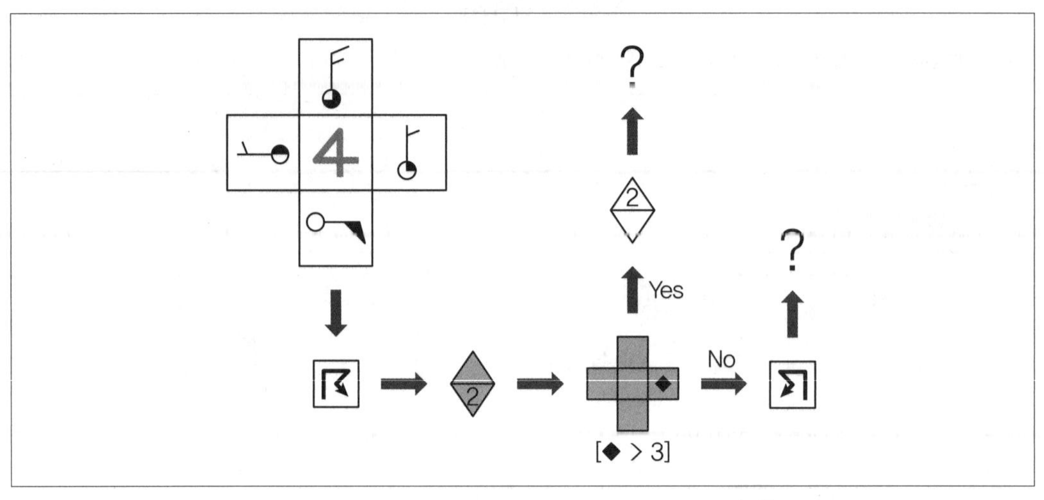

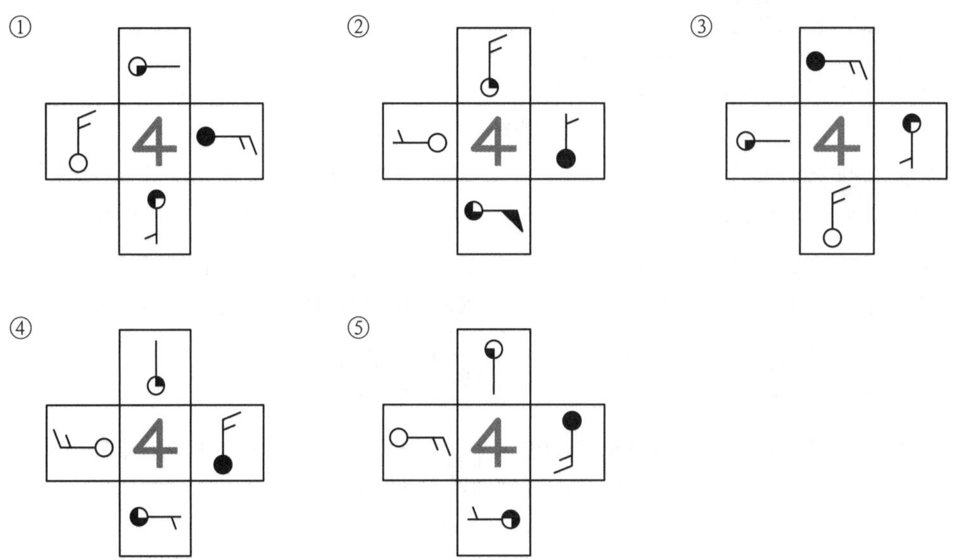

세부 유형 도식추리 난이도 ★★★

06 다음을 주어진 규칙에 따라 변환시킬 때 '?'에 해당하는 것을 고르시오.

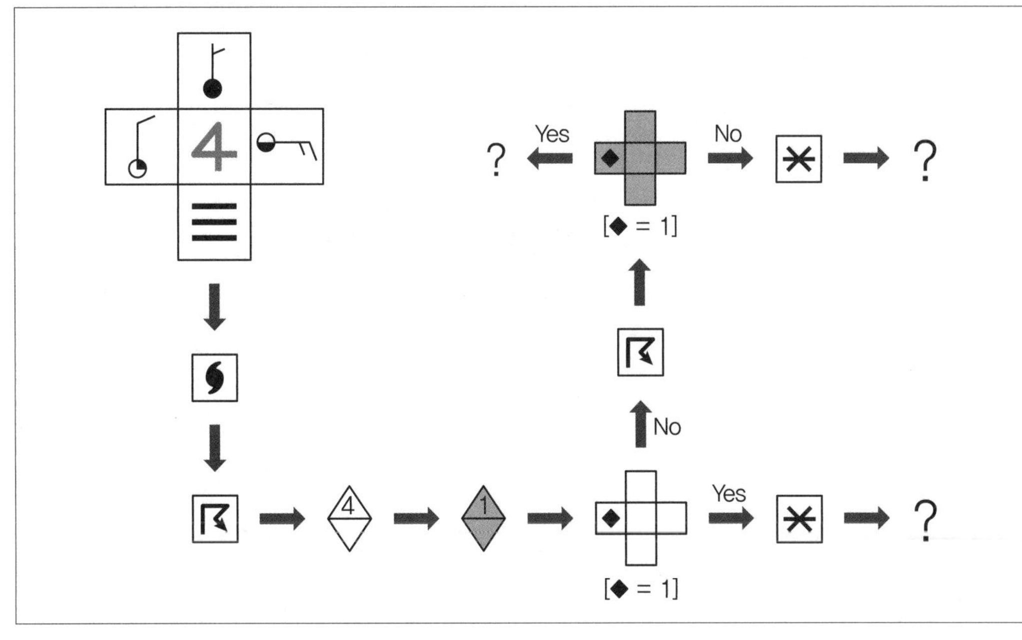

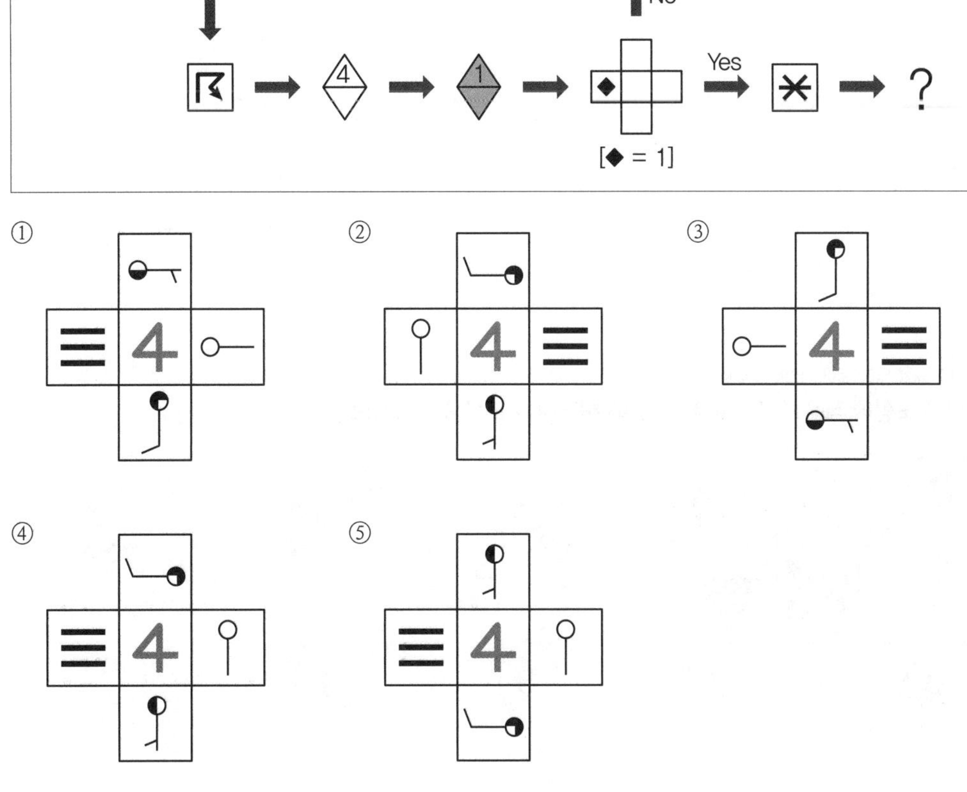

세부 유형 도형추리 난이도 ★☆☆

07 다음 도형에 적용된 규칙을 찾아 '?'에 해당하는 도형을 고르시오.

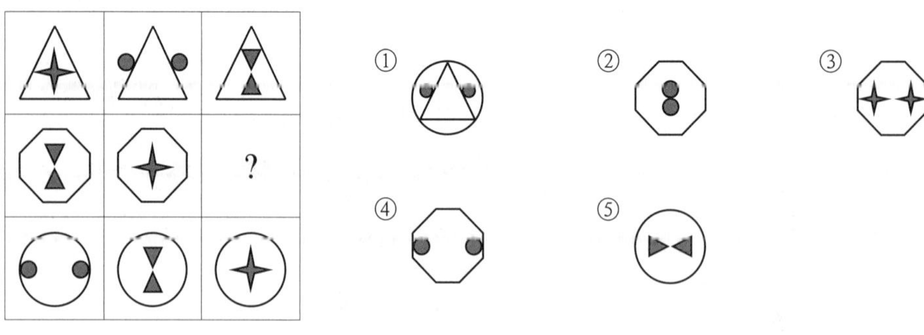

세부 유형 도형추리 난이도 ★★☆

08 다음 도형에 적용된 규칙을 찾아 '?'에 해당하는 도형을 고르시오.

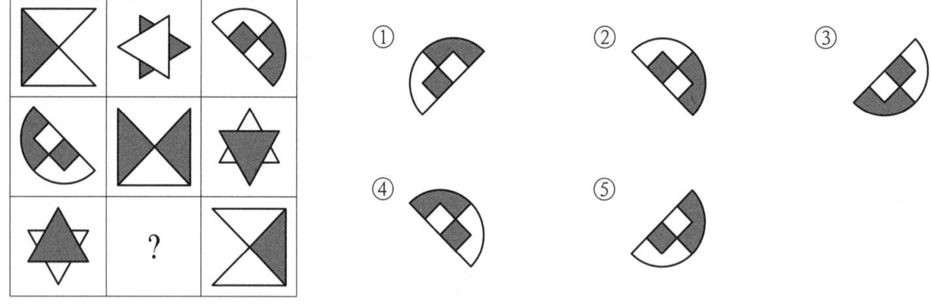

[09-10] 다음 조건을 고려하여 각 문제의 정답을 고르시오.

[조건]

1. 2×2 분할 도형의 내부 도형은 각 위치에 대응하는 기호 'V', 'X', '=', '+'의 규칙에 따라 변환됨
2. 기호별로 규칙은 모두 다르고, 다음의 규칙 중 1개의 규칙이 적용됨
   - 시계 방향으로 90도 회전
   - 반시계 방향으로 90도 회전
   - 상하 반전
   - 좌우 반전
   - 밝게 색 변환(검은색 → 회색, 회색 → 흰색, 흰색 → 검은색)
   - 어둡게 색 변환(흰색 → 회색, 회색 → 검은색, 검은색 → 흰색)
3. 빈칸 외 각 위치에 대응하는 기호의 규칙은 해당 위치에 개별 적용되고, 빈칸에 대응하는 기호의 규칙은 제시된 도형 전체에 적용되는 규칙으로 가장 마지막에 적용됨
4. 개별 적용되는 회전/반전 규칙은 내부 도형의 위치 변화 없이 모양만 변환되고, 도형 전체에 적용되는 회전/반전 규칙은 내부 도형의 모양 변화 없이 위치만 변환됨

ex. 'V' 좌우 반전, 'X' 어둡게 색 변환, '=' 반시계 방향으로 90도 회전, '+' 상하 반전인 경우

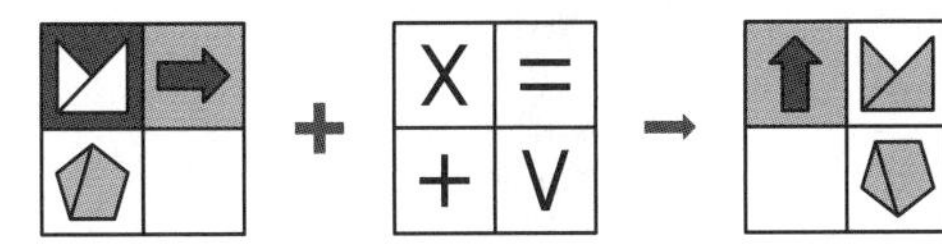

세부 유형 도형추리 난이도 ★★☆

09 각 기호에 적용된 규칙을 찾아 제시된 도형을 변환시킬 때 '?'에 해당하는 도형을 고르시오.

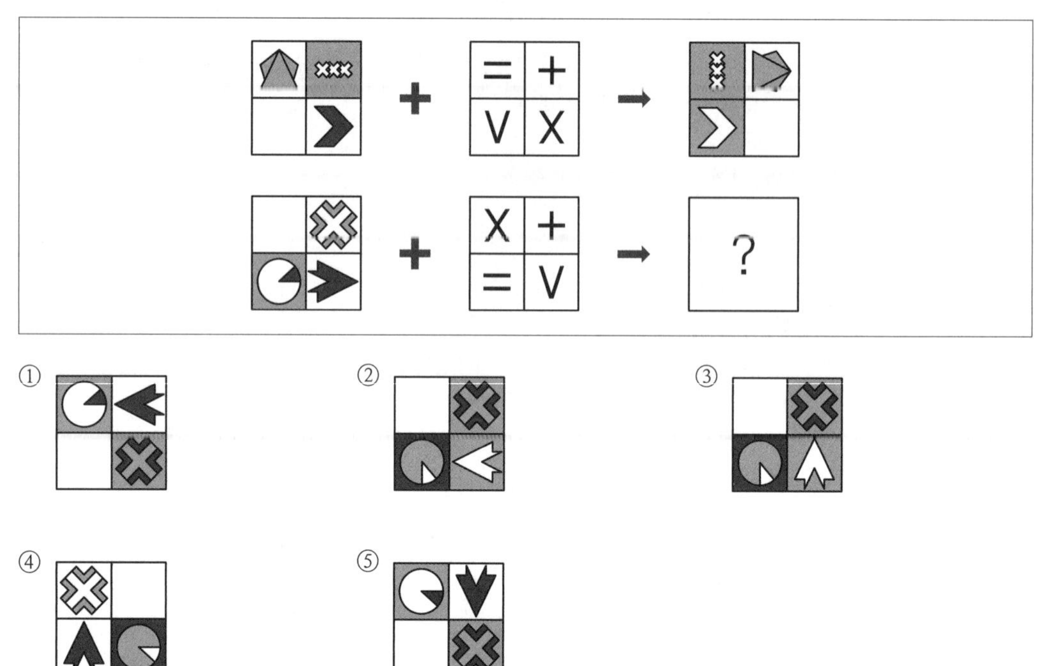

세부 유형 도형추리 난이도 ★★★

10 각 기호에 적용된 규칙을 찾아 제시된 도형을 변환시킬 때 '?'에 해당하는 도형을 고르시오.

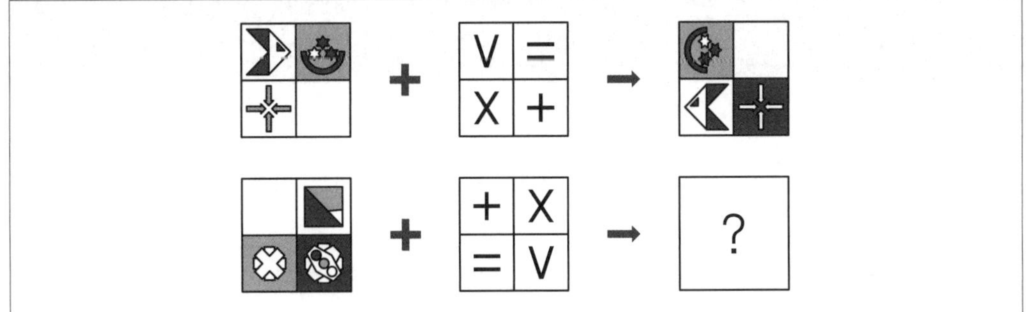

① 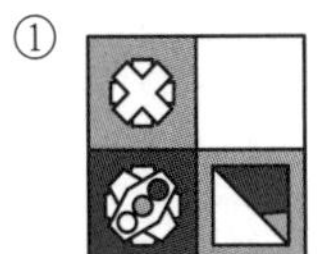
② 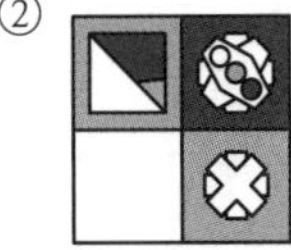
③ 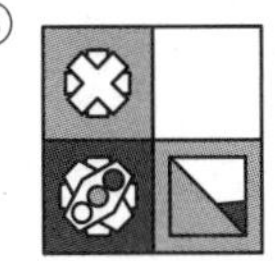

④ 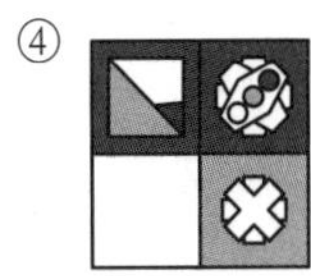
⑤ 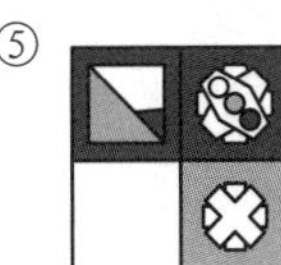

약점 보완 해설집 p.75

고난도 대비 문제

· 풀이 시간: /5분
· 맞힌 문제: /5문제

[01-02] 다음 각 기호가 문자, 숫자의 배열을 바꾸는 규칙을 나타낸다고 할 때, 각 문제의 '?'에 해당하는 것을 고르시오.

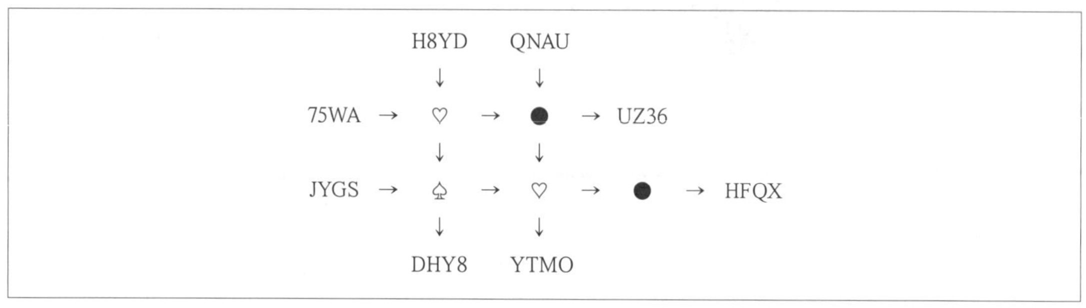

01

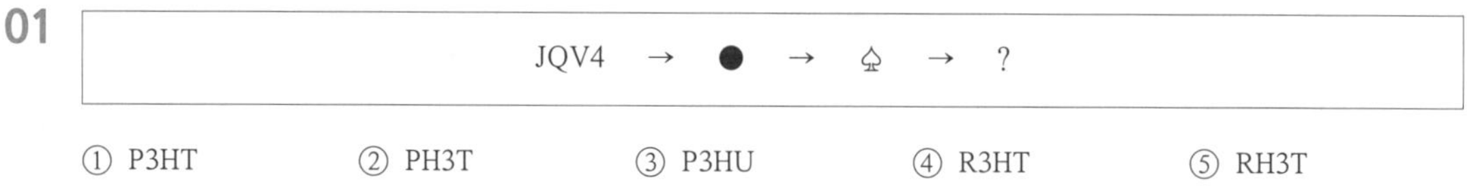

① P3HT ② PH3T ③ P3HU ④ R3HT ⑤ RH3T

02

① ㅕㄹㅋㅠ ② ㅠㅊㄹㅕ ③ ㅊㄹㅕㅠ ④ ㅕㅊㄹㅠ ⑤ ㅠㅋㄹㅕ

03 제시된 도형을 주어진 규칙에 따라 변환시킬 때 '?'에 해당하는 것을 고르시오.

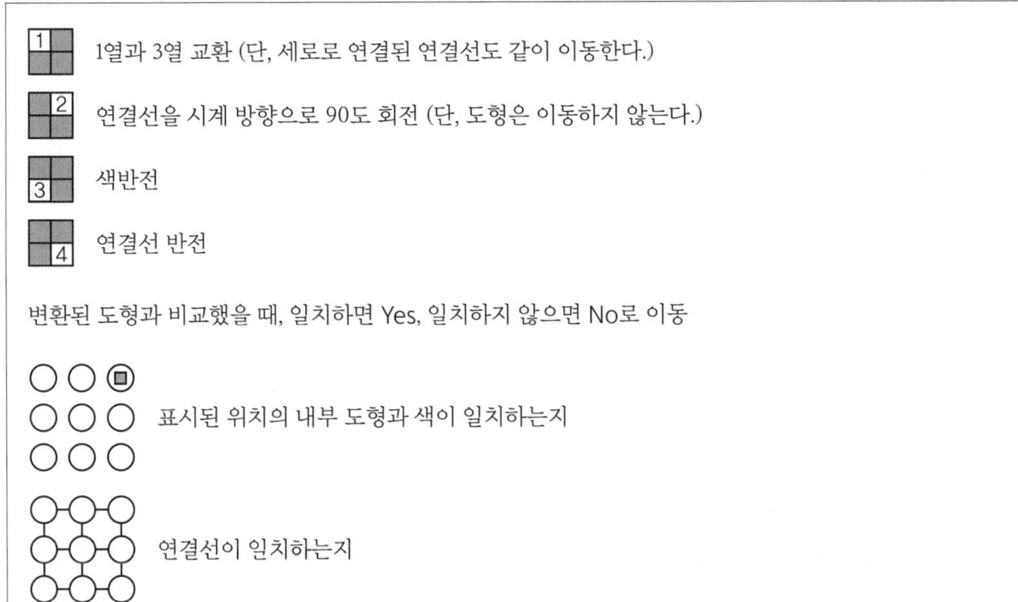

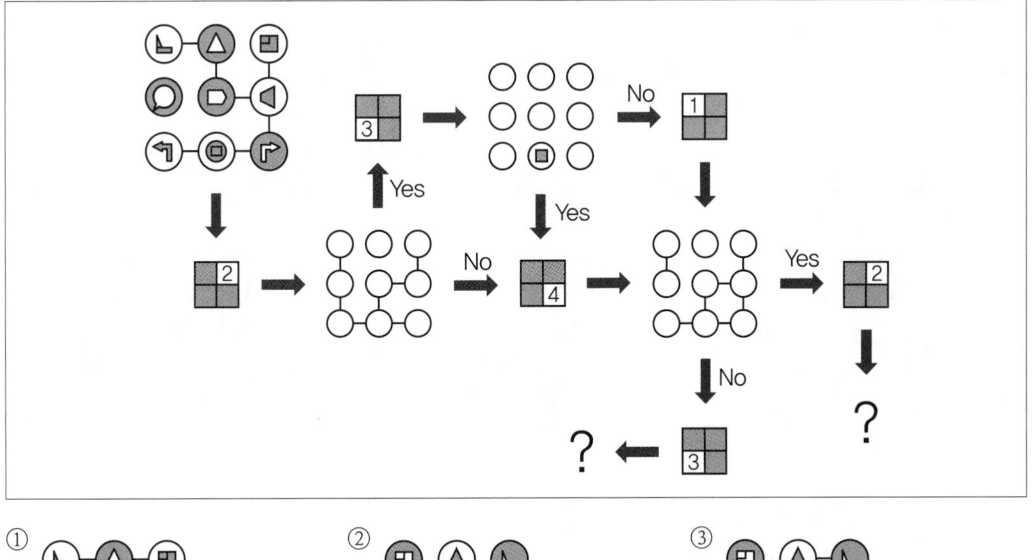

①
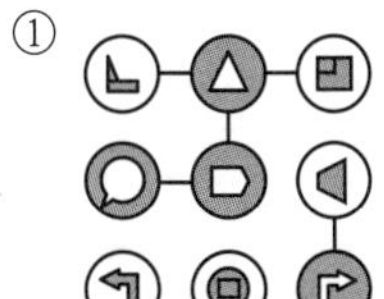

②
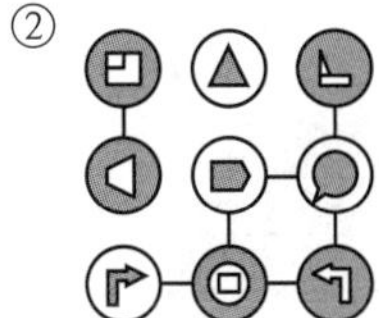

③
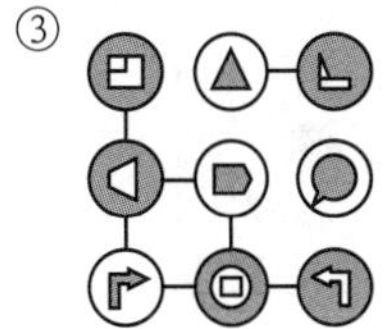

④
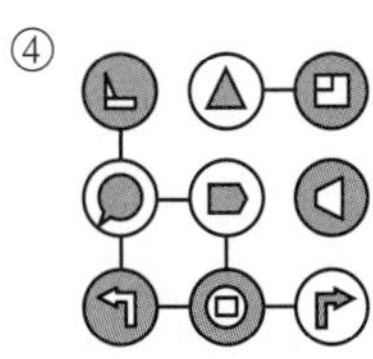

⑤
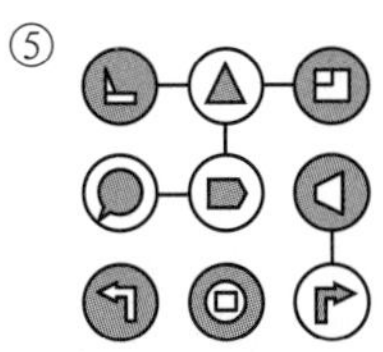

04 다음 도형에 적용된 규칙을 찾아 '?'에 해당하는 도형을 고르시오.

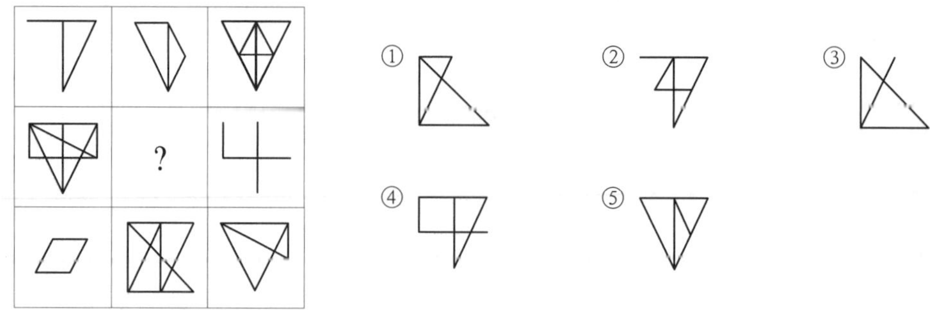

05 다음 도형은 세 가지 정사각형이 결합된 형태이며 서로 다른 규칙이 적용된다. 가장 큰 정사각형부터 규칙을 차례대로 적용하여 알맞은 도형을 고르시오. (단, 정사각형은 6×6, 4×4, 2×2 세 가지로 나뉘며, 규칙은 내부에 모두 적용된다.)

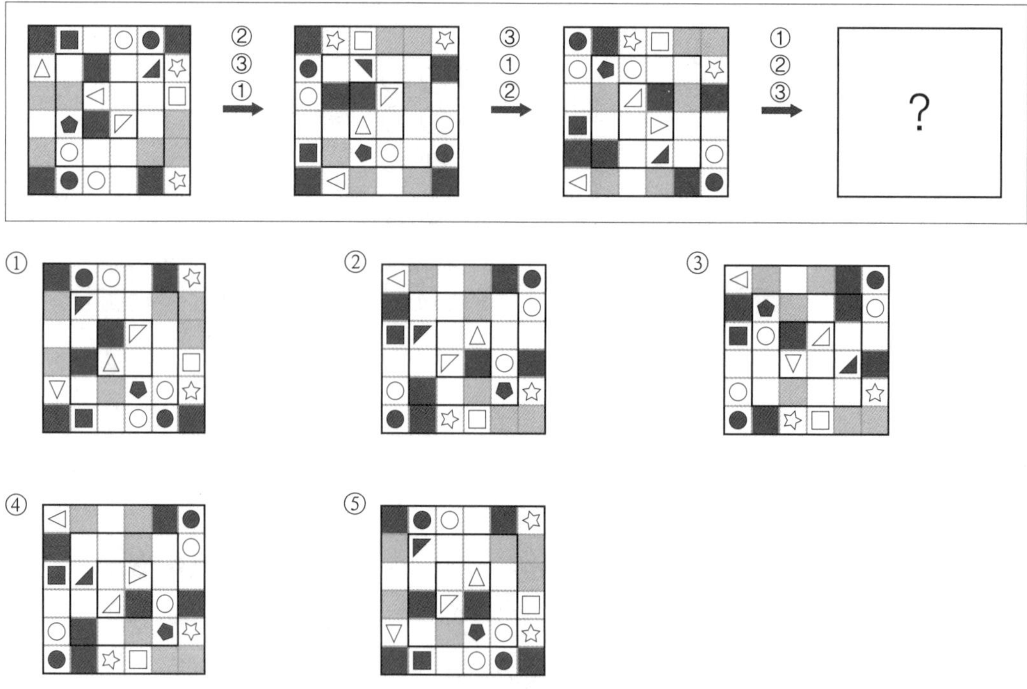

약점 보완 해설집 p.77

본 모의고사는 가장 최근에 시행된 대기업 인적성 검사 및 공기업 NCS 시험의 출제 경향을 반영한 문제로만 구성되어 있습니다.
시간을 정하고 실전처럼 문제를 풀어본 후, 약점 보완 해설집에 있는 취약 유형 분석표를 이용하여 취약한 유형을 파악하고 취약한 유형은 '기출유형공략'을 다시 한번 확인하며 복습하세요.

해커스 대기업 인적성 & NCS
수리·추리 집중 공략

V

실전모의고사

실전모의고사 1회

· 풀이 시간: /20분
· 맞힌 문제: /20문제

01 다음 전제를 읽고 반드시 참인 결론을 고르시오.

전제	규칙적인 생활을 하는 모든 사람은 영양제를 복용한다.
	영양제를 복용하는 사람 중에 건강 검진을 받지 않는 사람은 없다.
결론	

① 건강 검진을 받지 않는 어떤 사람은 규칙적인 생활을 한다.
② 건강 검진을 받는 모든 사람은 규칙적인 생활을 하지 않는다.
③ 규칙적인 생활을 하는 모든 사람은 건강 검진을 받는다.
④ 규칙적인 생활을 하지 않는 사람 중에 건강 검진을 받지 않는 사람은 없다.
⑤ 건강 검진을 받는 어떤 사람은 규칙적인 생활을 하지 않는다.

02 다음 결론이 반드시 참이 되게 하는 전제를 고르시오.

전제	나무가 울창한 어떤 산은 경치가 좋지 않은 산이다.
결론	가파른 산 중에 나무가 울창한 산이 존재한다.

① 가파른 어떤 산은 경치가 좋은 산이 아니다.
② 가파른 산 중에 경치가 좋은 산이 있다.
③ 경치가 좋은 모든 산은 가파른 산이 아니다.
④ 가파른 모든 산은 경치가 좋은 산이다.
⑤ 가파르지 않은 모든 산은 경치가 좋은 산이다.

03 다음 명제가 모두 참일 때, 항상 참인 문장을 고르시오.

- 헬스를 하는 사람은 닭가슴살을 먹는다.
- 닭가슴살 또는 계란을 먹는 사람은 체중 관리를 한다.
- 체중 관리를 하는 사람은 음주를 하지 않는다.
- 기름진 음식을 먹는 사람은 체중 관리를 하지 않는다.

① 기름진 음식을 먹는 사람은 헬스를 한다.

② 닭가슴살을 먹는 사람은 음주를 한다.

③ 헬스를 하는 사람은 체중 관리를 하지 않는다.

④ 음주를 하는 사람은 헬스를 하지 않는다.

⑤ 계란을 먹는 사람은 기름진 음식을 먹는다.

04 A, B, C 사무실은 각 사무실당 책상과 의자를 종류별로 1개 이상씩 신청하려고 한다. 다음 조건을 모두 고려하였을 때, 항상 참인 것을 고르시오.

- 각 사무실당 책상은 최대 2개, 의자는 최대 3개까지 신청할 수 있다.
- B 사무실에서 신청하는 의자의 개수는 A 사무실에서 신청하는 의자의 개수보다 많다.
- A 사무실에서 신청하는 책상과 의자의 개수는 같다.
- C 사무실에서 신청하는 책상과 의자의 개수는 총 5개이다.

① A 사무실에서 신청하는 책상과 의자의 개수는 총 3개 이상이다.

② B 사무실과 C 사무실에서 신청하는 책상의 개수는 같다.

③ A 사무실에서 신청하는 의자가 1개이면, B 사무실에서 신청하는 의자는 2개이다.

④ B 사무실과 C 사무실에서 신청하는 의자의 개수는 총 6개이다.

⑤ B 사무실에서 신청하는 의자가 2개이면, A 사무실과 C 사무실에서 신청하는 의자의 개수 차이는 2개이다.

05 **Q 백화점은 입장 선착순으로 고객 3명에게 상품권을 증정하고, 나머지 고객에게는 물티슈를 증정하려고 한다. 다음 조건을 모두 고려하였을 때, 항상 거짓인 것을 고르시오.**

- A, B, C, D, E 중 동시에 입장한 고객은 없고, 5명 중 3명은 상품권을 받았다.
- B는 C보다 백화점에 있는 시간이 짧지만, C와 함께 나갔다.
- A와 E는 같은 종류의 사은품을 받았다.
- 5명 중 D보다 늦게 입장한 사람은 없다.

① C는 A보다 먼저 입장했다.

② D와 E는 서로 다른 종류의 사은품을 받았다.

③ B가 받은 사은품은 상품권이 아니다.

④ A와 B가 함께 나갔다면, A는 B보다 백화점에 있는 시간이 짧다.

⑤ C와 E가 함께 나갔다면, C는 E보다 백화점에 있는 시간이 길다.

06 **갑, 을, 병, 정, 무 5명은 4층짜리 아파트 1동과 2동에 입주하려고 한다. 다음 조건을 모두 고려하였을 때, 무가 입주하는 동과 층을 고르시오.**

- 아파트 1동과 2동의 각 층에는 1명만 입주한다.
- 정은 1층에 입주한다.
- 갑은 정보다 높은 층에 입주한다.
- 을은 무와 같은 동의 3층에 입주한다.
- 병은 2동 4층에 입주한다.
- 무는 갑보다 높은 층에 입주한다.

① 1동 1층　② 1동 3층　③ 1동 4층　④ 2동 2층　⑤ 2동 3층

07 **A, B, C, D, E 5개의 기업 중 1개의 기업만 대기업이다. 가, 나, 다, 라, 마 5명 중 1명만 진실을 말했을 때, 대기업을 고르시오.**

- 가: A, C, E 기업은 대기업이 아니야.
- 나: A 기업과 D 기업 중에 대기업이 있어.
- 다: C 기업이 대기업이야.
- 라: B 기업과 D 기업 중 1개의 기업만 대기업이 아니야.
- 마: B 기업과 C 기업 중에 대기업이 있어.

① A 기업 ② B 기업 ③ C 기업 ④ D 기업 ⑤ E 기업

08 **수인, 민혁, 진철, 경훈, 유라, 효정 6명은 체온을 측정하기 위해 차례대로 한 줄로 서려고 한다. 다음 조건을 모두 고려하였을 때, 항상 참인 것을 고르시오.**

- 민혁이는 네 번째 순서로 줄을 선다.
- 수인이와 진철이 순서 사이에 줄을 서는 사람은 없다.
- 경훈이는 효정이와 유라보다 나중 순서로 줄을 선다.
- 첫 번째 순서로 줄을 서는 사람은 효정이가 아니다.
- 수인이는 민혁이보다 앞선 순서로 줄을 선다.

① 민혁이와 유라 순서 사이에 줄을 서는 사람은 없다.

② 유라 바로 다음 순서로 줄을 서는 사람은 진철이다.

③ 수인이는 두 번째 순서로 줄을 선다.

④ 진철이가 두 번째 순서로 줄을 섰을 때, 세 번째 순서로 줄을 서는 사람은 효정이다.

⑤ 마지막 순서로 줄을 서는 사람은 경훈이다.

09 **요한, 병헌, 미진, 동구, 정윤 5명은 짜장면과 짬뽕 중 하나를 먹었으며, 5명 중 4명은 짜장면, 1명은 짬뽕을 먹었다. 5명 중 3명은 진실, 2명은 거짓을 말했을 때, 짬뽕을 먹은 사람을 고르시오.**

- 요한: 동구의 말은 진실이야.
- 병헌: 동구와 정윤이는 짜장면을 먹었어.
- 미진: 나와 병헌이는 짜장면을 먹었어.
- 동구: 정윤이는 짬뽕을 먹었어.
- 정윤: 미진이의 말은 진실이야.

① 요한 ② 병헌 ③ 미진 ④ 동구 ⑤ 정윤

10 **어느 백화점에서 갑, 을, 병, 정, 무 5명이 내려가는 엘리베이터를 타고 원하는 층에서 내렸다. 다음 조건을 모두 고려하였을 때, 항상 거짓인 것을 고르시오.** (단, 엘리베이터는 갑~무 5명만 이용하였다.)

- 갑~무 5명은 서로 다른 층에서 엘리베이터를 탔다.
- 엘리베이터는 처음으로 사람이 탄 층부터 마지막으로 사람이 내린 층까지 총 6개 층에 멈췄다.
- 엘리베이터에서 마지막으로 내린 사람은 정과 무 2명이다.
- 갑은 무보다 엘리베이터를 먼저 탔다.
- 엘리베이터가 움직일 때 정이 엘리베이터 안에서 만난 사람은 총 2명이다.
- 갑이 엘리베이터를 탄 층에서 을과 병은 엘리베이터에서 내렸다.

① 갑이 엘리베이터에서 내린 층에서 정이 엘리베이터에 탔다.

② 엘리베이터를 가장 먼저 탄 사람은 을이다.

③ 정은 무보다 엘리베이터를 먼저 탔다.

④ 병과 갑이 엘리베이터에서 내린 층 사이에 엘리베이터를 탄 사람은 총 1명이다.

⑤ 엘리베이터가 움직일 때 무가 엘리베이터 안에서 만난 사람은 총 1명이다.

11 일정한 규칙으로 나열된 수를 통해 빈칸에 들어갈 알맞은 숫자를 고르시오.

1　3　8　22　60　164　(　　)

① 432　② 436　③ 440　④ 444　⑤ 448

12 일정한 규칙으로 나열된 수를 통해 빈칸에 들어갈 알맞은 숫자를 고르시오.

12　15　14　17　16　19　(　　)　21　20

① 18　② 19　③ 20　④ 21　⑤ 22

13 다음 도형에서 일정한 규칙을 찾아 빈칸에 들어갈 알맞은 숫자를 고르시오.

3	5	34

4	6	52

5	8	89

7	8	(　　)

① 103　② 105　③ 113　④ 115　⑤ 116

14 다음의 변환 규칙과 비교 규칙을 적용하여 주어진 규칙에 따라 도형을 변환시킬 때 '?'에 해당하는 것을 고르시오.

[구성]
• 하나의 타일은 3가지 속성으로 구성된다.
모양
도형색
배경색

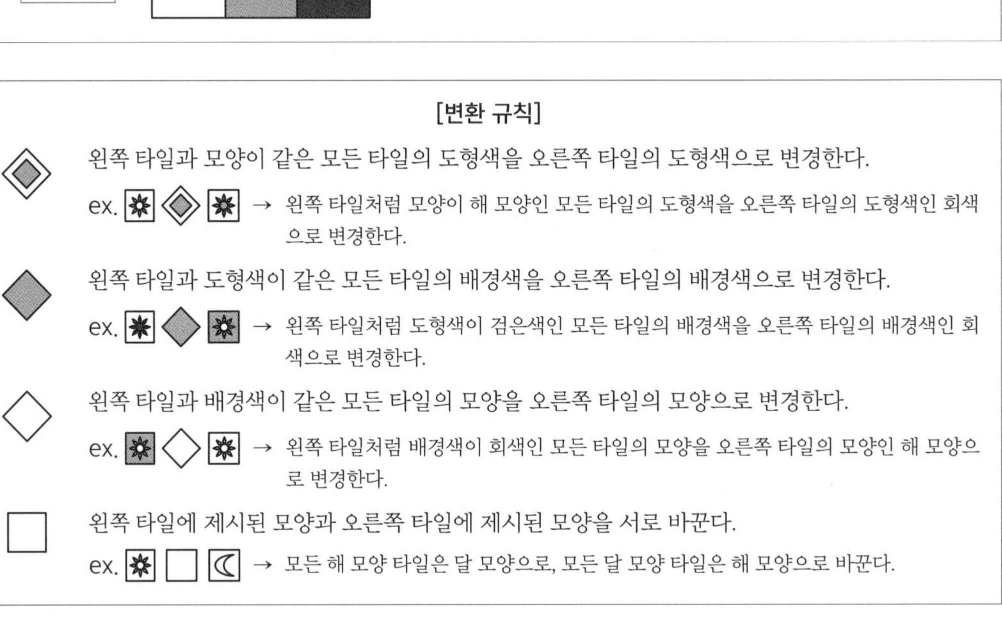

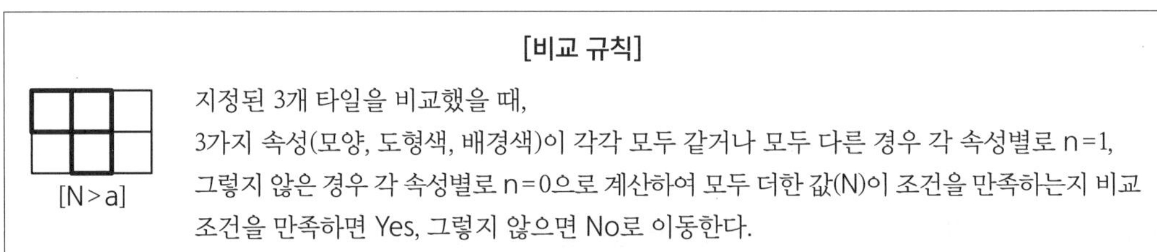

[비교 규칙]
[N>a]
지정된 3개 타일을 비교했을 때,
3가지 속성(모양, 도형색, 배경색)이 각각 모두 같거나 모두 다른 경우 각 속성별로 n=1,
그렇지 않은 경우 각 속성별로 n=0으로 계산하여 모두 더한 값(N)이 조건을 만족하는지 비교
조건을 만족하면 Yes, 그렇지 않으면 No로 이동한다.

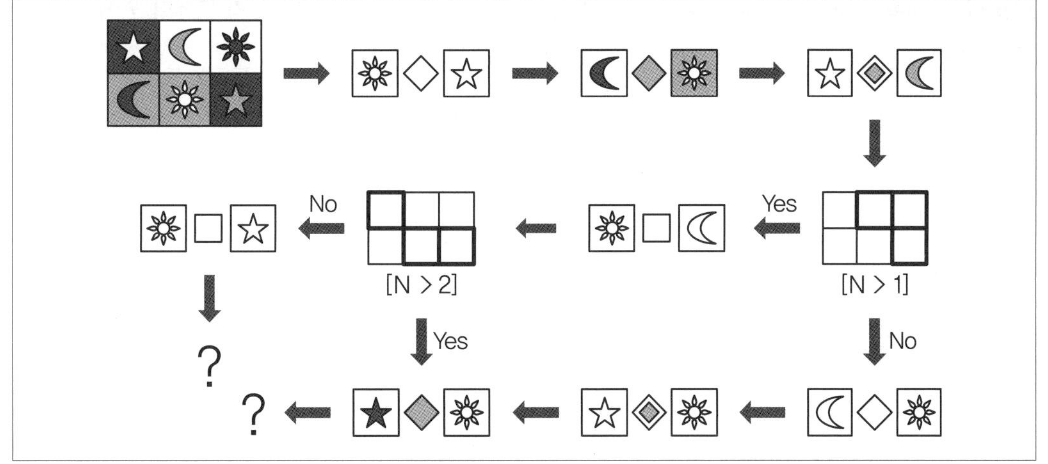

①

②
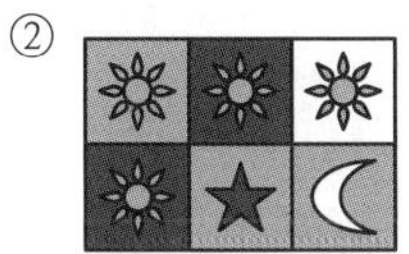

③

④

⑤

[15-17] 다음 각 기호가 문자, 숫자의 배열을 바꾸는 규칙을 나타낸다고 할 때, 각 문제의 '?'에 해당하는 것을 고르시오.

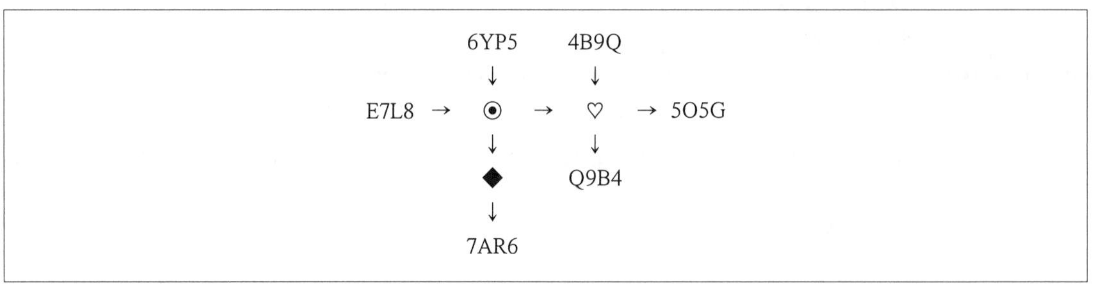

15

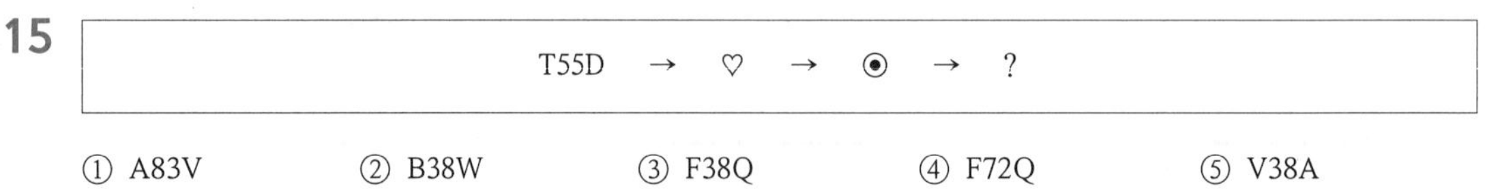

① A83V ② B38W ③ F38Q ④ F72Q ⑤ V38A

16

① G3X1 ② I1A8 ③ N6F3 ④ 3F6N ⑤ 8A1I

17

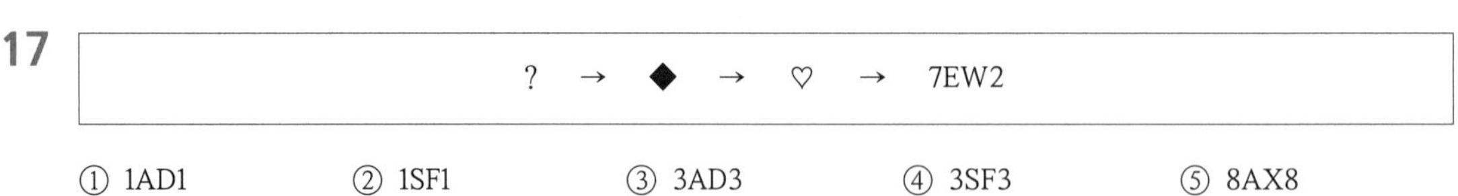

① 1AD1 ② 1SF1 ③ 3AD3 ④ 3SF3 ⑤ 8AX8

[18-19] 다음 도형에 적용된 규칙을 찾아 '?'에 해당하는 도형을 고르시오.

18

?

① 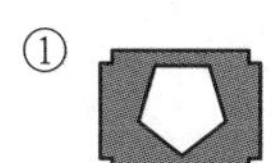

② 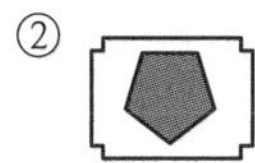

③

④ 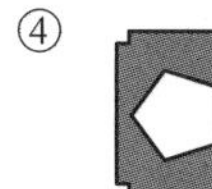

⑤ 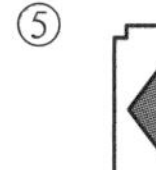 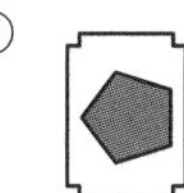

19

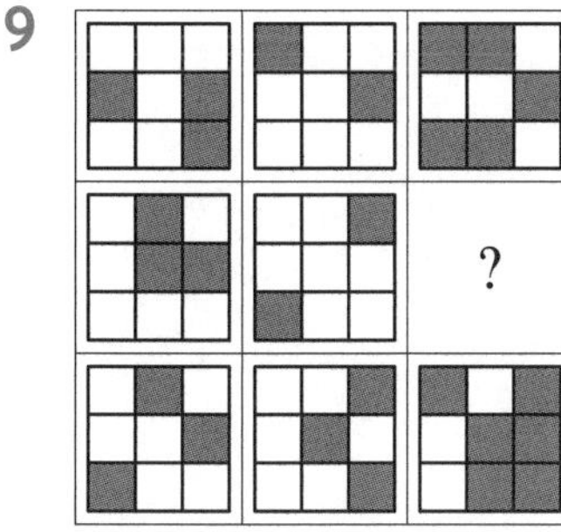

① 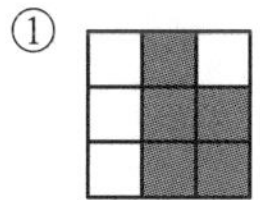

② 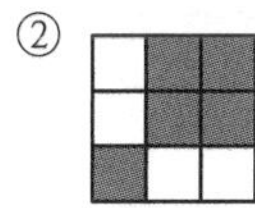

③ 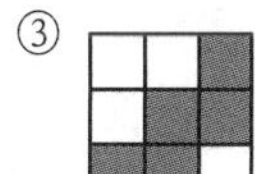

④ 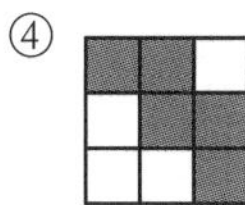

⑤ 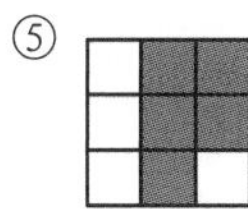

20 다음 도형에 적용된 규칙을 찾아 '?'에 해당하는 도형을 고르시오.

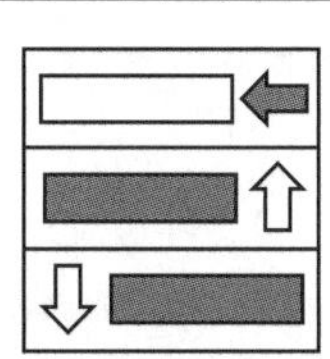 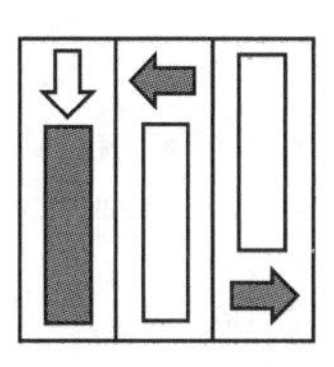 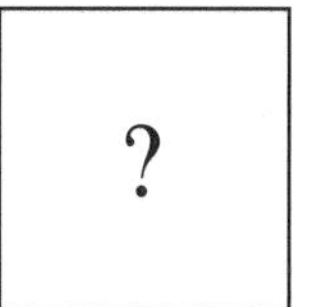

?

① 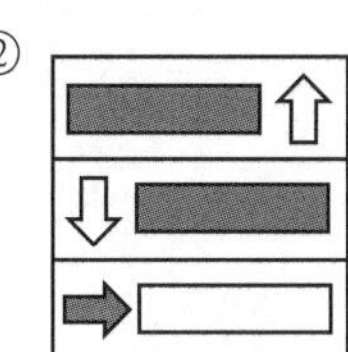

② 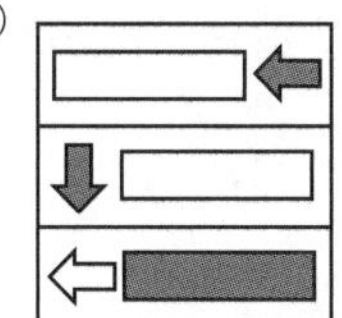

③ 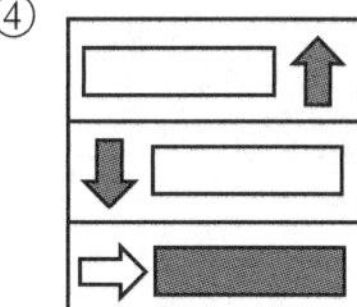

④ 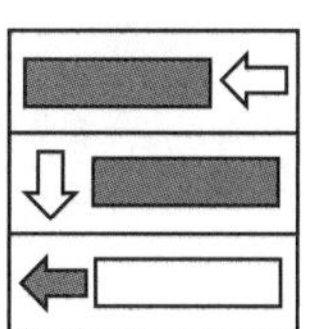

⑤

약점 보완 해설집 p.78

실전모의고사 2회

· 풀이 시간: /20분
· 맞힌 문제: /20문제

01 다음 전제를 읽고 반드시 참인 결론을 고르시오.

전제	연봉이 높지 않은 직업은 근속연수가 길지 않다.
	성취감이 높은 직업은 근속연수가 길다.
결론	

① 연봉이 높은 직업은 성취감이 높다.
② 연봉이 높은 직업은 성취감이 높지 않다.
③ 연봉이 높지 않은 직업은 성취감이 높지 않다.
④ 성취감이 높지 않은 직업은 연봉이 높다.
⑤ 성취감이 높지 않은 직업은 연봉이 높지 않다.

02 다음 전제를 읽고 반드시 참인 결론을 고르시오.

전제	채식을 하는 어떤 사람은 재활용을 한다.
	환경 보호를 실천하지 않는 모든 사람은 재활용을 하지 않는다.
결론	

① 채식을 하는 모든 사람은 환경 보호를 실천한다.
② 환경 보호를 실천하지 않는 사람 중에 채식을 하는 사람이 있다.
③ 환경 보호를 실천하면서 채식을 하는 사람은 재활용을 하는 사람이다.
④ 채식을 하면서 환경 보호를 실천하는 사람이 있다.
⑤ 채식을 하지 않으면서 환경 보호를 실천하는 사람 중에 재활용을 하는 사람은 없다.

03 **다음 결론이 반드시 참이 되게 하는 전제를 고르시오.**

전제	조직 적응력이 높은 모든 사람은 의사소통 능력이 뛰어나다.
결론	대인 관계가 원활하지 않은 어떤 사람은 의사소통 능력이 뛰어나지 않다.

① 대인 관계가 원활하면서 조직 적응력이 높지 않은 사람이 있다.

② 대인 관계가 원활하지 않은 모든 사람은 조직 적응력이 높지 않다.

③ 조직 적응력이 높지 않은 모든 사람은 대인 관계가 원활하지 않다.

④ 조직 적응력이 높은 어떤 사람은 대인 관계가 원활하지 않다.

⑤ 대인 관계가 원활하지 않으면서 조직 적응력이 높지 않은 사람이 있다.

04 **승희, 희준, 진원, 정환, 명우, 영완, 형길 7명이 퀴즈를 풀고 서로 다른 등수를 기록했다. 다음 조건을 모두 고려하였을 때, 명우의 등수를 고르시오.**

- 정환이는 4등이다.
- 희준이와 명우의 등수 사이에는 2명이 있다.
- 승희는 형길이보다 높은 등수이다.
- 진원이는 영완이보다 등수가 낮으며, 영완이 바로 다음 등수이다.
- 명우는 승희보다 높은 등수이다.

① 1등 ② 2등 ③ 3등 ④ 5등 ⑤ 6등

05 야구선수 A, B, C, D, E, F 6명은 리그가 끝난 뒤 기념으로 다 같이 사진을 찍었다. 다음 조건을 모두 고려하였을 때, 항상 참인 것을 고르시오. (단, 이웃하여 선 사람은 자신의 앞 또는 뒤 또는 옆에 선 사람이다.)

- A~F 6명의 포지션은 각각 투수, 포수, 야수 중 하나이며, 각 포지션인 사람이 적어도 1명 존재한다.
- 6명은 앞, 뒤로 3명씩 두 줄로 서서 다 같이 사진을 찍었다.
- 모든 투수의 바로 앞에는 야수가 섰다.
- B는 포수이며, A의 바로 앞에 섰다.
- C와 F는 투수이다.
- D와 이웃하여 선 사람은 2명이다.

① D와 E는 이웃하여 섰다.

② F와 이웃하여 선 사람은 2명이다.

③ 6명 중 야수는 2명이다.

④ C와 F는 이웃하여 서지 않았다.

⑤ A는 투수가 아니다.

06 올해 하반기에 신입사원 갑 사원, 을 사원, 병 사원, 정 사원은 1명씩 월별로 돌아가면서 탕비실을 관리하려고 한다. 다음 조건을 모두 고려하였을 때, 항상 거짓인 것을 고르시오.

- 하반기 동안 4명 모두 최소 1달, 최대 2달간 탕비실을 관리하며, 연이어 탕비실을 관리하지 않는다.
- 탕비실을 관리하는 개월 수는 을 사원과 병 사원이 서로 다르다.
- 8월 탕비실 관리자는 갑 사원이 아니다.
- 10월 탕비실 관리자는 병 사원이다.
- 11월 탕비실 관리자는 1달만 탕비실을 관리한다.
- 을 사원은 정 사원과 연이어 탕비실을 관리하지 않는다.
- 짝수달 탕비실 관리자는 모두 탕비실을 2달간 관리한다.

① 2달간 탕비실을 관리하는 사람 중 1명은 정 사원이다.

② 7월 탕비실 관리자가 갑 사원이면 12월 탕비실 관리자도 갑 사원이다.

③ 11월 탕비실 관리자가 정 사원이면 7월 탕비실 관리자는 을 사원이다.

④ 9월 탕비실 관리자가 갑 사원이면 정 사원은 탕비실을 2달간 관리한다.

⑤ 하반기 동안 월별 탕비실 관리자로 가능한 경우의 수는 총 6가지이다.

07 **민철, 지원, 동주, 혜리, 채은, 수민 6명은 원탁에 일정한 간격을 두고 둘러앉으려고 한다. 다음 조건을 모두 고려하였을 때, 항상 거짓인 것을 고르시오.**

- 민철이와 채은이는 서로 마주 보고 앉지 않는다.
- 혜리는 동수와 인접해 앉는다.
- 민철이의 바로 오른쪽에 앉는 사람은 지원이다.
- 수민이의 바로 왼쪽에 앉는 사람은 채은이다.

① 6명이 둘러앉는 경우의 수는 총 4가지이다.

② 민철이는 혜리와 서로 마주 보고 앉는다.

③ 지원이의 바로 오른쪽에 앉는 사람은 채은이다.

④ 동주의 바로 오른쪽에 앉는 사람은 민철이다.

⑤ 지원이는 수민이와 서로 마주 보고 앉는다.

08 **어느 8층짜리 건물에 갑, 을, 병, 정, 무, 기 6명의 화장실 청소부가 배정되었다. 다음 조건을 모두 고려하였을 때, 항상 참인 것을 고르시오.**

- 갑~기 6명은 남자 3명, 여자 3명이며, 남자는 남자 화장실, 여자는 여자 화장실에 배정되었다.
- 남자 화장실이 존재하는 층은 6개이고 여자 화장실이 존재하는 층은 7개이다.
- 모든 층에는 화장실이 적어도 1개 존재하고, 남자 또는 여자 화장실은 각 층에 1개씩 존재한다.
- 4층과 8층에는 여자 화장실만 존재한다.
- 기는 3개의 층에 배정되었고 나머지 5명은 성별로 서로 다른 2개의 층에 배정되었다.
- 갑과 병은 매번 같은 층에 배정되었다.
- 5층에 배정된 청소부는 무 1명뿐이다.
- 정은 1층과 3층 여자 화장실에 배정되었다.

① 병과 기의 성별은 같다.

② 무와 기가 함께 배정된 층은 존재하지 않는다.

③ 갑은 남자이다.

④ 을과 정이 함께 배정된 층이 존재한다.

⑤ 병이 배정된 모든 층은 정이 배정된 모든 층보다 위층이다.

09 5마리의 토끼 중 착한 토끼는 3마리, 나쁜 토끼는 2마리이다. 착한 토끼는 진실만, 나쁜 토끼는 거짓만 말하고, 당근을 먹은 토끼는 2마리일 때, 당근을 먹은 토끼를 모두 고르시오.

- 가 토끼: 나 토끼는 착한 토끼야.
- 나 토끼: 라 토끼는 당근을 먹지 않았어.
- 다 토끼: 마 토끼는 나쁜 토끼인 것이 분명해.
- 라 토끼: 당근을 먹은 토끼는 가 토끼와 나 토끼 중에 있어.
- 마 토끼: 나는 당근을 먹은 토끼가 아니야.

① 가 토끼, 마 토끼　② 나 토끼, 다 토끼　③ 다 토끼, 라 토끼
④ 다 토끼, 마 토끼　⑤ 라 토끼, 마 토끼

10 미환, 수영, 예은, 은지, 정은 5명 중 올해 대학교를 졸업한 사람은 2명이다. 5명 중 2명만 진실을 말했을 때, 올해 대학교를 졸업한 사람을 모두 고르시오.

- 미환: 나와 수영이는 올해 대학교를 졸업하지 않았어.
- 수영: 미환이의 말은 진실이야.
- 예은: 미환이와 정은이는 올해 대학교를 졸업했어.
- 은지: 예은이의 말은 거짓이 아니야.
- 정은: 나는 올해 대학교를 졸업했어.

① 미환, 수영　② 미환, 예은　③ 예은, 은지　④ 예은, 정은　⑤ 은지, 정은

11 일정한 규칙으로 나열된 수를 통해 빈칸에 들어갈 알맞은 숫자를 고르시오.

243 247 239 255 223 (   ) 159 415

① 283 ② 285 ③ 287 ④ 289 ⑤ 291

12 일정한 규칙으로 나열된 문자를 통해 빈칸에 들어갈 알맞은 문자를 고르시오.

B D C F E J I (   ) Q H

① O ② Q ③ R ④ S ⑤ T

13 다음 도형에서 행은 행끼리, 열은 열끼리 서로 같은 규칙이 적용될 때, 빈칸에 들어갈 알맞은 숫자를 고르시오.

	10			7			8	
2	17	6	4	25	5	7	( )	8
	2			4			8	

① 58 ② 59 ③ 60 ④ 61 ⑤ 62

[14-16] 다음 각 기호가 문자, 숫자의 배열을 바꾸는 규칙을 나타낸다고 할 때, 각 문제의 '?'에 해당하는 것을 고르시오.

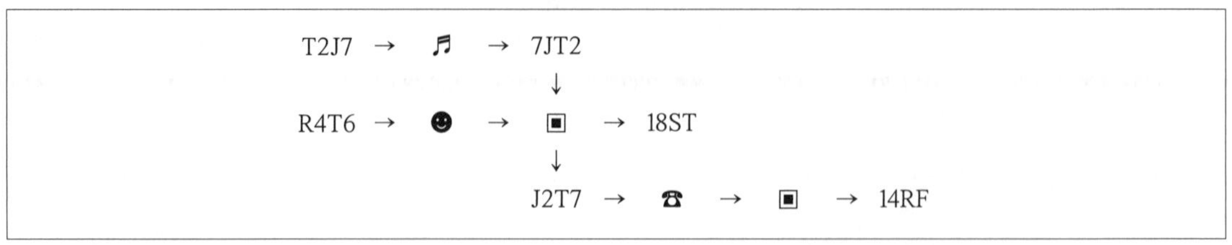

14

① 56BM ② 56MB ③ 5M6B ④ 65BM ⑤ 65MB

15

① 31EV ② 31VE ③ 71VY ④ 71YV ⑤ 73VE

16

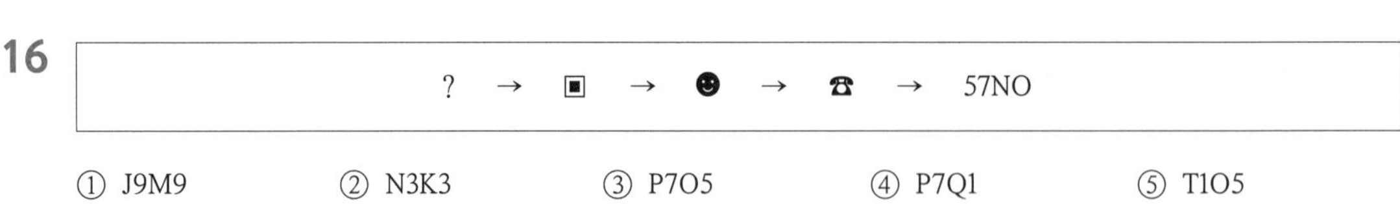

① J9M9 ② N3K3 ③ P7O5 ④ P7Q1 ⑤ T1O5

17 제시된 숫자를 주어진 규칙에 따라 변환시킬 때 '?'에 해당하는 것을 고르시오.

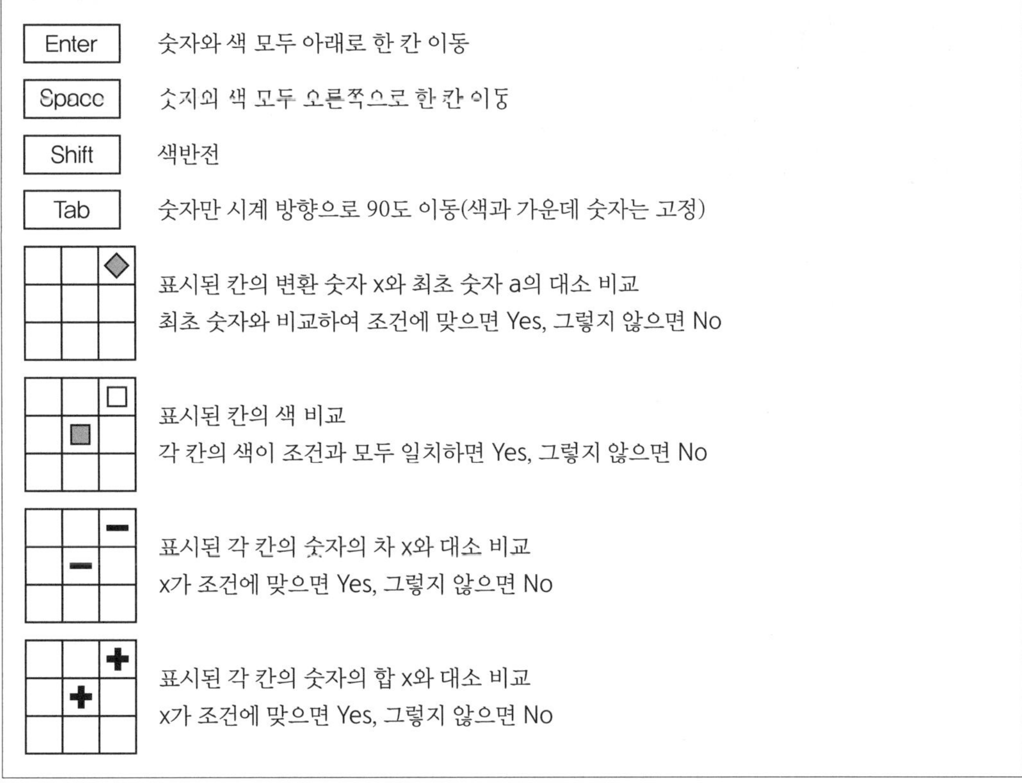

Enter 숫자와 색 모두 아래로 한 칸 이동
Space 숫자와 색 모두 오른쪽으로 한 칸 이동
Shift 색반전
Tab 숫자만 시계 방향으로 90도 이동(색과 가운데 숫자는 고정)
표시된 칸의 변환 숫자 x와 최초 숫자 a의 대소 비교
최초 숫자와 비교하여 조건에 맞으면 Yes, 그렇지 않으면 No
표시된 칸의 색 비교
각 칸의 색이 조건과 모두 일치하면 Yes, 그렇지 않으면 No
표시된 각 칸의 숫자의 차 x와 대소 비교
x가 조건에 맞으면 Yes, 그렇지 않으면 No
표시된 각 칸의 숫자의 합 x와 대소 비교
x가 조건에 맞으면 Yes, 그렇지 않으면 No

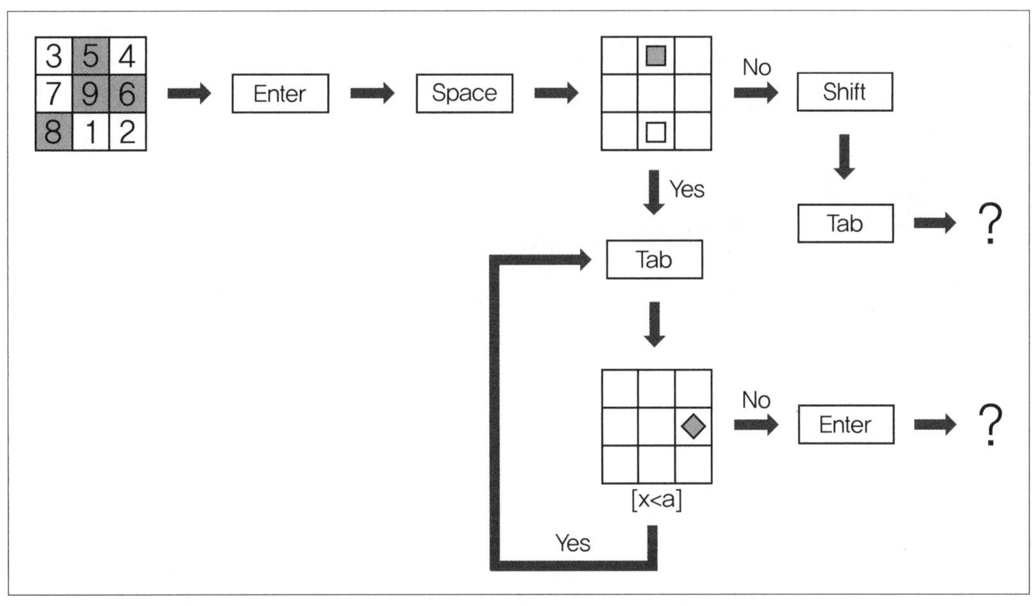

①
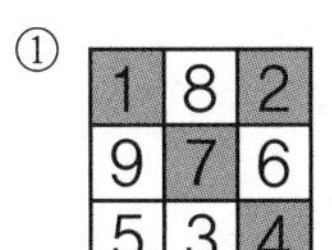

②
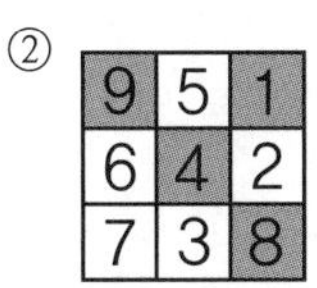

③
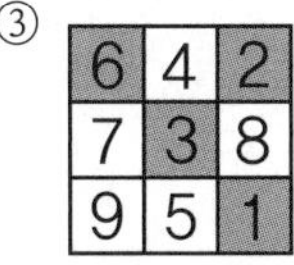

④
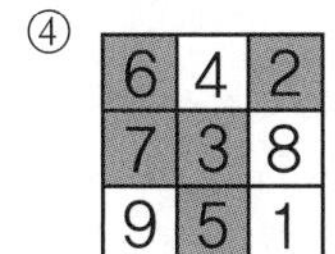

⑤
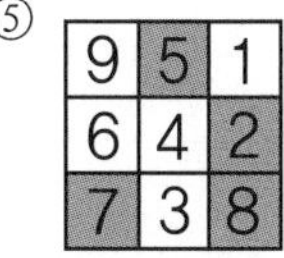

[18-19] 다음 도형에 적용된 규칙을 찾아 '?'에 해당하는 도형을 고르시오.

18

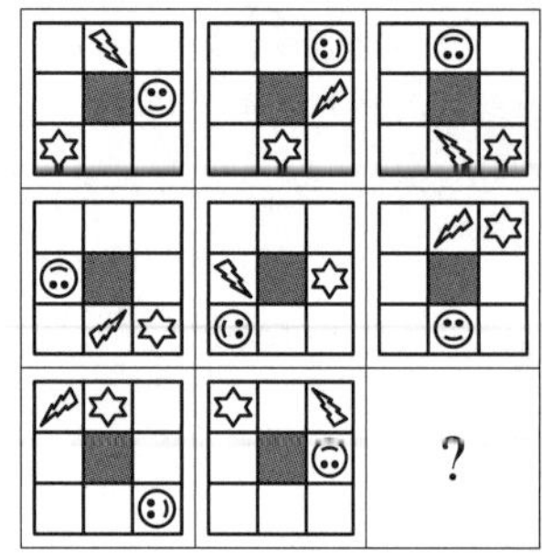

① 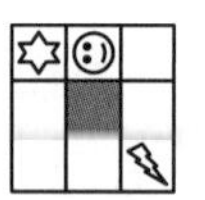

② 

③ 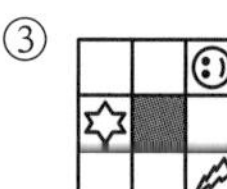

④ 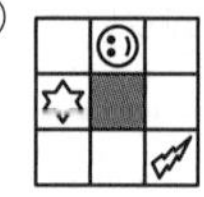

⑤ 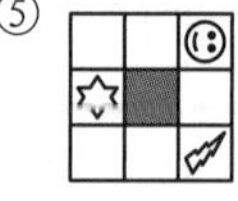

19

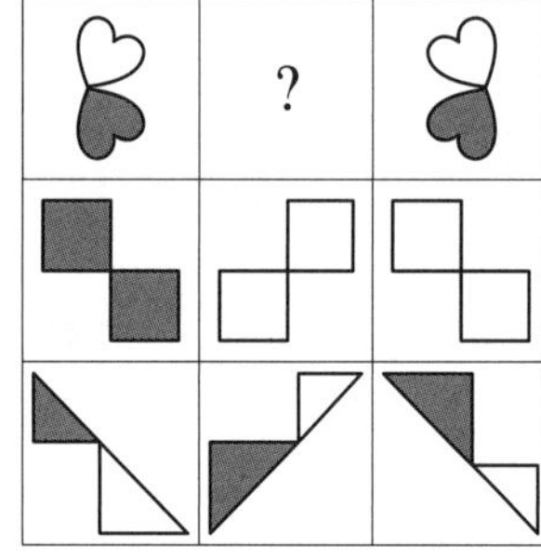

① 

② 

③ 

④ 

⑤ 

20 제시된 도형을 주어진 규칙에 따라 변환시킬 때 '?'에 해당하는 것을 고르시오.

[변환 규칙]

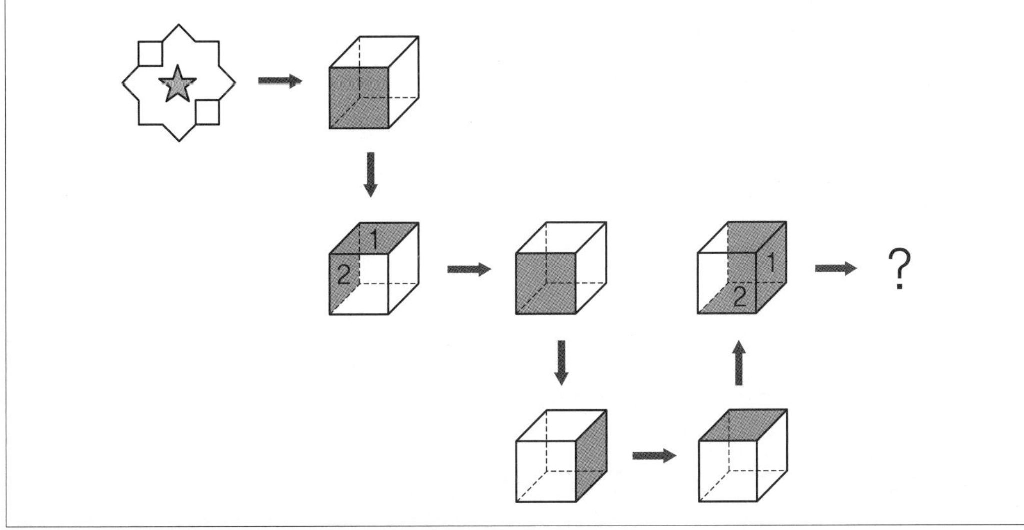

①
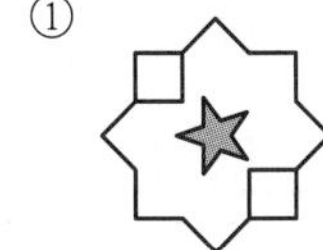

②
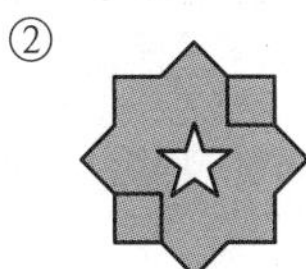

③
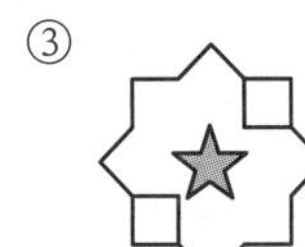

④
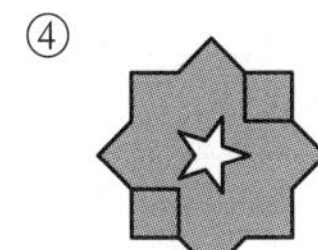

⑤
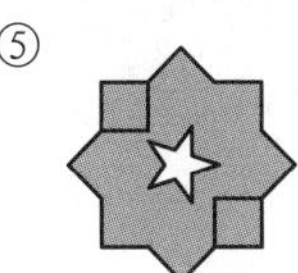

약점 보완 해설집 p.84

실전모의고사 3회

· 풀이 시간: /20분
· 맞힌 문제: /20문제

01 다음 전제를 읽고 반드시 참인 결론을 고르시오.

전제	예민한 사람 중 물을 자주 마시는 사람이 존재한다.
	변비인 모든 사람은 물을 자주 마시지 않는다.
결론	

① 변비인 모든 사람은 예민하지 않다.
② 예민한 어떤 사람은 변비가 아니다.
③ 변비가 아닌 모든 사람은 예민하다.
④ 변비가 아닌 어떤 사람은 예민하지 않다.
⑤ 예민한 어떤 사람은 변비다.

02 다음 결론이 반드시 참이 되게 하는 전제를 고르시오.

전제	경영학을 이수한 어떤 사람은 경제학을 이수했다.
결론	행정학을 이수하지 않은 어떤 사람은 경제학을 이수했다.

① 경영학을 이수한 어떤 사람은 행정학을 이수했다.
② 경영학을 이수하지 않은 어떤 사람은 행정학을 이수했다.
③ 행정학을 이수하지 않은 모든 사람은 경영학을 이수했다.
④ 행정학을 이수하지 않은 사람 중 경영학을 이수하지 않은 사람이 존재한다.
⑤ 경영학을 이수한 모든 사람은 행정학을 이수하지 않았다.

03 **다음 명제가 모두 참일 때, 항상 참인 문장을 고르시오.**

- 피곤한 사람은 의욕이 없다.
- 의욕이 있는 사람은 열정적이다.
- 피곤하지 않은 사람은 잠이 많지 않다.
- 무기력하지 않은 사람은 의욕이 있다.

① 잠이 많은 사람은 무기력하다.

② 무기력한 사람은 피곤하다.

③ 열정적이지 않은 사람은 잠이 많다.

④ 피곤하지 않은 사람은 무기력하지 않다.

⑤ 의욕이 없는 사람은 피곤하다.

04 **갑, 을, 병, 정, 무 5명은 A 반, B 반, C 반 중 한 반에 배정받았다. A 반에 2명, B 반에 2명, C 반에 1명이 배정받았고, 5명 중 1명만 거짓말을 했을 때, C 반에 배정받은 사람을 고르시오.**

- 갑: 거짓말을 한 사람은 A 반에 배정받았어.
- 을: 나는 B 반에 배정받지 않았어.
- 병: 나는 B 반과 C 반 중 한 곳에 배정받았어.
- 정: A 반에 배정받은 사람은 나야.
- 무: 갑과 나는 모두 B 반에 배정받지 않았어.

① 갑 ② 을 ③ 병 ④ 정 ⑤ 무

05 **남자 3명, 여자 2명으로 이루어진 5인조 밴드의 포지션은 각각 보컬, 전자키보드, 일렉 기타, 베이스 기타, 드럼이다. 다음 조건을 모두 고려하였을 때, 항상 거짓인 것을 고르시오.**

- 5명 모두 관객석을 바라보며 서고, 무대에 올라가는 순서대로 1번 자리부터 2번, 3번, 4번, 5번 자리에 선다.
- 같은 성별끼리는 옆에 서지 않는다.
- 5명 중 보컬보다 앞에 서는 사람은 없다.
- 기타를 치는 사람의 성별은 서로 같다.
- 드럼을 치는 사람과 전자키보드를 치는 사람은 연날아 무대에 올라가지 않는다.
- 전자키보드를 치는 사람은 여자이다.

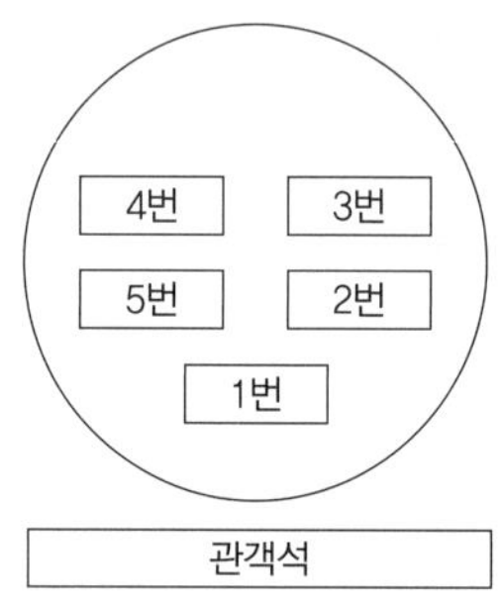

① 드럼을 치는 사람은 여자이다.

② 4번 자리와 5번 자리에 서는 사람의 성별은 같다.

③ 전자키보드를 치는 사람이 2번 자리에 서면 일렉 기타를 치는 사람은 3번 자리에 선다.

④ 드럼을 치는 사람이 보컬 바로 다음으로 무대에 올라가면 가장 마지막에 올라가는 사람은 남자이다.

⑤ 보컬과 베이스 기타를 치는 사람 사이에 무대에 올라가는 사람은 아무도 없다.

06 **인사팀 직원 갑은 차장, 과장, 대리 중 직급이 높은 사람부터 순서대로 계약서를 작성했고, 인사팀 직원 을은 주임, 사원 중 직급이 높은 사람부터 순서대로 계약서를 작성했다. 다음 조건을 모두 고려하였을 때, 항상 참인 것을 고르시오.**

- 인사팀 직원 갑이 계약서 작성을 완료한 다음 을이 계약서를 작성했다.
- A, B, C, D, E의 직급은 차장, 과장, 대리, 주임, 사원 중 하나이고, 5명의 직급은 모두 다르다.
- E는 5명 중 가장 먼저 계약서를 작성했거나 가장 늦게 계약서를 작성했다.
- A와 C는 같은 인사팀 직원과 계약서를 작성했으며, A가 C보다 먼저 계약서를 작성했다.
- D의 직급은 E보다 낮지 않다.
- B와 C 중 1명만 인사팀 직원 을과 계약서를 작성했다.

① A의 직급은 차장이다.

② C는 인사팀 직원 을과 계약서를 작성했다.

③ B와 D는 서로 다른 인사팀 직원과 계약서를 작성했다.

④ A가 D보다 먼저 계약서를 작성했다면 C는 과장이다.

⑤ 직급이 대리로 가능한 사람은 A, C, D이다.

07 **A, B, C, D, E 5명 중 1명만 아침 수업에 지각했다. 5명 중 2명의 진술은 진실, 3명의 진술은 거짓일 때, 아침 수업에 지각한 사람을 고르시오.**

- A: B 또는 E가 지각했다.
- B: E의 진술은 거짓이다.
- C: D의 진술은 진실이다.
- D: B 또는 C가 지각했다.
- E: 나와 D는 지각하지 않았다.

① A ② B ③ C ④ D ⑤ E

08 A, B, C, D, E 5명의 달리기 선수가 경주를 하여 1명씩 결승선을 통과하였다. 다음 조건을 모두 고려하였을 때, 항상 거짓인 것을 고르시오.

- A~E 5명의 유니폼 색은 각각 빨간색, 주황색, 노란색, 초록색, 파란색 중 하나이며 서로 다른 색이다.
- 빨간색 유니폼을 입은 선수는 노란색 유니폼을 입은 선수보다 먼저 결승선을 통과하였다.
- E는 파란색 유니폼을 입었으며 2등으로 결승선을 통과하였다.
- C는 주황색 유니폼을 입은 선수보다 늦게, 초록색 유니폼을 입은 선수보다 먼저 결승선을 통과하였다.
- D는 마지막으로 결승선을 통과하였다.

① D는 노란색 유니폼을 입었다.

② 주황색 유니폼을 입은 선수는 노란색 유니폼을 입은 선수보다 먼저 결승선을 통과하였다.

③ B는 A보다 먼저 결승선을 통과하였다.

④ 주황색, 파란색, 빨간색 유니폼을 입은 선수가 연달아 결승선을 통과하였다.

⑤ C가 3등으로 결승선을 통과했을 때 C가 입은 유니폼 색은 노란색이다.

09 제이는 발라드, 재즈, 클래식, 팝, 포크 장르의 음악을 1곡씩 다운받아 자신의 선호도에 맞춰 재생 순서를 설정하였다. 다음 조건을 모두 고려하였을 때, 항상 참인 것을 고르시오.

- 각 음악은 재생 순서에 따라 1번씩만 재생된다.
- 클래식 음악 바로 이전에 재생되는 음악의 재생 시간은 2분 30초이다.
- 발라드 음악의 재생 시간은 3분으로 5곡 중 가장 길다.
- 포크 음악의 재생 시간은 발라드 음악의 재생 시간의 절반이다.
- 재즈 음악 바로 다음으로 재생되는 음악은 팝 음악이다.
- 가장 처음으로 재생되는 음악의 재생 시간은 2분이다.

① 팝 음악보다 재생 시간이 긴 음악은 1곡이다.

② 재생 순서가 다섯 번째인 음악의 재생 시간은 3분이다.

③ 발라드 음악과 재즈 음악 사이에 재생되는 음악은 2곡이다.

④ 포크 음악 바로 이전에 재생되는 음악은 클래식 음악이다.

⑤ 첫 번째부터 세 번째 곡까지 연이어 재생하면 재생 시간은 총 7분 30초 미만이다.

10 **일렬로 놓인 6개의 화단에 개나리, 백합, 안개꽃, 철쭉, 튤립, 해바라기 6종류의 꽃을 심으려고 한다. 다음 조건을 모두 고려하였을 때, 항상 거짓인 것을 고르시오.**

- 각 화단에 1종류의 꽃을 심는다.
- 통로 왼쪽에 있는 1~3번 화단 중 하나의 화단에 안개꽃을 심는다.
- 해바라기 바로 옆에 있는 화단에 개나리를 심는다.
- 백합과 철쭉 사이에 적어도 2종류 이상의 꽃을 심는다.
- 가장자리에 있는 화단에 백합을 심는다.
- 통로 바로 옆에 있는 화단에 해바라기를 심는다.
- 안개꽃을 심는 화단 번호보다 튤립을 심는 화단 번호가 크다.

1	2	3	통로	4	5	6

① 안개꽃과 해바라기 사이에 1종류의 꽃을 심는다.

② 튤립과 해바라기 사이에 심는 꽃은 없다.

③ 개나리와 철쭉 사이의 거리는 해바라기와 철쭉 사이의 거리보다 멀다.

④ 안개꽃과 철쭉을 심는 화단 번호의 합은 개나리를 심는 화단 번호와 같다.

⑤ 가장자리에 있는 화단에 튤립은 심지 못한다.

11 **일정한 규칙으로 나열된 수를 통해 빈칸에 들어갈 알맞은 숫자를 고르시오.**

10 11 22 22 34 44 ( )

① 44 ② 46 ③ 48 ④ 54 ⑤ 56

12 **일정한 규칙으로 나열된 문자를 통해 빈칸에 들어갈 알맞은 문자를 고르시오.**

B B D A D I C ( )

① E ② J ③ M ④ O ⑤ U

13 **다음 도형의 바깥쪽 원과 안쪽 원에 포함된 각 숫자에는 시계 방향으로 서로 다른 규칙이 적용되고, 사분원 안의 세 숫자 사이에도 일정한 규칙이 있다. 각각의 규칙을 찾아 A+2B−3C−D의 값을 고르시오.** (단, 바깥쪽 원과 안쪽 원에 적용되는 규칙의 경우 규칙이 끝나는 숫자와 규칙이 시작되는 숫자 사이에는 성립하지 않는다.)

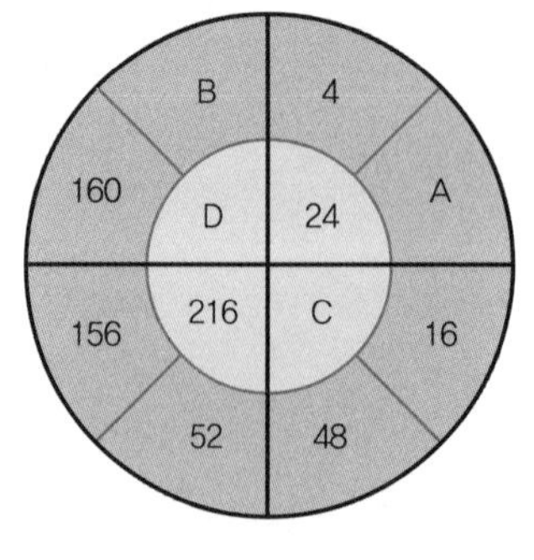

① 98 ② 108 ③ 118 ④ 128 ⑤ 138

[14-16] 다음 각 기호가 문자, 숫자의 배열을 바꾸는 규칙을 나타낸다고 할 때, 각 문제의 '?'에 해당하는 것을 고르시오.

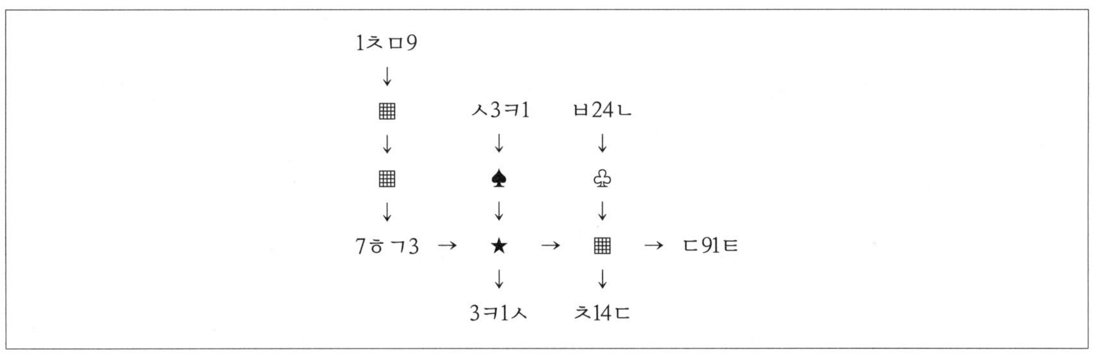

14

2ㅇ7ㄹ → ★ → ♧ → ?

① ㅈ5ㄴ1　② ㅈ5ㅂ1　③ ㅈ9ㄴ3　④ ㅈ9ㅂ1　⑤ ㅈ9ㅂ3

15

ㄷ96ㅈ → ▦ → ♠ → ♧ → ?

① 54ㅇㅊ　② 58ㅇㅊ　③ 58ㅊㅇ　④ 68ㅅㅊ　⑤ 68ㅊㅅ

16

? → ♠ → ▦ → ♧ → ★ → 4ㅈ9ㅌ

① ㄴ9ㅅ6　② ㅁ5ㅌ8　③ ㅇ9ㅋ2　④ ㅌ3ㅍ0　⑤ ㅌ5ㅁ8

17 다음의 변환 규칙과 비교 규칙을 적용하여 주어진 규칙에 따라 도형을 변환시킬 때 '?'에 해당하는 것을 고르시오.

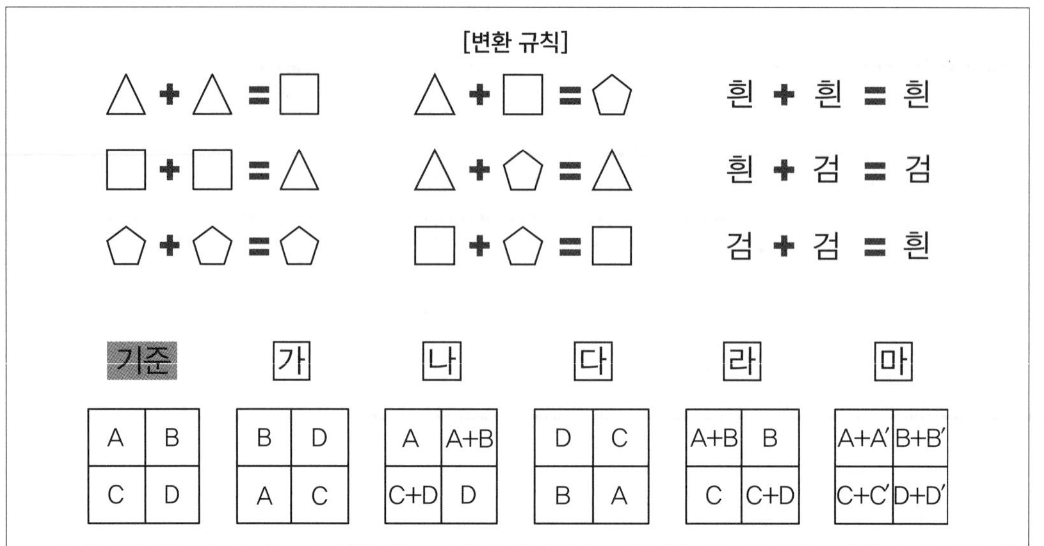

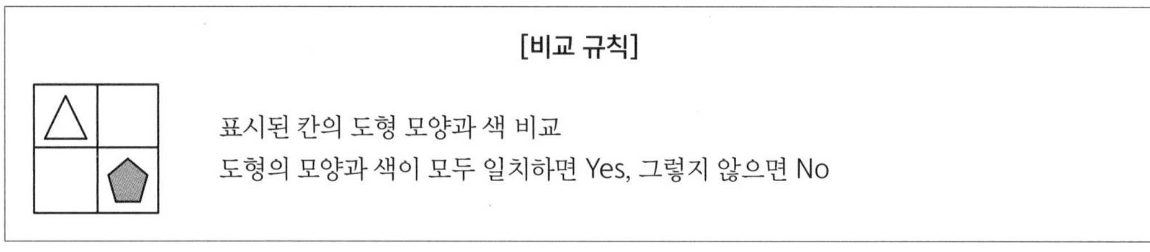

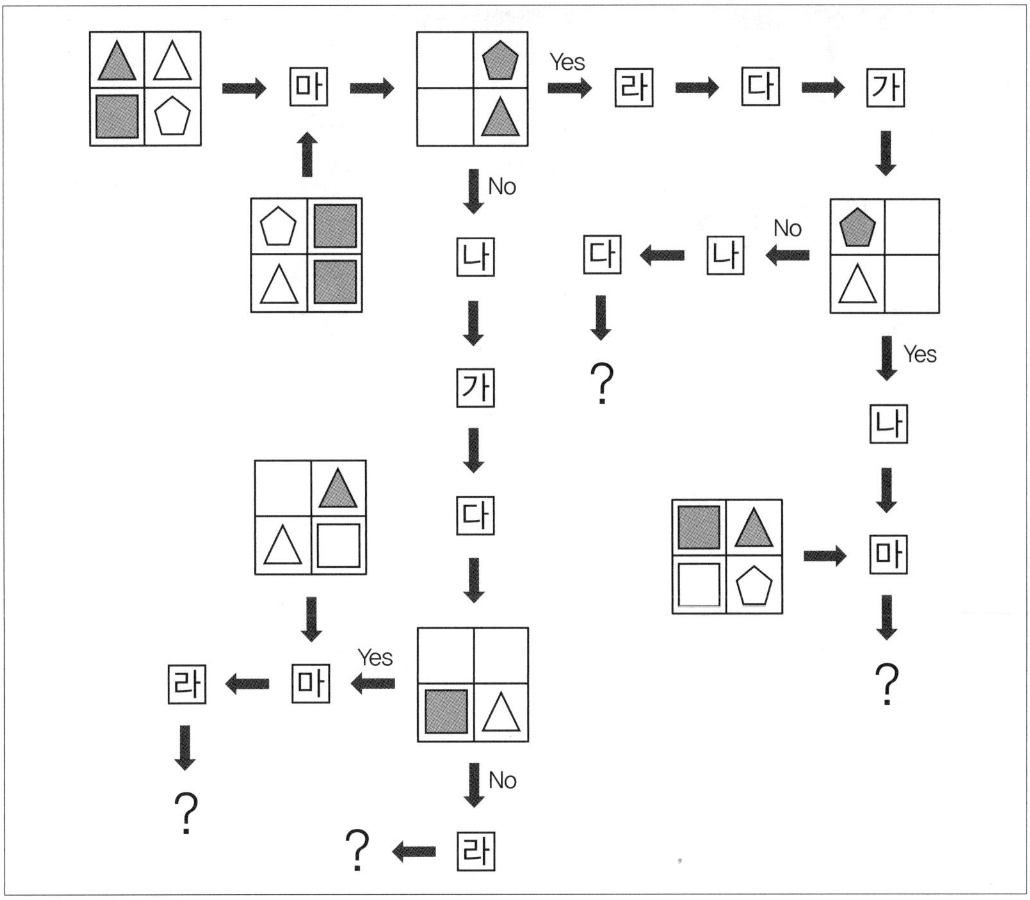

마 → Yes 라 → 다 → 가 → No 나 → 다 → ?

Yes 나 → 마 → ?

No 나 → 가 → 다 → Yes 마 → 라 → ?

No 라 → ?

① 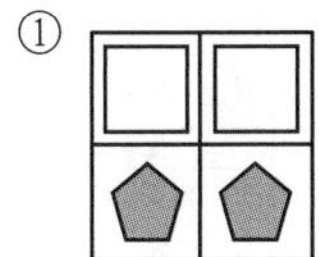

② 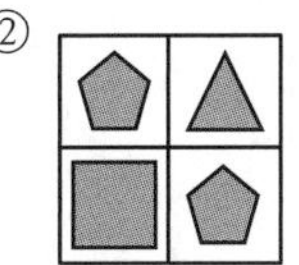

③ 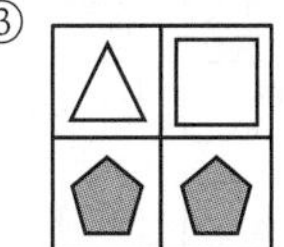

④ 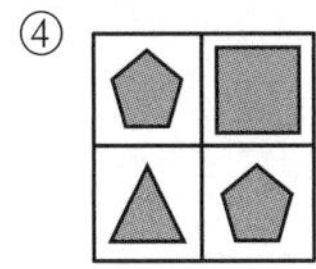

⑤ 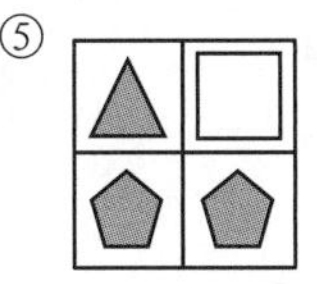

[18-19] 다음 도형에 적용된 규칙을 찾아 '?'에 해당하는 도형을 고르시오.

18

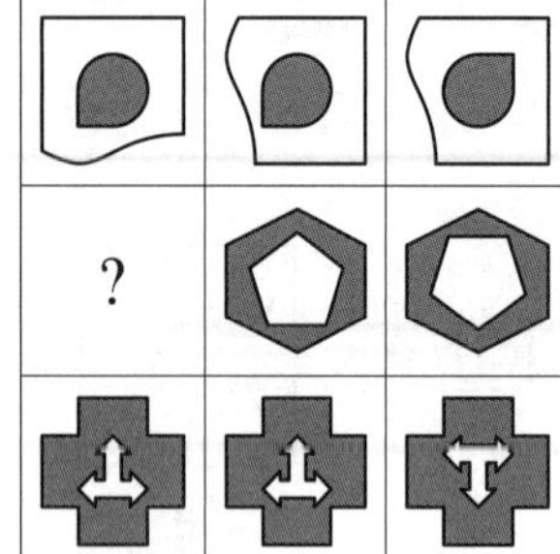

①

② 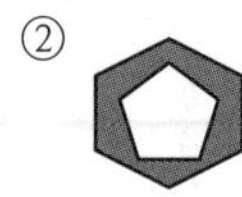

③

④

⑤

19

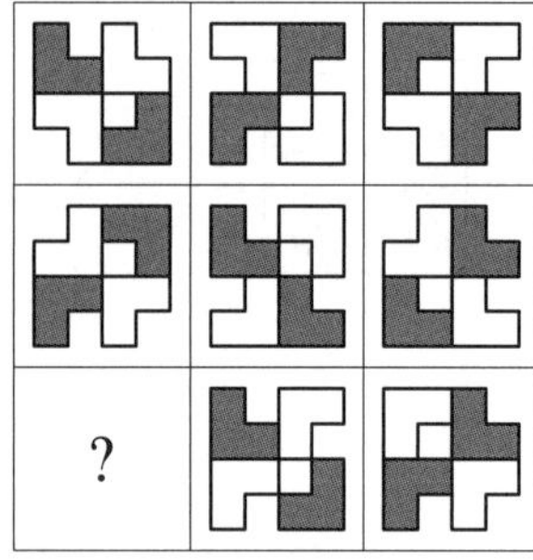

① 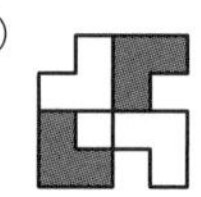

②

③ 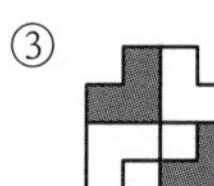

④

⑤ 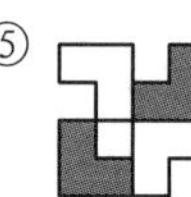

20 다음 조건을 고려하여 도형에 적용된 규칙을 찾아 제시된 도형을 변환시킬 때 A, B에 해당하는 도형을 고르시오.

[조건]

1. 큰 다각형에 접해있는 두 개의 원은 원 내부 배경의 모양에 따라 적용되는 규칙이 구분되고, 각 규칙에 따라 원 전체의 위치 및 내부 도형의 모양과 색이 변환된다.
2. 원 내부의 배경 모양은 띠 한 줄과 띠 두 줄로 나뉘며, 배경 모양에 따라 원 전체와 내부 도형은 다음의 규칙 중 각각 1개 이상의 규칙이 적용된다.

원 전체	내부 도형
• 시계 방향으로 변 n개 위치 이동 • 반시계 방향으로 변 n개 위치 이동 • 변 내부와 외부 위치 이동	• 시계 방향으로 90도 회전 • 반시계 방향으로 90도 회전 • 상하 대칭 • 좌우 대칭 • 색반전 • 내부 도형 교환

3. 원 전체는 큰 다각형을 기준으로 위치만 변환되고 원 내부 배경의 모양, 각도, 색은 변환되지 않는다.

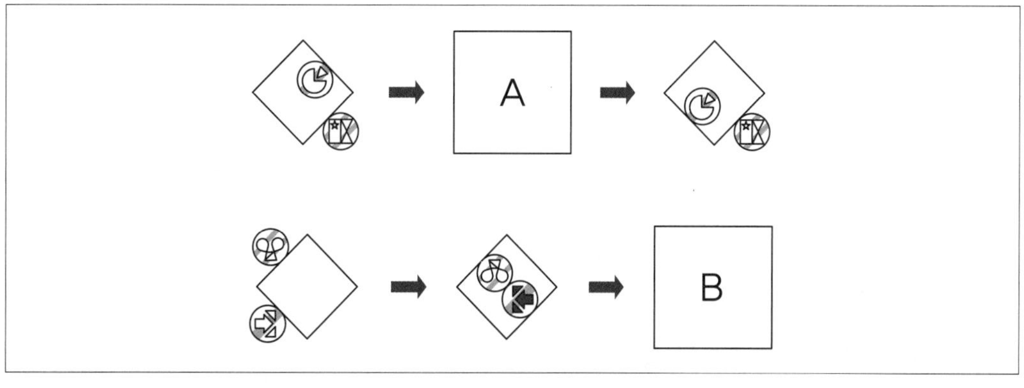

①
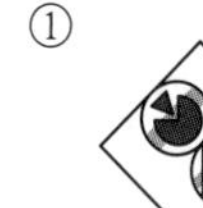

②
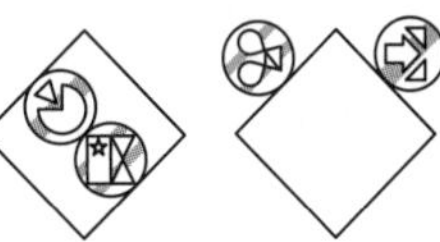

③
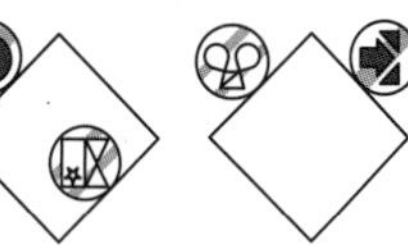

④

⑤
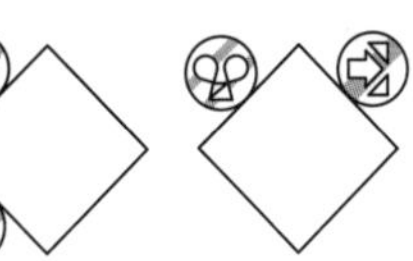

약점 보완 해설집 p.90

해커스

대기업 인적성 & NCS 수리·추리 집중 공략

초판 4쇄 발행 2023년 9월 25일
초판 1쇄 발행 2021년 6월 14일

지은이	해커스 취업교육연구소
펴낸곳	(주)챔프스터디
펴낸이	챔프스터디 출판팀
주소	서울특별시 서초구 강남대로61길 23 (주)챔프스터디
고객센터	02-537-5000
교재 관련 문의	publishing@hackers.com 해커스잡 사이트(job.Hackers.com) 교재 Q&A 게시판
학원 강의 및 동영상강의	job.Hackers.com
ISBN	978-89-6965-237-9 (13320)
Serial Number	01-04-01

최신판

해커스

대기업 인적성 & NCS 수리·추리 집중 공략

약점 보완 해설집

해커스잡

해커스

대기업 인적성 & NCS 수리·추리 집중 공략

약점 보완 해설집

해커스잡

PART 1 수리

II 응용계산 만점공략

기출유형공략

세부 유형 1 거리·속력·시간 p.92

01	02	03	04	05
③	①	③	②	⑤
06	**07**	**08**	**09**	**10**
⑤	④	④	③	②

01 정답 ③

거리 = 속력 × 시간임을 적용하여 구한다.
택시의 속력이 40km/h이고, 걸린 시간은 45분 = 0.75시간이므로 집에서 공항까지의 거리는 40 × 0.75 = 30km이다.
따라서 집에서 공항까지의 거리는 30km이다.

02 정답 ①

시간 = $\frac{거리}{속력}$, 속력 = $\frac{거리}{시간}$임을 적용하여 구한다.
유진이와 누리가 10km 떨어진 학원으로 동시에 출발했고, 유진이는 자전거를 타고 5km/h의 속력으로 이동하여 학원에 도착했으므로 유진이가 학원까지 이동하는 데 걸린 시간은 $\frac{10}{5}$ = 2시간이다. 이때 누리는 일정한 속력으로 걸어서 이동하여 학원까지 6km가 남았으므로 누리가 2시간 동안 이동한 거리는 10 − 6 = 4km이다.
따라서 누리의 속력은 $\frac{4}{2}$ = 2km/h이다.

03 정답 ③

속력 = $\frac{거리}{시간}$, 시간 = $\frac{거리}{속력}$임을 적용하여 구한다.
A가 산을 오를 때 걸린 시간을 x라고 하면 산에 오를 때의 속력은 $\frac{24}{x}$, 산에서 내려올 때의 속력은 $\frac{24}{x} \times 1.5 = \frac{36}{x}$이다. A가 정상까지 편도 24km인 산을 왕복하는 데 10시간이 걸렸으므로

$\frac{24}{\frac{24}{x}} + \frac{24}{\frac{36}{x}} = 10 \rightarrow x + \frac{2}{3}x = 10 \rightarrow \frac{5}{3}x = 10 \rightarrow x = 6$

따라서 A가 정상까지 오르는 데 걸린 시간은 6시간이다.

빠른 문제 풀이 Tip

거리가 일정할 때 속력과 시간은 반비례함을 활용하여 구한다.
산에서 내려올 때의 속력이 산을 오를 때의 속력의 1.5배이므로 산에서 내려올 때의 속력 : 산을 오를 때의 속력 = 1.5 : 1이고, 산에서 내려올 때 걸린 시간 : 산을 오를 때 걸린 시간 = 1 : 1.5이다.
따라서 정상까지 오르는 데 걸린 시간은 $\frac{1.5}{1+1.5} \times 10 = \frac{1.5}{2.5} \times 10$ = 6시간임을 알 수 있다.

04 정답 ②

거리 = 속력 × 시간, 시간 = $\frac{거리}{속력}$임을 적용하여 구한다.
집에서 회사까지의 거리가 10km이고, 우진이가 15km/h의 속력으로 이동하는 버스에 탑승하여 20분 = $\frac{1}{3}$시간을 갔으므로 우진이가 버스를 타고 이동한 거리는 $15 \times \frac{1}{3}$ = 5km이고, 걸어간 거리는 10 − 5 = 5km이다.
따라서 4km/h의 속력으로 우진이가 걸어간 시간은 $\frac{5}{4}$ = 1.25시간 = 75분 = 1시간 15분이다.

05 정답 ⑤

거리 = 속력 × 시간임을 적용하여 구한다.
새마을 기차의 길이를 x라고 하면 새마을 기차가 터널 시작 시점부터 길이가 10km인 터널을 완전히 통과하기까지 이동한 거리 x + 10, 걸린 시간은 6분 = 0.1시간이다. 이때 기차의 속력은 120km/h이므로
$x + 10 = 120 \times 0.1 = 12 \rightarrow x = 2$
따라서 새마을 기차의 길이는 2km이다.

06 정답 ⑤

속력 = $\frac{거리}{시간}$임을 적용하여 구한다.
길이가 200m = 0.2km인 A 기차가 길이가 2.2km인 다리에 진입 후 완전히 통과하는 데 이동한 거리는 0.2 + 2.2 = 2.4km, 걸린 시간은 30초 = $\frac{1}{2}$분 = $\frac{1}{120}$시간이다.
따라서 A 기차의 속력은 $\frac{2.4}{\frac{1}{120}}$ = 288km/h이다.

07

정답 ④

거리 = 속력 × 시간, 시간 = $\frac{거리}{속력}$임을 적용하여 구한다.

60km/h의 속력으로 이동하는 H 열차가 터널에 진입 후 완전히 가려져 보이지 않을 때까지 30초 = $\frac{1}{120}$시간이 걸렸으므로 H 열차의 길이는 $60 \times \frac{1}{120} = \frac{1}{2} = 0.5$km이다.

따라서 H 열차가 길이가 3.5km인 터널에 진입해서 터널을 완전히 통과하기까지 걸리는 시간은 $\frac{0.5+3.5}{60} = \frac{1}{15}$시간 = 4분이다.

08

정답 ④

거리 = 속력 × 시간임을 적용하여 구한다.

혜리는 2m/s, 지희는 3m/s의 속력으로 동시에 반대 방향으로 뛰어서 출발한 지 40초 후에 만났으므로 혜리가 이동한 거리는 2 × 40 = 80m, 지희가 이동한 거리는 3 × 40 = 120m이다.

따라서 원형 운동장의 둘레는 80 + 120 = 200m이다.

빠른 문제 풀이 Tip

혜리와 지희가 이동한 시간이 같으므로 원형 운동장의 둘레는 (혜리의 속력 + 지희의 속력) × 시간과 같다.

따라서 원형 운동장의 둘레는 (2 + 3) × 40 = 200m임을 알 수 있다.

09

정답 ③

시간 = $\frac{거리}{속력}$, 속력 = $\frac{거리}{시간}$임을 적용하여 구한다.

갑의 속력을 x라고 하면 갑이 둘레가 600m인 밭을 한 바퀴 도는 데 걸린 시간은 $\frac{600}{x}$이고, 을의 속력은 10m/s이므로 을이 둘레가 600m인 밭을 한 바퀴 도는 데 걸린 시간은 $\frac{600}{10}$ = 60초이다. 이때 갑이 도착한 지 10초 후에 을이 도착했으므로

$\frac{600}{x} + 10 = 60 \rightarrow \frac{600}{x} = 50 \rightarrow x = 12$

따라서 갑의 속력은 12m/s이다.

10

정답 ②

시간 = $\frac{거리}{속력}$임을 적용하여 구한다.

소민이는 10m/s, 영석이는 15m/s의 속력으로 이동하므로 1초마다 5m씩 차이가 난다. 이때 둘레가 500m인 원형 트랙에 두 사람이 처음으로 만나기까지 걸린 시간은 두 사람의 거리가 운동장의 둘레만큼 차이가 날 때와 같으므로 두 사람의 거리가 500m만큼 차이가 나는 데 걸리는 시간은 $\frac{500}{5}$ = 100초이다.

따라서 소민이와 영석이가 처음으로 만나기까지 걸린 시간은 100초이다.

세부 유형 2 농도

p.98

01	02	03	04	05
⑤	②	③	②	③
06	07	08	09	10
④	⑤	②	③	②

01

정답 ⑤

소금의 양 = 소금물의 양 × $\frac{소금물의 농도}{100}$, 소금물의 농도(%) = $\frac{소금의 양}{소금물의 양}$ × 100임을 적용하여 구한다.

농도가 12%인 A 소금물 100g의 소금의 양은 $100 \times \frac{12}{100}$ = 12g이고, 농도가 20%인 B 소금물 300g의 소금의 양은 $300 \times \frac{20}{100}$ = 60g이므로 C 소금물의 양은 100 + 300 = 400g, C 소금물의 소금의 양은 12 + 60 = 72g이다.

따라서 C 소금물의 농도는 $\frac{72}{400} \times 100$ = 18%이다.

빠른 문제 풀이 Tip

비중을 활용하여 소금물의 농도를 구한다.

농도 a% 소금물 x(g)과 농도 b% 소금물 y(g)을 섞었을 때 농도는 $\frac{ax+by}{x+y}$%이다.

따라서 농도가 12%인 A 소금물 100g과 농도가 20%인 B 소금물 300g을 섞어서 만든 C 소금물의 농도는 $\frac{12 \times 100 + 20 \times 300}{100+300} = \frac{7,200}{400}$ = 18%임을 알 수 있다.

02

정답 ②

소금의 양 = 소금물의 양 × $\frac{소금물의 농도}{100}$, 소금물의 농도(%) = $\frac{소금의 양}{소금물의 양}$ × 100임을 적용하여 구한다.

농도가 15%인 소금물 200g의 소금의 양은 $200 \times \frac{15}{100}$ = 30g이고, 소금물의 일부를 증발시키기 전과 후의 소금의 양은 같으므로 소금물 150g의 소금의 양도 30g이다.

따라서 증발시킨 후 소금물의 농도는 $\frac{30}{150} \times 100$ = 20%이다.

03

정답 ③

설탕의 양 = 설탕물의 양 × $\frac{설탕물의 농도}{100}$임을 적용하여 구한다.

농도가 14%인 설탕물 150g에 A 설탕물을 섞었더니 농도가 10%인 설탕물 450g이 만들어졌으므로 A 설탕물의 양은 450 − 150 = 300g이다. 이때 두 설탕물을 섞기 전과 후의 설탕의 양은 같으므로

A 설탕물의 농도를 x라고 하면

$150 \times \frac{14}{100} + 300 \times \frac{x}{100} = 450 \times \frac{10}{100}$ → $210 + 30x = 450$

→ $30x = 240$ → $x = 8$

따라서 A 설탕물의 농도는 8%이다.

04

정답 ②

소금의 양 = 소금물의 양 × $\frac{소금물의\ 농도}{100}$임을 적용하여 구한다.

농도가 23%인 소금물의 양을 x라고 하면

은별이는 농도가 23%인 소금물에 농도가 17%인 소금물 500g을 섞어 농도가 19%인 소금물을 만들었으므로

$x \times \frac{23}{100} + 500 \times \frac{17}{100} = (x + 500) \times \frac{19}{100}$

→ $0.23x + 85 = 0.19x + 95$ → $0.04x = 10$ → $x = 250$

따라서 농도가 23%인 소금물의 양은 250g이다.

05

정답 ③

소금의 양 = 소금물의 양 × $\frac{소금물의\ 농도}{100}$, 소금물의 농도(%) = $\frac{소금의\ 양}{소금물의\ 양} \times 100$임을 적용하여 구한다.

비커에 있는 농도가 15%인 소금물의 양을 x라고 하면 소금물의 $\frac{1}{5}$을 버린 후 버린 만큼 다시 물을 넣었으므로 비커에 있는 소금물의 양은 그대로 xg이다. 이때 소금물의 $\frac{1}{5}$을 버린 후 소금물에 들어 있는 소금의 양은 버린 만큼 다시 물을 넣었을 때 소금물에 들어 있는 소금의 양과 같으므로 비커에 있는 소금물의 소금의 양은 $\left(x \times \frac{15}{100}\right) \times \frac{4}{5} = \frac{3}{25}x$이다.

따라서 비커에 있는 소금물의 농도는 $\frac{\frac{3}{25}x}{x} \times 100 = 12\%$이다.

06

정답 ④

설탕의 양 = 설탕물의 양 × $\frac{설탕물의\ 농도}{100}$임을 적용하여 구한다.

물을 넣기 전과 후의 설탕물에 들어 있는 설탕의 양은 같으므로 정민이가 넣은 물의 양을 x라고 하면

$300 \times \frac{15}{100} = (300 + x) \times \frac{6}{100}$ → $45 = 18 + \frac{6}{100}x$

→ $\frac{6}{100}x = 27$ → $6x = 2{,}700$ → $x = 450$

따라서 정민이가 넣은 물의 양은 450g이다.

07

정답 ⑤

설탕의 양 = 설탕물의 양 × $\frac{설탕물의\ 농도}{100}$임을 적용하여 구한다.

농도가 28%인 설탕물 400g 중 50g을 증발시킨 후 설탕을 추가했더니 농도가 50%인 설탕물이 되었으므로 추가한 설탕의 양을 x라고 하면 농도가 28%인 설탕물 400g에 들어 있는 설탕의 양과 추가한 설탕의 양 xg의 합은 농도가 50%인 설탕물에 들어 있는 설탕의 양과 같다.

$400 \times \frac{28}{100} + x = (350 + x) \times \frac{50}{100}$ → $112 + x = 175 + 0.5x$

→ $0.5x = 63$ → $x = 126$

따라서 추가한 설탕의 양은 126g이다.

08

정답 ②

소금물의 농도(%) = $\frac{소금의\ 양}{소금물의\ 양} \times 100$, 소금의 양 = 소금물의 양 × $\frac{소금물의\ 농도}{100}$임을 적용하여 구한다.

지영이가 실수로 소금과 물의 비율을 3:1로 섞었으므로 소금물의 농도는 $\frac{3}{3+1} \times 100 = 75\%$이고, 지영이가 만든 소금물과 농도가 20%인 소금물 200g을 섞었더니 농도가 50%인 소금물이 되었으므로 두 소금물을 섞기 전과 후의 소금의 양은 같다. 지영이가 만든 농도가 75%인 소금물의 양을 x라고 하면

$x \times \frac{75}{100} + 200 \times \frac{20}{100} = (x + 200) \times \frac{50}{100}$

→ $0.75x + 40 = 0.5x + 100$ → $0.25x = 60$ → $x = 240$

따라서 지영이가 만든 소금물의 소금의 양은 $240 \times \frac{75}{100} = 180$g이다.

09

정답 ③

소금물의 농도(%) = $\frac{소금의\ 양}{소금물의\ 양} \times 100$임을 적용하여 구한다.

농도가 25%인 소금물에 소금을 추가로 넣고 물 100g을 증발시켜 농도가 35%인 소금물 400g을 만들었으므로 소금물에 추가로 넣은 소금의 양을 x라고 하면 처음 농도가 25%인 소금물의 양은 $400 + 100 - x$이다. 이때 농도가 25%인 소금물의 소금의 양과 추가로 넣은 소금의 양의 합은 농도가 35%인 소금물 400g의 소금의 양과 같으므로

$(500 - x) \times \frac{25}{100} + x = 400 \times \frac{35}{100}$ → $125 - 0.25x + x = 140$

→ $0.75x = 15$ → $x = 20$

따라서 소금물에 추가로 넣은 소금의 양은 20g이다.

10

정답 ②

설탕의 양 = 설탕물의 양 × $\frac{설탕물의\ 농도}{100}$, 설탕물의 농도(%) = $\frac{설탕의\ 양}{설탕물의\ 양} \times 100$임을 적용하여 구한다.

농도가 12%인 설탕물의 양을 x라고 하면 농도가 18%인 설탕물의 양은 $2x$, 농도가 24%인 설탕물의 양은 $3x$이므로 연우가 만든 설탕물의 양은 $x + 2x + 3x = 6x$, 설탕물의 설탕의 양은 $1x \times 0.12 + 2x \times 0.18 + 3x \times 0.24 = 1.2x$이다.

따라서 연우가 만든 설탕물의 농도는 $\frac{1.2x}{6x} \times 100 = 20\%$이다.

세부 유형 3 일의 양

p.104

01	02	03	04	05
⑤	⑤	⑤	③	③
06	07	08	09	10
②	⑤	②	③	⑤

01

정답 ⑤

시간당 작업량 = $\frac{작업량}{시간}$임을 적용하여 구한다.

전체 일의 양을 1이라고 하면 A가 혼자 일할 때 1시간이 소요되므로 A가 1시간 동안 하는 일의 양은 1이고, B가 혼자 일할 때 2시간이 소요되므로 B가 1시간 동안 하는 일의 양은 $\frac{1}{2}$이다. 이때 이 일을 B가 먼저 30분 동안 진행했으므로 B가 일한 양은 $\frac{1}{2} \times \frac{1}{2} = \frac{1}{4}$이고, 나머지 일인 $1 - \frac{1}{4} = \frac{3}{4}$은 A가 진행해서 완료했으므로 A가 일한 시간은 $\frac{3}{4} \div 1 = \frac{3}{4}$시간 = 45분이다.

따라서 A가 일한 시간은 45분이다.

02

정답 ⑤

시간당 작업량 = $\frac{작업량}{시간}$임을 적용하여 구한다.

전체 작업량을 1이라고 하면 승희가 로봇을 조립하는 데 2시간이 걸리므로 승희가 1시간 동안 하는 일의 양은 $\frac{1}{2}$이고, 민철이가 로봇을 조립하는 데 3시간이 걸리므로 민철이가 1시간 동안 하는 일의 양은 $\frac{1}{3}$이다. 이에 따라 승희와 민철이가 1시간 동안 하는 일의 양은 $\frac{1}{2} + \frac{1}{3} = \frac{5}{6}$이다.

따라서 이 로봇을 승희와 민철이가 함께 조립할 때, 걸리는 시간은 $1 \div \frac{5}{6} = \frac{6}{5}$시간 = 72분이다.

03

정답 ⑤

시간당 작업량 = $\frac{작업량}{시간}$임을 적용하여 구한다.

전체 일의 양을 1이라고 하면 갑이 혼자 작업할 때 4시간이 소요되므로 갑이 1시간 동안 하는 일의 양은 $\frac{1}{4}$이고, 갑과 을이 함께 작업할 때 3시간이 소요되므로 갑과 을이 1시간 동안 하는 일의 양은 $\frac{1}{3}$이다. 이에 따라 을이 1시간 동안 하는 일의 양은 $\frac{1}{3} - \frac{1}{4} = \frac{1}{12}$이다.

따라서 이 일을 을이 혼자 작업했을 때, 걸린 시간은 $1 \div \frac{1}{12}$ = 12시간이다.

04

정답 ③

시간당 작업량 = $\frac{작업량}{시간}$임을 적용하여 구한다.

물탱크에 가득 채운 물의 양을 1이라고 하면 A 호스로 물탱크의 절반만큼 물을 채우는 데 45분이 걸리므로 물탱크에 물을 가득 채우는 데 걸리는 시간은 45×2=90분이고, 이에 따라 A 호스가 1분 동안 채우는 물의 양은 $\frac{1}{90}$이다. 이때 물탱크에 물을 채우는 속도는 B 호스가 A 호스의 1.5배이므로 B 호스가 1분 동안 채우는 물의 양은 $\frac{1}{90} \times 1.5 = \frac{1}{60}$이다.

따라서 B 호스로 물탱크에 물을 가득 채우는 데 걸리는 시간은 $1 \div \frac{1}{60}$ = 60분 = 1시간이다.

05

정답 ③

시간 = $\frac{작업량}{시간당\ 작업량}$임을 적용하여 구한다.

성은이가 팔찌 4개를 만드는 데 1시간 40분 = 100분이 소요되므로 성은이가 1분 동안 만드는 팔찌는 $\frac{4}{100} = \frac{1}{25}$개이고, 지연이가 팔찌 6개를 만드는 데 1시간 30분 = 90분이 소요되므로 지연이가 1분 동안 만드는 팔찌는 $\frac{6}{90} = \frac{1}{15}$개이다. 이에 따라 성은이와 지연이가 1분 동안 만드는 팔찌는 $\frac{1}{25} + \frac{1}{15} = \frac{8}{75}$개이다.

따라서 성은이와 지연이가 함께 팔찌 24개를 만드는 데 걸리는 시간은 $24 \div \frac{8}{75}$ = 225분 = 3시간 45분이다.

06

정답 ②

시간 = $\frac{작업량}{시간당\ 작업량}$임을 적용하여 구한다.

전체 일의 양을 1이라고 하면 지원이가 혼자 일할 때 2시간 30분 = 150분이 걸리므로 지원이가 1분 동안 하는 일의 양은 $\frac{1}{150}$이고, 종우가 혼자 일할 때 5시간 = 300분이 걸리므로 종우가 1분 동안 하는 일의 양은 $\frac{1}{300}$이며, 지원이와 종우가 1분 동안 하는 일의 양은 $\frac{1}{150} + \frac{1}{300} = \frac{1}{100}$이다. 이에 따라 이 일의 절반을 지원이가 혼자 일할 때 걸리는 시간은 $\frac{1}{2} \div \frac{1}{150}$ = 75분이고, 남은 절반을 지원이와 종우가 함께 일할 때 걸리는 시간은 $\frac{1}{2} \div \frac{1}{100}$ = 50분이다.

따라서 이 일의 절반을 지원이가 혼자 일하고, 남은 절반을 지원이와 종우가 함께 일할 때, 걸리는 시간은 75+50=125분 = 2시간 5분이다.

07

정답 ⑤

시간 = $\frac{\text{작업량}}{\text{시간당 작업량}}$임을 적용하여 구한다.

전체 작업량을 1이라고 하면 영일이와 지현이가 함께 작업할 때 4시간이 걸리므로 영일이와 지현이가 1시간 동안 하는 작업량은 $\frac{1}{4}$이고, 영일이가 혼자 작업할 때 6시간이 걸리므로 영일이가 1시간 동안 하는 작업량은 $\frac{1}{6}$이다. 이에 따라 지현이가 1시간 동안 하는 작업량은 $\frac{1}{4}-\frac{1}{6}=\frac{1}{12}$이다. 이때 명우와 지현이가 함께 하면 3시간이 걸리므로 명우와 지현이가 1시간 동안 하는 작업량은 $\frac{1}{3}$이고, 명우가 1시간 동안 하는 작업량은 $\frac{1}{3}-\frac{1}{12}=\frac{3}{12}=\frac{1}{4}$이다.

따라서 이 작업을 명우가 혼자 할 때 걸리는 시간은 $1\div\frac{1}{4}=4$시간이다.

08

정답 ②

작업량 = 시간당 작업량 × 시간임을 적용하여 구한다.

A 라인에서 제작한 모자는 모두 정상 제품이고 A 라인에서 1분 동안 제작 가능한 모자는 20개이므로 A 라인에서 1시간 동안 제작 가능한 모자는 20 × 60 = 1,200개이다. 또한, B 라인에서 제작한 모자는 15분마다 불량품이 4개씩 나오므로 1시간 동안 $4\times\frac{60}{15}=16$개의 불량품이 나오고, A 라인과 B 라인에서 함께 1시간 동안 제작 가능한 모자는 불량품을 포함하여 총 2,454개이므로 B 라인에서 1시간 동안 제작 가능한 정상 제품인 모자는 2,454 − 1,200 − 16 = 1,238개이다.

따라서 B 라인에서 3시간 30분 = 3.5시간 동안 제작 가능한 모자 중 정상 제품의 개수는 1,238 × 3.5 = 4,333개이다.

09

정답 ③

시간 = $\frac{\text{작업량}}{\text{시간당 작업량}}$임을 적용하여 구한다.

전체 작업량을 1, 승윤이의 1시간당 작업량을 $\frac{1}{a}$, 고은이의 1시간당 작업량을 $\frac{1}{b}$이라고 하면

승윤이가 프로젝트를 절반만큼 진행한 후 고은이가 나머지 절반을 진행해서 프로젝트 완료까지 총 3시간이 걸릴 예정이었으므로

$\frac{1}{2}\times a+\frac{1}{2}\times b=3 \rightarrow a+b=6$ … ⓐ

승윤이가 20%만큼 진행한 후 고은이가 나머지 80%만큼 진행해서 프로젝트 완료까지 총 4시간이 걸렸으므로

$\frac{1}{5}\times a+\frac{4}{5}\times b=4 \rightarrow a+4b=20$ … ⓑ

ⓑ − ⓐ에서 $3b=14 \rightarrow b=\frac{14}{3},\ a=6-\frac{14}{3}=\frac{4}{3}$

따라서 이 프로젝트를 승윤이가 혼자 진행했다면 걸리는 시간은 $1\div\frac{3}{4}=\frac{4}{3}$시간 = 1시간 20분이다.

10

정답 ⑤

작업량 = 시간당 작업량 × 시간임을 적용하여 구한다.

전체 일의 양을 1, A가 1시간당 하는 일의 양을 $\frac{1}{a}$, B가 1시간당 하는 일의 양을 $\frac{1}{b}$, C가 1시간당 하는 일의 양을 $\frac{1}{c}$이라고 하면

A, B, C가 함께 일하면 2시간이 걸리므로

$\left(\frac{1}{a}+\frac{1}{b}+\frac{1}{c}\right)\times 2=1 \rightarrow \frac{1}{a}+\frac{1}{b}+\frac{1}{c}=\frac{1}{2}$ … ⓐ

A와 B가 함께 일하면 2시간 24분이 걸리므로

$\left(\frac{1}{a}+\frac{1}{b}\right)\times 2.4=1 \rightarrow \frac{1}{a}+\frac{1}{b}=\frac{1}{2.4}=\frac{5}{12}$ … ⓑ

B와 C가 함께 일하면 4시간이 걸리므로

$\left(\frac{1}{b}+\frac{1}{c}\right)\times 4=1 \rightarrow \frac{1}{b}+\frac{1}{c}=\frac{1}{4}$ … ⓒ

2 × ⓐ − (ⓑ + ⓒ)에서 $\frac{1}{a}+\frac{1}{c}=1-\left(\frac{5}{12}+\frac{1}{4}\right)=\frac{1}{3}$

따라서 A와 C가 함께 일했을 때, 걸린 시간은 $1\div\frac{1}{3}=3$시간이다.

세부 유형 4 원가·정가

p.110

01	02	03	04	05
④	③	⑤	④	③
06	07	08	09	10
①	⑤	⑤	①	④

01

정답 ④

할인가 = 정가 × (1 − 할인율)임을 적용하여 구한다.

가희는 정가가 16,000원인 교재 1권을 온라인 중고 마켓을 통해 정가에서 25% 할인된 16,000 × (1 − 0.25) = 12,000원에 구매했고, 배송비 3,000원을 별도로 지불했다.

따라서 가희가 교재를 구매하는 데 지불한 총비용은 12,000 + 3,000 = 15,000원이다.

02

정답 ③

이익 = 원가 × 이익률임을 적용하여 구한다.

갑은 1개당 원가가 2,000원인 제품의 20%만큼 이익이 남도록 정가를 책정했으므로 갑이 얻는 제품 1개당 이익은 2,000 × 0.2 = 400원이고, 을은 1개당 원가가 2,000원인 제품의 12%만큼 이익이 남도록 정가를 책정했으므로 을이 얻는 제품 1개당 이익은 2,000 × 0.12 = 240원이다.

따라서 갑과 을이 얻는 제품 1개당 이익의 차이는 400 − 240 = 160원이다.

03

정답 ⑤

이익 = 원가 × 이익률임을 적용하여 구한다.

원가가 5,000원인 제품을 20%의 이익이 남는 금액으로 판매하므로 제품 1개당 이익은 5,000 × 0.2 = 1,000원이다.

따라서 250,000원의 이익이 남기 위해 판매해야 할 제품의 개수는 $\frac{250,000}{1,000}$ = 250개이다.

04

정답 ④

할인가 = 원가 × (1 − 할인율)임을 적용하여 구한다.

나현이가 A 마트에서 사과 15개를 원가에서 25% 할인된 금액으로 구매하려던 총비용으로 B 마트에서 사과 12개를 구매했으므로 사과 1개당 원가를 1, B 마트의 할인율을 x라고 하면

$15 \times 1 \times (1-0.25) = 12 \times 1 \times (1-x)$ → $15 \times 0.75 = 12(1-x)$ → $11.25 = 12 - 12x$ → $12x = 0.75$ → $x = 0.0625$

따라서 B 마트의 할인율은 6.25%이다.

05

정답 ③

이익 = 정가 − 원가임을 적용하여 구한다.

지우개 1개당 원가가 1,000원이므로 200개의 원가는 200 × 1,000 = 200,000원이다. 이때 50개는 2,000원에, 50개는 500원에 판매하면 총 판매가는 2,000 × 50 + 500 × 50 = 125,000원이므로 남은 지우개를 손해 보지 않도록 같은 가격으로 모두 판매했을 때 남은 지우개 100개의 1개당 판매가를 x라고 하면

$100x \geq 200,000 - 125,000$ → $100x \geq 75,000$ → $x \geq 750$

따라서 남은 지우개의 1개당 최소 판매가는 750원이다.

06

정답 ①

할인가 = 정가 × (1 − 할인율)임을 적용하여 구한다.

1잔에 1,500원인 커피와 1개에 3,000원인 샌드위치를 개별로 구매하면 커피는 1잔당 20% 할인을 받을 수 있으므로 1잔당 1,500 × (1 − 0.2) = 1,200원, 샌드위치는 1개당 25% 할인을 받을 수 있으므로 1개당 3,000 × (1 − 0.25) = 2,250원이고, 개별로 커피 10잔과 샌드위치 10개를 구매하면 (1,200 + 2,250) × 10 = 34,500원에 구매할 수 있다. 또한, 커피 1잔과 샌드위치 1개를 세트로 구매하면 세트당 전체 금액의 28% 할인을 받을 수 있으므로 세트당 가격은 (1,500 + 3,000) × (1 − 0.28) = 3,240원이고, 커피 10잔과 샌드위치 10개를 세트로 구매하면 3,240 × 10 = 32,400원이다.

따라서 커피 10잔과 샌드위치 10개를 세트로 구매하면 개별로 구매한 것보다 34,500 − 32,400 = 2,100원 더 저렴하다.

07

정답 ⑤

이익 = 원가 × 이익률임을 적용하여 구한다.

사탕 1개당 원가를 x라고 하면 사탕 40개를 판매하여 얻은 이익은 $x \times 0.2 \times 40 = 8x$이고, 초콜릿 30개를 판매하여 얻은 이익은 100 × 0.3 × 30 = 900원이며, 총 1,860원의 이익을 얻었으므로

$8x + 900 = 1,860$ → $8x = 960$ → $x = 120$

따라서 사탕 1개당 원가는 120원이다.

08

정답 ⑤

정가 = 원가 × (1 + 이익률)임을 적용하여 구한다.

유통업자가 산지에서 kg당 5,000원에 감자를 구매하여 kg당 30%의 이윤을 남겨 온라인 쇼핑몰에 판매하므로 유통업자의 판매가는 kg당 5,000 × (1 + 0.3) = 6,500원이고, 온라인 쇼핑몰은 구매한 금액에 kg당 40%의 이윤을 남겨 소비자에게 판매하므로 온라인 쇼핑몰의 판매가는 6,500 × (1 + 0.4) = 9,100원이다. 동재는 온라인 쇼핑몰 이용 시 배송비를 제외하고 15% 할인을 받을 수 있고, 감자 10kg당 2,500원의 배송비를 별도로 지불해야 한다.

따라서 동재가 온라인 쇼핑몰에서 감자 200kg을 구매할 때 지불해야 하는 금액은 $9,100 \times (1-0.15) \times 200 + \left(\frac{200}{10} \times 2,500\right)$ = 1,597,000원이다.

09

정답 ①

가습공기청정기의 월 렌털료는 24,200원이고, 렌털 등록비는 120,000원이므로 5년 = 60개월 동안 가습공기청정기를 렌털해서 사용할 때 렌털 비용은 24,200 × 60 + 120,000 = 1,572,000원이며, 가습기와 공기청정기를 함께 일시불로 구매할 때 구매 비용은 790,000 + 894,000 = 1,684,000원이다.

따라서 5년 동안 가습공기청정기를 렌털해서 사용하는 것이 가습기와 공기청정기를 함께 일시불로 구매해서 사용하는 것보다 1,684,000 − 1,572,000 = 112,000원 더 저렴하다.

10

정답 ④

이익 = 정가 − 원가, 정가 = 원가 × (1 + 이익률)임을 적용하여 구한다.

1개당 원가가 3,000원인 볼펜 400개를 생산해서 볼펜 1개당 40%의 이익을 붙여 정가를 정했으므로 볼펜 1개당 정가는 3,000 × (1 + 0.4) = 4,200원이다. 이때 정가로는 200개가 판매될 것으로 예상되고, 정가에서 200원씩 할인할수록 할인하기 전보다 50개씩 더 판매될 것으로 예상되므로, 최대 이익을 얻기 위해서는 볼펜을 모두 판매해야 하므로 400개를 모두 판매하기 위해서는 정가로 판매될 것으로 예상되는 200개를 제외하고 총 $\frac{400-200}{50}$ × 200 = 800원을 할인해야 한다.

따라서 볼펜을 판매해서 얻을 수 있는 최대 이익은 (4,200 − 800 − 3,000) × 400 = 160,000원이다.

세부 유형 5 방정식과 부등식의 활용

p.116

01	02	03	04	05
③	②	③	⑤	⑤
06	07	08	09	10
③	④	③	②	④

01

정답 ③

가 도서관과 나 도서관에 있는 기술 분야 책과 인문 분야 책은 총 1,000권이고, 이 중 기술 분야 책의 비중은 30%이므로 가 도서관과 나 도서관에 있는 기술 분야 책은 총 $1,000 \times 0.3 = 300$권이고, 인문 분야 책은 총 $1,000 - 300 = 700$권이다. 이때 가 도서관과 나 도서관의 기술 분야 책의 권수는 같으므로 각 도서관에 $\frac{300}{2} = 150$권씩 있으며 나 도서관의 인문 분야 책의 권수를 x라고 하면 인문 분야 책은 가 도서관이 나 도서관보다 50권 더 많으므로 가 도서관의 인문 분야 책의 권수는 $x+50$이다.
가 도서관과 나 도서관에 있는 인문 분야 책은 총 700권이므로
$x+x+50=700 \rightarrow 2x=650 \rightarrow x=325$
따라서 나 도서관에 있는 기술 분야와 인문 분야의 책은 총 $150+325=475$권이다.

02

정답 ②

처음 공을 떨어뜨린 높이를 x라고 하면
공을 떨어뜨린 후 세 번째 튀어 오른 지점까지 공의 총 이동 거리가 4,200m이므로
$\left(x+\frac{1}{2}x\right)+\left(\frac{1}{2}x+\frac{1}{4}x\right)+\left(\frac{1}{4}x+\frac{1}{8}x\right)=4{,}200 \rightarrow \frac{21}{8}x=4{,}200$
$\rightarrow x=1{,}600$
따라서 처음 공을 떨어뜨린 높이는 1,600m이다.

03

정답 ③

두 자연수의 합이 18이므로 한 자연수를 x라고 하면 다른 자연수는 $18-x$이다. 두 자연수의 곱은 72이므로
$x(18-x)=72 \rightarrow -x^2+18x=72 \rightarrow x^2-18x+72=0$
$\rightarrow (x-6)(x-12)=0 \rightarrow x=6$ 또는 $x=12$
$x=6$일 경우 다른 자연수는 $18-6=12$이고, $x=12$일 경우 다른 자연수는 $18-12=6$이므로 두 자연수는 6과 12이다.
따라서 두 자연수의 차는 $12-6=6$이다.

04

정답 ⑤

직각삼각형의 빗변이 c이고, 나머지 두 변을 각각 a, b라고 하면 $c^2=a^2+b^2$임을 적용하여 구한다.
직각삼각형 모양의 운동장에서 가장 긴 변을 x라고 하면 길이가 800m인 변을 제외한 나머지 두 변의 길이는 서로 200m만큼 차이 나므로 운동장의 세 변의 길이는 xm, $x-200$m, 800m이다. 이 직각삼각형에서 빗변은 x이므로
$x^2=800^2+(x-200)^2$
$\rightarrow x^2=640{,}000+x^2-400x+40{,}000$
$\rightarrow 400x=680{,}000 \rightarrow x=1{,}700$
이에 따라 운동장의 세 변의 길이는 1,700m, 1,500m, 800m이다.
따라서 운동장의 둘레는 $1{,}700+1{,}500+800=4{,}000$m이다.

05

정답 ⑤

A가 낸 금액을 x라고 하면
B는 A가 낸 금액보다 13만 원을 더 냈으므로 B가 낸 금액은 $x+13$이고, C는 A가 낸 금액의 1.5배만큼을 냈으므로 C가 낸 금액은 $1.5x$이다. 이때 A가 낸 금액이 전체 비상금의 10%이므로
$x=(x+x+13+1.5x) \times 0.1 \rightarrow 10x=3.5x+13$
$\rightarrow 6.5x=13 \rightarrow x=2$
이에 따라 B가 낸 금액은 $2+13=15$만 원이고 전체 비상금은 $2 \times 10=20$만 원이다.
따라서 전체 비상금에서 B가 낸 금액의 비중은 $\frac{15}{20} \times 100=75\%$이다.

빠른 문제 풀이 Tip

금액을 구하지 않고, 비중의 차이를 이용해서 구한다.
A가 낸 금액이 전체 비상금의 10%이고 C는 A가 낸 금액의 1.5배만큼을 냈으므로 전체 비상금에서 C가 낸 금액의 비중은 15%이다.
따라서 전체 비상금에서 B가 낸 금액의 비중은 전체 100%에서 A와 C가 낸 금액의 비중을 뺀 값과 같으므로 $100-(10+15)=75\%$임을 알 수 있다.

06

정답 ③

$(x+y)^2=x^2+2xy+y^2$임을 적용하여 구한다.
가장 작은 정사각형의 한 변의 길이를 x라고 하면 4개의 정사각형은 각각 한 변의 길이가 1cm씩 차이 나므로 나머지 3개 정사각형의 한 변의 길이는 각각 $x+1$, $x+2$, $x+3$이다. 이때 이 정사각형들의 넓이의 합이 $126cm^2$이므로
$x^2+(x+1)^2+(x+2)^2+(x+3)^2=126 \rightarrow 4x^2+12x-112=0$
$\rightarrow x^2+3x-28=0 \rightarrow (x+7)(x-4)=0 \rightarrow x=-7$ 또는 $x=4$
이에 따라 정사각형의 한 변의 길이는 양수이므로 $x=4$이다.
따라서 가장 작은 정사각형의 넓이는 $4^2=16cm^2$이다.

07

정답 ④

작년 여자 근로자 수를 x라고 하면 작년 전체 근로자 수가 2,000명이므로 작년 남자 근로자 수는 $2{,}000-x$이다. 이때 올해 여자 근로자 수는 작년 대비 30% 늘었으므로 $1.3x$, 남자 근로자 수는 작년 대비 20% 줄었으므로 $(2{,}000-x) \times 0.8 = 1{,}600-0.8x$이고, 올해 전체 근로자 수는 2,150명이므로
$1.3x+1{,}600-0.8x=2{,}150 \rightarrow 0.5x=550 \rightarrow x=1{,}100$
따라서 작년 여자 근로자 수는 1,100명이다.

08

정답 ③

작년 H 주식회사에서 자취하지 않은 직원 수를 x라고 하면 자취한 직원 수는 $150-x$이다. 이때 올해 자취하는 직원 수는 115명이고 자취하지 않는 직원 수는 작년 대비 30% 증가한 $1.3x$이므로 올해 전체 직원 수는 $115+1.3x$이며, 전체 직원 수는 작년 대비 20% 증가한 $150\times1.2=180$명이므로

$115+1.3x=180 \rightarrow 1.3x=65 \rightarrow x=50$

이에 따라 작년 자취한 직원 수는 $150-50=100$명이다.

따라서 올해 자취하는 직원 수의 작년 대비 증가율은 $\frac{115-100}{100}\times100=15\%$이다.

09

정답 ②

팥빵 30개의 평균 무게를 x, 식빵 40개의 평균 무게를 y라고 하면

팥빵의 평균 무게와 식빵의 평균 무게의 합은 800g이므로

$x+y=800 \rightarrow y=800-x$ … ⓐ

식빵 40개의 평균 무게보다 팥빵 30개와 식빵 40개의 평균 무게가 150g 가벼우므로

$y=\frac{30x+40y}{70}+150 \rightarrow 70y=30x+40y+10,500$

$\rightarrow 30y=30x+10,500 \rightarrow y=x+350$ … ⓑ

ⓐ를 ⓑ에 대입하여 정리하면

$800-x=x+350 \rightarrow 2x=450 \rightarrow x=225$

따라서 팥빵 30개의 총 무게는 $225\times30=6,750$g이다.

10

정답 ④

E 회사의 전체 남자 직원 수를 x, 전체 여자 직원 수를 y라고 하면 만족이라고 응답한 여자 직원은 전체 직원의 10%이므로 $0.1y$명, 보통이라고 응답한 여자 직원은 만족이라고 응답한 여자 직원의 50%이므로 $0.1y\times0.5=0.05y$명이다. 이때 불만족이라고 응답한 여자 직원은 255명이므로 설문조사에 응답한 여자 직원은 $0.1y+0.05y+255=0.15y+255$명이고, 설문조사에 응답한 여자 직원은 전체 여자 직원의 30%이므로

$0.3y=0.15y+255 \rightarrow 0.15y=255 \rightarrow y=1,700$

이에 따라 설문조사에 응답한 여자 직원은 $0.3y=0.3\times1,700=510$명이고, 설문조사는 전체 직원 중 1,000명을 대상으로 시행하였으므로 설문조사에 응답한 남자 직원은 $1,000-510=490$명이다. 이때 설문조사에 응답한 남자 직원은 전체 남자 직원의 35%이므로

$0.35x=490 \rightarrow x=1,400$

따라서 E 회사의 전체 직원 수는 $x+y=1,400+1,700=3,100$명이다.

세부 유형 6 경우의 수·확률

p.122

01	02	03	04	05
①	⑤	④	⑤	⑤
06	07	08	09	10
④	⑤	④	①	①

01

정답 ①

서로 다른 n개를 한 줄로 배열하는 경우의 수는 $n!=n\times(n-1)\times(n-2)\times\cdots\times2\times1$임을 적용하여 구한다.

따라서 4명을 일렬로 줄을 세우는 경우의 수는 $4!=4\times3\times2\times1=24$가지이다.

02

정답 ⑤

어떤 사건 A가 일어날 확률이 p일 때 사건 A가 일어나지 않을 확률은 1-p임을 적용하여 구한다.

이 장비가 1년 동안 고장 날 확률은 $\frac{1}{5}$이므로 1년 동안 고장 나지 않을 확률은 $1-\frac{1}{5}=\frac{4}{5}$이다.

따라서 이 장비가 2년 동안 고장 나지 않을 확률은 $\frac{4}{5}\times\frac{4}{5}=\frac{16}{25}$이다.

03

정답 ④

서로 다른 n개에서 중복을 허락하지 않고 r개를 택하여 한 줄로 배열하는 경우의 수는 ${}_nP_r=n\times(n-1)\times(n-2)\times\cdots\times(n-r+1)$임을 적용하여 구한다.

a, b, c, d 문자 4개와 1, 2 숫자 2개를 활용하여 각 자리 숫자가 모두 다른 네 자리의 비밀번호를 만드는 경우의 수는 서로 다른 6개 중 4개를 택하여 한 줄로 배열하는 경우의 수와 같다.

따라서 네 자리의 비밀번호를 만드는 경우의 수는 ${}_6P_4=6\times5\times4\times3=360$가지이다.

04

정답 ⑤

사건 A가 일어날 확률 $=\frac{\text{사건 A가 일어날 경우의 수}}{\text{모든 경우의 수}}$임을 적용하여 구한다.

T 회사와 S 회사의 제품 생산량은 매일 동일하므로 T 회사와 S 회사의 하루 제품 생산량을 각각 x개라고 하면 T 회사와 S 회사의 제품 불량률은 각각 10%, 4%이므로 T 회사 제품 생산량의 25% 중 불량품의 개수는 $0.25x\times0.1=0.025x$이고, S 회사 제품 생산량의 50% 중 불량품의 개수는 $0.5x\times0.04=0.02x$이다.

따라서 검수한 제품에서 불량품이 나왔을 때, 이 불량품을 T 회사에서 생산했을 확률은 $\frac{0.025x}{0.025x+0.02x}=\frac{5}{9}$이다.

05

정답 ⑤

어떤 사건 A가 일어날 확률을 p라고 하면 사건 A가 일어나지 않을 확률은 1 − p임을 적용하여 구한다.

유진이와 기준이가 게임을 총 세 판을 할 때, 유진이가 적어도 한 판을 이길 확률은 1에서 유진이가 기준이에게 세 판을 모두 질 확률을 뺀 것과 같다. 유진이가 기준이를 이길 확률이 $\frac{3}{4}$이므로 유진이가 기준이에게 질 확률은 $1-\frac{3}{4}=\frac{1}{4}$이다. 이에 따라 유진이가 기준이에게 세 판을 모두 질 확률은 $\frac{1}{4}\times\frac{1}{4}\times\frac{1}{4}=\frac{1}{64}$이다.

따라서 유진이가 적어도 한 판을 이길 확률은 $1-\frac{1}{64}=\frac{63}{64}$이다.

06

정답 ④

0부터 5까지 각각 적힌 공이 1개씩 들어 있는 주머니에서 한 번에 공을 3개 뽑아 세 자릿수를 만들 때, 이 수가 3의 배수이기 위해서는 뽑은 공 3개의 숫자의 합이 3의 배수여야 한다. 이때 0부터 5까지의 숫자 중 3개의 서로 다른 숫자의 합으로 만들 수 있는 3의 배수는 3, 6, 9, 12이며, 뽑은 숫자의 합이 3의 배수인 경우에 따라 가능한 조합은 다음과 같다.

뽑은 숫자의 합	뽑은 숫자
3	(0, 1, 2)
6	(0, 1, 5), (0, 2, 4), (1, 2, 3)
9	(0, 4, 5), (1, 3, 5), (2, 3, 4)
12	(3, 4, 5)

이때 0은 백의 자리에 올 수 없으므로 뽑은 숫자가 (0, 1, 2), (0, 1, 5), (0, 2, 4), (0, 4, 5)인 경우의 수는 세 숫자를 나열하는 경우의 수에서 0이 백의 자리에 있는 경우의 수를 뺀 것과 같으므로 각각 3! − 2 = 4가지이다. 또한, 뽑은 숫자가 (1, 2, 3), (1, 3, 5), (2, 3, 4), (3, 4, 5)인 경우의 수는 세 숫자를 나열하는 경우의 수와 같으므로 각각 3! = 6가지이다.

따라서 세 자릿수가 3의 배수일 경우의 수는 4×4+4×6 = 40가지이다.

07

정답 ⑤

서로 다른 n개에서 순서를 고려하지 않고 r개를 뽑는 경우의 수는 ${}_nC_r=\frac{n!}{r!(n-r)!}$임을 적용하여 구한다.

A~F 6명 중 2명을 뽑아 화장실 청소를 시키고 나머지 4명에게 교실 청소를 시킬 때, B와 F가 같은 곳에서 청소를 하는 경우는 B와 F가 화장실 청소를 하거나 교실 청소를 하는 경우이다. 화장실 청소는 2명이 하므로 B와 F가 화장실 청소를 하는 경우의 수는 1가지이고, 교실 청소는 4명이 하므로 B와 F가 교실 청소를 하면, 나머지 4명 중 2명은 화장실 청소, 다른 2명은 교실 청소를 하여 B와 F가 교실 청소를 하는 경우의 수는 나머지 4명 중 교실 청소를 할 2명을 뽑는 경우의 수와 같아 ${}_4C_2=\frac{4!}{2!\times(4-2)!}=6$가지이다.

따라서 B와 F가 같은 곳에서 청소를 하는 경우의 수는 1+6 = 7가지이다.

08

정답 ④

사건 A가 일어날 확률 = $\frac{\text{사건 A가 일어날 경우의 수}}{\text{모든 경우의 수}}$임을 적용하여 구한다.

현지와 영현이가 각자 가지고 있는 3장의 카드에서 2장을 골라 두 자릿수를 만들 때, 각자 만들 수 있는 두 자릿수는 ${}_3P_2=6$가지이다. 이때 현지가 만든 숫자의 십의 자리 숫자가 1일 경우 영현이가 만든 수가 항상 크므로 현지가 만든 수가 영현이가 만든 수보다 큰 경우는 현지가 만든 수의 십의 자리 숫자가 3 또는 5일 때만 가능하다. 먼저, 현지가 만든 수의 십의 자리 숫자가 3일 경우 만든 수는 31 또는 35이다. 31이 영현이가 만든 수보다 큰 경우의 수는 영현이가 만든 수의 십의 자리 숫자가 2인 경우인 23, 24로 2가지이며, 35가 영현이가 만든 수보다 큰 경우의 수는 영현이가 만든 수의 십의 자리 숫자가 2 또는 3인 경우인 23, 24, 32, 34로 4가지이다. 다음으로 현지가 만든 수의 십의 자리 숫자가 5일 경우 만든 수는 51 또는 53이고, 이는 영현이가 만든 수보다 항상 크므로 가능한 경우의 수는 6×2 = 12가지이다. 이에 따라 현지가 만든 수가 영현이가 만든 수보다 클 경우의 수는 2+4+12 = 18가지이다.

따라서 현지가 만든 수가 영현이가 만든 수보다 클 확률은 $\frac{18}{36}=\frac{1}{2}$이다.

09

정답 ①

사건 A가 일어날 확률 = $\frac{\text{사건 A가 일어날 경우의 수}}{\text{모든 경우의 수}}$임을 적용하여 구한다.

나라는 언어에서 1등급, 수리와 외국어에서 3등급을 받았으므로 나라가 언어, 수리, 외국어에서 받은 등급의 합은 1+3+3 = 7등급이다. 이때 각 시험의 등급은 1~5등급으로 구분되므로 민혁이가 받은 등급의 합이 나라가 받은 등급의 합인 7등급과 같기 위해서는 세 과목의 등급이 (1등급, 1등급, 5등급) 또는 (1등급, 2등급, 4등급) 또는 (1등급, 3등급, 3등급) 또는 (2등급, 2등급, 3등급) 조합이어야 한다. 이에 따라 민혁이가 세 과목에서 각각 1등급, 1등급, 5등급을 받는 경우의 수는 $\frac{3!}{2!}=3$가지, 1등급, 2등급, 4등급을 받는 경우는 3! = 3×2×1 = 6가지, 1등급, 3등급, 3등급을 받는 경우의 수는 $\frac{3!}{2!}=3$가지, 2등급, 2등급, 3등급을 받는 경우의 수는 $\frac{3!}{2!}=3$가지이므로 총 3+6+3+3 = 15가지이다. 또한, 민혁이가 언어, 수리, 외국어에서 받는 등급으로 가능한 경우의 수는 5×5×5 = 125가지이다.

따라서 민혁이가 언어, 수리, 외국어에서 받은 등급의 합이 나라와 같을 확률은 $\frac{15}{125}=\frac{3}{25}$이다.

10 정답 ①

사건 A가 일어나는 경우의 수=전체 경우의 수-사건 A가 일어나지 않는 경우의 수임을 적용하여 구한다.
A 지점에서 D 지점까지 최단 거리로 이동하려고 할 때, B 지점 또는 C 지점을 지나지 않는 경우의 수는 A 지점에서 D 지점까지 최단 거리로 이동하는 경우의 수-(B 지점을 지나는 경우의 수+C 지점을 지나는 경우의 수)이다. 이때 A 지점에서 D 지점까지 최단 거리로 이동하기 위해서는 오른쪽으로 6칸, 위로 5칸을 이동해야 하므로 총 11칸을 이동해야 하고, 이동하는 11칸 중 위로 이동하는 5칸을 고르는 경우의 수는 최단 거리로 이동하는 경우의 수와 같으므로 A 지점에서 D 지점까지 최단 거리로 이동하는 경우의 수는 ${}_{11}C_5=\frac{11!}{5!(11-5)!}=462$가지이다. 또한, A 지점에서 D 지점까지 최단 거리로 이동하려고 할 때, B 지점을 지나는 경우의 수는 A 지점에서 B 지점까지 이동하는 경우의 수×B 지점에서 D 지점까지 이동하는 경우의 수이므로 ${}_5C_3\times{}_6C_2=\frac{5!}{3!(5-3)!}\times\frac{6!}{2!(6-2)!}=10\times15=150$가지이며, A 지점에서 D 지점까지 최단 거리로 이동하려고 할 때, C 지점을 지나는 경우의 수는 A 지점에서 C 지점까지 이동하는 경우의 수×C 지점에서 D 지점까지 이동하는 경우의 수이므로 ${}_5C_1\times{}_6C_4=\frac{5!}{1!(5-1)!}\times\frac{6!}{4!(6-4)!}=5\times15=75$가지이다.
따라서 수정이가 최단 거리로 이동하려고 할 때, B 지점 또는 C 지점을 지나지 않고 사과를 운반하는 경우의 수는 462-(150+75)=237가지이다.

세부 유형 7 통계·집합 p.127

01	02	03	04	05
②	④	④	③	①

01 정답 ②

n(A∩B)=n(A)+n(B)-n(A∪B)임을 적용하여 구한다.
안경을 착용한 사람의 집합을 A, 시계를 착용한 사람의 집합을 B라고 하면 n(A)=10, n(B)=8이다. 또한, 안경 또는 시계를 착용한 사람의 집합은 A∪B이고, 전체 인원 25명 중 안경과 시계를 모두 착용하지 않은 사람은 9명이므로 n(A∪B)=25-9=16이다.
따라서 안경과 시계를 모두 착용한 사람의 수는 10+8-16=2명이다.

02 정답 ④

평균=$\frac{\text{변량의 총합}}{\text{변량의 개수}}$임을 적용하여 구한다.
갑, 을, 병, 정 4명의 평균 수학 점수는 80점이므로 4명의 수학 점수의 합은 80×4=320점이고, 을과 정의 평균 수학 점수는 85점이므로 을과 정의 수학 점수의 합은 85×2=170점이다.
따라서 갑과 병의 수학 점수의 합은 320-170=150점이다.

03 정답 ④

평균=$\frac{\text{변량의 총합}}{\text{변량의 개수}}$, 중앙값은 변량을 크기 순서대로 늘어놓았을 때 중앙에 위치하는 값임을 적용하여 구한다.
A, B, C 집합의 평균과 중앙값은 다음과 같다.

구분	평균	중앙값
A	$\frac{17+51+48+96+63}{5}=55$	51
B	$\frac{11+22+33+44+55+66+77+88}{8}=49.5$	$\frac{44+55}{2}=49.5$
C	$\frac{79+46+18+83+54}{5}=56$	54

따라서 평균이 가장 큰 집합인 C의 중앙값은 54이다.

04 정답 ③

평가 점수는 성실, 근면, 성과 점수의 가중평균이고, 성실, 근면, 성과 점수의 비중은 각각 35%, 35%, 30%이므로 A~E 5명 직원의 평가 점수는 다음과 같다.

A	80×0.35+50×0.35+60×0.30=63.5점
B	70×0.35+60×0.35+50×0.30=60.5점
C	60×0.35+80×0.35+70×0.30=70.0점
D	70×0.35+60×0.35+75×0.30=68.0점
E	60×0.35+60×0.35+90×0.30=69.0점

따라서 평가 점수가 가장 높은 사람은 C이다.

05 정답 ①

n(A∪B)=n(A)+n(B)-n(A∩B), n(A∪B∪C)=n(A)+n(B)+n(C)-n(A∩B)-n(B∩C)-n(A∩C)+n(A∩B∩C)임을 적용하여 구한다.
컴퓨터를 보유한 직원의 집합을 A, 노트북을 보유한 직원의 집합을 B, 스마트 워치를 보유한 직원의 집합을 C라고 하면
컴퓨터 또는 노트북을 보유한 직원이 70명이므로 n(A∪B)=70, 스마트 워치를 보유한 직원은 40명이므로 n(C)=40, 컴퓨터와 스마트 워치 2개만 보유한 직원은 6명이므로 n(A∩C)-n(A∩B∩C)=6, 노트북과 스마트 워치를 모두 보유한 직원은 10명이므로 n(B∩C)=10이다. 이때 컴퓨터, 노트북, 스마트 워치 중 적어도 1개 이상 보유하고 있는 직원의 집합은 A∪B∪C이므로
n(A∪B∪C)
=n(A)+n(B)+n(C)-n(A∩B)-n(B∩C)-n(A∩C)+n(A∩B∩C)
=n(A∪B)+n(C)-n(B∩C)-(n(A∩C)-n(A∩B∩C))
=70+40-10-6=94
따라서 컴퓨터, 노트북, 스마트 워치 중 적어도 1개 이상 보유하고 있는 직원의 수는 94명이다.

세부 유형 8 수와 식

p.131

01	02	03	04	05
③	②	⑤	⑤	③

01

정답 ③

길이가 200m인 화단의 양 끝에 화분을 놓고 10m 간격으로 화분을 놓으면 모두 놓았을 때 화단은 $\frac{200}{10}=20$등분된다. 이때 화단의 양 끝에 놓은 화분을 제외하고 화단을 등분하는 화분은 총 19개이다.
따라서 필요한 화분의 수는 19+2=21개이다.

02

정답 ②

어떤 수학 경시대회의 대상, 최우수상, 우수상 수상자의 상금은 3 : 2 : 1의 비율이고, 총상금은 1,800만 원이므로 우수상 수상자의 상금은 전체의 $\frac{1}{3+2+1}=\frac{1}{6}$이다.
따라서 우수상 수상자가 받게 되는 상금은 $1{,}800\times\frac{1}{6}=300$만 원이다.

03

정답 ⑤

A 세포는 256마리가 있고, 6일마다 세포 수가 절반씩 줄어들므로 12일 후 세포의 수는 $256\times\frac{1}{2}\times\frac{1}{2}=64$마리가 된다. 이때 2일마다 세포 수가 절반씩 줄어드는 B 세포도 12일 후 64마리이므로 12일 전 B 세포는 총 $\frac{12}{2}=6$번 세포 수가 절반씩 줄어들어 64마리가 된 것이다.
따라서 12일 전 B 세포의 수는 $64\times2^6=4{,}096$마리이다.

04

정답 ⑤

원기둥의 부피=밑넓이×높이, 1ml=1cm^3임을 적용하여 구한다.
반지름이 20cm인 원기둥 밑넓이는 $\pi\times20^2=3\times400=1{,}200cm^2$이고 원기둥의 높이는 50cm이므로 원기둥의 부피는 $1{,}200\times50=60{,}000cm^3$이다. 이에 따라 물통에 가득 찬 물 60,000ml의 가격은 300,000원이다.
따라서 물 1ml당 가격은 $\frac{300{,}000}{60{,}000}=5$원이다.

05

정답 ③

A, B, C, D 4명이 게임을 1번 진행할 때 얻을 수 있는 점수의 합은 3+2+1=6점이므로 게임을 21번 진행했을 때 얻을 수 있는 점수의 합은 6×21=126점이다. 이때 우승한 사람의 점수의 합은 나머지 3명 각각의 점수보다 높아야 하므로 $\frac{126}{4}=31.5$점보다 높아야 한다. 우승자의 점수가 32점일 경우, 4명이 얻은 점수의 합은 모두 다르므로 나머지 3명의 점수는 최대 31점, 30점, 29점이고 4명의 점수를 합하면 32+31+30+29=122점이므로 126점이 안 되어 성립하지 않는다. 우승자의 점수가 33점일 경우 나머지 3명의 점수는 최대 32점, 31점, 30점이고 4명의 점수를 합하면 33+32+31+30=126점이므로 성립한다.
따라서 우승 가능한 점수의 최솟값은 33점이다.

빠른 문제 풀이 Tip

얻은 점수의 합이 가장 높은 사람의 점수가 최솟값이라는 것은 최소 점수로 4명 중 최고점이라는 의미이고 모두의 점수는 차이가 거의 나지 않아야 한다. A, B, C, D 4명이 각각 첫 번째 게임에서 3점, 2점, 1점, 0점을 얻고 두 번째 게임에서 0점, 1점, 2점, 3점을 얻으면 게임을 2번 진행할 동안 A, B, C, D는 모두 3점을 얻는다. 게임을 20번 진행하면 모두 30점을 얻고, 마지막 21번째 게임에서 4명은 각각 3점, 2점, 1점, 0점을 얻어 우승한 사람의 점수는 33점이 최솟값임을 알 수 있다.

기출동형 연습문제

p.132

01	02	03	04	05
③	①	③	②	⑤
06	07	08	09	10
④	⑤	④	⑤	③
11	12	13	14	15
②	④	④	③	⑤

01 정답 ③

거리 = 속력 × 시간임을 적용하여 구한다.

상철이는 서울에서 대전까지는 버스를 이용하여 80km/h의 일정한 속력으로 2시간을 이동했으므로 서울에서 대전까지 이동한 거리는 80 × 2 = 160km이다. 또한, 대전에서 부산까지는 기차를 이용하여 1시간 30분 = 1.5시간을 이동했으며, 속력은 기차가 버스의 2배이므로 기차의 속력은 80 × 2 = 160km/h이다. 이에 따라 대전에서 부산까지 상철이가 이동한 거리는 160 × 1.5 = 240km이다.

따라서 서울에서 부산까지 상철이가 이동한 거리는 160 + 240 = 400km이다.

02 정답 ①

시간 = $\frac{거리}{속력}$, 속력 = $\frac{거리}{시간}$임을 적용하여 구한다.

강물의 속력을 x라고 하면

혜민이는 16m/s의 일정한 속력으로 보트를 타고 25초 동안 강을 거슬러 올라간 거리가 300m이고, 강을 거슬러 올라가는 속력은 보트의 속력에서 강물의 속력을 뺀 것과 같으므로

$16-x=\frac{300}{25} \rightarrow 16-x=12 \rightarrow x=4$

혜민이가 강을 따라 내려가는 속도는 보트의 속력과 강물의 속력을 합한 것과 같으므로 $16+x=20$m/s이다.

따라서 혜민이가 300m만큼 강을 따라 내려가는 데 걸리는 시간은 $\frac{300}{20}=15$초이다.

03 정답 ③

소금의 양 = 소금물의 양 × $\frac{소금물의\ 농도}{100}$임을 적용하여 구한다.

농도가 24%인 소금물의 양을 x라고 하면 농도가 12%인 소금물 150g과 농도가 24%인 소금물을 섞어서 만든 농도가 20%인 소금물의 양은 $150+x$이다. 이때 섞기 전 두 소금물에 있는 소금의 양의 합과 섞은 후 소금의 양은 같으므로

$150\times\frac{12}{100}+x\times\frac{24}{100}=(150+x)\times\frac{20}{100}$

$\rightarrow 18+0.24x=30+0.2x \rightarrow 0.04x=12 \rightarrow x=300$

따라서 농도가 24%인 소금물의 양은 300g이다.

04 정답 ②

소금의 양 = 소금물의 양 × $\frac{소금물의\ 농도}{100}$임을 적용하여 구한다.

소금물 A의 농도를 a, 소금물 B의 농도를 b, 소금물 B의 소금물의 양을 x라고 하면

소금물 A와 B를 4 : 1의 비율로 섞어서 만든 소금물의 농도가 12%이고, 섞기 전 소금물 A와 B에 녹아 있는 소금의 양의 합과 섞어서 만든 농도가 12%인 소금물에 녹아 있는 소금의 양은 같으므로

$4x\times\frac{a}{100}+x\times\frac{b}{100}=5x\times\frac{12}{100} \rightarrow 4a+b=60$ ⋯ ⓐ

또한, 소금물 A의 양을 y라고 하면 소금물 A와 B를 1 : 2의 비율로 섞어서 만든 소금물의 농도가 19%이고, 섞기 전 소금물 A와 B에 녹아 있는 소금의 양의 합과 섞어서 만든 농도가 19%인 소금물에 녹아 있는 소금의 양은 같으므로

$y\times\frac{a}{100}+2y\times\frac{b}{100}=3y\times\frac{19}{100} \rightarrow a+2b=57$ ⋯ ⓑ

2 × ⓐ − ⓑ에서 $7a=63 \rightarrow a=9$

따라서 소금물 A의 농도는 9%이다.

빠른 문제 풀이 Tip

비중을 활용하여 소금물의 농도를 구한다.

농도 a% 소금물 x(g)과 농도 b% 소금물 y(g)을 섞었을 때 농도는 $\frac{ax+by}{x+y}$%이므로 소금물 B의 소금물의 양을 1이라고 하면

소금물 A와 B를 4 : 1의 비율로 섞어서 만든 소금물의 농도는 12%이므로

$\frac{4a+b}{4+1}=12 \rightarrow 4a+b=60$ ⋯ ⓐ

소금물 A와 B를 1 : 2의 비율로 섞어서 만든 소금물의 농도는 19%이므로

$\frac{a+2b}{1+2}=19 \rightarrow a+2b=57$ ⋯ ⓑ

2 × ⓐ − ⓑ에서 $7a=63 \rightarrow a=9$

따라서 소금물 A의 농도는 9%임을 알 수 있다.

05 정답 ⑤

작업량 = 시간당 작업량 × 시간임을 적용하여 구한다.

주연이는 구슬 7개를 만드는 데 28분이 걸리므로 60분 동안 $\frac{7}{28}\times60=15$개의 구슬을 만들고, 현정이는 구슬 4개를 만드는 데 20분이 걸리므로 60분 동안 $\frac{4}{20}\times60=12$개의 구슬을 만든다.

따라서 주연이와 현정이가 3시간 동안 같이 만든 구슬의 개수는 $3\times(15+12)=81$개이다.

06 정답 ④

시간당 작업량 = $\frac{작업량}{시간}$임을 적용하여 구한다.

전체 일의 양을 1이라고 하면 호스 A로 24분간 75%를 채웠으므로 호스 A로 욕조를 채울 수 있는 물의 양은 1분당 $\frac{0.75}{24} = \frac{0.25}{8}$이다. 이때 욕조에 물을 채우는 속도는 호스 B가 호스 A의 1.6배이므로 호스 B로 욕조를 채울 수 있는 물의 양은 1분당 $\frac{0.25}{8} \times 1.6 = 0.05$이다.

따라서 호스 B로 욕조의 나머지 부분인 25%만큼 물을 채우는 데 걸린 시간은 $\frac{0.25}{0.05} = 5$분이다.

07 정답 ⑤

원가 = 정가 - 이익임을 적용하여 구한다.

A 물건을 4개 팔았을 때의 이익이 12,000원이므로 1개 팔았을 때의 이익은 $\frac{12,000}{4} = 3,000$원이고, A 물건 1개의 정가는 15,000원이므로 원가는 15,000 - 3,000 = 12,000원이다. B 물건을 2개 팔았을 때의 이익이 12,000원이므로 1개 팔았을 때의 이익은 $\frac{12,000}{2} = 6,000$원이고, B 물건 1개의 정가는 12,000원이므로 원가는 12,000 - 6,000 = 6,000원이다.

따라서 A 물건 1개와 B 물건 1개의 원가의 합은 12,000 + 6,000 = 18,000원이다.

08 정답 ④

A 독서실은 6개월 이용 후부터 금액을 20% 할인해주므로 6개월까지는 월 100,000원, 7개월부터는 월 100,000 × (1 - 0.2) = 80,000원이고, B 독서실의 이용 금액은 월 90,000원이다. 이때 독서실을 이용하는 개월 수를 x라고 하면, A 독서실의 총 이용 금액은 $100,000 \times 6 + 80,000 \times (x - 6) = 120,000 + 80,000x$이고, B 독서실의 총 이용 금액은 $90,000 \times x = 90,000x$이며, 총 이용 금액은 A 독서실이 B 독서실보다 저렴해져야 하므로

$120,000 + 80,000x < 90,000x \rightarrow 10,000x > 120,000$

$\rightarrow x > 12$

따라서 A 독서실의 총 이용 금액이 B 독서실의 총 이용 금액보다 저렴해지는 개월 수는 13개월부터이다.

빠른 문제 풀이 Tip

A 독서실의 이용 금액이 할인되기 전 6개월 차까지의 총 이용 금액은 A 독서실이 B 독서실보다 (100,000 - 90,000) × 6 = 60,000원 더 비싸다. 이후 7개월 차부터 A 독서실의 이용 금액이 20% 할인되어 100,000 × 0.8 = 80,000원이므로 7개월 차부터 이용 금액은 A 독서실이 B 독서실보다 월 90,000 - 80,000 = 10,000원 더 저렴하다. 이에 따라 6개월 차까지의 누적 이용 금액 차이가 0원이 되기 위해서는 7개월 차부터 $\frac{60,000}{10,000} = 6$개월 더 이용해야 한다.

따라서 이용한 지 6 + 6 + 1 = 13개월 차부터 A 독서실의 총 이용 금액이 B 독서실의 총 이용 금액보다 저렴해진다.

09 정답 ⑤

작년 석사 출신 연구원의 수를 x라고 하면 작년 박사 출신 연구원의 수는 $60 - x$이다. 올해 석사 출신 연구원의 수는 작년 대비 20% 증가했고, 박사 출신 연구원의 수는 작년 대비 20% 감소하여 연구소의 석사 출신 연구원과 박사 출신 연구원은 총 64명이므로

$x \times (1 + 0.2) + (60 - x) \times (1 - 0.2) = 64$

$\rightarrow 1.2x + 48 - 0.8x = 64 \rightarrow 0.4x = 16 \rightarrow x = 40$

따라서 작년 석사 출신 연구원의 수는 40명이다.

10 정답 ③

올해 지우의 나이를 x라고 하면 올해 지우의 나이는 올해 아버지의 나이의 절반이므로 올해 아버지의 나이는 $2x$이다. 또한, 12년 전 아버지의 나이는 $2x - 12$로 12년 전 지우의 나이인 $x - 12$의 3배이므로

$2x - 12 = 3 \times (x - 12) \rightarrow x = 24$

따라서 올해 지우와 아버지의 나이 차이는 $2x - x = 24$세이다.

11 정답 ②

서로 다른 n개에서 순서를 고려하지 않고 r개를 뽑는 경우의 수는 ${}_nC_r = \frac{n!}{r!(n-r)!}$, 어떤 사건 A가 일어나는 경우의 수를 m, 어떤 사건 B가 일어나는 경우의 수를 n이라고 할 때 두 사건 A, B가 서로 영향을 주지 않으면서 동시에 일어나는 모든 경우의 수는 m × n임을 적용하여 구한다.

육류 3종 중에서 1종을 고르는 경우의 수는 ${}_3C_1 = \frac{3!}{1!(3-1)!} = 3$가지, 채소 2종 중에서 1종을 고르는 경우의 수는 ${}_2C_1 = \frac{2!}{1!(2-1)!} = 2$가지, 조미료 4종 중에서 2종을 고르는 경우의 수는 ${}_4C_2 = \frac{4!}{2!(4-2)!} = 6$가지이다.

따라서 가능한 조리의 경우의 수는 3 × 2 × 6 = 36가지이다.

12 정답 ④

어떤 사건 A가 일어날 확률을 p, 어떤 사건 B가 일어날 확률을 q라고 할 때 두 사건 A, B가 서로 영향을 주지 않으면서 동시에 일어날 확률은 p × q, 어떤 사건 A가 일어나지 않을 확률은 1 - p임을 적용하여 구한다.

정규직 전환 시험은 1번부터 5번까지 총 5문제가 있으며, 홀수 번호의 문제는 O/X 문제이고, 짝수 번호의 문제는 4지선다 문제이므로 홀수 번호의 O/X 문제는 3개, 짝수 번호의 4지선다 문제는 2개이다. O/X 문제를 맞힐 확률은 $\frac{1}{2}$이므로 틀릴 확률은 $1 - \frac{1}{2} = \frac{1}{2}$이고, 4지선다의 문제를 맞힐 확률은 $\frac{1}{4}$이므로 틀릴 확률은 $1 - \frac{1}{4} = \frac{3}{4}$이다. 이에 따라 1번 또는 3번 또는 5번을 틀릴 확률은 서로 같고 2번 또는 4번을 틀릴 확률은 서로 같다. 이때 5문제 중 4문제 이상 맞히면 시험을 통과하므로 틀리는 문제에 따라 시험을 통과할 확률은 다음과 같다.

경우 1. 5문제를 모두 맞히는 경우

$\frac{1}{2} \times \frac{1}{4} \times \frac{1}{2} \times \frac{1}{4} \times \frac{1}{2} = \frac{1}{128}$

경우 2. 홀수 번호의 문제를 1개 틀리는 경우

$\left(\frac{1}{2} \times \frac{1}{4} \times \frac{1}{2} \times \frac{1}{4} \times \frac{1}{2}\right) \times 3 = \frac{1}{128} \times 3 = \frac{3}{128}$

경우 3. 짝수 번호의 문제를 1개 틀리는 경우

$\left(\frac{1}{2} \times \frac{3}{4} \times \frac{1}{2} \times \frac{1}{4} \times \frac{1}{2}\right) \times 2 = \frac{3}{128} \times 2 = \frac{6}{128}$

따라서 정규직 전환 시험을 통과할 확률은 $\frac{1}{128} + \frac{3}{128} + \frac{6}{128} = \frac{10}{128} = \frac{5}{64}$이다.

13

정답 ④

현정, 도진, 승민, 나현의 몸무게를 각각 a, b, c, d라고 하면 4명의 평균 몸무게는 70kg이므로

$\frac{a+b+c+d}{4} = 70$ … ⓐ

네 명의 몸무게를 3:1:3:1의 비율로 한 가중평균은 65kg이므로

$\frac{3a+b+3c+d}{8} = 65$ … ⓑ

ⓐ × 2 − ⓑ에서 $\frac{a+b+c+d}{4} \times 2 - \frac{3a+b+3c+d}{8} = 70 \times 2 - 65$

→ $\frac{a+3b+c+3d}{8} = 75$

따라서 네 명의 몸무게를 1:3:1:3의 비율로 한 가중평균은 75kg이다.

14

정답 ③

지정이가 에스컬레이터를 타고 올라가는 속력은 보근이가 계단으로 올라가는 속력의 3배이고, 지정이가 2층에 도착했을 때 보근이가 올라간 계단이 30개였다. 이에 따라 시간이 동일할 때 속력의 비는 거리의 비와 동일하므로 총 계단의 수는 30 × 3 = 90개이다.

따라서 보근이가 2층으로 가기 위해서 더 올라가야 하는 계단의 수는 90 − 30 = 60개이다.

15

정답 ⑤

시침은 1시간에 $\frac{360}{12} = 30°$ 움직이므로 1분에 $\frac{30}{60} = 0.5°$ 움직이고, 분침은 1시간에 360° 움직이므로 1분에 $\frac{360}{60} = 6°$ 움직인다. 이때, 시침은 1시에서 움직이기 시작하므로 1시 30분에 시침의 각도는 12시를 기준으로 30 + 0.5 × 36 = 48°이고, 분침의 각도는 12시를 기준으로 6 × 36 = 216°이다.

따라서 1시 36분에 시침과 분침이 이루는 각도는 216 − 48 = 168°이다.

고난도 대비 문제

p.136

01	02	03	04	05
④	③	⑤	④	④
06	07	08	09	10
③	⑤	①	②	④

01

정답 ④

거리 = 속력 × 시간임을 적용하여 구한다.

승현이는 집에서 15km 떨어진 회사에 8시 30분까지 도착해야 하고, 집에서 8시 10분에 나왔으므로 지각하지 않기 위해서는 15km를 20분$\left(= \frac{1}{3}\text{시간}\right)$ 안에 이동해야 한다. 승현이가 뛰어서 이동한 시간을 x라고 하면 택시로 이동한 시간은 $\frac{1}{3} - x$이다. 이때 승현이가 뛰는 속력은 12km/h이므로 뛰어서 이동한 거리는 $12x$이고, 택시의 속력은 60km/h이므로 택시를 타고 이동한 거리는 $60 \times \left(\frac{1}{3} - x\right) = 20 - 60x$이며, 승현이가 뛰어서 이동한 거리와 택시로 이동한 거리의 합은 15km이므로

$12x + 20 - 60x = 15$ → $48x = 5$ → $x = \frac{5}{48}$

따라서 승현이가 회사에 지각하지 않기 위해서 늦어도 집에서 출발한 지 $\frac{5}{48}$시간 = 6.25분 뒤에는 택시를 타야 한다.

02

정답 ③

속력 = $\frac{\text{거리}}{\text{시간}}$임을 적용하여 구한다.

A 기차의 속력을 a, B 기차의 속력을 b라고 하면

길이가 100m인 A 기차가 터널에 들어가기 시작한 지 10초 후에 길이가 200m인 B 기차가 터널에 들어가기 시작했고, B 기차가 터널에 들어가기 시작한 지 20초 후에 두 기차가 터널 안에서 만났으므로 두 기차가 만나기까지 A 기차가 터널 안에서 이동한 거리는 30a, B 기차가 터널 안에서 이동한 거리는 20b이고, 두 기차가 터널 안에서 이동한 거리의 합은 터널 길이인 1.9km = 1,900m이므로

30a + 20b = 1,900 … ⓐ

이때 두 기차가 터널 안에서 만난 후 22초 후에 B 기차가 터널에서 완전히 빠져나갔으므로 B 기차가 20 + 22 = 42초 동안 이동한 거리는 터널의 길이와 B 기차의 길이의 합인 1,900 + 200 = 2,100m이다. 이에 따라 B 기차의 속력 b = $\frac{2{,}100}{42}$ = 50m/s이므로 이를 ⓐ에 대입하여 풀면

30a + 20 × 50 = 1,900 → 30a = 900 → a = 30

따라서 A 기차의 속력은 30m/s이다.

03

정답 ⑤

소금물의 농도(%) = $\frac{\text{소금의 양}}{\text{소금물의 양}}$ × 100임을 적용하여 구한다.

소금물 A의 농도를 a, 소금물 B의 농도를 b라고 하면

소금물 A와 B를 3:4의 비율로 섞어서 만든 소금물의 농도가 13%이므로 섞은 소금물의 양을 각각 $3x$, $4x$라고 하면 소금물 A와 B의 소금의 양은 각각 $3x \times \frac{a}{100}$, $4x \times \frac{b}{100}$이고, 섞어서 만든 소금물의 농도가 13%이므로

$\frac{3x \times \frac{a}{100} + 4x \times \frac{b}{100}}{3x+4x} \times 100 = 13 \rightarrow \frac{(3a+4b)x}{7x} = 13$

$\rightarrow \frac{3a+4b}{7} = 13 \rightarrow 3a+4b=91$ … ⓐ

소금물 A와 B를 4:3의 비율로 섞어서 만든 소금물의 농도가 16%이므로 섞은 소금물의 양을 각각 $4y$, $3y$라고 하면 소금물 A와 B의 소금의 양은 각각 $4y \times \frac{a}{100}$, $3y \times \frac{b}{100}$이고, 섞어서 만든 소금물의 농도가 16%이므로

$\frac{4y \times \frac{a}{100} + 3y \times \frac{b}{100}}{4y+3y} \times 100 = 16 \rightarrow \frac{(4a+3b)y}{7y} = 16$

$\rightarrow \frac{4a+3b}{7} = 16 \rightarrow 4a+3b=112$ … ⓑ

4 × ⓐ − 3 × ⓑ에서 $b=4$, $a=25$

따라서 소금물 A의 농도는 25%이다.

빠른 문제 풀이 Tip

비중을 활용하여 소금물의 농도를 구한다.

소금물 A의 농도를 a%, 소금물 B의 농도를 b%라고 하면 소금물 A와 B를 $x:y$의 비율로 섞어서 만든 소금물의 농도는 $\frac{ax+by}{x+y}$%이므로

소금물 A와 B를 3:4의 비율로 섞어서 만든 소금물의 농도는 13%이므로

$\frac{3a+4b}{3+4} = 13\% \rightarrow 3a+4b=91$ … ⓐ

4:3의 비율로 섞어서 만든 소금물의 농도는 16%이므로

$\frac{4a+3b}{4+3} = 16\% \rightarrow 4a+3b=112$ … ⓑ

4 × ⓐ − 3 × ⓑ에서 $b=4$, $a=25$

따라서 소금물 A의 농도는 25%임을 알 수 있다.

04

정답 ④

시간 = $\frac{\text{작업량}}{\text{시간당 작업량}}$임을 적용하여 구한다.

전체 일의 양을 1, A의 1분당 작업량을 a라고 하면

이 일을 A가 혼자 진행할 때, $\frac{1}{a}$분이 걸리고 B가 혼자 진행했을 때보다 40분이 덜 걸리므로 B가 혼자 진행하면 걸리는 시간은 $\frac{1}{a}+40$이다. 이에 따라 B의 1분당 작업량은 $\frac{1}{\frac{1}{a}+40}$이고, 이 일을 A와 B가 함께 진행하면 48분이 걸리므로

$\left(a+\frac{1}{\frac{1}{a}+40}\right) \times 48 = 1 \rightarrow a+\frac{a}{1+40a} = \frac{1}{48} \rightarrow \frac{40a^2+2a}{1+40a} = \frac{1}{48}$

$\rightarrow 1{,}920a^2+96a = 1+40a \rightarrow 1{,}920a^2+56a-1=0$

$\rightarrow (80a-1)(24a+1)=0$

작업량은 양수임에 따라 $a>0$이므로 $80a=1 \rightarrow a=\frac{1}{80}$

이에 따라 A의 1분당 작업량은 $\frac{1}{80}$, B의 1분당 작업량은 $\frac{1}{\frac{1}{\frac{1}{80}}+40} = \frac{1}{120}$이다.

따라서 이 일을 A가 절반 진행하고 이후 B와 함께 진행해서 완성했을 때 걸리는 시간은 $\frac{\frac{1}{2}}{\frac{1}{80}} + \frac{\frac{1}{2}}{\frac{1}{80}+\frac{1}{120}} = 40+24 = 64$분이다.

05

정답 ④

할인가 = 정가 × (1 − 할인율)임을 적용하여 구한다.

1개당 정가가 4,000원인 A 제품을 낱개로 구매하면 개당 13%를 할인해준다. 이때 100개씩 묶음으로 구매하면 첫 번째 묶음은 11%, 두 번째 묶음은 14%, 세 번째 묶음은 17%를 할인해 주므로 200개를 구매했을 때 전체 할인율은 $\frac{11+14}{2}$ = 12.5%이고, 300개를 구매했을 때 전체 할인율은 $\frac{11+14+17}{3}$ = 14%이다.

따라서 300개 이상 구매할 때부터 개별로 구매하는 것보다 묶음으로 구매하는 것이 더 저렴하다.

06

정답 ③

준비된 3분짜리 곡의 수를 x, 4분짜리 곡의 수를 y라고 하면 3분짜리 곡과 4분짜리 곡의 수를 합한 것보다 6분짜리 곡의 수가 1곡 더 많으므로 6분짜리 곡의 수는 $x+y+1$이다. 또한, 3분짜리 곡들의 총 연주시간은 4분짜리 곡들의 총 연주시간보다 6분 더 길므로

$3x=4y+6 \rightarrow 3x-4y=6$ … ⓐ

이때 각 연주 사이에는 준비시간 1분이 소요되므로 총 준비시간은 (준비된 곡의 수의 합 − 1) × 1과 같고, 음악회는 1시간 48분(= 108분) 동안 진행되므로

$3x+4y+6(x+y+1)+\{x+y+(x+y+1)-1\} \times 1 = 108$

$\rightarrow 11x+12y=102$ … ⓑ

3 × ⓐ + ⓑ에서 $20x=120 \rightarrow x=6$, $y=3$

따라서 6분짜리 곡의 수는 6+3+1 = 10곡이다.

07

정답 ⑤

서로 다른 주사위 2개를 던져서 나온 숫자를 a, b라고 하면 a, b로 만든 두 자리 숫자는 각각 $10a+b$, $10b+a$이므로 만든 두 자리 숫자의 차이는 $|9a-9b|$이다. 두 자리 숫자의 차이가 9 또는 27이므로

$|9a-9b|=9$ 또는 27 → $|a-b|=1$ 또는 3
이에 따라 서로 다른 주사위 2개를 던져서 나온 숫자의 차이가 1 또는 3이어야 한다. 두 숫자의 차이가 1인 경우의 수는 주사위 2개를 던져서 나온 숫자가 (1, 2), (2, 3), (3, 4), (4, 5), (5, 6)인 5가지이고, 두 숫자의 차이가 3인 경우의 수는 주사위 2개를 던져서 나온 숫자가 (1, 4), (2, 5), (3, 6) 3가지이다. 이때 두 주사위는 서로 다르므로 두 숫자의 차이가 1인 경우의 수는 5×2=10가지이고, 두 숫자의 차이가 3인 경우의 수는 3×2=6가지이다.
따라서 두 자리 숫자의 차이가 9 또는 27인 경우의 수는 총 10+6=16가지이다.

08

정답 ①

개발팀 남자 수를 x라 하면 여자 수는 $150-x$이다. 이때 남자 수는 여자 합격자 수보다 31명 더 많으므로 여자 합격자 수는 $x-31$이고, 여자 합격자 수는 여자 불합격자 수보다 28명 더 많으므로 여자 불합격자 수는 $x-31-28=x-59$이다. 여자 수는 여자 합격자 수와 여자 불합격자 수의 합과 같으므로
$150-x=x-31+x-59=2x-90$ → $3x=240$ → $x=80$
이에 따라 남자들의 연말 평가 불합격률은 40%이므로 남자 불합격자 수는 $0.4x=0.4\times80=32$명, 여자 불합격자 수는 $x-59=80-59=21$명이다.
따라서 개발팀에서 연말 평가 불합격자를 뽑았을 때, 남자일 확률은 $\frac{32}{32+21}=\frac{32}{53}$이다.

09

정답 ②

$n(A\cup B\cup C)=n(A)+n(B)+n(C)-n(A\cap B)-n(B\cap C)-n(A\cap C)+n(A\cap B\cap C)$임을 적용하여 구한다.
직원 500명 중 치킨을 선호하는 직원을 A, 피자를 선호하는 직원을 B, 햄버거를 선호하는 직원을 C라고 하면 $n(A)=270$, $n(B)=220$, $n(C)=145$이다. 이때 치킨과 피자를 선호하는 직원을 x라고 하면 치킨과 피자를 선호하는 직원은 햄버거와 치킨을 선호하는 직원보다 30명 더 적으므로 햄버거와 치킨을 선호하는 직원은 $x+30$이고, 피자와 햄버거를 선호하는 직원은 치킨과 피자를 선호하는 직원의 $\frac{1}{4}$배이므로 $\frac{1}{4}x$이다. 또한, 3가지 음식 모두 선호하는 직원은 12명이므로 $n(A\cap B\cap C)=12$이고, 선호하는 음식이 없는 직원은 없으므로
$500=270+220+145-x-\frac{1}{4}x-(x+30)+12$
→ $\frac{9}{4}x=117$ → $x=52$
이에 따라 피자와 햄버거를 선호한다고 응답한 직원은 $\frac{1}{4}x=13$명이다.
따라서 피자와 햄버거만 선호하는 직원 수는 13-12=1명이다.

10

정답 ④

A, B, C 세 미술관이 소장하고 있는 현대 미술 작품 수는 총 1,000점이고, 현대 미술 작품을 가장 많이 소장하고 있는 B 미술관의 현대 미술 작품은 500점 이상이므로 A 미술관과 C 미술관이 소장하고 있는 현대 미술 작품 수의 합은 1,000-500=500점 이하이다. 이때 A 미술관과 C 미술관이 소장하고 있는 현대 미술 작품 수의 모든 자리 숫자는 홀수이며 그 차는 세 자릿수이므로 A 미술관이 소장하고 있는 현대 미술 작품의 수는 백의 자리 숫자가 1, C 미술관이 소장하고 있는 현대 미술 작품의 수는 백의 자리 숫자가 3임을 알 수 있다. 또한, A 미술관과 C 미술관이 소장하고 있는 현대 미술 작품 수의 합의 모든 자리 숫자는 짝수이며, 이때 각 자리 숫자의 합이 9를 초과할 경우, 받아올림에 의해 윗자리 숫자에 1이 더해져 모든 자리 숫자가 홀수로 구성된 두 수의 합 중 어떤 자리 숫자는 홀수가 되므로 각 자리 숫자의 합은 9 이하임을 알 수 있다. A 미술관과 C 미술관이 소장하고 있는 현대 미술 작품 수의 합은 일의 자리와 십의 자리 숫자가 각각 9 이하인 짝수이어야 하므로 최댓값은 8이고, 백의 자리 숫자는 1+3=4이다. 이에 따라 A 미술관과 C 미술관이 소장하고 있는 현대 미술 작품 수의 합의 최댓값은 488점이다.
따라서 B 미술관이 소장하고 있는 현대 미술 작품 수의 최솟값은 1,000-488=512점이다.

기출유형공략

세부 유형1 자료이해

p.143

01	02	03	04	05
④	④	①	④	④
06	07	08	09	10
③	①	①	④	⑤
11	12	13	14	15
⑤	④	⑤	⑤	⑤

01

정답 ④

2016년 여행업 일반등록 관광사업체 수는 서울특별시가 제주특별자치도의 2,607/330=7.9배이므로 옳지 않은 설명이다.

오답 체크

① 2015년 여행업 일반등록 관광사업체 수가 전년 대비 감소한 지역은 경상북도 1곳이므로 옳은 설명이다.

② 2017년 여행업 일반등록 관광사업체 수는 부산광역시가 경상남도보다 211-103=108개소 더 많으므로 옳은 설명이다.

③ 제시된 기간 동안 울산광역시 여행업 일반등록 관광사업체 수의 평균은 (11+11+32+34)/4=22개소이므로 옳은 설명이다.

⑤ 2014년 여행업 일반등록 관광사업체 수가 첫 번째로 많은 지역은 서울특별시, 두 번째로 많은 지역은 제주특별자치도, 세 번째로 많은 지역은 경기도이므로 옳은 설명이다.

빠른 문제 풀이 Tip

④ 제주특별자치도 여행업 일반등록 관광사업체 수의 8배에 해당하는 값과 서울특별시 여행업 일반등록 관광사업체 수를 비교한다.
2016년 서울특별시 여행업 일반등록 관광사업체 수인 2,607개소는 같은 해 제주특별자치도 여행업 일반등록 관광사업체 수의 8배인 330×8=2,640개소보다 적으므로 서울특별시가 제주특별자치도의 8배 미만임을 알 수 있다.

02

정답 ④

b. 일본의 서비스용 로봇 총 수입액은 11,481+1,144=12,625백만 원이므로 옳은 설명이다.

d. 독일의 로봇 단품 총 수입액은 56,408+12,600+10,780=79,788백만 원으로 독일의 로봇 단품 총 수입액에서 전문 서비스용 로봇 수입액이 차지하는 비중은 (12,600/79,788)×100 ≒ 16%이므로 옳은 설명이다.

오답 체크

a. 중국의 로봇 단품별 평균 수입액은 (34,767+429+4,287)/3=13,161백만 원이므로 옳지 않은 설명이다.

c. 제조업용 로봇 수입액은 미국이 스웨덴의 28,751/18,106 ≒ 1.59배이므로 옳지 않은 설명이다.

빠른 문제 풀이 Tip

d. 독일의 전문 서비스용 로봇 수입액과 로봇 단품 총 수입액의 20%에 해당하는 값을 비교한다.
독일의 전문 서비스용 로봇 수입액인 12,600백만 원은 로봇 단품 총 수입액의 20%인 79,788×0.2=15,957.6백만 원보다 적으므로 독일의 로봇 단품 총 수입액에서 전문 서비스용 로봇 수입액이 차지하는 비중은 20% 미만임을 알 수 있다.

03

정답 ①

a. 2019년 강선의 동력 어선 척수는 전년 대비 증가하였지만, 목선의 동력 어선 척수는 전년 대비 감소하였으므로 옳지 않은 설명이다.

b. 2019년 강선의 무동력 어선 척수는 2017년 대비 {(20-10)/10}×100=100% 증가하였으므로 옳지 않은 설명이다.

오답 체크

c. 2016년부터 2018년까지 FRP선의 동력 어선은 매년 63,000척 이상이고, FRP선의 전체 어선은 2015년에 62,882+370=63,252척, 2019년에 62,721+490=63,211척으로 제시된 기간 동안 FRP선의 전체 어선은 매년 63,000척 이상이므로 옳은 설명이다.

d. 제시된 기간 동안 목선의 무동력 어선 척수의 평균은 (605+458+365+312+270)/5=402척이므로 옳은 설명이다.

04

정답 ④

2019년 경제활동 상태에서 개인학습 선호도와 집단학습 선호도의 평균은 취업 상태가 (36.8+35.7)/2=36.25%, 실업 상태가 (39.3+38.6)/2=38.95%, 비경제활동 상태가 (27.8+33.0)/2=30.4%로 개인학습 선호도와 집단학습 선호도의 평균은 실업 상태가 가장 높으므로 옳은 설명이다.

오답 체크

① 전체 집단학습 선호도는 2018년에 2017년 대비 31.3%에서 30.5%로 감소하였으므로 옳지 않은 설명이다.

② 2017년부터 2019년까지 개인학습 선호도는 매년 남자가 여자보다 높지만, 집단학습 선호도는 매년 여자가 남자보다 높으므로 옳지 않은 설명이다.

③ 2017년 개인학습 선호도는 대졸 이상 학력이 중졸 이하 학력의 51.0/12.0=4.25배이므로 옳지 않은 설명이다.

⑤ 2017년부터 2019년까지 중소도시 지역의 집단학습 선호도가 가장 낮았던 해는 2018년이지만, 농어촌 지역의 집단학습 선호도가 가장 낮았던 해는 2017년이므로 옳지 않은 설명이다.

빠른 문제 풀이 Tip

④ 각 경제활동 상태의 2019년 개인학습 선호도와 집단학습 선호도의 크기를 비교한다.
2019년 개인학습 선호도는 39.3%인 실업 상태가 가장 높고, 집단학습 선호도도 38.6%인 실업 상태가 가장 높으므로 개인학습 선호도와 집단학습 선호도의 평균은 실업 상태가 가장 높음을 알 수 있다.

05 정답 ④

b. 2019년 하우스용 LDPE 영농폐비닐 발생량은 '대전·세종·충남'이 '부산·울산·경남'보다 14,534 - 10,890 = 3,644t 더 적으므로 옳은 설명이다.

c. 2017년 기타 영농폐비닐 발생량은 '서울·경기·인천'이 '대전·세종·충남'의 2,518 / 395 ≒ 6.4배이므로 옳은 설명이다.

오답 체크

a. 2018년 '서울·경기·인천'의 멀칭용 LDPE 영농폐비닐 발생량은 전년 대비 {(6,600 - 5,346) / 6,600} × 100 = 19% 감소하였으므로 옳지 않은 설명이다.

d. 2019년 '부산·울산·경남'의 전체 영농폐비닐 발생량에서 HDPE 영농폐비닐 발생량이 차지하는 비중은 (1,680 / 48,000) × 100 = 3.5%이므로 옳지 않은 설명이다.

빠른 문제 풀이 Tip

a. 2017년 '서울·경기·인천'의 멀칭용 LDPE 영농폐비닐 발생량의 80%에 해당하는 값을 구하여 2018년과 비교한다.
2018년 '서울·경기·인천'의 멀칭용 LDPE 영농폐비닐 발생량이 5,346t으로 2017년에서 20% 감소한 값인 6,600 × 0.8 = 5,280t보다 많으므로 2018년에는 전년 대비 20% 미만 감소하였음을 알 수 있다.

c. 2017년 '대전·세종·충남'의 기타 영농폐비닐 발생량을 반올림한 후 6배 한 값과 '서울·경기·인천'의 기타 영농폐비닐 발생량을 비교한다.
2017년 '서울·경기·인천'의 기타 영농폐비닐 발생량은 2,518t으로 '대전·세종·충남'의 기타 영농폐비닐 발생량을 일의 자리에서 반올림한 값인 400t을 6배 한 400 × 6 = 2,400t보다 많으므로 2017년 기타 영농폐비닐 발생량은 '서울·경기·인천'이 '대전·세종·충남'의 6배 이상임을 알 수 있다.

d. 2019년 '부산·울산·경남'의 전체 영농폐비닐 발생량에서 5%에 해당하는 값을 구하여 HDPE 영농폐비닐 발생량과 비교한다.
2019년 '부산·울산·경남'의 HDPE 영농폐비닐 발생량은 1,680t으로 해당 지역군 전체 영농폐비닐 발생량의 5%인 48,000 × 0.05 = 2,400t보다 적으므로 HDPE 영농폐비닐 발생량이 차지하는 비중은 5% 미만임을 알 수 있다.

06 정답 ③

2019년 여자 청각·언어 장애인 수는 전년 대비 {(184,142 - 166,177) / 166,177} × 100 ≒ 10.8% 증가하였으므로 옳은 설명이다.

오답 체크

① 2018년 남자와 여자 안면 장애인 수의 평균은 (1,561 + 1,128) / 2 ≒ 1,345명이므로 옳지 않은 설명이다.

② 남자 장애인 수는 2018년에 정신 장애인 수가 신장 장애인 수보다 많지만, 2019년에는 정신 장애인 수가 신장 장애인 수보다 적으므로 옳지 않은 설명이다.

④ 2019년 간 장애인 수는 남자가 여자의 9,309 / 3,845 ≒ 2.4배이므로 옳지 않은 설명이다.

⑤ 2019년 호흡기 장애인 수는 전년 대비 (8,762 + 2,999) - (8,542 + 2,980) = 239명 감소하였으므로 옳지 않은 설명이다.

빠른 문제 풀이 Tip

③ 여자 청각·언어 장애인 수의 2019년 전년 대비 증가 인원수와 2018년의 10%에 해당하는 값을 비교한다.
여자 청각·언어 장애인 수의 2019년 전년 대비 증가 인원수는 184,142 - 166,177 = 17,965명으로 2018년의 10%인 166,177 × 0.1 = 16,617.7명보다 크므로 증가율이 10% 이상임을 알 수 있다.

07 정답 ①

a. 종사자 규모별 2018년 노동조합 유무에 대해 '모름'이라고 응답한 비율의 평균은 (1.5 + 0.5 + 1.7 + 2.9 + 3.5) / 5 ≒ 2.0%이므로 옳지 않은 설명이다.

b. 2017년 100인 이상 규모에서 노동조합 유무에 대해 '있음'이라고 응답한 비율은 '없음'이라고 응답한 비율보다 65.1 - 34.9 = 30.2%p 더 낮으므로 옳지 않은 설명이다.

오답 체크

c. 2017년과 2018년 노동조합 유무에 대해 응답한 비율은 모든 종사자 규모에서 '없음'이 가장 높고, '모름'이 가장 낮으므로 옳은 설명이다.

d. 2018년 5인 이상 9인 이하 규모에서 노동조합 유무에 대해 '있음'이라고 응답한 비율은 전년 대비 {(3.6 - 2.7) / 2.7} × 100 ≒ 33.3% 증가하였으므로 옳은 설명이다.

08 정답 ①

1가구당 평균 임대보증금 = 1가구당 평균 부채 - 1가구당 평균 금융부채임을 적용하여 구하면 2020년 전체 가구에서 1가구당 평균 임대보증금은 소득 5분위가 18,645 - 13,326 = 5,319만 원으로 소득 4분위인 9,975 - 7,757 = 2,218만 원보다 5,319 - 2,218 = 3,101만 원 더 많으므로 옳은 설명이다.

오답 체크

② 부채 보유 가구 수가 부채 미보유 가구 수보다 많으려면 전체 가구에서 1가구당 평균 부채가 부채 보유 가구에서 1가구당 평균 부채의 절반보다 많아야 하지만, 2018년 전체 가구에서 소득 1분위의 1가구당 평균 부채는 1,613만 원으로 부채 보유 가구에서 소득 1분위의 1가구당 평균 부채의 절반인 4,802 / 2 = 2,401만 원보다 적으므로 옳지 않은 설명이다.

③ 2020년 부채 보유 가구에서 소득 3분위의 1가구당 평균 금융부채는 전년 대비 7,182 - 7,017 = 165만 원 증가하였으므로 옳지 않은 설명이다.

④ 2019년 소득 1분위의 1가구당 평균 금융부채는 부채 보유 가구가 전체 가구의 2,989/980=3.05배이므로 옳지 않은 설명이다.

⑤ 2019년 부채 보유 가구에서 소득 2분위의 1가구당 평균 부채는 전년 대비 감소하였으므로 옳지 않은 설명이다.

빠른 문제 풀이 Tip

④ 2019년 전체 가구에서 소득 1분위의 1가구당 평균 금융부채의 3배에 해당하는 값과 부채 보유 가구에서 소득 1분위의 1가구당 평균 금융부채를 비교한다.
2019년 소득 1분위의 1가구당 평균 금융부채는 부채 보유 가구가 2,989만 원으로 전체 가구의 3배인 980×3=2,940만 원보다 많으므로 2019년 소득 1분위의 1가구당 평균 금융부채는 부채 보유 가구가 전체 가구의 3배 이상임을 알 수 있다.

09

정답 ④

2017년 전국 수산물가공제품 생산량에서 전라남도 생산량이 차지하는 비중은 (340,748/1,291,632)×100≒26.4%이므로 옳지 않은 설명이다.

오답 체크

① 2018년 이후 수산물가공제품 생산액이 매년 전년 대비 증가하는 지역은 부산광역시, 전라북도 2곳이므로 옳은 설명이다.

② 제시된 기간 중 울산광역시 수산물가공제품 생산량이 가장 많은 2019년에 수산물가공제품 생산량 1톤당 평균 생산액은 16,958/2,780=6.1백만 원이므로 옳은 설명이다.

③ 제시된 지역 중 2019년 수산물가공제품 생산량이 세 번째로 많은 경상남도의 2019년 생산액은 2017년 대비 589,976-562,874=27,102백만 원 감소하였으므로 옳은 설명이다.

⑤ 제시된 기간 동안 수산물가공제품 생산량은 매년 대구광역시가 대전광역시보다 적어 총생산량도 대구광역시가 대전광역시보다 적으므로 옳은 설명이다.

빠른 문제 풀이 Tip

④ 2017년 전국 수산물가공제품 생산량을 4로 나눈 값과 전라남도 생산량을 비교한다.
2017년 전라남도 수산물가공제품 생산량인 340,748톤은 전국 생산량의 25%(=1/4)인 1,291,632/4=322,908톤보다 많으므로 전국 생산량에서 전라남도 생산량이 차지하는 비중은 25% 이상임을 알 수 있다.

10

정답 ⑤

인천의 총 선박 톤수는 18,084+33,199+43,408+24,918+380,519=500,128톤으로 인천의 총 선박 톤수 중 여객선 톤수가 차지하는 비중은 (18,084/500,128)×100≒3.6%이므로 옳지 않은 설명이다.

오답 체크

① 부산의 부선 1척당 평균 톤수는 772,286/847≒912톤이므로 옳은 설명이다.

② 톤수가 큰 선박부터 순서대로 나열하면 인천은 부선, 유조선, 화물선, 예선, 여객선 순이고, 여수는 유조선, 화물선, 부선, 여객선, 예선 순이므로 옳은 설명이다.

③ 여수의 선박별 평균 척수는 (29+43+36+93+67)/5=53.6척이므로 옳은 설명이다.

④ 제시된 지방청 중 화물선 톤수가 7,597,204톤으로 가장 큰 제주의 총 선박 척수는 18+378+228+18+25=667척이므로 옳은 설명이다.

빠른 문제 풀이 Tip

⑤ 인천의 여객선 톤수와 총 선박 톤수의 5%에 해당하는 값을 비교한다.
인천의 여객선 톤수인 18,084톤은 총 선박 톤수의 5%인 500,128×0.05=25,006.4톤보다 적으므로 인천의 총 선박 톤수 중 여객선 톤수가 차지하는 비중은 5% 미만임을 알 수 있다.

11

정답 ⑤

b. 제시된 지역 중 2017년 협의 이혼 건수가 재판 이혼 건수의 4배 이상인 지역은 5,598/1,389≒4.03배인 인천광역시뿐이므로 옳은 설명이다.

c. 2019년 대전광역시 재판 이혼 건수의 2016년 대비 증가율은 {(686-545)/545}×100≒25.9%이므로 옳은 설명이다.

d. 2016년부터 2019년까지 협의 이혼 건수가 많은 순서에 따라 매년 1순위인 서울특별시의 협의 이혼 건수는 2016년에 13,665건, 2017년에 13,216건, 2018년에 13,270건, 2019년에 12,903건이고, 매년 2~4순위인 인천광역시, 부산광역시, 대구광역시의 협의 이혼 건수의 합은 2016년에 5,684+5,422+3,418=14,524건, 2017년에 5,598+5,185+3,305=14,088건, 2018년에 5,688+5,266+3,454=14,408건, 2019년에 5,938+5,396+3,533=14,867건으로 1순위인 서울특별시의 협의 이혼 건수는 매년 2~4순위인 인천광역시, 부산광역시, 대구광역시의 협의 이혼 건수의 합보다 작으므로 옳은 설명이다.

오답 체크

a. 제시된 기간 중 울산광역시의 재판 이혼 건수가 가장 적은 2016년에 협의 이혼 건수와 재판 이혼 건수의 차이는 1,974-546=1,428건이므로 옳지 않은 설명이다.

빠른 문제 풀이 Tip

c. 2016년 대전광역시 재판 이혼 건수의 1.2배에 해당하는 값과 2019년 대전광역시 재판 이혼 건수를 비교한다.
2019년 대전광역시 재판 이혼 건수는 686건으로 2016년 대전광역시 재판 이혼 건수에서 20% 증가한 값인 545×1.2=654건보다 크므로 2019년 대전광역시 재판 이혼 건수의 3년 전 대비 증가율은 20% 이상임을 알 수 있다.

12 정답 ④

2016년 포장도로 길이는 서울이 대구의 8,264/2,801 ≒ 2.95배, 2017년에 8,269/2,831 ≒ 2.92배, 2018년에 8,271/2,841 ≒ 2.91배, 2019년에 8,307/2,865 ≒ 2.90배이므로 옳은 설명이다.

오답 체크

① 도로 포장률(%)=(포장도로 길이/전체 개통도 길이)×100임을 적용하여 구하면, 도로 포장률이 100%인 지역은 포장도로 길이와 전체 개통도 길이가 서로 같은 지역을 의미하여 2017년 도로 포장률이 100%인 지역은 서울과 대구 2곳이므로 옳지 않은 설명이다.

② 2019년 인천의 포장도로 길이는 2017년 대비 {(3,394−3,069)/3,069}×100 ≒ 10.6% 증가하였으므로 옳지 않은 설명이다.

③ 2018년 부산의 도로 포장률은 (3,313/3,371)×100 ≒ 98.3%이므로 옳지 않은 설명이다.

⑤ 제시된 기간 중 경기의 전체 개통도 길이가 가장 긴 2018년에 경기의 전체 개통도 길이는 포장도로 길이보다 12,942−12,697=245km 더 길므로 옳지 않은 설명이다.

빠른 문제 풀이 Tip

② 2019년 인천의 포장도로 길이의 2017년 대비 증가량과 2017년 인천의 포장도로 길이의 10%에 해당하는 값을 비교한다.
2019년 인천의 포장도로 길이의 2017년 대비 증가량은 3,394−3,069=325km로 2017년 인천의 포장도로 길이의 10%인 3,069×0.1=306.9km보다 길므로 2019년 인천의 포장도로 길이는 2017년 대비 10% 이상 증가하였음을 알 수 있다.

④ 연도별로 대구의 포장도로 길이를 일의 자리에서 버림한 후 3배 한 근삿값과 서울의 포장도로 길이를 비교하면
2016년에 2,800×3 ≒ 8,400km>8,264km,
2017년에 2,830×3 ≒ 8,490km>8,269km,
2018년에 2,840×3 ≒ 8,520km>8,271km,
2019년에 2,860×3 ≒ 8,580km>8,307km이다.
따라서 제시된 기간 동안 포장도로 길이는 매년 서울이 대구의 3배 미만임을 알 수 있다.

13 정답 ⑤

b. 2019년 대전광역시가 울산광역시보다 건축물 수가 더 많은 면적 종류는 100m^2 이상 200m^2 미만, 300m^2 이상 500m^2 미만, 500m^2 이상 1,000m^2 미만, 3,000m^2 이상 10,000m^2 미만, 10,000m^2 이상 총 5개이므로 옳지 않은 설명이다.

c. 2016년 면적 100m^2 미만인 건축물 수는 대전광역시가 울산광역시보다 48,304−41,856=6,448동 더 적으므로 옳지 않은 설명이다.

e. 2017년 대전광역시의 건축물 수는 면적 200m^2 이상 300m^2 미만이 면적 1,000m^2 이상 3,000m^2 미만의 10,292/5,818 ≒ 1.8배이므로 옳지 않은 설명이다.

오답 체크

a. 울산광역시의 면적 3,000m^2 이상 건축물 수는 2016년에 3,550+1,565=5,115동, 2018년에 3,816+1,658=5,474동으로 2018년에 2016년 대비 {(5,474−5,115)/5,115}×100 ≒ 7% 증가하였으므로 옳은 설명이다.

d. 2017년 이후 울산광역시의 모든 면적별 건축물 수는 매년 전년 대비 증가하였으므로 옳은 설명이다.

14 정답 ⑤

2013년 소비생활 만족도에 대해 '보통'이라고 응답한 비율은 '약간 만족'이라고 응답한 비율의 46.8/11.6 ≒ 4.03배이므로 옳은 설명이다.

오답 체크

① 2015년 소비생활 만족도에 대해 '약간 불만족'이라고 응답한 비율은 2013년 대비 {(29.9−28.6)/29.9}×100 ≒ 4.3% 감소하였으므로 옳지 않은 설명이다.

② 제시된 기간 중 소비생활 만족도에 대해 '매우 불만족'이라고 응답한 비율이 가장 낮은 2019년에 '보통'이라고 응답한 비율은 가장 높으므로 옳지 않은 설명이다.

③ 2019년 소비생활 만족도별 남녀 응답 비율의 평균은 '매우 만족'이 (2.3+2.7)/2=2.5%, '약간 만족'이 (14.7+14.1)/2=14.4%, '보통'이 (48.7+47.5)/2=48.1%, '약간 불만족'이 (26.1+27.5)/2=26.8%, '매우 불만족'이 (8.2+8.2)/2=8.2%로 2019년 전체 응답 비율과 동일하여 2019년 소비생활 만족도 응답자 수는 남자와 여자가 같음을 알 수 있으므로 옳지 않은 설명이다.

④ 2019년 소비생활 만족도에 대해 '보통'이라고 응답한 남녀 비율의 차이는 48.7−47.5=1.2%p로 '약간 불만족'이라고 응답한 남녀 비율의 차이인 27.5−26.1=1.4%p보다 0.2%p 더 작으므로 옳지 않은 설명이다.

15 정답 ⑤

폐기물 재활용량=(폐기물 발생량×폐기물 재활용률)/100임을 적용하여 구하면, 2018년 남구의 폐기물 발생량은 전년 대비 10% 감소한 750×0.9=675t/일이고, 2018년 폐기물 재활용률이 전년도와 동일한 92.6%였다면 2018년 남구의 폐기물 재활용량은 (675×92.6)/100=625.05t/일으로 2017년 남구의 폐기물 재활용량인 (750×92.6)/100=694.5t/일 대비 694.5−625.05=69.45t/일 감소하였으므로 옳지 않은 설명이다.

오답 체크

① 2017년 폐기물 재활용률이 가장 높은 행정구역인 수성구의 폐기물 발생량은 같은 해 대구광역시 전체 폐기물 발생량에서 (1,593/11,432)×100 ≒ 14.0%의 비중을 차지하므로 옳은 설명이다.

② 중구와 동구의 폐기물 발생량의 합은 2014년에 460+1,456=1,916t/일, 2015년에 736+1,695=2,431t/일으로 2015년에 전년 대비 {(2,431−1,916)/1,916}×100 ≒ 26.9% 증가하였으므로 옳은 설명이다.

③ 2017년 폐기물 재활용량은 북구가 (1,882×88.4)/100 ≒ 1,664t/일, 달서구가 (2,028×74.9)/100 ≒ 1,519t/일으로 북구가 달서구보다 많으므로 옳은 설명이다.

④ 2016년 폐기물 발생량은 달성군이 수성구의 32,779/8,381 ≒ 3.9배이므로 옳은 설명이다.

빠른 문제 풀이 Tip

② 중구와 동구의 폐기물 발생량 합의 2015년 값과 2014년에서 25% 증가한 값을 비교한다.
2015년 중구와 동구의 폐기물 발생량 합은 736+1,695=2,431t/일으로 2014년에서 25% 증가한 값인 (460+1,456)×1.25=2,395t/일보다 크므로 2015년에 전년 대비 25% 이상 증가하였음을 알 수 있다.

세부 유형 2 자료계산

p.162

01	02	03	04	05
①	③	④	④	②
06	**07**	**08**	**09**	**10**
①	②	②	①	②
11	**12**	**13**	**14**	**15**
④	④	⑤	③	②

01 정답 ①

국가등록문화재 건수가 가장 많은 지역은 전남, 세 번째로 많은 지역은 경기이고 두 지역의 전체 국가지정문화재 건수는 전남이 21+187+45+21+60+14+38=386건, 경기가 12+165+69+4+20+10+22=302건이다.
따라서 전남과 경기의 전체 국가지정문화재 건수의 차이는 386-302=84건이다.

02 정답 ③

2019년 직장어린이집 수가 2017년 대비 감소한 지역은 42개소에서 41개소로 감소한 강원이며, 2015년부터 2019년까지 강원의 직장어린이집 수의 평균은 (31+40+42+42+41)/5=39.2개소이다.

03 정답 ④

제시된 연령대 중 전체 개인 토지 소유자 수가 세 번째로 많은 연령대는 전체 개인 토지 소유자 수가 3,552백만 명인 60대이며, 60대에서 개인 토지 소유자 수의 남성 대비 여성의 비율은 1,621/1,931 ≒ 0.84이다.

04 정답 ④

국내 신규 석사학위 여성 취득자 수는 2018년에 163+883+678+498+432+560=3,214명, 2019년에 165+1,047+725+537+424+659=3,557명, 2020년에 154+931+586+479+398+611=3,159명으로 국내 신규 석사학위 여성 취득자 수가 가장 많은 2019년에 신규 석사학위 여성 취득자 수 중 30세 이상 35세 미만 여성 취득자 수가 차지하는 비중은 (1,047/3,557)×100 ≒ 29%이다.

빠른 문제 풀이 Tip

연령대별로 신규 석사학위 여성 취득자 수를 비교한다.
45세 이상 50세 미만을 제외한 모든 연령대에서 취득자 수가 가장 많은 해는 2019년이고, 45세 이상 50세 미만 취득자 수는 2019년이 2018년보다 432-424=8명 더 적지만, 50세 이상 취득자 수는 2019년이 2018년보다 9명 이상 더 많으므로 국내 신규 석사학위 여성 취득자 수가 가장 많은 해는 2019년임을 알 수 있다.

05 정답 ②

제시된 국가 중 의약품 수입액이 가장 큰 국가는 의약품 수입액이 92,833만 달러인 미국이고, 의약품 수입액이 가장 작은 국가는 의약품 수입액이 22,389만 달러인 네덜란드이다.
따라서 미국의 의약품 수출액은 네덜란드의 의약품 수출액의 52,908/17,797 ≒ 3.0배이다.

06 정답 ①

2017~2019년 중 제시된 지역의 전체 혼인 건수의 합이 가장 적은 해는 모든 지역에서 전체 혼인 건수가 가장 적은 2019년이고, 2019년 전체 혼인 건수에서 다문화 혼인 건수가 차지하는 비중이 10% 이상인 지역은 (5,018/49,707)×100 ≒ 10.1%인 서울, (6,905/63,869)×100 ≒ 10.8%인 경기, (800/7,115)×100 ≒ 11.2%인 전북, (886/7,500)×100 ≒ 11.8%인 전남, (1,175/10,809)×100 ≒ 10.9%인 경북이다.
따라서 서울, 경기, 전북, 전남, 경북의 2019년 다문화 혼인 건수의 합은 5,018+6,905+800+886+1,175=14,784건이다.

빠른 문제 풀이 Tip

2019년 지역별로 전체 혼인 건수의 10%에 해당하는 값과 다문화 혼인 건수를 비교하면 서울이 49,707×0.1=4,970.7건<5,018건, 경기가 63,869×0.1=6,386.9건<6,905건, 전북이 7,115×0.1=711.5건<800건, 전남이 7,500×0.1=750건<886건, 경남이 10,809×0.1=1,080.9건<1,175건으로 전체 혼인 건수에서 다문화 혼인 건수가 차지하는 비중이 10% 이상인 지역임을 알 수 있다.

07 정답 ②

등록금 의존율(%)=(등록금 수입/자금 수입 총액)×100임을 적용하여 구하면, 등록금 의존율은 산업대학이 (81,019/126,445)×100 ≒ 64%, 대학원대학이 (59,059/139,992)×100 ≒ 42%이다.
따라서 산업대학과 대학원대학의 등록금 의존율 차이는 64-42 ≒ 22%p이다.

08 정답 ②

순자산=금융자산+부동산자산+기타자산-부채임을 적용하여 구하면, 2015년 이후 부채가 가장 적은 해는 2015년이며, 2015년 순자산은 1,979+14,827+126-2,324=14,608만 원, 2014년 순자산은 2,103+13,427+83-2,303=13,310만 원이다.

따라서 2015년 순자산의 전년 대비 증가액은 14,608-13,310 =1,298만 원이다.

09 정답 ①

2014년 중 체육도장 수가 세 번째로 적은 지역은 울산광역시, 2015년 중 체육도장 수가 세 번째로 적은 지역은 충청북도로 2014~2017년 체육도장 수 평균은 울산광역시가 (400+355+344+357)/4=364개소, 충청북도가 (399+401+350+366)/4=379개소이다.

따라서 울산광역시와 충청북도의 2014~2017년 체육도장 수 평균의 차이는 379-364=15개소이다.

10 정답 ②

퇴직연금 가입률(%)=(가입 근로자 수/가입 대상 근로자 수)×100임을 적용하여 구하면, 남성의 퇴직연금 가입률은 (3,591/6,897)×100≒52.1%이고, 여성의 퇴직연금 가입률은 (2,332/4,607)×100≒50.6%이므로 퇴직연금 가입률이 더 높은 성별은 남성이다.

따라서 근속기간이 10년 이상인 남성 근로자의 퇴직연금 가입률은 {(819+463)/(1,164+604)}×100≒72.5%이다.

11 정답 ④

8월 이후 미분양 주택 수가 전월 대비 매월 감소하는 부산과 울산의 월별 미분양 주택 수의 합이 처음으로 2,000호 미만이 되는 달은 미분양 주택 수의 합이 1,454+502=1,956호인 8월이며, 제시된 모든 지역의 총 미분양 주택 수는 8월에 56+1,454+783+502+2,585=5,380호, 7월에 58+1,544+849+548+2,793=5,792호이다.

따라서 제시된 모든 지역의 8월 총 미분양 주택 수는 7월 총 미분양 주택 수의 5,380/5,792≒0.93배이다.

12 정답 ④

제시된 기간 동안 자연휴양림 1개소당 전체 이용자 수는 2015년에 15,658/165≒94.9천 명, 2016년에 15,290/165≒92.7천 명, 2017년에 16,707/166≒100.6천 명, 2018년에 15,328/170≒90.2천 명, 2019년에 15,949/175≒91.1천 명으로 제시된 기간 중 자연휴양림 1개소당 전체 이용자 수가 가장 많은 해는 2017년이다. 2017년 자연휴양림 이용자 수가 가장 많은 운영처는 지방자치단체이며, 지방자치단체 운영 자연휴양림 1개소당 이용자 수는 2017년에 10,302/101=102천 명, 2016년에 9,696/101=96천 명이다.

따라서 2017년 지방자치단체 운영 자연휴양림 1개소당 이용자 수의 전년 대비 증가율은 {(102-96)/96}×100≒6.3%이다.

빠른 문제 풀이 Tip

연도별 전체 운영 개소 및 이용자 수를 비교하여 계산 과정을 최소화한다.

자연휴양림 전체 운영 개소는 2015년과 2016년이 165개소로 같으므로 1개소당 전체 이용자 수는 전체 이용자 수가 더 많은 2015년이 2016년보다 많고, 2017년 전체 운영 개소의 2015년 대비 증가율은 1%(=1.65개소) 미만이지만, 2017년 전체 이용자 수의 2015년 대비 증가율은 1%(=156.58천 명) 이상으로 전체 이용자 수의 증가율이 더 크므로 자연휴양림 1개소당 전체 이용자 수는 2017년이 2015년보다 많다. 또한, 전체 운영 개소는 2018년과 2019년이 2017년보다 많지만, 전체 이용자 수는 2017년이 더 많으므로 1개소당 전체 이용자 수는 2017년이 2018년과 2019년보다 많다.

따라서 자연휴양림 1개소당 전체 이용자 수가 가장 많은 해는 2017년임을 알 수 있다.

13 정답 ⑤

㉠ 2016년 전년 대비 증가한 구조 인원은 갇힘 사고가 5,833-2,147=3,686명이므로 승강기 사고 구조 인원은 전년 대비 3,686-2,253=1,433명 증가하였다. 이에 따라 2015년 승강기 사고 구조 인원은 7,107-1,433=5,674명이다.

㉡ 2013년부터 2017년까지 산악 사고 구조 인원의 평균이 1,159명이므로 2013년부터 2017년까지 산악 사고 총 구조 인원은 1,159×5=5,795명이다. 이에 따라 2017년 산악 사고 구조 인원은 5,795-(1,195+1,309+1,204+1,114)=973명이다.

따라서 ㉠은 5,674, ㉡은 973인 ⑤가 정답이다.

14 정답 ③

목표 심박수={(220-a-안정 심박수)×운동 강도}/100+안정 심박수임을 적용하여 구한다.

효진이는 운동 강도가 40%, 안정 심박수가 80회/분, 목표 심박수가 126회/분이므로

126={(220-a-80)×40}/100+80

→ 46=(5,600-40a)/100 → 40a=1,000 → a=25

㉠ 혜림이는 운동 강도가 60%, 안정 심박수가 85회/분이므로 목표 심박수는 {(220-25-85)×60}/100+85=66+85=151회/분이다.

㉡ 운동 강도={(목표 심박수-안정 심박수)×100}/(195-안정 심박수)임을 적용하여 구하면, 수영이는 안정 심박수가 70회/분, 목표 심박수가 145회/분이므로 운동 강도는 {(145-70)×100}/(195-70)=7,500/125=60%이다.

따라서 ㉠은 151, ㉡은 60인 ③이 정답이다.

15
정답 ②

㉠ A 오염물질의 누적 제거량은 약품 투입량이 20g일 때 4+11=15g, 약품 투입량이 70g일 때 59+11=70g으로 약품 투입량이 10g씩 증가할 때마다 누적 제거량이 11g씩 증가함을 알 수 있다. 이에 따라 약품 투입량이 100g일 때 A 오염물질의 누적 제거량은 70+11×3=103g이다.

㉡ B 오염물질의 누적 제거량은 약품 투입량이 30g일 때 13+15=28g으로 약품 투입량이 10g일 때와 20g일 때 누적 제거량의 합과 같고, 약품 투입량이 40g일 때 15+28=43g으로 약품 투입량이 20g일 때와 30g일 때 누적 제거량의 합과 같으므로 B 오염물질의 누적 제거량은 직전 두 번의 투입량에 따른 누적 제거량의 합임을 알 수 있다. 이에 따라 B 오염물질의 누적 제거량은 약품 투입량이 50g일 때 28+43=71g, 70g일 때 71+114=185g, 80g일 때 114+185=299g, 90g일 때 185+299=484g이다.

따라서 ㉠은 103, ㉡은 484인 ②가 정답이다.

세부 유형 3 자료변환

p.179

01	02	03	04	05
③	⑤	②	③	④
06	07	08	09	10
④	⑤	②	③	⑤

01
정답 ③

주차장 확보율(%)=(주차장 면수/자동차등록 대수)×100임을 적용하여 구한다.

제시된 자료에 따르면 주차장 확보율은 전국이 (23,432/23,200)×100=101%, 서울특별시가 (4,123/3,100)×100=133%, 인천광역시가 (1,280/1,600)×100=80%, 경기도가 (5,712/5,600)×100=102%이다.

따라서 2018년 전국 및 수도권 지역의 주차장 확보율과 그래프의 높이가 일치하는 ③이 정답이다.

오답 체크

① 2018년 주차장 확보율은 전국이 101%, 경기도가 102%로 전국이 경기도보다 낮지만, 이 그래프에서는 전국이 경기도보다 높게 나타나므로 옳지 않은 그래프이다.

② 2018년 경기도 주차장 확보율은 102%이지만, 이 그래프에서는 100%보다 낮게 나타나므로 옳지 않은 그래프이다.

④ 2018년 인천광역시 주차장 확보율은 80%이지만, 이 그래프에서는 80%보다 높게 나타나므로 옳지 않은 그래프이다.

⑤ 2018년 서울특별시 주차장 확보율은 133%이지만, 이 그래프에서는 130%보다 낮게 나타나므로 옳지 않은 그래프이다.

빠른 문제 풀이 Tip

② 2018년 경기도 주차장 면수는 자동차등록 대수보다 많으므로 주차장 확보율이 100%보다 높지만, 이 그래프에서는 100%보다 낮게 나타나므로 옳지 않은 그래프임을 알 수 있다.

02
정답 ⑤

제시된 자료에 따르면 자전거 전용도로 길이는 2015년에 99.5km, 2016년에 104.2km, 2017년에 114.0km, 2018년에 138.8km이고, 자전거 우선도로 길이는 2015년에 49.7km, 2016년에 113.0km, 2017년에 113.1km, 2018년에 110.6km이다.

따라서 자전거 전용도로 및 자전거 우선도로 길이와 그래프의 높이가 일치하는 ⑤가 정답이다.

오답 체크

① 자전거 전용도로 구간 수는 2016년에 87개, 2017년에 83개로 2017년이 2016년보다 적지만, 이 그래프에서는 2017년이 2016년보다 높게 나타나므로 옳지 않은 그래프이다.

② 2017년 자전거 전용차로 길이는 54.7km이지만, 이 그래프에서는 54.0km보다 낮게 나타나므로 옳지 않은 그래프이다.

③ 2016년 이후 자전거·보행자 겸용도로 길이는 매년 전년 대비 증가하였지만, 이 그래프에서는 2018년에 전년 대비 감소하였으므로 옳지 않은 그래프이다.

④ 자전거·보행자 겸용도로 구간 수는 2017년과 2018년이 322개로 같지만, 이 그래프에서는 2018년이 2017년보다 높게 나타나므로 옳지 않은 그래프이다.

03
정답 ②

제시된 자료에 따르면 2018년 광역시별 스포츠 사업체 수는 부산이 7,127+131=7,258개, 대구가 5,107+165=5,272개, 인천이 4,869+168=5,037개, 광주가 3,002+116=3,118개, 대전이 3,025+106=3,131개, 울산이 2,357+96=2,453개이므로 옳은 그래프는 ②이다.

오답 체크

① 2018년 부산의 스포츠 사업체 수는 7,258개이지만, 이 그래프에서는 7,000개보다 낮게 나타나므로 옳지 않은 그래프이다.

③ 2018년 스포츠 사업체 수는 대구가 5,272개, 인천이 5,037개로 인천이 대구보다 적지만, 이 그래프에서는 인천이 대구보다 높게 나타나므로 옳지 않은 그래프이다.

④ 2018년 대전의 스포츠 사업체 수는 3,131개이지만, 이 그래프에서는 3,000개보다 낮게 나타나므로 옳지 않은 그래프이다.

⑤ 2018년 울산의 스포츠 사업체 수는 2,453개이지만, 이 그래프에서는 2,000개보다 낮게 나타나므로 옳지 않은 그래프이다.

04 정답 ③

제시된 자료에 따르면 60대 이상 참여 인원의 독서 선호도는 '약간 좋아함'이 15.6%, '매우 싫어함'이 11.7%로 '약간 좋아함'이 '매우 싫어함'보다 높지만, 이 그래프에서는 '약간 좋아함'이 '매우 싫어함'보다 낮게 나타나므로 옳지 않은 그래프는 ③이다.

05 정답 ④

제시된 자료에 따르면 대구의 2017년 주택소유 신혼부부 수의 전년 대비 감소 인원은 28,822 - 28,552 = 270쌍이지만, 이 그래프에서는 500쌍보다 높게 나타나므로 옳지 않은 그래프는 ④이다.

06 정답 ④

제시된 자료에 따르면 도지역 R&D 분야 종사자 수는 634명이지만, 이 그래프에서는 600명보다 낮게 나타나므로 옳지 않은 그래프는 ④이다.

07 정답 ⑤

제시된 자료에 따르면 2019년 하반기 월별 담배소비세 과세 건수는 다음과 같다.

구분	과세 건수
7월	2,178 × (1 - 0.031) ≒ 2,110건
8월	1,076 × (1 - 0.337) ≒ 713건
9월	916 × (1 + 1.037) ≒ 1,866건
10월	1,963 × (1 - 0.249) ≒ 1,474건
11월	1,332 × (1 + 0.092) ≒ 1,455건
12월	1,540 × (1 + 0.142) ≒ 1,759건

따라서 2019년 하반기 월별 담배소비세 과세 건수와 그래프의 높이가 일치하는 ⑤가 정답이다.

오답 체크

① 2019년 9월 담배소비세 과세 건수는 약 1,866건이지만, 이 그래프에서는 2,000건보다 높게 나타나므로 옳지 않은 그래프이다.
② 2019년 7월 담배소비세 과세 건수는 약 2,110건이지만, 이 그래프에서는 2,000건보다 낮게 나타나므로 옳지 않은 그래프이다.
③ 2019년 12월 담배소비세 과세 건수는 약 1,759건이지만, 이 그래프에서는 2,000건보다 높게 나타나므로 옳지 않은 그래프이다.
④ 2019년 11월 담배소비세 과세 건수는 약 1,455건이지만, 이 그래프에서는 1,500건보다 높게 나타나므로 옳지 않은 그래프이다.

08 정답 ②

제시된 자료에 따르면 2020년 전문분야 업체 수는 도시계획이 1,180개사, 조경이 1,138개사로 조경이 도시계획보다 적지만, 이 그래프에서는 조경이 도시계획보다 높게 나타나므로 옳지 않은 그래프는 ②이다.

오답 체크

⑤ 2019년 전문분야별 기술사 보유 업체 수 비율은 정보통신이 (115/1,155) × 100 ≒ 10.0%, 교통이 (216/751) × 100 ≒ 28.8%, 도시계획이 (134/1,122) × 100 ≒ 11.9%, 조경이 (114/1,091) × 100 ≒ 10.4%, 구조가 (437/1,680) × 100 ≒ 26.0%, 설비가 (314/520) × 100 ≒ 60.4%이므로 옳은 그래프이다.

09 정답 ③

제시된 자료에 따르면 2015년부터 2019년까지 교육 시설의 연도별 1월 화재 재산 피해액은 다음과 같다.

구분	1월 화재 재산 피해액
2015년	5,078 × (1 - 0.029) ≒ 4,931만 원
2016년	4,931 × (1 - 0.588) ≒ 2,032만 원
2017년	2,032 × (1 + 0.140) ≒ 2,316만 원
2018년	2,316 × (1 + 0.869) ≒ 4,329만 원
2019년	4,329 × (1 + 0.250) ≒ 5,411만 원

따라서 2015년부터 2019년까지 교육 시설의 연도별 1월 화재 재산 피해액과 그래프의 높이가 일치하는 ③이 정답이다.

오답 체크

① 2018년 1월 화재 재산 피해액은 약 4,329만 원이지만, 이 그래프에서는 4,000만 원보다 낮게 나타나므로 옳지 않은 그래프이다.
② 2015년 1월 화재 재산 피해액은 약 4,931만 원이지만, 이 그래프에서는 5,000만 원보다 높게 나타나므로 옳지 않은 그래프이다.
④ 2019년 1월 화재 재산 피해액은 약 5,411만 원이지만, 이 그래프에서는 5,000만 원보다 낮게 나타나므로 옳지 않은 그래프이다.
⑤ 2016년 1월 화재 재산 피해액은 약 2,032만 원이지만, 이 그래프에서는 2,000만 원보다 낮게 나타나므로 옳지 않은 그래프이다.

10 정답 ⑤

제시된 자료에 따르면 2018년 게임 오프라인 시장 침해 유통액의 2017년 대비 증감량은 1,231 - 1,474 = -243억 원이지만, 이 그래프에서는 -200억 원보다 높게 나타나므로 옳지 않은 그래프는 ⑤이다.

오답 체크

② 2014년 온라인 시장 침해 유통액 비중은 음악이 (547/9,691) × 100 ≒ 5.6%, 영화가 (4,126/9,691) × 100 ≒ 42.6%, 방송이 (1,550/9,691) × 100 ≒ 16.0%, 출판이 (1,379/9,691) × 100 ≒ 14.2%, 게임이 (2,089/9,691) × 100 ≒ 21.6%이므로 옳은 그래프이다.

기출동형 연습문제

p.192

01	02	03	04	05
④	⑤	③	①	⑤
06	07	08	09	10
③	②	③	③	③
11	12	13	14	15
⑤	⑤	②	⑤	③

01

정답 ④

2005년 이후 남한 남자와 북한 남자의 5년 전 대비 기대 수명은 5년마다 증가하므로 옳은 설명이다.

오답 체크

① 2000년 대비 2040년 남한의 기대수명의 증가량은 남자가 84.6−72.3=12.3세, 여자가 89.0−79.7=9.3세이므로 옳지 않은 설명이다.

② 2055년 북한의 남자 기대수명은 2015년 대비 {(71.4−66.0)/66.0}×100≒8.2% 증가하므로 옳지 않은 설명이다.

③ 제시된 기간 중 남북한의 남자 기대수명 차이가 가장 작은 해는 2000년이지만, 남북한의 여자 기대수명 차이가 가장 작은 해는 2005년과 2010년이므로 옳지 않은 설명이다.

⑤ 2020년 남녀 기대수명의 평균은 남한이 (80.3+86.1)/2=83.2세, 북한이 (66.9+73.6)/2=70.25세로 남한과 북한의 차이는 83.2−70.25=12.95세이므로 옳지 않은 설명이다.

빠른 문제 풀이 Tip

② 2015년 북한의 남자 기대수명의 1.1배에 해당하는 값과 2055년 북한의 남자 기대수명을 비교한다.
2055년 북한의 남자 기대수명은 71.4세로 2015년 북한의 남자 기대수명의 1.1배인 66.0×1.1=72.6세보다 적으므로 2055년에 2015년 대비 10% 미만 증가하였음을 알 수 있다.

02

정답 ⑤

2018년 생산자 물가지수는 브라질이 미국보다 167.6−114.2=53.4 더 높으므로 옳지 않은 설명이다.

오답 체크

① 2019년 생산자 물가지수의 2017년 대비 증가량은 프랑스가 107.1−104.1=3.0, 이탈리아가 107.7−104.9=2.8이므로 옳은 설명이다.

② 2015년부터 2019년까지 매년 한국의 생산자 물가지수가 가장 낮으므로 옳은 설명이다.

③ 2017년 터키와 남아프리카공화국의 생산자 물가지수의 평균은 (172.7+153.3)/2=163이므로 옳은 설명이다.

④ 제시된 국가 중 2016년 생산자 물가지수가 전년 대비 감소한 국가는 한국, 프랑스, 독일, 이탈리아 총 4개국이므로 옳은 설명이다.

03

정답 ③

ㄷ. 제시된 지역 중 2020년 1월과 4월에 출항 선박 척수가 가장 적은 지역은 고현이지만, 7월과 10월에 출항 선박 척수가 가장 적은 지역은 서귀포이므로 옳지 않은 설명이다.

ㄹ. 제시된 지역 중 2020년 4월에 입항 선박 척수와 출항 선박 척수가 같은 지역인 대산, 포항, 제주, 서귀포의 입항 선박 척수의 평균은 (454+515+453+198)/4=405척이므로 옳지 않은 설명이다.

오답 체크

ㄱ. 2020년 10월 부산, 광양, 울산의 입항 선박 척수는 3,348+1,819+1,960=7,127척으로 제시된 지역 전체의 입항 선박 척수에서 차지하는 비중은 (7,127/13,176)×100≒54.1%이므로 옳은 설명이다.

ㄴ. 제시된 기간 중 서귀포의 입출항 선박 척수가 처음으로 모두 200척 이하인 2020년 4월에 제주의 입출항 선박 척수는 모두 400척 이상이므로 옳은 설명이다.

빠른 문제 풀이 Tip

ㄱ. 2020년 10월 부산, 광양, 울산의 입항 선박 척수를 각각 십의 자리에서 버림한 후 더한 값과 전체 지역의 입항 선박 척수의 50%에 해당하는 값을 비교한다.
선박 척수를 각각 십의 자리에서 버림한 값은 부산이 3,300척, 광양이 1,800척, 울산이 1,900척이고 이를 모두 더하면 7,000척으로 전체의 절반인 13,176/2=6,588척보다 많으므로 2020년 10월 부산, 광양, 울산의 입항 선박 척수가 제시된 지역 전체의 입항 선박 척수에서 차지하는 비중은 50% 이상임을 알 수 있다.

04

정답 ①

2015년 대비 2018년 의약품 판매액의 증가량은 한국이 26.3−21.8=4.5십억 달러, 일본이 62.6−55.7=6.9십억 달러, 독일이 50.6−39.2=11.4십억 달러, 이탈리아가 26.4−25.1=1.3십억 달러, 스페인이 22.4−12.7=9.7십억 달러, 스위스가 6.8−6.4=0.4십억 달러, 영국이 27.3−27.0=0.3십억 달러, 호주가 11.1−9.2=1.9십억 달러로 독일이 가장 크므로 옳지 않은 설명이다.

오답 체크

② 2017년 한국의 의약품 판매액은 전년 대비 {(23.8−21.9)/21.9}×100≒8.7% 증가하였으므로 옳은 설명이다.

③ 독일과 이탈리아의 의약품 판매액 차이는 2014년에 44.6−26.4=18.2십억 달러, 2015년에 39.2−25.1=14.1십억 달러, 2016년에 40.0−25.2=14.8십억 달러, 2017년에 42.0−25.6=16.4십억 달러, 2018년에 50.6−26.4=24.2십억 달러로 2018년에 가장 크므로 옳은 설명이다.

④ 2014년부터 2018년까지 영국의 의약품 판매액은 매년 25십억 달러 이상이므로 옳은 설명이다.

⑤ 제시된 국가 중 2016년 의약품 판매액이 전년 대비 감소한 국가는 영국뿐이므로 옳은 설명이다.

05

정답 ⑤

a. 2018년 전체 미술작품 설치 건수는 144+728+5+1+13+10=901건으로 이 중에서 조각 미술작품 설치 건수가 차지하는 비중은 (728/901)×100≒80.8%이므로 옳은 설명이다.

b. 2016년 미술작품 설치 건수가 두 번째로 많은 금액대인 7천만 원 이상 1억 원 미만의 설치 건수는 2년 전 대비 {(90-60)/90}×100≒33.3% 감소하였으므로 옳은 설명이다.

c. 2017년 1억 원 이상의 미술작품 설치 건수는 319+53+26=398건으로 이 중 168건이 회화 미술작품이라면 나머지 장르의 미술작품은 398-168=230건이고 회화와 조각 미술작품을 제외한 나머지 장르의 미술작품도 모두 1억 원 이상이라면 1억 원 이상의 조각 미술작품 설치 건수는 최소 230-(3+1+2+3+8)=213건이므로 옳은 설명이다.

오답 체크

d. 제시된 기간 동안 미디어 미술작품 설치 건수의 평균은 (3+7+2+3+13)/5=5.6건이므로 옳지 않은 설명이다.

06

정답 ③

b. '만족'으로 응답한 비율이 가장 높은 중소기업 종사자규모는 2017년에 200~299인, 2018년에 20~49인이므로 옳지 않은 설명이다.

c. 2017년과 2018년 긍정평가 비율의 평균은 중기업이 {(22.6+58.6)+(24.0+55.8)}/2=80.5%, 소기업이 {(13.5+54.5)+(17.0+53.3)}/2=69.15%로 중기업이 소기업보다 80.5-69.15=11.35%p 더 크므로 옳지 않은 설명이다.

오답 체크

a. 2018년 긍정평가 비율은 2017년 대비 (17.2+53.4)-(13.8+54.7)=2.1%p 증가하였고, 2018년 부정평가 비율은 2017년 대비 (0.4+1.9)-(0.3+1.8)=0.2%p 증가하였으므로 옳은 설명이다.

d. 2018년 모든 업력의 중소기업에서 '보통'으로 응답한 비율은 '매우 만족'으로 응답한 비율보다 높으므로 옳은 설명이다.

07

정답 ②

2018년 북아메리카 APEC 국가의 인터넷 이용률의 평균은 (91.0+65.8+87.3)/3≒81.4%로 2018년 남아메리카 APEC 국가의 인터넷 이용률의 평균인 (82.3+52.5)/2=67.4%보다 81.4-67.4≒14%p 높으므로 옳지 않은 설명이다.

오답 체크

① 2016년 인터넷 이용률은 러시아가 중국보다 73.1-53.2=19.9%p 더 높으므로 옳은 설명이다.

③ 제시된 기간 동안 아시아 APEC 국가를 인터넷 이용률이 높은 국가부터 순서대로 나열하면 한국은 2014년, 2015년, 2016년에 2순위, 2017년, 2018년에 1순위이므로 옳은 설명이다.

④ 2018년 오세아니아 APEC 국가 중 인터넷 이용률이 가장 높은 뉴질랜드의 인터넷 이용률은 인터넷 이용률이 가장 낮은 파푸아뉴기니의 인터넷 이용률의 90.8/11.2≒8.1배이므로 옳은 설명이다.

⑤ 아시아 APEC 국가 중 2015년 인터넷 이용률이 70% 이하인 국가는 중국, 인도네시아, 필리핀, 태국, 베트남 총 5개국이므로 옳은 설명이다.

08

정답 ③

2019년 산불 발생 1건당 평균 산불 발생 면적이 가장 넓은 지역은 2019년 산불 발생 1건당 평균 산불 발생 면적이 3,001.5/78≒38.5ha인 강원이다.

따라서 강원의 2019년 산불 발생 면적의 전년 대비 증가율은 {(3,001.5-674.2)/674.2}×100≒345%이다.

09

정답 ③

2016년 이후 수출 실적과 수입 실적의 전년 대비 증감 추이가 각각 동일한 악기 품목은 수출입 실적이 모두 2016년에 증가, 2017년과 2018년에 감소한 건반악기이며, 2018년 건반악기 수출 실적은 1,407천 달러이다.

따라서 2018년에 건반악기 수출 실적이 전체 악기 수출 실적에서 차지하는 비중은 (1,407/53,631)×100≒2.6%이다.

빠른 문제 풀이 Tip

연도별로 비교하여 수출 실적과 수입 실적의 전년 대비 증감 추이가 서로 다른 악기 품목을 소거한다.

2016년 수출 실적과 수입 실적의 전년 대비 증감 추이가 서로 다른 악기 품목은 목관악기, 전자악기, 타악기이므로 이를 소거하면 건반악기, 금관악기, 현악기가 남고 2018년 수출 실적과 수입 실적의 전년 대비 증감 추이가 서로 다른 악기 품목을 소거하면 건반악기만 남으므로 2016년 이후 수출 실적과 수입 실적의 전년 대비 증감 추이가 각각 동일한 악기 품목은 건반악기임을 알 수 있다.

10

정답 ③

㉠ A 쥐의 평균 수면시간 증가량은 약물 투입량이 3g일 때 492-484=8분, 4g일 때 504-492=12분, 7g일 때 564-540=24분으로 약물 투입량이 1g씩 증가할 때마다 평균 수면시간 증가량이 4분씩 증가함을 알 수 있다. 이에 따라 약물 투입량이 10g일 때 A 쥐의 평균 수면시간은 564+(28+32+36)=660분이다.

㉡ B 쥐의 평균 수면시간은 약물 투입량이 6g일 때 65+105=170분으로 약물 투입량이 4g과 5g일 때의 평균 수면시간의 합과 같고, 약물 투입량이 7g일 때 105+170=275분으로 약물 투입량이 5g과 6g일 때의 평균 수면시간의 합과 같으므로 B 쥐의 평균 수면시간은 투입한 약물의 양보다 각각 1g과 2g씩 적을 때의 평균 수면시간의 합임을 알 수 있다. 이에 따라 약물 투입량이 9g일 때 B 쥐의 평균 수면시간은 275+(170+275)=720분이다.

㉢ D 쥐의 평균 수면시간 감소량은 약물 투입량이 2g일 때 600-591=9분, 3g일 때 591-582=9분, 6g일 때 564-555=9분으로 약물 투입량이 1g씩 증가할 때마다 평균 수면시간이 9분씩 감소함을 알 수 있다. 이에 따라 약물 투입

량이 9g일 때 D 쥐의 평균 수면시간은 555-9×3=528분 이다.

따라서 ㉠은 660, ㉡은 720, ㉢은 528인 ③이 정답이다.

11

정답 ⑤

㉠ 제시된 기간 동안 공공시설물 이용 광고물과 현수막 게시틀의 불합격 건수는 연도별로 동일하여 2019년 현수막 게시틀의 불합격 건수는 730-730=0건, 공공시설물 이용 광고물의 불합격 건수도 0건이므로 공공시설물 이용 광고물의 실시 건수는 628건이다. 이때 2019년 공공시설물 이용 광고물의 실시 건수는 전년 대비 11건 감소하여 2018년 공공시설물 이용 광고물의 실시 건수가 628+11=639건임에 따라 공공시설물 이용 광고물의 불합격 건수는 639-637=2건, 현수막 게시틀의 불합격 건수도 2건이므로 현수막 게시틀의 실시 건수는 453+2=455건이다.

㉡ 2018년 옥상간판의 합격 건수는 2,990-164=2,826건이며, 2019년 옥상간판의 합격 건수는 전년 대비 199건 감소하여 2,826-199=2,627건이므로 2019년 옥상간판의 불합격 건수는 2,683-2,627=56건이다.

따라서 ㉠은 455, ㉡은 56인 ⑤가 정답이다.

12

정답 ⑤

만족도 = $\frac{a+b}{\text{이용 기간}}$ + 이용 기간 × b임을 적용하여 구한다.

이용 기간이 2개월일 때 만족도는 24이므로

$24=\frac{a+b}{2}+2\times b \rightarrow a+5b=48$ … ⓐ

이용 기간이 4개월일 때 만족도는 30이므로

$30=\frac{a+b}{4}+4\times b \rightarrow a+17b=120$ … ⓑ

ⓑ-ⓐ에서 $12b=72 \rightarrow b=6$이므로 $a+30=48 \rightarrow a=18$

㉠ 이용 기간이 6개월일 때 만족도는 $\frac{18+6}{6}+6\times 6=4+36=$ 40이다.

㉡ 이용 기간이 8개월일 때 만족도는 $\frac{18+6}{8}+8\times 6=3+48=$ 51이다.

따라서 ㉠은 40, ㉡은 51인 ⑤가 정답이다.

13

정답 ②

㉠ A 곤충은 1개월 차에 8,765마리이고, 전월 대비 감소량은 2개월 차에 5마리, 3개월 차에 10마리, 4개월 차에 20마리, 5개월 차에 40마리, 6개월 차에 80마리이므로 2개월 차부터 전월 대비 감소량은 1개월마다 2배씩 증가함을 알 수 있다. 이에 따라 A 곤충의 10개월 차 개체 수는 8,610-(160+320+640+1,280)=6,210마리이다.

㉡ B 곤충은 1개월 차에 3,500마리이고, 전월 대비 감소량은 2개월 차에 15마리, 3개월 차에 15마리, 4개월 차에 30마리, 5개월 차에 45마리, 6개월 차에 75마리이므로 4개월 차부터 전월 대비 감소량은 1개월 전과 2개월 전 각각의 전월 대비 감소량의 합임을 알 수 있다. 이에 따라 B 곤충의 10개월 차 개체 수는 3,320-(120+195+315+510)=2,180마리이다.

따라서 ㉠은 6,210, ㉡은 2,180인 ②가 정답이다.

14

정답 ⑤

제시된 자료에 따르면 2018년 음악산업 총 종사자 수에서 음악 제작업 및 음악 공연업 종사자 수가 차지하는 비중이 모든 연령대에서 첫 번째 또는 두 번째로 크므로 연령대별 음악 제작업 및 음악 공연업 종사자 수를 계산하면 다음과 같다.

구분	음악 제작업	음악 공연업
20대 이하	3,200×0.33=1,056명	3,200×0.36=1,152명
30대	6,900×0.35=2,415명	6,900×0.32=2,208명
40대	2,300×0.30=690명	2,300×0.41=943명
50대 이상	800×0.30=240명	800×0.40=320명
합계	4,401명	4,623명

따라서 2018년 총 종사자 수가 가장 많은 음악 공연업의 연령대별 종사자 수와 그래프의 높이가 일치하는 ⑤가 정답이다.

오답 체크

① 40대 음악 공연업 종사자 수는 943명이지만, 이 그래프에서는 1,000명보다 높게 나타나므로 옳지 않은 그래프이다.

② 30대 음악 공연업 종사자 수는 2,208명이지만, 이 그래프에서는 2,000명보다 2,500명에 가깝게 나타나고, 40대 음악 공연업 종사자 수는 943명이지만, 이 그래프에서는 1,000명보다 500명에 가깝게 나타나므로 옳지 않은 그래프이다.

③ 20대 이하 음악 공연업 종사자 수는 1,152명이지만, 이 그래프에서는 1,000명보다 낮게 나타나므로 옳지 않은 그래프이다.

④ 50대 이상 음악 공연업 종사자 수는 320명이지만, 이 그래프에서는 500명보다 높게 나타나므로 옳지 않은 그래프이다.

15

정답 ③

제시된 자료에 따르면 2020년 11월 순상품 교역조건지수의 전년 동월 대비 증가량은 97.8-90.9=6.9이지만, 이 그래프에서는 6.0보다 낮게 나타나므로 옳지 않은 그래프는 ③이다.

오답 체크

② 2018년 및 2019년 하반기 순상품 교역조건지수의 평균은 7월에 (94.6+89.9)/2≒92.3, 8월에 (95.0+91.9)/2≒93.5, 9월에 (95.6+90.6)/2=93.1, 10월에 (94.0+91.8)/2=92.9, 11월에 (91.3+90.9)/2=91.1, 12월에 (93.5+91.0)/2≒92.3이므로 옳은 그래프이다.

④ 2019년 하반기 소득 교역조건지수의 전년 동월 대비 변화량은 7월에 95.5-108.2=-12.7, 8월에 104.5-109.9=-5.4, 9월에 98.6-108.0=-9.4, 10월에 101.4-115.2=-13.8, 11월에 106.2-106.0=0.2, 12월에 102.9-101.2=1.7이므로 옳은 그래프이다.

고난도 대비 문제

p.208

01	02	03	04	05
④	②	①	③	⑤
06	07	08	09	10
②	①	②	④	④

01 정답 ④

2020년 비형식 교육 영역별 남자 참여율의 평균은 (0.1+26.8+6.7+9.3+0.9)/5=8.76%이므로 옳은 설명이다.

오답 체크

① 2020년 비형식 교육 전체 참여율은 여자가 남자보다 39.7-38.9=0.8%p 더 높으므로 옳지 않은 설명이다.

② 2019년 25~34세의 전체 비형식 교육 참여율은 직업 관련 목적 비형식 교육 참여율의 47.9/29.8≒1.6배이므로 옳지 않은 설명이다.

③ 2020년 형식 교육 참여율의 전년 대비 감소율은 실업자가 {(5.9-4.3)/5.9}×100≒27.1%, 비경제활동자가 {(3.2-2.0)/3.2}×100=37.5%이므로 옳지 않은 설명이다.

⑤ 2020년 직업 관련 목적 비형식 교육 참여율의 전년 대비 증가량은 중졸 이하가 8.5-5.7=2.8%p, 대졸 이상이 30.0-27.5=2.5%p로 중졸 이하가 대졸 이상보다 2.8-2.5=0.3%p 더 크므로 옳지 않은 설명이다.

02 정답 ②

b. 2015년 서초구, 강남구, 송파구, 강동구 인구수의 평균은 여자가 (232+300+338+230)/4=275.0천 명, 남자가 (215+276+322+229)/4=260.5천 명으로 여자가 남자보다 275.0-260.5=14.5천 명 더 많으므로 옳은 설명이다.

e. 서초구, 강남구, 송파구, 강동구 남자 인구수의 합이 서울특별시 남자 인구수에서 차지하는 비중은 2019년에 {(206+261+327+215)/4,746}×100≒21.3%, 2011년에 {(210+272+334+248)/5,073}×100≒21.0%로 8년 전 대비 증가하였으므로 옳은 설명이다.

오답 체크

a. 2019년 서울특별시 전체 인구수는 4년 전 대비 {(4,931+5,093)-(4,746+4,983)/(4,931+5,093)}×100≒2.9% 감소하였으므로 옳지 않은 설명이다.

c. 2019년 10대 이하 전체 인구수는 (341+322)+(422+398)=1,483천 명, 80대 이상 전체 인구수는 112+194=306천 명으로 2019년 10대 이하 전체 인구수는 80대 이상 전체 인구수의 1,483/306≒4.8배이므로 옳지 않은 설명이다.

d. 2019년 남자가 여자보다 인구수가 많은 연령대는 10대 미만, 10대 2개이므로 옳지 않은 설명이다.

03 정답 ①

교통사고 사망자 수는 일요일에 71+107+76+107=361명, 월요일에 103+139+153+145=540명, 화요일에 103+137+101+138=479명, 수요일에 126+123+119+125=493명, 목요일에 130+121+105+147=503명, 금요일에 119+135+119+155=528명, 토요일에 99+108+108+130=445명으로 교통사고 사망자 수가 가장 많은 요일은 월요일이므로 옳지 않은 설명이다.

오답 체크

② 1분기 평일 교통사고 건수의 평균은 (6,604+6,801+7,283+7,596+8,113)/5≒7,279건, 주말 교통사고 건수의 평균은 (5,655+7,385)/2=6,520건이므로 옳은 설명이다.

③ 06~10시 교통사고 건수는 1분기에 3,003+4,749=7,752건, 2분기에 3,348+6,526=9,874건, 3분기에 3,114+6,143=9,257건, 4분기에 3,713+6,553=10,266건으로 4분기에 가장 많고, 06~10시 교통사고 사망자 수는 1분기에 81+58=139명, 2분기에 69+67=136명, 3분기에 62+76=138명, 4분기에 91+68=159명으로 4분기에 가장 많으므로 옳은 설명이다.

④ 교통사고 사망자 수는 18~20시에 20~22시보다 (97+75+79+148)-(67+90+79+81)=82명 더 많으므로 옳은 설명이다.

⑤ 18~20시 교통사고 건수가 가장 많은 4분기의 교통사고 건수는 18~20시 교통사고 건수가 가장 적은 2분기의 교통사고 건수의 9,932/7,066≒1.4배이므로 옳은 설명이다.

04 정답 ③

c. 제시된 국가 중 2018년 영양부족 인구 비율이 빈민가 거주 도시인구 비율보다 높은 국가는 없으므로 옳지 않은 설명이다.

d. 제시된 국가 중 2016년 영양부족 인구수가 가장 많은 나이지리아의 영양부족 인구수는 2년 전 대비 {(22.2-17.4)/17.4}×100≒27.6% 증가하였고, 영양부족 인구 비율은 {(12.0-9.8)/9.8}×100≒22.4% 증가하였으므로 옳지 않은 설명이다.

오답 체크

a. 제시된 국가 중 2016년 영양부족 인구 비율이 가장 큰 마다가스카르의 비율은 영양부족 인구 비율이 가장 작은 모로코의 비율의 41.4/3.8≒10.9배이므로 옳은 설명이다.

b. 제시된 국가 중 2018년 빈민가 거주 도시인구 비율이 70.3%로 두 번째로 높은 라이베리아는 2018년 영양부족 인구 비율도 37.5%로 두 번째로 높으므로 옳은 설명이다.

05 정답 ⑤

여자 중 체육활동 빈도에 대해 '주 2회'로 응답한 비율이 '주 4회'로 응답한 비율의 2.5배 이상인 연령대는 17.3/2.1≒8.2배인 10대, 22.4/6.8≒3.3배인 20대, 15.2/5.9≒2.6배인 60대 총 3개이므로 옳지 않은 설명이다.

오답 체크

① 읍, 면 이하 도시 규모에서 체육활동 빈도에 대해 '주 3회'로 응답한 비율은 '주 6회'로 응답한 비율의 17.0/2.2≒7.7배이므로 옳은 설명이다.

② 체육활동 빈도에 대해 '하지 않음'으로 응답한 비율이 가장 높은 중소도시의 응답 비율은 가장 낮은 대도시의 응답 비율보다 26.6−25.0=1.6%p 더 높으므로 옳은 설명이다.

③ 체육활동 빈도에 대해 '매일'로 응답한 비율이 여자가 남자보다 높은 연령대는 40대, 60대 총 2개이므로 옳은 설명이다.

④ 30대 응답자 중 체육활동 빈도에 대해 '주 5회'로 응답한 남자와 여자의 응답자 비율의 평균은 (6.6+8.8)/2=7.7%이므로 옳은 설명이다.

06

정답 ②

㉠ 제시된 지역의 2018년 연평균 상대습도의 평균은 67.5%이므로 제시된 지역의 연평균 상대습도의 합은 67.5×8=540%이며, 속초를 제외한 지역의 연평균 상대습도의 합은 69+73+69+67+67+68+65=478%이다. 이에 따라 속초의 연평균 상대습도는 540−478=62%이다.

㉡ 2019년 수원의 연 최고기온은 36.0°C 이상이고 연 최저기온은 −10.8°C이므로 2019년 수원의 기온 연교차는 36.0−(−10.8)=46.8°C 이상이며, 2019년 수원의 기온 연교차의 전년 대비 감소량은 8.8°C이므로 2018년 수원의 기온 연교차는 46.8+8.8=55.6°C 이상이다. 이에 따라 2018년 수원의 연 최저기온은 39.3−55.6=−16.3°C 이하이다.

㉢ 2018년 춘천의 연 최고기온은 39.5°C이고 연 최저기온은 −21.6°C이므로 2018년 춘천의 기온 연교차는 39.5−(−21.6)=61.1°C이며, 2019년 춘천의 기온 연교차의 전년 대비 감소량은 10.7°C이므로 2019년 춘천의 기온 연교차는 61.1−10.7=50.4°C이다. 이때 2019년 춘천의 기온 연교차는 인제의 기온 연교차보다 1.0°C 더 작으므로 2019년 인제의 기온 연교차는 50.4+1.0=51.4°C이며, 2018년 인제의 기온 연교차는 51.4+7.6=59.0°C이다. 이에 따라 2018년 인제의 연 최고기온은 59.0+(−21.3)=37.7°C이다.

따라서 ㉠은 62, ㉡은 −16.8, ㉢은 37.7인 ②가 정답이다.

07

정답 ①

미수납액=징수 결정액−(수납액+불납 결손액)임을 적용하여 구하면 2019년 미수납액은 이자 소득세가 26,236−(26,179+1)=56억 원, 배당 소득세가 29,635−(29,588+10)=37억 원, 사업 소득세가 32,794−(31,988+49)=757억 원, 근로 소득세가 422,056−(419,712+89)=2,255억 원, 기타 소득세가 19,881−(19,832+1)=48억 원, 퇴직 소득세가 12,968−(12,908+6)=54억 원이다. 이에 따라 미수납액이 가장 많은 소득세는 근로 소득세, 두 번째로 많은 소득세는 사업 소득세이므로 근로 소득세의 2018년 예산액은 411,130×100/112 ≒ 367,080억 원, 사업 소득세의 2018년 예산액은 31,051×100/113 ≒ 27,479억 원이다.

따라서 근로 소득세와 사업 소득세의 2018년 예산액의 차이는 367,080−27,479 ≒ 339,601억 원이다.

빠른 문제 풀이 Tip

미수납액=징수 결정액−(수납액+불납 결손액)이므로 (징수 결정액−수납액)을 제시된 불납 결손액 중 최댓값인 89억 원을 일의 자리에서 올림한 90억 원과 비교하면

이자 소득세는 (26,236−26,179)억 원<90억 원,

배당 소득세는 (29,635−29,588)억 원<90억 원,

사업 소득세는 (32,794−31,988)억 원>90억 원,

근로 소득세는 (422,056−419,712)억 원>90억 원,

기타 소득세는 (19,881−19,832)억 원<90억 원,

퇴직 소득세는 (12,968−12,908)억 원<90억 원이다.

이때 90억 원을 초과한 사업 소득세와 근로 소득세의 (징수 결정액−수납액)을 비교하면 근로 소득세가 사업 소득세보다 크므로 미수납액이 가장 많은 소득세는 근로 소득세, 두 번째로 많은 소득세는 사업 소득세임을 알 수 있다.

08

정답 ②

계열별 환산정원 $=(a-\text{총정원})\times\dfrac{\text{계열별 학생정원}}{\text{총정원}}+$ 계열별 학생정원 × b임을 적용하여 구한다.

B 대학교는 총정원이 4,500명이고 교육 계열의 학생정원은 135명, 환산 정원은 6명이므로

$6=(a-4{,}500)\times\dfrac{135}{4{,}500}+135\times b \rightarrow 141=\dfrac{3}{100}a+135b$

$\rightarrow 47=\dfrac{1}{100}a+45b \quad \cdots$ ⓐ

C 대학교는 총정원이 4,800명이고 공학 계열의 학생정원은 360명, 환산정원은 15명이므로

$15=(a-4{,}800)\times\dfrac{360}{4{,}800}+360\times b \rightarrow 375=\dfrac{3}{40}a+360b$

$\rightarrow 125=\dfrac{1}{40}a+120b \quad \cdots$ ⓑ

40×ⓑ−100×ⓐ에서 $300=300b \rightarrow b=1$이므로

이를 ⓐ에 대입하면 $47=\dfrac{1}{100}a+45 \rightarrow a=200$

㉠ A 대학교의 총정원은 3,000명이므로 공학 계열 학생정원이 330명일 때 공학 계열 환산정원은 $(200-3{,}000)\times\dfrac{330}{3{,}000}+330\times1=-308+330=22$명이다.

㉡ 계열별 학생정원 $=\dfrac{\text{계열별 환산정원}\times\text{총정원}}{200}$임을 적용하여 구한다.

C 대학교의 총정원은 4,800명이므로 교육 계열 환산정원이 6명일 때 교육 계열 학생정원은 $\dfrac{6\times4{,}800}{200}=144$명이다.

따라서 ㉠은 22, ㉡은 144인 ②가 정답이다.

09

정답 ④

㉠ 방송인 A의 채널 구독자 수는 10주 차에 1,150명이고, 전주 대비 감소한 구독자 수는 10주 차에 1,161 - 1,150 = 11명, 9주 차에 1,173 - 1,161 = 12명, 8주 차에 1,196 - 1,173 = 23명, 7주 차에 1,231 - 1,196 = 35명으로 10주 차의 전주 대비 감소한 구독자 수는 9주 차와 8주 차의 전주 대비 감소한 구독자 수의 차이며, 9주 차의 전주 대비 감소한 구독자 수는 8주 차와 7주 차의 전주 대비 감소한 구독자 수의 차이므로 4주 차부터 전주 대비 감소한 구독자 수는 1주 전과 2주 전 각각의 전주 대비 감소한 구독자 수의 차임을 알 수 있다. 이에 따라 방송인 A의 채널 구독자 수는 5주 차에 1,231 + 58 = 1,289명, 4주 차에 1,289 + 93 = 1,382명, 3주 차에 1,382 + 151 = 1,533명, 2주 차에 1,533 + 244 = 1,777명이다.

㉡ 방송인 B의 채널 구독자 수는 1주 차에 1,150명이고, 전주 대비 증가한 구독자 수는 2주 차에 1,266 - 1,150 = 116명, 3주 차에 1,395 - 1,266 = 129명, 4주 차에 1,537 - 1,395 = 142명, 5주 차에 1,692 - 1,537 = 155명이므로 2주 차부터 전주 대비 증가한 구독자 수는 1주마다 13명씩 증가함을 알 수 있다. 이에 따라 방송인 B의 채널 구독자 수는 10주 차에 1,692 + 168 + 181 + 194 + 207 + 220 = 2,662명이다.

따라서 ㉠은 1,777, ㉡은 2,662인 ④가 정답이다.

10

정답 ④

제시된 자료에 따르면 2019년 학교 용지 납 오염도의 전년 대비 증가량은 22.12 - 18.49 = 3.63mg/kg이지만, 이 그래프에서는 4.00mg/kg보다 높게 나타나므로 옳지 않은 그래프는 ④이다.

오답 체크

② 목장 및 학교 용지 아연 오염도의 평균은 2015년에 (83.20 + 93.19) / 2 ≒ 88.20mg/kg, 2016년에 (85.33 + 97.60) / 2 ≒ 91.47mg/kg, 2017년에 (81.97 + 92.71) / 2 = 87.34mg/kg, 2018년에 (120.38 + 87.12) / 2 = 103.75mg/kg, 2019년에 (64.42 + 92.55) / 2 ≒ 78.49mg/kg이므로 옳은 그래프이다.

⑤ 2019년 목장 용지 중금속 오염도의 전년 대비 감소율은 구리가 {(39.04 - 15.52) / 39.04} × 100 ≒ 60.2%, 비소가 {(5.17 - 3.49) / 5.17} × 100 ≒ 32.5%, 납이 {(22.74 - 19.93) / 22.74} × 100 ≒ 12.4%, 아연이 {(120.38 - 64.42) / 120.38} × 100 ≒ 46.5%, 니켈이 {(26.10 - 11.87) / 26.10} × 100 ≒ 54.5%이므로 옳은 그래프이다.

Ⅳ 실전모의고사

실전모의고사 1회

정답

p.222

01	02	03	04	05	06	07	08	09	10
응용계산	응용계산	응용계산	응용계산	응용계산	응용계산	응용계산	응용계산	응용계산	응용계산
④	⑤	④	②	③	③	④	⑤	④	②
11	**12**	**13**	**14**	**15**	**16**	**17**	**18**	**19**	**20**
사료해석	사료해석	자료해석	자료해석	자료해석	자료해석	자료해석	자료해석	자료해석	자료해석
③	④	④	⑤	④	⑤	④	④	⑤	③

취약 유형 분석표

유형별로 맞힌 개수, 틀린 문제 번호와 풀지 못한 문제 번호를 적고 나서 취약한 유형이 무엇인지 파악해보세요.
취약한 유형은 '기출유형공략'과 관련 이론을 복습하고 틀린 문제와 풀지 못한 문제를 다시 한번 풀어보세요.

	유형	맞힌 개수	틀린 문제 번호	풀지 못한 문제 번호
수리	응용계산	/10		
	자료해석	/10		
	TOTAL	/20		

해설

01 응용계산 문제 정답 ④

거리=속력×시간임을 적용하여 구한다.

5km로 걸은 거리를 x라고 하면 3km로 걸은 거리는 $15-x$이다. 이때 15km 구간의 거리를 쉬지 않고 걸어 결승점을 통과하는 데 3시간 32분이 걸렸으므로

$\frac{x}{5}+\frac{15-x}{3}=\frac{212}{60}$ → $3x+5(15-x)=53$ → $2x=22$ → $x=11$

따라서 효진이가 시속 5km로 걸은 거리는 11km이다.

02 응용계산 문제 정답 ⑤

설탕의 양=설탕물의 양×$\frac{설탕물의\ 농도}{100}$임을 적용하여 구한다.

설탕물 300g에 설탕물 1잔을 추가로 섞은 후 물 50g을 증발시켰더니 700g의 설탕물이 되었으므로 추가로 섞은 설탕물 1잔은 700+50-300=450g이다. 이때 농도가 7%인 설탕물 300g에 설탕물 1잔을 추가로 섞은 후 물 50g을 증발시킨 설탕물의 설탕의 양과 농도가 12%인 설탕물 700g의 설탕의 양은 서로 같으므로 추가로 섞은 설탕물 1잔의 농도를 x라고 하면

$300\times\frac{7}{100}+450\times\frac{x}{100}=700\times\frac{12}{100}$ → $210+45x=840$

→ $45x=630$ → $x=14$

따라서 추가로 섞은 설탕물 1잔에 들어 있는 설탕의 양은 $450\times\frac{14}{100}=63$g이다.

빠른 문제 풀이 Tip

추가로 섞은 설탕물 1잔에 들어 있는 설탕의 양을 x라고 하면
농도가 7%인 설탕물 300g에 들어 있는 설탕의 양과 추가로 섞은 설탕물 1잔에 들어 있는 설탕의 양의 합은 농도가 12%인 설탕물 700g에 들어 있는 설탕의 양과 같으므로

$300\times\frac{7}{100}+x=700\times\frac{12}{100}$ → $300\times7+100x=700\times12$

→ $21+x=84$ → $x=63$

따라서 추가로 섞은 설탕물 1잔에 들어 있는 설탕의 양은 63g임을 알 수 있다.

03 응용계산 문제 정답 ④

작업량=시간당 작업량×시간임을 적용하여 구한다.

선웅이가 혼자 레고 1개를 조립하면 1시간 20분=80분이 걸리므로 선웅이의 1분당 작업량은 $\frac{1}{80}$개이고, 선웅이가 다인이와 함께 레고 1개를 조립하면 혼자 조립하는 시간보다 50분 더 적게 걸려 80-50=30분이 걸리므로 선웅이와 다인이의 1분당 작업량은 $\frac{1}{30}$개이다. 이에 따라 다인이의 1분당 작업량은 $\frac{1}{30}-\frac{1}{80}=\frac{5}{240}=\frac{1}{48}$개이다.

다인이와 선웅이가 함께 3시간(=180분) 동안 조립한 레고의 개수는 $\frac{1}{30}\times180=6$개이고, 다인이가 혼자 8시간(=480분) 동안 조립한 레고의 개수는 $\frac{1}{48}\times480=10$개이다.

따라서 총 11시간 동안 조립한 레고의 개수는 6+10=16개이다.

04 응용계산 문제 정답 ②

정가=원가×(1+이익률), 이익=정가-원가임을 적용하여 구한다.

우유 1팩의 원가를 x라고 하면 우유 1팩의 정가는 원가에서 20% 이익이 남는 금액에 300원 할인한 $1.2x-300$이다. 우유를 총 500팩 판매하여 175,000원의 이익이 남았을 때 우유 1팩당 이익은 $\frac{175,000}{500}=350$원이므로

$1.2x-300-x=350$ → $0.2x=650$ → $x=3,250$

따라서 우유 1팩의 원가는 3,250원이다.

05 응용계산 문제 정답 ③

이익=정가-원가임을 적용하여 구한다.

같은 종류의 코트 4벌을 정가로 판매하면 총 판매액은 80만 원이므로 코트 1벌의 정가는 $\frac{80}{4}=20$만 원이고, 코트 1벌의 원가는 정가의 70%이므로 20×0.7=14만 원이다. 이때 4벌 중 2벌은 정가 그대로 판매했고, 나머지 2벌은 정가의 5% 할인된 가격으로 판매했으므로 4벌 중 2벌은 총 20×2=40만 원, 나머지 2벌은 총 20×(1-0.05)×2=38만 원에 판매했다.

따라서 코트 4벌의 총 판매 이익은 40+38-(14×4)=78-56=22만 원이다.

빠른 문제 풀이 Tip

정가로 판매하면 코트 4벌의 총 판매액은 80만 원이고, 코트 1벌의 원가는 정가의 70%이므로 코트 4벌을 모두 정가로 판매하면 총 판매 이익은 80×0.3=24만 원이다. 이때 4벌 중 2벌(=50%)을 정가의 5% 할인된 가격으로 판매했으므로 할인으로 차감되는 이익은 80×0.5×0.05=2만 원이다.

따라서 코트 4벌의 총 판매 이익은 24-2=22만 원임을 알 수 있다.

06 응용계산 문제 정답 ③

A 자격증 시험의 온라인 강의 수를 x, B 자격증 시험의 온라인 강의 수를 y, C 자격증 시험의 온라인 강의 수를 z라고 하면

A와 B 자격증 시험의 온라인 강의 수는 모두 합쳐 65강이므로

$x+y=65$ … ⓐ

B와 C 자격증 시험의 온라인 강의 수는 모두 합쳐 55강이므로

$y+z=55$ … ⓑ

이때 각 온라인 강의의 강의 1개당 시간은 A 자격증 시험이 1시간 30분(=1.5시간), B 자격증 시험이 2시간, C 자격증 시험이 1시간이고 A, B, C 자격증 시험의 온라인 강의를 모두 수강하면 135시간이 소요되므로

$1.5x+2y+z=135$ … ⓒ

ⓒ-ⓑ에서 $1.5x+y=80$ … ⓓ

ⓓ-ⓐ에서 $0.5x=15$ → $x=30$

따라서 A 자격증 시험의 온라인 강의 수는 30강이다.

빠른 문제 풀이 Tip

ⓒ-(ⓐ+ⓑ)를 적용하여 x값을 구한다.

ⓐ+ⓑ는 $(x+y)+(y+z)=65+55$ → $x+2y+z=120$이고 이를 ⓒ에서 빼면

$(1.5x+2y+z)-(x+2y+z)=135-120$ → $0.5x=15$이므로 $x=30$임을 알 수 있다.

07 응용계산 문제

정답 ④

n명을 줄 세우는 경우의 수는 n!=n×(n−1)×(n−2)×…×2×1임을 적용하여 구한다.

서로 다른 초콜릿 4개를 3명이 각자 적어도 1개씩 갖도록 나누어 가지면 2개를 받는 사람이 1명 존재하게 된다. 초콜릿을 2개 받는 사람을 뽑는 경우의 수는 3가지이고 초콜릿 4개를 나누어 가지는 경우의 수는 초콜릿 4개를 일렬로 나열하는 경우의 수와 같다. 이때 초콜릿 2개를 받는 사람은 (a, b), (b, a)와 같이 같은 경우의 수가 2가지 존재한다.

따라서 서로 다른 초콜릿 4개를 3명이 각자 적어도 1개씩 갖도록 나누어 가지는 경우의 수는 $3\times4!\times\frac{1}{2}=36$가지이다.

빠른 문제 풀이 Tip

4개를 2개, 1개, 1개씩 나누어 가지는 경우의 수는 ${}_4C_2\times{}_2C_1\times{}_1C_1\times\frac{1}{2!}$가지임을 적용하여 계산한다.

초콜릿 4개를 2개, 1개, 1개씩 나누어 가지는 경우의 수는 ${}_4C_2\times{}_2C_1\times{}_1C_1\times\frac{1}{2!}=6$가지이고 이를 3명이 나누어 가지는 경우의 수는 3!=6가지이므로 초콜릿 4개를 2개, 1개, 1개씩 3명이 나누어 가지는 경우의 수는 6×6=36가지임을 알 수 있다.

08 응용계산 문제

정답 ⑤

어떤 사건 A가 일어날 확률을 p라고 하면 사건 A가 일어나지 않을 확률은 1−p임을 적용하여 구한다.

리그 경기 후 3명의 최종 성적이 모두 다르기 위해서는 3명의 성적이 각각 2승, 1승 1패, 2패이어야 한다. 이때 2승이 되는 사람이 정해지면 나머지 2명의 경기 결과에 상관없이 2명 중 1명은 1승 1패, 다른 1명은 2패가 되므로 3명 중 2승을 하는 사람만 고려하면 된다. 갑이 2승일 확률은 갑이 을을 이길 확률이 40%, 병이 갑을 이길 확률이 60%이므로 0.4×(1−0.6)=0.16, 을이 2승일 확률은 을이 병을 이길 확률이 35%, 갑이 을을 이길 확률이 40%이므로 0.35×(1−0.4)=0.21, 병이 2승일 확률은 병이 갑을 이길 확률이 60%, 을이 병을 이길 확률이 35%이므로 0.6×(1−0.35)=0.39이다.

따라서 리그 경기 후 3명의 최종 성적이 모두 다를 확률은 0.16+0.21+0.39=0.76이다.

빠른 문제 풀이 Tip

여사건의 확률을 이용하여 계산한다.

리그 경기 후 3명의 최종 성적이 모두 다를 확률은 전체 확률에서 3명의 최종 성적이 모두 같을 확률을 뺀 것과 같다. 무승부는 없으므로 3명의 최종 성적이 모두 같은 경우는 최종 성적이 모두 1승 1패인 경우이고, 이 경우는 갑이 을을 이기고, 을이 병을 이기고, 병이 갑을 이기는 경우 또는 갑이 을에게 지고, 을이 병에게 지고, 병이 갑에게 지는 경우이므로 3명의 최종 성적이 모두 1승 1패일 확률은 0.4×0.35×0.6+(1−0.4)×(1−0.35)×(1−0.6)=0.084+0.156=0.24이다.

따라서 리그 경기 후 3명의 최종 성적이 모두 다를 확률은 1−0.24=0.76임을 알 수 있다.

09 응용계산 문제

정답 ④

n(A∪B)=n(A)+n(B)−n(A∩B)임을 적용하여 구한다.

빨간색 페인트를 사용한 면적의 집합을 A, 초록색 페인트를 사용한 면적의 집합을 B라고 하면 n(A)=82, n(B)=73, n(A∪B)=136이다. 이때 빨간색과 초록색을 섞으면 검은색이 나타나므로 검은색인 면적의 집합은 n(A∩B)이다.

따라서 보수한 벽이 검은색인 면적은 82+73−136=19m^2이다.

10 응용계산 문제

정답 ②

원 모양의 고리를 서로 연결하기 위해 홈이 필요한 고리에 2mm의 홈을 1개 만들면 2개의 고리를 연결할 수 있다. 이런 방식으로 고리를 서로 연결하면 2n개의 고리를 연결하는 데 필요한 홈의 개수는 최소 n개, 2n−1개의 고리를 연결하는 데 필요한 홈의 개수도 최소 n개이다. 이에 따라 25개의 고리를 서로 연결하는 데 필요한 홈의 개수는 최소 2n−1=25 → 2n=26 → n=13개이다.

따라서 홈의 개수를 최소로 해서 목걸이를 만들 때 잘라낸 부분의 총 길이는 13×2=26mm이다.

11 자료해석 문제

정답 ③

2019년 한식 음식점업의 매출액은 비가맹점이 가맹점의 56,492/9,456 ≒ 5.97배이므로 옳은 설명이다.

오답 체크

① 2019년 가맹점 영업비용은 한식 음식점업이 외국식 음식점업보다 8,351−2,562=5,789십억 원 더 크므로 옳지 않은 설명이다.

② 2019년 외국식 음식점업의 비가맹점 영업비용은 전년 대비 {(12,949−12,503)/12,503}×100 ≒ 3.6% 증가하였으므로 옳지 않은 설명이다.

④ 2019년 한식 음식점업의 가맹점 종사자 수는 전년 대비 126,022−123,697=2,325명 증가하였으므로 옳지 않은 설명이다.

⑤ 2018년 외국식 음식점업의 사업체 수 1개당 평균 종사자 수는 가맹점이 41,452/7,561 ≒ 5명, 비가맹점이 198,864/47,575 ≒ 4명으로 가맹점이 비가맹점보다 많으므로 옳지 않은 설명이다.

12 자료해석 문제 정답 ④

b. 행복한 삶을 위한 요건을 자아성취라고 응답한 비율은 대전·충청·세종·강원이 대구·경북의 7.1/5.9 ≒ 1.2배이므로 옳지 않은 설명이다.

d. 기타를 제외하고 응답 비율이 높은 항목부터 순서대로 나열했을 때 인천·경기는 직업·직장의 응답 비율이 가장 낮지만 대구·경북은 자아성취의 응답 비율이 가장 낮으므로 옳지 않은 설명이다.

오답 체크

a. 서울에서 행복한 삶을 위한 요건을 재산·경제력이라고 응답한 비율은 23.1%로 제시된 다른 요건의 응답 비율보다 높으므로 옳은 설명이다.

c. 조사에 응답한 청년 수가 서울과 부산·울산·경남이 각각 5,000명일 때, 행복한 삶을 위한 요건을 직업·직장이라고 응답한 사람 수는 서울이 5,000×0.048=240명, 부산·울산·경남이 5,000×0.1=500명으로 서울이 부산·울산·경남보다 500−240=260명 더 적으므로 옳은 설명이다.

빠른 문제 풀이 Tip

c. 조사에 응답한 청년 수는 동일하므로 응답한 비율의 차이를 이용하여 계산한다.
조사에 응답한 청년 수는 서울과 부산·울산·경남이 각각 5,000명으로 동일하므로 행복한 삶을 위한 요건을 직업·직장이라고 응답한 사람은 서울이 부산·울산·경남보다 5,000×(0.1−0.048)=5,000×0.052=260명 더 적음을 알 수 있다.

13 자료해석 문제 정답 ④

2019년 2분기 방송권의 저작권 사용료 징수액의 2018년 2분기 대비 증가율은 {(9,582−8,953)/8,953}×100 ≒ 7.0%이므로 옳은 설명이다.

오답 체크

① 분기별 공연권의 저작권 사용료 징수액의 평균은 2018년에 (11,177+10,538+11,529+13,150)/4=11,598.5백만 원, 2019년에 (10,733+10,995+11,783+12,599)/4=11,527.5백만 원으로 2018년이 2019년보다 크므로 옳지 않은 설명이다.

② 4분기 전체 저작권 사용료 징수액에서 전송권이 차지하는 비중은 2018년에 (41,567/125,686)×100 ≒ 33.1%, 2019년에 (45,593/122,605)×100 ≒ 37.2%이므로 옳지 않은 설명이다.

③ 2019년 3분기 복제권·배포권의 저작권 사용료 징수액은 2분기 대비 증가하였지만, 전체 저작권 사용료 징수액은 2분기 대비 감소하였으므로 옳지 않은 설명이다.

⑤ 분기별 기타 저작권 사용료 징수액의 합은 2018년에 1,855+4,297+2,166+2,421=10,739백만 원, 2019년에 3,275+6,601+3,144+2,906=15,926백만 원으로 2019년이 2018년의 15,926/10,739 ≒ 1.48배이므로 옳지 않은 설명이다.

빠른 문제 풀이 Tip

② 비중의 분자에 해당하는 값과 분모에 해당하는 값을 비교하여 비중의 크기를 비교한다.
2018년과 2019년 4분기 전체 저작권 사용료 징수액에서 전송권이 차지하는 비중의 분자에 해당하는 값인 전송권의 저작권 사용료 징수액은 2018년 4분기가 2019년 4분기보다 작지만, 비중의 분모에 해당하는 값인 전체 저작권 사용료 징수액은 2018년 4분기가 2019년 4분기보다 크므로 비중은 2018년 4분기가 2019년 4분기보다 작음을 알 수 있다.

14 자료해석 문제 정답 ⑤

a. 제시된 연령대 중 20대를 제외한 모든 연령대에서 가장 높은 응답 비율을 차지한 직업 선택 요인 1순위 항목은 모두 '수입'으로 동일하므로 옳은 설명이다.

b. 남성의 응답 인원수가 일정하여 각 항목에 대한 남성 응답 인원수는 응답 비율과 비례한다. 직업 선택 요인 1순위에 대해 '발전성·장래성'으로 응답한 남성 인원수 대비 '명예·명성'으로 응답한 남성 인원수의 비율은 2.7/4.5=0.6이므로 옳은 설명이다.

d. 응답 비율에서 상위 5개의 직업 선택 요인 1순위 항목은 미혼이 '안정성', '수입', '적성·흥미', '발전성·장래성', '보람·자아성취', 기혼이 '수입', '안정성', '적성·흥미', '보람·자아성취', '잘 모르겠다'이고, 응답 비율의 합은 미혼이 32.5+29.8+21.9+7.0+3.8=95.0%, 기혼이 39.2+37.2+10.6+3.7+3.7=94.4%로 미혼이 기혼보다 크므로 옳은 설명이다.

오답 체크

c. 전체 응답 인원수가 총 5,000명일 때, 5,000명 중 650명이 차지하는 비중은 (650/5,000)×100=13%로 전체 응답 비율이 13% 이상인 직업 선택 요인 1순위 항목은 '안정성', '수입' 2개이므로 옳지 않은 설명이다.

빠른 문제 풀이 Tip

d. 미혼과 기혼 각각의 응답 비율에서 하위 3개의 직업 선택 요인 1순위 항목에 대한 응답 비율의 합으로 비교한다.
하위 3개의 직업 선택 요인 1순위 항목에 대한 응답 비율의 합은 미혼이 0.2+2.3+2.5=5.0%, 기혼이 0.3+2.2+3.1=5.6%로 미혼이 기혼보다 작다. 이때 전체 응답 비율의 합이 100%이므로 상위 5개의 직업 선택 요인 1순위 항목에 대한 응답 비율의 합은 미혼이 기혼보다 큼을 알 수 있다.

[15-16]

15 자료해석 문제 정답 ④

경기철도㈜ 승차 인원수와 유입 인원수의 차이는 2016년에 11,058-8,986=2,072천 명, 2017년에 14,762-11,878=2,884천 명, 2018년에 19,534-17,240=2,294천 명, 2019년에 23,778-21,068=2,710천 명으로 승차 인원수와 유입 인원수의 차이가 가장 작은 해는 2016년이므로 옳지 않은 설명이다.

오답 체크

① 2017년 이후 한국철도공사, 신분당선㈜, 경기철도㈜, 공항철도㈜의 유입 인원수는 모두 매년 전년 대비 증가하였으므로 옳은 설명이다.

② 2019년 한국철도공사 유입 인원수는 2016년 대비 {(402,600-363,799)/363,799}×100≒10.7% 증가하였으므로 옳은 설명이다.

③ 2017년 이후 신분당선㈜ 유입 인원수의 전년 대비 증가 인원은 2017년에 45,495-39,643=5,852천 명, 2018년에 49,023-45,495=3,528천 명, 2019년에 52,284-49,023=3,261천 명으로 매년 감소하므로 옳은 설명이다.

⑤ 수송 인원수=승차 인원수+유입 인원수임을 적용하면 2016년 공항철도㈜ 수송 인원수는 35,937+40,853=76,790천 명으로 수송 인원수에서 승차 인원수가 차지하는 비중은 (35,937/76,790)×100≒46.8%이므로 옳은 설명이다.

16 자료해석 문제 정답 ⑤

제시된 운영기관 중 2016년부터 2019년까지 수송 인원수가 매년 가장 많은 운영기관은 한국철도공사이고, 두 번째로 많은 운영기관은 공항철도㈜이므로 2019년 한국철도공사 수송 인원수는 780,557+402,600=1,183,157천 명, 공항철도㈜ 수송 인원수는 43,817+51,422=95,239천 명이다.

따라서 한국철도공사와 공항철도㈜의 2019년 수송 인원수의 합은 1,183,157+95,239=1,278,396천 명이다.

빠른 문제 풀이 Tip

운영기관별 승차 인원수와 유입 인원수 각각의 수치를 비교하여 수송 인원수의 순위를 파악한다.

승차 인원수와 유입 인원수의 합인 수송 인원수의 순위는 승차 인원수와 유입 인원수 각각의 수치 크기를 비교하여 알 수 있으므로 제시된 기간 동안 수송 인원수가 가장 많은 운영기관은 한국철도공사, 두 번째로 많은 운영기관은 공항철도㈜임을 알 수 있다.

17 자료해석 문제 정답 ④

응답자 수는 응답 비율과 비례함을 적용하여 구하면 2019년 응답 비율이 전년 대비 증가한 채무 발생 이유는 '생활비', '창업 자금', '기타'이고, 각 응답 비율의 전년 대비 증가량은 '생활비'가 9.6-4.0=5.6%p, '창업 자금'이 6.4-3.0=3.4%p, '기타'가 3.2-0.4=2.8%p이므로 2019년 응답자 수가 전년 대비 가장 많이 증가한 채무 발생 이유는 2019년 응답 비율이 전년 대비 가장 많이 증가한 '생활비'이다.

따라서 2019년 채무 발생 이유가 '생활비'라고 응답한 응답자 수의 전년 대비 증가 인원은 3,500×5.6/100=196명이다.

18 자료해석 문제 정답 ④

종사자 수에 따른 중견기업 석사 신입사원 초임 평균과 선분내졸 신입사원 초임 평균의 차이는 50명 미만이 3,681-2,896=785만 원, 50명 이상 100명 미만이 3,640-2,926=714만 원, 100명 이상 200명 미만이 3,617-2,946=671만 원, 200명 이상 300명 미만이 3,797-3,012=785만 원, 300명 이상 500명 미만이 3,819-3,036=783만 원, 500명 이상 1,000명 미만이 3,990-3,142=848만 원, 1,000명 이상이 3,856-3,116=740만 원으로 차이가 가장 큰 종사자 수의 중견기업은 종사자 수가 500명 이상 1,000명 미만인 중견기업이다.

따라서 종사자 수가 500명 이상 1,000명 미만인 중견기업에서 석사 신입사원 초임 평균은 선분내졸 신입사원 초임 평균의 3,990/3,142≒1.27배이다.

19 자료해석 문제 정답 ⑤

㉠ 중학교 2학년 전체 조사대상은 9,700명이고 남자가 여자보다 400명 더 많으므로 중학교 2학년 남자 조사대상은 {(9,700-400)/2}+400=5,050명이다.

㉡ 중학교 3학년과 고등학교 2학년의 전체 조사대상은 전체 중·고등학생의 조사대상 합계에서 나머지 학년을 제외한 57,300-(9,800+9,700+9,300+9,600)=18,900명이다. 이때 전체 조사대상은 중학교 3학년이 고등학교 2학년의 1.1배이므로 고등학교 2학년 전체 조사대상은 18,900/2.1=9,000명이다. 이에 따라 고등학교 2학년 전체 조사대상 중 주 3회 이상 패스트푸드를 섭취한 사람 수는 9,000×0.268=2,412명이다. 또한, 고등학교 2학년에서 주 3회 이상 패스트푸드를 섭취한 사람 수는 남자가 여자보다 378명 더 많으므로 고등학교 2학년 남자 중 주 3회 이상 패스트푸드를 섭취한 사람은 (2,412-378)/2+378=1,395명이다. 이에 따라 고등학교 2학년 남자의 주 3회 이상 패스트푸드 섭취율은 (1,395/4,650)×100=30.0%이다.

따라서 ㉠은 5,050, ㉡은 30.0인 ⑤가 정답이다.

20 자료해석 문제 정답 ③

제시된 자료에 따르면 연도별 배추밭 1km^{2}당 배추 생산량은 다음과 같다.

구분	배추밭 1km^{2}당 배추 생산량(백 톤)
2015년	21,350/272≒78.5
2016년	17,934/249≒72.0
2017년	23,957/324≒73.9
2018년	23,919/311≒76.9
2019년	18,597/258≒72.1
2020년	13,397/139≒96.4

따라서 연도별 배추밭 1km^{2}당 배추 생산량과 그래프의 높이가 일치하는 ③이 정답이다.

오답 체크

① 배추밭 1km^{2}당 배추 생산량은 2015년에 약 78.5백 톤, 2016년에 약 72.0백 톤이지만, 이 그래프에서는 2016년이 2015년보다 높게 나타나므로 옳지 않은 그래프이다.

② 2017년 배추밭 1km^{2}당 배추 생산량은 약 73.9백 톤이지만, 이 그래프에서는 약 60백 톤으로 나타나므로 옳지 않은 그래프이다.

④ 2018년 배추밭 1km^{2}당 배추 생산량은 약 76.9백 톤이지만, 이 그래프에서는 80백 톤보다 높게 나타나므로 옳지 않은 그래프이다.

⑤ 2019년 배추밭 1km^{2}당 배추 생산량은 약 72.1백 톤이지만, 이 그래프에서는 60백 톤보다 낮게 나타나므로 옳지 않은 그래프이다.

정답

p.232

01	02	03	04	05	06	07	08	09	10
응용계산	응용계산	응용계산	응용계산	응용계산	응용계산	응용계산	응용계산	자료해석	자료해석
①	②	③	③	④	④	⑤	①	③	④
11	**12**	**13**	**14**	**15**	**16**	**17**	**18**	**19**	**20**
자료해석	자료해석	자료해석	자료해석	자료해석	자료해석	자료해석	자료해석	자료해석	자료해석
⑤	②	③	⑤	②	⑤	①	⑤	①	⑤

취약 유형 분석표

유형별로 맞힌 개수, 틀린 문제 번호와 풀지 못한 문제 번호를 적고 나서 취약한 유형이 무엇인지 파악해보세요.
취약한 유형은 '기출유형공략'과 관련 이론을 복습하고 틀린 문제와 풀지 못한 문제를 다시 한번 풀어보세요.

	유형	맞힌 개수	틀린 문제 번호	풀지 못한 문제 번호
수리	응용계산	/8		
	자료해석	/12		
	TOTAL	/20		

해설

01 응용계산 문제 정답 ①

거리 = 속력 × 시간임을 적용하여 구한다.
하늘이의 달리기 속력을 x라고 하면 지현이의 달리기 속력이 하늘이보다 5m/s 더 빠르므로 지현이의 달리기 속력은 $x+5$이다. 지현이와 하늘이가 원형 운동장의 같은 위치에 서 있다가 서로 반대 방향으로 달린 시간은 10초이므로 10초간 둘 사이의 거리는 $(x+x+5)\times 10=20x+50$만큼 멀어졌다. 이후, 지현이가 반대 방향으로 돌아 하늘이를 쫓아가기 시작해 초당 5m씩 둘 사이의 거리가 가까워져 30초 후에 만났으므로
$20x+50=5\times 30 \rightarrow 20x+50=150 \rightarrow 20x=100 \rightarrow x=5$
따라서 하늘이의 달리기 속력은 5m/s이다.

빠른 문제 풀이 Tip

지현이가 반대 방향으로 돌아 출발한 위치부터 하늘이를 따라잡기까지 걸린 시간을 이용하여 계산한다.
지현이와 하늘이가 달리기를 시작한 뒤 다시 만나기까지 걸린 시간은 10+30=40초이다. 이때 지현이가 출발한 위치까지 다시 돌아오는 데 걸린 시간은 10×2=20초이고 이후 40−20=20초 동안 달려서 40초 동안 달린 하늘이와 만났다. 하늘이의 달리기 속력을 x라고 하면 지현이의 달리기 속력은 $x+5$이므로
$(x+5)\times 20=x\times 40 \rightarrow 20x=100 \rightarrow x=5$
따라서 하늘이의 달리기 속력은 5m/s임을 알 수 있다.

02 응용계산 문제 정답 ②

소금의 양 = 소금물의 양 × $\frac{\text{소금물의 농도}}{100}$, 소금물의 농도(%) = $\frac{\text{소금의 양}}{\text{소금물의 양}}\times 100$임을 적용하여 구한다.
당도가 40%인 버블티에 시럽을 1회 추가하였더니 당도가 46%로 높아졌으므로 당도가 40%인 버블티의 양을 x, 시럽 1회당 추가되는 시럽의 양을 y라고 하면
$x\times\frac{40}{100}+y=(x+y)\times\frac{46}{100} \rightarrow 40x+100y=46x+46y$
$\rightarrow x=9y$ … ⓐ
이때 당도가 46%인 버블티에 시럽을 2회 더 추가하였더니 양이 총 600mL로 늘어났으므로
$x+y+2y=600 \rightarrow x+3y=600$ … ⓑ
ⓐ를 ⓑ에 대입하여 정리하면
$9y+3y=600 \rightarrow 12y=600 \rightarrow y=50$이므로
$x=9\times 50 \rightarrow x=450$
이에 따라 시럽을 1회 추가한 당도가 46%인 버블티의 양은 450+50=500mL이고, 시럽을 2회 더 추가한 600mL 버블티에 들어간 시럽의 양은 $500\times\frac{46}{100}+100=330$g이다.
따라서 최종적으로 만들어진 600mL 버블티의 당도는 $\frac{330}{600}\times 100=55$%이다.

03 응용계산 문제 정답 ③

시간당 작업량 = $\frac{\text{작업량}}{\text{시간}}$, 시간 = $\frac{\text{작업량}}{\text{시간당 작업량}}$임을 적용하여 구한다.
전체 욕조의 용량을 1이라고 하면 온수 호스로만 욕조를 가득 채우는 데 10분이 소요되므로 온수 호스로 1분 동안 채우는 물의 양은 $\frac{1}{10}$이고, 온수와 냉수 호스로 같이 욕조를 가득 채우는 데 4분이 소요되므로 냉수 호스로 1분 동안 채우는 물의 양은 $\frac{1}{4}-\frac{1}{10}=\frac{3}{20}$이며, 가득 찬 욕조의 물을 배수구를 열어 모두 빼는 데 6분이 소요되므로 배수구를 열었을 때 1분 동안 빠져나가는 물의 양은 $\frac{1}{6}$이다. 이때 수정이가 온수와 냉수 호스로 욕조에 물을 $\frac{2}{3}$만큼 채우는 데 소요된 시간은 $\frac{2}{3}\div\frac{1}{4}=\frac{8}{3}$분이고, 물이 뜨거워 온수 호스를 끄고 냉수 호스로만 물을 채우면서 배수구를 열어 물을 빼서 온도를 맞췄더니 욕조의 절반만큼 물이 남았으므로 냉수 호스로만 물을 채우면서 배수구를 열었을 때 빠져나간 물의 양은 $\frac{2}{3}-\frac{1}{2}=\frac{1}{6}$이다. 이에 따라 냉수 호스로만 물을 채우면서 배수구를 열어 물을 뺐을 때 1분 동안 빠져나가는 물의 양은 $\frac{1}{6}-\frac{3}{20}=\frac{1}{60}$이므로 $\frac{1}{6}$만큼 물을 빼는 데 소요된 시간은 $\frac{1}{6}\div\frac{1}{60}=10$분이다.
따라서 수정이가 물의 온도를 맞추기까지 총 소요된 시간은 $\frac{8}{3}+10=\frac{38}{3}$분 = 12분 40초다.

04 응용계산 문제 정답 ③

이익 = 정가 − 원가임을 적용하여 구한다.
지난달에 예선이는 1개당 원가가 정가의 30%인 우산을 40개 판매하여 총 140,000원의 판매 이익을 얻었으므로 우산 1개당 정가를 x라고 하면 원가는 $0.3x$, 이익은 $x-0.3x=0.7x$이므로
$40\times 0.7x=140{,}000 \rightarrow x=5{,}000$
이번 달에 원가가 5,000×0.3=1,500원으로 동일한 우산의 정가를 올려 56개를 판매하였더니 판매 이익이 지난달 대비 60% 늘어나 140,000×1.6=224,000원이 되었으므로 이번 달에 우산 1개당 $\frac{224{,}000}{56}=4{,}000$원의 이익을 얻었다.
따라서 이번 달에 책정한 우산 1개당 정가는 1,500+4,000=5,500원이다.

05 응용계산 문제 정답 ④

민주가 태어난 해에 엄마의 나이는 올해 민주의 나이보다 5살 더 많으므로 올해 민주의 나이를 x라고 하면 민주가 태어난 해에 엄마의 나이는 $x+5$이다. 서로의 나이 차이는 매년 동일하며,

민주가 태어난 해에 민주와 엄마의 나이 차이는 $x+5-1=x+4$이므로 올해 엄마의 나이는 $x+x+4=2x+4$이고, 올해 아빠의 나이는 올해 민주의 나이의 2배보다 7살 더 많으므로 $2x+7$이다. 아빠의 나이는 엄마의 나이보다 $(2x+7)-(2x+4)=3$살 더 많으므로 민주가 태어난 해에 아빠의 나이는 $x+5+3=x+8$이다. 민주가 태어난 해와 올해 민주, 엄마, 아빠의 나이를 정리하면 다음과 같다.

구분	민주	엄마	아빠
민주가 태어난 해	1	$x+5$	$x+8$
올해	x	$2x+4$	$2x+7$

이때 올해 엄마와 아빠의 나이의 합은 103살이므로
$2x+4+2x+7=103$ → $4x=92$ → $x=23$
따라서 민주가 태어난 해에 아빠의 나이는 23+8=31살이다.

06 응용계산 문제 정답 ④

서로 다른 n개를 원형으로 배열하는 방법의 수는 (n-1)!임을 적용하여 구한다.
갑, 을, 병, 정, 무, 기 6명이 원탁에 둘러앉을 때 갑, 을, 병 3명이 인접하지 않게 앉는 경우의 수는 6명이 원탁에 둘러앉는 경우의 수에서 갑, 을, 병 3명이 인접하게 앉는 경우의 수를 뺀 것과 같다. 6명이 원탁에 둘러앉는 경우의 수는 (6-1)!=5×4×3×2×1=120가지이고, 갑, 을, 병 3명이 인접하게 앉는 경우의 수는 갑, 을, 병을 하나의 그룹으로 보고 총 4명이 원탁에 둘러앉는 경우의 수에서 갑, 을, 병이 서로 자리를 바꿔 앉는 경우의 수를 곱한 것과 같으므로 (4-1)!×3!=3×2×1×3×2×1=36가지이다.
따라서 갑, 을, 병 3명이 서로 인접하지 않게 앉는 경우의 수는 120-36=84가지이다.

07 응용계산 문제 정답 ⑤

평균 $=\frac{\text{변량의 총합}}{\text{변량의 개수}}$, 편차 = 변량 - 평균, 표준편차 $=\sqrt{\frac{(\text{편차})^2\text{의 총합}}{\text{변량의 개수}}}$임을 적용하여 구한다.
A 회사의 2021년 2월 매출액은 227×5-(232+261+204+210)=228백만 원이고, 편차는 1월이 232-227=5백만 원, 2월이 228-227=1백만 원, 3월이 261-227=34백만 원, 4월이 204-227=-23백만 원, 5월이 210-227=-17백만 원이므로 표준편차는 $\sqrt{\frac{5^2+1^2+34^2+(-23)^2+(-17)^2}{5}}$=20백만 원이다.
B 회사의 2021년 1~5월 평균 매출액은
$\frac{613+583+598+553+553}{5}$=580백만 원이고, 편차는 1월이 613-580=33백만 원, 2월이 583-580=3백만 원, 3월이 598-580=18백만 원, 4월이 553-580=-27백만 원, 5월이 553-580=-27백만 원이므로 표준편차는
$\sqrt{\frac{33^2+3^2+18^2+(-27)^2+(-27)^2}{5}}$=24백만 원이다.
따라서 A, B 회사의 2021년 1~5월 매출액에 대한 표준편차의 합은 20+24=44백만 원이다.

08 응용계산 문제 정답 ①

최대공약수는 각 자연수를 소인수분해한 후, 공통 인수만을 곱한 값임을 적용하여 구한다.
삼각형의 꼭짓점에 해당하는 부분에 말뚝을 설치하면서 삼각형의 세 변에 모두 같은 간격으로 말뚝을 설치하려면 세 변의 길이를 모두 나눌 수 있는 공약수만큼의 간격으로 말뚝을 설치해야 한다. 이때 말뚝의 간격이 최대가 되도록 설치해야 하므로 세 변의 길이의 최대공약수를 구하면 세 변의 길이는 각각 $408=2^3\times3\times17$, $396=2^2\times3^2\times11$, $156=2^2\times3\times13$이므로 세 변의 길이의 최대공약수는 $2^2\times3=12$가 되어 말뚝은 12m 간격으로 설치해야 한다. 이에 따라 삼각형의 꼭짓점에 해당하는 부분에 말뚝을 설치하면서 간격이 최대가 되도록 각 변에 설치할 수 있는 말뚝의 수는 $\frac{408}{12}+1=35$개, $\frac{396}{12}+1=34$개, $\frac{156}{12}+1=14$개이다. 이때 각 변에 설치할 수 있는 말뚝의 수에는 삼각형의 꼭짓점에 해당하는 부분에 설치한 말뚝이 2개가 되므로 1개씩 제거해야 한다.
따라서 말뚝의 간격이 최대가 되도록 설치할 때 필요한 말뚝의 수는 35+34+14-3=80개이다.

09 자료해석 문제 정답 ③

10월 전체 도착 항공 운항 편수에서 토요일 도착 항공 운항 편수가 차지하는 비중은 (3,022/22,655)×100 ≒ 13.3%이므로 옳지 않은 설명이다.

오답 체크

① 12월 전체 도착 항공 운항 편수는 2월 전체 도착 항공 운항 편수 대비 {(29,356-18,865)/29,356}×100 ≒ 35.7% 감소하였으므로 옳은 설명이다.
② 월요일부터 금요일까지 8월 출발 항공 운항 편수의 평균은 (2,882+2,399+1,868+2,351+2,520)/5=2,404편이므로 옳은 설명이다.
④ 4월 중 출발 항공 운항 편수가 가장 많은 수요일과 가장 적은 화요일의 운항 편수 차이는 4,891-1,147=3,744편이므로 옳은 설명이다.
⑤ 6월에 도착 항공 운항 편수와 출발 항공 운항 편수가 같은 요일은 수요일, 목요일, 금요일, 토요일, 일요일 5개로 제시된 기간 중 가장 많으므로 옳은 설명이다.

10 자료해석 문제 정답 ④

a. 화성시에서 타지역으로 전출한 전체 인구수는 2018년에 56,604+51,000=107,604명, 2016년에 42,911+38,342=81,253명으로 2018년에 2016년 대비 {(107,604-81,253)/81,253}×100 ≒ 32.4% 증가하였으므로 옳은 설명이다.
b. 2017년 화성시에서 타지역으로 전출한 전체 여자 인구수에서 경기도 내 타지역으로 전출한 여자 인구수가 차지하는 비중은 (30,190/39,398)×100 ≒ 76.6%이므로 옳은 설명이다.

e. 제시된 지역 중 2015년부터 2018년까지 화성시에서 타지역으로 전출한 전체 인구수가 가장 적은 지역은 매년 울산광역시이고, 화성시에서 울산광역시로 전출한 전체 인구수는 2015년에 156+100=256명, 2016년에 142+118=260명, 2017년에 131+95=226명, 2018년에 136+89=225명이므로 옳은 설명이다.

오답 체크

c. 제시된 지역 중 2016년 화성시에서 타지역으로 전출한 남자 인구수가 전년 대비 증가한 지역은 서울특별시, 대구광역시, 인천광역시, 광주광역시, 대전광역시, 충청남도, 제주특별자치도 7곳이므로 옳지 않은 설명이다.

d. 제시된 기간 중 화성시에서 인천광역시로 전출한 여자 인구수가 1,089명으로 처음으로 1,000명을 넘는 2018년에 인천광역시로 전출한 전체 인구수는 1,351+1,089=2,440명이므로 옳지 않은 설명이다.

11 자료해석 문제 정답 ⑤

가구원 수가 3인 이상인 가구가 가장 많이 여행을 가는 경기 지역 여행 횟수는 가장 적게 여행을 가는 경남 지역 여행 횟수의 34,986/17,485 ≒ 2.0배이므로 옳은 설명이다.

오답 체크

① 가구 소득이 100만 원 미만인 가구가 가장 많이 여행을 가는 상위 3개 지역인 경기, 경북, 경남 지역의 여행 횟수는 각각 1,500천 회, 1,461천 회, 1,183천 회이므로 옳지 않은 설명이다.

② 가구원 수가 3인 미만인 가구의 강원 지역 여행 횟수는 4,593+7,463=12,056천 회이므로 옳지 않은 설명이다.

③ 가구 소득이 500만 원 이상 600만 원 미만인 가구의 여행 횟수는 경기, 강원, 경북, 충남, 경남 지역 순으로 많으므로 옳지 않은 설명이다.

④ 제시된 지역별 가구 소득이 100만 원 이상 200만 원 미만인 가구와 200만 원 이상 300만 원 미만인 가구의 여행 횟수 차이는 경기 지역이 7,469-3,459=4,010천 회, 강원 지역이 4,378-2,054=2,324천 회, 충남 지역이 4,000-1,849=2,151천 회, 경북 지역이 4,039-2,240=1,799천 회, 경남 지역이 4,338-2,111=2,227천 회로 여행 횟수 차이가 가장 작은 지역은 경북 지역이므로 옳지 않은 설명이다.

빠른 문제 풀이 Tip

④ 차이에 해당하는 값을 근삿값으로 나타내어 계산 과정을 최소화한다.
지역별로 가구 소득이 100만 원 이상 200만 원 미만인 가구와 200만 원 이상 300만 원 미만인 가구의 여행 횟수 차이를 대략적으로 계산하여 천의 자리만 나타내면
경기 지역이 7,469-3,459 ≒ 4,000천 회, 강원 지역이 4,378-2,054 ≒ 2,000천 회, 충남 지역이 4,000-1,849 ≒ 2,000천 회, 경북 지역이 4,039-2,240 ≒ 1,000천 회, 경남 지역이 4,338-2,111 ≒ 2,000천 회로 경북 지역이 가장 작음을 알 수 있다.

12 자료해석 문제 정답 ②

a. 제시된 자원 중 1월과 12월 가격 차이가 가장 큰 자원은 가격 차이가 980-690=290원/kg인 EPS PELLET이고, EPS PELLET의 12월 가격은 1월 대비 (290/980)×100 ≒ 29.6% 감소하였으므로 옳지 않은 설명이다.

d. 폐플라스틱(PE) 가격이 다섯 번째로 높은 5월에 폐플라스틱(PE) 가격은 철스크랩 가격의 490/168 ≒ 2.9배이므로 옳지 않은 설명이다.

오답 체크

b. 2020년 상반기 폐지(신문지) 가격의 평균은 (76+75+74+74+77+80)/6=76원/kg이므로 옳은 설명이다.

c. 폐유리병(백색) 가격이 전월 대비 증가한 3월에 압축 PET 가격은 전월 대비 증가하였고, 폐지(신문지), 폐플라스틱(PE), EPS PELLET, 철스크랩, 폐금속캔(철캔) 가격은 전월 대비 감소하였으므로 옳은 설명이다.

13 자료해석 문제 정답 ③

2020년 1월 녹지지역의 지가변동률이 가장 높은 지역은 세종이고, 공업지역의 지가변동률이 두 번째로 낮은 지역은 울산이므로 옳지 않은 설명이다.

오답 체크

① 제시된 지역의 2020년 1월 주거지역 지가변동률은 평균 (0.445+0.412+0.415+0.327+0.404+0.510+0.071+0.390)/8 ≒ 0.372%이므로 옳은 설명이다.

② 제시된 지역 중 2021년 1월 주거지역 지가변동률이 전년 동월 대비 증가한 곳은 인천, 울산, 세종 3곳이므로 옳은 설명이다.

④ 2021년 1월 주거지역 지가변동률은 서울이 0.445-0.033=0.412%, 부산이 0.412-0.087=0.325%, 대구가 0.415-0.017=0.398%, 인천이 0.327+0.021=0.348%, 광주가 0.404-0.117=0.287%, 대전이 0.510-0.109=0.401%, 울산이 0.071+0.165=0.236%, 세종이 0.390+0.303=0.693%로 세종이 가장 높으므로 옳은 설명이다.

⑤ 2020년 1월 상업지역의 지가변동률이 세 번째로 높은 지역인 서울은 다섯 번째로 높은 지역인 부산의 지가변동률의 0.502/0.313 ≒ 1.6배이므로 옳은 설명이다.

14 자료해석 문제 정답 ⑤

2019년 남자와 여자의 이직 희망 사유 비율의 차이는 '더 나은 보수·복지를 위해서'가 49.4-48.0=1.4%p, '더 나은 근무환경'이 19.2-14.1=5.1%p, '개인 발전·승진'이 12.0-8.2=3.8%p. '더 나은 안정성을 위해서'가 12.7-9.5=3.2%p, '개인 사업을 위해서'가 7.2-5.1=2.1%p, '업무가 적성에 맞지 않아서'가 4.4-3.1=1.3%p, '집안 사정 때문에'가 1.7-0.8=0.9%p, '기술 또는 기능 수준이 맞지 않아서'가 1.3-1.2=0.1%p, '건강상의 이유로'가 1.2-0.9=0.3%p이므로 남자와 여자의 비율의 차이가 가장 큰 이직 희망 사유는 '더 나은 근무환경'이다. 이에 따라 2020년 조사에 응답한 남자와 여자가 각각 5,000명이므로 '더 나은 근무환경'이라고 응답한 남자는 5,000×0.150=750명, 여자는 5,000×0.178=890명이다.
따라서 2020년 이직 희망 사유가 '더 나은 근무환경'인 남자와 여자의 응답자 수의 차이는 890-750=140명이다.

빠른 문제 풀이 Tip

조사에 응답한 남자와 여자 수가 동일하므로, 응답한 비율의 차이를 이용하여 계산한다.

조사에 응답한 남자와 여자는 각각 5,000명으로 동일하므로 이직 희망 사유가 '더 나은 근무환경'인 남자와 여자의 응답자 수의 차이는 5,000×(0.178−0.150)=5,000×0.028=140명임을 알 수 있다.

[15-16]

15 자료해석 문제 정답 ②

2020년 보수정비 건수가 379건으로 세 번째로 많은 천연기념물·명승의 보수정비에 투입된 2020년 지방비는 2018년 대비 (20,581−14,236)/14,236}×100 ≒ 44.6% 증가하였으므로 옳은 설명이다.

오답 체크

① 2019년 국보·보물 보수정비에 투입된 지방비는 전년 대비 31,318−30,201=1,117백만 원 감소하였으므로 옳지 않은 설명이다.

③ 2018년 보수정비에 투입된 지방비가 가장 큰 사적 문화재에 제시된 기간 동안 투입된 지방비는 총 76,816+100,249+103,816=280,881백만 원이므로 옳지 않은 설명이다.

④ 국가민속 문화재 보수정비에 투입된 국비는 2020년이 2018년의 19,224/11,642 ≒ 1.7배이므로 옳지 않은 설명이다.

⑤ 2019년 이후 국보·보물, 천연기념물·명승, 사적 문화재, 국가민속 문화재 보수정비에 투입된 국비는 매년 전년 대비 증가하였지만, 국가등록 문화재 보수정비에 투입된 국비는 2020년에 전년 대비 감소하였으므로 옳지 않은 설명이다.

16 자료해석 문제 정답 ⑤

문화재 유형별 2019년 보수정비 건수당 전체 투입금액은 국보·보물이 (66,675+30,201)/472 ≒ 205.2백만 원, 천연기념물·명승이 (33,404+14,319)/367 ≒ 130.0백만 원, 사적 문화재가 (230,161+100,249)/360 ≒ 917.8백만 원, 국가민속 문화재가 (15,016+6,518)/148=145.5백만 원, 국가등록 문화재가 (14,902+14,902)/134 ≒ 222.4백만 원이다.

따라서 2019년 보수정비 건수당 전체 투입금액이 가장 큰 사적 문화재와 가장 작은 천연기념물·명승의 2019년 보수정비 건수당 전체 투입금액의 차이는 917.8−130.0 ≒ 787.8백만 원이다.

17 자료해석 문제 정답 ①

집중도 $= \frac{a+2b+4}{\text{업무 시간}} - b \times$ 업무 시간임을 적용하여 구하면 업무 시간이 4시간일 때 집중도는 78이므로

$78 = \frac{a+2b+4}{4} - b \times 4 \rightarrow a+2b+4-16b=312$

$\rightarrow a-14b=308$ … ⓐ

업무 시간이 6시간일 때 집중도는 42이므로

$42 = \frac{a+2b+4}{6} - b \times 6 \rightarrow a+2b+4-36b=252$

$\rightarrow a-34b=248$ … ⓑ

ⓐ−ⓑ에서 $20b=60 \rightarrow b=3$

이를 ⓐ에 대입하여 정리하면

$a-14 \times 3=308 \rightarrow a=350$

㉠ 업무 시간이 8시간일 때 집중도는 $\frac{350+2\times3+4}{8} - 3 \times 8 = 45-24=21$이다.

㉡ 집중도가 13일 때 업무 시간은

$13 = \frac{350+2\times3+4}{\text{업무 시간}} - 3 \times \text{업무 시간}$

$\rightarrow 3 \times \text{업무 시간}^2 + 13 \times \text{업무 시간} - 360 = 0$

$\rightarrow (3 \times \text{업무 시간}+40)(\text{업무 시간}-9)=0$

$\rightarrow \text{업무 시간} = -\frac{40}{3}$ 또는 업무 시간=9

이때 업무 시간>0이므로 업무 시간은 9시간이다.

따라서 ㉠은 21, ㉡은 9인 ①이 정답이다.

18 자료해석 문제 정답 ⑤

㉠ A 사과나무에 열린 사과 수는 3주 차에 1주 차와 2주 차 사과 수의 합인 1+2=3개, 4주 차에 2주 차와 3주 차 사과 수의 합인 2+3=5개, 5주 차에 3주 차와 4주 차 사과 수의 합인 3+5=8개이므로 3주 차부터 A 사과나무에 열린 사과 수는 1주 전과 2주 전 사과 수의 합임을 알 수 있다. 이에 따라 A 사과나무에 열린 사과 수는 6주 차에 5+8=13개, 7주 차에 8+13=21개, 8주 차에 13+21=34개, 9주 차에 21+34=55개, 10주 차에 34+55=89개이다.

㉡ B 사과나무에 열린 사과 수는 1주 차에 4개이고, 사과 수의 전주 대비 증가량은 2주 차에 8−4=4개, 3주 차에 15−8=7개, 4주 차에 25−15=10개, 5주 차에 38−25=13개, 6주 차에 54−38=16개이므로 1주마다 사과 수의 전주 대비 증가량이 3개씩 증가함을 알 수 있다. 이에 따라 B 사과나무에 열린 사과 수는 9주 차에 54+19+22+25=120개이다.

따라서 ㉠은 89, ㉡은 120인 ⑤가 정답이다.

19 자료해석 문제

정답 ①

주택소유 가구 수=총가구 수-무주택 가구 수임을 적용하여 구한다. 제시된 자료에 따르면 2019년 지역별 주택소유 가구 수는 다음과 같다.

구분	주택소유 가구 수(백 가구)
서울	38,964-20,015=18,949
인천	11,206-4,704=6,502
대전	6,090-2,827=3,263
대구	9,686-4,053=5,633
부산	13,770-5,773=7,997
광주	5,872-2,482=3,390

따라서 2019년 지역별 주택소유 가구 수와 그래프의 높이가 일치하는 ①이 정답이다.

오답 체크

② 2019년 주택소유 가구 수는 대전이 3,263백 가구, 광주가 3,390백 가구이지만 이 그래프에서는 대전이 광주보다 높게 나타나므로 옳지 않은 그래프이다.
③ 2019년 부산의 주택소유 가구 수는 7,997백 가구이지만 이 그래프에서는 10,000백 가구보다 높게 나타나므로 옳지 않은 그래프이다.
④ 2019년 서울의 주택소유 가구 수는 18,949백 가구이지만 이 그래프에서는 15,000백 가구보다 낮게 나타나므로 옳지 않은 그래프이다.
⑤ 2019년 주택소유 가구 수는 인천이 6,502백 가구, 대구가 5,633백 가구이지만 이 그래프에서는 대구가 인천보다 높게 나타나므로 옳지 않은 그래프이다.

20 자료해석 문제

정답 ⑤

2019년 경기도 중학교 전체 교원 수의 전년 대비 증가 인원수는 23,800-23,202=598명이지만, 이 그래프에서는 600명보다 높게 나타나므로 옳지 않은 그래프는 ⑤이다.

오답 체크

③ 2018년 중학교 교원 수는 수원시가 481+1,678=2,159명, 성남시가 244+1,471=1,715명, 안양시가 144+800=944명, 부천시가 278+1,196=1,474명, 광명시가 118+578=696명이므로 옳은 그래프이다.

정답

p.246

01	02	03	04	05	06	07	08	09	10
응용계산	응용계산	응용계산	응용계산	응용계산	응용계산	응용계산	응용계산	자료해석	자료해석
⑤	②	③	②	①	③	③	②	④	②
11	**12**	**13**	**14**	**15**	**16**	**17**	**18**	**19**	**20**
자료해석	자료해석	자료해석	자료해석	자료해석	자료해석	자료해석	자료해석	자료해석	자료해석
④	①	④	③	④	④	③	③	②	⑤

취약 유형 분석표

유형별로 맞힌 개수, 틀린 문제 번호와 풀지 못한 문제 번호를 적고 나서 취약한 유형이 무엇인지 파악해보세요.
취약한 유형은 '기출유형공략'과 관련 이론을 복습하고 틀린 문제와 풀지 못한 문제를 다시 한번 풀어보세요.

	유형	맞힌 개수	틀린 문제 번호	풀지 못한 문제 번호
수리	응용계산	/8		
	자료해석	/12		
	TOTAL	/20		

해설

01 응용계산 문제 정답 ⑤

거리 = 속력 × 시간, 시간 = $\frac{거리}{속력}$임을 적용하여 구한다.

회사에서 헬스장까지의 거리를 x, 전동킥보드의 속력을 y라고 하면

희주가 20분 동안 6km/h의 속력으로 걷다가 이후 전동킥보드를 타고 이동하면 걸어서 이동하는 거리는 $6 \times \frac{20}{60} = 2$km, 전동킥보드를 타고 이동하는 거리는 $x-2$이다. 이때 희주는 12km/h의 속력으로 이동하는 용준이보다 2분 먼저 헬스장에 도착하므로

$\frac{x}{12} - \left(\frac{20}{60} + \frac{x-2}{y}\right) = \frac{2}{60}$ … ⓐ

희주가 처음부터 전동킥보드를 타고 이동하면 용준이보다 16분 먼저 헬스장에 도착하므로

$\frac{x}{12} - \frac{x}{y} = \frac{16}{60}$ … ⓑ

ⓑ - ⓐ에서

$-\frac{x}{y} + \left(\frac{20}{60} + \frac{x-2}{y}\right) = \frac{14}{60} \rightarrow \frac{2}{y} = \frac{6}{60} \rightarrow 6y = 120 \rightarrow y = 20$

이를 ⓑ에 대입하여 정리하면

$\frac{x}{12} - \frac{x}{20} = \frac{16}{60} \rightarrow 5x - 3x = 16 \rightarrow 2x = 16 \rightarrow x = 8$

따라서 용준이가 회사에서 헬스장까지 가는 데 걸리는 시간은 $\frac{8}{12} = \frac{40}{60}$시간 = 40분이다.

02 응용계산 문제 정답 ②

소금의 양 = 소금물의 양 × $\frac{소금물의 농도}{100}$임을 적용하여 구한다.

농도가 12%인 소금물의 양을 x라고 하면 농도가 4%인 소금물의 양은 농도가 12%인 소금물보다 100g이 더 많은 $x+100$이다. 이때 두 소금물을 섞어 농도가 6%인 소금물을 만들었고, 섞기 전 농도가 4%인 소금물과 농도가 12%인 소금물에 녹아 있는 소금의 양의 합과 섞은 후 만들어진 농도가 6%인 소금물에 녹아 있는 소금의 양은 같으므로

$(x+100) \times \frac{4}{100} + x \times \frac{12}{100} = (2x+100) \times \frac{6}{100}$

$\rightarrow 4x + 400 + 12x = 12x + 600 \rightarrow 4x = 200 \rightarrow x = 50$

따라서 농도가 12%인 소금물의 양은 50g이다.

03 응용계산 문제 정답 ③

시간당 작업량 = $\frac{작업량}{시간}$임을 적용하여 구한다.

A는 40분 동안 6개의 라면을 끓이고, B는 50분 동안 4개의 라면을 끓이며, A와 C는 함께 1시간 동안 12개의 라면을 끓이므로 A는 1분 동안 $\frac{6}{40} = \frac{3}{20}$개의 라면을 끓이고, B는 1분 동안 $\frac{4}{50} = \frac{2}{25}$개의 라면을 끓이며, A와 C는 함께 1분 동안 $\frac{12}{60} = \frac{1}{5}$개의 라면을 끓인다. 이에 따라 C는 1분 동안 $\frac{1}{5} - \frac{3}{20} = \frac{1}{20}$개의 라면을 끓인다.

A와 B가 함께 라면을 끓이다 C가 혼자 이어받아 라면을 끓이기 시작해 총 24개의 라면을 끓이는 데 3시간 20분(= 200분)이 소요되었으므로, C가 혼자 라면을 끓인 시간을 x분이라고 하면

$\left(\frac{3}{20} + \frac{2}{25}\right) \times (200-x) + \frac{1}{20} \times x = 24$

$\rightarrow \frac{23}{100} \times (200-x) + \frac{1}{20} \times x = 24 \rightarrow 4{,}600 - 23x + 5x = 2{,}400$

$\rightarrow 18x = 2{,}200 \rightarrow x = \frac{1{,}100}{9}$

따라서 C가 혼자 라면을 끓인 시간은 $\frac{1{,}100}{9}$분이다.

04 응용계산 문제 정답 ②

이익 = 정가 - 원가임을 적용하여 구한다.

인형 1개당 정가를 x라고 하면 지난달에 갑돌이가 1개당 원가가 8,000원인 인형 20개를 팔아 40,000원의 이익을 얻었으므로

$20 \times x - 20 \times 8{,}000 = 40{,}000 \rightarrow 20x = 200{,}000$

$\rightarrow x = 10{,}000$

인형 1개당 할인율을 y라고 하면 이번 달에 동일한 인형 20개를 할인하여 팔아 180,000원의 매출을 올렸으므로

$20 \times 10{,}000 \times (1-y) = 180{,}000 \rightarrow 1-y = \frac{9}{10} \rightarrow y = \frac{1}{10}$

따라서 이번 달에 판매한 인형 1개당 할인율은 10%이다.

05 응용계산 문제 정답 ①

$(x+a)(x+b) = x^2 + (a+b)x + ab$임을 적용하여 구한다.

넓이가 168cm^{2}인 직사각형의 세로의 길이를 x라고 하면 가로의 길이는 세로의 길이보다 13cm 더 긴 $x+13$이므로

$x(x+13) = 168 \rightarrow x^2 + 13x - 168 = 0 \rightarrow (x+21)(x-8) = 0$

$\rightarrow x = -21$ 또는 $x = 8$

길이는 양의 값이므로 세로의 길이는 8cm, 가로의 길이는 8 + 13 = 21cm이며 철사의 총 길이는 직사각형의 둘레와 같으므로 (21 + 8) × 2 = 58cm이다. 이때 이 철사로 새로 만든 넓이가 210cm^{2}인 직사각형의 가로의 길이를 y라고 하면, 세로의 길이는 $\frac{58}{2} - y = 29 - y$이므로

$y(29-y) = 210 \rightarrow -y^2 + 29y = 210 \rightarrow y^2 - 29y + 210 = 0$

$\rightarrow (y-14)(y-15) = 0 \rightarrow y = 14$ 또는 $y = 15$

이에 따라 가로의 길이가 14cm이면 세로의 길이는 29 - 14 = 15cm이고, 가로의 길이가 15cm이면 세로의 길이는 29 - 15 = 14cm이다.

따라서 넓이가 210cm^{2}인 직사각형을 새로 만들 때 가로의 길이와 세로의 길이의 차이는 15 - 14 = 1cm이다.

06 응용계산 문제 정답 ③

C 회사의 전체 직원 중 미혼인 직원의 수가 차지하는 비중이 70%이므로 기혼인 직원의 수가 차지하는 비중은 30%이고, 미혼인 직원과 기혼인 직원은 56명 차이가 나므로 전체 직원의 수를 x라고 하면

$0.7x-0.3x=56 \rightarrow 0.4x=56 \rightarrow x=140$

전체 직원 중 대출금이 있는 직원의 수가 차지하는 비중은 60%이므로 대출금이 없는 직원의 수가 차지하는 비중은 40%이다. 이에 따라 대출금이 없는 직원은 140×0.4=56명이고, 대출금이 없으면서 기혼인 직원은 24명이므로 대출금이 없으면서 미혼인 직원은 56-24=32명이다.

따라서 전체 직원 중 임의로 선택한 직원이 대출금이 없을 때, 미혼일 확률은 $\frac{32}{56}=\frac{4}{7}$이다.

07 응용계산 문제 정답 ③

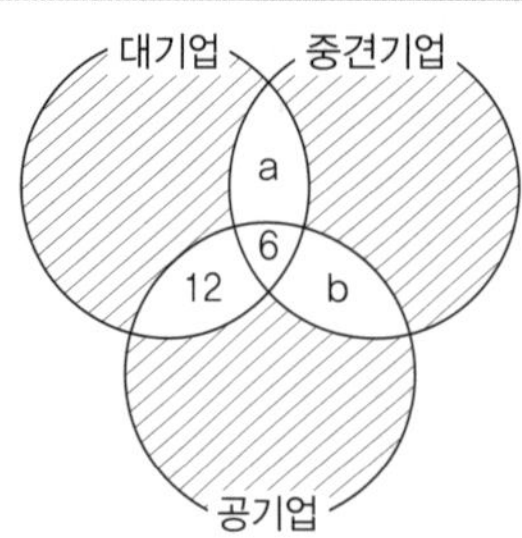

세 곳 모두 지원한 졸업생은 전체 졸업생의 4%인 6명이므로 전체 졸업생은 $6 \times \frac{100}{4}=150$명이다. 전체 졸업생의 60%가 대기업에 지원했으며 이 중 20%는 공기업도 함께 지원했으므로 대기업에 지원한 졸업생은 150×0.6=90명이고, 대기업과 공기업에 함께 지원한 졸업생은 90×0.2=18명이다. 또한, 한 곳만 지원한 졸업생은 세 곳 모두 지원한 졸업생의 17배이므로 빗금 친 부분에 해당하는 졸업생은 6×17=102명이다. 이에 따라 대기업과 중견기업 두 곳만 지원하거나 중견기업과 공기업 두 곳만 지원한 졸업생은 a+b=150-(102+18)=30명임을 알 수 있다. 중견기업과 공기업 두 곳만 지원한 졸업생 b가 5명 이상이라면, 대기업만 지원한 졸업생은 대기업과 중견기업 두 곳만 지원한 졸업생 a가 최대 인원인 30-5=25명일 때 최소 인원이 된다.

따라서 대기업만 지원한 졸업생의 최소 인원은 90-18-25=47명이다.

08 응용계산 문제 정답 ②

파인애플만 추가 입고된 후 재고 비는 파인애플 : 아보카도=3 : 4이고, 파인애플과 아보카도 개수의 합이 총 245개이므로 현재 재고량은 파인애플이 $245 \times \frac{3}{7}=105$개, 아보카도가 $245 \times \frac{4}{7}=140$개이다. 이때 아보카도 재고량 140개는 재고 비가 파인애플 : 아보카도=4 : 7이었을 때의 재고량과 같으므로 기존의 파인애플 재고량은 $4 \times \frac{140}{7}=80$개이다.

따라서 추가 입고된 파인애플의 개수는 105-80=25개이다.

[09-10]

09 자료해석 문제 정답 ④

b. 제시된 기간 중 일요일 산불 발생 건수가 가장 적은 2016년에 산불 발생 건수는 정오 시간대가 오전 시간대의 148/22 ≒ 6.7배이므로 옳은 설명이다.

d. 제시된 기간 중 전체 산불 발생 건수가 가장 많은 해는 338+231+67+56=692건인 2017년이고, 2017년 산불 발생 건수가 가장 많은 오후 시간대와 두 번째로 많은 정오 시간대의 산불 발생 건수의 합은 338+231=569건이므로 옳은 설명이다.

오답 체크

a. 2017년 이후 화요일 산불 발생 건수의 전년 대비 증감 추이와 같은 요일은 수요일, 토요일이므로 옳지 않은 설명이다.

c. 제시된 기간 중 오후 시간대 산불 발생 건수가 두 번째로 많은 2019년에 오후 시간대 산불 발생 건수는 2017년 대비 {(338-272)/338}×100 ≒ 19.5% 감소하였으므로 옳지 않은 설명이다.

10 자료해석 문제 정답 ②

제시된 기간 중 2017년 이후 정오 시간대 산불 발생 건수의 전년 대비 변화량이 두 번째로 큰 해는 변화량이 231-168=63건인 2018년이고, 전체 산불 발생 건수는 2018년에 233+168+48+48=497건, 2017년에 338+231+67+56=692건이다.

따라서 2018년 전체 산불 발생 건수의 2017년 대비 증감률은 {(497-692)/692}×100 ≒ -28.2%이다.

11 자료해석 문제 정답 ④

2019년 70세 이상의 국내여행 경험률은 전년 대비 {(92.6-71.0)/71.0}×100 ≒ 30.4% 증가하였으므로 옳은 설명이다.

오답 체크

① 제시된 연령대 중 2018년 국내여행 경험률이 3번째로 높은 연령대는 20대이고, 같은 해 해외여행 경험률이 3번째로 높은 연령대는 40대이므로 옳지 않은 설명이다.

② 2019년 40대의 해외여행 경험률은 전년 대비 25.2-20.8=4.4%p 감소하였으므로 옳지 않은 설명이다.

③ 2019년 여자의 국내여행 경험률은 해외여행 경험률의 93.7/24.7 ≒ 3.8배이므로 옳지 않은 설명이다.

⑤ 2018년 국내여행 경험률은 남자가 여자보다 91.4-87.2=4.2%p 더 높으므로 옳지 않은 설명이다.

12 자료해석 문제 정답 ①

a. 2019년 남성 중 평균 신체질량지수가 6년 전 대비 가장 많이 증가한 연령은 평균 신체질량지수가 25.4-24.1=1.3kg/m²

증가한 40~44세로 평균 신체질량지수가 (1.3/24.1)×100 ≒ 5.4% 증가하였으므로 옳은 설명이다.

b. 2017년 남성 중 평균 신체질량지수가 2년 전 대비 감소한 연령인 35~39세, 50~54세, 60~64세는 2017년 20m 왕복 오래달리기 기록이 2년 전 대비 모두 증가하였으므로 옳은 설명이다.

오답 체크

c. 19~29세 남성의 20m 왕복 오래달리기 기록의 평균은 2013년이 (53.3+46.7)/2=50회, 2015년이 (48.3+47.7)/2=48회이므로 옳지 않은 설명이다.

d. 2013년 20m 왕복 오래달리기 기록은 30~34세 남성이 55~59세 남성의 41.4/27.3 ≒ 1.52배이므로 옳지 않은 설명이다.

빠른 문제 풀이 Tip

c. 20m 왕복 오래달리기 기록의 합을 이용하여 평균을 비교한다.
19~29세 남성의 20m 왕복 오래달리기 기록의 합은 2013년에 53.3+46.7=100회, 2015년에 48.3+47.7=96회이므로 20m 왕복 오래달리기 기록의 평균은 2015년에 2013년 대비 감소하였음을 알 수 있다.

13 자료해석 문제

정답 ④

2019년 경기 소방본부의 소방헬기 구조 인력은 2017년 대비 {(642-382)/642}×100 ≒ 40.5% 감소하였으므로 옳은 설명이다.

오답 체크

① 서울 소방본부의 소방헬기 운항 시간당 구조 인력은 2016년에 208/311 ≒ 0.67명, 2017년에 188/462 ≒ 0.41명, 2018년에 186/322 ≒ 0.58명, 2019년에 372/507 ≒ 0.73명으로 2018년 이후 매년 전년 대비 증가하였으므로 옳지 않은 설명이다.

② 2019년 전국 소방본부의 구조 구급 목적의 소방헬기 운영 횟수에서 서울과 경기 소방본부가 차지하는 비중은 {(397+471)/2,647}×100 ≒ 32.8%이므로 옳지 않은 설명이다.

③ 2019년 소방본부별 전체 소방헬기 운영 횟수당 운항 시간은 서울이 507/608 ≒ 0.83시간, 부산이 327/327=1시간, 대구가 283/276 ≒ 1.03시간, 인천이 257/264 ≒ 0.97시간, 경기가 811/956 ≒ 0.85시간으로 1시간 이하인 소방본부는 서울, 부산, 인천, 경기 총 4곳이므로 옳지 않은 설명이다.

⑤ 전체 소방본부 중 제시된 소방본부 외의 소방본부에서 교육 훈련 목적의 소방헬기 운영 횟수는 1,892-(159+147+125+141+291)=1,029회이므로 옳지 않은 설명이다.

빠른 문제 풀이 Tip

① 분모와 분자의 변화량을 이용하여 비율을 비교한다.
분모에 해당하는 운항 시간은 전년 대비 100% 미만 증가하였지만, 분자에 해당하는 2019년 구조 인력은 전년 대비 100% 증가하였으므로 분모의 증가율보다 분자의 증가율이 높다. 이에 따라 2019년 서울 소방본부의 소방헬기 운항 시간당 구조 인력은 전년 대비 증가하였음을 알 수 있다.

③ 분모가 분자보다 작을 때, 비율이 1보다 큼을 적용한다.
분모에 해당하는 소방헬기 운영 횟수가 276회, 분자에 해당하는 소방헬기 운항 시간이 283시간인 대구 소방본부만 분모가 분자보다 작으므로 비율이 1보다 크다. 이에 따라 제시된 5곳의 소방본부 중 전체 소방헬기 운영 횟수당 운항 시간이 1시간 이하인 소방본부는 총 5-1=4곳임을 알 수 있다.

14 자료해석 문제

정답 ③

2018년 유리제조업에서 근로자 수의 2년 전 대비 감소율은 {(31,959-26,830)/31,959}×100 ≒ 16.0%, 재해자 수의 2년 전 대비 감소율은 {(231-193)/231}×100 ≒ 16.5%이므로 옳지 않은 설명이다.

오답 체크

① 2018년 재해율은 수제품제조업이 (153/37,118)×100 ≒ 0.4%, 선박건조 및 수리업이 (1,848/169,455)×100 ≒ 1.1%이므로 옳은 설명이다.

② 2017년 전체 제조업 재해자 수에서 식료품제조업 재해자 수가 차지하는 비중은 (2,173/25,333)×100 ≒ 8.6%이므로 옳은 설명이다.

④ 2016년 근로자 수는 고무제품제조업이 도금업보다 65,401-52,438=12,963명 더 많으므로 옳은 설명이다.

⑤ 2017년 이후 전체 제조업 근로자 수의 전년 대비 증감 추이는 2017년에 감소, 2018년에 증가하고 제시된 제조업 중 이와 증감 추이가 동일한 제조업은 목재 및 나무제품제조업 1개뿐이므로 옳은 설명이다.

빠른 문제 풀이 Tip

① 재해자 수에 100을 곱한 뒤 근로자 수와 비교하여 비중을 대략적으로 계산한다.
2018년 선박건조 및 수리업의 재해자 수에 100을 곱한 값은 184,800명으로 근로자 수인 169,455명보다 많아 재해율은 1% 이상이고, 수제품제조업의 재해자 수에 100을 곱한 값은 15,300명으로 근로자 수인 37,118명보다 적어 재해율은 1% 미만이므로 2018년 재해율은 수제품제조업이 선박건조 및 수리업보다 낮음을 알 수 있다.

15 자료해석 문제

정답 ④

2017년 이후 전국 중장년층 평균소득과 중앙값은 매년 전년 대비 증가하였고 제시된 지역 중 이와 증감 추이가 동일하지 않은 지역은 평균소득이 2017년에 전년 대비 감소한 대구이다.
따라서 대구의 2016~2019년 평균소득의 평균은 (3,176+3,171+3,250+3,461)/4=3,264.5만 원이다.

16 자료해석 문제

정답 ④

경력이 7년 이상 10년 미만인 전체 인력은 101+327+340+357=1,125명, 10년 이상인 전체 인력은 87+195+282+151=715명으로 경력이 7년 이상 10년 미만인 전체 인력과 10년 이상인 전체 인력의 차이는 1,125-715=410명이므로 옳지 않은 설명이다.

오답 체크

① 100인 미만 규모의 사업체에서 근무하는 대학원 석사 졸업 인력은 160+444=604명이므로 옳은 설명이다.

② 경력이 3년 이상 7년 미만인 인력 중 1,000인 미만 규모의 사업체에서 근무하는 인력은 1,000인 이상 규모의 사업체에서 근무하는 인력의 (235+630+372)/1,147 ≒ 1.08배이므로 옳은 설명이다.

③ 학력별로 인력이 많은 사업체 규모부터 순서대로 나열하면 그 순서는 대졸 이하와 대학원 박사 졸업이 1,000인 이상, 10인 이상 100인 미만, 100인 이상 1,000인 미만, 10인 미만 순으로 같지만, 대학원 석사 졸업은 10인 이상 100인 미만 규모의 사업체에서 근무하는 인력이 가장 많으므로 옳은 설명이다.

⑤ 10인 미만 규모의 사업체에서 근무하는 전체 인력 235+235+101+87=658명 중 경력이 3년 미만인 인력이 차지하는 비중은 (235/658)×100 ≒ 35.7%이므로 옳은 설명이다.

17 자료해석 문제

정답 ③

5개년 중 제시된 지역의 전체 인허가 실적이 두 번째로 적은 해는 전체 인허가 실적이 62,272+44,530+165,424+17,237+27,725+19,174+17,523+5,919+5,297+19,366=384,467호인 2019년이고, 2019년 경기 지역의 인허가 실적은 165,424호이다.

따라서 2019년 전체 인허가 실적에서 경기 지역의 인허가 실적이 차지하는 비중은 (165,424/384,467)×100 ≒ 43.0%이다.

빠른 문제 풀이 Tip

지역별 인허가 실적을 백의 자리에서 버림한 후, 연도별로 제시된 지역의 전체 인허가 실적을 계산하면

2016년에 74+22+244+36+23+22+13+16+12+29 ≒ 491천 호, 2017년에 113+22+185+47+31+20+9+12+9+29 ≒ 477천 호, 2018년에 65+39+174+34+35+14+6+12+2+26 ≒ 407천 호, 2019년에 62+44+165+17+27+19+17+5+5+19 ≒ 380천 호, 2020년에 58+28+165+19+28+10+16+7+3+12 ≒ 346천 호이다.

따라서 5개년 중 제시된 지역의 전체 인허가 실적이 두 번째로 적은 해는 2019년임을 알 수 있다.

18 자료해석 문제

정답 ③

유리 비중 $= \frac{무게}{가로\ 길이 \times 세로\ 길이 \times a} - b$임을 적용하여 구한다.

A 유리는 가로 길이가 2m, 세로 길이가 2m, 무게가 120kg, 유리 비중이 2.4이므로

$2.4 = \frac{120}{2 \times 2 \times a} - b \rightarrow 2.4 = \frac{30}{a} - b$ … ⓐ

C 유리는 가로 길이가 2m, 세로 길이가 5m, 무게가 312kg, 유리 비중이 2.5이므로

$2.5 = \frac{312}{2 \times 5 \times a} - b \rightarrow 2.5 = \frac{156}{5a} - b$ … ⓑ

ⓑ-ⓐ에서 $0.1 = \frac{6}{5a} \rightarrow a = 12$

ⓐ에 대입하여 정리하면

$2.4 = 2.5 - b \rightarrow b = 0.1$

㉠ B 유리의 가로 길이가 1.2m, 세로 길이가 1.5m, 유리 비중이 2.4일 때, 무게는 (2.4+0.1)×1.2×1.5×12=54kg이다.

㉡ D 유리의 세로 길이가 2m, 무게가 156kg, 유리 비중이 2.5일 때, 가로 길이는 $\frac{156}{(2.5+0.1) \times 2 \times 12} = 2.5$m이다.

따라서 ㉠은 54, ㉡은 2.5인 ③이 정답이다.

19 자료해석 문제

정답 ②

㉠ 신제품 A의 판매량은 1개월 차에 5,631개이고, 전월 대비 증가한 판매량은 2개월 차에 5,762-5,631=131개, 3개월 차에 5,893-5,762=131개, 4개월 차에 6,024-5,893=131개, 5개월 차에 6,155-6,024=131개이므로 2개월 차부터 전월 대비 증가한 판매량은 매월 131개임을 알 수 있다. 이에 따라 신제품 A의 9개월 차 판매량은 6,155+131×4=6,679개이다.

㉡ 신제품 B의 판매량은 1개월 차에 8,967개이고, 전월 대비 감소한 판매량은 2개월 차에 8,967-8,921=46개, 3개월 차에 8,921-8,829=92개, 4개월 차에 8,829-8,691=138개, 5개월 차에 8,691-8,507=184개이므로 2개월 차부터 전월 대비 감소한 판매량은 1개월마다 46개씩 증가함을 알 수 있다. 이에 따라 신제품 B의 8개월 차 판매량은 8,507-(230+276+322)=7,679개이다.

㉢ 신제품 C의 판매량은 1개월 차에 2,456개이고, 전월 대비 증가한 판매량은 2개월 차에 2,472-2,456=16개, 3개월 차에 2,488-2,472=16개, 4개월 차에 2,520-2,488=32개, 5개월 차에 2,568-2,520=48개, 6개월 차에 2,648-2,568=80개이므로 4개월 차부터 전월 대비 증가한 판매량은 1개월 전과 2개월 전 각각의 전월 대비 증가한 판매량의 합임을 알 수 있다. 이에 따라 신제품 C의 7개월 차 판매량은 2,648+48+80=2,776개, 8개월 차 판매량은 2,776+80+128=2,984개, 9개월 차 판매량은 2,984+128+208=3,320개, 10개월 차 판매량은 3,320+208+336=3,864개이다.

따라서 ㉠은 6,679, ㉡은 7,679, ㉢은 3,864인 ②가 정답이다.

20 자료해석 문제 정답 ⑤

제시된 자료에 따르면 2018년 응급실 이용 횟수는 매월 서울이 경기보다 많아 두 지역 중 2018년 응급실 총 이용 횟수가 가장 많은 지역은 서울이고, 서울의 2019년 상반기 응급실 이용 횟수는 다음과 같다.

구분	이용 횟수(천 회)
1월	129×(1−0.101)≒116
2월	112×(1−0.036)≒108
3월	113×(1+0.018)≒115
4월	116×(1+0.026)≒119
5월	131×(1−0.038)≒126
6월	128×(1−0.039)≒123

따라서 서울의 2019년 상반기 응급실 이용 횟수와 그래프의 높이가 일치하는 ⑤가 정답이다.

오답 체크

① 2019년 6월 서울의 응급실 이용 횟수는 약 123천 회이지만, 이 그래프에서는 120천 회보다 낮게 나타나므로 옳지 않은 그래프이다.

④ 2019년 서울의 응급실 이용 횟수는 4월이 약 119천 회, 5월이 약 126천 회로 4월이 5월보다 적지만, 이 그래프에서는 4월이 5월보다 높게 나타나므로 옳지 않은 그래프이다.

빠른 문제 풀이 Tip

제시된 자료에 따르면 2019년 1월 서울의 응급실 이용 횟수는 전년 동월 대비 129천 회에서 10% 이상 감소하였으므로 1월 이용 횟수의 그래프의 높이가 120천 회보다 높은 ②, ③은 소거한다. 이때 ①, ④, ⑤ 중 그래프의 높이가 서로 다른 4월과 6월 이용 횟수를 계산하면 4월은 116×(1+0.026)≒119천 회이므로 ④를 소거하고, 6월은 128×(1−0.039)≒123천 회이므로 ①을 소거하여 정답은 ⑤임을 알 수 있다.

II 언어추리 만점공략

기출유형공략

세부 유형 1 명제추리

p.293

01	02	03	04	05
④	③	②	④	④
06	07	08	09	10
⑤	③	⑤	④	④

01 정답 ④

계단을 좋아하는 모든 사람이 걷기를 좋아하고, 걷기를 좋아하지 않는 어떤 사람이 엘리베이터를 좋아하면 엘리베이터를 좋아하는 사람 중에 계단을 좋아하지 않는 사람이 반드시 존재하게 된다.
따라서 '엘리베이터를 좋아하는 어떤 사람은 계단을 좋아하지 않는다.'가 타당한 결론이다.

오답 체크

계단을 좋아하는 사람을 A, 걷기를 좋아하는 사람을 B, 엘리베이터를 좋아하는 사람을 C라고 하면

① 계단을 좋아하는 모든 사람은 엘리베이터를 좋아하지 않을 수도 있으므로 반드시 참인 결론이 아니다.

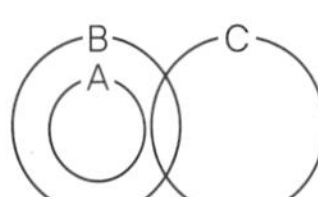

②, ⑤ 계단을 좋아하지 않는 사람 중에 엘리베이터를 좋아하지 않는 사람이 있거나 엘리베이터를 좋아하는 사람 중에 계단을 좋아하는 사람이 있을 수도 있으므로 반드시 참인 결론이 아니다.

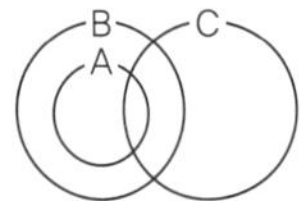

③ 엘리베이터를 좋아하지 않는 모든 사람은 계단을 좋아하지 않을 수도 있으므로 반드시 참인 결론이 아니다.

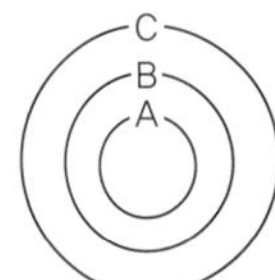

02 정답 ③

탄산음료를 좋아하지 않는 모든 사람이 과자를 좋아하지 않는다는 것은 과자를 좋아하는 모든 사람이 탄산음료를 좋아한다는 것이므로 탄산음료를 좋아하는 모든 사람이 젤리를 좋아하면 과자를 좋아하는 모든 사람은 젤리를 좋아한다.
따라서 '과자를 좋아하는 모든 사람은 젤리를 좋아한다.'가 타당한 결론이다.

오답 체크

탄산음료를 좋아하는 사람을 A, 과자를 좋아하는 사람을 B, 젤리를 좋아하는 사람을 C라고 하면

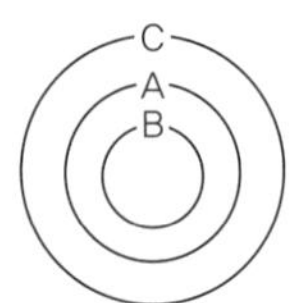

① 젤리를 좋아하는 사람 중에 과자를 좋아하지 않는 사람이 있을 수도 있으므로 반드시 참인 결론이 아니다.
② 젤리를 좋아하지 않는 모든 사람은 과자를 좋아하지 않으므로 반드시 거짓인 결론이다.
④, ⑤ 과자를 좋아하는 모든 사람은 젤리를 좋아하므로 반드시 거짓인 결론이다.

03 정답 ②

부지런한 어떤 사람이 목표 의식이 확고하고, 부지런한 모든 사람이 매일 아침 식사를 하면 목표 의식이 확고하면서 매일 아침 식사를 하는 사람이 반드시 존재하게 된다.
따라서 '부지런한 모든 사람은 매일 아침 식사를 한다.'가 타당한 전제이다.

오답 체크

부지런한 사람을 A, 목표 의식이 확고한 사람을 B, 매일 아침 식사를 하는 사람을 C라고 하면

①, ④ 부지런한 어떤 사람이 목표 의식이 확고하고, 부지런하지 않은 어떤 사람이 매일 아침 식사를 하거나 매일 아침 식사를 하는 모든 사람이 부지런하지 않으면 목표 의식이 확고한 모든 사람은 매일 아침 식사를 하지 않을 수도 있으므로 결론이 반드시 참이 되게 하는 전제가 아니다.

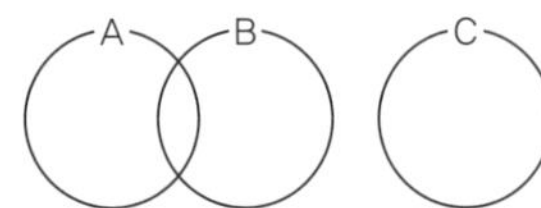

③ 부지런한 어떤 사람이 목표 의식이 확고하고, 매일 아침 식사를 하는 모든 사람이 부지런하면 목표 의식이 확고한 모든 사람은 매일 아침 식사를 하지 않을 수도 있으므로 결론이 반드시 참이 되게 하는 전제가 아니다.

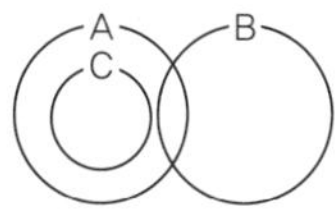

⑤ 부지런한 어떤 사람이 목표 의식이 확고하고, 매일 아침 식사를 하는 사람 중에 부지런한 사람이 있으면 목표 의식이 확고한 모든 사람은 매일 아침 식사를 하지 않을 수도 있으므로 결론이 반드시 참이 되게 하는 전제가 아니다.

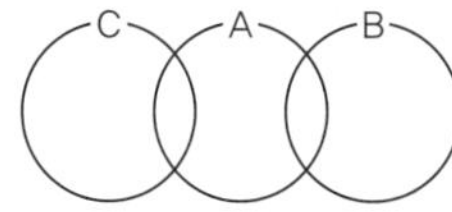

04

정답 ④

물을 많이 마시는 어떤 사람이 피부가 좋고, 피부가 좋은 모든 사람이 운동을 좋아하지 않으면 운동을 좋아하지 않는 사람 중에 물을 많이 마시는 사람이 반드시 존재하게 된다.
따라서 '운동을 좋아하지 않는 사람 중에 물을 많이 마시는 사람이 있다.'가 타당한 결론이다.

오답 체크

물을 많이 마시는 사람을 A, 피부가 좋은 사람을 B, 운동을 좋아하지 않는 사람을 C라고 하면

① 물을 많이 마시는 사람 중에 운동을 좋아하지 않는 사람이 적어도 한 명 존재하므로 반드시 거짓인 결론이다.

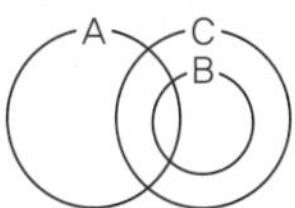

② 물을 많이 마시지 않는 사람 중에 운동을 좋아하지 않는 사람이 있을 수도 있으므로 반드시 참인 결론이 아니다.

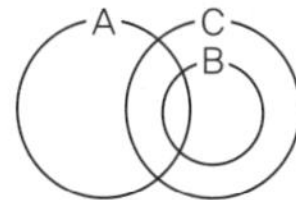

③, ⑤ 물을 많이 마시는 모든 사람은 운동을 좋아하지 않거나 운동을 좋아하지 않는 모든 사람은 물을 많이 마실 수도 있으므로 반드시 참인 결론이 아니다.

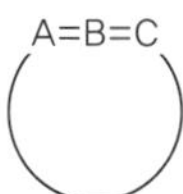

05

정답 ④

긍정적인 모든 사람이 실패를 두려워하지 않는다는 것은 실패를 두려워하는 모든 사람이 긍정적이지 않다는 것이므로 실패를 두려워하는 어떤 사람이 타인의 시선에 민감하면 긍정적이지 않은 사람 중에 타인의 시선에 민감한 사람이 반드시 존재하게 된다.
따라서 '실패를 두려워하는 어떤 사람은 타인의 시선에 민감하다.'가 타당한 전제이다.

오답 체크

긍정적인 사람을 A, 실패를 두려워하지 않는 사람을 B, 타인의 시선에 민감한 사람을 C라고 하면

① 타인의 시선에 민감한 어떤 사람도 실패를 두려워하지 않는다는 것은 타인의 시선에 민감한 모든 사람이 실패를 두려워하지 않는다는 것이므로, 긍정적인 모든 사람이 실패를 두려워하지 않으면 긍정적이지 않은 모든 사람은 타인의 시선에 민감하지 않을 수도 있으므로 결론이 반드시 참이 되게 하는 전제가 아니다.

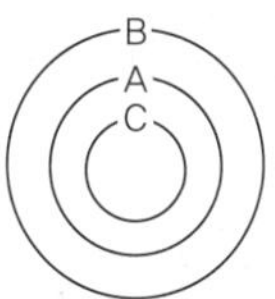

②, ⑤ 긍정적인 모든 사람이 실패를 두려워하지 않고, 실패를 두려워하지 않는 모든 사람이 타인의 시선에 민감하거나 타인의 시선에 민감하면서 실패를 두려워하지 않는 사람이 있으면 긍정적이지 않은 모든 사람은 타인의 시선에 민감하지 않을 수도 있으므로 결론이 반드시 참이 되게 하는 전제가 아니다.

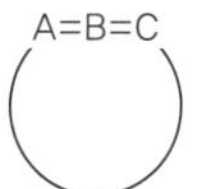

③ 긍정적인 모든 사람이 실패를 두려워하지 않고, 타인의 시선에 민감하지 않은 어떤 사람이 실패를 두려워하지 않으면 긍정적이지 않은 모든 사람은 타인의 시선에 민감하지 않을 수도 있으므로 결론이 반드시 참이 되게 하는 전제가 아니다.

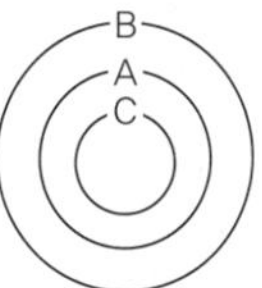

06

정답 ⑤

주어진 명제가 참일 때 그 명제의 '대우'만이 참이므로
두 번째 명제의 '대우', 첫 번째 명제, 네 번째 명제를 차례로 결합한 결론은 다음과 같다.

- 두 번째 명제(대우): 껌을 좋아하지 않는 사람은 초콜릿을 좋아한다.
- 첫 번째 명제: 초콜릿을 좋아하는 사람은 한약을 마시지 않는다.
- 네 번째 명제: 한약을 마시지 않는 사람은 수면 시간이 부족하지 않다.
- 결론: 껌을 좋아하지 않는 사람은 수면 시간이 부족하지 않다.

07

정답 ③

주어진 명제가 참일 때 그 명제의 '대우'만이 참이므로
네 번째 명제의 '대우', 두 번째 명제, 첫 번째 명제, 세 번째 명제의 '대우'를 차례로 결합한 결론은 다음과 같다.

- 네 번째 명제(대우): 전화기를 구매하는 사람은 팩스를 구매하지 않는다.
- 두 번째 명제: 팩스를 구매하지 않는 사람은 컴퓨터를 구매하지 않는다.
- 첫 번째 명제: 컴퓨터를 구매하지 않는 사람은 프린터를 구매한다.
- 세 번째 명제(대우): 프린터를 구매하는 사람은 태블릿을 구매한다.
- 결론: 전화기를 구매하는 사람은 태블릿을 구매한다.

08

정답 ⑤

주어진 명제가 참일 때 그 명제의 '대우'만이 참이므로
두 번째 명제, 다섯 번째 명제의 '대우', 세 번째 명제의 '대우', 첫 번째 명제, 네 번째 명제의 '대우'를 차례로 결합한 결론은 다음과 같다.

- 두 번째 명제: 줄다리기를 하지 않는 사람은 이어달리기를 한다.
- 다섯 번째 명제(대우): 이어달리기를 하는 사람은 박 터뜨리기를 하지 않는다.
- 세 번째 명제(대우): 박 터뜨리기를 하지 않는 사람은 계주를 하지 않는다.
- 첫 번째 명제: 계주를 하지 않는 사람은 제기차기를 한다.
- 네 번째 명제(대우): 제기차기를 하는 사람은 퀴즈 맞히기를 한다.
- 결론: 줄다리기를 하지 않는 사람은 퀴즈 맞히기를 한다.

09

정답 ④

주어진 명제가 참일 때 그 명제의 '대우'만이 참이므로
세 번째 명제의 '대우', 분리 가능한 첫 번째 명제, 분리 가능한 네 번째 명제의 '대우', 두 번째 명제의 '대우'를 차례로 결합한 결론은 다음과 같다.

- 세 번째 명제(대우): 독일어 강의를 듣는 사람은 영어 강의를 듣는다.
- 분리 가능한 첫 번째 명제: 영어 강의를 듣는 사람은 신입사원이다.
- 분리 가능한 네 번째 명제(대우): 신입사원은 중국어 강의를 듣지 않는다.
- 두 번째 명제(대우): 중국어 강의를 듣지 않는 사람은 석사이다.
- 결론: 독일어 강의를 듣는 사람은 석사이다.

10

정답 ④

주어진 명제가 참일 때 그 명제의 '대우'만이 참이므로
분리 가능한 다섯 번째 명제, 첫 번째 명제의 '대우', 여섯 번째 명제의 '대우'를 차례로 결합한 결론은 다음과 같다.

- 분리 가능한 다섯 번째 명제: 식물을 기르지 않는 사람은 햄스터를 키운다.
- 첫 번째 명제(대우): 햄스터를 키우는 사람은 물고기를 키우지 않는다.
- 여섯 번째 명제(대우): 물고기를 키우지 않는 사람은 주택에 거주한다.
- 결론: 식물을 기르지 않는 사람은 주택에 거주한다.

세부 유형 2 위치·배치

p.301

01	02	03	04	05
⑤	②	③	⑤	②
06	07	08	09	10
⑤	③	⑤	④	⑤

01

정답 ⑤

제시된 조건에 따르면 B와 C는 직급이 서로 다르고, B와 F는 모두 사원이므로 C는 대리이며, C, E, H 중 대리는 1명이므로 E, H는 사원이다. 또한, A, B, C, D 중 사원이 2명이므로 대리는 2명이고, 8명 중 대리가 3명이므로 E, F, G, H 중 대리는 1명임을 알 수 있다. 이때 E, F, H는 모두 사원이므로 G가 대리이고, A, F, G 중 대리는 1명이므로 A는 사원이며 D는 대리이다.
따라서 대리 3명끼리 바르게 묶인 것은 'C, D, G'이다.

02

정답 ②

제시된 조건에 따르면 중식은 2월 또는 3월 회식 메뉴이고, 일식은 1월 회식 메뉴가 아니므로 1월 회식 메뉴는 한식 또는 양식이지만, 한식은 양식으로 회식을 하고 2개월 후의 회식 메뉴이므로 양식이 1월, 한식이 3월 회식 메뉴이고, 중식이 2월 회식 메뉴임을 알 수 있다.
따라서 4월 회식 메뉴는 일식이다.

03

정답 ③

제시된 조건에 따르면 라보다 위층에 거주하는 사람은 없으므로 라는 5층에 거주한다. 마는 짝수 층에 거주하고, 다와 마가 거주하는 층 사이에 거주하는 사람은 없으므로 마가 2층에 거주하면 다는 1층 또는 3층에 거주하고, 마가 4층에 거주하면 다는 3층에 거주한다. 이때 가는 나보다 위층에 거주하므로 마가 거주하는 층에 따라 가능한 경우는 다음과 같다.

경우 1. 마가 2층에 거주하는 경우

5층	라
4층	가
3층	나 또는 다
2층	마
1층	나 또는 다

경우 2. 마가 4층에 거주하는 경우

5층	라
4층	마
3층	다
2층	가
1층	나

따라서 나와 마가 거주하는 층 사이에 거주하는 사람은 가, 다 2명이거나 아무도 없으므로 항상 거짓인 설명이다.

오답 체크

① 라 바로 아래층에 거주하는 사람은 가 또는 마이므로 항상 거짓인 설명은 아니다.
② 다는 1층 또는 3층에 거주하므로 항상 거짓인 설명은 아니다.
④ 다 바로 위층에 거주하는 사람은 가 또는 마이므로 항상 거짓인 설명은 아니다.
⑤ 가는 나보다 한 층 또는 세 층 위에 거주하므로 항상 거짓인 설명은 아니다.

04 정답 ⑤

제시된 조건에 따르면 아라와 혜수 중에서는 1명만 서해로 휴가를 가므로 서해로 휴가를 가는 사람이 반드시 존재하고, 재희와 같은 곳으로 휴가를 가는 사람은 없으므로 재희는 동해 또는 남해로 휴가를 간다. 이때 소미는 동해로 휴가를 가지 않으므로 서해 또는 남해로 휴가를 가며, 재희와는 다른 곳으로 휴가를 간다. 재희가 휴가를 가는 곳에 따라 가능한 경우는 다음과 같다.

경우 1. 재희가 동해로 휴가를 가는 경우

소미	아라	재희	혜수
서해 또는 남해	서해	동해	남해
서해 또는 남해	남해	동해	서해

경우 2. 재희가 남해로 휴가를 가는 경우

소미	아라	재희	혜수
서해	서해	남해	동해
서해	동해	남해	서해

따라서 아라가 동해로 휴가를 가면 소미는 서해로 휴가를 가므로 항상 참인 설명이다.

오답 체크

① 2명이 함께 휴가를 가는 곳은 서해 또는 남해이므로 항상 참인 설명은 아니다.
② 혜수는 동해, 서해, 남해 중 한 곳으로 휴가를 가므로 항상 참인 설명은 아니다.
③ 소미와 혜수가 남해로 휴가를 가면 재희는 동해로 휴가를 가지만, 소미와 혜수가 서해로 휴가를 가면 재희는 동해 또는 남해로 휴가를 가므로 항상 참인 설명은 아니다.
④ 재희가 동해로 휴가를 가면 혜수는 서해 또는 남해로 휴가를 가므로 항상 참인 설명은 아니다.

빠른 문제 풀이 Tip

⑤ 모든 경우의 수를 고려하지 않고 참/거짓을 판단할 수 있는지 먼저 확인한다.
아라와 혜수 중에서는 1명만 서해로 휴가를 가므로 아라가 동해로 휴가를 가면 혜수는 서해로 휴가를 간다. 이때 재희와 같은 곳으로 휴가를 가는 사람은 없으므로 재희는 남해로 휴가를 가고, 소미는 동해로 휴가를 가지 않으므로 아라가 동해로 휴가를 가면 소미는 서해로 휴가를 감을 알 수 있다.

05 정답 ②

제시된 조건에 따르면 A는 C 바로 오른쪽에 앉으며, 사원과 마주 보고 앉는다. 이때 D의 직급은 대리이므로 D는 A 바로 오른쪽에 앉고, A와 마주 보고 앉는 직원은 직급이 사원인 B이다. 또한, B는 남자이며, C와 같은 성별이므로 C는 남자, A와 D는 여자이다. 이에 따라 A와 C의 직급은 각각 부장 또는 과장임을 알 수 있다.

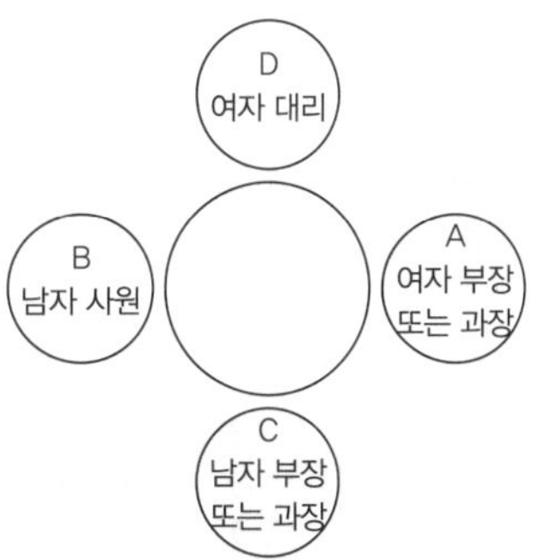

따라서 A의 직급이 부장이면 C의 직급이 과장이 되어 과장과 사원 모두 남자이므로 항상 거짓인 설명이다.

오답 체크

① 대리는 자신보다 높은 직급인 부장 또는 과장과 마주 보고 앉으므로 항상 참인 설명이다.
③ 부장의 성별은 남자 또는 여자이므로 항상 거짓인 설명은 아니다.
④ D는 B 바로 왼쪽에 앉으므로 항상 참인 설명이다.
⑤ 과장이 C이면 C는 대리인 D와 마주 보고 앉지만, 과장이 A이면 A는 사원인 B와 마주 보고 앉으므로 항상 거짓인 설명은 아니다.

빠른 문제 풀이 Tip

② 모든 경우의 수를 고려하지 않고 참/거짓을 판단할 수 있는지 먼저 확인한다.
D의 직급은 대리이고, B는 남자이며, C와 같은 성별이므로 A와 D는 여자이다. 이때 A의 직급이 부장이면 남자인 B와 C가 과장 또는 사원이므로 과장과 사원의 성별이 같음을 알 수 있다.

06

정답 ⑤

제시된 조건에 따르면 5 회의실은 개발팀이 이용하고, 영업팀의 인원수보다 인원수가 많은 팀은 3팀 이상이므로 영업팀은 1 회의실 또는 2 회의실을 이용한다. 이때 회계팀의 인원수는 10명으로 인사팀의 인원수보다 많고, 총무팀이 이용하는 회의실의 면적은 인사팀이 이용하는 회의실의 면적보다 넓으므로 인사팀도 1 회의실 또는 2 회의실을 이용함을 알 수 있다.

구분	경우 1	경우 2
1 회의실	인사팀	영업팀
2 회의실	영업팀	인사팀
3 회의실	총무팀 또는 회계팀(10명)	총무팀 또는 회계팀(10명)
4 회의실	총무팀 또는 회계팀(10명)	총무팀 또는 회계팀(10명)
5 회의실	**개발팀**	**개발팀**

따라서 총무팀이 3 회의실을 이용하면 팀의 인원수가 10명인 회계팀이 4 회의실을 이용하게 되어 개발팀의 인원수는 11명 이상이므로 항상 참인 설명이다.

오답 체크

① 회계팀보다 인원수가 적은 팀은 2팀 또는 3팀이므로 항상 참인 설명은 아니다.
② 영업팀이 2 회의실을 이용하면 인사팀은 1 회의실을 이용하지만, 영업팀이 1 회의실을 이용하면 인사팀은 2 회의실을 이용하므로 항상 참인 설명은 아니다.
③ 인사팀이 1 회의실을 이용하면 회계팀은 3 회의실 또는 4 회의실을 이용하므로 항상 참인 설명은 아니다.
④ 영업팀은 1 회의실 또는 2 회의실을 이용하고, 총무팀은 3 회의실 또는 4 회의실을 이용하므로 항상 거짓인 설명이다.

07

정답 ③

제시된 조건에 따르면 이사 후 근무하던 층이 이사 전보다 낮아진 부서는 기획본부와 개발부뿐이고, 이사 전 3층에서 근무하던 부서는 기획본부뿐이며, 이사 후 개발부와 품질부만 4층에서 근무하므로 이사 전 개발부는 5층에서 근무하였고, 이사 후 기획본부는 1층 또는 2층에서 근무한다. 이때 이사 후 비어 있는 층보다 높은 층에서 근무하는 부서는 3개이므로 이사 후 비어 있는 층은 3층이고, 해당 층은 이사 전이 후보다 높으므로 이사 전 비어 있는 층은 4층이다. 또한, 이사 전, 후 모두 품질부가 근무하는 층은 생산부가 근무하는 층보다 높으므로 이사 전 생산부는 1층, 품질부는 2층에서 근무하였고, 이사 후 생산부는 1층 또는 2층, 구매부는 5층에서 근무함을 알 수 있다.

구분	A 건물(이사 전)	B 건물(이사 후)
5층	개발부 또는 개발부와 구매부	구매부
4층	비어 있음	**개발부와 품질부**
3층	**기획본부**	비어 있음
2층	품질부 또는 품질부와 구매부	기획본부 또는 생산부
1층	생산부 또는 생산부와 구매부	기획본부 또는 생산부

따라서 이사 전 구매부는 개발부 또는 생산부 또는 품질부와 같은 층에서 근무하였으므로 항상 참인 설명이다.

오답 체크

① 이사 전 개발부보다 낮은 층에서 근무했던 부서는 3개 또는 4개이므로 항상 참인 설명은 아니다.
② 이사 후 기획본부는 1층 또는 2층에서 근무하므로 항상 참인 설명은 아니다.
④ 이사 전, 후 근무하는 층이 달라지지 않은 부서는 생산부 또는 구매부이거나 없으므로 항상 거짓인 설명이다.
⑤ 이사 후 생산부보다 높은 층에서 근무하는 부서는 3개 또는 4개이므로 항상 참인 설명은 아니다.

08

정답 ⑤

제시된 조건에 따르면 정은 오보에 또는 클라리넷을 연주하고, 갑 또는 을이 바순을 연주한다. 이때 병이 클라리넷을 연주하면 바순을 연주하는 사람은 을이 아니므로 갑이 바순을 연주한다. 정이 연주하는 악기에 따라 가능한 경우는 다음과 같다.

경우 1. 정이 오보에를 연주하는 경우

갑	을	병	정
바순	플루트 또는 클라리넷	플루트 또는 클라리넷	오보에
클라리넷	바순	플루트	오보에

경우 2. 정이 클라리넷을 연주하는 경우

갑	을	병	정
바순	플루트 또는 오보에	플루트 또는 오보에	클라리넷
플루트 또는 오보에	바순	플루트 또는 오보에	클라리넷

따라서 정이 오보에를 연주하는 경우의 수는 3가지이고, 클라리넷을 연주하는 경우의 수는 4가지이므로 항상 거짓인 설명이다.

오답 체크

① 갑은 플루트 또는 오보에 또는 클라리넷 또는 바순을 연주하므로 항상 참인 설명이다.
② 병이 플루트를 연주하면 을은 오보에 또는 클라리넷 또는 바순을 연주하므로 항상 거짓인 설명은 아니다.
③ 을이 바순을 연주하면 갑은 플루트 또는 오보에 또는 클라리넷을 연주하므로 항상 거짓인 설명은 아니다.
④ 정이 클라리넷을 연주하면 병은 플루트 또는 오보에를 연주하므로 항상 참인 설명이다.

09

정답 ④

제시된 조건에 따르면 연탄 봉사활동에 참여하는 팀은 3팀이므로 멘토링과 무료 급식 봉사활동에 참여하는 팀은 각각 1팀 또는 2팀이다. 또한, 멘토링 봉사활동에 참여하는 A가 속한 팀의 인원수가 다른 두 팀보다 적고, 각 팀에는 고등학생과 대학생이 최소 1명씩 포함되어야 하므로 멘토링 봉사활동에 참여하는 팀의 인원수는 2명, 무료 급식과 연탄 봉사활동에 참여하는 팀의 인원수는 각각 3명이다. 이때 H는 무료 급식 봉사활동에 참여하고, B는 D와 같은 팀에 속하며, G와 다른 팀에 속하므로 B와 D 또는 C와 E가 무료 급식 또는 연탄 봉사활동에 참여하고, F와 G는 멘토링 또는 연탄 봉사활동에 참여한다. 멘토링 봉사활동에 참여하는 팀에 따라 가능한 경우는 다음과 같다.

경우 1. 1팀이 멘토링 봉사활동에 참여하는 경우

구분	1팀(2명)		2팀(3명)		3팀(3명)	
참여 봉사활동	멘토링		무료 급식		연탄	
참여 인원	A	F 또는 G	B, D	H	C, E	F 또는 G
	A	G	C, E	H	B, D	F

경우 2. 2팀이 멘토링 봉사활동에 참여하는 경우

구분	1팀(3명)		2팀(2명)		3팀(3명)	
참여 봉사활동	무료 급식		멘토링		연탄	
참여 인원	B, D	H	A	F 또는 G	C, E	F 또는 G
	C, E	H	A	G	B, D	F

따라서 B가 연탄 봉사활동에 참여하면 F도 연탄 봉사활동에 참여하므로 항상 참인 설명이다.

오답 체크

① 2팀의 인원수는 2명 또는 3명이므로 항상 참인 설명은 아니다.
② D가 무료 급식 봉사활동에 참여하면 1팀 또는 2팀에 속하므로 항상 참인 설명은 아니다.
③ 멘토링 봉사활동에 참여하는 대학생은 F 또는 G이므로 항상 참인 설명은 아니다.
⑤ H와 같은 봉사활동에 참여하는 고등학생은 B와 D 또는 C와 E이므로 항상 참인 설명은 아니다.

10 정답 ⑤

제시된 조건에 따르면 수요일에 외근하는 팀원은 이 차장과 신 대리이고, 김 팀장은 월요일과 금요일에 외근하지 않으므로 화요일과 목요일에 외근한다. 이때 박 과장은 이틀 연속으로 외근하므로 박 과장은 월요일과 화요일 또는 목요일과 금요일에 외근한다. 이 차장은 대리 직급의 팀원과 일주일 중 한 번만 같은 요일에 외근하므로 수요일을 제외한 요일 중 이 차장과 같은 요일에 외근하는 팀원은 김 팀장 또는 박 과장임을 알 수 있다. 박 과장이 외근하는 요일에 따라 가능한 경우는 다음과 같다.

경우 1. 박 과장이 월요일과 화요일에 외근하는 경우

월요일	화요일	수요일	목요일	금요일
박 과장, 이 차장 또는 최 대리	김 팀장, 박 과장	**이 차장, 신 대리**	김 팀장, 이 차장 또는 최 대리	최 대리, 신 대리

경우 2. 박 과장이 목요일과 금요일에 외근하는 경우

월요일	화요일	수요일	목요일	금요일
최 대리, 신 대리	김 팀장, 이 차장 또는 최 대리	**이 차장, 신 대리**	김 팀장, 박 과장	박 과장, 이 차장 또는 최 대리

따라서 최 대리가 목요일에 외근하면 박 과장은 월요일에 이 차장과 외근하고, 화요일에는 김 팀장과 외근하므로 항상 거짓인 설명이다.

오답 체크

① 이 차장과 박 과장은 월요일과 금요일 중 한 번 같이 외근하거나 같이 외근하는 요일이 없으므로 항상 거짓인 설명은 아니다.
② 이 차장이 외근하는 요일 중 하루는 수요일이고, 나머지 하루는 월요일 또는 화요일 또는 목요일 또는 금요일이므로 항상 거짓인 설명은 아니다.
③ 목요일에 외근하는 팀원 중 한 명은 김 팀장이므로 항상 참인 설명이다.
④ 신 대리가 외근하는 요일은 월요일과 수요일 또는 수요일과 금요일이고, 김 팀장이 외근하는 요일은 화요일과 목요일이므로 항상 거짓인 설명은 아니다.

세부 유형 3 순서·순위

p.309

01	02	03	04	05
③	②	①	⑤	①
06	07	08	09	10
⑤	⑤	②	⑤	⑤

01 정답 ③

제시된 조건에 따르면 B 조는 낮 근무를 하지 않으므로 저녁 또는 야간 근무를 하고, A 조는 C 조보다 먼저 출근하므로 B 조가 저녁 근무를 하면 A 조는 낮 근무, C 조는 야간 근무를 하고, B 조가 야간 근무를 하면 A 조는 낮 근무, C 조는 저녁 근무를 함을 알 수 있다.

구분	A 조	B 조	C 조
경우 1	낮	저녁	야간
경우 2	낮	야간	저녁

따라서 A 조는 근무 시간이 8시간인 낮 근무를 하고, C 조는 근무 시간이 9시간인 저녁 근무를 하거나 근무 시간이 7시간인 야간 근무를 하여 A 조와 C 조의 근무 시간은 1시간 차이가 나므로 항상 참인 설명이다.

오답 체크

① C 조가 야간 근무를 하면 B 조는 저녁 근무를 하지만, C 조가 저녁 근무를 하면 B 조는 야간 근무를 하므로 항상 참인 설명은 아니다.
② B 조는 근무 시간이 9시간인 저녁 근무를 하거나 근무 시간이 7시간인 야간 근무를 하므로 항상 참인 설명은 아니다.

④ C 조가 저녁 근무를 하는 경우는 1가지이므로 항상 거짓인 설명이다.
⑤ C 조는 근무 시간이 9시간인 저녁 근무를 하거나 근무 시간이 7시간인 야간 근무를 하므로 항상 참인 설명은 아니다.

02 정답 ②

제시된 조건에 따르면 자기계발책보다 먼저 읽은 책은 소설책뿐이고, 수필은 4월에 읽었으므로 4월에 소설책 – 자기계발책 – 수필 순으로 읽었다. 이때 시집과 에세이는 같은 달에 연달아 읽었고, 요리책 바로 전에 읽은 책은 에세이이므로 5월에 시집 – 에세이 순으로 읽었고, 6월에는 요리책을 읽었음을 알 수 있다.
따라서 지예가 6권의 책을 읽은 순서대로 바르게 나열한 것은 '소설책 – 자기계발책 – 수필 – 시집 – 에세이 – 요리책'이다.

빠른 문제 풀이 Tip

조건에 모순되는 선택지를 차례로 소거하여 풀이 시간을 단축한다.
자기계발책보다 먼저 읽은 책은 소설책뿐이므로 ④, ⑤를 소거하고, 요리책 바로 전에 읽은 책은 에세이이므로 ③도 소거한다. 이때 지예는 매월 1권 이상의 책을 읽었으며, 수필은 4월에 읽었으므로 수필이 다섯 번째 순서 이후로 제시된 ①도 소거한다.
따라서 정답은 ②임을 알 수 있다.

03 정답 ①

제시된 조건에 따르면 세 번째 순서로 방문하는 곳은 박물관이고, 미술관과 유적지를 방문하는 사이에 방문하는 곳은 2곳이므로 미술관과 유적지는 각각 첫 번째 또는 네 번째 순서로 방문하거나 두 번째 또는 다섯 번째 순서로 방문한다. 이때 수도원 다음 순서로 방문하는 곳은 1곳 이상이므로 마지막 순서로 방문하는 곳은 수도원이 아님을 알 수 있다.

구분	경우 1	경우 2
첫 번째	미술관 또는 유적지	국립 공원 또는 수도원
두 번째	수도원	미술관 또는 유적지
세 번째	**박물관**	**박물관**
네 번째	미술관 또는 유적지	국립 공원 또는 수도원
다섯 번째	국립 공원	미술관 또는 유적지

따라서 국립 공원과 수도원은 각각 첫 번째 또는 네 번째 순서로 방문하거나 국립 공원은 다섯 번째, 수도원은 두 번째 순서로 방문하므로 항상 거짓인 설명이다.

오답 체크

② 미술관 다음 순서로 방문하는 곳은 1곳 또는 3곳 또는 4곳이거나 미술관을 마지막 순서로 방문하므로 항상 거짓인 설명은 아니다.
③ 마지막 순서로 방문하는 곳은 국립 공원 또는 미술관 또는 유적지이므로 항상 거짓인 설명은 아니다.
④ 박물관 바로 다음 순서로 방문하는 곳은 국립 공원 또는 미술관 또는 수도원 또는 유적지이므로 항상 거짓인 설명은 아니다.
⑤ 미술관과 수도원을 방문하는 사이에 방문하는 곳은 1곳 또는 3곳이거나 미술관과 수도원을 연이어 방문하므로 항상 거짓인 설명은 아니다.

빠른 문제 풀이 Tip

① 모든 경우의 수를 고려하지 않고 참/거짓을 판단할 수 있는지 먼저 확인한다.
세 번째 순서로 방문하는 곳은 박물관이고, 미술관과 유적지를 방문하는 사이에 방문하는 곳은 2곳이므로 국립 공원과 수도원은 각각 첫 번째 또는 네 번째 순서로 방문하거나 두 번째 또는 다섯 번째 순서로 방문하게 되어 국립 공원과 수도원을 연이어 방문하는 것은 아님을 알 수 있다.

04 정답 ⑤

제시된 조건에 따르면 D는 경기를 1번만 하였으며, 최종 등수는 2등이므로 부전승을 하였다. 또한, A는 경기를 1번만 하였고, A와 B의 경기 횟수는 동일하므로 A와 B는 모두 첫판에서 패배하였다. 이때 A는 E와의 경기에서 보로 패배하였고, E는 매 경기 같은 것을 냈으며 C보다 경기 횟수가 많으므로 최종 등수가 1등인 사람은 E이고, E는 매 경기 가위로 승리하였다. 최종 등수가 1등인 사람은 추가로 1만 원의 상금을 받으므로 E는 총 2+2+2+1=7만 원의 상금을 받았다.
따라서 최종 등수가 1등인 E가 받은 총상금은 7만 원이다.

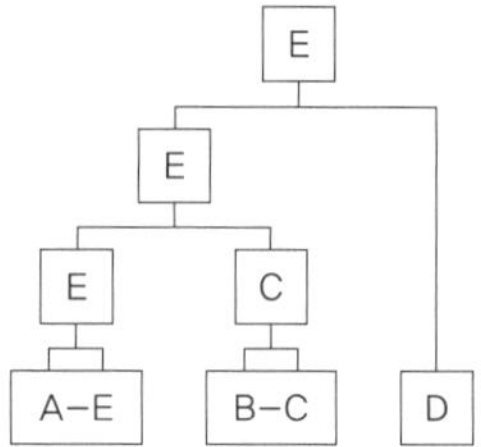

05 정답 ①

제시된 조건에 따르면 D 송아지보다 가벼운 송아지는 없으므로 D 송아지가 다섯 번째로 무겁다. 이때 A 송아지는 C 송아지보다 무거우며 E 송아지보다 가볍고, 세 번째로 무거운 송아지는 C 송아지가 아니므로 C 송아지는 네 번째로 무겁다. 또한, A 송아지와 E 송아지는 검정 송아지이고, C 송아지와 D 송아지는 서로 다른 종류이므로 C 송아지와 D 송아지는 각각 검정 송아지 또는 얼룩 송아지이고, B 송아지는 얼룩 송아지임을 알 수 있다.

구분	경우 1	경우 2	경우 3
첫 번째	B(얼룩)	E(검정)	E(검정)
두 번째	E(검정)	B(얼룩)	A(검정)
세 번째	A(검정)	A(검정)	B(얼룩)
네 번째	C(검정 또는 얼룩)	C(검정 또는 얼룩)	C(검정 또는 얼룩)
다섯 번째	D(검정 또는 얼룩)	D(검정 또는 얼룩)	D(검정 또는 얼룩)

따라서 C 송아지는 네 번째로 무겁고, B 송아지는 첫 번째 또는 두 번째 또는 세 번째로 무거워 C 송아지는 B 송아지보다 가벼우므로 항상 참인 설명이다.

오답 체크

② B 송아지는 얼룩 송아지이고, C 송아지는 검정 송아지 또는 얼룩 송아지이므로 항상 참인 설명은 아니다.

③ D 송아지는 검정 송아지 또는 얼룩 송아지이므로 항상 참인 설명은 아니다.

④ 가장 무거운 송아지는 얼룩 송아지인 B 송아지 또는 검정 송아지인 E 송아지이므로 항상 참인 설명은 아니다.

⑤ 네 번째로 무거운 C 송아지는 검정 송아지 또는 얼룩 송아지이므로 항상 참인 설명은 아니다.

06 정답 ⑤

제시된 조건에 따르면 회의 진행자인 세윤이는 가장 먼저 회의실에 도착해서 회의를 준비했고, 세윤이와 서로 마주 보고 앉은 준배는 회의실에 네 번째로 도착했으며, 준배는 한나 바로 다음 순서로 회의실에 도착했으므로 한나는 회의실에 세 번째로 도착했다. 이때 다울이는 다은이 바로 옆에 앉았으므로 다울이와 다은이는 회의실에 각각 다섯 번째 또는 여섯 번째로 도착했다. 이에 따라 회의실에 두 번째로 도착하여 회의 진행자 바로 오른쪽에 앉은 회의록 작성자는 재호임을 알 수 있다. 또한, 준배와 다울이는 영상팀에 속하고, 같은 팀끼리는 서로 마주 보고 앉지 않았으므로 세윤이는 기획팀에 속하고, 회의 진행자와 회의록 작성자는 같은 팀이므로 재호도 기획팀에 속한다. 다울이가 회의실에 도착한 순서에 따라 가능한 경우는 다음과 같다.

경우 1. 다울이가 회의실에 다섯 번째로 도착한 경우

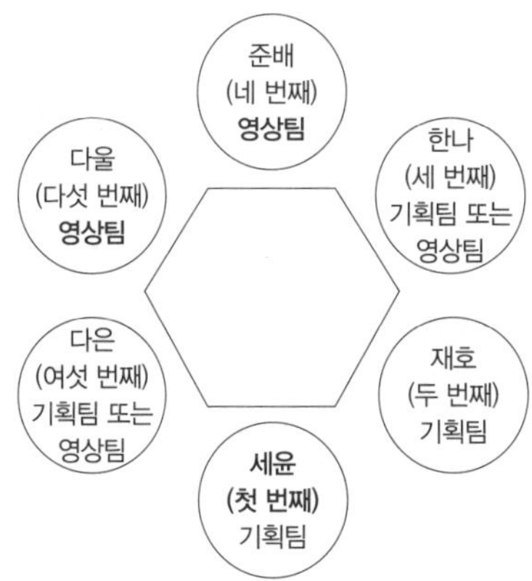

경우 2. 다울이가 회의실에 여섯 번째로 도착한 경우

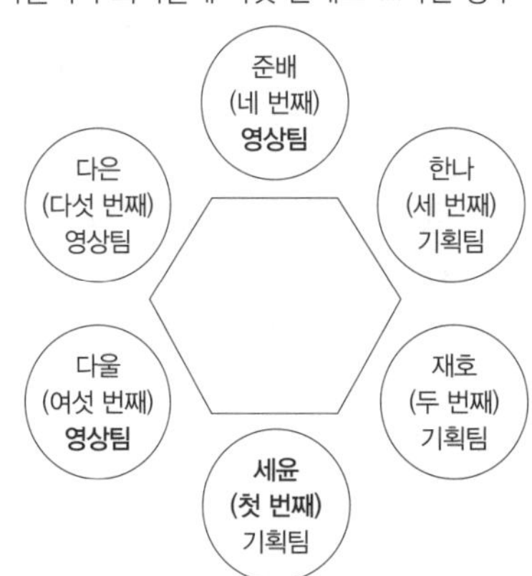

따라서 회의실에 여섯 번째로 도착한 다울이 또는 다은이가 영상팀이면 한나는 기획팀이므로 항상 거짓인 설명이다.

오답 체크

① 다은이는 기획팀 또는 영상팀에 속하므로 항상 거짓인 설명은 아니다.

② 회의실에 가장 먼저 도착한 3명은 모두 기획팀에 속하거나 2명은 기획팀, 1명은 영상팀에 속하므로 항상 거짓인 설명은 아니다.

③ 준배는 영상팀에 속하고, 한나는 기획팀 또는 영상팀에 속하므로 항상 거짓인 설명은 아니다.

④ 회의록 작성자는 재호이므로 항상 참인 설명이다.

07 정답 ⑤

제시된 조건에 따르면 A는 앞에서 네 번째에 서 있고, G는 맨 마지막에 서 있다. 이때 B와 C 사이에 한 명이 서 있으므로 B와 C는 각각 첫 번째 또는 세 번째에 서 있거나 세 번째 또는 다섯 번째에 서 있다. 이때 D는 E보다 뒤에 서 있고, C는 F보다 앞에 서 있으며, F가 D보다 앞에 서 있으면 B는 E보다 뒤에 서 있으므로 B와 C가 각각 첫 번째 또는 세 번째에 서 있으면 E는 두 번째에 서 있고, D와 F는 각각 다섯 번째 또는 여섯 번째에 서 있다. 또한, B와 C가 각각 세 번째 또는 다섯 번째에 서 있으면 E는 첫 번째, D는 두 번째, F는 여섯 번째에 서 있다. B와 C의 위치에 따라 가능한 경우는 다음과 같다.

경우 1. B와 C가 첫 번째 또는 세 번째에 서 있는 경우

1	2	3	4	5	6	7
B	E	C	A	D	F	G
C	E	B	A	D 또는 F	D 또는 F	G

경우 2. B와 C가 세 번째 또는 다섯 번째에 서 있는 경우

1	2	3	4	5	6	7
E	D	B 또는 C	A	B 또는 C	F	G

따라서 B가 맨 앞에 서 있으면 F는 앞에서 여섯 번째에 서 있으므로 항상 참인 설명이다.

오답 체크

① B와 C가 첫 번째 또는 세 번째에 서 있으면 D는 다섯 번째 또는 여섯 번째에 서 있지만, B와 C가 세 번째 또는 다섯 번째에 서 있으면 D는 두 번째에 서 있으므로 항상 참인 설명은 아니다.

② F는 뒤에서 두 번째 또는 세 번째에 서 있으므로 항상 참인 설명은 아니다.

③ E가 두 번째에 서 있으면 C와 연이어 서 있지만, 첫 번째에 서 있으면 D와 연이어 서 있으므로 항상 참인 설명은 아니다.

④ E 바로 앞에 사람이 서 있으면 그 사람은 B 또는 C이므로 항상 참인 설명은 아니다.

08 정답 ②

제시된 조건에 따르면 한국은 스페인과의 경기에서 무승부를 기록했고, 이탈리아는 한국과의 경기에서 패배를 기록했으며, 전체 경기에서 1승 1무 1패를 기록했으므로 이탈리아는 미국과의 경기에서 무승부 또는 승리를 기록했다. 이때 전체 경기에서

미국은 무승부를 1번만 기록했거나 기록하지 않았으며, 단독 1위를 기록했으므로 미국은 한국과 스페인과의 경기에서 모두 승리를 기록했음을 알 수 있다. 이탈리아가 미국과의 경기에서 기록한 결과에 따라 가능한 경우는 다음과 같다.

경우 1. 이탈리아가 미국과의 경기에서 무승부를 기록한 경우

구분	한국	미국	스페인	이탈리아
한국	-	미국 승	**무승부**	**한국 승**
미국	미국 승	-	미국 승	무승부
스페인	**무승부**	미국 승	-	이탈리아 승
이탈리아	**한국 승**	무승부	이탈리아 승	-
경기 결과	1승 1무 1패 (4점)	2승 1무 (7점)	1무 2패 (1점)	**1승 1무 1패** (4점)

경우 2. 이탈리아가 미국과의 경기에서 승리를 기록한 경우

구분	한국	미국	스페인	이탈리아
한국	-	미국 승	**무승부**	**한국 승**
미국	미국 승	-	미국 승	이탈리아 승
스페인	**무승부**	미국 승	-	무승부
이탈리아	**한국 승**	이탈리아 승	무승부	-
경기 결과	1승 1무 1패 (4점)	2승 1패 (6점)	2무 1패 (2점)	**1승 1무 1패** (4점)

따라서 스페인과 이탈리아가 얻은 총점의 합은 1+4=5점 또는 2+4=6점으로 한국이 얻은 총점인 4점보다 크므로 항상 거짓인 설명이다.

오답 체크

① 스페인과의 경기에서 무승부를 기록한 국가는 1개국 또는 2개국이므로 항상 거짓인 설명은 아니다.
③ 미국이 이탈리아와의 경기에서 무승부를 기록했다면 미국이 얻은 총점은 7점이므로 항상 참인 설명이다.
④ 이탈리아가 얻은 총점은 4점이므로 항상 참인 설명이다.
⑤ 스페인이 얻은 총점은 1점 또는 2점으로 4개국 중 가장 낮은 총점을 얻었으므로 항상 참인 설명이다.

09 정답 ⑤

제시된 조건에 따르면 가장 먼저 도착한 사람은 8시 15분에 도착한 E이고, 가장 먼저 도착한 사람은 가장 늦게 도착한 사람보다 20분 일찍 도착했으며, D보다 늦게 도착한 사람은 없으므로 가장 늦게 도착한 D는 8시 35분에 도착했다. 이때 C는 8시 18분에 도착했고, C보다 늦게 도착하면서 F보다 먼저 도착한 사람은 총 2명이므로 C는 두 번째, F는 다섯 번째로 도착했다. 이때 C가 도착한 지 4분 후 B가 도착했으므로 B는 세 번째 또는 네 번째로 도착했다. B가 도착한 순서에 따라 가능한 경우는 다음과 같다.

경우 1. B가 세 번째로 도착한 경우

구분	첫 번째	두 번째	세 번째	네 번째	다섯 번째	여섯 번째
직원	E	C	B	A	F	D
도착 시각	**8:15**	8:18	8:22	8:24 ~8:31	8:26 ~8:33	8:35

경우 2. B가 네 번째로 도착한 경우

구분	첫 번째	두 번째	세 번째	네 번째	다섯 번째	여섯 번째
직원	E	C	A	B	F	D
도착 시각	**8:15**	8:18	8:20	8:22	8:24 ~8:33	8:35

따라서 A의 손목시계가 실제 시각보다 4분 느리게 맞춰져 있으면 A가 도착한 시각은 8시 29분이며, 6명의 도착 시각 간격은 각각 2분 이상으로 지각한 사람은 F, D 총 2명이므로 항상 참인 설명이다.

오답 체크

① 지각한 사람은 1명 또는 2명 또는 3명이므로 항상 참인 설명은 아니다.
② F가 8시 24분에 도착했다면 실제 시각보다 느리게 맞춰진 손목시계는 D의 손목시계 1개이므로 항상 거짓인 설명이다.
③ C와 F의 도착 시각 차이는 최대 33-18=15분이므로 항상 거짓인 설명이다.
④ A가 B보다 먼저 도착했다면 A의 손목시계는 실제 시각보다 25-20=5분 빠르게 맞춰져 있으므로 항상 거짓인 설명이다.

10 정답 ⑤

제시된 조건에 따르면 모든 홍보팀 직원은 모든 기획팀 직원보다 먼저 출장을 가므로 홍보팀 직원 2명은 각각 1조 또는 2조, 기획팀 직원 2명은 각각 3조 또는 4조이다. 또한, E는 가장 마지막 순서로 출장을 가므로 사업팀 직원인 E와 기획팀 직원인 C 또는 D가 4조이다. 이때 개발팀 직원 2명은 연이어 출장을 가므로 개발팀 직원 2명이 1조 또는 2조이고 사업팀 직원인 F가 3조이거나, 개발팀 직원 2명이 2조 또는 3조이고 사업팀 직원인 F가 1조이다. 개발팀 직원인 A는 홍보팀 직원인 G 바로 다음 순서로 출장을 가므로 G가 1조이면 A는 2조이고, G가 2조이면 A는 3조임을 알 수 있다.

구분	경우 1	경우 2	경우 3
1조	B(개발), G(홍보)	F(사업), G(홍보)	F(사업), H(홍보)
2조	A(개발), H(홍보)	A(개발), H(홍보)	B(개발), G(홍보)
3조	F(사업), C 또는 D(기획)	B(개발), C 또는 D(기획)	A(개발), C 또는 D(기획)
4조	E(사업), C 또는 D(기획)	E(사업), C 또는 D(기획)	E(사업), C 또는 D(기획)

따라서 F와 H가 1조로 함께 출장을 가면 B는 2조이므로 항상 거짓인 설명이다.

오답 체크

① A는 기획팀 또는 홍보팀 직원과 같은 조이므로 항상 거짓인 설명은 아니다.
② 3조는 개발팀과 기획팀 직원 또는 기획팀과 사업팀 직원으로 구성되므로 항상 거짓인 설명은 아니다.
③ E와 G 사이에 출장을 가는 직원은 2명 또는 4명이므로 항상 거짓인 설명은 아니다.
④ C와 D 중 먼저 출장을 가는 사람은 알 수 없으므로 항상 참인 설명이다.

세부 유형 4 참·거짓 진술

p.317

01	02	03	04	05
⑤	④	①	⑤	⑤

01

정답 ⑤

제시된 조건에 따르면 을이 진실을 말하고 있다는 정의 진술이 진실이면 을의 진술도 진실이고, 정의 진술이 거짓이면 을의 진술도 거짓이지만, 범인 1명만 거짓을 말하고 있으므로 을과 정의 진술은 모두 진실이고, 을의 진술에 따라 갑과 무 중 1명이 범인이다. 이때 갑의 진술이 거짓이면 정이 범인이 되어 갑과 무 중 1명이 범인이라는 을의 진술과 모순되므로 갑의 진술은 진실이고, 갑은 범인이 아님을 알 수 있다.
따라서 범인은 무이다.

02

정답 ④

제시된 조건에 따르면 주황색 형광펜은 2개가 있지만, 유정이와 희수의 말이 진실이면 주황색 형광펜을 가진 사람은 유정, 희수, 나연 3명이므로 2명 중 1명의 말은 진실, 다른 1명의 말은 거짓이다. 이때 나연이의 말이 진실이라는 지빈이의 말이 거짓이면 나연이의 말도 거짓이므로 2명만 거짓을 말했다는 조건에 모순되어 지빈이와 나연이의 말은 진실이고, 서윤이의 말은 거짓이므로 나연이와 서윤이는 모두 분홍색 형광펜을 갖고 있고, 지빈이는 주황색 형광펜을 갖고 있다. 이에 따라 자신과 나연이가 모두 주황색 형광펜을 갖고 있다는 희수의 말은 거짓이므로 자신이 주황색 형광펜을 갖고 있다는 유정이의 말은 진실이 된다.
따라서 주황색 형광펜을 가진 사람끼리 바르게 묶인 것은 '유정, 지빈'이다.

03

정답 ①

제시된 조건에 따르면 현우가 거짓을 말하고 있다는 연우의 말이 진실이면 현우의 말은 거짓이고, 연우의 말이 거짓이면 현우의 말은 진실이므로 연우와 현우 중 1명은 진실, 1명은 거짓을 말했다. 이때 5명 중 2명만 거짓을 말했으므로 지호, 민재, 은태 중 1명만 거짓을 말했고, 녹차를 마신 사람 중 1명이 민재라는 은태의 말이 거짓이면 자신이 녹차를 마셨다는 민재의 말도 거짓이 되어 조건에 모순된다. 이에 따라 민재와 은태의 말은 진실이므로 민재는 녹차를 마셨고, 지호의 말은 거짓이므로 지호도 녹차를 마셨음을 알 수 있다. 이때 은태가 녹차를 마시지 않았다는 현우의 말이 거짓이면 녹차를 마신 사람이 민재, 지호, 은태 3명이 되어 녹차를 마신 사람이 2명이라는 조건에 모순되므로 현우의 말은 진실, 연우의 말은 거짓이다.
따라서 녹차를 마신 사람과 거짓을 말한 사람이 순서대로 바르게 묶인 것은 '지호 – 연우'이다.

04

정답 ⑤

제시된 조건에 따르면 C가 거짓을 말하고 있다는 B의 말이 진실이면 C의 말은 거짓이고, B의 말이 거짓이면 C의 말은 진실이므로 B와 C 중 1명은 거짓을 말하고 있다. 또한, A가 진실을 말하고 있다는 D의 말이 진실이면 A의 말도 진실이고, D의 말이 거짓이면 A의 말도 거짓이지만, 거짓을 말한 사람은 2명이므로 A와 D 모두 진실을 말하고 있다. A의 말이 진실임에 따라 A와 E는 승진하지 않았으므로 A가 승진했다는 C의 말은 거짓이 되어 B의 말은 진실이고, 자신이 승진했다는 E의 말은 거짓이다. 이때 진실을 말한 사람은 4명이므로 C와 D가 승진하지 않았다는 F의 말은 진실이 되어 승진한 사람은 B, F임을 알 수 있다.
따라서 승진한 사람끼리 바르게 묶인 것은 'B, F'이다.

05

정답 ⑤

제시된 조건에 따르면 영업팀이 3층에서 회의를 한다는 C의 말과 경영지원팀과 영업팀이 회의를 하는 층 사이에 회의를 하는 팀은 두 팀이라는 E의 말은 서로 모순되므로 C와 E 중 1명은 진실, 1명은 거짓을 말하고, 5명 중 1명만 거짓을 말하므로 A, B, D는 모두 진실을 말한다. E가 진실을 말하는 경우, 경영지원팀과 영업팀이 회의를 하는 층 사이에 회의를 하는 팀은 두 팀이고, 인사팀은 영업팀보다 두 층 위에서 회의를 한다는 B의 말에 따라 인사팀과 경영지원팀은 연속한 층에서 회의를 하게 되지만, 자원팀은 인사팀과 경영지원팀이 회의를 하는 층 사이에 있는 회의실을 이용한다는 D의 말과 모순되므로 E는 거짓, C는 진실을 말한다. 이에 따라 영업팀은 3층에서 회의를 하고, 인사팀은 영업팀보다 두 층 위에서 회의를 한다는 B의 말에 따라 인사팀은 5층에서 회의를 한다. 또한, 마케팅팀보다 아래층에서 회의를 하는 팀이 있다는 A의 말과 자원팀은 인사팀과 경영지원팀이 회의를 하는 층 사이에 있는 회의실을 이용한다는 D의 말에 따라 경영지원팀이 1층에서 회의를 하고, 마케팅팀 또는 자원팀이 2층 또는 4층에서 회의를 함을 알 수 있다.

5층	인사팀
4층	마케팅팀 또는 자원팀
3층	영업팀
2층	마케팅팀 또는 자원팀
1층	경영지원팀

따라서 거짓을 말하는 사람과 1층에서 회의를 하는 팀이 바르게 짝지어진 것은 'E – 경영지원팀'이다.

기출동형 연습문제

p.320

01	02	03	04	05
④	②	⑤	③	⑤
06	07	08	09	10
③	⑤	②	⑤	②
11	12	13	14	15
③	⑤	①	③	③

01 정답 ④

달력을 자주 보는 모든 사람이 일정 관리를 잘하고, 꼼꼼한 어떤 사람이 일정 관리를 잘하지 못하면 달력을 자주 보지 않으면서 꼼꼼한 사람이 반드시 존재하게 된다.
따라서 '꼼꼼한 어떤 사람은 일정 관리를 잘하지 못한다.'가 타당한 전제이다.

오답 체크

달력을 자주 보는 사람을 A, 일정 관리를 잘하는 사람을 B, 꼼꼼한 사람을 C라고 하면

①, ② 달력을 자주 보는 모든 사람이 일정 관리를 잘하고, 일정 관리를 잘하는 어떤 사람이 꼼꼼하거나 일정 관리를 잘하지 못하는 모든 사람이 꼼꼼하지 않으면 달력을 자주 보지 않는 모든 사람은 꼼꼼하지 않을 수도 있으므로 결론이 반드시 참이 되게 하는 전제가 아니다.

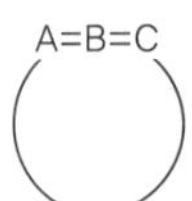

③, ⑤ 달력을 자주 보는 모든 사람이 일정 관리를 잘하고, 꼼꼼한 모든 사람이 일정 관리를 잘하거나 꼼꼼하지 못한 어떤 사람이 일정 관리를 잘하지 못하면 달력을 자주 보지 않는 모든 사람은 꼼꼼하지 않을 수도 있으므로 결론이 반드시 참이 되게 하는 전제가 아니다.

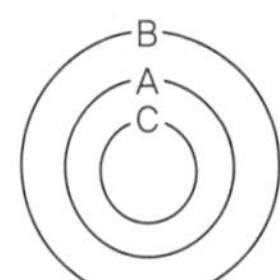

02 정답 ②

성공한 사람 중 노력을 하지 않은 사람이 없다는 것은 성공한 모든 사람은 노력을 했다는 것이므로 성공한 어떤 사람이 운이 좋으면 운이 좋은 사람 중 노력을 한 사람이 반드시 존재하게 된다.
따라서 '성공한 어떤 사람은 운이 좋다.'가 타당한 전제이다.

오답 체크

성공한 사람을 A, 노력을 하는 사람을 B, 운이 좋은 사람을 C라고 하면

①, ③ 성공한 사람 중 노력을 하지 않은 사람이 없다는 것은 성공한 모든 사람은 노력을 했다는 것이고, 성공한 모든 사람이 운이 좋지 않으면 운이 좋은 모든 사람은 노력을 하지 않았을 수도 있으므로 결론이 반드시 참이 되게 하는 전제가 아니다.

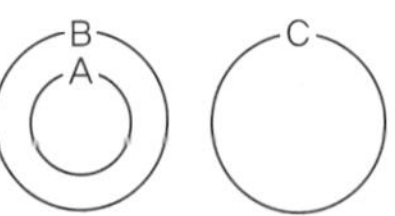

④, ⑤ 성공한 사람 중 노력하지 않은 사람이 없다는 것은 성공한 모든 사람은 노력을 했다는 것이고, 운이 좋은 모든 사람이 성공하지 못했으면 운이 좋은 모든 사람은 노력을 하지 않았을 수도 있으므로 결론이 반드시 참이 되게 하는 전제가 아니다.

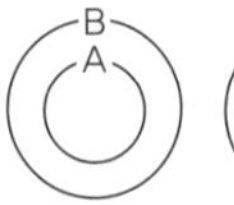

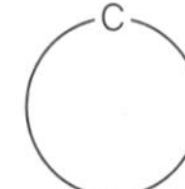

03 정답 ⑤

음악을 좋아하지 않는 어떤 사람이 노래를 좋아하고, 춤을 좋아하는 모든 사람이 음악을 좋아하면 춤을 좋아하지 않으면서 노래를 좋아하는 사람이 반드시 존재하게 된다.
따라서 '춤을 좋아하지 않는 어떤 사람은 노래를 좋아한다.'가 타당한 결론이다.

오답 체크

음악을 좋아하는 사람을 A, 춤을 좋아하는 사람을 B, 노래를 좋아하는 사람을 C, 노래를 좋아하지 않는 사람을 D라고 하면

①, ③ 노래를 좋아하면서 춤을 좋아하는 사람이 있을 수도 있으므로 반드시 참인 결론이 아니다.

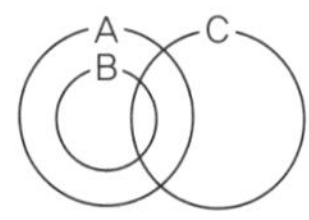

② 노래를 좋아하지 않는 모든 사람은 춤을 좋아하지 않을 수도 있으므로 반드시 참인 결론이 아니다.

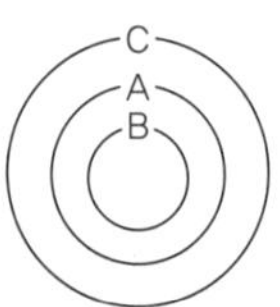

④ 춤을 좋아하지 않는 모든 사람은 노래를 좋아할 수도 있으므로 반드시 참인 결론이 아니다.

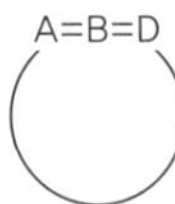

04 정답 ③

주어진 명제가 참일 때 그 명제의 '대우'만이 참이므로
두 번째 명제의 대우는 'C가 출장을 가면 A와 D는 출장을 가지 않는다.'이고, 세 번째 명제의 대우는 'E가 출장을 가면 B와 D도 출장을 간다.'이다. 이때 A, B, C, D, E 5명 중 출장을 가는 사람은 2명이고, B, C, E 중 적어도 1명은 출장을 가므로 B, C, E의 출장 여부에 따라 가능한 경우는 다음과 같다.

경우 1. B가 출장을 가는 경우
A는 B와 출장을 같이 가지 않으며, C가 출장을 같이 가면 두 번째 명제(대우)에 의해 A와 D는 출장을 가지 않고, 세 번째 명제에 의해 D가 출장을 가지 않으면 E도 출장을 가지 않는다. 또한, D가 출장을 같이 가면 네 번째 명제에 의해 E도 출장을 가야 하고, E가 출장을 같이 가면 세 번째 명제(대우)에 의해 D도 출장을 가야 하지만, 이는 모두 5명 중 출장을 가는 사람이 2명이라는 조건에 모순된다.

경우 2. C가 출장을 가는 경우
두 번째 명제(대우)에 의해 A와 D는 C와 출장을 같이 가지 않으므로 B, E와 출장을 같이 가는 경우를 나누어 고려한다. B가 출장을 같이 가면 세 번째 명제에 의해 E는 출장을 가지 않고, E가 출장을 같이 가면 세 번째 명제(대우)에 의해 B와 D도 출장을 가야 하지만, 이는 5명 중 출장을 가는 사람이 2명이라는 조건에 모순된다.

경우 3. E가 출장을 가는 경우
세 번째 명제(대우)에 의해 B와 D도 출장을 가야 하지만, 이는 5명 중 출장을 가는 사람이 2명이라는 조건에 모순된다.

따라서 A~E 5명 중 출장을 가는 사람끼리 바르게 묶인 것은 'B, C'이다.

빠른 문제 풀이 Tip

모든 경우의 수를 고려하지 않고 출장 여부를 판단한다.
A, B, C, D, E 5명 중 출장을 가는 사람은 2명이고, 세 번째 명제(대우)에 의해 E가 출장을 가면 B와 D도 출장을 가 출장을 가는 사람이 3명이 되므로 E는 출장을 가지 않는다. 또한, 네 번째 명제(대우)에 의해 E가 출장을 가지 않으면 D도 출장을 가지 않으므로 D와 E는 출장을 가지 않는다. 또한, A가 출장을 가면 C는 출장을 가지 않으며, B도 출장을 가지 않으므로 A는 출장을 가지 않는다.
따라서 출장을 가는 사람은 'B, C'임을 알 수 있다.

05 정답 ⑤

제시된 조건에 따르면 C, D, E, F 사원은 각각 A 책임 또는 B 대리 중 1명의 프로젝트팀에 속한다. F 사원은 A 책임의 프로젝트팀에 속하고, D 사원과 E 사원은 같은 프로젝트팀에 속하며, F 사원과 다른 프로젝트팀에 속하므로 B 대리의 프로젝트팀에 속한다. 이때 C 사원도 E 사원과 같은 프로젝트팀에 속하므로 C, D, E 사원은 B 대리의 프로젝트팀에 속함을 알 수 있다.
따라서 B 대리와 같은 프로젝트팀에 속하는 사원은 'C, D, E'이다.

06 정답 ③

제시된 조건에 따르면 병은 생산관리팀에 배치되지 않으므로 품질관리팀 또는 물류팀에 배치된다. 한 팀에 최대 2명이 배치되며, 갑과 무는 같은 팀에 배치되고, 을과 정은 다른 팀에 배치되므로 을과 정은 각각 갑과 무가 배치되는 팀과 다른 팀에 배치됨을 알 수 있다. 병이 배치되는 팀에 따라 가능한 경우는 다음과 같다.

경우 1. 병이 품질관리팀에 배치되는 경우

생산관리팀	품질관리팀	물류팀
갑, 무	병, 을 또는 정	을 또는 정
을 또는 정	병, 을 또는 정	갑, 무

경우 2. 병이 물류팀에 배치되는 경우

생산관리팀	품질관리팀	물류팀
갑, 무	을 또는 정	병, 을 또는 정
을 또는 정	갑, 무	병, 을 또는 정

따라서 갑이 품질관리팀에 배치되면 병은 물류팀에 배치되므로 항상 참인 설명이다.

오답 체크

① 무는 생산관리팀 또는 품질관리팀 또는 물류팀에 배치되므로 항상 참인 설명은 아니다.
② 생산관리팀에 배정받는 사람은 1명 또는 2명이므로 항상 참인 설명은 아니다.
④ 정이 물류팀에 배치되면 병은 품질관리팀 또는 물류팀에 배치되므로 항상 참인 설명은 아니다.
⑤ 을이 생산관리팀에 배치되면 정은 품질관리팀 또는 물류팀에 배치되므로 항상 참인 설명은 아니다.

07 정답 ⑤

제시된 조건에 따르면 A~F는 1반부터 6반까지 1명씩 담임선생님으로 배정받았고, 1반 교실부터 6반 교실은 숫자 순서대로 배치되어 있다. 또한, E는 4반의 담임선생님이고 A와 B가 배정받은 반은 서로 이웃하는 반이므로 A와 B는 (1반, 2반) 또는 (2반, 3반) 또는 (5반, 6반)의 담임선생님이다. 이때 D가 배정받은 반은 1~3반 중 하나이므로 A와 B가 (1반, 2반) 또는 (2반, 3반)의 담임선생님일 경우 C와 F가 (5반, 6반)의 담임선생님이어야 하지만, C와 F가 배정받은 반은 서로 이웃하지 않는 반이므로 A와 B가 배정받은 반은 5반 또는 6반이고 C와 F가 배정받은 반은 1반 또는 3반이다.

1반	2반	3반	4반	5반	6반
C 또는 F	D	C 또는 F	E	A 또는 B	A 또는 B

따라서 F는 1반 또는 3반, A와 B는 5반 또는 6반의 담임선생님이므로 항상 거짓인 설명이다.

오답 체크

① A는 5반 또는 6반의 담임선생님이므로 항상 참인 설명이다.
② B와 E가 배정받은 반은 서로 이웃하거나 이웃하지 않으므로 항상 거짓인 설명은 아니다.
③ C와 E가 배정받은 반은 서로 이웃하거나 이웃하지 않으므로 항상 거짓인 설명은 아니다.
④ D는 2반의 담임선생님이므로 항상 참인 설명이다.

08

정답 ②

제시된 조건에 따르면 월요일부터 금요일까지 5일 중 3일은 훈련, 1일은 휴식, 1일은 외출을 하고, 목요일은 훈련을 하지 않으므로 휴식 또는 외출을 한다. 이때 월요일은 외출을 하지 않고 화요일은 휴식을 하지 않으며 외출을 하는 날의 전날에는 훈련을 하므로 목요일의 일정에 따라 가능한 경우는 다음과 같다.

경우 1. 목요일에 휴식을 하는 경우

월	화	수	목	금
훈련	훈련 또는 외출	훈련 또는 외출	휴식	훈련

경우 2. 목요일에 외출을 하는 경우

월	화	수	목	금
훈련 또는 휴식	훈련	훈련	외출	훈련 또는 휴식

따라서 수요일에는 훈련 또는 외출을 하고, 휴식을 하지 않으므로 항상 참인 설명이다.

오답 체크

① 금요일은 훈련 또는 휴식을 하므로 항상 참인 설명은 아니다.
③ 휴식을 하는 날의 전날은 훈련 또는 외출을 하거나 휴식을 월요일에 하므로 항상 참인 설명은 아니다.
④ 외출을 하는 날의 다음 날은 훈련 또는 휴식을 하므로 항상 참인 설명은 아니다.
⑤ 외출을 하는 날은 휴식을 하는 날보다 먼저이거나 나중이므로 항상 참인 설명은 아니다.

빠른 문제 풀이 Tip

직접적으로 연관 있는 조건을 활용하여, 불가능한 경우를 확인한다.

② 월요일부터 금요일까지 5일 중 3일은 훈련, 1일은 휴식, 1일은 외출을 한다. 이때, 목요일은 훈련을 하지 않아 휴식 또는 외출을 하고 외출을 하는 날의 전날은 훈련을 하므로 수요일은 반드시 훈련 또는 외출을 하여 휴식을 하지 않음을 알 수 있다.

09

정답 ⑤

제시된 조건에 따르면 A~F 6명이 등교하는 시간대는 8시 30분 전, 8시 30분부터 9시, 9시 후로 총 3가지이고 6명은 같은 시간대에 3명 이상 등교하지 않으므로 시간대별로 등교한 학생은 각각 2명이다. D는 지각하였으므로 9시 후에 등교하였고, E는 8시 30분 이후에 등교하였으며, B, F는 A와 다른 시간대에 A보다 늦게 등교하였으므로 8시 30분 후에 등교한 학생은 B, D, E, F이고 8시 30분 전에 등교한 학생은 A, C이다.

8시 30분 전	8시 30분부터 9시	9시 후
A, C	B, E 또는 E, F	B, D 또는 D, F
A, C	B, F	D, E

따라서 8시 30분부터 9시에 등교한 학생은 B, E 또는 B, F 또는 E, F이므로 항상 거짓인 설명이다.

오답 체크

① F는 E보다 먼저 등교하였거나 나중에 등교하였으므로 항상 거짓인 설명은 아니다.
② 지각을 한 학생은 B, D 또는 D, E 또는 D, F이므로 항상 거짓인 설명은 아니다.
③ A는 8시 30분 전에 등교하였으므로 항상 참인 설명이다.
④ B는 E보다 먼저 등교하였거나 나중에 등교하였으므로 항상 거짓인 설명은 아니다.

10

정답 ②

제시된 조건에 따르면 갑, 을, 병, 정, 무, 기, 경, 신 8명의 면담은 월요일부터 금요일까지 요일별로 오전과 오후에 각각 한 번씩 진행하며, 목요일 오전은 면담을 진행하지 않고, 을은 수요일 오후에 면담을 진행한다. 이때 8명 중 가장 먼저 면담을 진행하는 사람은 갑이고, 가장 나중에 면담을 진행하는 사람은 병이며 정과 신은 같은 요일에 면담을 진행하므로 화요일 오전 또는 화요일 오후에 면담을 진행한다. 또한, 경은 을보다 먼저 면담을 진행하므로 월요일 오후 또는 수요일 오전에 면담을 진행하고, 무는 기보다 먼저 면담을 진행하므로 경과 무가 면담을 진행하는 일정에 따라 가능한 경우는 다음과 같다.

경우 1. 경이 월요일 오후, 무가 수요일 오전에 면담을 진행하는 경우

구분	월	화	수	목	금
오전	갑	정 또는 신	무	X	기 또는 병 또는 X
오후	경	정 또는 신	을	기 또는 X	병 또는 X

경우 2. 경이 월요일 오후, 무가 목요일 오후에 면담을 진행하는 경우

구분	월	화	수	목	금
오전	갑	정 또는 신	X	X	기
오후	경	정 또는 신	을	무	병

경우 3. 경이 수요일 오전, 무가 월요일 오후에 면담을 진행하는 경우

구분	월	화	수	목	금
오전	갑	정 또는 신	경	X	기 또는 병 또는 X
오후	무	정 또는 신	을	기 또는 X	병 또는 X

경우 4. 경이 수요일 오전, 무가 목요일 오후에 면담을 진행하는 경우

구분	월	화	수	목	금
오전	갑 또는 X	정 또는 신	경	X	기
오후	갑 또는 X	정 또는 신	을	무	병

따라서 면담을 진행하는 순서로 가능한 경우의 수는 경우 1이 6가지, 경우 2가 2가지, 경우 3이 6가지, 경우 4가 4가지로 총 6+2+6+4=18가지이므로 항상 참인 설명이다.

오답 체크

① 경은 월요일 오후 또는 수요일 오전에 면담을 진행하므로 항상 참인 설명은 아니다.

③ 갑은 월요일 오전 또는 월요일 오후에 면담을 진행하므로 항상 참인 설명은 아니다.

④ 병은 금요일 오전 또는 금요일 오후에 면담을 진행하므로 항상 거짓인 설명이다.

⑤ 신과 무의 면담 순서 사이에 면담을 진행하는 사람은 0명 또는 1명 또는 2명 또는 3명이므로 항상 참인 설명은 아니다.

빠른 문제 풀이 Tip

④ 모든 경우의 수를 고려하지 않고 선택지의 참/거짓을 판단할 수 있는지 확인한다.
갑~신 8명 중 가장 먼저 면담을 진행하는 사람은 갑이고, 가장 나중에 면담을 진행하는 사람은 병이며 목요일 오전은 면담을 진행하지 않으므로 화요일, 수요일, 목요일에 면담을 진행하는 사람은 최대 5명이다. 이에 따라 갑은 월요일, 병은 금요일에 면담을 진행함을 알 수 있다.

11

정답 ③

제시된 조건에 따르면 A~E 5명 중 1명만 취업을 했고 5명 중 3명은 진실, 2명은 거짓을 말하고 있다. 이때 A는 거짓을 말하고 있다는 D의 말이 진실이면 A의 말은 거짓이고, D의 말이 거짓이면 A의 말은 진실이다. 또한, D는 진실을 말하고 있다는 B의 말이 진실이면 D의 말도 진실이고 B의 말이 거짓이면 D의 말도 거짓이다. 이에 따라 A의 말이 진실이면 B와 D의 말은 거짓이고 진실을 말한 사람은 A, C, E이다. 이때 취업을 한 사람은 2명이 되지만 이는 1명만 취업을 했다는 조건에 모순되므로 A의 말은 거짓이다. A의 말이 거짓이면 B와 D의 말은 진실이다. 이때 취업을 한 사람은 A라는 C의 말이 진실이면 취업을 한 사람은 거짓을 말하고 있다는 E의 말도 진실이므로 5명 중 3명은 진실을 말했다는 조건에 모순되어 C의 말은 거짓이고 E의 말은 진실이다. 이에 따라 거짓을 말한 사람인 A, C 둘 중 한 명이 취업을 했고 C의 말에 따라 취업을 한 사람은 A가 아니다.
따라서 취업을 한 사람은 C이다.

빠른 문제 풀이 Tip

상통 또는 모순되는 말과 거짓을 말한 사람이 2명이라는 점을 이용하여 거짓을 말한 사람을 찾는다.
A의 말이 진실인 경우 거짓을 말한 사람은 B, C, D이므로 거짓을 말한 사람은 3명이 되어 거짓을 말한 사람이 2명이라는 조건에 모순되므로 A의 말은 거짓이다. 이때 A의 말이 거짓이면 D의 말은 진실이므로 B의 말도 진실이다. 이에 따라 C의 말이 진실이면 E의 말도 진실이 되어 진실을 말한 사람이 4명이 되므로 거짓을 말한 사람은 A, C임을 알 수 있다.

12

정답 ⑤

제시된 조건에 따르면 경민이의 말이 진실이 아니라는 재영이의 말이 진실이면 경민이의 말은 거짓이고, 재영이의 말이 거짓이면 경민이의 말은 진실이므로 2명 중 1명은 진실, 1명은 거짓을 말하고 있다. 이때 나윤이가 거짓을 말하고 있다는 하림이의 말이 진실이면 여진이가 진실을 말하고 있다는 나윤이의 말은 거짓이 되어 여진이의 말도 거짓이므로 거짓을 말하는 사람이 2명이라는 조건에 모순된다. 이에 따라 하림이의 말은 거짓이고, 나윤이와 여진이의 말은 모두 진실이므로 여진이의 말에 따라 재영이와 하림이는 수학여행을 가지 않아 거짓을 말한 사람이 된다.
따라서 거짓을 말하는 사람끼리 바르게 묶인 것은 '재영, 하림'이다.

빠른 문제 풀이 Tip

다른 사람의 진술과 연결되어 있는 진술을 먼저 확인한다.
경민이의 말이 진실이 아니라는 재영이의 말에 따라 재영이와 경민이 둘 중 1명의 말만 거짓이다. 이때 나윤이는 거짓을 말하고 있다는 하림이의 말에 따라 하림이와 나윤이 둘 중 1명의 말만 거짓이다. 이에 따라 여진이의 말은 진실이므로 재영이와 하림이가 수학여행을 가지 않아 거짓을 말하는 사람은 '재영, 하림'임을 알 수 있다.

13

정답 ①

제시된 조건에 따르면 부장의 말이 거짓이라는 차장의 말이 진실이면 부장의 말은 거짓이고, 차장의 말이 거짓이면 부장의 말은 진실이므로 부장과 차장 중 1명은 진실, 다른 1명은 거짓을 말하고, 5명 중 4명은 진실을 말하므로 과장, 대리, 사원의 말은 모두 진실이다. 과장의 말에 따라 과장은 대리와 함께 서울로 출장을 가고, 대리의 말에 따라 부장과 사원은 같은 곳으로 출장을 가며, 사원의 말에 따라 대전으로 출장을 가는 사람은 1명이다. 이때 자신이 인천으로 출장을 간다는 부장의 말이 거짓이면 출장지별로 최대 2명이 출장을 가므로 부장은 대전으로 출장을 가지만, 부장과 사원이 같은 곳으로 출장을 간다는 대리의 말은 대전으로 출장을 가는 사람이 1명이라는 사원의 말과 모순되므로 부장의 말은 진실이다. 이에 따라 인천으로 출장을 가는 사람은 부장과 사원이고, 대전으로 출장을 가는 사람은 차장이다.
따라서 인천으로 출장을 가는 사람과 대전으로 출장을 가는 사람이 순서대로 바르게 묶인 것은 '부장 - 차장'이다.

14

정답 ③

제시된 조건에 따르면 민철, 형길, 영완, 명우 4명은 캠핑을 하기 위해 지도, 나침반, 삽, 텐트, 의자, 반합, 쌀, 물 8가지 물건 중 서로 다른 물건을 2가지씩 가져왔고, 8가지 물건 중 가져오지 않은 물건은 없다. 이때 쌀을 가져온 사람은 민철 또는 형길이므로 영완이와 명우는 쌀을 가져오지 않았고, 지도를 가져온 사람은 명우가 아니다. 또한, 텐트를 가져온 사람은 민철이고, 반합을 가져온 사람은 형길이며 물을 가져온 사람이 나침반도 가져왔으므로 민철이와 형길이는 물과 나침반을 가져오지 않았다. 물과 나침반을 가져온 사람에 따라 가능한 경우는 다음과 같다.

경우 1. 영완이가 물과 나침반을 가져왔을 경우

구분	민철	형길	영완	명우
가져온 물건	**텐트**, 지도 또는 쌀	**반합**, 지도 또는 쌀	물, 나침반	삽, 의자

경우 2. 명우가 물과 나침반을 가져왔을 경우

구분	민철	형길	영완	명우
가져온 물건	**텐트**, 의자 또는 쌀	**반합**, 의자 또는 쌀	지도, 삽	물, 나침반
	텐트, 삽 또는 쌀	**반합**, 삽 또는 쌀	지도, 의자	
	텐트, 지도 또는 쌀	**반합**, 지도 또는 쌀	삽, 의자	

따라서 지도를 가져온 사람과 쌀을 가져온 사람은 다르므로 항상 거짓인 설명이다.

오답 체크

① 영완이는 (물, 나침반) 또는 (지도, 삽), 또는 (지도, 의자) 또는 (삽, 의자)를 가져왔으므로 항상 거짓인 설명은 아니다.

② 형길이는 (반합, 지도) 또는 (반합, 의자) 또는 (반합, 삽) 또는 (반합, 쌀)을 가져왔으므로 항상 거짓인 설명은 아니다.

④ 명우가 물을 가져왔으면 영완이는 (지도, 삽) 또는 (지도, 의자) 또는 (삽, 의자)를 가져왔으므로 항상 거짓인 설명은 아니다.

⑤ 민철이가 삽을 가져왔으면 명우는 물과 나침반을 가져왔으므로 항상 참인 설명이다.

빠른 문제 풀이 Tip

③ 모든 경우의 수를 고려하지 않고 선택지의 참/거짓을 판단할 수 있는지 확인한다.
텐트를 가져온 사람은 민철이고, 반합을 가져온 사람은 형길이며 쌀을 가져온 사람은 민철 또는 형길이다. 이에 따라 쌀을 가져온 사람은 텐트 또는 반합을 가져왔으므로 지도를 가져온 사람은 쌀을 가져오지 않았음을 알 수 있다.

15

정답 ③

제시된 조건에 따르면 현수는 집들이에 초등학교 동창 A, B, C, 중학교 동창 D, E, F, 고등학교 동창 G, H 8명을 각각 금요일, 토요일, 일요일 중 한 번만 초대하고, 하루에 초대할 수 있는 사람은 최대 4명이다. 이때 중학교 동창 3명은 모두 다른 요일에 초대하고, F는 토요일에 초대하므로 D와 E는 금요일 또는 일요일에 초대한다. 또한, H는 금요일에 초대하지 않으므로 토요일 또는 일요일에 초대하고, A는 일요일에 초대하지 않으므로 금요일 또는 토요일에 초대한다. 초등학교 동창 중 2명만 같은 요일에 초대하고, B와 G는 같은 요일에 초대하며, C와 E는 다른 요일에 초대한다. 또한, G는 C를 초대한 바로 다음 날에 초대하므로 C는 금요일 또는 토요일, B와 G는 토요일 또는 일요일에 초대한다. C를 초대하는 날에 따라 가능한 경우는 다음과 같다.

경우 1. C를 금요일에 초대하는 경우

금요일	토요일	일요일
C, D	A, B, **F**, G	E, H
A, C, D	B, **F**, G, H	E
A, C, D	B, **F**, G	E, H

경우 2. C를 토요일에 초대하는 경우

금요일	토요일	일요일
E	A, C, **F**, H	B, D, G
E	A, C, **F**	B, D, G, H
D	A, C, **F**	B, E, G, H
D	A, C, **F**, H	B, E, G

따라서 8명을 초대할 수 있는 경우의 수는 총 7가지이므로 항상 거짓인 설명이다.

오답 체크

① B와 같은 날에 초대하는 사람은 2명 또는 3명이므로 항상 거짓인 설명은 아니다.

② A는 금요일 또는 토요일, F는 토요일에 초대하므로 항상 거짓인 설명은 아니다.

④ C는 금요일 또는 토요일, D는 금요일 또는 일요일에 초대하므로 항상 거짓인 설명은 아니다.

⑤ 가장 많은 사람을 초대하는 날은 금요일 또는 토요일 또는 일요일이므로 항상 거짓인 설명은 아니다.

고난도 대비 문제

p.328

01	02	03	04	05
⑤	⑤	④	⑤	③
06	07	08	09	10
⑤	④	⑤	⑤	①

01 정답 ⑤

단기채가 많은 어떤 기업도 재무 구조가 탄탄하지 않다는 것은 단기채가 많은 모든 기업이 재무 구조가 탄탄하지 않다는 것이므로 단기채가 많지 않은 기업 중에 성장 가능성이 크지 않은 기업이 없으면 성장 가능성이 큰 기업 중에 재무 구조가 탄탄한 기업이 반드시 존재하게 된다.

따라서 '단기채가 많지 않은 기업 중에 성장 가능성이 크지 않은 기업은 없다.'가 타당한 전제이다.

오답 체크

단기채가 많은 기업을 A, 재무 구조가 탄탄하지 않은 기업을 B, 성장 가능성이 큰 기업을 C라고 하면

①, ② 단기채가 많은 모든 기업이 재무 구조가 탄탄하지 않고, 성장 가능성이 크지 않은 어떤 기업이 단기채가 많거나 성장 가능성이 크면서 단기채가 많은 기업이 존재하면 성장 가능성이 큰 모든 기업은 재무 구조가 탄탄하지 않을 수도 있으므로 결론이 반드시 참이 되게 하는 전제가 아니다.

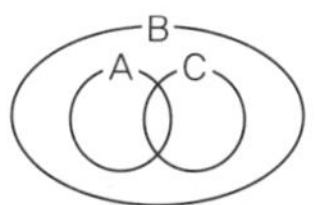

③ 단기채가 많은 모든 기업이 재무 구조가 탄탄하지 않고, 단기채가 많은 기업 중에 성장 가능성이 큰 기업이 없으면 성장 가능성이 큰 모든 기업은 재무 구조가 탄탄하지 않을 수도 있으므로 결론이 반드시 참이 되게 하는 전제가 아니다.

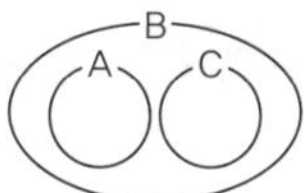

④ 단기채가 많은 모든 기업이 재무 구조가 탄탄하지 않고, 단기채가 많지 않은 어떤 기업이 성장 가능성이 크지 않으면 성장 가능성이 큰 모든 기업은 재무 구조가 탄탄하지 않을 수도 있으므로 결론이 반드시 참이 되게 하는 전제가 아니다.

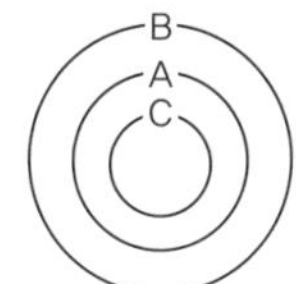

02 정답 ⑤

주어진 명제가 참일 때 그 명제의 '대우'만이 참이므로

세 번째 명제, 분리 가능한 네 번째 명제의 '대우'를 차례로 결합한 결론은 다음과 같다.

- 세 번째 명제: 어떤 회사원은 통근 버스를 이용한다.
- 분리 가능한 네 번째 명제(대우): 통근 버스를 이용하는 모든 사람은 차로 이동하지 않는다.
- 결론: 어떤 회사원은 차로 이동하지 않는다.

오답 체크

① 첫 번째 명제, 분리 가능한 두 번째 명제의 '대우'를 차례로 결합한 결론은 다음과 같다.
  - 첫 번째 명제: 면접 경험이 있지 않은 모든 사람은 정장을 가지고 있지 않다.
  - 분리 가능한 두 번째 명제(대우): 정장을 가지고 있지 않은 모든 사람은 회사원이 아니다.
  - 결론: 면접 경험이 있지 않은 모든 사람은 회사원이 아니다.

② 분리 가능한 다섯 번째 명제의 '대우', 일곱 번째 명제를 차례로 결합한 결론은 다음과 같다.
  - 분리 가능한 다섯 번째 명제(대우): 스터디 경험이 있지 않은 모든 사람은 취업 준비생이 아니다.
  - 일곱 번째 명제: 취업 준비생이 아닌 어떤 사람은 구두를 가지고 있다.
  - 결론: 스터디 경험이 있지 않은 모든 사람은 구두를 가지고 있지 않을 수도 있다.

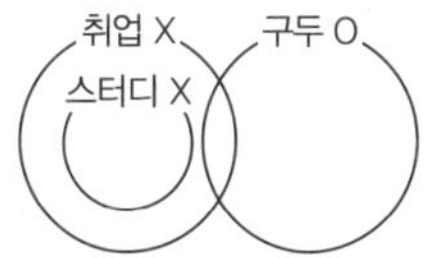

③ 세 번째 명제, 분리 가능한 네 번째 명제의 '대우'를 차례로 결합한 결론은 다음과 같다.
  - 세 번째 명제: 어떤 회사원은 통근 버스를 이용한다.
  - 분리 가능한 네 번째 명제(대우): 통근 버스를 이용하는 모든 사람은 자취를 하지 않는다.
  - 결론: 자취를 하지 않으면서 통근 버스를 이용하는 어떤 사람은 회사원이 아닐 수도 있다.

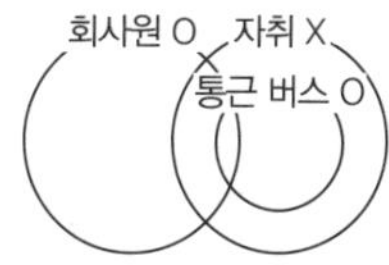

④ 세 번째 명제, 분리 가능한 두 번째 명제, 첫 번째 명제의 '대우'를 차례로 결합한 결론은 다음과 같다.
- 세 번째 명제: 어떤 회사원은 통근 버스를 이용한다.
- 분리 가능한 두 번째 명제: 모든 회사원은 정장을 가지고 있다.
- 첫 번째 명제(대우): 정장을 가지고 있는 모든 사람은 면접 경험이 있다.
- 결론: 통근 버스를 이용하는 어떤 사람은 면접 경험이 있다.

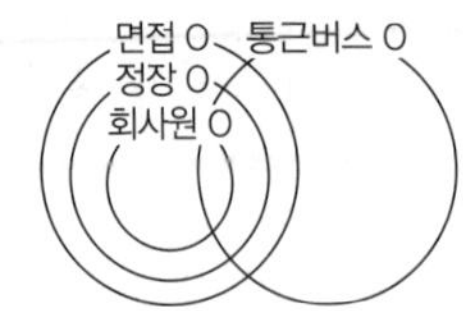

03 정답 ④

주어진 명제가 참일 때 그 명제의 '대우'만이 참이므로 분리 가능한 두 번째 명제의 '대우', 네 번째 명제의 '대우'를 차례로 결합한 결론은 다음과 같다.
- 분리 가능한 두 번째 명제: C O → A X
  분리 가능한 두 번째 명제(대우): A O → C X
- 네 번째 명제(대우): C X → E O
- 결론: A O → C X → E O

분리 가능한 두 번째 명제의 '대우', 첫 번째 명제의 '대우'를 차례로 결합한 결론은 다음과 같다.
- 분리 가능한 두 번째 명제: D X → A X
  분리 가능한 두 번째 명제(대우): A O → D O
- 첫 번째 명제(대우): D O → B X
- 결론: A O → D O → B X

분리 가능한 두 번째 명제의 '대우', 세 번째 명제의 '대우'를 차례로 결합한 결론은 다음과 같다.
- 분리 가능한 두 번째 명제: D X → A X
  분리 가능한 두 번째 명제(대우): A O → D O
- 세 번째 명제(대우): D O → F X
- 결론: A O → D O → F X

이에 따라 A가 봉사활동을 하면 D, E도 봉사활동을 한다.
따라서 A와 함께 봉사활동을 하지 않는 사람은 'B, C, F'이다.

04 정답 ⑤

제시된 조건에 따르면 G는 1번 자리에 앉아 있으며, G 바로 오른쪽 자리에 E가 앉아 있고, G 양옆에 앉아 있는 사람은 주스를 마시고 있으므로 E는 7번 자리에 앉아 있고, 주스를 마시고 있다. 이때 옆으로 나란히 앉아 있는 A와 C는 주스를 마시고 있으므로 A와 C는 각각 2번 또는 3번 자리에 앉아 있다. 이에 따라 4번, 5번, 6번 자리에 앉아 있는 사람은 모두 커피를 마시고 있고, B 양옆에 앉아 있는 사람은 커피를 마시고 있으므로 B는 5번 자리에 앉아 있고, D와 F는 각각 4번 또는 6번 자리에 앉아 있음을 알 수 있다.

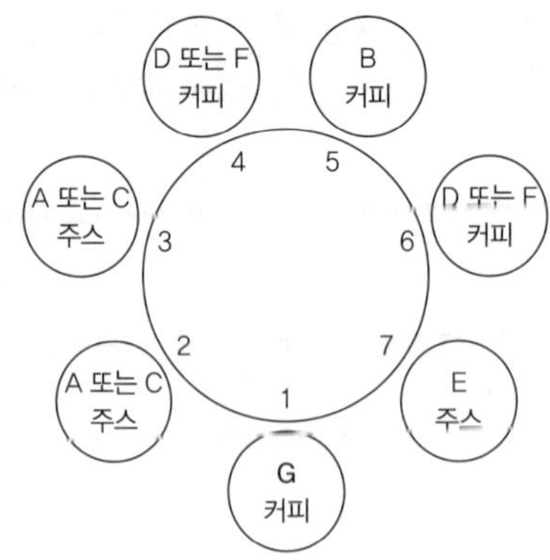

따라서 D와 F 중 1명이 6번 자리에 앉아 있으므로 항상 참인 설명이다.

오답 체크

① G는 커피를 마시고 있으므로 항상 거짓인 설명이다.
② B와 D 2명 모두 커피를 마시고 있으므로 항상 거짓인 설명이다.
③ C 양옆에 앉아 있는 사람 중 1명은 주스, 1명은 커피를 마시고 있으므로 항상 거짓인 설명이다.
④ A는 2번 또는 3번 자리에 앉아 있으므로 항상 참인 설명은 아니다.

05 정답 ③

제시된 조건에 따르면 수학 특강은 영어 특강 바로 다음 날 진행하고, 국어 특강은 탐구 특강 바로 다음 날 진행한다. 이때 국어 특강은 A 강사의 담당 과목 특강보다 먼저 진행하므로 4월 1일부터 4월 4일까지 탐구, 국어, 영어, 수학 순서로 특강을 진행하고, A 강사의 담당 과목은 영어 또는 수학이다. 또한, B 강사는 4월 2일 이후에 특강을 진행하고, C 강사보다 먼저 진행하므로 B 강사의 담당 과목은 국어, C 강사의 담당 과목은 영어 또는 수학, D 강사의 담당 과목은 탐구임을 알 수 있다.

구분	4월 1일	4월 2일	4월 3일	4월 4일
과목	탐구	국어	영어	수학
강사	D	B	A 또는 C	A 또는 C

따라서 B 강사는 4월 2일에 특강을 진행하므로 항상 거짓인 설명이다.

오답 체크

① 4월 1일에 진행하는 특강은 탐구 특강이므로 항상 참인 설명이다.
② C 강사의 담당 과목은 영어 또는 수학이므로 항상 거짓인 설명은 아니다.
④ 영어 특강 바로 다음 날 A 강사 또는 C 강사가 특강을 진행하므로 항상 거짓인 설명은 아니다.
⑤ D 강사는 A 강사보다 2일 또는 3일 먼저 특강을 진행하므로 항상 거짓인 설명은 아니다.

06 정답 ⑤

제시된 조건에 따르면 을이 진실을 말했다면 갑은 거짓말을 했고, 을이 거짓말을 했다면 갑은 진실을 말했으므로 갑과 을 중 1명이 거짓말을 했다. 이때 을이 거짓말을 했다면 갑이 진실을 말한 것이 되어 을은 과제를 하지 않았으므로 과제를 한 사람이 을이라고 말한 정은 거짓말을 했고, 정이 거짓말을 하는 사람이 아니라고 말한 무도 거짓말을 했지만, 이는 5명 중 2명만 거짓말을 했다는 조건에 모순되어 을은 진실을 말했다. 이에 따라 갑은 거짓말을 했고, 을, 정, 무는 진실을 말했으므로 무가 확실히 과제를 했다고 말한 병은 거짓말을 했음을 알 수 있다.
따라서 과제를 하지 않은 사람은 무이다.

07 정답 ④

제시된 조건에 따르면 태우가 가입한 동아리는 광고 동아리와 창업 동아리이고, 아라는 광고 동아리와 독서 동아리를 제외한 모든 동아리에 가입하였으므로 아라가 가입한 동아리는 봉사, 창업, 토론 동아리이다. 이때 윤지가 가입한 동아리 중 아라가 가입한 동아리는 1개이므로 윤지가 가입한 동아리는 2개 또는 3개이지만, 윤지는 경호보다 가입한 동아리가 더 많고, 인당 2개 이상의 동아리에 가입하였으므로 윤지가 가입한 동아리는 3개, 경호가 가입한 동아리는 2개이다. 이에 따라 윤지가 가입한 동아리는 광고 동아리와 독서 동아리, 그리고 봉사, 창업, 토론 동아리 중 1개이다. 경호는 태우와 같은 동아리에 가입하지 않았고, 독서 동아리에 가입한 사람은 1명이므로 경호가 가입한 동아리는 봉사 동아리와 토론 동아리임을 알 수 있다.

경호	봉사, 토론
아라	봉사, 창업, 토론
윤지	광고, 독서, 봉사·창업·토론 중 1개
태우	**광고, 창업**

따라서 경호가 가입한 동아리 중 윤지가 가입한 동아리는 봉사 동아리 또는 토론 동아리 1개이거나 경호가 가입한 동아리 중 윤지가 가입한 동아리는 없으므로 항상 거짓인 설명이다.

오답 체크

① 경호와 아라 중 1명도 가입하지 않은 동아리는 광고 동아리, 독서 동아리 2개이므로 항상 참인 설명이다.
② 가입한 동아리가 4개 이상인 사람은 없으므로 항상 참인 설명이다.
③ 태우가 가입한 광고 동아리에 가입한 사람은 2명이고, 창업 동아리에 가입한 사람은 2명 또는 3명이므로 항상 참인 설명이다.
⑤ 윤지가 창업 동아리에 가입한다면 창업 동아리에 가입한 사람은 아라, 윤지, 태우 3명이므로 항상 참인 설명이다.

08 정답 ⑤

제시된 조건에 따르면 B 브랜드는 A 브랜드보다 순위가 낮고, E 브랜드는 B 브랜드보다 순위가 낮지만 D 브랜드보다는 순위가 높으며, D 브랜드는 F 브랜드와 G 브랜드보다 순위가 높으므로 A > B > E > D > F, G 순으로 순위가 높다. 이때 순위가 가장 낮은 브랜드는 G 브랜드가 아니고, C 브랜드는 E 브랜드보다 순위가 높지 않으므로 C 브랜드는 4위 또는 5위 또는 6위 또는 7위임을 알 수 있다.

구분	1위	2위	3위	4위	5위	6위	7위
경우 1	A	B	E	C	D	G	F
경우 2	A	B	E	D	C	G	F
경우 3	A	B	E	D	G	C	F
경우 4	A	B	E	D	F	G	C
경우 5	A	B	E	D	G	F	C

따라서 7개 브랜드의 순위로 가능한 경우의 수는 총 5가지이므로 항상 참인 설명이다.

오답 체크

① B 브랜드보다 순위가 높은 브랜드는 A 브랜드 1개이므로 항상 거짓인 설명이다.
② D 브랜드의 순위는 4위 또는 5위이므로 항상 참인 설명은 아니다.
③ C 브랜드의 순위는 4위 또는 5위 또는 6위 또는 7위이므로 항상 참인 설명은 아니다.
④ G 브랜드의 순위가 6위일 때 F 브랜드의 순위가 7위, C 브랜드의 순위가 4위 또는 5위이거나 F 브랜드의 순위가 5위, C 브랜드의 순위가 7위이므로 항상 참인 설명은 아니다.

09 정답 ⑤

제시된 조건에 따르면 공군, 해군, 해병대 소속은 각 1명씩이고, 재하는 자신과 우제 모두 해병대 소속이라고 진술했으므로 재하의 첫 번째 진술이 거짓인 경우 두 번째 진술은 참이므로 우제는 해병대 소속이고, 자신이 해병대 소속이라는 우제의 첫 번째 진술은 참이 되어 도하가 공군 소속이 아니라는 두 번째 진술은 거짓이므로 도하는 공군 소속이다. 이때 자신이 공군 또는 해병대 소속이고, 우제가 육군 소속이 아니라는 도하의 진술이 모두 참이 되므로 각자 2개의 진술 중 1개는 참, 1개는 거짓이라는 조건에 모순된다. 이에 따라 재하의 첫 번째 진술이 참이 되어 두 번째 진술은 거짓이므로 재하가 해병대 소속이고, 자신이 해병대 소속이라는 우제의 첫 번째 진술은 거짓이 되어 도하가 공군 소속이 아니라는 두 번째 진술은 참이므로 도하는 육군 또는 해군 소속이다. 자신이 공군 또는 해병대 소속이라는 도하의 첫 번째 진술은 거짓이 되어 우제가 육군 소속이 아니라는 두 번째 진술은 참이다. 이때 윤우의 첫 번째 진술이 거짓이면 태오는 육군 소속이지만, 이 경우 태오의 첫 번째 진술과 두 번째 진술이 모두 거짓이 되어 조건에 모순된다. 이에 따라 윤우의 첫 번째 진술은 참, 두 번째 진술은 거짓이 되어 도하와 윤우가 육군 소속이고, 윤우가 육군 소속이라는 태오의 두 번째 진술은 참이므로 첫 번째 진술은 거짓이 되어 태오는 공군 소속이고, 우제는 해군 소속이다.
따라서 공군 소속인 사람과 해군 소속인 사람을 순서대로 바르게 나타낸 것은 '태오 - 우제'이다.

PART 1 수리
PART 2 추리
해커스 대기업 인적성 & NCS 수리·추리 집중 공략

10

정답 ①

제시된 조건에 따르면 홍재에 대한 원영이와 지성이의 말이 서로 모순되므로 홍재가 태어난 순서에 따라 조건에 모순되는 경우를 소거한다. 홍재가 네 번째로 태어난 경우 홍재에 대한 지성이의 말은 거짓이므로 자신보다 먼저 태어난 사람에 대해 거짓을 말했다는 조건에 모순된다. 홍재가 세 번째로 태어난 경우 홍재에 대한 지성이의 말은 거짓이므로 지성이는 네 번째로 태어났지만, 지성이에 대한 재훈이의 말도 거짓이므로 자신보다 먼저 태어난 사람에 대해 거짓을 말했다는 조건에 모순된다. 홍재가 두 번째로 태어난 경우 홍재에 대한 지성이의 말은 진실이므로 지성이는 첫 번째로 태어났지만, 지성이에 대한 재훈이의 말도 진실이므로 자신보다 늦게 태어난 사람에 대해 진실을 말했다는 조건에 모순된다. 홍재가 첫 번째로 태어난 경우 홍재에 대한 원영이와 지성이의 말은 모두 거짓이므로 원영이와 지성이는 두 번째 또는 세 번째 또는 네 번째로 태어났다. 이때 지성이에 대한 재훈이의 말이 진실이면 지성이는 세 번째, 재훈이는 두 번째로 태어났고, 원영이는 네 번째로 태어났지만, 이는 4명 중 가장 먼저 태어나 항상 진실을 말하는 홍재의 말과 모순된다. 이에 따라 지성이에 대한 재훈이의 말은 거짓이므로 지성이는 두 번째 또는 네 번째로 태어났고, 지성이가 재훈이보다 먼저 태어났으므로 지성이가 두 번째, 원영이가 세 번째, 재훈이가 네 번째로 태어났음을 알 수 있다.

따라서 4명 중 세 번째로 태어난 사람은 원영이다.

Ⅲ 수·문자추리 만점공략

기출유형공략

세부 유형 1 일렬나열형 p.338

01	02	03	04	05
②	③	④	⑤	②
06	**07**	**08**	**09**	**10**
②	④	②	①	②

01 정답 ②

제시된 각 숫자 간의 값이 +1, +3, +5, …와 같이 +2씩 변화하므로 빈칸에 들어갈 알맞은 숫자는 '53'이다.

02 정답 ③

세 번째 항부터 제시된 각 숫자는 앞의 두 숫자의 합이라는 규칙이 적용되므로 빈칸에 들어갈 알맞은 숫자는 '8'이다.

03 정답 ④

제시된 각 숫자 간의 값이 +5, −2로 반복되므로 빈칸에 들어갈 알맞은 숫자는 '22'이다.

04 정답 ⑤

홀수항에 제시된 각 숫자 간의 값이 ×3으로 반복되고 짝수항에 제시된 각 숫자 간의 값이 ×4로 반복되므로 빈칸에 들어갈 알맞은 숫자는 '64'이다.

05 정답 ②

제시된 각 숫자 간의 값이 +1, −4, +16, …과 같이 ×(−4)씩 변화하므로 빈칸에 들어갈 알맞은 숫자는 '−168'이다.

06 정답 ②

제시된 각 숫자 간의 값이 −1, ×2, +3, −1, ×4, +3, −1, ×6, +3으로 변화하므로 빈칸에 들어갈 알맞은 숫자는 '35'이다.

07 정답 ④

제시된 각 숫자는 1과 자기 자신만으로 나누어떨어지는 소수의 나열이라는 규칙이 적용되므로 빈칸에 들어갈 알맞은 숫자는 '23'이다.

08 정답 ②

제시된 각 문자를 한글 모음 순서에 따라 숫자로 변경한다.

ㅏ ㅑ ㅓ ㅠ (ㅛ)
1 2 4 8 16

각 숫자 간의 값이 ×2로 반복되므로 빈칸에 들어갈 알맞은 문자는 숫자 16에 해당하는 'ㅛ'이다.

09 정답 ①

제시된 각 문자를 알파벳 순서에 따라 숫자로 변경한다.

A B F (M) W
1 2 6 (13) 23

각 숫자 간의 값이 +1, +4, +7, +10으로 +3씩 변화하므로 빈칸에 들어갈 알맞은 문자는 숫자 13에 해당하는 'M'이다.

10 정답 ②

제시된 각 문자를 한글 자음과 한글 모음 순서에 따라 숫자로 변경한다.

ㄴ ㄹ ㅂ (ㅇ) ㅊ
2 4 6 8 10

각 숫자 간의 값이 +2로 반복되므로 빈칸에 들어갈 알맞은 문자는 숫자 8에 해당하는 'ㅇ'이다.

ㅣ ㅡ ㅠ (ㅜ) ㅛ
10 9 8 7 6

각 숫자 간의 값이 −1로 반복되므로 빈칸에 들어갈 알맞은 문자는 숫자 7에 해당하는 'ㅜ'이다.

세부 유형 2 도형형 p.343

01	02	03	04	05
③	②	②	⑤	④

01 정답 ③

제시된 표에서 각 숫자는 1행 1열부터 시계 방향으로 ×4로 반복되므로 빈칸에 들어갈 알맞은 숫자는 '20'이다.

02 정답 ②

제시된 표에서 1열을 A, 2열을 B, 3열을 C라고 할 때, 각 행의 숫자는 A+B+C=9라는 규칙이 적용되므로 빈칸에 들어갈 알맞은 숫자는 '3'이다.

03

정답 ②

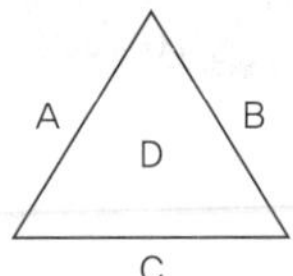

제시된 도형에서 각 숫자는 $\frac{A+B}{C}$=D라는 규칙이 적용되므로 빈칸에 들어갈 알맞은 숫자는 '5'이다.

04

정답 ⑤

제시된 각 문자를 알파벳 순서에 따라 숫자로 변경한다.

A	A(1)	C(3)	D(4)
B	J(10)	L(12)	(　　)
C	K(11)	O(15)	M(13)

제시된 표에서 각 열의 숫자는 A+B=C라는 규칙이 적용되므로 빈칸에 들어갈 알맞은 문자는 숫자 9에 해당하는 'I'이다.

05

정답 ④

제시된 각 문자를 알파벳과 한글 자음 순서에 따라 숫자로 변경한다.

A	a(1)	c(3)	f(6)	e(5)	d(4)
B	ㄹ(4)	ㅇ(8)	ㅎ(14)	(　　)	ㅊ(10)

제시된 표에서 각 열의 숫자는 2A+2=B라는 규칙이 적용되므로 빈칸에 들어갈 알맞은 문자는 숫자 12에 해당하는 'ㅌ'이다.

기출동형 연습문제

p.346

01	02	03	04	05
④	②	④	②	②
06	07	08	09	10
①	②	③	①	②

01

정답 ④

홀수항에 제시된 각 숫자 간의 값이 +4로 반복되고, 짝수항에 제시된 각 숫자 간의 값이 −4로 반복되므로 빈칸에 들어갈 알맞은 숫자는 '122'이다.

02

정답 ②

제시된 각 숫자 간의 값이 +21, +28, +35, …와 같이 +7씩 변화하므로 빈칸에 들어갈 알맞은 숫자는 '368'이다.

03

정답 ④

제시된 각 숫자 간의 값이 −6, ×4, ÷2로 반복되므로 빈칸에 들어갈 알맞은 숫자는 '2'이다.

04

정답 ②

제시된 각 숫자 간의 값이 ×1, ×2, ×3, …으로 변화하므로 빈칸에 들어갈 알맞은 숫자는 '378'이다.

05

정답 ②

세 번째 항부터 제시된 각 숫자는 앞의 두 숫자의 합이라는 규칙이 적용되므로 빈칸에 들어갈 알맞은 숫자는 '138'이다.

06

정답 ①

제시된 각 문자를 알파벳 순서에 따라 숫자로 변경한다.

C (E) J L X Z
3 5 10 12 24 26

각 숫자 간의 값이 +2, ×2로 반복되므로 빈칸에 들어갈 알맞은 문자는 숫자 5에 해당하는 'E'이다.

07
정답 ②

제시된 각 문자를 복자음이 포함된 한글 자음 순서에 따라 숫자로 변경한다.

ㅆ ㅂ ㅈ ㄹ ㅊ (ㄷ)
11 8 13 6 15 4

홀수항에 제시된 각 숫자 간의 값이 +2로 반복되고, 짝수항에 제시된 각 숫자 간의 값이 −2로 반복되므로 빈칸에 들어갈 알맞은 문자는 숫자 4에 해당하는 'ㄷ'이다.

08
정답 ③

1부터 시계 방향으로 제시된 각 숫자 간의 값이 +2, ×(−2), −2, ÷(−2)로 반복되므로 빈칸에 들어갈 알맞은 숫자는 '−14'이다.

09
정답 ①

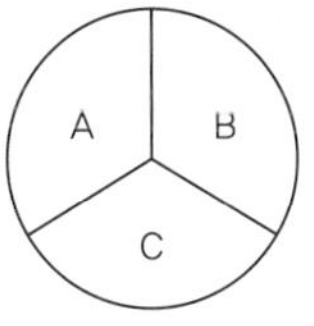

제시된 도형에서 각 숫자는 $\frac{A+B}{2}$=C라는 규칙이 적용되므로 빈칸에 들어갈 알맞은 숫자는 '9'이다.

10
정답 ②

제시된 각 문자를 알파벳과 한글 자음 순서에 따라 숫자로 변경한다.

A	B
B(2)	ㄴ(2)
E(5)	( )
C(3)	ㄷ(3)
F(6)	ㅂ(6)

제시된 표에서 A=B라는 규칙이 적용되므로 빈칸에 들어갈 알맞은 문자는 숫자 5에 해당하는 'ㅁ'이다.

고난도 대비 문제

p.350

01	02	03	04	05
③	④	⑤	③	④

01
정답 ③

제시된 숫자를 세 개씩 한 군으로 묶었을 때, 각 군의 세 번째 항에 해당하는 숫자는 앞의 두 숫자의 합×2라는 규칙이 적용되므로 빈칸에 들어갈 알맞은 숫자는 '10'이다.

02
정답 ④

홀수항에 제시된 각 숫자 간의 값이 $+\frac{1}{3}$로 반복되고, 짝수항에 제시된 각 숫자 간의 값이 $+\frac{2}{3}$로 반복되므로 빈칸에 들어갈 알맞은 숫자는 '$\frac{26}{15}$'이다.

03
정답 ⑤

제시된 각 문자를 알파벳 순서에 따라 숫자로 변경한다.

B F C H E K H O (L)
2 6 3 8 5 11 8 15 12

각 숫자 간의 값이 +4, −3, +5, −3, +6, −3, …으로 변화하므로 빈칸에 들어갈 알맞은 문자는 숫자 12에 해당하는 'L'이다.

04
정답 ③

식	좌우대칭
11+11=55	11+11=22
12+12=501	51+51=102
28+05=201	85+20=105
25×20=(251)	25×05=(125)

제시된 각 숫자를 좌우대칭 하여 계산하면 식이 성립하는 규칙이 적용되므로 빈칸에 들어갈 알맞은 숫자는 '251'이다.

05
정답 ④

제시된 각 문자를 한글 자음과 한글 모음 순서에 따라 숫자로 변경한다.

A	B	C
ㅇ(8)	ㅣ(10)	13
ㅅ(7)	ㅡ(9)	12
( )	ㅛ(6)	9
ㄷ(3)	ㅗ(5)	8

제시된 표에서 각 행의 숫자는 A+2=B, B+3=C라는 규칙이 적용되므로 빈칸에 들어갈 알맞은 문자는 숫자 4에 해당하는 'ㄹ'이다.

Ⅳ 도식·도형추리 만점공략

기출유형공략

세부 유형 1 도식추리

p.360

01	02	03	04	05
①	④	②	③	④
06	07	08	09	10
①	③	②	③	②
11	12	13	14	15
⑤	④	⑤	③	②
16	17	18	19	20
⑤	①	④	②	③

[01-04]

▩: 첫 번째 문자(숫자)를 네 번째 자리로, 두 번째 문자(숫자)를 첫 번째 자리로, 세 번째 문자(숫자)를 두 번째 자리로, 네 번째 문자(숫자)를 세 번째 자리로 이동시킨다.
ex. abcd → bcda

♥: 첫 번째, 세 번째 문자(숫자)의 자리를 서로 바꾼다.
ex. abcd → cbad

◈: 문자와 숫자 순서에 따라 첫 번째, 두 번째, 세 번째 문자(숫자)는 바로 이전 순서에 오는 문자(숫자)로 변경하고, 네 번째 문자(숫자)는 바로 다음 순서에 오는 문자(숫자)로 변경한다.
ex. abcd → zabe (a-1, b-1, c-1, d+1)

01 정답 ①

D49W → ◈ → C38X → ▩ → [38XC]

02 정답 ④

UNEY → ♥ → ENUY → ◈ → [DMTZ]

03 정답 ②

Y5B8 → ▩ → 5B8Y → ◈ → 4A7Z → ♥ → [7A4Z]

04 정답 ③

[AIHS] → ♥ → HIAS → ▩ → IASH

[05-08]

☆: 문자와 숫자 순서에 따라 첫 번째 문자(숫자)는 다음 두 번째 순서에 오는 문자(숫자)로, 두 번째 문자(숫자)는 바로 다음 순서에 오는 문자(숫자)로, 네 번째 문자(숫자)는 바로 이전 순서에 오는 문자(숫자)로 변경한다.
ex. abcd → cccc (a+2, b+1, c, d-1)

▼: 문자와 숫자 순서에 따라 첫 번째, 세 번째 문자(숫자)는 바로 다음 순서에 오는 문자(숫자)로, 두 번째, 네 번째 문자(숫자)는 이전 두 번째 순서에 오는 문자(숫자)로 변경한다.
ex. abcd → bzdb (a+1, b-2, c+1, d-2)

■: 첫 번째, 두 번째 문자(숫자)의 자리를 서로 바꾸고, 세 번째, 네 번째 문자(숫자)의 자리를 서로 바꾼다.
ex. abcd → badc

05 정답 ④

E84P → ▼ → F65N → ☆ → [H75M]

06 정답 ①

WUEK → ☆ → YVEJ → ■ → [VYJE]

07 정답 ③

3784 → ■ → 7348 → ▼ → 8156 → ■ → [1865]

08 정답 ②

[ㅓㅌㅠㄷ] → ■ → ㅌㅓㄷㅠ → ▼ → ㅍㅏㄹㅛ → ☆ → ㄱㅑㄹㅗ

[09-12]

▲: 문자와 숫자 순서에 따라 첫 번째, 세 번째 문자(숫자)를 바로 다음 순서에 오는 문자(숫자)로 변경하고, 두 번째, 네 번째 문자(숫자)를 바로 이전 순서에 오는 문자(숫자)로 변경한다.
ex. abcd → badc (a+1, b-1, c+1, d-1)

□: 문자와 숫자 순서에 따라 각 문자(숫자)를 바로 다음 순서에 오는 문자(숫자)로 변경한다.
ex. abcd → bcde (a+1, b+1, c+1, d+1)

☆: 두 번째, 네 번째 문자(숫자)의 자리를 서로 바꾼다.
ex. abcd → adcb

●: 문자(숫자)의 전체 자리를 역순으로 바꾼다.
ex. abcd → dcba

09 정답 ③

PQER → ☆ → PREQ → ● → [QERP]

10 정답 ②

7ㅑ2ㅜ → □ → 8ㅓ3ㅠ → ▲ → [9ㅑ4ㅜ]

11 정답 ⑤

KㄹUㅊ → ● → ㅊUㄹK → ☆ → ㅊKㄹU → ▲ → [ㅋJㅁT]

12 정답 ④

[ㅊㅂ18] → ▲ → ㅋㅁ27 → □ → ㅌㅂ38 → ☆ → ㅌ83ㅂ

[13-16]

♣: 문자와 숫자 순서에 따라 두 번째, 네 번째 문자(숫자)를 다음 세 번째 순서에 오는 문자(숫자)로 변경한다.
ex. abcd → aecg (a, b+3, c, d+3)

□: 첫 번째, 네 번째 문자(숫자)의 자리를 서로 바꾼다.
ex. abcd → dbca

♡: 문자와 숫자 순서에 따라 각 문자를 다음 두 번째 순서에 오는 문자(숫자)로 변경한다.
ex. abcd → cdef (a+2, b+2, c+2, d+2)

●: 첫 번째 문자(숫자)를 세 번째 자리로, 두 번째 문자(숫자)를 네 번째 자리로, 세 번째 문자(숫자)를 첫 번째 자리로, 네 번째 문자(숫자)를 두 번째 자리로 이동시킨다.
ex. abcd → cdab

13 정답 ⑤

1234 → ● → 3412 → ♡ → [5634]

14 정답 ③

JSYA → □ → ASYJ → ♣ → [AVYM]

15 정답 ②

ㄱNㅁB → ♡ → ㄷPㅅD → □ → DPㅅㄷ → ● → [ㅅㄷDP]

16 정답 ⑤

[Xㅕㅕㅅ] → ♣ → Xㅜㅕㅊ → ♡ → Zㅡㅛㅌ → ● → ㅛㅌZㅡ

17 정답 ①

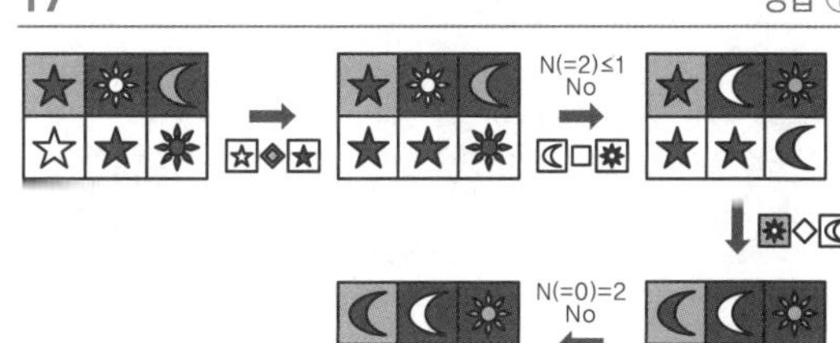

18 정답 ④

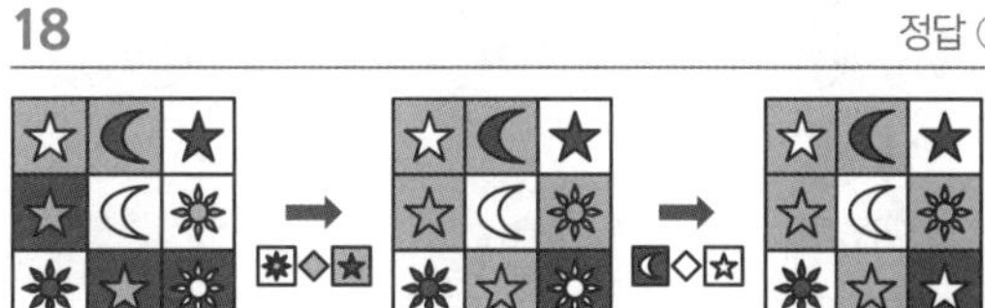

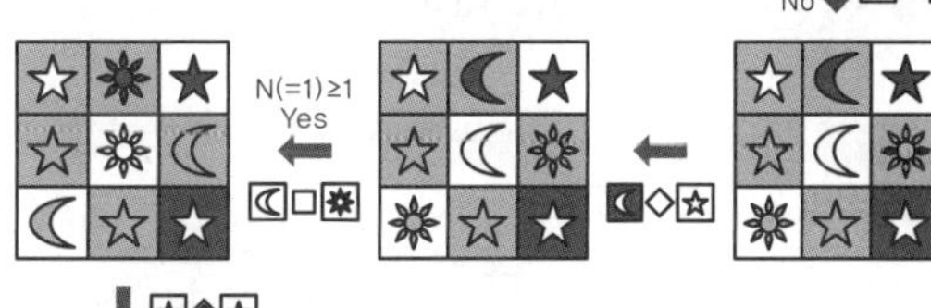

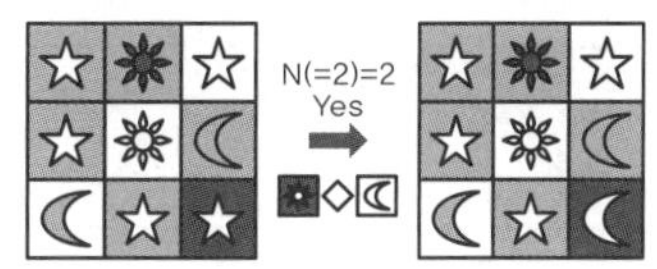

19 정답 ②

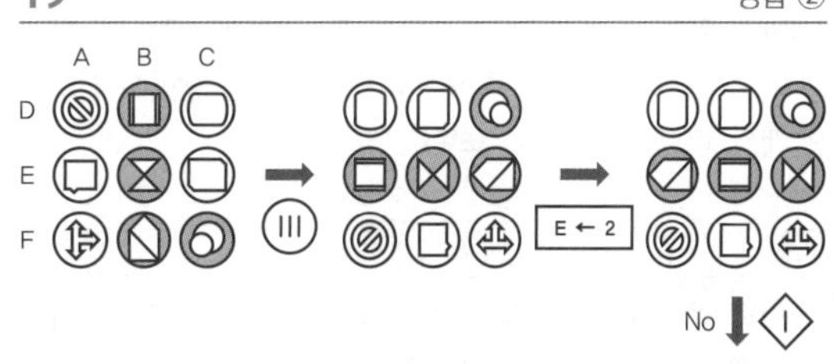

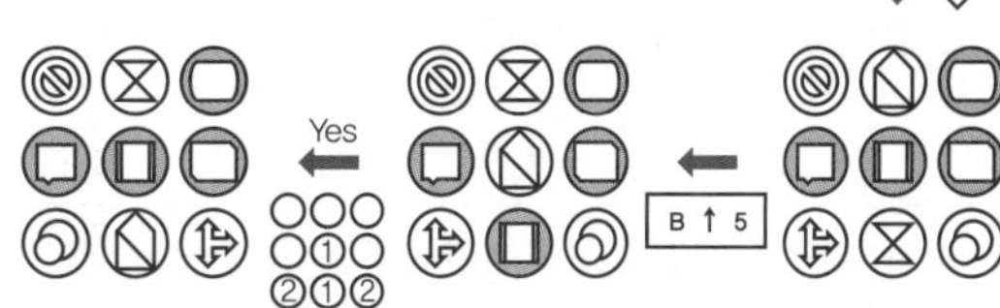

20

정답 ③

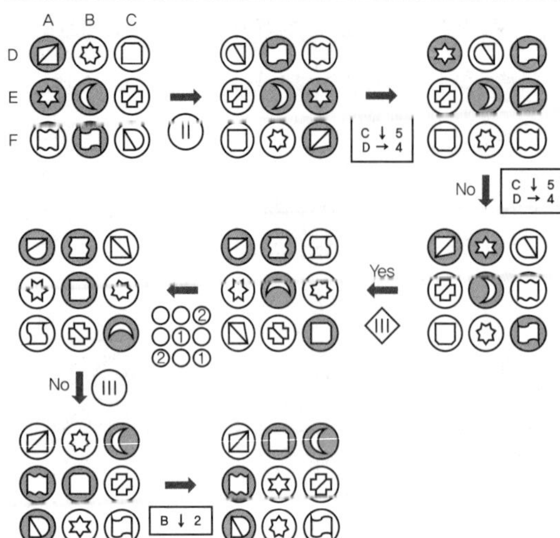

세부 유형 2 도형추리

p.374

01	02	03	04	05
②	⑤	①	②	④
06	07	08	09	10
①	④	①	④	③

01

정답 ②

행마다 서로 다른 삼각형, 타원, 사각형이 한 개씩 제시된 형태이고, 각 행에 제시된 도형의 내부 도형은 다음 행에서 개수가 한 개씩 줄어들며 오른쪽으로 한 칸씩 이동한다.

02

정답 ⑤

세 번째 열에 제시된 도형은 첫 번째 열과 두 번째 열에 제시된 도형에서 공통되는 음영을 나타낸 형태이다.

03

정답 ①

두 번째 행에 제시된 도형은 첫 번째 행에 제시된 도형을 색반전 한 형태이고, 세 번째 행에 제시된 도형은 두 번째 행에 제시된 도형의 외부 도형과 내부 도형의 자리를 서로 바꾼 형태이다.

04

정답 ②

첫 번째 열과 두 번째 열에 제시된 내부 도형의 개수를 합하면 세 번째 열에 제시된 내부 도형의 개수가 나오는 형태이다.

05

정답 ④

두 번째 행에 제시된 도형은 첫 번째 행에 제시된 도형에서 내부 도형이 왼쪽으로 한 칸씩 이동하면서 반시계 방향으로 45도 회전 및 색반전한 형태이고, 세 번째 행에 제시된 도형은 두 번째 행에 제시된 도형에서 내부 도형이 위로 한 칸씩 이동하면서 180도 회전한 형태이다.

06

정답 ①

각 열에 제시된 도형은 다음 열에서 시계 방향으로 90도 회전한 후 위에 제시된 두 개의 원만 색반전한 형태이다.

07

정답 ④

각 그룹 내의 도형에는 세로 방향(위쪽 → 아래쪽)으로 1행과 3행 교환, 가로 방향(왼쪽 → 오른쪽)으로 좌우 대칭 규칙이 적용된다.

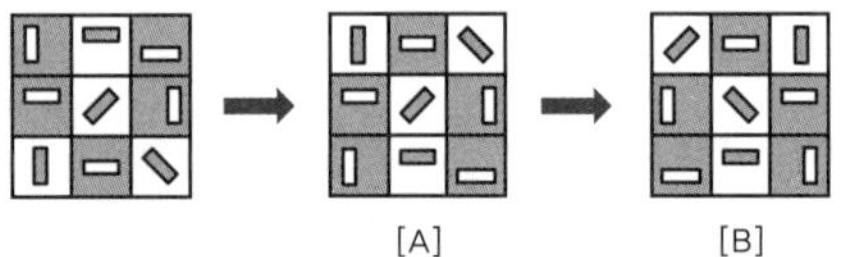

08

정답 ①

각 그룹 내의 도형에는 가로 방향(왼쪽 → 오른쪽)으로 각 행을 아래로 한 칸씩 이동, 세로 방향(위쪽 → 아래쪽)으로 색반전 규칙이 적용된다.

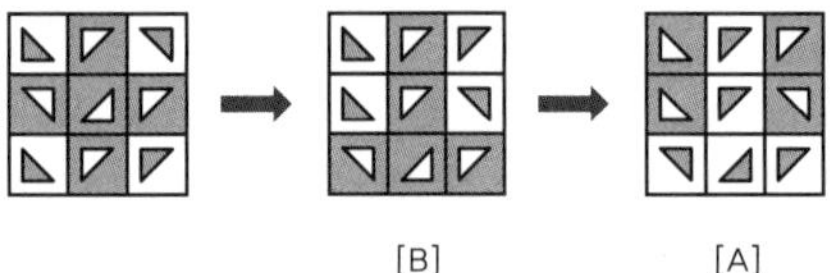

09

정답 ④

띠 한 줄의 규칙은 원 전체 시계 방향으로 변 한 개 위치 이동 및 내부와 외부 위치 이동, 내부 도형 상하 대칭이며, 띠 두 줄의 규칙은 원 전체 변 내부와 외부 위치 이동, 내부 도형 시계 방향으로 90도 회전이다.

원 내부 배경의 모양에 적용된 규칙을 찾아 제시된 도형을 변환시키면 다음과 같다.

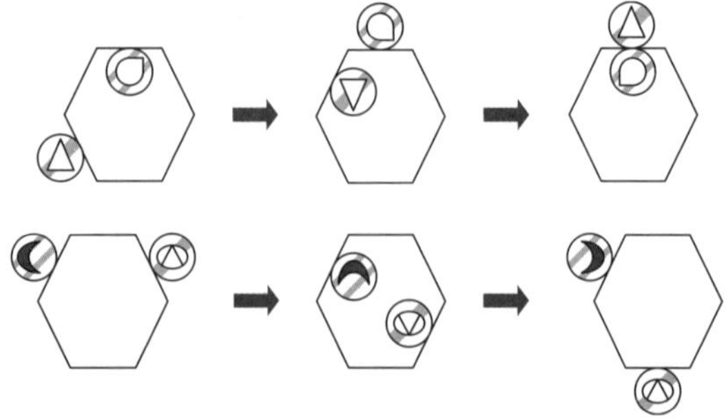

따라서 A, B에 해당하는 도형은 ④이다.

10

정답 ③

띠 한 줄의 규칙은 원 전체 반시계 방향으로 변 한 개 위치 이동, 내부 도형 좌우 대칭이며, 띠 두 줄의 규칙은 원 전체 반시계 방향으로 변 한 개 위치 이동 및 내부와 외부 위치 이동, 내부 도형 시계 방향으로 90도 회전 및 색반전이다.
원 내부 배경의 모양에 적용된 규칙을 찾아 제시된 도형을 변환시키면 다음과 같다.

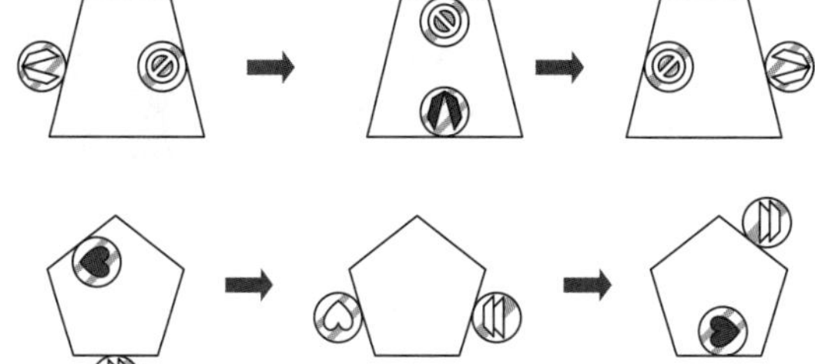

따라서 A, B에 해당하는 도형은 ③이다.

기출동형 연습문제

p.382

01	02	03	04	05
③	⑤	①	②	①
06	07	08	09	10
⑤	④	⑤	②	④

[01-04]

●: 문자와 숫자 순서에 따라 첫 번째, 네 번째 문자(숫자)를 바로 이전 순서에 오는 문자(숫자)로 변경한다.
ex. abcd → zbcc (a-1, b, c, d-1)
◁: 첫 번째 문자(숫자)를 두 번째 자리로, 두 번째 문자(숫자)를 세 번째 자리로, 세 번째 문자(숫자)를 네 번째 자리로, 네 번째 문자(숫자)를 첫 번째 자리로 이동시킨다.
ex. abcd → dabc
■: 첫 번째 문자(숫자)를 두 번째 자리로, 두 번째 문자(숫자)를 세 번째 자리로, 세 번째 문자(숫자)를 첫 번째 자리로 이동시킨다.
ex. abcd → cabd

01

정답 ③

2CO7 → ■ → O2C7 → ◁ → 7O2C

02

정답 ⑤

83XN → ◁ → N83X → ● → M83W

03

정답 ①

EPFV → ◁ → VEPF → ■ → PVEF → ● → OVEE

04

정답 ②

6081 → ■ → 8601 → ■ → 0861 → ● → 9860

05 정답 ①

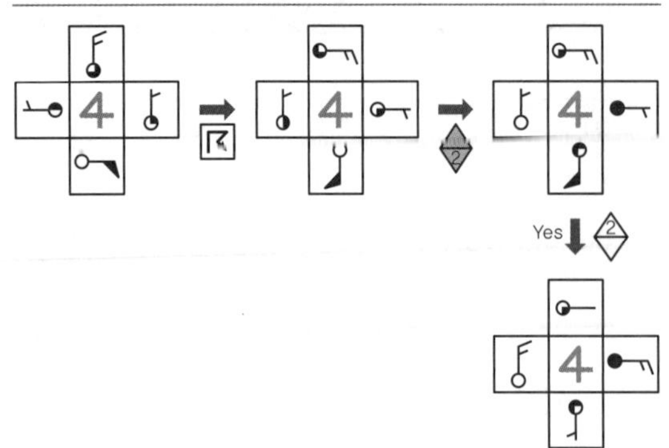

06 정답 ⑤

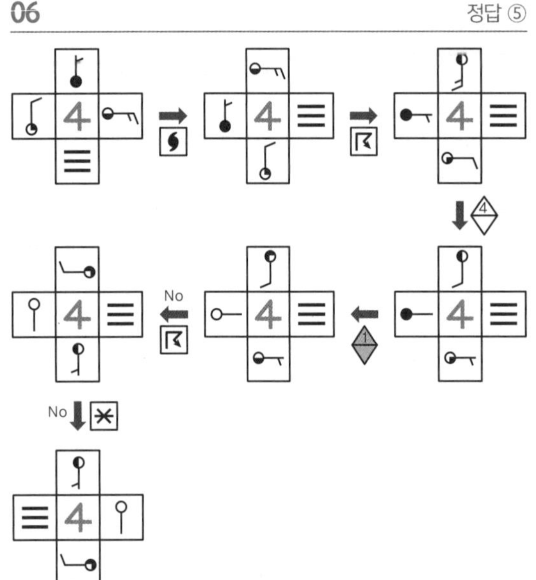

07 정답 ④

행마다 동일한 삼각형, 팔각형, 원 모양이 제시된 형태이고, 각 행에 제시된 색칠된 도형은 다음 행에서 오른쪽으로 한 칸씩 이동한다.

08 정답 ⑤

각 열에 제시된 도형은 다음 열에서 아래쪽으로 한 칸씩 이동하면서 반시계 방향으로 90도 회전한 후 색반전한 형태이다.

09 정답 ②

빈칸에 대응하는 'V' 기호의 규칙은 좌우 반전이며, '=' 기호의 규칙은 시계 방향으로 90도 회전, '+' 기호의 규칙은 반시계 방향으로 90도 회전, 'X' 기호의 규칙은 어둡게 색 변환(흰색 → 회색, 회색 → 검은색, 검은색 → 흰색)이다.

각 기호에 적용된 규칙을 찾아 제시된 도형을 변환시키면 다음과 같다.

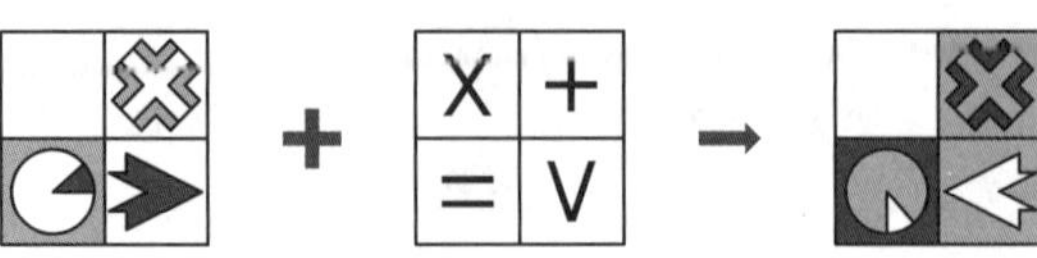

따라서 '?'에 해당하는 도형은 ②이다.

10 정답 ④

빈칸에 대응하는 '+' 기호의 규칙은 반시계 방향으로 90도 회전이며, 'V' 기호의 규칙은 좌우 반전, '=' 기호의 규칙은 시계 방향으로 90도 회전, 'X' 기호의 규칙은 밝게 색 변환(검은색 → 회색, 회색 → 흰색, 흰색 → 검은색)이다.

각 기호에 적용된 규칙을 찾아 제시된 도형을 변환시키면 다음과 같다.

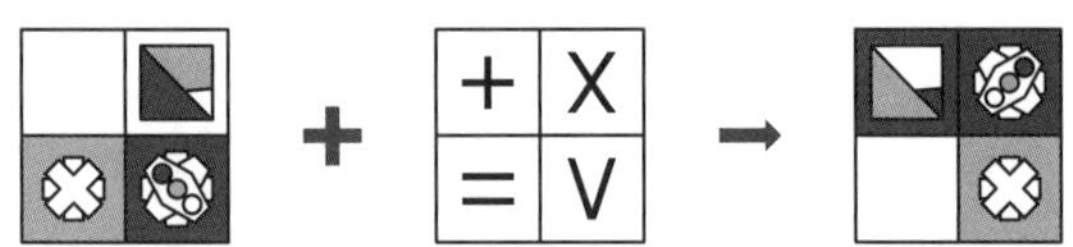

따라서 '?'에 해당하는 도형은 ④이다.

고난도 대비 문제

p.390

01	02	03	04	05
①	④	③	③	②

[01-02]

♡: 첫 번째 문자(숫자)를 네 번째 자리로, 두 번째 문자(숫자)를 세 번째 자리로, 세 번째 문자(숫자)를 첫 번째 자리로, 네 번째 문자(숫자)를 두 번째 자리로 이동시킨다.
ex. abcd → cdba

●: 문자와 숫자 순서에 따라 첫 번째, 세 번째 문자(숫자)는 이전 두 번째 순서에 오는 문자(숫자)로, 두 번째, 네 번째 문자(숫자)는 바로 이전 순서에 오는 문자(숫자)로 변경한다.
ex. abcd → yaac (a-2, b-1, c-2, d-1)

♤: 첫 번째 문자(숫자)를 세 번째 자리로, 두 번째 문자(숫자)를 첫 번째 자리로, 세 번째 문자(숫자)를 네 번째 자리로, 네 번째 문자(숫자)를 두 번째 자리로 이동시킨다.
ex. abcd → bdac

01 정답 ①

JQV4 → ● → HPT3 → ♤ → P3HT

02 정답 ④

ㅌㅡㅂㅗ → ● → ㅊㅠㄹㅕ → ♡ → ㄹㅕㅠㅊ → ♤ → ㅕㅊㄹㅠ

03 정답 ③

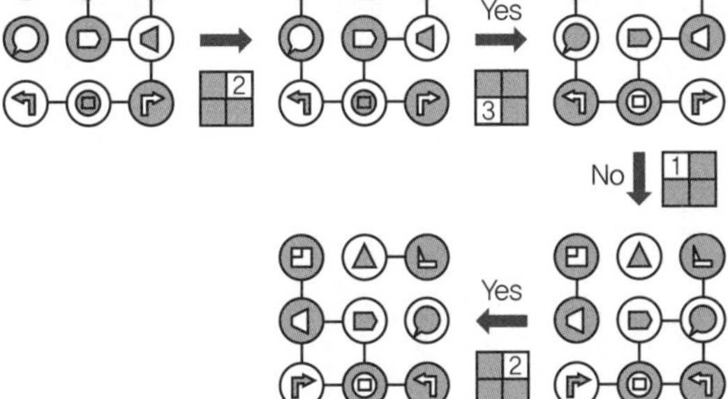

04 정답 ③

(1)	(2)	(3)
(4)	(5)	(6)
(7)	(8)	(9)

(3)에 제시된 도형은 (2)와 (7)에 제시된 도형을 합친 형태이고, (4)에 제시된 도형은 (6)과 (9)에 제시된 도형을 합친 형태이다.
따라서 (8)에 제시된 도형은 (1)과 (5)에 제시된 도형을 합친 형태이다.

05 정답 ②

규칙 ①은 상하 대칭, 규칙 ②는 반시계 방향 90도 회전, 규칙 ③은 내부 도형 및 음영 시계 방향으로 1칸씩 이동이다.

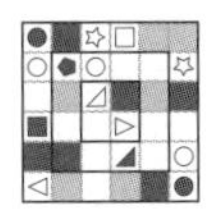
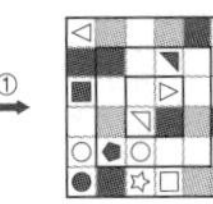
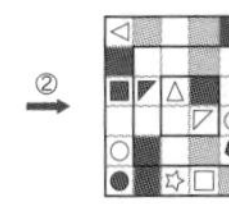

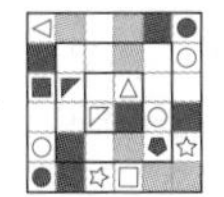

따라서 6×6, 4×4, 2×2 정사각형에 규칙 [①, ②, ③]을 차례대로 적용한 ②가 정답이다.

V 실전모의고사

실전모의고사 1회

정답

p.396

01	02	03	04	05	06	07	08	09	10
언어추리	언어추리	언어추리	언어추리	언어추리	언어추리	언어추리	언어추리	언어추리	언어추리
③	⑤	④	⑤	④	③	①	⑤	①	①
11	**12**	**13**	**14**	**15**	**16**	**17**	**18**	**19**	**20**
수·문자 추리	수·문자 추리	수·문자 추리	도식·도형 추리	도식·도형 추리	도식·도형 추리	도식·도형 추리	도식·도형 추리	도식·도형 추리	도식·도형 추리
⑤	①	③	⑤	③	②	④	①	③	②

취약 유형 분석표

유형별로 맞힌 개수, 틀린 문제 번호와 풀지 못한 문제 번호를 적고 나서 취약한 유형이 무엇인지 파악해보세요.
취약한 유형은 '기출유형공략'과 관련 이론을 복습하고 틀린 문제와 풀지 못한 문제를 다시 한번 풀어보세요.

	유형	맞힌 개수	틀린 문제 번호	풀지 못한 문제 번호
추리	언어추리	/10		
	수·문자추리	/3		
	도식·도형추리	/7		
	TOTAL	/20		

해설

01 언어추리 문제

정답 ③

영양제를 복용하는 사람 중에 건강 검진을 받지 않는 사람이 없다는 것은 영양제를 복용하는 모든 사람이 건강 검진을 받는다는 것이므로 규칙적인 생활을 하는 모든 사람이 영양제를 복용하면 규칙적인 생활을 하는 모든 사람은 건강 검진을 받는다.
따라서 '규칙적인 생활을 하는 모든 사람은 건강 검진을 받는다.'가 타당한 결론이다.

오답 체크

규칙적인 생활을 하는 사람을 A, 영양제를 복용하는 사람을 B, 건강 검진을 받는 사람을 C라고 하면

① 건강 검진을 받지 않는 모든 사람은 규칙적인 생활을 하지 않으므로 반드시 거짓인 결론이다.

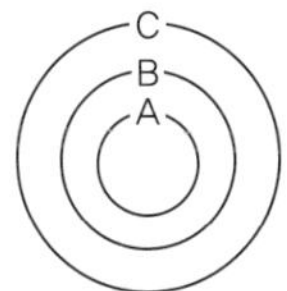

② 건강 검진을 받는 사람 중에 규칙적인 생활을 하는 사람이 적어도 한 명 존재하므로 반드시 거짓인 결론이다.

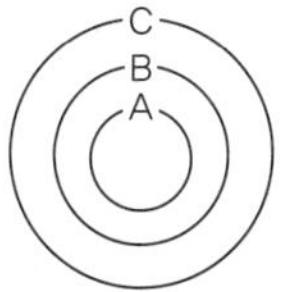

④ 규칙적인 생활을 하지 않는 사람 중에 건강 검진을 받지 않는 사람은 적어도 한 명 존재하므로 반드시 거짓인 결론이다.

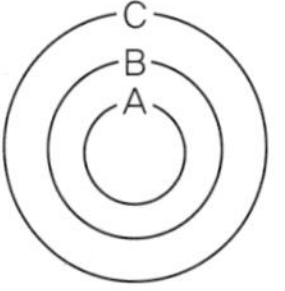

⑤ 건강 검진을 받는 모든 사람은 규칙적인 생활을 할 수도 있으므로 반드시 참인 결론이 아니다.

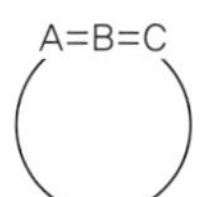

02 언어추리 문제

정답 ⑤

가파르지 않은 모든 산이 경치가 좋은 산이라는 것은 경치가 좋지 않은 모든 산이 가파른 산이라는 것이므로 나무가 울창한 어떤 산이 경치가 좋지 않은 산이면 가파른 산 중에 나무가 울창한 산이 반드시 존재하게 된다.
따라서 '가파르지 않은 모든 산은 경치가 좋은 산이다.'가 타당한 전제이다.

오답 체크

나무가 울창한 산을 A, 경치가 좋은 산을 B, 가파른 산을 C라고 하면

①, ② 나무가 울창한 어떤 산이 경치가 좋지 않은 산이고, 가파른 어떤 산이 경치가 좋은 산이 아니거나 가파른 산 중에 경치가 좋은 산이 있으면 가파른 산 중에 나무가 울창한 산이 없을 수도 있으므로 결론이 반드시 참이 되게 하는 전제가 아니다.

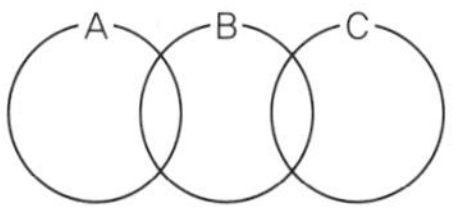

③ 나무가 울창한 어떤 산이 경치가 좋지 않은 산이고, 경치가 좋은 모든 산이 가파른 산이 아니면 가파른 산 중에 나무가 울창한 산이 없을 수도 있으므로 결론이 반드시 참이 되게 하는 전제가 아니다.

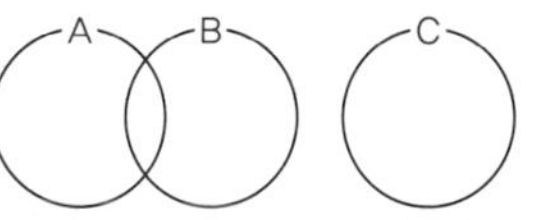

④ 나무가 울창한 어떤 산이 경치가 좋지 않은 산이고, 가파른 모든 산이 경치가 좋은 산이면 가파른 산 중에 나무가 울창한 산이 없을 수도 있으므로 결론이 반드시 참이 되게 하는 전제가 아니다.

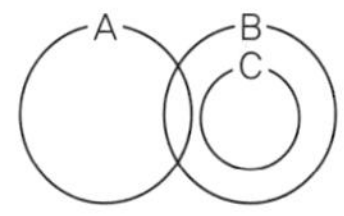

03 언어추리 문제

정답 ④

주어진 명제가 참일 때 그 명제의 '대우'만이 참이므로
세 번째 명제의 '대우', 분리 가능한 두 번째 명제의 '대우', 첫 번째 명제의 '대우'를 차례로 결합한 결론은 다음과 같다.

- 세 번째 명제(대우): 음주를 하는 사람은 체중 관리를 하지 않는다.
- 분리 가능한 두 번째 명제(대우): 체중 관리를 하지 않는 사람은 닭가슴살을 먹지 않는다.
- 첫 번째 명제(대우): 닭가슴살을 먹지 않는 사람은 헬스를 하지 않는다.
- 결론: 음주를 하는 사람은 헬스를 하지 않는다.

04 언어추리 문제

정답 ⑤

제시된 조건에 따르면 각 사무실당 책상은 최대 2개, 의자는 최대 3개까지 신청할 수 있고, C 사무실에서 신청하는 책상과 의자의 개수는 총 5개이므로 C 사무실은 책상 2개, 의자 3개를 신청한다. 또한, A 사무실에서 신청하는 책상과 의자의 개수는 같으므로 A 사무실은 책상 1개, 의자 1개 또는 책상 2개, 의자 2개를 신청한다. 이때 B 사무실에서 신청하는 의자의 개수는 A 사무실에서 신청하는 의자의 개수보다 많으므로 A 사무실에서 신청하는 의자의 개수에 따라 가능한 경우는 다음과 같다.

경우 1. A 사무실에서 신청하는 의자가 1개인 경우

구분	A 사무실	B 사무실	C 사무실
책상	1개	1개 또는 2개	2개
의자	1개	2개 또는 3개	3개

경우 2. A 사무실에서 신청하는 의자가 2개인 경우

구분	A 사무실	B 사무실	C 사무실
책상	2개	1개 또는 2개	2개
의자	2개	3개	3개

따라서 B 사무실에서 신청하는 의자가 2개이면, A 사무실에서 신청하는 의자는 1개, C 사무실에서 신청하는 의자는 3개로 개수 차이가 2개이므로 항상 참인 설명이다.

오답 체크

① A 사무실에서 신청하는 책상과 의자의 개수는 총 2개 또는 4개이므로 항상 참인 설명은 아니다.
② B 사무실에서 신청하는 책상은 1개 또는 2개이고, C 사무실에서 신청하는 책상은 2개이므로 항상 참인 설명은 아니다.
③ A 사무실에서 신청하는 의자가 1개이면, B 사무실에서 신청하는 의자는 2개 또는 3개이므로 항상 참인 설명은 아니다.
④ B 사무실과 C 사무실에서 신청하는 의자의 개수는 총 5개 또는 6개이므로 항상 참인 설명은 아니다.

빠른 문제 풀이 Tip

⑤ 모든 경우의 수를 고려하지 않고 참/거짓을 판단할 수 있는지 먼저 확인한다.
C 사무실에서 신청하는 책상과 의자의 개수는 총 5개이므로 C 사무실은 책상 2개, 의자 3개를 신청하고, B 사무실에서 신청하는 의자의 개수는 A 사무실에서 신청하는 의자의 개수보다 많으므로 B 사무실에서 신청하는 의자가 2개면, A 사무실에서 신청하는 의자는 1개로 A 사무실과 C 사무실에서 신청하는 의자의 개수 차이가 2개임을 알 수 있다.

05 언어추리 문제 정답 ④

제시된 조건에 따르면 5명 중 D보다 늦게 입장한 사람은 없으므로 D는 다섯 번째로 입장했고, 사은품으로 물티슈를 받았다. 이때 5명 중 3명은 상품권을 받았고, A와 E는 같은 종류의 사은품을 받았으므로 A와 E는 모두 상품권을 받았다. 또한, B는 C보다 백화점에 있는 시간이 짧지만, C와 함께 나갔으므로 B는 C보다 늦게 입장하여 5명 중 네 번째로 입장했음을 알 수 있다.

첫 번째	두 번째	세 번째	네 번째	다섯 번째
A 또는 C 또는 E	A 또는 C 또는 E	A 또는 C 또는 E	B	D
상품권	상품권	상품권	물티슈	물티슈

따라서 A는 첫 번째 또는 두 번째 또는 세 번째로 입장하고, B는 네 번째로 입장하여 A와 B가 함께 나갔다면, A는 B보다 백화점에 있는 시간이 길므로 항상 거짓인 설명이다.

오답 체크

① C는 A보다 먼저 입장했거나 늦게 입장했으므로 항상 거짓인 설명은 아니다.
② D는 물티슈, E는 상품권을 받았으므로 항상 참인 설명이다.
③ B가 받은 사은품은 물티슈이므로 항상 참인 설명이다.
⑤ C와 E가 함께 나갔다면, C는 E보다 먼저 입장했거나 늦게 입장하여 E보다 백화점에 있는 시간이 길거나 짧으므로 항상 거짓인 설명은 아니다.

06 언어추리 문제 정답 ③

제시된 조건에 따르면 5명은 4층짜리 아파트 1동과 2동에 입주하고, 아파트 1동과 2동의 각 층에는 1명만 입주한다. 이때 정은 1층에 입주하고, 갑은 정보다 높은 층에 입주하며, 무는 갑보다 높은 층에 입주하므로 갑은 2층 이상, 무는 3층 이상에 입주한다. 또한, 을은 무와 같은 동의 3층에 입주하므로 무는 4층에 입주하고, 병이 2동 4층에 입주하므로 무는 1동 4층에 입주한다. 따라서 무가 입주하는 동과 층은 1동 4층이다.

07 언어추리 문제 정답 ①

제시된 조건에 따르면 A~E 5개의 기업 중 1개의 기업만 대기업이고, 가~마 5명 중 1명만 진실을 말했으므로 4명은 거짓을 말했다. 이때 A 기업과 D 기업 중에 대기업이 있다는 '나'의 말이 진실이면 B 기업과 C 기업 중에 대기업이 있다는 '마'의 말은 거짓이고, '나'의 말은 거짓이면 '마'의 말이 진실이며, '나'와 '마'의 말이 모두 거짓이면 대기업은 E 기업이다. '나'와 '마' 2명 중 진실을 말하는 사람의 존재 여부에 따라 가능한 경우는 다음과 같다.

경우 1. '나'와 '마'의 말이 모두 거짓일 경우
'나'와 '마'의 말이 모두 거짓이면 대기업은 E 기업이다. 이때 대기업이 E 기업일 경우 '가', '다', '라'의 말도 모두 거짓이 되어 진실을 말하는 사람이 존재하지 않으므로 진실을 말하는 사람이 1명이라는 조건에 모순된다.

경우 2. '나'와 '마' 2명 중 1명의 말이 진실일 경우
'나'와 '마' 2명 중 1명의 말이 진실일 경우 나머지 3명의 말은 모두 거짓이 된다. '가'의 말에 의해 대기업은 A, C, E 기업 중 1개의 기업이고, '다'의 말에 의해 C 기업은 대기업이 아니므로 대기업은 A와 E 기업 중 하나이다. 이때 '나'와 '마' 2명 중 1명의 말은 진실이므로 E 기업은 대기업이 아니다.

따라서 대기업은 A 기업이다.

08 언어추리 문제 정답 ⑤

제시된 조건에 따르면 민혁이는 네 번째 순서로 줄을 서고, 첫 번째 순서로 줄을 서는 사람은 효정이가 아니며, 경훈이는 효정이와 유라보다 나중 순서로 줄을 선다. 이때 수인이와 진철이 순서 사이에 줄을 서는 사람은 없고, 수인이는 민혁이보다 앞선 순서로 줄을 서므로 수인이와 진철이는 (첫 번째 또는 두 번째) 또는 (두 번째 또는 세 번째) 순서로 줄을 선다. 수인이와 진철이가 줄을 서는 순서에 따라 가능한 경우는 다음과 같다.

경우 1. 수인이와 진철이가 첫 번째 또는 두 번째 순서로 줄을 서는 경우

첫 번째	두 번째	세 번째	네 번째	다섯 번째	여섯 번째
수인 또는 진철	수인 또는 진철	유라 또는 효정	**민혁**	유라 또는 효정	경훈

경우 2. 수인이와 진철이가 두 번째 또는 세 번째 순서로 줄을 서는 경우

첫 번째	두 번째	세 번째	네 번째	다섯 번째	여섯 번째
유라	수인 또는 진철	수인 또는 진철	**민혁**	효정	경훈

따라서 마지막 순서로 줄을 서는 사람은 경훈이므로 항상 참인 설명이다.

오답 체크

① 민혁이와 유라 순서 사이에 줄을 서는 사람은 없거나 2명이므로 항상 참인 설명은 아니다.
② 유라 바로 다음 순서로 줄을 서는 사람은 수인 또는 민혁 또는 진철 또는 경훈이므로 항상 참인 설명은 아니다.
③ 수인이는 첫 번째 또는 두 번째 또는 세 번째 순서로 줄을 서므로 항상 참인 설명은 아니다.
④ 진철이가 두 번째 순서로 줄을 섰을 때, 세 번째 순서로 줄을 서는 사람은 수인 또는 유라 또는 효정이므로 항상 참인 설명은 아니다.

빠른 문제 풀이 Tip

⑤ 모든 경우의 수를 고려하지 않고 참/거짓을 판단할 수 있는지 먼저 확인한다.
6명 중 민혁이는 네 번째 순서로 줄을 서고, 수인이와 진철이 순서 사이에 줄을 서는 사람은 없다. 이때 수인이는 민혁이보다 앞선 순서로 줄을 서므로 수인이와 진철이는 네 번째 순서보다 앞선 순서이고, 경훈이는 효정이와 유라보다 나중 순서로 줄을 서므로 마지막 순서로 줄을 서는 사람은 경훈이임을 알 수 있다.

09 언어추리 문제 정답 ①

제시된 조건에 따르면 5명 중 4명은 짜장면, 다른 1명은 짬뽕을 먹었고, 5명 중 3명은 진실, 2명은 거짓을 말했다. 이때 정윤이가 짬뽕을 먹었다는 동구의 말이 진실이면 동구의 말은 진실이라는 요한이의 말도 진실이고, 동구의 말이 거짓이면 요한이의 말도 거짓이다. 또한, 미진이의 말이 진실이라는 정윤이의 말이 진실이면 자신과 병헌이는 짜장면을 먹었다는 미진이의 말도 진실이고, 정윤이의 말이 거짓이면 미진이의 말도 거짓이다. 이에 따라 동구와 정윤이는 짜장면을 먹었다는 병헌이의 말은 진실이고, 정윤이는 짬뽕을 먹었다는 동구의 말과 동구의 말이 진실이라는 요한이의 말은 거짓이며, 자신과 병헌이는 짜장면을 먹었다는 미진이의 말과 미진이의 말이 진실이라는 정윤이의 말은 진실이므로 짜장면을 먹은 사람은 병헌, 미진, 동구, 정윤이다.

따라서 짬뽕을 먹은 사람은 요한이다.

10 언어추리 문제 정답 ①

제시된 조건에 따르면 갑~무 5명은 서로 다른 층에서 엘리베이터를 탔고, 엘리베이터는 처음으로 사람이 탄 층부터 마지막으로 사람이 내린 층까지 총 6개 층에 멈췄으므로 이 6개 층은 5명이 각각 탑승한 층과 마지막에 탑승한 사람이 내린 층이다. 갑이 엘리베이터를 탄 층에서 을과 병은 엘리베이터에서 내렸으므로 을과 병은 갑보다 먼저 엘리베이터를 탔다. 또한, 갑은 무보다 엘리베이터를 먼저 탔고, 엘리베이터에서 마지막으로 내린 사람은 정과 무 2명이며, 엘리베이터가 움직일 때 정이 엘리베이터 안에서 만난 사람은 총 2명이므로 갑은 정과 무보다 먼저 엘리베이터를 탔다. 이에 따라 엘리베이터가 움직일 때 정이 엘리베이터 안에서 만난 사람은 갑, 무이므로 정은 무보다 엘리베이터를 먼저 탔고 무가 엘리베이터를 탄 층에서 갑은 엘리베이터에서 내렸음을 알 수 있다.

멈춘 순서	엘리베이터를 탄 사람	엘리베이터에서 내린 사람
1	을 또는 병	-
2	을 또는 병	-
3	갑	을과 병
4	정	-
5	무	갑
6	-	**정과 무**

따라서 갑이 엘리베이터에서 내린 층에서 엘리베이터에 탄 사람은 무이므로 항상 거짓인 설명이다.

오답 체크

② 엘리베이터를 가장 먼저 탄 사람은 을 또는 병이므로 항상 거짓인 설명은 아니다.
③ 정은 무보다 엘리베이터를 먼저 탔으므로 항상 참인 설명이다.
④ 병과 갑이 엘리베이터에서 내린 층 사이에 엘리베이터를 탄 사람은 정 1명이므로 항상 참인 설명이다.
⑤ 엘리베이터가 움직일 때 무가 엘리베이터 안에서 만난 사람은 정 1명이므로 항상 참인 설명이다.

11 수·문자추리 문제 정답 ⑤

세 번째 항부터 제시된 각 숫자는 (앞의 두 숫자의 합) × 2라는 규칙이 적용되므로 빈칸에 들어갈 알맞은 숫자는 '448'이다.

12 수·문자추리 문제 정답 ①

제시된 각 숫자 간의 값이 +3, -1로 반복되므로 빈칸에 들어갈 알맞은 숫자는 '18'이다.

13 수·문자추리 문제 정답 ③

제시된 표에서 1열을 A, 2열을 B, 3열을 C라고 할 때, 각 행의 숫자는 $A^2+B^2=C$라는 규칙이 적용되므로 빈칸에 들어갈 알맞은 숫자는 '113'이다.

14 도식·도형추리 문제 정답 ⑤

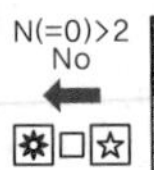

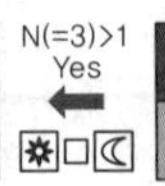

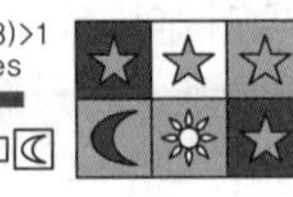

[15-17]

♡: 문자와 숫자의 전체 자리를 역순으로 변경한다.
ex. abcd → dcba

◉: 문자와 숫자 순서에 따라 첫 번째 문자(숫자)를 다음 두 번째 순서에 오는 문자(숫자)로, 두 번째 문자(숫자)를 이전 두 번째 순서에 오는 문자(숫자)로, 세 번째 문자(숫자)를 다음 세 번째 순서에 오는 문자(숫자)로, 네 번째 문자(숫자)를 이전 세 번째 순서에 오는 문자(숫자)로 변경한다.
ex. abcd → czfa (a+2, b−2, c+3, d−3)

◆: 문자와 숫자 순서에 따라 첫 번째, 세 번째 문자(숫자)를 바로 이전 순서에 오는 문자(숫자)로, 두 번째, 네 번째 문자(숫자)를 다음 네 번째 순서에 오는 문자(숫자)로 변경한다.
ex. abcd → zfbh (a−1, b+4, c−1, d+4)

15 도식·도형추리 문제 정답 ③

T55D → ♡ → D55T → ◉ → F38Q

16 도식·도형추리 문제 정답 ②

7Y9H → ♡ → H9Y7 → ◆ → G3X1 → ◉ → I1A8

빠른 문제 풀이 Tip

증감 규칙이 연속해서 제시되면 규칙을 한 번에 계산하여 문제에 적용한다.
♡ 규칙을 적용하면 문자와 숫자의 전체 자리가 역순으로 변경되어 H9Y7이고, ◆ 규칙은 (−1, +4, −1, +4), ◉ 규칙은 (+2, −2, +3, −3)이므로 ◆, ◉ 규칙을 한 번에 계산하면 규칙은 (+1, +2, +2, +1)과 같다. H9Y7에 (+1, +2, +2, +1)을 적용하면 ●1●8이므로 'I1A8'인 ②가 정답임을 알 수 있다.

17 도식·도형추리 문제 정답 ④

3SF3 → ◆ → 2WE7 → ♡ → 7EW2

18 도식·도형추리 문제 정답 ①

각 열에서 다음 행에 제시된 도형은 이전 행에 제시된 도형의 내부 도형을 색반전하여 외부 도형과 자리를 바꾼 후 도형 전체를 반시계 방향으로 90° 회전한 형태이다.

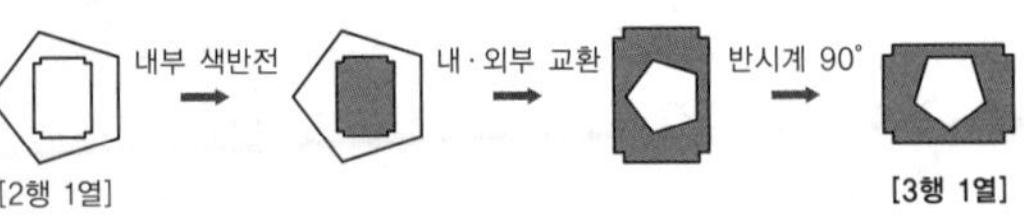

따라서 '?'에 해당하는 도형은 ①이다.

빠른 문제 풀이 Tip

각 열에서 제시된 도형의 내부 도형을 색반전하여 외부 도형과 자리를 바꾸면 3행에 제시된 도형은 1행에 제시된 도형을 색반전한 형태이다. 또한, 다음 행에서 반시계 방향으로 90° 회전하면 3행에 제시된 도형은 1행에 제시된 도형을 180° 회전한 형태이다.
따라서 '?'에 해당하는 도형은 3행에 위치하므로 1행 1열에 제시된 도형을 색반전한 후 180° 회전한 형태임을 알 수 있다.

19 도식·도형추리 문제 정답 ③

각 행에서 3열에 제시된 도형은 1열에 제시된 도형을 시계 방향으로 90° 회전한 다음 2열에 제시된 도형과 결합한 형태이다.

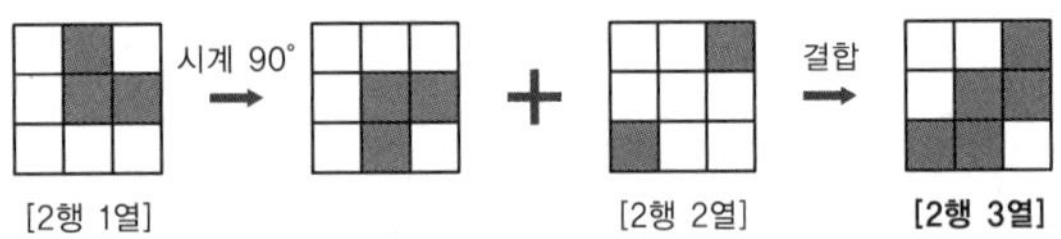

따라서 '?'에 해당하는 도형은 ③이다.

20 도식·도형추리 문제 정답 ②

제시된 도형은 반시계 방향으로 90도 회전하면서 내부 도형만 색반전한 형태이다.

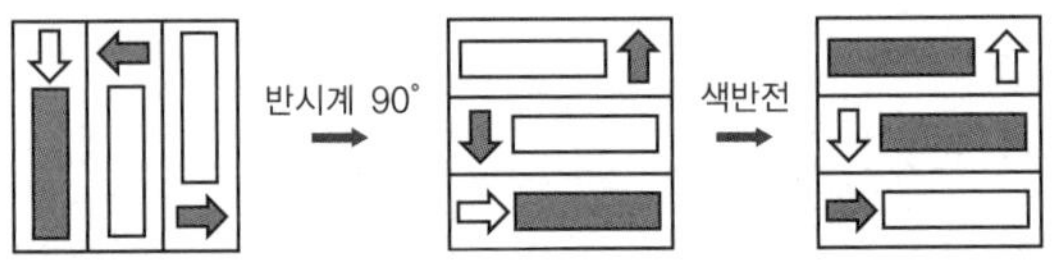

따라서 '?'에 해당하는 도형은 ②이다.

실전모의고사 2회

정답

p.406

01	02	03	04	05	06	07	08	09	10
언어추리	언어추리	언어추리	언어추리	언어추리	언어추리	언어추리	언어추리	언어추리	언어추리
③	④	③	③	⑤	④	⑤	④	④	③
11	**12**	**13**	**14**	**15**	**16**	**17**	**18**	**19**	**20**
수·문자 추리	수·문자 추리	수·문자 추리	도식·도형 추리	도식·도형 추리	도식·도형 추리	도식·도형 추리	도식·도형 추리	도식·도형 추리	도식·도형 추리
③	③	④	②	③	④	②	⑤	①	④

취약 유형 분석표

유형별로 맞힌 개수, 틀린 문제 번호와 풀지 못한 문제 번호를 적고 나서 취약한 유형이 무엇인지 파악해보세요.
취약한 유형은 '기출유형공략'과 관련 이론을 복습하고 틀린 문제와 풀지 못한 문제를 다시 한번 풀어보세요.

	유형	맞힌 개수	틀린 문제 번호	풀지 못한 문제 번호
추리	언어추리	/10		
	수·문자추리	/3		
	도식·도형추리	/7		
	TOTAL	/20		

01 언어추리 문제

정답 ③

성취감이 높은 직업이 근속연수가 길다는 것은 근속연수가 길지 않은 직업이 성취감이 높지 않다는 것이므로 연봉이 높지 않은 직업이 근속연수가 길지 않으면 연봉이 높지 않은 직업은 성취감이 높지 않게 된다.
따라서 '연봉이 높지 않은 직업은 성취감이 높지 않다.'가 타당한 결론이다.

오답 체크

연봉이 높은 직업을 A, 근속연수가 긴 직업을 B, 성취감이 높은 직업을 C라고 하면

①, ⑤ 연봉이 높은 직업 중에 성취감이 높지 않은 직업이 있거나 성취감이 높지 않은 직업 중에 연봉이 높은 직업이 있을 수도 있으므로 반드시 참인 결론이 아니다.

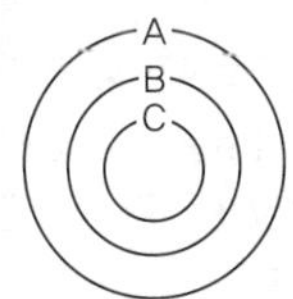

②, ④ 연봉이 높은 직업은 성취감이 높은 직업이거나 성취감이 높지 않은 직업은 연봉이 높지 않은 직업일 수도 있으므로 반드시 참인 결론이 아니다.

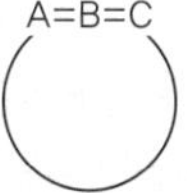

빠른 문제 풀이 Tip

첫 번째 명제와 두 번째 명제의 '대우'를 간단하게 정리하여 차례로 결합하면
- 첫 번째 명제: 연봉 X → 근속 X
- 두 번째 명제(대우): 근속 X → 성취감 X
- 결론: 연봉 X → 성취감 X

따라서 정답은 ③임을 알 수 있다.

02 언어추리 문제

정답 ④

환경 보호를 실천하지 않는 모든 사람이 재활용을 하지 않는다는 것은 재활용을 하는 모든 사람이 환경 보호를 실천한다는 것이므로 채식을 하는 어떤 사람이 재활용을 하면 채식을 하면서 환경 보호를 실천하는 사람이 반드시 존재하게 된다.
따라서 '채식을 하면서 환경 보호를 실천하는 사람이 있다.'가 타당한 결론이다.

오답 체크

채식을 하는 사람을 A, 재활용을 하는 사람을 B, 환경 보호를 실천하는 사람을 C라고 하면

① 채식을 하는 사람 중에 환경 보호를 실천하지 않는 사람이 있을 수도 있으므로 반드시 참인 결론이 아니다.

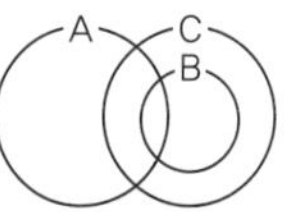

② 환경 보호를 실천하지 않는 모든 사람은 채식을 하지 않을 수도 있으므로 반드시 참인 결론이 아니다.

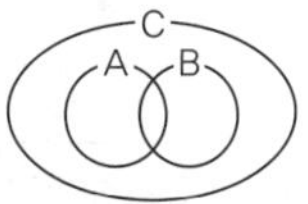

③ 환경 보호를 실천하면서 채식을 하는 사람 중에 재활용을 하지 않는 사람이 있을 수도 있으므로 반드시 참인 결론이 아니다.

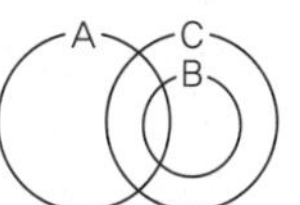

⑤ 채식을 하지 않으면서 환경 보호를 실천하는 사람 중에 재활용을 하는 사람이 있을 수도 있으므로 반드시 참인 결론이 아니다.

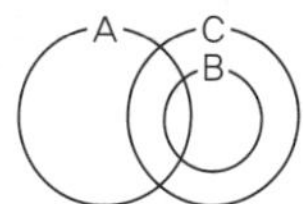

03 언어추리 문제

정답 ③

조직 적응력이 높은 모든 사람이 의사소통 능력이 뛰어나다는 것은 의사소통 능력이 뛰어나지 않은 모든 사람이 조직 적응력이 높지 않다는 것이므로 조직 적응력이 높지 않은 모든 사람이 대인 관계가 원활하지 않으면 대인 관계가 원활하지 않은 사람 중에 의사소통 능력이 뛰어나지 않은 사람이 반드시 존재하게 된다.
따라서 '조직 적응력이 높지 않은 모든 사람은 대인 관계가 원활하지 않다.'가 타당한 전제이다.

오답 체크

조직 적응력이 높지 않은 사람을 A, 의사소통 능력이 뛰어나지 않은 사람을 B, 대인 관계가 원활하지 않은 사람을 C, 대인 관계가 원활한 사람을 D라고 하면

① 의사소통 능력이 뛰어나지 않은 모든 사람이 조직 적응력이 높지 않고, 대인 관계가 원활하면서 조직 적응력이 높지 않은 사람이 있으면 대인 관계가 원활하지 않은 모든 사람은 의사소통 능력이 뛰어날 수도 있으므로 결론이 반드시 참이 되게 하는 전제가 아니다.

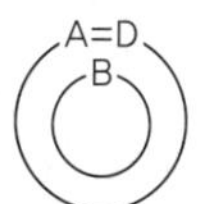

② 의사소통 능력이 뛰어나지 않은 모든 사람이 조직 적응력이 높지 않고, 대인 관계가 원활하지 않은 모든 사람이 조직 적응력이 높지 않으면 대인 관계가 원활하지 않은 모든 사람은 의사소통 능력이 뛰어날 수도 있으므로 결론이 반드시 참이 되게 하는 전제가 아니다.

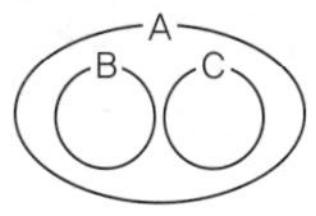

④, ⑤ 의사소통 능력이 뛰어나지 않은 모든 사람이 조직 적응력이 높지 않고, 조직 적응력이 높은 어떤 사람이 대인 관계가 원활하지 않거나 대인 관계가 원활하지 않으면서 조직 적응력이 높지 않은 사람이 있으면 대인 관계가 원활하지 않은 모든 사람은 의사소통 능력이 뛰어날 수도 있으므로 결론이 반드시 참이 되게 하는 전제가 아니다.

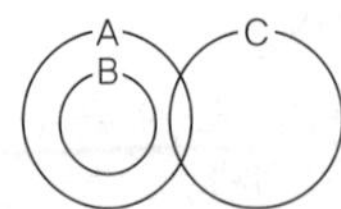

04 언어추리 문제 정답 ③

제시된 조건에 따르면 7명이 퀴즈를 풀고 서로 다른 등수를 기록했으며, 정환이는 4등이고, 희준이와 명우의 등수 사이에는 2명이 있으므로 희준이와 명우는 (2등 또는 5등) 또는 (3등 또는 6등)이다. 이때 승희는 형길이보다 높은 등수이고, 명우는 승희보다 높은 등수이므로 명우는 5등 이상이 되어 2등 또는 3등 또는 5등이지만, 진원이는 영완이보다 등수가 낮고, 영완이 바로 다음 등수이므로 명우는 3등이 되어 희준이는 6등임을 알 수 있다.

1등	2등	3등	4등	5등	6등	7등
영완	진원	명우	**정환**	승희	희준	형길

따라서 명우의 등수는 3등이다.

05 언어추리 문제 정답 ⑤

제시된 조건에 따르면 A~F 6명의 포지션은 각각 투수, 포수, 야수 중 하나이며 각 포지션인 사람이 적어도 1명 존재하고, 6명은 앞, 뒤로 3명씩 두 줄로 서서 다 같이 사진을 찍었다. 이때 C와 F는 투수이고, 모든 투수의 바로 앞에는 야수가 서므로 C와 F는 뒷줄에 서고 둘의 바로 앞에는 야수가 선다. 또한, B는 포수이며, A의 바로 앞에 서므로 A는 투수가 아니다. 이에 따라 앞줄에 선 3명은 B, D, E이고, D와 이웃하여 선 사람은 2명이므로 D는 3명 중 가운데 서지 않는다. D가 서는 위치에 따라 가능한 경우는 다음과 같다.

경우 1. D가 앞줄 왼쪽에 서는 경우

구분	왼쪽	가운데	오른쪽
뒷줄	C(**투수**) 또는 F(**투수**)	A(포수 또는 야수) 또는 C(**투수**) 또는 F(**투수**)	A(포수 또는 야수) 또는 C(**투수**) 또는 F(**투수**)
앞줄	D(야수)	B(**포수**) 또는 E(야수)	B(**포수**) 또는 E(야수)

경우 2. D가 앞줄 오른쪽에 서는 경우

구분	왼쪽	가운데	오른쪽
뒷줄	A(포수 또는 야수) 또는 C(**투수**) 또는 F(**투수**)	A(포수 또는 야수) 또는 C(**투수**) 또는 F(**투수**)	C(**투수**) 또는 F(**투수**)
앞줄	B(**포수**) 또는 E(야수)	B(**포수**) 또는 E(야수)	D(야수)

따라서 A는 투수가 아니므로 항상 참인 설명이다.

오답 체크

① D와 E는 이웃하여 서지 않을 수도 있으므로 항상 참인 설명은 아니다.
② F와 이웃하여 선 사람은 2명 또는 3명이므로 항상 참인 설명은 아니다.
③ 6명 중 야수는 2명 또는 3명이므로 항상 참인 설명은 아니다.
④ C와 F는 이웃하여 설 수도 있으므로 항상 참인 설명은 아니다.

빠른 문제 풀이 Tip

⑤ 일부 조건으로 불가능한 경우를 생각하여 문제를 해결한다.
모든 투수의 앞에는 야수가 서고 C와 F는 투수이므로 둘은 뒷줄에 섰고, B는 A의 바로 앞에 서므로 A도 뒷줄에 섰다. 이때 A가 투수이면 B가 야수임에 따라 B가 포수라는 조건에 모순되므로 A는 투수가 아님을 알 수 있다.

06 언어추리 문제 정답 ④

제시된 조건에 따르면 하반기 동안 4명 모두 최소 1달, 최대 2달간 탕비실을 관리하므로 4명 중 2명은 1달간, 나머지 2명은 2달간 관리한다. 이때 짝수달 탕비실 관리자는 모두 탕비실을 2달간 관리하므로 짝수달 관리자 중 1명은 짝수달 2달을 관리하고, 나머지 1명은 짝수달 1달, 홀수달 1달을 관리한다. 이때 10월 탕비실 관리자는 병 사원이고, 연이어 탕비실을 관리하지 않으며, 11월 탕비실 관리자는 1달만 탕비실을 관리하므로 병 사원은 7월 또는 8월에 탕비실을 관리한다. 이때 병 사원이 7월에 탕비실을 관리하면 을 사원은 정 사원과 연이어 탕비실을 관리하지 않으므로 8월, 12월 탕비실 관리자는 갑 사원이지만, 8월 탕비실 관리자는 갑 사원이 아니므로 병 사원은 8월, 10월 탕비실 관리자이고, 탕비실을 관리하는 개월 수는 을 사원과 병 사원이 서로 달라 나머지 짝수달 탕비실 관리자는 갑 또는 정이므로 이에 따라 가능한 경우는 다음과 같다.

경우 1. 나머지 짝수달 탕비실 관리자가 갑인 경우

7월	8월	9월	10월	11월	12월
갑	병	을 또는 정	**병**	을 또는 정	갑
을 또는 정	병	갑	**병**	을 또는 정	갑

경우 2. 나머지 짝수달 탕비실 관리자가 정인 경우

7월	8월	9월	10월	11월	12월
을 또는 정	병	을 또는 정	**병**	갑	정

따라서 9월 탕비실 관리자가 갑 사원이면 정 사원은 7월 또는 11월에 1달간 탕비실을 관리하므로 항상 거짓인 설명이다.

오답 체크

① 2달간 탕비실을 관리하는 사람은 갑 사원, 병 사원 또는 병 사원, 정 사원이므로 항상 거짓인 설명은 아니다.
② 7월 탕비실 관리자가 갑 사원이면 12월 탕비실 관리자도 갑 사원이므로 항상 참인 설명이다.

③ 11월 탕비실 관리자가 정 사원이면 7월 탕비실 관리자는 갑 사원 또는 을 사원이므로 항상 거짓인 설명은 아니다.
⑤ 하반기 동안 월별 탕비실 관리자로 가능한 경우의 수는 총 6가지이므로 항상 참인 설명이다.

07 언어추리 문제 정답 ⑤

제시된 조건에 따르면 6명은 원탁에 일정한 간격을 두고 둘러앉으며, 혜리는 동주와 인접해 앉는다. 이때 민철이의 바로 오른쪽에 앉는 사람은 지원이고, 수민이의 바로 왼쪽에 앉는 사람은 채은이며, 민철이와 채은이는 서로 마주 보고 앉지 않으므로 채은이가 앉는 자리에 따라 가능한 경우는 다음과 같다.

경우 1. 채은이가 지원이 바로 오른쪽에 앉는 경우

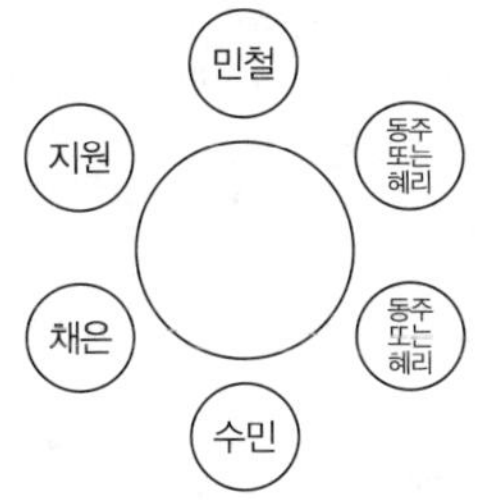

경우 2. 채은이가 지원이와 서로 마주 보고 앉는 경우

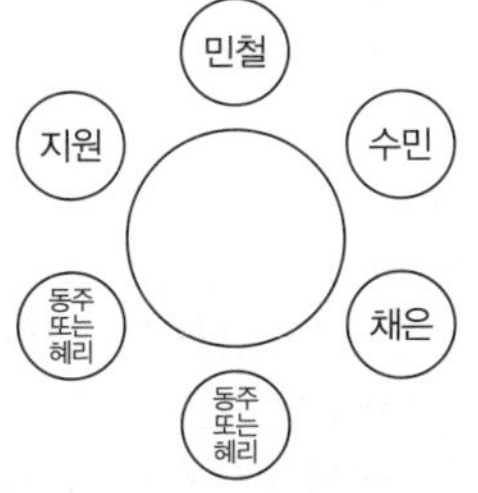

따라서 지원이는 동주 또는 혜리 또는 채은이와 서로 마주 보고 앉으므로 항상 거짓인 설명이다.

오답 체크

① 6명이 둘러앉는 경우의 수는 총 4가지이므로 항상 참인 설명이다.
② 민철이는 동주 또는 혜리 또는 수민이와 서로 마주 보고 앉으므로 항상 거짓인 설명은 아니다.
③ 지원이의 바로 오른쪽에 앉는 사람은 동주 또는 혜리 또는 채은이므로 항상 거짓인 설명은 아니다.
④ 동주의 바로 오른쪽에 앉는 사람은 민철 또는 혜리 또는 채은이므로 항상 거짓인 설명은 아니다.

08 언어추리 문제 정답 ④

제시된 조건에 따르면 갑~기 6명의 청소부는 남자 3명, 여자 3명이고 남자는 남자 화장실, 여자는 여자 화장실에 배정되었으며 남자 화장실이 존재하는 층은 6개이고 여자 화장실이 존재하는 층은 7개이므로 화장실은 총 13개이다. 모든 층에는 화장실이 적어도 1개 존재하고, 남자 또는 여자 화장실은 각 층에 1개씩 존재하며, 4층과 8층에는 여자 화장실만 존재하고, 5층에 배정된 청소부는 무 1명뿐이므로 4, 5, 8층을 제외한 나머지 층에는 남자 화장실과 여자 화장실이 같이 존재한다. 이에 따라 5층에는 남자 화장실만 존재하므로 무는 남자이다. 기는 3개의 층에 배정되었고 나머지 5명은 성별로 서로 다른 2개의 층에 배정되었으므로 기는 여자이다. 이때 정은 1층과 3층 여자 화장실에 배정되었고 갑과 병은 매번 같은 층에 배정되었으므로 4층과 8층에 배정된 청소부는 기이고 정과 같은 층에 배정된 남자 청소부는 무 또는 을이다. 갑의 성별에 따라 가능한 경우는 다음과 같다.

경우 1. 갑이 남자인 경우

구분	남자 화장실 청소부	여자 화장실 청소부
8층	-	기
7층	갑 또는 을 또는 무	병 또는 기
6층	갑 또는 을 또는 무	병 또는 기
5층	무	-
4층	-	기
3층	을 또는 무	정
2층	갑 또는 을 또는 무	병 또는 기
1층	을 또는 무	정

경우 2. 갑이 여자인 경우

구분	남자 화장실 청소부	여자 화장실 청소부
8층	-	기
7층	병 또는 을 또는 무	갑 또는 기
6층	병 또는 을 또는 무	갑 또는 기
5층	무	-
4층	-	기
3층	을 또는 무	정
2층	병 또는 을 또는 무	갑 또는 기
1층	을 또는 무	정

따라서 을과 정은 1층 또는 3층에 함께 배정되므로 항상 참인 설명이다.

오답 체크

① 병은 남자 또는 여자, 기는 여자이므로 항상 참인 설명은 아니다.
② 무와 기는 2층 또는 6층 또는 7층에 함께 배정될 수 있으므로 항상 참인 설명은 아니다.
③ 갑은 남자 또는 여자이므로 항상 참인 설명은 아니다.
⑤ 병은 2층 또는 6층 또는 7층, 정은 1층과 3층에 배정되므로 항상 참인 설명은 아니다.

09 언어추리 문제 정답 ④

제시된 조건에 따르면 착한 토끼 3마리는 진실만, 나쁜 토끼 2마리는 거짓만 말한다. 가 토끼가 나쁜 토끼이면 나 토끼도 나쁜 토끼이므로 마 토끼가 나쁜 토끼라고 말하는 다 토끼는 착한 토끼이지만, 이는 나쁜 토끼가 2마리라는 조건에 모순된다. 이에 따라 가 토끼, 나 토끼는 모두 착한 토끼이므로 라 토끼는 당근을 먹지 않았다. 이때 다 토끼가 나쁜 토끼이면 마 토끼는 착한 토끼이므로 마 토끼는 당근을 먹지 않았고, 라 토끼는 나쁜 토끼가 되어 가 토끼와 나 토끼 중 당근을 먹은 토끼는 없으므로 당근을 먹은 토끼가 2마리라는 조건에 모순된다. 이에 따라 다 토끼는 착한 토끼, 마 토끼는 나쁜 토끼이므로 마 토끼는 당근을 먹었고, 라 토끼는 나쁜 토끼가 되어 가 토끼와 나 토끼 중 당근을 먹은 토끼는 없으므로 다 토끼가 당근을 먹었음을 알 수 있다.

따라서 당근을 먹은 토끼는 '다 토끼, 마 토끼'이다.

10 언어추리 문제 정답 ③

제시된 조건에 따르면 미환이와 정은이가 올해 대학교를 졸업했다는 예은이의 말이 진실이면 자신이 올해 대학교를 졸업했다는 정은이의 말과 예은이의 말은 거짓이 아니라는 은지의 말도 진실이지만, 이는 2명만 진실을 말했다는 조건에 모순된다. 이에 따라 예은이의 말은 거짓이고, 예은이의 말이 거짓이 아니라는 은지의 말도 거짓이다. 이때 미환이의 말이 진실이라는 수영이의 말이 거짓이면 미환이의 말도 거짓이지만, 이는 2명만 진실을 말했다는 조건에 모순되므로 수영이의 말은 진실이고, 자신과 수영이가 올해 대학교를 졸업하지 않았다는 미환이의 말도 진실이 되어 자신이 올해 대학교를 졸업했다는 정은이의 말은 거짓이다. 이에 따라 올해 대학교를 졸업하지 않은 사람은 미환, 수영, 정은이다.

따라서 올해 대학교를 졸업한 사람은 '예은, 은지'이다.

빠른 문제 풀이 Tip

다른 사람의 말과 연결되어 있는 말을 먼저 확인한다.

미환이의 말이 진실이라는 수영이의 말이 진실이면 미환이의 말도 진실이므로 미환, 수영이의 말은 상통한다. 또한, 은지의 말이 진실이면 예은이의 말도 진실이므로 예은, 은지의 말도 상통한다. 이때 진실을 말하는 사람은 2명이므로 정은이의 말은 거짓이고, 정은이는 올해 대학교를 졸업하지 않았다. 이에 따라 ④, ⑤를 소거한다. 그다음 정은이의 말이 거짓임에 따라 예은이의 말도 거짓이므로 미환이의 말은 진실이 되어 미환, 수영이는 올해 대학교를 졸업하지 않았으므로 ①, ②도 소거한다.

따라서 올해 대학교를 졸업한 사람은 '예은, 은지'임을 알 수 있다.

11 수·문자추리 문제 정답 ③

제시된 각 숫자 간의 차이가 +4, −8, +16, −32, …와 같이 ×(−2)씩 변화하므로 빈칸에 들어갈 알맞은 숫자는 '287'이다.

12 수·문자추리 문제 정답 ③

제시된 각 문자를 알파벳 순서에 따라 숫자로 변경한다.

B	D	C	F	E	J	I	(R)	Q	H
2	4	3	6	5	10	9	(18)	17	34

각 숫자 간의 값이 ×2, −1로 반복되므로 빈칸에 들어갈 알맞은 문자는 숫자 18에 해당하는 'R'이다.

13 수·문자추리 문제 정답 ④

제시된 각 도형의 행을 확인하면 2열에 제시된 숫자는 1열과 3열에 제시된 두 숫자의 곱에서 5를 더한 값이라는 규칙이 적용되고, 열을 확인하면 2행에 제시된 숫자는 1행과 3행에 제시된 두 숫자의 곱에서 3을 뺀 값이라는 규칙이 적용되므로 빈칸에 들어갈 알맞은 숫자는 '61'이다.

빠른 문제 풀이 Tip

빈칸이 해당하는 위치에 공통으로 적용된 규칙만 찾아 빈칸에 적용한다.

각 도형의 행에 서로 같은 규칙이 적용되고, 빈칸은 열과 행 모두에 해당되므로 행에 적용된 규칙만 찾는다. 이때 첫 번째 도형과 두 번째 도형의 행을 확인하면, 빈칸에 제시된 숫자는 1열과 3열에 제시된 두 숫자의 곱에서 5를 더한 값과 같으므로 빈칸에 들어갈 알맞은 숫자는 7×8+5=61임을 알 수 있다.

[14-16]

♬: 첫 번째 문자(숫자)를 세 번째 자리로, 두 번째 문자(숫자)를 네 번째 자리로, 세 번째 문자(숫자)를 두 번째 자리로, 네 번째 문자(숫자)를 첫 번째 자리로 이동시킨다.
ex. abcd → dcab

▣: 첫 번째 문자(숫자)를 네 번째 자리로, 두 번째 문자(숫자)를 첫 번째 자리로, 네 번째 문자(숫자)를 두 번째 자리로 이동시킨다.
ex. abcd → bdca

☻: 문자와 숫자 순서에 따라 첫 번째, 네 번째 문자(숫자)를 다음 두 번째 순서에 오는 문자(숫자)로, 두 번째 문자(숫자)를 이전 세 번째 순서에 오는 문자(숫자)로, 세 번째 문자(숫자)를 바로 이전 순서에 오는 문자(숫자)로 변경한다.
ex. abcd → cybf (a+2, b−3, c−1, d+2)

☎: 문자와 숫자 순서에 따라 첫 번째 문자(숫자)를 이전 네 번째 순서에 오는 문자(숫자)로, 두 번째 문자(숫자)를 바로 이전 순서에 오는 문자(숫자)로, 세 번째 문자(숫자)를 이전 두 번째 순서에 오는 문자(숫자)로, 네 번째 문자(숫자)를 이전 세 번째 순서에 오는 문자(숫자)로 변경한다.
ex. abcd → waaa (a−4, b−1, c−2, d−3)

14 도식·도형추리 문제 정답 ②

5M6B → ▣ → MB65 → ♬ → 56MB

15 도식·도형추리 문제 정답 ③

XC48 → ☎ → TB25 → ☻ → VY17 → ♬ → 71VY

16 도식·도형추리 문제
정답 ④

P7Q1 → ▣ → 71QP → ☻ → 98PR → ☎ → 57NO

빠른 문제 풀이 Tip

증감 규칙이 연속해서 제시되면 규칙을 한 번에 계산하여 문제에 적용한다.

☻ 규칙은 (+2, −3, −1, +2), ☎ 규칙은 (−4, −1, −2, −3)이므로 ☻, ☎ 규칙을 한 번에 계산하면 규칙은 (−2, −4, −3, −1)과 같다. 역방향으로 규칙이 적용되어야 하는 점을 고려하여 57NO에 (+2, +4, +3, +1)을 적용하면 71●●이고, ▣ 규칙을 역방향으로 적용하면 첫 번째 숫자가 두 번째 자리로, 두 번째 숫자가 네 번째 자리로 이동하여 ●7●1이므로 'P7Q1'인 ④가 정답임을 알 수 있다.

17 도식·도형추리 문제
정답 ②

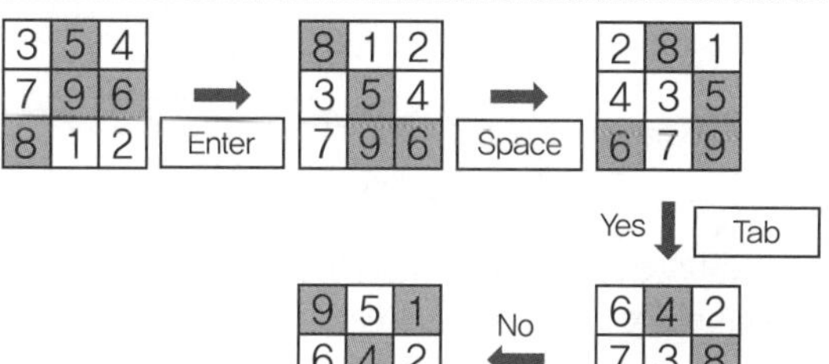

18 도식·도형추리 문제
정답 ⑤

각 행에서 다음 열에 제시된 도형은 이전 열에 제시된 도형에서 별 모양은 반시계 방향으로 1칸씩 이동, 번개 모양은 시계 방향으로 2칸씩 이동한 다음 시계 방향으로 90° 회전, 스마일 모양은 반시계 방향으로 1칸씩 이동한 다음 반시계 방향으로 90° 회전한 형태이다.

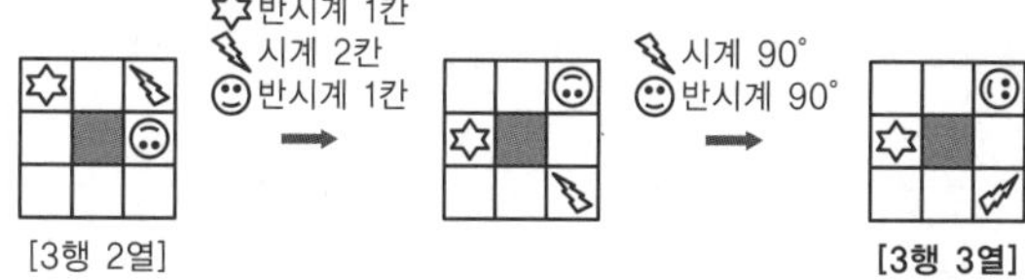

[3행 2열] **[3행 3열]**

따라서 '?'에 해당하는 도형은 ⑤이다.

19 도식·도형추리 문제
정답 ①

각 행에서 2열에 제시된 도형은 1열에 제시된 도형을 시계 방향으로 90° 회전하면서 색반전한 형태이고, 3열에 제시된 도형은 2열에 제시된 도형을 시계 방향으로 90° 회전한 형태이다.

[1행 1열] **[1행 2열]** [1행 3열]

따라서 '?'에 해당하는 도형은 ①이다.

20 도식·도형추리 문제
정답 ④

	시계 방향 90도 회전		색반전
	상하 대칭		180도 회전
	반시계 방향 90도 회전		좌우 대칭

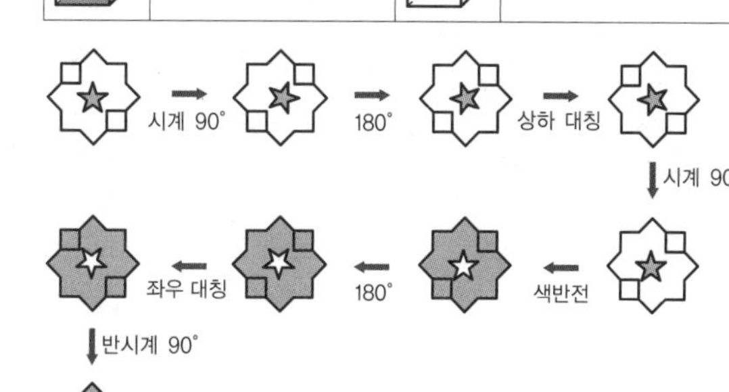

실전모의고사 3회

정답

p.416

01	02	03	04	05	06	07	08	09	10
언어추리	언어추리	언어추리	언어추리	언어추리	언어추리	언어추리	언어추리	언어추리	언어추리
②	⑤	①	②	②	③	⑤	⑤	⑤	④
11	**12**	**13**	**14**	**15**	**16**	**17**	**18**	**19**	**20**
수·문자 추리	수·문자 추리	수·문자 추리	도식·도형 추리	도식·도형 추리	도식·도형 추리	도식·도형 추리	도식·도형 추리	도식·도형 추리	도식·도형 추리
②	⑤	②	④	②	⑤	③	③	②	④

취약 유형 분석표

유형별로 맞힌 개수, 틀린 문제 번호와 풀지 못한 문제 번호를 적고 나서 취약한 유형이 무엇인지 파악해보세요.
취약한 유형은 '기출유형공략'과 관련 이론을 복습하고 틀린 문제와 풀지 못한 문제를 다시 한번 풀어보세요.

	유형	맞힌 개수	틀린 문제 번호	풀지 못한 문제 번호
추리	언어추리	/10		
	수·문자추리	/3		
	도식·도형추리	/7		
	TOTAL	/20		

해설

01 언어추리 문제 정답 ②

변비인 모든 사람이 물을 자주 마시지 않는다는 것은 물을 자주 마시는 모든 사람은 변비가 아니라는 것이므로 예민한 사람 중 물을 자주 마시는 사람이 존재하면 예민한 사람 중 변비가 아닌 사람이 반드시 존재하게 된다.
따라서 '예민한 어떤 사람은 변비가 아니다.'가 타당한 결론이다.

오답 체크

예민한 사람을 A, 물을 자주 마시는 사람을 B, 변비가 아닌 사람을 C라고 하면

①, ③ 변비인 사람 중에 예민한 사람이 있거나 변비가 아닌 사람 중에 예민하지 않은 사람이 있을 수도 있으므로 반드시 참인 결론이 아니다.

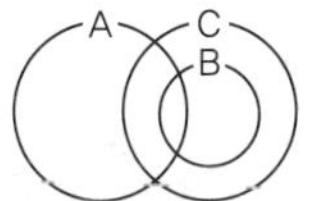

④ 변비가 아닌 모든 사람은 예민할 수도 있으므로 반드시 참인 결론이 아니다.

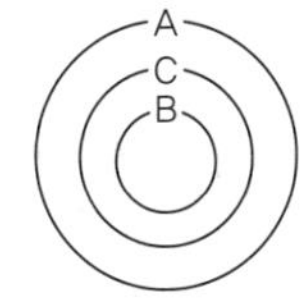

⑤ 예민한 모든 사람은 변비가 아닐 수도 있으므로 반드시 참인 결론이 아니다.

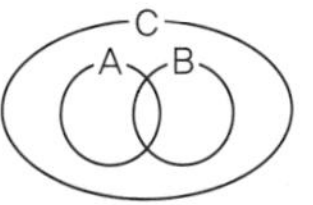

02 언어추리 문제 정답 ⑤

경영학을 이수한 어떤 사람이 경제학을 이수했고 경영학을 이수한 모든 사람이 행정학을 이수하지 않았다면 행정학을 이수하지 않은 사람 중에 경제학을 이수한 사람이 반드시 존재하게 된다.
따라서 '경영학을 이수한 모든 사람은 행정학을 이수하지 않았다.'가 타당한 전제이다.

오답 체크

경영학을 이수한 사람을 A, 경제학을 이수한 사람을 B, 행정학을 이수한 사람을 C, 행정학을 이수하지 않은 사람을 D라고 하면

① 경영학을 이수한 어떤 사람이 경제학을 이수했고, 경영학을 이수한 어떤 사람이 행정학을 이수했으면 행정학을 이수하지 않은 모든 사람은 경제학을 이수하지 않았을 수도 있으므로 결론이 반드시 참이 되게 하는 전제가 아니다.

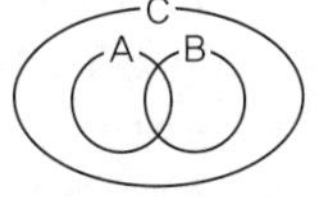

②, ③ 경영학을 이수한 어떤 사람이 경제학을 이수했고, 경영학을 이수하지 않은 어떤 사람이 행정학을 이수했거나 행정학을 이수하지 않은 모든 사람이 경영학을 이수했으면 행정학을 이수하지 않은 모든 사람은 경제학을 이수하지 않았을 수도 있으므로 결론이 반드시 참이 되게 하는 전제가 아니다.

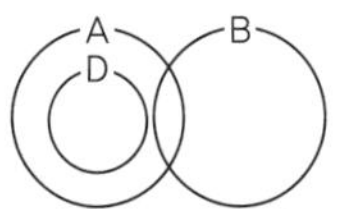

④ 경영학을 이수한 어떤 사람이 경제학을 이수했고, 행정학을 이수하지 않은 사람 중 경영학을 이수하지 않은 사람이 존재하면 행정학을 이수하지 않은 모든 사람은 경제학을 이수하지 않았을 수도 있으므로 결론이 반드시 참이 되게 하는 전제가 아니다.

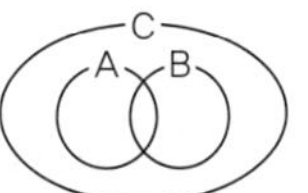

03 언어추리 문제 정답 ①

주어진 명제가 참일 때 그 명제의 '대우'만이 참이므로
세 번째 명제(대우), 첫 번째 명제, 네 번째 명제(대우)를 차례로 결합한 결론은 다음과 같다.

- 세 번째 명제(대우): 잠이 많은 사람은 피곤하다.
- 첫 번째 명제: 피곤한 사람은 의욕이 없다.
- 네 번째 명제(대우): 의욕이 없는 사람은 무기력하다.
- 결론: 잠이 많은 사람은 무기력하다.

04 언어추리 문제 정답 ②

제시된 조건에 따르면 갑이 거짓을 말하면 나머지 4명 모두 진실을 말하여 갑은 C 반에 배정받았고, 을과 무는 A 반 또는 C 반, 병은 B 반 또는 C 반, 정은 A 반에 배정받았으므로 B 반에 2명이 배정받았다는 조건에 모순된다. 이에 따라 거짓말을 한 사람이 A 반에 배정받았다는 갑의 말은 진실이고, 을이 거짓을 말하는 경우 을은 B 반에 배정받았고, 정이 거짓을 말하는 경우 정은 B 반 또는 C 반에 배정받았으므로 거짓을 말한 사람은 병과 무 중 1명이다. 병이 거짓을 말하는 경우 병과 정이 A 반에 배정받아 갑, 을, 무는 C 반에 배정받았으므로 C 반에 1명이 배정받았다는 조건에 모순된다. 이에 따라 거짓을 말한 사람은 무이므로 무는 A 반에 배정받았고, 무의 말이 거짓임에 따라 갑은 B 반에 배정받았으며, 을, 병, 정의 말이 모두 진실임에 따라 정은 A 반, 을은 C 반, 병은 B 반에 배정받았음을 알 수 있다.
따라서 C 반에 배정받은 사람은 을이다.

05 언어추리 문제 정답 ②

제시된 조건에 따르면 5명 중 보컬보다 앞에 서는 사람은 없고, 같은 성별끼리는 옆에 서지 않으므로 1번 자리에 서는 보컬은 남자이다. 또한, 같은 성별끼리는 옆에 서지 않고, 기타를 치는 사람의 성별은 서로 같으며, 드럼을 치는 사람과 전자키보드를

치는 사람은 연달아 무대에 올라가지 않으므로 기타를 치는 사람은 각각 2번 또는 4번 자리에 서거나 3번 또는 5번 자리에 선다. 이때 전자키보드를 치는 사람은 여자이므로 기타를 치는 사람의 성별은 모두 남자이고, 드럼을 치는 사람은 여자이다. 기타를 치는 사람이 서는 자리에 따라 가능한 경우는 다음과 같다.

경우 1. 기타를 치는 사람이 2번 또는 4번 자리에 서는 경우

경우 2. 기타를 치는 사람이 3번 또는 5번 자리에 서는 경우

따라서 4번 자리에 남자가 서면 5번 자리에 여자가 서고, 4번 자리에 여자가 서면 5번 자리에 남자가 서므로 항상 거짓인 설명이다.

오답 체크

① 드럼을 치는 사람은 여자이므로 항상 참인 설명이다.
③ 전자키보드를 치는 사람이 2번 자리에 서면 일렉 기타를 치는 사람은 3번 또는 5번 자리에 서므로 항상 거짓인 설명은 아니다.
④ 드럼을 치는 사람이 보컬 바로 다음으로 무대에 올라가면 가장 마지막에 올라가는 사람은 남자이므로 항상 참인 설명이다.
⑤ 보컬과 베이스 기타를 치는 사람 사이에 무대에 올라가는 사람은 1명 또는 2명 또는 3명이거나 아무도 없으므로 항상 거짓인 설명은 아니다.

빠른 문제 풀이 Tip

② 모든 경우의 수를 고려하지 않고 참/거짓을 판단할 수 있는지 먼저 확인한다.
5명 중 보컬보다 앞에 서는 사람은 없고, 같은 성별끼리는 옆에 서지 않으므로 1번 자리에 서는 보컬은 남자이다. 이때 기타를 치는 사람의 성별은 서로 같으므로 4번 자리와 5번 자리에 서는 사람의 성별이 같으면 4번 자리와 5번 자리에는 기타를 치는 사람이 서거나 나머지 사람이 서지만, 드럼을 치는 사람과 전자키보드를 치는 사람은 연달아 무대에 올라가지 않으므로 4번 자리와 5번 자리에 서는 사람의 성별은 다름을 알 수 있다.

06 언어추리 문제 정답 ③

제시된 조건에 따르면 A와 C는 같은 인사팀 직원과 계약서를 작성했으며, A가 C보다 먼저 계약서를 작성했고, B와 C 중 1명만 인사팀 직원 을과 계약서를 작성했으므로 A, C와 계약서를 작성한 인사팀 직원과 B와 계약서를 작성한 인사팀 직원은 다른 직원이다. 이때 E는 5명 중 가장 먼저 계약서를 작성했거나 가장 늦게 계약서를 작성했고, D의 직급은 E보다 낮지 않으므로 E의 직급은 가장 늦게 계약서를 작성한 사원이다. 이에 따라 인사팀 직원 갑과 계약서를 작성한 사람은 A, C, D이고, 인사팀 직원 을과 계약서를 작성한 사람은 B, E임을 알 수 있다.

인사팀 직원 갑			인사팀 직원 을	
차장	과장	대리	주임	사원
A	C	D	B	E
A	D	C	B	E
D	A	C	B	E

따라서 직급이 주임인 B는 인사팀 직원 을과 계약서를 작성했고, 직급이 차장 또는 과장 또는 대리인 D는 인사팀 직원 갑과 계약서를 작성했으므로 항상 참인 설명이다.

오답 체크

① A의 직급은 차장 또는 과장이므로 항상 참인 설명은 아니다.
② C는 인사팀 직원 갑과 계약서를 작성했으므로 항상 거짓인 설명이다.
④ A가 D보다 먼저 계약서를 작성했다면 C는 과장 또는 대리이므로 항상 참인 설명은 아니다.
⑤ 직급이 대리로 가능한 사람은 C, D이므로 항상 거짓인 설명이다.

07 언어추리 문제 정답 ⑤

제시된 조건에 따르면 5명 중 1명만 아침 수업에 지각했고, 5명 중 2명의 진술은 진실, 3명의 진술은 거짓이다. 자신과 D는 지각하지 않았다는 E의 진술이 진실이면 E의 진술이 거짓이라는 B의 진술이 거짓이고, E의 진술이 거짓이면 B의 진술은 진실이므로 B와 E 중 1명의 진술은 진실, 다른 1명의 진술은 거짓이다. 또한, D의 진술이 진실이라는 C의 진술이 진실이면 B 또는 C가 지각했다는 D의 진술이 진실이고, C의 진술이 거짓이면 D의 진술이 거짓이다. 이때 5명 중 2명의 진술은 진실, 다른 3명의 진술은 거짓이므로 C와 D의 진술은 거짓이 되어 B와 C는 지각하지 않았고, B와 E 중 1명의 진술은 거짓이므로 B 또는 E가 지각했다는 A의 진술은 진실임을 알 수 있다.
따라서 아침 수업에 지각한 사람은 E이다.

08 언어추리 문제 정답 ⑤

제시된 조건에 따르면 A~E 5명의 달리기 선수가 경주를 하여 1명씩 결승선을 통과하였고, 5명의 유니폼 색은 각각 빨간색, 주황색, 노란색, 초록색, 파란색 중 하나이며, 서로 다른 색이다. E는 파란색 유니폼을 입었으며 2등으로 결승선을 통과하였고, C는 주황색 유니폼을 입은 선수보다 늦게, 초록색 유니폼을 입은 선수보다 먼저 결승선을 통과하였으므로 C는 3등 또는 4등

으로 결승선을 통과하였다. 이때 빨간색 유니폼을 입은 선수는 노란색 유니폼을 입은 선수보다 먼저 결승선을 통과하였고, D는 마지막으로 결승선을 통과하였으므로 C의 결승선 통과 순서에 따라 가능한 경우는 다음과 같다.

경우 1. C가 3등으로 결승선을 통과한 경우

구분	1등	2등	3등	4등	5등
달리기 선수	A 또는 B	E	C	A 또는 B	D
유니폼 색	주황색	파란색	빨간색	노란색 또는 초록색	노란색 또는 초록색

경우 2. C가 4등으로 결승선을 통과한 경우

구분	1등	2등	3등	4등	5등
달리기 선수	A 또는 B	E	A 또는 B	C	D
유니폼 색	빨간색 또는 주황색	파란색	빨간색 또는 주황색	노란색	초록색

따라서 C가 3등으로 결승선을 통과했을 때 C가 입은 유니폼 색은 빨간색이므로 항상 거짓인 설명이다.

오답 체크

① D는 노란색 또는 초록색 유니폼을 입었으므로 항상 거짓인 설명은 아니다.

② 주황색 유니폼을 입은 선수는 1등 또는 3등, 노란색 유니폼을 입은 선수는 4등 또는 5등으로 결승선을 통과하였으므로 항상 참인 설명이다.

③ A와 B는 각각 1등 또는 3등 또는 4등으로 결승선을 통과하였으므로 항상 거짓인 설명은 아니다.

④ 주황색 유니폼을 입은 선수는 1등 또는 3등, 파란색 유니폼을 입은 E는 2등, 빨간색 유니폼을 입은 선수는 1등 또는 3등으로 결승선을 통과하였으므로 항상 참인 설명이다.

09 언어추리 문제 정답 ⑤

제시된 조건에 따르면 가장 처음으로 재생되는 음악의 재생 시간은 2분이고, 재즈 음악 바로 다음으로 재생되는 음악은 팝 음악이다. 이때 발라드 음악의 재생 시간은 3분으로 5곡 중 가장 길고, 포크 음악의 재생 시간은 발라드 음악의 재생 시간의 절반인 1분 30초이므로 클래식 음악 바로 이전에 재생되는 음악은 팝 음악으로 재생 시간은 2분 30초이며, 가장 처음으로 재생되는 음악은 재즈 음악으로 재생 시간은 2분임을 알 수 있다.

첫 번째	두 번째	세 번째	네 번째	다섯 번째
재즈(2분)	팝 (2분 30초)	클래식 (3분 미만)	발라드(3분) 또는 포크 (1분 30초)	발라드(3분) 또는 포크 (1분 30초)

따라서 첫 번째부터 세 번째 곡까지 연이어 재생하면 재생 시간이 2분인 재즈 음악, 2분 30초인 팝 음악, 3분 미만인 클래식 음악이 연이어 재생되어 재생 시간은 총 7분 30초 미만이므로 항상 참인 설명이다.

오답 체크

① 팝 음악보다 재생 시간이 긴 음악은 발라드 음악 1곡이거나 발라드, 클래식 음악 2곡이므로 항상 참인 설명은 아니다.

② 재생 순서가 다섯 번째인 음악의 재생 시간은 1분 30초 또는 3분이므로 항상 참인 설명은 아니다.

③ 발라드 음악과 재즈 음악 사이에 재생되는 음악은 클래식, 팝 음악 2곡이거나 클래식, 팝, 포크 음악 3곡이므로 항상 참인 설명은 아니다.

④ 포크 음악 바로 이전에 재생되는 음악은 발라드 음악이거나 클래식 음악이므로 항상 참인 설명은 아니다.

10 언어추리 문제 정답 ④

제시된 조건에 따르면 통로 바로 옆에 있는 화단에 해바라기를 심고, 해바라기 바로 옆에 있는 화단에 개나리를 심는다. 이때 통로 왼쪽에 있는 화단 중 하나의 화단에 안개꽃을 심고, 백합과 철쭉 사이에 적어도 2종류 이상의 꽃을 심으므로 해바라기와 개나리는 모두 통로 오른쪽에 있는 화단 중 하나의 화단에 심게 되어 해바라기는 4번 화단에, 개나리는 5번 화단에 심는다. 또한, 안개꽃을 심는 화단의 번호보다 튤립을 심는 화단 번호가 크고, 가장자리에 있는 화단에 백합을 심으므로 백합을 심는 화단의 번호에 따라 가능한 경우는 다음과 같다.

경우 1. 백합을 1번 화단에 심는 경우

1번	2번	3번	통로	4번	5번	6번
백합	안개꽃	튤립		해바라기	개나리	철쭉

경우 2. 백합을 6번 화단에 심는 경우

1번	2번	3번	통로	4번	5번	6번
안개꽃	튤립	철쭉		해바라기	개나리	백합
안개꽃	철쭉	튤립		해바라기	개나리	백합
철쭉	안개꽃	튤립		해바라기	개나리	백합

따라서 안개꽃과 철쭉을 심는 화단 번호의 합은 3 또는 4 또는 8이고, 개나리는 5번 화단에 심으므로 항상 거짓인 설명이다.

오답 체크

① 안개꽃과 해바라기 사이에 튤립 1종류 또는 철쭉, 튤립 2종류의 꽃을 심으므로 항상 거짓인 설명은 아니다.

② 튤립과 해바라기 사이에 통로만 있어 심는 꽃이 없거나 철쭉을 심으므로 항상 거짓인 설명은 아니다.

③ 철쭉을 1번 또는 2번 또는 3번 화단에 심으면 5번 화단에 심는 개나리와의 거리가 4번 화단에 심는 해바라기와의 거리보다 멀지만, 철쭉을 6번 화단에 심으면 5번 화단에 심는 개나리와의 거리가 4번 화단에 심는 해바라기와의 거리보다 가까우므로 항상 거짓인 설명은 아니다.

⑤ 가장자리에 있는 화단에 심을 수 있는 꽃은 백합, 안개꽃, 철쭉이므로 항상 참인 설명이다.

11 수·문자추리 문제 정답 ②

홀수항에 제시된 각 숫자 간의 값이 +12로 반복되고, 짝수항에 제시된 각 숫자 간의 값이 ×2로 반복되므로 빈칸에 들어갈 알맞은 숫자는 '46'이다.

12 수·문자추리 문제 정답 ⑤

제시된 각 문자를 알파벳 순서에 따라 숫자로 변경한다.

B B D A D I C (U)
2 2 4 1 4 9 3 (21)

각 숫자 간의 값이 ×1, +2, −3, ×4, +5, −6으로 반복되므로 빈칸에 들어갈 알맞은 문자는 숫자 21에 해당하는 'U'이다.

13 수·문자추리 문제 정답 ②

제시된 도형에서 바깥쪽 원에 포함된 각 숫자 간의 값은 ×3, +4로 반복되므로 A=12이다.

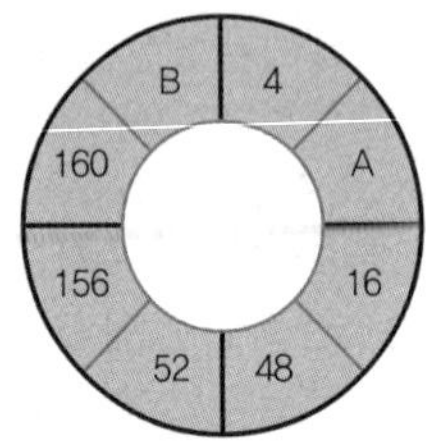

A에 숫자를 대입하면 사분원의 안쪽 원에 포함된 숫자는 바깥쪽 원에 포함된 두 숫자의 합에서 8을 더한 수임을 알 수 있으므로 C=(16+48)+8=72이다.

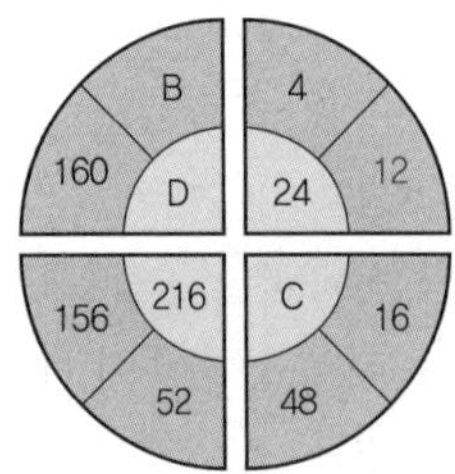

C에 숫자를 대입하면 안쪽 원에 포함된 각 숫자 간의 값은 ×3으로 반복되므로 D는 648 또는 8이고, B는 각 숫자 간의 값이 ×3, +4로 반복되는 바깥쪽 원의 규칙에 따라 480 또는 0이다. 이에 따라 D=648, B=480일 때, 사분원 규칙인 (160+480)+8=648이 성립한다.

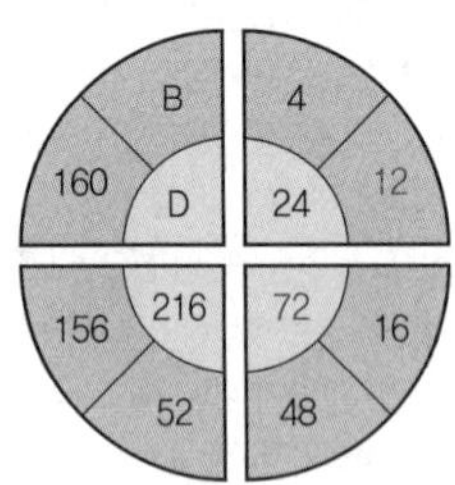

따라서 A+2B−3C−D의 값은 12+2×480−3×72−648=12+960−216−648=108이다.

[14-16]

▦: 문자와 숫자 순서에 따라 첫 번째 문자(숫자)를 다음 세 번째 순서에 오는 문자(숫자)로, 두 번째 문자(숫자)를 다음 두 번째 순서에 오는 문자(숫자)로, 세 번째 문자(숫자)를 이전 두 번째 순서에 오는 문자(숫자)로, 네 번째 문자(숫자)를 이전 세 번째 순서에 오는 문자(숫자)로 변경한다.
ex. abcd → ddaa (a+3, b+2, c−2, d−3)

★: 첫 번째, 두 번째 문자(숫자)의 자리를 서로 바꾸고, 세 번째, 네 번째 문자(숫자)의 자리를 서로 바꾼다.
ex. abcd → badc

♠: 첫 번째, 세 번째 문자(숫자)의 자리를 서로 바꾼다.
ex. abcd → cbad

♧: 문자와 숫자 순서에 따라 첫 번째 문자(숫자)를 바로 다음 순서에 오는 문자(숫자)로, 두 번째 문자(숫자)를 이전 세 번째 순서에 오는 문자(숫자)로, 세 번째 문자(숫자)를 다음 두 번째 순서에 오는 문자(숫자)로, 네 번째 문자(숫자)를 다음 네 번째 순서에 오는 문자(숫자)로 변경한다.
ex. abcd → byeh (a+1, b−3, c+2, d+4)

14 도식·도형추리 문제 정답 ④

2ㅇ7ㄹ → ★ → ㅇ2ㄹ7 → ♧ → ㅈ9ㅂ1

15 도식·도형추리 문제 정답 ②

ㄷ96ㅈ → ▦ → ㅂ14ㅂ → ♠ → 41ㅂㅂ → ♧ → 58ㅇㅊ

16 도식·도형추리 문제 정답 ⑤

ㅌ5ㅁ8 → ♠ → ㅁ5ㅌ8 → ▦ → ㅇ7ㅊ5 → ♧ → ㅈ4ㅌ9 → ★ → 4ㅈ9ㅌ

17 도식·도형추리 문제 정답 ③

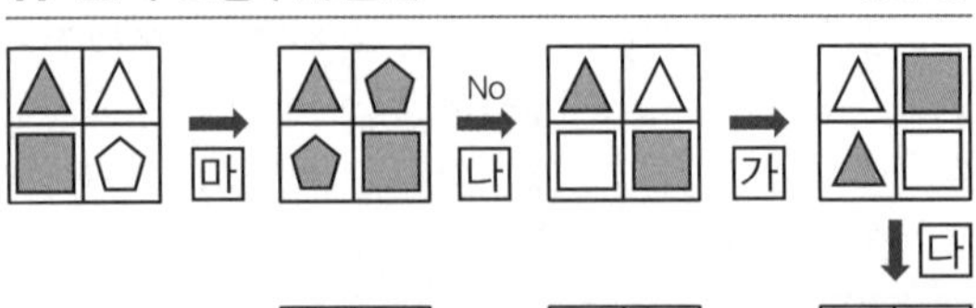

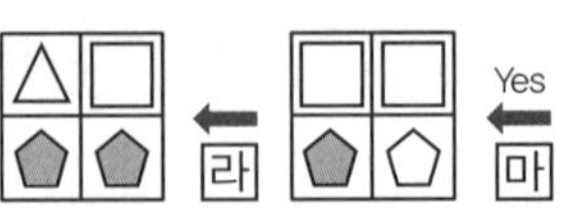

18 도식·도형추리 문제 정답 ③

각 행에서 2열에 제시된 도형은 1열에 제시된 도형의 외부 도형을 시계 방향으로 90° 회전한 형태이고, 3열에 제시된 도형은 2열에 제시된 도형의 내부 도형을 180° 회전한 형태이다.

따라서 '?'에 해당하는 도형은 ③이다.

19 도식·도형추리 문제 정답 ②

각 열에서 2행에 제시된 도형은 1행에 제시된 도형을 상하 대칭한 형태이고, 3행에 제시된 도형은 2행에 제시된 도형을 시계 방향으로 90° 회전하면서 색반전한 형태이다.

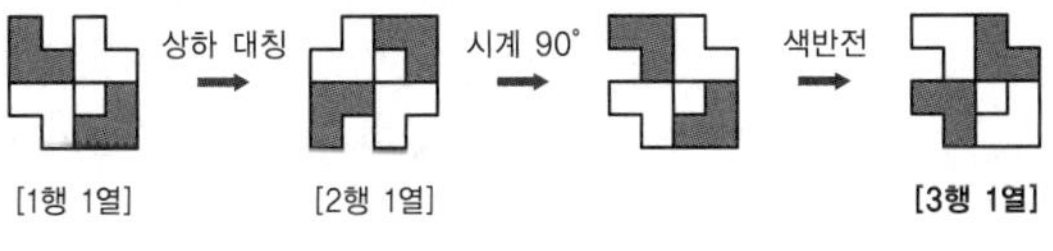

따라서 '?'에 해당하는 도형은 ②이다.

20 도식·도형추리 문제 정답 ④

띠 한 줄의 규칙은 원 전체 반시계 방향으로 변 한 개 위치 이동 및 내부와 외부 위치 이동, 내부 도형 좌우 대칭 및 색반전이며, 띠 두 줄의 규칙은 원 전체 변 내부와 외부 위치 이동, 내부 도형 상하 대칭이다.

원 내부 배경의 모양에 적용된 규칙을 찾아 제시된 도형을 변환시키면 다음과 같다.

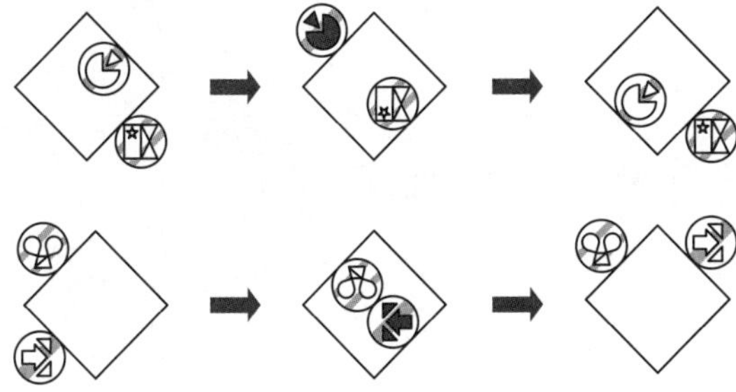

따라서 A, B에 해당하는 도형은 ④이다.

해커스잡 | job.Hackers.com

본 교재 인강 · 소원쌤의 시험장에서 통하는 수리 SKILL 강의 ·
대기업 인적성 온라인 모의고사 · 공기업 NCS 온라인 모의고사 · 공간지각 실전 대비 문제